本书出版受到湖北文理学院省级人文社科基地鄂北区域发展研究中心、汉江研究院、汉水与三国历史文化研究所资助

楼劲 陈伟 主编

秦汉魏晋南北朝史
国际学术研讨会论文集

中国社会科学出版社

图书在版编目（CIP）数据

秦汉魏晋南北朝史国际学术研讨会论文集/楼劲，陈伟主编．—北京：中国社会科学出版社，2018.10

ISBN 978-7-5203-2738-1

Ⅰ.①秦… Ⅱ.①楼…②陈… Ⅲ.①中国历史—研究—秦汉时代—文集②中国历史—研究—魏晋南北朝时代—文集 Ⅳ.①K220.7-53

中国版本图书馆 CIP 数据核字（2018）第 146467 号

出 版 人	赵剑英
责任编辑	宋燕鹏
责任校对	郝阳洋
责任印制	李寡寡

出　　版	中国社会科学出版社
社　　址	北京鼓楼西大街甲 158 号
邮　　编	100720
网　　址	http://www.csspw.cn
发 行 部	010-84083685
门 市 部	010-84029450
经　　销	新华书店及其他书店

印刷装订	环球东方（北京）印务有限公司
版　　次	2018 年 10 月第 1 版
印　　次	2018 年 10 月第 1 次印刷

开　　本	710×1000　1/16
印　　张	31.25
字　　数	492 千字
定　　价	128 元

凡购买中国社会科学出版社图书，如有质量问题请与本社营销中心联系调换
电话：010-84083683
版权所有　侵权必究

主　　编　楼　劲　陈　伟
执行主编　叶　植　戴卫红　靳　进
编　　委　(以姓氏笔画为序)
　　　　　王　欣　刘安志　李书吉　何德章
　　　　　陈长琦　尚永琪　胡阿祥　章义和
　　　　　韩　昇

致辞一

湖北文理学院院长　丁世学

尊敬的各位来宾，各位专家学者，女士们，先生们：

大家好！

首先，我们非常荣幸能承办本次秦汉魏晋南北朝史国际学术研讨会。现在虽然立秋，暑湿犹盛，承蒙各位专家学者不辞辛劳，拨冗光临。参加今天大会的不仅有来自中国大陆和台湾地区的专家学者，还有来自德国、美国、日本的专家学者。少长咸集，群贤毕至。这是一次学术的国际盛宴。在此我谨代表本次会议的承办方——湖北文理学院向主办方——中国魏晋南北朝史学会、湖北省史学会、《中国史研究动态》编辑部，向各位专家学者，表示衷心的谢意和诚挚的欢迎！

众所周知，创办于1900年的国际历史科学大会，每5年举办一届，除两次世界大战期间停办外，迄今已举办21届，是当今影响最大的历史学国际盛会，素有"史学奥林匹克"之美誉。2015年8月23—29日第22届国际历史科学大会在山东济南举行，是大会首次在亚洲国家举办。大会由国际历史学会主办，中国史学会和拥有114年办学历史并以文史见长的山东大学共同承办。

2015年8月23日，第22届国际历史科学大会在山东济南开幕。国务院副总理刘延东出席开幕式，宣读习近平贺信并致辞。习近平在贺信中说，历史研究是一切社会科学的基础，承担着"究天人之际，通古今之变"的使命。重视历史、研究历史、借鉴历史，可以给人类带来很多了解昨天、把握今天、开创明天的智慧。中国人民正在为实现中华民族伟大复兴的中国梦而奋斗，需要从历史中汲取智慧，需要博采各国文明之长。欢迎各位专家从对历史的感悟中为我们提供真知灼见。

中国社会科学院院长王伟光也在致辞中强调：中国清末思想家龚自珍曾经说，"出乎史，入乎道，欲知大道必先研究史"。他还以"灭人之国必先灭其史"的告诫，昭示了历史对一个国家和民族的生死存亡、前途命运的极端重要性。

因此，为了鉴古知今，继往开来，加强沟通，深化文明，历史研究永远有着非同凡响的崇高性和严肃性。中外历史学者们融汇古今，切磋琢磨，取精用宏，其优秀成果必将汇入人类精神文明的长河，泽被深远。

新中国成立以来，特别是改革开放以来，我们历史研究、历史学科受到了国家的高度重视，有了长足的发展。毋庸讳言，今天由于诸多复杂的原因，我们的历史学科内外均面临着诸多问题。从内部来讲，包括理论的创新、人员的交替等，可能需要我们转换思路，变换视角，提出新的问题，发现新的意义。我们也明显看到，无论是研究领域的深化，研究视角的丰富，社科理论的借鉴，还有国内国际学者们交流对话的深入等方面，均显示历史学科已经并正在取得更深刻更丰富的成绩。本次会议提交的论文也可以看出这一点。论文主题涉及领域比较全面，包括政治、经济、交通、文化、考古、社会、家庭、宗教巫术、疾病和艺术等方面，诸多问题细致深刻，显示出各位专家学者们不拘一格的问题意识和跨学科的理论水平。

从外部来讲，历史学科确实面临一些前所未有的挑战。如何在当代社会证明自己的活力？如何延伸与扩大自己的影响力？我们可能不仅需要加强历史学者业内的合作交流，正如今天这样的学术会议，还需要与其他社会科学学者，与非职业的历史学家，与各种媒体包括纸质与电子媒体的合作与对话。

本次秦汉魏晋南北朝史国际学术研讨会的召开，为国内外秦汉魏晋南北朝史学者提供了一个学术交流的重要平台。希望借此机会，进一步扩大和加深国内国际历史学者之间的学术交流与合作，沟通和对话，推动秦汉魏晋南北朝史学研究的发展与繁荣，并探讨历史学科未来的发展方向与目标。

作为承办方和东道主，我想向大家简单介绍一下襄阳市。

襄阳市位于湖北省西北部，汉水中游，东邻随州市，南界荆门市、宜昌市，西连神农架林区、十堰市，北接河南省南阳市。襄阳市辖襄州、襄城、樊城三区，南漳、保康、谷城3县，枣阳、宜城、老河口3市和国家级高新技术产业开发区、国家级经济技术开发区、鱼梁洲旅游经济开发区，总面积19774.41平方千米。全区气候上属亚热带湿润—暖温带半湿润大陆季风型气候，气候温润，无霜期较长，降水充沛，雨热同季，为农业生产提供优越的气候条件。境内珍稀动植物和矿产资源丰富，有大小河流600多条，分属长江、淮河两大水系，襄阳市最主要的河流是汉江，境内汉江全长216千米，有30条支流直接汇入汉江，流域面积17357.6平方千米，占襄阳市总面积的88%。汉江水系条件与欧洲著名的莱茵河相当。宗教则有佛教、道教、伊斯兰教、天主教、基督教五大宗教及多处宗教场所。与韩国、美国、俄罗斯、巴西、德国、加拿大、英国、法国等国均结有友好城市。

襄阳西接川陕，东临江汉，南通湘粤，北达中原，是鄂、豫、渝、陕四省市毗邻地区的交通枢纽，自古即为交通要塞，素有"南船北马、七省通衢"之称。历为南北通商和文化交流的通道。秦汉以后襄阳多为历史重镇，尤其在中古时代。据严耕望先生《唐代交通图考》记述，襄阳中古时代800多年的繁华"犹先秦之邯郸、明清之秦淮"。

襄阳历史源远流长。贤达胜士光彩照人，千古佳话长留清芬。

首先，襄阳是荆楚文化的发祥地，数千年历史留下了西周邓城、宜城楚皇城、枣阳九连墩等楚文化遗址。

三国时期又是襄阳历史上辉煌的一页。以刘表抚荆开始，中经诸葛亮《隆中对》发轫，继而有三国鼎立，到羊祜策源，贾充坐镇指挥的西晋灭吴，三分归一，襄阳见证了汉末三国的风云际会。这里一度是全国学术文化的中心地，百姓名士的庇护所，是诸葛亮等三国优秀人物沉潜涵泳的大课堂，是多个政权激烈争夺的古战场。《三国演义》120回中有24回故事发生在襄阳，三国文化现存有50余处遗址遗迹。2009年襄阳市继河北涿州和河南许昌后第三个获得"三国文化之乡"称号，并同时获批建立全国第一家"中国三国文化研究基地"，落户于湖北文理学院。

宗教方面。东晋高僧释道安驻锡襄阳长达15年，讲经弘法，分张徒众，统一佛教姓释，创立僧律戒规，编撰中国第一部佛经目录，奠定了佛教中国化的基础，是中国佛教里程碑式的人物，影响深远。襄阳一度成为全国的佛教传播中心。

　　艺术方面。2011年襄阳被授予"中国书法名城"称号，成为湖北省第一个、中国第9个"中国书法名城"。历史上代表性人物有三国时期的梁鹄、邯郸淳，隋唐时期的丁道护、杜审言，北宋时期的米芾、米友仁、张友正等。米芾世称"米襄阳"，与苏轼、黄庭坚、蔡襄合称"宋四家"。

　　襄阳历史上人物荟萃。政治家有东汉开国皇帝刘秀，三国时期的诸葛亮、庞统，唐朝张柬之等，文学家和诗人有唐代的孟浩然、张继、皮日休等，史学家有东晋习凿齿，艺术家有宋代米芾等。

　　近年来襄阳不断有影响重大的考古发现，出土有诸多精美器物。枣阳郭家庙、曹门湾曾国墓地的发掘，为研究曾国疆域及都城变迁提供了更多的研究资料，首次发现曾国最大的车坑和马坑，出土的诸多乐器对研究先秦礼乐制度意义重大。2016年又发现27座六朝隋唐砖室墓。现在，鄂北地区水资源配置工程文物保护考古工作正在展开，这是湖北继三峡、南水北调工程之后的又一次大规模考古行动，共涉及境内文物点44个，其中襄阳地区31个，分布在老河口、襄州、枣阳。目前，已经发现汉代墓葬及明清建筑遗址。这众多的考古发现，一方面说明襄阳历史和文化的丰厚，另一方面珍贵的地下资料将对古代历史文化研究提供重大的支持。

　　襄阳人文景观和自然景观交相辉映，被誉为"中华腹地的山水名城"。境内名胜古迹众多。襄阳护城河平均宽180多米，最宽处250米，是中国最宽的人工护城河，被称为"华夏第一城池"。最负盛名的国家4A级旅游景点古隆中，至今已有1800年历史，是诸葛亮躬耕隐居之地，"躬耕陇亩""三顾茅庐""隆中对策"等典故代代相传，脍炙人口。明代就已形成"隆中十景"。新中国成立后，又先后重修了隆中书院、诸葛草庐、吟啸山庄、铜鼓台、观星台、棋盘石等众多景点。隆中景区是湖北鄂西生态文化旅游圈的重要支撑点，更是三国旅游线的起点和主要客源集散地。作为著名政治家和军事家，诸葛亮及其文化已经成为襄阳的一张城市名片。襄阳市还举办了"襄阳诸葛亮文化旅游节"，又称"诸葛亮文化节"，形式灵活多样，是"文化襄阳"的重要组成部分。

　　襄阳历史影响深远。韩国至今沿袭汉朝建制，设有襄阳郡，保留有岘山、汉水、鹿门、太平门等襄阳的地名。美国、日本、中国台湾和香港以及上海、天津等地都有以襄阳命名的街道和公园。

历史的辉煌照耀今天，我们今天的创造亦将成为明天的历史。我们希望保有、珍视、研究并适当开发这些难得的历史和文化资源，这是作为襄阳人及湖北文理学院义不容辞的使命。我们希望获得校内外、市内外乃至国内外专家学者的指导和支持。继 2010 年中国三国历史文化国际学术讨论会暨第十七次诸葛亮学术研讨会后，今天我们又迎来了秦汉魏晋南北朝史国际学术研讨会。《小雅·鹿鸣》说"我有嘉宾，德音孔昭"，"人之好我，示我周行"。1917 年 2 月，日本友人宫崎寅藏到了长沙，毛泽东与同学肖植藩联名致信："远道闻风，令人兴起……今者愿一望见风采，聆取宏教。"现在，海内外专家学者齐聚襄阳，机缘难得，我们湖北文理学院教师正可朝夕请益，必将获益良多。有了各位的支持，加上我们自身的努力，我希望会有这么一天，当大家再次在此聚首，襄阳及湖北文理学院能奉献出更多更好的成绩，作为答谢和回报。

最后，衷心祝愿各位专家学者身体健康，生活愉快，预祝本届学术研讨会圆满成功！

谢谢大家！

致辞二

中国社会科学院历史研究所　楼劲

尊敬的主持：
尊敬的襄阳市委郭忠部长：
尊敬的湖北文理学院丁世学校长：
尊敬的刘群主席：
尊敬的陈伟先生、杨艳秋、南恺时、谷口满、宋馨先生：
尊敬的各位同仁：

经过一年多的筹备，由中国魏晋南北朝史学会与湖北省历史学会、《中国史研究动态》编辑部联合主办，由湖北省文理学院承办的"秦汉魏晋南北朝史国际学术研讨会"今天开幕了。值此会议开幕之际，请允许我代表学会，向前来参加论坛的各位新朋老友表示热烈的欢迎！向共同筹备了本次论坛的湖北省历史学会、《中国史研究动态》编辑部和湖北文理学院的同仁们，表示衷心的感谢！向多年以来大力支持魏晋南北朝史和三国文化研究的襄阳市委、市政府，向湖北文理学院领导和有关部门，表示崇高的敬意！

魏晋南北朝史上继秦汉，下开隋唐，对其历史定位的研究，对这一历史时期诸重大问题的讨论，对于理解全部古、今中国历史的发展均有极其重大的意义。近年我曾多次强调，中国历史上一系列重大事态，从土地制度、民族关系、政治制度、法律体系到儒释道形态和相互关系，以至文学、方技等多个方面，都在汉唐之间展现和完成了至为关键的演变周期。可以认为，这些周期的发生、展开和结束，在很大程度上代表了两汉这个伟大时代的影响，也在很大程度上代表了唐以来历史继续展开的基调和方向。而魏晋南北朝时期及对之的研究,正是诠释和解开这些周期之谜的关键所在。其中显然存在着大量问题有待探索讨论,除以往研究较多的政治史、制度史和社会史、文化史外,在宗教、思想、知识等精神领域,还有大量极为重要的未发之复需要研究,并可肯定其必将对今后一个时期的中古史研究范式发生重大影响。这大概也是近年以来魏晋南北朝史研究显得格外活跃,相关成果往往能够吸引史学同仁广泛关注的基本背景。

在这次会议上,学会同仁不仅可以汇报、交流自己近期研究的心得,也可以向湖北历史学会和《中国史研究动态》编辑部的同仁们学习,共同切磋和琢磨相关观点和理论、方法,相信无论是对推进今后各自的研究探讨,还是对把握整个魏晋南北朝史研究的前沿动态,把握整部古今中国历史的线索、脉络,都会具有积极和深远的影响。在共同切磋学问,交流研究心得的同时,各位同仁这两天又可新朋老友相聚,增进彼此的了解和情谊,留下珍贵和难得的回忆。

祝会议取得圆满成功!谢谢大家!

总结发言

华东师范大学历史系　章义和

各位同行、各位朋友，大家好！

　　站在这儿说话，我心里很愧疚，在这儿好吃好喝好几天，却没有带来参会论文，实在是说不过去。所以这两天我努力表现得好一些，认真开会，勤奋鼓掌。

　　这次会议包括15位东道主代表在内，与会学者共有68名，是个中型学术会议；共收到论著1部，论文48篇，是一个很有内涵的会议。会议开得结结实实，四场15人次的大会主题报告，四场31人次的分组报告，大家交流得很愉快。陶渊明说："人之所宝，尚或未珍。不有同爱，云胡以亲？我求良友，实靚（音够）怀人。"刘勰也说："音实难知，知实难逢。"而我们相逢在一起，切磋学问，抒发真情，"我有旨酒，与汝乐之，乃陈好言，乃著新诗"，人生至乐，也不过如此吧。故此，我提议，为了我们欢聚谈学而付出大辛劳、大奉献的湖北文理学院，特别是叶植教授及其团队鼓掌致谢！

　　刚才王安泰、姚潇鸫两位教授总结了两个小组的讨论情况，非常好，时间关系，我对各位的精言妙语就不再重复了。这里简单谈一下我对本次会议整个风貌的大致认识。

　　实在地说，我们这一代是极为幸运的，短短的三十几年，我们经历了农耕时代、工业时代和信息时代。时代变化之际，转型为当然之义，否则便被抛弃。同我们国家的政治、经济、社会诸方面的发展一样，我们的学术文化面临着转型。所谓转型，简单地说，旧领域、老办法是远远不够了，必须在现有成就的基础上，转换新角度，掘发新领域，更化新手段。本次会议，我从一开始就体会到了转型所带来的新的气象。楼劲会长在开幕辞中说，在中国历史上，魏晋南北朝这一段历史非常重要，中国传统的许多方面都是在这一阶段完成了它的演变周期，前辈学者对此作过精深的研究，但仍有未曾发覆之域，从精神领域理解秦汉魏晋南北朝史，从政治经济社会文化诸方面的连接地带开展综合研究，不固守单一学科堡垒，开展多领域多元化的交流互动，应该是我们下一步研究的方向。在座的专家学者都是高人，应该说英雄所见略同。粗略统计，本次会议上，涉及精神领域的汉唐史研究论文有七八篇之多，图像学、医疗学、民族学、人类学等研究手法的尝试亦出现了良好效果。转型所带来的新气象、新活力，我们已经见到。这是我对本次会议的第一个印象。

自从2015年8月在山东济南举行的第22届世界历史科学大会之后，历史学科的国际化水平日益提高。今年我参加过四五次学术研讨会，发现与会的外国学者明显增多。大家设计的讨论主题亦基于国际化的视域。本次会议来自日本、德国、美国等外籍专家占会议人数的八分之一，研究主题的专一、研究路径的独到、研究手法的丰富，都给我们留下了深刻印象。就我个人而言，德国慕尼黑大学宋馨教授的报告让我感慨，我体会搞一个专题研究，就应该像宋馨教授那样，总要在这一专题所涉及的资料范围内，尽可能求全求实，在资料搜集考辨的过程中，细心发现前人未曾注意的问题，抉隐发微，提出新见。交流是相互的，我和南恺时教授在一个小组，在分组讨论中，我看到南恺时教授非常认真。看到他这个样子，我本想到会场外溜达的念头便打消了。本次会议的国际化程度与襄阳南船北马的开放性格是相匹配的。这是我的第二印象。

对史料的饥渴是史学研究的本能现象。本次会议对新发现史料的诠释和申说可谓一道风景。新学术基于新发现，或者说新发现会带来新学术，我们记得老祖宗给我们的这一教导。四十余篇论文中，九篇论文直接讨论简牍所涉及的问题，三篇论文直接讨论墓志资料，两篇论文讨论的是敦煌文书，还有一篇论文谈镜铭，一篇论文谈南朝画像砖，也就是说有三分之一的论文基于新史料的发现。这种情况的出现一方面是同行们的学术敏感，另一方面也是数据时代所带来的恩惠。范兆飞教授在主持小组讨论时发现一个现象，他给的一个词是回归。这种回归包含两个层面的意思：一是传统话题的回归，一是好多朋友在经历博采众取之后，再次回到原初从事的专题。他的这个说法有道理。本次会议有十篇以上的论文是老题新做。如制度方面8篇、社会史方面5篇。老题新做，收获的不仅仅是学术观点，更多的是一种学问新境界。研究结构的变化是本次会议给我的第三个印象。

同叶植老师表达过一种欣喜，在这次层级不低的学术讨论会上，与会的年青学者占有相当大的比重。这些青年才俊带来了他们的敏锐、活力和智慧，让我们真真切切地体会到新陈代谢也是学术发展的一个规律，李杜诗篇不新鲜，各领风骚三两年。在陈寅恪、唐长孺、田余庆等学术巨匠辛勤耕耘的沃土上，我们相信，就在我们眼前，就在这些初露锋芒的青年学者群中，一定会生成学术的参天大树，不是一棵，而是一片，一片大森林。青年才俊的脱颖而出，这是本次会议给我的第四印象，也是最深的一个印象。我的一个老乡，是个作家，叫张锲，他有一首气势磅礴的诗：《祖国，一首唱不完的恋歌》，诗的末尾两句是："未来属于中国，中国的未来属于青年！"我同意他的看法。

我就说这些，不够周全，请大家批评。谢谢大家！

目　录

先秦时期襄阳地区交通与文化上的地位
（梗概）
　　——伍子胥故里碑和楚皇城出土鳖形铜带钩 ……… ［日］谷口满（1）
苞茅、缩酒与茜御 …………………………………… 尹弘兵（14）
战国西汉遣册饮食器名物的记录特征 ……………… 刘国胜（29）
岳麓秦简《尉卒律》校读 …………………………… 陈　伟（41）
北大藏秦水陆里程简册所见的汉江水道与津渡 …… 晏昌贵（50）
里耶秦简 8－149＋8－489 号牍校读 ………………… 鲁家亮（60）
秦汉时期的"令"与文书行政 ……………… ［日］土口史记（72）
惩处不孝：中国早期法律的儒家化？ ……… ［美］南恺时（91）
略论更始帝刘玄迁都长安及其败亡 ………………… 陶继双（102）
熹平石经刊刻与东汉后期士人的交际网络 ………… 夏增民（112）
试论东汉末年的"异姓诸侯" ………………………… 王安泰（128）
东汉三国吴的长沙郡与文书行政 ………… ［日］藤田胜久（140）
长沙走马楼吴简所见"取禾""贷禾"简再探讨 …… 戴卫红（165）
孙吴时期长江下游人文区域探析 …………………… 张璐赟（192）
魏晋至隋唐民间若干知识技术职业的收入估测 …… 楼　劲（205）

魏晋南北朝皇帝玺管窥：玉玺、金玺与
　"传统"的虚像 ……………………………………………… ［日］阿部幸信（228）

六朝岭南译经群体考略 ……………………………………………… 姚潇鸫（263）

士族个案研究的问题、路径与超越 ………………………………… 范兆飞（275）

论东晋咸康土断 ……………………………………………… 张　敏　容　易（285）

五凉政治制度建设申论 ……………………………………………… 贾小军（304）

论苻秦统治集团的民族结构演变及败亡 ………………… 冯纪儒　王　欣（314）

墓志所见汉族士族女性操持元魏宗室之"家政"与"家教"
　——从一个侧面看北魏后期鲜汉上层社会之
　　文化交融 ………………………………………………………… 王永平（336）

南北朝时期鄂豫地区的"蛮"和水陆交通 ……………… ［日］北村一仁（358）

北朝时期与"疾患"有关的造像记 ………………………………… 邵正坤（379）

北朝葬地选择考略 ……………………………………………… 姜望来　杨　晨（393）

襄阳南朝画像砖研究 ………………………………………………… 王先福（410）

中国古代占星术中的占辞及其运用
　——以刘宋时期记录为例 ………………………………………… 吕传益（436）

《唐会要》抄本所见佚文考 ………………………………………… 刘安志（450）

《北京大学藏秦水陆里程简册》所见邵乡、鄢路
　卢津小考 ………………………………………………………… 叶　植　胡俊玲（462）

先秦时期襄阳地区交通与文化上的地位（梗概）

——伍子胥故里碑和楚皇城出土鳖形铜带钩

[日] 东北学院大学　谷口满

襄阳市文物考古研究所陈千万先生是我的老好朋友。我们多次一起考察过襄阳地区各个出土文物的单位和遗址了。本文以"伍子胥故里碑"和"楚皇城出土鳖形铜带钩"这两件文物为例，对先秦时期襄阳地区交通与文化上的地位，谈谈我自己的看法。如果陈先生没有赐给我看到这两个文物的好机会，我自己应该不能做以下的议论。在此，我衷心地感谢先生。

一　从伍子胥故里碑说起

几年前，陈千万先生和我一起访问老河口市博物馆，考察安岗楚墓、九里山秦汉墓等出土的铜器、漆木器、陶器等，考察结束之后，在保存库一楼平台发现一块碑石。虽然碑铭不清晰，但是可能看读"十六年辛未……伍子胥故里……"的部分。这就是留存在冷集镇（现谷城县北）的乾隆十六年（1751）刻立"伍子胥故里碑"。据陈先生说，光绪《光化县志》等文献和当地的流传说："光化富村乡是伍子胥故里，他被杀后，故里官宦、士绅、乡亲，把他的尸骨运回故里安葬，所以伍子胥墓仍在光化，位于今老河口市付家寨镇陈家港村铁匠沟村。旧时光化县西关（现三岔口）有明天启年间刻立'伍子胥故里碑'，冷集镇（现谷城县北）有清乾隆十六年刻立'伍子胥故里碑'。"乾隆的故里碑现在保存在老河口市博物馆，那么，天启的故里碑现在在哪里？当时疏忽没有向陈先生请教非常可惜。残留在乾隆故里碑的谷城冷集镇是在老河口对岸汉水西岸，残留在伍子胥墓的老河口付家寨镇陈家港村铁匠沟村是丹江口市老河口市交界地点的汉水西岸，从老河口码头上船，两地都可能在短时间内到达。站在河风微微的老河口码头，突然涌起访问冷集镇和铁匠沟村的念头了。然而遗憾的是那时候没有时间，就不得不放弃了。

伍子胥故里，众所周知，一说是在监利县黄歇口镇伍场村，他的衣冠冢在现在的黄歇口镇邹家场。他的后裔伍氏历代住在黄歇口镇而供奉伍子胥神灵，而且监利县城早年建立伍公祠，其旧址在现在的建设大道。换言之，黄歇口镇的人们以为这里是伍子胥的故里，他被杀之后，他们的祖先们建立衣冠冢而供奉伍子胥的神灵。又黄歇口镇的"黄歇"，民间流传说春申君黄歇曾寓居在此而得名。

此外，伍子胥的祖父伍举封于椒，所以他叫作"椒举"。那么，椒在什么地方？其位置，杨伯峻先生说在今钟祥市北宜城市东南大洪山西麓，郑威先生说在淮水以北今阜阳至凤台一线附近。① 因此，父伍奢和伍子胥自己从孩子时期到成年的时期住在椒邑也很有可能性，于是，不论椒邑在汉水中游或者淮水以北，后世都有可能发生伍子胥故里在春秋时期椒邑之地的传承。

又《太平御览》卷一八零所引盛弘之《荆州记》云，宛城有伍子胥宅。据传，伍子胥封于申，申城是后代的宛城（今南阳市）。此传说表示的不是伍子胥的故里而是他成年时期的旧居之地。那么，吴都姑苏等地方当然也有伍子胥旧居的传承。

像伍子胥那样著名人物的故里或旧居的传说，中国各地到处都可能发生。这些传承是不是历史上的事实不清楚。但是，即使不是事实是传说，假如毫无缘故，也不可能出现。换言之，传说发生的地方就该和伍

---

① 参见郑威《西周至春秋时期楚国的采邑制与地方政治体制》，《江汉考古》2009年第3期。

子胥有某种关系。那么，我自己所看到的伍子胥故里碑出现在谷城冷集镇一带，又会是什么关系呢？站在河风微微的老河口码头，这样的疑问也油然而起了。

关于伍子胥的竞争对手范蠡的故里，《越王勾践世家》张守节《正义》所引《会稽典录》和《吴越春秋》云本是楚宛三户人。虽然三户的确切地望是不清楚，但是在今南阳市近郊是没有疑义的。南阳的西面淅川也有是范蠡故里的传说，具体地望就是丹江沿岸的今淅川县李官桥。淅川人们信之而不疑，刘国胜先生的《一代商圣范蠡故里趣闻》[①] 是表示淅川老百姓这种心理的代表性著作。[②] 此外，例如《水经注·夏水注》华容县条云："王隐《晋书·地道记》曰：'陶朱冢在华容县，树碑云是越之范蠡。……检其碑题，云故西戎令范君之墓，碑文缺落，不详其人。称蠡，是其先也。'"陶朱公范蠡之墓，一般认为在他的终焉地定陶一带。然而《晋书·地道记》所传陶朱冢也许不是尸墓而是衣冠墓，换言之，华容是范蠡故里，他死后，华容的民众建立衣冠冢，供奉范蠡神灵是不无可能的。虽然《晋书·地道记》所传陶朱冢是把范君墓误以为范蠡墓有可能性，但是，当时的华容也可能有范蠡故里的传说。南阳三户、淅川李官桥、旧华容，这些地方发生范蠡故里的传说并不是偶然，应该有某些关系。

经过梳理伍子胥故里与旧居的传说以及范蠡故里的传说，谁都容易联想到两者传承地方比较邻近。从伍子胥故里谷城冷集镇、墓地老河口付家寨溯上汉水，于丹江口入丹江，马上就到范蠡故里李官桥。一方面沿着汉水，于襄阳入白河，马上就到范蠡故里南阳三户，而三户至近有伍子胥旧居，都在襄阳地区以及其附近。不仅这样，今监利黄歇口镇与过去的华容县也非常邻近。这些地点的华容在今潜江市西南，与黄歇口镇极近，都在故夏水河道流域。两个竞争对手的故里与旧居的传承地方非常接近，是很有兴趣的事情。

活跃于吴越抗争故事的其他人物是：孙武，齐人，一说曰吴人，著

---

① 刘国胜：《一代商圣范蠡故里趣闻》，中国广播电视出版社2006年版。
② 众所周知，《左传·哀公四年》记有三户，此三户，一般认识在淅川县西方。我自己目前认为此三户不是南阳近郊的三户，也不是李官桥的范蠡故里。详细从略。

名兵法家，在吴国玩弄权谋术数；伯嚭，楚人，伯州犁的孙子，楚诛伯州犁，亡奔吴国而为大夫；华登，宋人，华氏败北之后，亡奔吴国，用力于富国强兵；大夫种（文种），曾经任宛令（南阳之宰），和范蠡一起到越，帮助越国取得胜利；计倪（一作计然等），晋人之子孙，一说曰蔡丘濮上之人，范蠡之师，献策越王勾践；申包胥，楚王族成员，作为楚国使者来到越国，献策越王勾践。

如果孙武不是吴人，他们都不是吴人越人，除阖闾、夫差、勾践之外，吴越抗争故事的主要角色大部分是他国之人。因此，于这些传承的背景，有吴越与各国之间人员和物资的恒常性来往的事实，可想而知。由于春秋时期长江下游的开发进展，吴越新兴并渐渐地具有经济性实力与政治性强势。在这样的情况之下，商人为了求得财富，诸子为了求得显贵不断地走入吴越，是容易联想到的。一方面，吴越之人也为了吸收古老传统文化而取得作为中原世界成员的地位，积极地出游国外各国，贤人季札回巡诸国的故事是其例之一。

如此人员和物资的来往促进了吴越与诸国的全国性交通道路的形成，同时全国性交通路线的形成也越发促进人们和物资的来往。陆路水路之中，尤其全国性水路通道的积极地形成是没有疑义的。吴越本来是水上之国，三江、五湖、松江、吴故水道以及海路等的水路纵横走行，给两国的交通与经济发展提供十分方便的环境。利用这样水运的优势，他们向北方和西方伸开水路网。北方方面，众所周知，开凿邗沟连接长江和淮水是其代表性工程，可以形成长江→邗沟→淮水→泗水·鸿沟→定陶地区的东部大纵断水路。更进一步可能形成海路→济水→定陶地区的海上水路，这是当然可以推定的。西方方面，不用说形成长江→汉水→济水·丹江的西部大纵横断水路。尽管吴与越、楚与吴、楚与北方诸国、吴越与北方诸国连续地抗争，这个南方大循环水路也许有时能够越过边防线而发挥其作用。到楚国占有吴越地域的时候，此大循环水路可完善地发挥其作用。

在这条南方大循环的水路上，不仅来往着人员和物资，也流传着各种各样的故事传说。吴越抗争故事就是这些传说故事中的代表性故事。因而，关于伍子胥、范蠡等著名人物的传说故事当然在各地流传，于是，关于他们的故里、旧宅的传说就发生在南方大循环水路上的各地据点，这很有可能性。所以，所传的伍子胥、范蠡、大夫种、计倪等的故里、旧居、任职地都在这样南方大循环水路上并不是偶然的。襄阳地区是南方大循环水路的出发点和终站点。换言之，是水运西站，伍子胥故里的冷集镇，范蠡故里的南阳三户和淅川李官桥，大夫种任职的南阳市区都在襄阳附近的汉水或者其支流的重要水运码头，这些都不是偶然的例子。定陶地区是南方大循环水路的出发点和终站点。换言之，是水运东站，计倪故里的蔡丘濮上在定陶邻近，也不是偶然的例子。不仅如此，伍子胥故里的监利黄歇口镇和有可能性的范蠡故里故华阳县都在故夏水河道的流域，也不是偶然的例子。因为故夏水是连接汉水与江陵地区的重要支线水路，在当时充分发挥了其水运的作用。又黄歇口的地名，楚国领有吴越地域的时候，春申君黄歇封于吴都姑苏，于是，关于黄歇的传说从苏州地方上溯传播到夏水流域，因此出现黄歇口的地名，是很有可能的。①

在承担传播这些传说的人们之中，应该有从事水运交易的商人们，所以我们不可不注意范蠡、大夫种、计倪等的思想特色。众所周知，他们的思想特色，一言以蔽之，就是因顺循环与变化。以这样的特色为主的思想，据浅野裕一先生的研究，是范蠡型思想也是黄老思想的重要成分。②像因顺循环与变化那样的思想情况，宛如乘舟在河上航行。然而仔细看读《吴语》《越语》《越绝书》等他们的言论，我自己也可能想起其中存在某种"商人精神"。《越语·上》云：

> 大夫种进对曰："臣闻之：贾人夏则资皮，冬则资絺，旱则资舟，水则资车，以待乏也。"

他们思想中的这样的因顺循环与变化的思想特色和商人精神特色，与从事水运交易的商人们传播他们传说故事的事情，也可能有一定的关系。③

---

① 伍子胥传说与水运交通路形成的关系，参见［日］石黑ひさ子《「伍子胥」の意味するもの》，明治大学《骏台史学》118；范蠡传说与水运交通路形成的关系，参见［日］大川裕子《范蠡三徙说话の形成——水上交通路上の关系を中心に》，日本女子大学史学研究会《史草》47号，后收入［日］大川裕子《中国古代の水利と地域开发》，汲古书院2015年版。

② ［日］浅野裕一：《黄老道の成立と展开》，创文社1992年版。

③ 范蠡传说与商人精神的关系，参见［日］滨川荣《范蠡と庄生——「史记」越世家小考》，《福井重雅先生古希·退职记念论集：古代东アジアの社会と文化》，汲古书院2007年版。

我们必须更加注意于南方大循环水路上襄阳地区和定陶地区的特殊地位。襄阳地区和定陶地区都是从水运换乘陆运的转换点。从襄阳地区北上越过方城到洛阳，西北上越过武关到咸阳，都是重要的陆路干线。从定陶地区向西越过郑境到洛阳，北上到卫境，之后，越渡河水到邯郸，也都是重要的陆路干线。换言之，两个地区是水运站和陆运站。所以襄阳地区和定陶地区是北方物资与南方物资、北方文化与南方文化、北方风俗与南方风俗的直接相遇点。在此意义上，相比南方大循环水路上的其他各地，襄阳地区和定陶地区更具有其特殊的地位。这种异质性的东西的直接相交，诞生了优异的人物，产生了优异的文化、优异的风俗，在历史上屡见不鲜。这种优异性，亦陆亦水，亦北亦南，不陆不水，不北不南，换言之，是扬弃了异质性而产生新质东西的精神。西鄂之人张衡就是其代表性的优异人物。据陈伟先生的说法，《鄂君启节》的鄂是西鄂，而先秦时期西鄂是水运的起点和陆运的起点。虽然西鄂不在襄阳地区，但是是可以推想襄阳地区交通与文化功能的有效例子，虽然张衡不是先秦时期的人物，但是他亦是推想先秦时期那样优异性能力人物的有效例子。伍子胥、范蠡、大夫种、计倪等，关于这些优异人物的故里与旧居的传承发生在襄阳地区和定陶地区必然有相应的关系。虽然不能提出确切的事例，但是他们的思想特色之中或许有扬弃了异质性而产生新质东西的思想要素。

先秦时期襄阳地区是南方大循环水路的出发站和水陆的转换点，也是新文化的产生点。这种先秦时期襄阳地区的交通与文化上的地位，虽然任何人都希望做出结论，但是遗憾的是证据的资料，除极少的文献传承和考古资料之外，几乎没有。在这些数据之中，伍子胥、范蠡、大夫种等，著名优异人物的故里与旧居传说发生在襄阳地区的事情，也许是别一形式的证据吧。这就是对于几年前于老河口码头油然而起的问题，我自己的目前答案。

文献如《吴太伯世家》《越王勾践世家》《越绝书》《吴越春秋》《吴语》《越语》等，他们的传承是不是历史事实不清楚。如果是事实，直接地证明本文的说法，即使不是事实是传说，这些传说的背景事情间接地证明本文的说法。本文依据后者的看法，试试提出自己的意见。这些传说什么时期发生的也不清楚。如果发生于春秋末期，直接地证明上述南方大循环水路当时已经形成了。即使发生在战国以后或者秦汉时期，间接地证明先秦某些时期这个大循环水路已经形成了。

二 从楚皇城出土鳖形铜带钩说起

几年前新修开馆的襄阳博物馆，众所周知，以昭明台为馆舍。那么，以台榭为博物馆，究竟是什么样的建筑结构，无论如何也要参观。开馆半年之后，我和武汉大学刘国胜先生一起访问了这里。那时候陈千万先生和王先福先生给我两本书，一本是《襄樊考古十年》（湖北美术出版社2010年版），一本是《襄樊博物馆文物陈列》（湖北美术出版社2010年版）。两个小时参观之后，于车中打开两本书，后者40页发现非常清晰的彩色照片（附录二图1）。这就是1976年襄阳地区宜城楚皇城遗址出土的鳖形铜带钩。那时候楚皇城遗址发掘与调查的内容，其中有这个鳖形铜带钩的实测图。[①] 30年以来忘记这样重要的考古资料，实在是一个大的粗忽（此铜带钩的年代，我自己目前认为是战国时期，详细从略）。

楚国楚文化有没有鳖神崇拜，相关资料非常欠缺，所以楚皇城出土的这个鳖形铜带钩是极其贵重的资料。重新翻看《襄樊博物馆文物陈列》所收的彩色照片，有如下两点的思考。

第一，作为崇拜神的鳖神，一般是治水神。楚皇城一带汉水、蛮河等河川，历来是洪水反复发生、水害极甚的地域。这样地势的地点发现鳖形神铜器，并不是偶然的。

第二，孙华先生说：楚王所有的熊某称谓的"熊"就是《尔雅·释鱼》所载的"三足鳖"、楚王的祖先是崇伯鲧，他可能化为三足鳖，所以楚王的神格就本来是鳖神。[②] 鳖形神铜器的发现也许部分证明孙华先生的说法。

就鳖神传承而言，谁都知道的是开明始祖鳖灵的传说。那么，楚皇城出土鳖形铜带钩与鳖灵传说有没有关系？我坐在深夜行驶向郧县的车中，这样的问题油然而起了。

---

① 楚皇城考古发掘队：《湖北宜城楚皇城勘查简报》，《考古》1980年第2期。
② 孙华：《四川盆地的青铜时代》（第十七、十八篇），科学出版社2000年版。

鳖灵传说的主要要素是以下四点。

一、荆人鳖灵死，其尸化西上。"化"是把人类的身体化成别的东西的意思，此场合鳖灵的尸当然化为鳖的身体。

二、鳖形的鳖灵之尸到蜀地岷山之下而再生，变化复为人类的身体。

三、鳖灵服事帝杜宇，从事治水事业。

四、鳖灵以治水功绩代替望帝杜宇而立，创立开明王朝。

以鳖灵为首领的氏族集团就是以鳖为崇拜物而以治水为职能的集团，是没有疑义的。那么，他们上溯长江到蜀地，由于治理洪水有功，代替杜宇而立开明王朝，这些是不是历史事实？解决这个问题的关键性资料，只有两件青铜器。一件是成都市三洞桥出土战国青铜勺的底部图案（附录二图2）。① 如果中央图案是鳖的话，这件铜勺表示战国时期蜀地开明王朝人们的鳖崇拜。其鳖崇拜当然就是来源开明王朝始祖鳖灵。别一件是涪陵小田溪出土战国青铜钲衡部图案（附录二图3）。② 中央的动物图案，形状非常奇怪，无头而三足。关于无头，谁都会想到是"夏耕之尸"。《大荒西经》云："有人无首，操戈盾立，名曰夏耕之尸。故成汤伐夏桀于章山，克之，斩耕厥前。耕既立，无首，走厥咎，乃降于巫山。"孙华先生认为楚王的鳖神神格来源崇伯鲧的三足鳖，虽然《大荒西经》的无首之尸是夏耕不是崇伯鲧，但是夏耕是崇伯鲧的子孙，是有意思的。因此，虽然身体细小，但是涪陵小田溪出土战国青铜钩的奇怪动物是三足鳖，很有可能。于是，形成楚皇城出土鳖形铜带钩→涪陵小田溪青铜钲三足鳖→成都三洞桥青铜勺鳖形图案，这样的迁徙路线，可能表示以鳖为崇拜神的楚国的治水集团从襄阳地区到江陵地区，之后，上溯三峡到蜀地而代替杜宇王朝创建开明王朝的历史事实。涪陵小田溪青铜钲的三足动物，宛如悠然地溯流而上长江三峡。

然而遗憾的是如此说想有资料上的龃龉。这就是楚皇城出土鳖形铜带钩是楚国楚文化的青铜器，可是小田溪出土青铜钲和三洞桥出土青铜勺不是楚国楚文化的青铜器而是巴国巴文化的青铜器。以不同的国属不

---

① 吴怡：《记成都市出土的几件雕有图腾纹饰的青铜器》，《成都文物》1986年第3期。
② 《中国青铜器全集》编辑委员会：《中国青铜器全集》卷13《巴蜀》，文物出版社1995年版。

同的文化的青铜器为证据，推想某个集团的迁徙情况，在证据上其性格是矛盾的。小田溪出土战国青铜钲与其他巴文化青铜钲形状完全同一，刻有图案都是常见于整个巴文化青铜器的图案。三洞桥出土青铜勺底部周围的四个图案也都是常见于整个巴文化青铜器的图案。两件青铜器是巴国巴文化的青铜器，是明白的事实。众所周知，楚皇城是楚国重要城市之一，那里出土的青铜器一定是楚国楚文化青铜器。对于这种证据的特殊情况，我们怎么样来看待，虽然没有确信，但是敢于提出一些己见。

第一，值得注意的是鳖崇拜与虎崇拜的互换现象。众所周知，巴国巴文化青铜器的图案是以老虎为中心，于周围配置不同各种各样的图案。万县出土虎钮錞于的图案是其代表例子（附录二图4）。① 一见图2与图4就会明白，周围的图案没有变化，只有中央的图案有变化，就是錞于的老虎化为铜勺的鳖。三洞桥出土的青铜勺是作为治水集团的鳖灵集团创设开明王朝的东西，所以中央团案不是别的，正是鳖。那么，鳖灵集团创设开明王朝以后，虎崇拜消失了吗？并不是这样，因为开明兽、昆仑门神兽等来源开明集团的神兽，都是虎形神，鳖灵化为老虎吧。传广汉出土战国青铜钲（附录二图5）② 与小田溪出土战国钲形状完全同一，一见图3与图5就会明白，中央图案有变化，小田溪的无头三足动物化为传广汉的老虎。

在巴国人们的宗教信仰中，作为代表性崇拜图腾的虎，有的时候有的场合化为鳖，相反地，作为一个崇拜动物的鳖，有的时候有的场合化为虎。不论以虎图案为中心的青铜器的巴国人们，或者以鳖为中心的青铜器的巴国人们，本来都有虎崇拜与鳖崇拜。这样崇拜神互换的宗教心性现象，宗教学上叫"融即"。

第二，值得注意的是于楚国楚文化之中也有虎崇拜与鳖崇拜。虎乳子文传说等的传承和虎座鸟架鼓等的器物表示楚国楚文化中有虎崇拜，是没有疑义的。一方面，像上述那样地目前提供的鳖形铜带钩等表示楚国楚文化之中有鳖崇拜。虽然不能提示确切的证据，但是楚国楚文化中虎崇拜与鳖崇拜的融即关系，并非毫无可能性。提示一个参考事例，这

---

① 李纯一：《中国上古出土乐器综论》图二一八，文物出版社1998年版。
② 《中国青铜器全集》编辑委员会：《中国青铜器全集》13卷《巴蜀》，文物出版社1995年版。

是淅川徐家岭9号墓出土青铜神兽（附录二图6）。① 据报告者说，此青铜兽是龙头、虎体、龟足。虽然这样的关系是合体不是融即，但是却仿佛是融即的关系。从虎体与龟足的合体推想，虎体与鳖足的合体当然地也可能推想。

于是笔者想到，承担楚国楚文化的人们与承担巴国巴文化的人们，本来都有虎与鳖的融即关系性动物崇拜信仰。换言之，楚国人与巴国人的民族系统与文化系统本来就是非常亲近的。虽然楚国与巴国的发展过程中，尤其楚国吸取中原文化而企图政治上中原化的过程中，这样的古老信仰崇拜习俗渐渐地消失了，但是不仅在巴国巴文化，而且在楚国楚文化的某些地方与某种习俗之中，也还残留保有这样崇拜信仰的集团。我们认识的楚国楚文化与巴国巴文化是不同的国家不同的文化，所以从这样不同的国家与文化的表现看，那些居住在楚国国内的信仰崇拜集团也许不是巴国的成员巴文化的保有者，而是楚国的成员楚文化的保有者。然而，从楚国楚文化与巴国巴文化的本来渊源看，他们不是楚文化的保有者而是巴文化的保有者。因此，我们可以把楚皇城出土鳖形铜带钩看作楚国中的巴文化系青铜器，换言之，可以把小田溪出土战国青铜钲、三洞桥出土战国青铜勺、楚皇城出土鳖形铜带钩，看作巴文化青铜器。于是，我们避免于上述的证据上产生龃龉与矛盾。

这就是对于上述资料我自己目前提出的意见。因此，我自己认为以鳖神为崇拜神的楚国治水职能集团，上溯三峡到蜀地而以其治水功绩代替杜宇创办开明王朝，一定具有历史的事实性，楚皇城出土鳖形铜带钩、小田溪出土战国青铜钲、三洞桥出土战国青铜勺以及鳖灵传说可能表示这些事实性。在鳖灵传说中，把鳖灵叫作"荆人"并非没有缘故。王毅先生说鳖灵开明族的治水技术受到楚民族的治水技术影响，可能性很大，② 王先生的看法可能与我自己的意见相互证实。关于这个集团什么时期迁徙，推想非常困难。一般地认为楚国历史与文化的展开过程中，春秋中期是一个转变时期，以若敖氏为首的老旧政治势力衰退而以王族为

---

① 河南省文物考古研究所等：《淅川和尚岭与徐家岭楚墓》图一八二，大象出版社2004年版。
② 王毅：《从考古发现看川西平原治水的起源与发展》，载罗开玉、罗伟先主编《华西考古研究（一）》，成都出版社1991年版。

首的新兴政治势力强势，以楚式鬲为首的古老楚文化衰退而以青铜器为首的中原式楚文化愈趋发展。在这样政治与文化的转变之中，以鳖神为崇拜神的、自古以来的治水职能的集团，离开楚国而上溯长江上游，很有可能性。目前可能提出的，仅此而已。

于是，我们可能说想在先秦的某些时期，以蜀地成都为水运西站而以襄阳地区为水运东站的南方大循环水路已经形成了。襄阳地区—定陶地区的南方大循环水路，可以说是"东方"的南方大循环水路，那么，这条南方大循环水路，可以说是"西方"的南方大循环水路。尽管楚与巴、楚与其他南方民族、巴与其他南方民族连续地抗争，这条西方大循环水路也许有时可能越过边防线而发挥其作用。

可是，值得注意的是这条大循环水路网上，从襄阳地区到江陵地区的路线有两条，一条是从襄阳流下汉水而西进到江陵地区的水路，一条是从襄阳地区直达江陵地区的陆路。后者襄江走路和所谓随枣走路是先秦湖北地区的代表性陆路，所以楚国首先苦心经营襄江走路，之后费尽心血地掌握随枣走路。不论如何，襄阳地区不仅是东方大循环水路的起点，也是西方大循环水路的起点。其交通上的重要性，可想而知。

那么，我们必须更加注意西方大循环水路的作用与性质。虽然这条西方大循环水路能发挥交易的作用，但是比襄阳—定陶的东方大循环水路，其程度也许要小得多。恐怕在其交易的作用，还不如各民族之间交通道的作用。此大循环水路以及丹江、堵水、沮水、漳水、清江、乌江、嘉陵江、岷江等的支流，先秦、秦汉时期巴民族、濮民族等各民族在这些水路上反复来往迁徙。作为水路的作用，东方大循环水路是以交易作用为主，西方大循环水路是以民族交通道为主，是令人感兴趣的对比。伍子胥、范蠡、大夫种、计倪等像从事交易商人那样人物的传说发生于东方大循环水路，像民族迁徙传承那样的鳖灵传说发生于西方大循环水路，或许是与这些对照有关系。

襄阳西北、西南的西部群山也是各种各样民族的流动地区，他们的某些部分有的时候搬迁到襄阳地区，另一方面，襄阳地区的人们有的时候搬入到其他民族地区，是当然可能推想的事情。襄阳地区这种民族流动地区的东端，换言之，襄阳地区就是最东的民族交错地方。虽然先秦时期襄阳地区基本上是周文化与楚文化的展开地区，但是各民族文化相互的影响不无可能性。这样的情况，也能反映先秦时期襄阳地区的文化上的地位。笔者推想，不仅巴族本来是这种西部山群中的民族，楚族本来也是这种西部群山中的民族。虽然楚国发展过程中其本来的民族习俗渐渐地消失，但是本来民族习俗的一部分可能留传到后代。楚皇城出土鳖形铜带钩或许是这种本来民族习俗的遗物，也表示民族文化交错那样的先秦襄阳地区的文化上的地位吧。

上述的先秦时期襄阳地区交通上与文化上的地位，虽然任何人都希望做出结论，但是遗憾的是证据资料，除一些考古资料之外，几乎没有。这样的资料之中，楚皇城出土鳖形铜带钩、小田溪出土战国青铜钲、三洞桥出土战国青铜勺以及鳖灵传说，可能是极少贵重的资料。

这就是对于几年前于车中油然而起的问题，我自己提出的目前答案。

附录一

长江流域地图

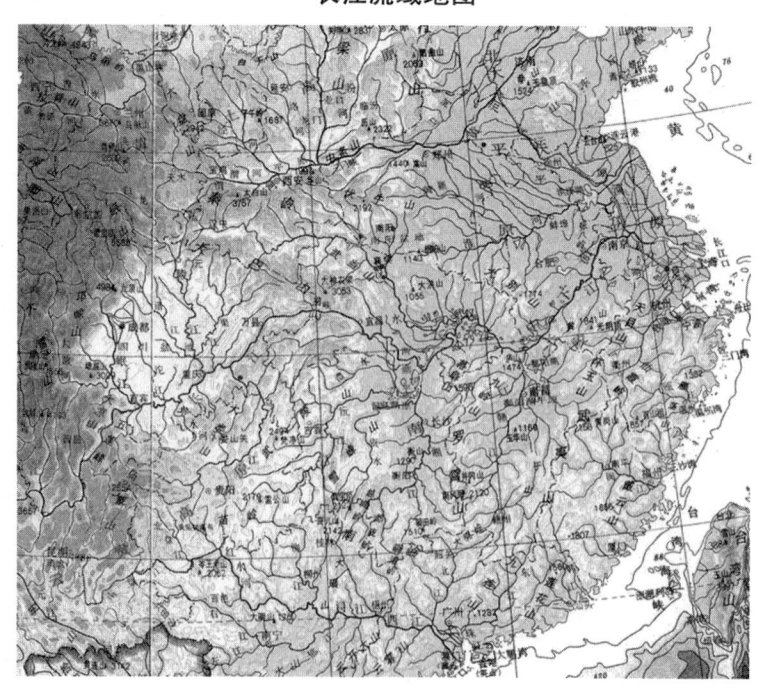

附录二

相关出土文物图片

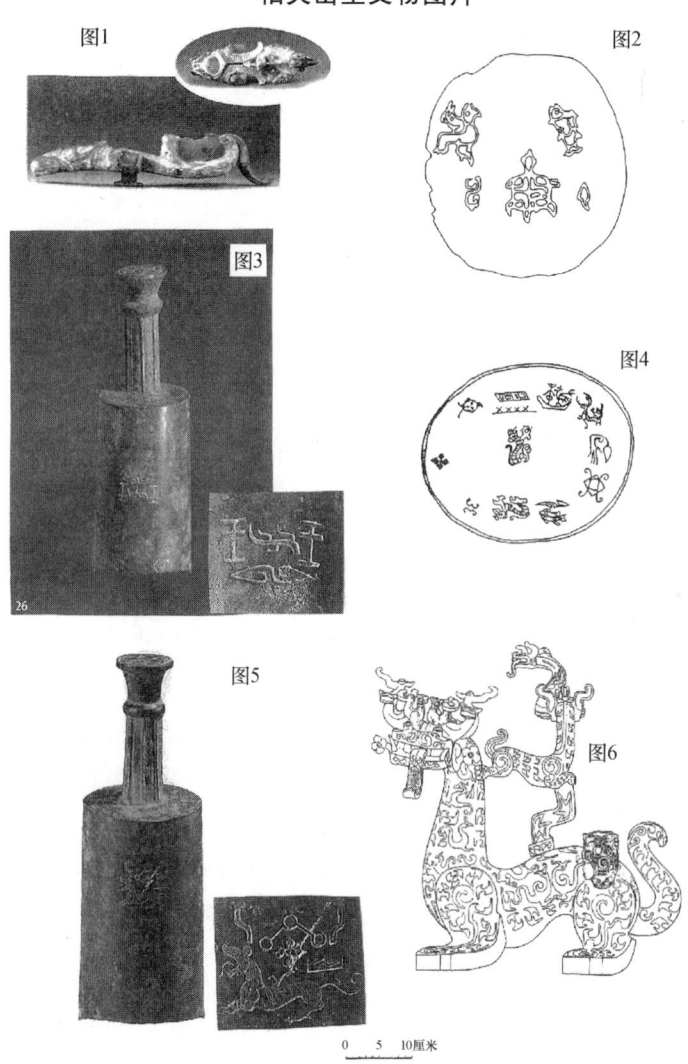

苞茅、缩酒与茜御

湖北省社会科学院楚文化研究所　尹弘兵

苞，字又作包，苞茅又写为包茅。"苞茅缩酒"是先秦时期的一种祭祀，用以敬神，其事见于《左传·僖公四年》：

> 四年春，齐侯以诸侯之师侵蔡。蔡溃，遂伐楚。楚子使与师言曰："君处北海，寡人处南海，唯是风马牛不相及也，不虞君之涉吾地也，何故？"管仲对曰："昔召康公命我先君大公曰：'五侯九伯，女实征之，以夹辅周室！'赐我先君履，东至于海，西至于河，南至于穆陵，北至于无棣。尔贡苞茅不入，王祭不共，无以缩酒，寡人是征。昭王南征而不复，寡人是问。"对曰："贡之不入，寡君之罪也，敢不共给？昭王之不复，君其问诸水滨！"①

此篇作为《左传》中的传世名篇，多为大学的古代汉语和文学史课程所选用，被编入多种教材中，如王力《古代汉语》，因此苞茅缩酒这一先秦礼俗在现代社会中广为人知。苞茅与楚国、楚文化亦有极为密切的关系，茅之一物，虽随处可得，但以楚地所产为佳，因而成为进贡给周天子的贡品。随着楚文化研究的兴起，苞茅缩酒因其与楚国和楚文化的密切关系而受到较大关注，是早期楚国的文化标志之一，且此习俗在故楚地至今仍有流传，因而对苞茅缩酒这一先秦礼俗的社会关注度亦颇高。

---

① 杨伯峻：《春秋左传注》（修订本），中华书局1990年版，第288—291页。

对苞茅缩酒的含义，汉代注家即有沃酒与滤酒两说。《周礼·天官·甸师》："祭祀，共萧茅。"郑玄注引郑兴之言："萧字或为茜，茜读为缩。束茅立之祭前，沃酒其上，酒渗下去，若神饮之，故谓之缩。缩，浚也。"① 是郑兴谓缩酒为沃酒，以象神饮之为用，无其他实用功能。滤酒说则认为缩酒是在祭祀时以苞茅来过滤，《礼记·郊特牲》："缩酌用茅，明酌也。"郑玄注曰："泲之以茅，缩去滓也。"② 是郑玄谓缩酒为滤酒，虽与祭祀有关，但其功用为在祭祀时滤去酒酿中的酒渣，杜预则取郑兴之说："束茅而灌之以酒为缩酒。"③

近代学者，对苞茅缩酒之义，其说亦大抵不出二郑之言，或取郑兴之言，或取郑玄之说，或兼采二说。江曙《论先秦文化中茅的作用及意义》、④ 冯春《浅谈先秦祭祀的"包茅缩酒"》，⑤ 取郑玄之说，认为缩酒应作去滓解。王珏《"缩酒"训辨》则力驳去滓之言，认为祭祀用酒根本无须过滤，⑥ 任慧峰《先秦"扫祭"小考》、⑦ 刘振中《说"茅"》，⑧ 亦取郑兴之说，同于王珏，以为缩酒乃沃酒，功用为在祭祀时"象神饮之"。或兼取二义，此说谓缩酒乃祭神之时酒汁流过苞茅以象神饮之且兼有滤渣之用。清李淳《群经识小》即认为："如后郑说则茅有两用，缩酒亦必兼二义乃备，一取其歆，一取其洁。"杨伯峻注"包茅缩酒"即取李淳之说："缩酒者，一则用所束之茅漉酒去滓；一则当祭神之时，束茅立之，以酒自上浇下，其糟则留在茅中，酒汁则渗透下流，象神饮之也。"⑨张正明《楚史》则谓"当时的酒是有点混浊的，须经过滤变得清亮了，方可敬神，以示尊崇。缩，义同过滤。过滤的程序在于模拟神在饮酒"。⑩

---

① 李学勤主编：《十三经注疏·周礼注疏》标点本，北京大学出版社1999年版，第97、98页。
② 李学勤主编：《十三经注疏·礼记正义》标点本，第819页。
③ 《左传·僖公四年》杜预注，《春秋经传集解》，上海古籍出版社1988年版，第245页。
④ 江曙：《论先秦文化中茅的作用及意义》，《船山学刊》2012年第1期。
⑤ 冯春：《浅谈先秦祭祀的"包茅缩酒"》，《武汉文博》2007年第3期。
⑥ 王珏：《"缩酒"训辨》，《徐州师范大学学报》（哲学社会科学版）1990年第4期。
⑦ 任慧峰：《先秦"扫祭"小考》，《理论月刊》2010年第1期。
⑧ 刘振中：《说"茅"》，《中国典籍与文化》1998年第1期。
⑨ 杨伯峻：《春秋左传注》（修订本），第290页。
⑩ 张正明：《楚史》，湖北教育出版社1995年版，第33页。

张说虽未明言，但谓以浊酒过滤敬神，其义略同于李淳之说。《楚国历史文化辞典》"包茅缩酒"条亦曰："古人祭祀时，将茅草扎成束直立，将酒从下淋下，糟留茅中，酒汁参透下流，象神饮之，谓之'缩酒'。或以为'缩酒'就是'滤酒'，即将黄茅、茅香等含有芳香类物质的茅草捆扎成一定的形状，用作过滤去渣。"① 刘玉堂、肖洋《楚文化与酒》即引郑兴之说"象神饮之"，又言："缩酒方法应是以成束的茅草过滤酒中的酒糟，使酒成为飨神的清酒。"② 其义亦同李淳。

综观诸家对"缩酒"的解释，似乎是"滤酒去渣"之说占有上风，但多数学者亦不排斥缩酒为祭祀时"象神饮之"，于是出现了以始自清李淳为代表的调和说，此说因兼采二义，似为目前的主流说法。然李淳之说，实有取巧之处，因此对苞茅缩酒这一早期楚国的文化标志，尚有进一步讨论的必要。

一 苞茅

茅草实在是一种很常见的植物，以今天的观点，此种随处可得之茅草似乎并无特异之处。然先秦时代，茅草一物却具有神圣的含义，非可以等闲视之者。

《史记·封禅书》："江淮间一茅三脊为神藉。"此言又见于《孝武本纪》，裴骃《集解》引孟康曰："所谓灵茅也。"③ "藉"，是指祭神时用来铺垫的草垫，用以承放祭品。《周易·大过》："初六，藉用白茅，无咎。"《系辞上》解释说："苟错诸地而可矣，藉之用茅，何咎之有？慎之至也。夫茅之为物薄，而用可重也。慎斯术也以往，其无所失矣。"④ 这是说用茅草做铺垫，就不会有什么灾难了，茅草虽然是一种很轻薄的东西，但作用却非常重大，能慎重地用这种礼仪方法行事，就不会有过失了。《周

---

① 石泉主编，何浩、陈伟副主编：《楚国历史文化辞典》"包茅缩酒"条，武汉大学出版社1996年版，第116页。
② 刘玉堂、肖洋：《楚文化与酒》，《武汉文博》2011年第3期。
③ 《史记》卷二八《封禅书》、卷一二《孝武本纪》，中华书局1982年版，第1398、475—476页。
④ 李学勤主编：《十三经注疏·周易正义》标点本，第126、277页。

礼·地官·乡师》："大祭祀，羞牛牲，共茅蒩。"郑玄注："郑大夫读蒩为藉，谓祭前藉也。"贾公彦疏："乡师得茅，束而切之，长五寸，立之祭前以藉祭，故云茅蒩也。"①《仪礼·士虞礼》："苴刌茅，长五寸，束之，实于筐，馈于西坫上。"郑注："苴犹藉也。"②故茅蒩即茅藉，祭祀前先将白茅段成五寸，然后绑在一起用来藉物。可见先秦时期，茅草具神圣的意义，在祭祀中以茅做神藉来承放祭品。

茅之神圣性还表现在可直接在祭祀中招神。《周礼·春官·男巫》："男巫掌望祀望衍授号，旁招以茅。"郑玄注："衍读为延，声之误也。望祀，谓有牲粢盛者。延，进也，谓但用币致其神。二者诅祝所授类造攻说禬禜之神号，男巫为之招。"贾公彦疏："云'旁招以茅'者，旁，谓四方，此男巫于地官祭此神时，则以茅招之于四方也。"③ 则"旁招以茅"的意思就是男巫在祭祀时用茅向四方呼唤所祭之神。孙诒让疏："《文选东京赋》薛综注云'旁，四方。'故知旁招，招四方所望祭之神。经凡云旁者，多谓四方，《司仪》云：'宫旁一门'，《匠人》营国云'旁三门'是也。《月令》'命有司大难帝磔'，注亦云'旁磔于四方之门'。此所谓望祭者，盖广畷四方众神，与四方专属大山川者异。《公羊》宣十二年传'楚伐郑，郑伯肉袒，左执茅旌'，何注云：'茅旌，祀宗庙所用，迎道神，指护祭者。断曰藉，不断曰旌。用茅者，取其心理顺一，而畅乎末，所以通精诚，副至意。'此望祭等虽非宗庙大祭，其用茅，亦迎道神之意，盖亦用茅旌也。"④ 可见茅是一种可通神的灵物，故孟康曰"灵茅"。

因茅具有神圣的意义，因此先秦时茅也用于丧礼。《礼记·檀弓下》："其曰明器，神明之也。涂车、刍灵，自古有之，明器之道也。"郑玄注："刍灵，束茅为人马。"孔颖达《正义》："谓造作形体，偶类人形，故《史记》有土偶人、木偶人是也。"⑤ 也就是在丧事中，用茅草捆扎成人形，其用同于明器。茅在丧事中还有一个特殊的功用，就是在尸体入柩

---

① 李学勤主编：《十三经注疏·周礼注疏》标点本，第288页。
② 李学勤主编：《十三经注疏·仪礼注疏》标点本，第798页。
③ 李学勤主编：《十三经注疏·周礼注疏》标点本，第690页。
④ 孙诒让：《周礼正义》，中华书局1987年版，第八册，第2072页。
⑤ 李学勤主编：《十三经注疏·礼记正义》标点本，第277页。

时作为褥子的填充物，这源于茅花穗上的白毛，洁净而蓬松。"茵者，藉棺外下缛，用浅色缁布为之，每将一幅，辄合缝为囊，将茅秀及香草著其中，如今有絮缛也。"①

至于"包茅"，《史记·齐太公世家》"楚贡包茅不入，王祭不具"句下《集解》引贾逵曰："包茅，菁茅包匦之也，以供祭祀。"②《尚书·禹贡》"包匦菁茅"。孔颖达注引郑玄曰"匦，犹缠结也"③。《左传》僖公四年杜预注："包，裹束也。茅，菁茅也。"④可见包茅即束茅，指捆扎成束的灵茅，前引《周礼·天官·甸师》郑兴注："束茅立之祭前。"可知茅用于祭祀时是捆扎成束立于祭前。束茅而立又名为蒩，《国语·晋语八》："昔成王盟诸侯于岐阳，楚为荆蛮，置茅蒩、设望表，与鲜牟守燎，故不与盟。"韦昭注："置，立也。蒩，谓束茅而立之，所以缩酒。"⑤可知先秦时"束茅"的作用是立于祭前表示神灵。楚君熊绎在参与岐阳之会时，其职责有二，一为守燎，另一即是为盟会设置祭祀之用的茅蒩，即将茅草扎成束竖立而置，此即缩酒之用的"苞茅"。可见《左传》所载齐桓公之言，并非无因，楚国不仅向周天子贡奉包茅，而且楚君在盟会中负责将所贡之茅捆扎成束立置于祭祀之所。此义后引申成为朝会时的位次，《说文·艸部》："蒩，朝会束茅表位曰蒩。"⑥汉初叔孙通制礼仪时，"及上左右为学者与其弟子百余人为绵蕞"，蕞，裴骃《集解》："蕞谓以茅剪树地为纂位。"司马贞《索隐》引如淳曰："翦茅树地，为纂位尊卑之次。"又引贾逵云："束茅以表位为蕞。"⑦

二　缩酒

缩酒是先秦时苞茅的一大实际功用，亦是苞茅神圣性的体现。

---

① 李学勤主编：《十三经注疏·礼记正义》标点本，第 725 页。
② 《史记》卷三二《齐太公世家》，第 1489 页。
③ 李学勤主编：《十三经注疏·尚书正义》标点本，第 151 页。
④ 《春秋经传集解》，第 245 页。
⑤ 《国语》卷十四《晋语八》，上海古籍出版社 1978 年版，第 466、467 页。
⑥ 《说文解字》，中华书局 1963 年版，第 24 页下。
⑦ 《史记》卷九九《刘敬叔孙通列传》，第 2723 页。

缩酒之"缩",字又作"莤"。《说文解字·酉部》注"莤"引《春秋传》曰:"尔贡包茅不入,王祭不供,无以莤酒。"今本《左传》则作"缩酒"。可见莤即缩,缩酒即莤酒。前引郑兴注《周礼·甸师》"祭祀共萧茅"云:"萧字或为莤,莤读为缩。"《说文》注"缩":"从糸宿声。所六切。"注"莤":"所六切。"是缩与莤的古音相同。段玉裁注"莤"曰:"以酒灌艸会意也。所六切,三部。按,《周礼》、《礼记·内则》二郑所引《左传》皆作'缩',然则缩者古文假借字,莤者小篆新造字。"①

缩酒或莤酒,杜预的解释是"束茅而灌之以酒为缩酒。"《说文》对于"莤"则说得更为明确:"祭,束茅加于祼圭,而灌鬯酒是为莤,象神饮之也。"② 段玉裁则云缩酒是"以酒灌艸(草)。"

缩酒之仪是束茅而灌之以酒,在束茅之下则有祼圭,茅草捆束而立于祼圭之上。祼圭,是祼礼用的酌酒之器上的玉制手柄。《周礼·考工记·玉人》:"祼圭尺有二寸,有瓒,以祀庙。"郑玄注:"祼之言灌也,或作淉,或作果。祼谓始献酌奠也。瓒如盘,其柄用圭,有流前注。"孙诒让《正义》:"《说文·玉部》云:'祼圭尺二寸,有瓒,以祀宗庙者也。'瑒圭尺度形制,与祼圭同,盖即《国语·鲁语》之'鬯圭'。鬯,经典或通作'畅',故鬯圭字亦作瑒也。"③

综上所述,缩酒或莤酒之仪,是在立置的束茅下放以祼圭,酒从上灌下,鬯酒流过捆束而立的苞茅流入祼圭中,以象征神歆饮了鬯酒。至于以为缩酒乃滤酒,其功用在于滤去酒酿中的酒渣,王珏已从考据的角度力辩其非,《周礼·天官·酒正》郑众注"事酒,有事而饮也。昔酒,无事而饮也。清酒,祭祀之酒。"这种专供祭祀使用的酒又叫"清酌",《礼记·曲礼下》:"凡祭宗庙之礼……酒曰清酌。"清酌,《礼记·曲礼疏》解释说:"此酒(清酒)更久于昔酒,故以清为名。"《礼记·郊特牲疏》:"明(明酌之明),谓清明,故知是事酒之上清明者。"因此陈放最久而又最清明的上等好酒是无滓可滤的。④ 故祭祀之酒不得为未经过滤

---

① 段玉裁:《说文解字注》,凤凰出版社2007年版,第1301页下。
② 《说文解字》,第313页上。
③ 孙诒让:《周礼正义》,第十四册,第3333页。
④ 王珏:《"缩酒"训辨》,《徐州师范大学学报》(哲学社会科学版)1990年第4期。

的浊酒，王珏之说可信。

今南漳县薛坪镇及鄂西苗族地区流传的苞茅缩酒民俗可与之互证。南漳薛坪镇保留有一种"端公舞"的巫舞，"端公舞"也叫"杠神"，是至今流传于今南漳县薛坪镇一带的一种民间礼俗，是一种以祭祀表达主题的舞蹈，兼有说唱和乐器伴奏。分为上坛和下坛，上坛主要是祭奠死者、超度亡灵；下坛主要是驱鬼辟邪、祈祥纳福。端公舞的内容包括请神、迎神、敬神、娱神、安神和送神等部分。各坛场次有繁有简，最多有16场，人员一般为8人，表演人员为"顶神"和"站案"，"顶神"就是掌坛师或端公，"站案"主要从事伴奏，配合"顶神"者完成法事。端公舞表演的法器包括服饰、道具、布景共30多种。① "苞茅缩酒"则是"端公舞"巫舞专班保存的一个独立歌舞场面。其形式是：天刚黑时，巫师们将已准备好的法器放置案上，燃起一堆大火，仪式过程是用一个长

南漳薛坪苞茅缩酒　　摄影：刘国俊②

---

① 湖北数字文化网专题数据库"湖北非物质文化遗产"：http：//hbgxgc.library.hb.cn：4237/UserCenter/usercenter? nodeid = 20040921165456&querytype = 3&viewjbid = 55555555555555&treeid = 20080625164622&bibid = 20080704164705&deptid = 00000000000000。

② 图片采自湖北文化地图非遗版，http：// www.cnhubei.com/xwzt/hbdt/xy/201309/t2692601.html。

方形的托盘盛入细沙铺上，安放在约 50 厘米高的台架上，然后将捆扎的一束（按：以作者实地所见，应为三束）山茅草置于托盘的中央，仪式班子由 3—5 人或 5—7 人组成，中间一人跪地，两侧分立各一人，左侧一人手执一壶盛满的苞谷（玉米）酒，注入右侧一人手捧的杯中，然后递入跪者手中，两旁的执乐器者开始打击乐器，并轮番演唱。跪者将第一杯酒洒于茅草之上；跪者立起，带领法事班子围绕燃起冲天大火的火堆，边走边演边击乐器，转上第一圈；回到沙盘前立住，跪者第二次跪下，将第二杯酒由内往外，或圆或方逐渐扩大范围，直至扩展至托盘外洒出，又同上转第二圈；回到沙盘前，跪者第三次跪下，将第三杯酒慢慢淋到茅草上，再转第三圈，如此可循环 5—7 次，但至少转 3 次。在包茅浇酒过程中，动作缓慢，口中念念有词，其后立起身，率领仪式乐舞班子边歌边舞，歌者一人唱，尾句众人合，气氛十分庄重、肃穆。①

由此民俗看来，苞茅缩酒是一种祭祀，主要内容是通过将酒浇于直立的苞茅之上，表示神享用了酒。与典籍所载相比，虽然苞茅之下没有象征神饮的祼圭，但整个仪式的形式与内涵均与典籍所记"象神饮之"颇为相合。

三 酋御

苞茅缩酒为先秦礼俗，缩酒之仪需由专业人员来执行。至汉初时，此种先秦时期的礼俗仍然存在于国家祭典中，执行缩酒礼仪的专业人员至迟到汉初时仍属于国家体制。在张家山汉简《史律》中有如下记载：

> 畴尸、酋御、杜主乐皆五更，属大祝。祝年盈六十者，十二更，践更大祝。史律。②

此条律文是《史律》中的最后一条，大意是：畴尸、酋御、杜主乐

---

① 冯春：《浅谈先秦祭祀的"包茅缩酒"》，《武汉文博》2007 年第 3 期。
② 彭浩、陈伟、[日] 工藤元男主编：《二年律令与奏谳书》，上海古籍出版社 2007 年版，第 304 页。

都是五个月践更一次，由大祝管理，祝官年满六十岁，十二个月践更一次，在大祝那里践更。

这里涉及由大祝管理的三种专业祭祀人员：畴尸、茜御、杜主乐。

畴尸，《张家山汉墓竹简（二四七号墓）》整理小组释："畴，《汉书·律历志》注引如淳曰：'家业世世相传为畴。'尸，《说文》：'神像也。'祭祀时代神受祭的人。畴尸，应指专业任某些神之尸者。"

今按：尸是指古代祭祀时代死者受祭的人。《诗·小雅·楚茨》："神具醉止，皇尸载起。鼓钟送尸，神保聿归。"①《仪礼·士虞礼》："祝迎尸，一人衰绖奉篚，哭从尸。"郑玄注："尸，主也。孝子之祭，不见亲之形象，心无所系，立尸而主意焉。"②《公羊传·宣公八年》"祭之明日也。"何休注："祭必有尸者，节神也。礼，天子以卿为尸，诸侯以大夫为尸，卿大夫以下以孙为尸。"③ 因此畴尸是指专门任祭尸之人应无疑。然释畴为家业世传或有误，职业世袭于古代为常见情形，何祭尸这一职业专言之？今考《史记·历书》《汉书·律历志》有畴人，是指精天文历算之学者，则畴人之畴，或通筹，即筹算，引申为天文历算，司马贞《索隐》引乐产云："畴昔知星人。"如淳释"畴人"之"畴"为家业世传显有误。以余度之，畴尸之畴，当释为类，司马贞《索隐》引韦昭云："畴，类也。"《国语·齐语》："人与人相畴，家与家相畴。"韦昭注："畴，匹也。"④ 清徐灏《说文解字注笺·田部》："畴，引申为畴类、畴匹、畴等"。由此看来，畴尸或为类尸之意，因祭尸由人扮，或因此故谓之畴尸。

杜主乐。杜主为先秦秦汉时秦地的一种地方祭祀。《史记·封禅书》："而雍菅庙亦有杜主。杜主，故周之右将军，其在秦中最小鬼之神也。"《索隐》引《墨子·明鬼下》以为即周宣王所杀杜伯。同书又记汉高二年（前205），"悉召故秦祀官，复置太祝、太宰，如其故仪礼。因令县为公社，下诏曰：'吾甚重祠而敬祭。今上帝之祭及山川诸神当祠者，各以其

---

① 李学勤主编：《十三经注疏·毛诗正义》标点本，第821页。
② 李学勤主编：《十三经注疏·仪礼注疏》标点本，第803页。
③ 李学勤主编：《十三经注疏·春秋公羊传注疏》标点本，第338页。
④ 《国语》卷六《齐语》，第232、233页。

时礼祠之如故。后四岁,天下已定……长安置祠祀官、女巫。其梁巫,祠天、地、天社、天水、房中、堂上之属;晋巫,祠五帝、东君、云中君、司命、巫社、巫祠、族人、先炊之属;秦巫,祠杜主、巫保、族累之属;荆巫,祠堂下、巫先、司命、施糜之属。九天巫,祠九天;皆以岁时祠宫中。"①《汉书·地理志》:"杜陵,故杜伯国,宣帝更名,有周右将军杜主祠四所。"② 可见杜主为秦地固有之祭祀。因此《张家山汉墓竹简(二四七号墓)》整理小组认为杜主乐应为杜主祠之乐人。《二年律令与奏谳书》则另加释读:"《睡虎地秦墓竹简·日书甲种》一四九号简背面:'田亳主以乙巳死,杜主以乙酉死,雨币(师)以辛末死,田大人以癸亥死。'其中列举的神名有'杜主'。由此可见,'杜主乐'是对这种秦巫传统的继承。"③ 可知秦地旧有杜主祠,杜主乐当为其主祠者。另据张守节《正义》引《括地志》云:"杜祠,雍州长安县西南二十五里。"④ 则杜主之祭祀至唐犹存,然已完全成为民间祭祀。

茜御。茜即缩酒之缩,《张家山汉墓竹简(二四七号墓)》整理小组认为茜御应为执行缩酒仪式的人。

以上三种,均为汉初国家体制内的专业祭祀人员,受大祝管理,在史、卜、祝三类中属于祝官系统。而祝与祭祀有关,为祭祀时司祭礼之官,是祭仪的主祭者。《诗·小雅·楚茨》:"工祝致告",孔颖达疏:"工善之祝以此之故,于是致神之意以告主人。"⑤《礼记·曾子问》:"祫祭於祖,则祝迎四庙之主。"郑玄注:"祝,接神者也。"⑥ 又可特指祭祀时致词者或祭词。《说文》"祝,祭主赞词者。"《玉篇·示部》:"祝,祭词也。"因此祝的特异之处在于以词事神,《周礼》太祝下的一项专门任务就是作"六辞"。郑玄注引郑众曰:"此皆有文雅辞令,难为者也,故大祝官主作六辞。"⑦ 学者认为,六辞犹如祝辞,所表达的是爱憎的讯息,

---

① 《史记》卷二八《封禅书》,第1375、1376、1378、1379页。
② 《汉书》卷二八上《地理志上》,中华书局1962年版,第1544页。
③ 彭浩、陈伟、[日]工藤元男主编:《二年律令与奏谳书》,第304页。
④ 《史记》卷二八《封禅书》,第1376页。
⑤ 李学勤主编:《十三经注疏·毛诗正义》标点本,第818、819页。
⑥ 李学勤主编:《十三经注疏·礼记正义》标点本,第587、588页。
⑦ 李学勤主编:《十三经注疏·周礼注疏》标点本,第661页。

需要高度运用文辞来表情。①

《二年律令·史律》是有关史、卜、祝三类官员的培养及任职的规定。这三类官员是有其特殊性的,因此需经专门的学校来培养,从而掌握相关的专门知识。

这三类官员又可总称为史,故《二年律令》将此三类皆归之于《史律》,而司马迁亦云:"仆之先人非有剖符丹书之功,文史星历近乎卜祝之间,固主上所戏弄,倡优畜之,流俗之所轻也。"② 可证史、卜、祝三类官员具有共性,其职责是相通的,《周礼·大宗伯》则将太卜、太祝、太史并列在一起,《汉书·百官公卿表》奉常属官有"大乐、大祝、大宰、大史、大卜、大医"六令丞,皆可证史、卜、祝三者之间的关系。统而言之,三者可皆名史官,分而言之,则细分为史、卜、祝三类。

太史、太卜、太祝则是此三类官员的最高职务。太史,西周、春秋时太史掌记载史事、编写史书、起草文书,兼管国家典籍和天文历法等,其职掌兼及天事与人事。秦汉有太史令,属太常,宣帝以后修撰之职以他官领之,太史之官唯知占候而已。魏晋以后,修史之职归著作郎,太史专掌历法。隋改称太史监,唐改为太史局,宋有太史局、司天监、天文院等名称。元改称太史院。明清时修史之职归之翰林院,故俗称翰林为太史。太卜,卜官之长,秦汉有太卜令,后汉时并于太史,自后无闻,北魏有太卜博士、北齐有太卜局丞、北周有太卜大夫、隋唐有太卜令,宋以太卜隶司天台,不置专官。太祝,《周礼》春官宗伯之属有太祝,掌祭祀祈祷之事。秦汉有太祝,为太常六令丞之一,景帝中元六年(前144)更名太祝为祠祀,武帝太初元年(前104)又更为庙祀,后汉亦曰太祝令丞,后代多因之。"掌读祝文,出纳神主。"③ 另据《二年律令·秩律》,汉初时,太史、太卜、太祝,秩六百石,与第三等县相当。其长官奉常(即汉表之太常)秩二千石,与《汉表》同。

---

① 邓国光:《〈周礼〉六辞初探》,《中华文史论丛》第 51 辑,上海古籍出版社 1993 年版,第 139—140 页。
② 《汉书》卷六二《司马迁传》,第 2732 页。
③ 《通典》卷二五《职官七》,中华书局 1988 年版,第 694 页。

余　　论

　　对于"苞茅缩酒"这一先秦时期的祭礼，单纯从文献考据的角度来观察，有一定的局限性，因为上古文献并不足征，而且对文献可以有不同的理解，由此导致歧义纷呈，难有定论。因此要正确理解"苞茅缩酒"，还需要从文化史的角度、从文明发展的大背景下来作更为全面的考察。

　　世界各国的早期文明，除西周之外，均以神权政治支配的宗教意识为主流，中国古代谓之"神道设教"，因此需要充分考虑早期文明在这方面的特殊性，不宜单纯以后世的历史理性作简单化理解。除西周外，青铜时代的早期文明都是以宗教为核心的，宗教是整个社会的行为规范。而所有的宗教都有神，有神就有祭祀。对早期文明来说，政治权威起源于对祭祀或宗教的独占，张光直曾这样论述巫觋与政治的关系："天，是全部有关人事的汇聚之处。……当然，取得这种知识的途径是谋取政治权威。古代，任何人都可借助巫的帮助与天相通。自天地交通断绝之后，只有控制着沟通手段的人，才握有统治的知识，即权力。于是，巫便成了每个宫廷中必不可少的成员。事实上，研究古代中国的学者都认为：帝王自己就是众巫的首领。"[1] 因此早期文明必然是巫政不分，宗教与政治高度融合，在此情形下，祭祀就不仅是一种普通的宗教活动，而是头等重要的政治活动，不能以后世宗教与政治分离来看待早期文明中的祭祀活动，所谓"国之大事，在祀与戎"，很准确地点出了祭祀对于早期文明的重要性。

　　宗教中的神灵都是需要祭祀的，可是神又看不见、摸不着，因此主持祭祀的巫觋就需要借助各种具有神性的灵物来与神沟通，而茅草这种不起眼的物品，在古代文化中就被赋予了某种神圣的含义，成为与神沟通的媒介。[2]

---

[1]　张光直：《美术、神话与祭祀》，辽宁教育出版社2002年版，第29页。
[2]　茅在古代文化中的神圣含义，江曙：《论先秦文化中茅的作用及意义》（《船山学刊》2012年第1期）及刘振中：《说"茅"》（《中国典籍与文化》1998年第1期）两文已有较全面的论述。

不仅如此，在早期文明中，酒与宗教也有不可分割之关系。由于酒具有神经兴奋作用，因此巫师通神之时往往需要借助酒来实现与神灵的沟通，一般是借用酒进入某种恍惚状态。不仅如此，酒本身也带有"神的性质"，在印度文明中，帝释天就因饮用酒而获得神秘的力量。在中国，直到近代也流行以酒祭奠的习俗，一般是在饮酒之前，先用酒杯在空中画一个圈，向地下浇一杯酒，对天地神灵和祖先表示敬意后才自己饮酒，此种习俗在某种程度上实际可以视为"苞茅缩酒"之类祭祀仪式在后世的传承。先秦时代，几乎所有的宗教仪式都离不开酒。由于酒与宗教、祭祀的关系是如此密切，因此对于宗教特别发达的某些早期文明来说，就会形成较为普遍的嗜酒风气，商人就是其中的一个典型。商人的宗教文明特别发达，几乎是无事不卜无日不祭，祭则须有酒，因此商人特别好酒，在历史上留下商人嗜酒的记载，甚至于被视为商人亡国的重要原因。

对早期文明来说，由于宗教统治着整个社会，并且是整个精神世界的全部，而宗教必然是虔诚的，早期宗教尤其如此，因而在早期文明看来，神是真实存在的，也因此才需要祭神。祭神则需要给鬼神供上祭品以让鬼神享用，因为鬼神也是需要食物的。《左传·宣公四年》记楚令尹子文临终之时，预感若敖氏将灭族，乃聚其族曰："椒（斗越椒，楚大司马子良之子，后为令尹，楚庄王时因叛乱而致若敖氏灭族）也知政，乃速行矣，无及于难。"且泣曰："鬼犹求食，若敖氏之鬼不其馁而！"① 可见鬼神也是需要吃东西的，这东西就是祭品，若无祭品，就会成为饿鬼。当然鬼神不可能真的享用祭品，因此古人特别发明了"歆"这一专用名称。"歆"，嗅闻之义，谓祭祀时神灵享用祭品的香气。《诗·大雅·生民》："其香始升，上帝居歆。"郑玄笺："其馨香始上行，上帝则安而歆享之。"②《左传·僖公三十一年》："鬼神非其族类，不歆其祀。"杜预注："歆，犹飨也。"③ 总之，"歆"的意思古人是想象神灵嗅闻到了祭品的香气，因而享用了祭品。

---

① 《春秋经传集解》，上海古籍出版社1988年版，第554页。
② 李学勤主编：《十三经注疏·毛诗正义》标点本，第1077页。
③ 《春秋经传集解》，第401页。

因此"苞茅缩酒"这一祭祀，其本质在于将酒奉献给神灵享用，酒汁通过具有通神作用的灵茅流入束茅之下象征神灵的裸圭，这样神灵就享用了人间供奉给他们的祭品。而奉献给神灵的酒则是已经过滤的"清酌"，不是未过滤的浊酒，因此不存在所谓缩酒是过滤酒糟之说，亦不存在是缩酒既是供神又兼有过滤之用。

至于郑玄以为缩酒乃"沛之以茅，缩去滓也"。这当是汉儒以战国以后的历史理性来理解先秦文化的结果。如果说商文明是较为典型的青铜时代的早期文明，西周则与之有较大差异，孔子对之有较为精彩的总结："殷人尊神，率民以事神，先鬼而后礼"；周人则是"尊礼尚施，事鬼敬神而远之"。也就是说，殷人对宗教是虔诚的，周人则是实用主义，由此导致了殷周文化的巨大差异。王国维最早注意到殷周变革在文化上的意义，指出商周之间的大变革是"旧制度废而新制度兴，旧文化废而新文化兴"。① 更有学者据此提出西周宗教改革论，商周之际，由于政治的巨变，周人为了巩固统治，对殷人的文化展开了全面的改造，其结果是周人的史官文化取代了商人的重巫文化，这使得在其他的古代文明还沉浸在青铜时代通常弥漫的宗教氛围中时，中国人就已经开始探讨人类的历史、社会与政治行为的因果关系了。② 此即中国文明早熟说的来源。降至春秋晚期，儒家学派兴起，儒家继承了西周对宗教的实用主义态度并进一步发扬，所谓"祭神如神在""子不语怪力乱神"，这使得儒家虽然保留了古代祭祀的形式，但其意识形态内涵却是在西周的基础上作了更进一步的摒弃，本来极度虔诚、具有意识形态内涵的祭祀变成一种表面化的仪式。及至战国，由于铁器的使用，生产力大爆发，理性时代来临，西周春秋时期就已经失去神圣地位的古代宗教更进一步衰微，源自古代宗教与社会生活的祭祀虽仍有所保留但完全丧失了其意识形态内涵而变成一种纯粹仪式化的东西。以至到了汉代，很多学者已不太能理解先秦时代所谓"神道设教"的文化内涵。即使是司马迁，其对先秦社会与文明亦不甚了然，如《楚世家》谓"姓芈氏，居丹阳"，除楚之外，类似记载亦大量见于《史记》中，然此类说法与先秦姓氏制度相悖，表明即使

---

① 王国维：《殷周制度论》，载《观堂集林》，中华书局1959年版，第453页。
② 谢选骏：《神话与民族精神》，山东文艺出版社1986年版，第203、342—365页。

是西汉中期的司马迁，对先秦姓氏二分的制度已完全不能理解，后世学者弄清先秦姓氏制度要到南宋郑樵。西汉中期的司马迁去先秦尚不太远，但经过战国时期的剧烈社会变革之后犹且如此，径以战国以后的历史理性来理解先秦文化，况乎东汉末年的郑玄？这应当是后世学者对"苞茅缩酒"这一先秦礼俗产生歧义的历史背景与原因。

战国西汉遣册饮食器名物的记录特征*

武汉大学历史学院 刘国胜

出土的战国、西汉遣册记录的饮食器名物众多。战国遣册所记有鼎、敦、簠、壶、缶、甗、鉴、炉、匕、勺、盘、盒、豆、耳杯、禁、案、几、俎等，西汉遣册所记有鼎、壶、钫、钟、鋞、槛、匕、勺、甗、甑、䤹、鍪、斗、奁、盒、耳杯、卮、盘、盂、案等，此外还有笥类、囊类、奁类、罐类盛食器具。这些饮食器包含铜、漆木、陶、纺织品等多种质地，属于当时社会日常生活用器。

从遣册文本看，从战国到西汉，饮食器名物发生了一定变化。如战国时期的敦、簠、鉴、豆、禁、俎等至西汉时期已锐减甚至消失，而西汉时期的槛、鍪、斗、奁、卮等则是战国时期少见或未见的。沿用下来的饮食器，尽管器类属性没有太大改变，但器物制作、使用还是显示出或多或少的差异，体现时代的变迁与社会的发展。本文选取正式公布的 6 批战国遣册即包山 2 号楚墓遣册、① 长台关 1 号楚墓遣册、② 望山 2 号楚

---

* 本文写作得到湖北省教育厅哲学社会科学研究重大项目"楚简与楚文化研究——以名物制度为中心"（项目批准号：13zd001）资助。

① 湖北省荆沙铁路考古队：《包山楚墓》，文物出版社 1991 年版。李家浩：《包山二六六号简所记木器研究》，《国学研究》第 2 卷；又载《著名中年语言学家自选集·李家浩卷》，安徽教育出版社 2002 年版。

② 河南省文物研究所：《信阳楚墓》，文物出版社 1986 年版。武汉大学简帛研究中心，河南省文物考古研究所编著：《楚地出土战国简册合集（二）：葛陵楚墓竹简、长台关楚墓竹简》，文物出版社 2013 年版。

墓遣册、①仰天湖25号楚墓遣册、②曹家岗5号楚墓遣册、③五里牌406号楚墓遣册④，14批西汉遣册即长沙马王堆1、2号汉墓遣册、⑤江陵凤凰山8、9、10、167、168、169号汉墓遣册、⑥江陵张家山247号汉墓遣册、⑦云梦大坟头1号汉墓遣册、⑧江陵高台18号汉墓遣册、⑨荆州萧家草场26号汉墓遣册、⑩连云港尹湾6号汉墓遣册、⑪广西贵县罗泊湾1号汉墓遣册等⑫，对并见于上述战国、西汉遣册的主要饮食器分类排比，⑬

---

① 湖北省文物考古研究所、北京大学中文系：《望山楚简》，中华书局1995年版。湖北省文物考古研究所：《江陵望山沙冢楚墓》，文物出版社1996年版。

② 湖南省文物管理委员会：《长沙仰天湖第25号木椁墓》，《考古学报》1957年第2期。湖南省博物馆、湖南省文物考古研究所、长沙市博物馆、长沙市文物考古研究所：《长沙楚墓》，文物出版社2000年版。

③ 黄冈市博物馆、黄州区博物馆：《湖北黄冈两座中型楚墓》，《考古学报》2000年第2期。

④ 中国科学院考古研究所：《长沙发掘报告》，科学出版社1957年版。商承祚：《战国楚竹简汇编》，齐鲁书社1995年版。

⑤ 湖南省博物馆、湖南省文物考古研究所：《长沙马王堆一号汉墓》，文物出版社1973年版。湖南省博物馆、湖南省文物考古研究所：《长沙马王堆二、三号汉墓》，文物出版社2004年版。伊强：《谈长沙马王堆二、三号汉墓遣策释文和注释中存在的问题》，北京大学硕士学位论文2005年。裘锡圭主编：《长沙马王堆汉墓简帛集成》，中华书局2014年版。

⑥ 金立：《江陵凤凰山八号汉墓竹简试释》，《文物》1976年第6期。吉林大学历史系考古专业赴南城开门办学小分队：《凤凰山一六七号汉墓遣策考释》，《文物》1976年第10期。凤凰山一六七号汉墓发掘整理小组：《江陵凤凰山一六七号汉墓发掘简报》，《文物》1976年第10期。湖北省文物考古研究所：《江陵凤凰山一六八号汉墓》，《考古学报》1993年第4期。裘锡圭：《湖北江陵凤凰山十号汉墓出土简牍考释》，《裘锡圭学术文集·简牍帛卷》，复旦大学出版社2012年版。湖北省文物考古研究所编：《江陵凤凰山西汉简牍》，中华书局2012年版。

⑦ 张家山二四七号汉墓竹简整理小组：《张家山汉墓竹简〔二四七号墓〕》，文物出版社2001年版。

⑧ 湖北省博物馆、孝感地区文化局、云梦县文化馆汉墓发掘组：《湖北云梦西汉墓发掘简报》，《文物》1973年第9期。

⑨ 湖北省荆州博物馆：《荆州高台秦汉墓：宜黄公路荆州段田野考古报告之一》，科学出版社2000年版。

⑩ 湖北省荆州市周梁玉桥遗址博物馆：《关沮秦汉墓简牍》，中华书局2001年版。

⑪ 连云港博物馆、东海县博物馆、中国社会科学院简帛研究中心、中国文物研究所：《尹湾汉墓简牍》，中华书局1997年版。

⑫ 广西壮族自治区博物馆编：《广西贵县罗泊湾汉墓》，文物出版社1988年版。

⑬ 本文所引遣册释文参见胡平生、李天虹《长江流域出土简牍与研究》，湖北教育出版社2004年版；陈伟等《楚地出土战国简册〔十四种〕》，经济科学出版社2009年版；刘国胜《楚丧葬简牍集释》，科学出版社2014年版。

就其记录方面的特征试加讨论。

一 鼎类

（一）战国

一鼎　包254

二鼎　信2-027

四鼎　曹1

鼎八　五1

二登（升）鼎　包265

二鼎　望54

一牛鑐，一亥〈豕〉鑐　包265

一牛䤒（鑐），一豕䤒（鑐）　望51

二贵（馈）鼎　包265

六贵（馈）鼎，又（有）盇（盖）　望46

二乔鼎　包265

一聃（贯）耳鼎　包265

二囗蔫（荐）之鼎　包265

一鑐鑫鼎　包265

（二）西汉

鼎二　罗M1牍1

金鼎二　大坟头M1牍1

金鼎一双　萧18

镬一　罗M1牍1

髹画木鼎六，皆有盖　马M3简237

二 壶、钟、钫类

（一）战国

鈲（壶）四　五4

二少（小）鈚（壶）　包265

二芋（华）瓠（壶）　信2－01

四斲（团）瓠（壶）　信2－01

四瓠（壶），又（有）盍（盖）　望46

二邾（蔡）鈚（壶），皆又（有）盍（盖）　仰30

二鉼（瓶）鐣（钘）　包265

二鉼（瓶）鐣（钘）　包252

二銅（钘），屯又（有）盍（盖）　信2－014

二樽鐳（壶）　曹2

二青方（钫）　信2－01

（二）西汉

壶一双　高M18牍4

金壶一　萧20

金壶，缯缘其篮　罗M1牍1

木壶一隻（双），盛醪　凤M169简26

木壶一　大坟头M1牍1

大壶一隻（双）　凤M168简26

小壶一隻（双）　凤M168简27

斗壶一双　凤M8简91

三斗壶一双　凤M8简92

三斗壶二枚　凤M167简26

五斗壶四　凤M8简118

鏒（漆）画壶一，有盖，盛沮酒　马M1简168

鏒（漆）画壶二，皆有盖，盛米酒　马M1简169

鏒（漆）画壶三，皆有盖，盛米酒　马M1简170

髹画壶六，皆有盖　马M3简239

金方（钫）一　罗M1牍1

鏒（漆）画枋（钫）二，有盖，盛白酒　马M1简172

鏒（漆）画枋（钫）一，有盖，盛米酒　马M1简173

鏒（漆）画枋（钫）一，有盖，盛米酒　马M1简174

髹画枋（钫）三，皆有盖　马 M3 简 240
䰍（漆）画𣘻（钟）一，有盖，盛温（酝）酒　马 M1 简 176
䰍（漆）画𣘻（钟）一，有盖，盛温（酝）酒　马 M1 简 177
髹画橦（钟）二，皆有盖　马 M3 简 238

三　匕类

（一）战国

一金比（匕）　包 253
三（四）金匕　望 47
一锬杝（匕）　信 2-027
圬匕　望 56

（二）西汉

杝（匕）二　凤 M8 简 112
金匕、木匕各一　大坟头 M1 牍 1
䰍（漆）画鈚（匕）六　马 M1 简 166
髹画鈚（匕）六　马 M3 简 241
一筥，有匕　张 M247 简 15

四　勺类

（一）战国

二金勺　望 47
敠（雕）勺二　五 13
二居枭　望 45
二居枭　信 2-027

（二）西汉

铜钓（勺）一　凤 M169 简 28
木杓（勺）一　凤 M8 简 113

桼（漆）画勺一　马 M1 简 198

桼（漆）画勺一　马 M1 简 199

髹画勺三　马 M3 简 242

桼（漆）泪画勺一　大坟头 M1 牍 1

五　甑、甗、镂类

（一）战国

一鑹（甗），又（有）鍫　信 2-029

一鉛鑹（甗）　包 266

（二）西汉

甗一枚　凤 M167 简 46

甗一　凤 M169 简 30

甑二　凤 M8 简 121

甑一具　萧 28

金鬲、甗各一　大坟头 M1 牍 1

瓦鬲、甗各一　马 M3 简 296

瓦雍（瓮）、甗一具　马 M3 简 297

甗、镂各一　张 M247 简 31

甗、□各一　凤 M9 简 42

金镂一　罗 M1 牍 1

六　耳杯类

（一）战国

杯三十　信 2-020

杯豆三十　信 2-020

敚（雕）杯二十合（合）　望 47

郄（漆）杯十会（合）　五 10

六棓杯　曹 3

四杓杯　曹 3

(二) 西汉

酱杯十隻(双)　凤 M9 简 25

酱杯廿　凤 M8 简 110

酱梧(杯)卅枚　凤 M167 简 19

酱梧(杯)五隻(双)　凤 M169 简 16

酱梧(杯)十　大坟头 M1 牍 1

小酱杯十　萧 7

黑杯五　凤 M10 牍

黑杯十　萧 8

黑杯廿　凤 M8 简 109

黑杯卅　凤 M168 简 31

黑杯十五隻(双)　凤 M9 简 27

墨梧(杯)廿枚　凤 M167 简 28

画杯七　张 M247 简 35

画杯卅　凤 M168 简 32

画杯三双　高 M18 牍 4

髹杯三双一奇　高 M18 牍 4

䰍(漆)梧(杯)十　大坟头 M1 牍 1

䰍(漆)画龏(供)中幸酒杯十五　马 M1 简 185

䰍(漆)画龏(供)中幸酒杯十五　马 M1 简 186

髹画龏(供)中幸酒杯廿　马 M3 简 248

䰍(漆)洎幸食杯五十　马 M1 简 192

䰍(漆)洎幸食杯五十　马 M1 简 193

髹洎幸食杯百　马 M3 简 247

䰍(漆)洎画大桮(杯)十　大坟头 M1 牍 1

䰍(漆)洎画小桮(杯)十　大坟头 M1 牍 1

髹画小具杯廿枚　马 M3 简 250

䰍(漆)画小具杯廿枚,其二盛酱、鹽(盐),其二郭(椁)首,十八郭(椁)足　马 M1 简 195

伤（觞）杯十隻（双）　凤 M9 简 26

伤（觞）桮（杯）卅枚　凤 M167 简 31

伤（觞）杯卅　凤 M8 简 108

桼（漆）画伤（觞）二　大坟头 M1 牍 1

赤杯三具　凤 M10 牍

食赤杯十　凤 M8 简 111

丹杯百，一笥，缯缘　罗 M1 牍 1

绪（纻）桮（杯）廿　大坟头 M1 牍 1

枚杯七　张 M247 简 37

鱼杯廿枚　凤 M168 简 33

□桮（杯）十隻（双）　凤 M169 简 15

□桮（杯）五隻（双）　凤 M169 简 17

桼（漆）画具杯柗（枊）二合　马 M1 简 196

具器一合，杯十枚，有囊　凤 M168 简 35

具器一具　大坟头 M1 牍 1

閜一双　高 M18 牍 4

柯（閜）一隻（双）　凤 M9 简 24

柯（閜）二双　凤 M8 简 107

柯（閜）二枚　凤 M167 简 18

柯（閜）一具　凤 M10 牍

钦柯（閜）四隻（双）　凤 M168 简 34

桼（漆）画大桮，容四升，十　马 M1 简 184

髹画大桮，容四升，十　马 M3 简 260

七　盘类

（一）战国

一鎜（盘）　信 2-01

（二）西汉

金釪（铸）般（盘）一　大坟头 M1 牍 1

髹（漆）平盘一　凤M8简95

方平盘（盘）一　凤M168简19

髹（漆）画食般（盘），俓（径）一尺二寸，廿枚　马M1简188

□食般（盘），俓（径）一尺二寸，廿　马M3简259

髹（漆）画平般（盘），俓（径）尺六寸，一枚　马M1简205

髹（漆）画平般（盘），俓（径）二尺，一枚　马M1简206

髹（漆）画平般（盘），俓（径）二尺五寸，一枚　马M1简207

髹画平般（盘），俓（径）二尺五寸，三枚　马M3简256

髹画平般（盘），俓（径）二尺，三枚　马M3简257

髹画平般（盘），俓（径）尺六寸，三枚　马M3简258

小盛脯平盘（盘）二　凤M168简20

髹画大般（盘），俓（径）三尺一寸，一枚　马M3简255

髹（漆）圆大般（盘），俓（径）三尺一寸，一枚　马M1简189

椑虒（榹）二双　高M8牍4

髹（漆）卑（椑）虒（榹）四　大坟头M1牍1

画卑（椑）虒（榹）六十　罗M1牍1

髹画卑（椑）递（虒），桱（径）八寸，马M3简251

髹（漆）洞画小卑（椑）虒（榹）二　大坟头M1牍1

髹（漆）画卑（椑）虒（榹），桱（径）八寸，卌。其七盛干肉，郭（椁）首，卅一盛癗（脍）、载（㜑）　马M1简214

绪（纻）卑（椑）虒（榹）一隻（双）　凤M167简35

食卑（椑）虒（榹）一隻（双）　凤M167简36

食卑（椑）虒（榹）一隻（双）　凤M169简20

食大卑（椑）虒（榹）二隻（双）　凤M168简24

大食卑＝（椑虒）一具　凤M10牍

炙卑（椑）虒（榹）五隻（双）　凤M9简29

炙卑（椑）虒（榹）四枚　凤M167简21

脍卑（椑）虒（榹）二隻（双）　凤M167简37

会（脍）卑＝（椑虒）一具　凤M10牍

会（脍）卑（椑）虒（榹）一隻（双）　凤M168简21

大卑（椑）虒（榹）三双　凤M8简96

小卑（椑）虎（榹）五双　凤 M8 简 97
尺卑（椑）虎（榹）五隻（双）　凤 M9 简 28
尺卑（椑）虎（榹）六枚　凤 M167 简 27
尺卑=（椑榹）一具　凤 M10 牍
尺卑（椑）虎（榹）五隻（双）　凤 M168 简 22
尺卑（椑）虎（榹）五隻（双）　凤 M169 简 18
七寸卑（椑）虎（榹）五隻（双）　凤 M169 简 19
八寸囗（榹）三隻（双）　凤 M168 简 23

八　案类

（一）战国

一飤（食）桱（桯），金足　包 266
一敚（雕）桱（桯）　望 45
二疋（疏）桱（桯），屯囗雕（雕），八金足　信 2-020
一经（桯）　曹 2

（二）西汉

桼（漆）画其来一，长二尺六寸、广尺七寸，盛肉　马 M1 简 208
桼（漆）画其来一，长二尺六寸、广尺七寸　马 M1 简 209
桼（漆）画其来二，广各二尺、长各三尺二寸　马 M1 简 210
桼画其来，广二尺，长三尺二寸，二枚　马 M3 简 275
桼画其来，广一尺七寸，长二尺六寸，二枚　马 M3 简 276

　　以上我们列举了战国、西汉遣册所记的鼎、壶、匕、勺、甗、耳杯、盘、案八类器物。对比可以看出，战国、西汉遣册的饮食器记录有各自特点，前后时期有所变化。可归纳如下几点。

　　1. 战国、西汉遣册名物存在一器多称现象，有一定随意性。颜色、纹饰、质地、形状、大小、用途等因素均可用作取名的依据，其中以颜色、纹饰用字取名较具普遍性。战国饮食器的一器多称以铜器居多，西汉则以漆木器名更显繁杂。

以耳杯为例。西汉遣册所记有酱杯、黑杯、墨杯、赤杯、食赤杯、丹杯、漆杯、髹杯、画杯、幸酒杯、幸食杯、觞杯、纻杯、具杯、枚杯、大杯、小杯以及閜、桮等众多名称，"黑杯""墨杯""漆杯""髹杯"皆指通体黑漆的耳杯，"赤"与"丹"同义，指朱漆。体形大一点的耳杯称"閜"，合于《方言》："閜，桮也。自关而东赵魏之间曰椷、曰盏、曰㯯，其大者谓之閜"。从遣册看，"閜"之名在西汉还较常用，而同样用作大耳杯名称的"桮"则多少让人费解。《说文》谓"桮"为木名，但马王堆遣册整理者之所以认定"桮"指耳杯，是因为 M1 随葬有大耳杯 10 件，杯耳背面书写"四升"，对照遣册，恐怕只有名"桮"之器与此相符。战国遣册所记的耳杯名称不太多，"雕杯"指彩绘耳杯，"漆杯"指通体黑漆的耳杯。曹家岗遣册所记"六榛杯"即墓中出土的 6 件 A 型彩绘耳杯，"四杓杯"是 4 件 B 型髹黑漆耳杯，也就是说，"榛杯"应该与"雕杯"相应，"杓杯"与"漆杯"相应。有意思的是，信阳遣册将一般的耳杯称作"杯"，而把一种带喇叭形座的漆木耳杯称作"杯豆"，这是考虑了器形而取名。尚在整理中的老河口安岗 1 号楚墓遣册称耳杯为"酓（饮）杯"，表明了耳杯饮酒的功能。

名称的变化与社会发展、习俗变迁有直接关系。如鼎，战国时期的鼎是重要的食器，也是首要的礼器，因而备受重视。这一时期鼎的形制多样、名称各异，有升鼎、镬鼎、馈鼎之分及相对应的名称。西汉时期鼎的礼用功能有所下降。马王堆 M1、M3 遣册记录了相当数量的诸如"牛白羹一鼎""羊酪羹一鼎""豕逢羹一鼎""狗巾羹一鼎""鸡白羹一鼎""兔羹一鼎"的条目，如此记录的"鼎"，其盛食意味似乎更浓。又如炊器，战国遣册记炊器一般就是甗、鬲，当时日常生活中甗、鬲仍是主要炊器。西汉遣册在记甗、鬲的同时，还记录了"鍑（釜）""甑（鬵）""瓮"。《方言》："甑，自关而东谓之甗。"《说文》："鍑，如釜而大口者。"我们知道，西汉时期灶的使用日渐盛行，"鍑（釜）""甑（鬵）""瓮"可直接置于灶口上炊煮食物，甗、鬲逐步退出。

2. 西汉遣册记录饮食器的容积、尺寸的情况显著增多。如"三斗壶""尺椑榹""容四升""长二尺六寸、广尺七寸"等。战国遣册一般不记录饮食器的容积、尺寸，目前正式公布的战国遣册仅见信阳遣册 2 - 010、2 - 015 简记录了佩玉的尺寸："亓（其）䋨（佩）：一少（小）镮

（环），坙（径）二芥（寸）。一□□□，长六芥（寸），泊（薄）组之塑（绑）。一青尻□之琂（璧），坙（径）四芥（寸）韧（半）芥（寸），専（博）一芥（寸）少芥（寸），厚釪（锱）芥（寸）。"不过，尚在整理中的老河口安岗 2 号楚墓遣册记有"二韧（半）□。二韧（半）瓠（壶）。四韧（半）□。一鑒（半）□。二坙（锤）□"，由于字迹不甚清晰，简文所记的器名多不能辨识，但其中的"韧""鑒""坙"应该就是表示器物容积的计量单位。遣册记录器物的容积、尺寸、重量，或许反映了器物的贵贱，也可能是反映器物制作的尺寸标准。

3. 战国、西汉遣册记物的数量词存在一定差异。如西汉遣册大量使用"枚""双""具""合"等量词，战国遣册则不见以"枚""具"来作为数量单位，使用"双"的情况也仅有望山遣册所记"一双璜""一双琥"。战国遣册使用较多的量词有"两""偶""友""合"等。这种差异与不同时期语言文字的使用习惯有关系。

岳麓秦简《尉卒律》校读*

武汉大学简帛研究中心　陈　伟

《尉卒律》是岳麓书院藏秦简中新见律名中的一种，凡5条，共15枚简（132—146号）。① 整理者指出："'尉卒'这一律名既不见于传世典籍，也不见于已出版的出土文献，我们从其内容分析，'尉卒律'当是秦代有关县尉所管理事务的法律文本。"② 整理者注释提出："尉卒，或即'尉杂'的意思。或认为'卒'即'卒史'之卒。"作为整理者之一的周海锋博士认为：《尉卒律》的"卒"当读为"萃"，可当聚、集解。《尉卒律》指与县尉有关的律文的汇集。岳麓简中以"卒"命名的律令均可如是解。③ 针对周海锋博士之说，邢义田先生认为：卒读为"萃"，意指聚、集，固宜；唯意义颇泛，对解开律名"卒"字的意义，似犹隔一间。"卒"除读为"萃"，也可读为"倅"。《说文》："倅，副也。"马王堆一号墓遣册有"马五十匹，附马二匹"，附马无疑即倅或副马，为从属、备用或代用之马。于豪亮先生三十年前即释居延汉简中的"萃马"为副马，萃、倅同义（《〈居延汉简甲编〉补释》）。近年张俊民先生研究敦煌悬泉汉简中的马，十分同意于氏萃马即副马说（《悬泉汉简马匹问题研究》，

---

* 本文为国家社科基金重大项目"云梦睡虎地77号西汉墓出土简牍整理与研究"（编号：16ZDA115）阶段性成果。

① 陈松长主编：《岳麓书院藏秦简〔肆〕》，上海辞书出版社2015年版，第10（彩色图版）、111—116（红外图版、释文）、164—166（注释）页。

② 同上书，"前言"第2页。

③ 周海锋：《岳麓书院〈尉卒律〉研究》，《出土文献研究》第14辑，中华书局2015年版，第79—86页。

载《敦煌悬泉置出土文书研究》）。卒既与萃、倅通，似不妨读《尉卒律》为《尉倅律》或《尉副（附）律》。《尉副（附）律》顾名思义是从属、旁附或副加于《尉律》，以补《尉律》所不及者，类似汉初所谓的《傍章》。① 今按：《汉书·百官公卿表上》"水衡都尉"颜注引张晏曰："有卒徒武事故曰尉。"看岳麓简所存五条尉卒律所述，"尉"当是县尉，"卒"则疑指士卒、徭徒。尉卒律大致是讲县中兵役、劳役所需人力资源的组织、管理与调发。

本文拟在整理者工作基础上，吸收已有的研究成果，对《尉卒律》中三条律文的断读、含义再作推敲。每条先抄录整理者释文和修订后的释读，再逐一讨论各要点。

・尉卒律曰：缘故徼县及郡县黔齿〈首〉、县属而有所之，必谒于尉，尉听，可许者为期日。所之 132/1404 它县，不谒，自五日以上，缘故徼县，赀一甲；典、老弗告，赀一盾。非缘故徼县殹（也），赀一盾；典、老弗 133/1290 告，治（笞）□□。尉令不谨，黔首失令，尉、尉史、士吏主者赀各一甲，丞、令、令史各一盾。134/1292

・尉卒律曰：缘故徼县及郡县黔齿〈首〉县属而有所之[1]，必谒于尉。尉听可许者[2]，为期日。所之 132/1404 它县不谒自五日以上，缘故徼县，赀一甲，典、老弗告，赀一盾；非缘故徼县殹（也），赀一盾；典、老弗 133/1290 告，治（笞）[五十][3]。尉令不谨[4]，黔首失令，尉、尉史、士吏主者赀各一甲，丞、令、令史各一盾。134/1292

〔校读〕

[1] 故徼，整理者注释（以下简称"原注释"）：指没有设塞的边境地区。里耶秦简："边塞曰故塞，毋塞者曰故徼。"《史记·西南夷列传》："及汉兴，皆弃此国而开蜀故徼。"今按：针对整理者注释引述的里耶秦简 8-461，我们曾经指出：塞，多指边界上可以据险固守的要塞。《左传·文公十三年》："春，晋侯使詹嘉处瑕，以守桃林之塞。"随着秦的统一，疆域的拓展，秦原来的边塞不再是边境，故而边塞称为"故塞"。毋塞者，指虽是边境但未设要塞可以据守。同样由于边境线的变化，未设

---

① 邢义田：《〈尉卒律〉臆解——读岳麓书院藏秦简札记之一》，简帛网，2016 年 3 月 23 日，http：//www.bsm.org.cn/show_article.php?id=2491。

塞的边境被改称为"故徼"。① 赵志强先生认为："东故徼"约指秦昭王时形成、至秦始皇初年的秦东部边境。② 今按：律文"故徼"的时代及具体经由，尚待探讨。

县属，原注释：县的属吏。今按："县属而有所之"当连上读，"县属"是说这些黔首隶属于县。这应是针对属于都官或其他官署而言。

[2] "可许者"整理者属下读。今按：改属上读较好。简文是说尉对提出申请给予许可者，则规定期限。

[3] 五十，整理者缺释。雷海龙同学指出：联系简文前所记"典、老弗告，治（笞）"，后面当是跟的数目词语，指笞刑的实施数量。忽略受罚的具体缘由，来看岳麓肆、睡虎地秦简法律简、张家山汉简《二年律令》笞刑后所跟的数目词。可以发现笞刑的实施数量均为十的倍数，从少至多，分别为十、三十、五十、百。从此特征出发，结合简134"笞"字后的墨迹，可以肯定地将简134未释之字释为"五十"。③

[4] 令，原注释：指百姓向尉申请通行后，尉发给百姓的"通行令"。周海锋则云："尉令不谨"之"尉"后当脱一"布"字，"布令不谨"为秦律习惯用语，又见于岳麓秦简1085号简。与"布令不谨"相对应的是"谨布令"，见于岳麓秦简1154、1358、1087、0341和2099号简文。④ 今按：周氏所云较为合理，唯不必衍"布"字。"尉令"指县尉对此上律文的宣示与执行。

・尉卒律曰：黔首将阳及诸亡者，已有奔书及亡毋（无）奔书盈三月者，辄筋〈削〉爵以为士五（伍），135/1234 有爵寡，以为毋（无）爵寡，其小爵及公士以上，子年盈十八岁以上，亦筋〈削〉小爵。爵而傅及公136/1259 士以上子皆籍（籍）以为士五（伍）。乡官辄上奔书县廷，廷转臧（藏）狱，狱史月案计日，盈三月即辟问乡137/1258 官，不

---

① 陈伟主编：《里耶秦简牍校释》第一卷，武汉大学出版社2012年版，第158—159页。
② 赵志强：《西陵县与"东故徼"》，《出土文献》第5辑，中西书局2014年版，第268—273页。
③ 简帛网简帛论坛《〈岳麓书院藏秦简（肆）〉初读》33层落叶扫秋风（雷海龙网名）帖，http：//www.bsm.org.cn/bbs/read.php?tid=3331&fpage=2&page=4。
④ 周海锋：《秦律令研究——以〈岳麓书院藏秦简〉（肆）为重点》，博士学位论文，湖南大学，2016年，第114页。岳麓秦简1085号简见第167页引述，作："各乡啬夫、令史，里即为读令，布令不谨，吏主者赀二甲，令丞一甲。"

出者，辄以令论，削其爵，皆校计之。138/1270

・尉卒律曰：黔首将阳及诸亡者，已有奔书及亡毋（无）奔书盈三月者[1]，辄筋〈削〉爵以为士五（伍）；135/1234 有爵寡以为毋（无）爵寡[2]；其小爵及公士以上子年盈十八岁以上，亦筋〈削〉小爵爵而傅及公 136/1259 士以上子皆耤（籍）以为士五（伍）[3]。乡官辄上奔书县廷，廷转臧（藏）狱，狱史月案计日，盈三月即辟问乡 137/1258 官，不出者，辄以令论削其爵，皆校计之。138/1270

〔校读〕

[1] 奔书，原注释：秦代文书的一种，用以登记黔首逃亡情况。或应是涉及奔警的命令，即因突发事件需要征召士徒的法律文书。今按："奔"有逃亡义。《左传・僖公五年》："晋灭虢，虢公丑奔京师。"《说文》"奔"字段注："引申之，凡赴急曰奔，凡出亡曰奔。"里耶秦简 14—18 记："廿六年七月庚辰朔乙未，迁陵拔谓学佴：学童拾有鞫，与狱史畸徽执，其亡不得。上奔牒而定名事里、它坐亡年月日论云何罪赦，或覆问之，毋有。与狱史畸以律封守上牒，以书言，勿留。"① "奔牒"亦即奔书。

[2] 有爵寡，原注释：爵寡，继承先夫爵位的妇人。里耶秦简："大夫寡三户。"张家山汉简《二年律令・置后律》："寡为户后，予田宅，比子为后者爵。"今按："有爵寡"，有爵之寡。"爵寡"意义欠完整。

[3] 耤，整理者径释为"籍"。今按：当释为"耤"，读为"籍"，登记义。《左传・成公二年》："非礼也，勿籍。"杜预注："籍，书也。"岳麓书院奏谳类文献案例七简 126（1200）："卿（乡）唐、佐更曰：沛免婉为庶人，即书户籍曰：免妾。沛后妻婉，不告唐、更。今籍为免妾。不智（知）它。"律文之"籍"与此相通，指在户籍上记录身份。

原断读多有未当。简文于此所叙对象为两类，即"小爵年盈十八岁以上"与"公士以上子年盈十八岁以上"，相应的处分是"削小爵爵而傅"与"公士以上子皆籍以为士伍"。整理者注释"小爵"云："未傅籍而承继爵位者。张家山汉简《二年律令・傅律》：'不更以下子年廿岁，

---

① 资料见张春龙《里耶秦简中迁陵县学官和相关记录》，《出土文献》第 1 辑，中西书局 2010 年版，第 232—234 页。引述时释读有改动。

大夫以上至五大夫子及小爵不更以下至上造年廿二岁，卿以上子及小爵大夫以上年廿四岁，皆傅之。'"秦代必有与汉代类似的制度，小爵拥有者傅籍较晚。但削去小爵后无此优待，故削爵后即行傅籍。张家山汉简《二年律令·置后律》简367—368："疾死置后者，彻侯后子为彻侯，其毋（无）適（嫡）子，以孺子［子、良人］子。关内侯后子为关内侯，卿侯〈后〉子为公乘，［五大夫］后子为公大夫，公乘后子为官大夫，公大夫后子为大夫，官大夫后子为不更，大夫后子为簪袅，不更后子为上造，簪袅后子为公士，其毋（无）適（嫡）子，以下妻子、偏妻子。"又《二年律令·傅律》简359－360："不为后而傅者，关内侯子二人为不更，它子为簪袅；卿子二人为不更，它子为上造；五大夫子二人为簪袅，它子为上造；公乘、公大夫子二人为上造，它子为公士；官大夫及大夫子为公士；不更至上造子为公卒。"设若秦代与此相似，簪袅以上后子（继承人）皆有爵，大夫子后子以外者亦皆有爵，不更至上造子为公卒，亦高于士伍。但若奔亡三月，则皆降为士伍。有关秦代傅籍的标准和年龄，学者有不同推测①。这条律文间接显示，无爵者傅籍标准是"年盈十八岁"。

· 尉卒律曰：里自卅户以上置典、老各一人。不盈卅户以下，便利，令与其旁里共典、老，其不便者，予之典 142/1373 而勿予老。公大夫以上擅启门者附其旁里，旁里典、老坐之。置典、老，必里相谁（推），以其里公卒、士五（伍）年长而毋（无）害 143/1405 者为典、老。毋（无）长者令它里年长者。为它里典、老，毋以公士及毋敢以丁者，丁者为典、老，赀尉、尉史、士吏主 144/1291 者各一甲，丞、令、令史各一盾。毋（无）爵者不足，以公士，县毋命为典、老者，以不更以下，先以下爵。其或复，未当事 145/1293 戍，不复而不能自给者，令不更以下无复不复，更为典、老。146/1235

· 尉卒律曰：里自卅户以上置典、老各一人。不盈卅户以下，便利，令与其旁里共典、老；其不便者，予之典 142/1373 而勿予老。公大夫以上擅启门者附其旁里[1]，旁里典、老坐之。置典、老，必里相谁（推），以其里公卒、士五（伍）年长而毋（无）害 143/1405

---

① 参见陈伟主编《秦简牍合集〔壹〕》，武汉大学出版社2014年版，第22页注释50。

者为典、老。毋（无）长者，令它里年长者为它里典、老[2]。毋以公士，及毋敢以丁者[3]。丁者为典、老，赍尉、尉史、士吏主144/1291者各一甲，丞、令、令史各一盾。毋（无）爵者不足，以公士。县毋（无）命为典、老者[4]，以不更以下，先以下爵。其或复未当事[5]，145/1293或不复而不能自给者[6]，令不更以下无复不复，更为典、老。146/1235

〔校读〕

[1] 原注释：公大夫，秦爵第七级。擅启门：即擅自开启里门。张家山汉简《二年律令·杂律》："越邑、里、官、市院垣，若故坏决道出入，及盗启门户，皆赎黥。""盗启门户"即私自开启门户，这是对里或院垣的破坏，故与越里院垣的行为处一样的刑罚。"擅启门"与"盗启门户"义同。附其旁里：指擅启之门破坏了本里与旁里之间的分界院垣，其门直接附着于旁里内部。《玉篇·阜部》："附，著也。"今按：《二年律令·户律》简305："自五大夫以下，比地为伍，以辨□为□，居处相察，出入相司。有为盗贼及亡者，辄谒吏。典、田典更挟里门钥，以时开……"由这条律文可见，五大夫是编制于里的最高爵位拥有者。以此比况，秦简《尉卒律》所说"公大夫以上"，其实只包括五大夫、公乘、公大夫三等爵位拥有者。①听任这些人"擅启门"，恐怕有迁就之意。而随后说"旁里典、老坐之"，是说如果日后这些人犯罪，旁里典、老要对其负责，而不是说"擅启门"已构成犯罪，需要旁里典、老坐罪。

[2] "者为"之间，整理者用逗号断开。今按：此处当连读。文中前一个"它里"是指"毋长者"之里以外的里，后一个"它里"则是指"毋长者"之里。因为从前一个"它里"选出的典、老是到并非自己原在的里任职，这个里对他而言也属于"它里"。张家山汉简《奏谳书》案例三简017—022"令它国毋得取（娶）它国人"一句，整理小组无注，《二年律令与奏谳书》推测：前一个"它国"，当指汉以外的国。后一个

---

① 睡虎地秦简《封诊式·黥妾》某里公士甲自称"某里五大夫乙家吏"，里耶秦简8-1236+8-1791："今见一邑二里：大夫七户，大夫寡二户，大夫子三户，不更五户，□□四户，上造十二户，公士二户，从廿六户。"可参看。

"它国",疑指前一个"它国"之外的国。① 大致当是。汉初法律文书中的这一表述与秦简"令它里年长者为它里典、老"的表述有类似之处,可以参证。

[3]丁者,原注释:张家山汉简《二年律令·复律》:"丁女子各二人。"整理者注:"丁女子,成年女子。"是指傅籍之后的成丁。"毋敢以丁者",即毋敢以丁者为典、老的省略,或许是因为丁者经常需要离开乡里服各类徭役,所以不能留在里中担任典、老。今按:睡虎地秦简《秦律十八种·内史杂》简190:"除佐必当壮以上,毋除士五(伍)新傅。"丁、壮义近,"丁者"应在傅籍后再经过一段时间才开始起算。《史记·项羽本纪》"萧何亦发关中老弱未傅悉诣荥阳"集解引孟康曰:"古者二十而傅,三年耕有一年储,故二十三年而后役之。"引如淳曰:"律年二十三傅之畴官,各从其父畴内学之。高不满六尺二寸以下为罢癃。《汉仪注》'民年二十三为正,一岁为卫士,一岁为材官骑士,习射御骑驰战阵'。又曰'年五十六衰老,乃得免为庶民,就田里'。今老弱未尝傅者皆发之。未二十三为弱,过五十六为老。……"《汉书·高帝纪》颜注所引相同。《资治通鉴》卷九·汉纪一·高祖二年胡注引述略同,唯如淳语少一"三"字,作"未二十为弱"。"弱"与"丁"或"壮"在古人用语中,正是前后相衔的两个年龄段。《礼记·曲礼上》:"二十曰弱,冠。三十曰壮,有室。"《释名·释长幼》:"二十曰弱,言柔弱也。三十曰壮,言丁壮也。"《史记》集解、《汉书》注所引如淳语,与孟康、《汉仪注》相同,显示秦汉时似曾以二十三岁作为男子进入丁年的标准。按孟康所说的傅籍年龄,是在二十岁之后的第四年。而按前文推定的十八岁,则是在傅籍之后的第六年。当然,在不同时期,傅籍、入丁的年龄或有不同,但二者存在一定差距却可能是比较普遍的做法。② 至于禁止丁者为典、老,可能是因为典、老需要长年在里中主事,由丁者担任会影响国

---

① 彭浩、陈伟、[日]工藤元男主编:《二年律令与奏谳书》,上海古籍出版社2007年版,第340页注释10。

② 《旧唐书·食货上》记:"男女始生者为黄,四岁为小,十六为中,二十一为丁,六十为老。……神龙元年,韦庶人为皇后,务欲求媚于人,上表请以二十二为丁,五十八为老,制从之。及韦氏诛,复旧。至天宝三年,又降优制,以十八为中男,二十二为丁。"又记广德元年七月诏:"天下男子,宜二十三成丁,五十八为老。"可参考。

家对兵役、劳役资源的征发。

[4]原注释：据前后文意，知"毋"为衍文。今按：毋，读为"无"。作为"典、老"候选人的表述，律文的叙述层次是：(1)"其里公卒、士五（伍）年长而毋害者"；(2)"它里年长者"；(3)"毋（无）爵者不足，以公士"；(4)"县毋（无）命为典、老者，以不更以下，先以下爵"。即优先在本里无爵的公卒、士伍中选定；如果本里没有合适人选，则选别的里中无爵的公卒、士伍；如果无爵者不够，则放宽到最低一级爵位公士；如果这样在县内还没有合适人选，则进一步放宽到不更以下的其他低爵拥有者。

[5]整理者将"未当事"属下读，注释说：复，免除徭役。《史记·秦始皇本纪》："因徙三万家丽邑，五万家云阳，皆复不事十岁。"今按："复"指免除赋税与徭役，或免除其中一种。《汉书·高帝纪上》："蜀汉民给军事劳苦，复勿租税二岁。"颜注："复者，除其赋役也。"同书《高帝纪下》："民产子，复勿事二岁。"颜注："勿事，不役使也。"同书《刑法志》："中试则复其户，利其田宅。"颜注："谓免其赋税也。"《后汉书·光武帝纪》："诏复济阳二年徭役。"李贤注引《前书音义》曰："复谓除其赋役也。"简牍中也屡见相关记载。《二年律令·徭律》简278－279："□□工事县官者复其户而各其工。大数衛（率）取上手什（十）三人为复，丁女子各二人，它各一人，勿筭（算）繇（徭）赋。家毋当繇（徭）者，得复县中它人。"《二年律令·行书律》简265－266："一邮邮十二室，长安广邮廿四室，敬（警）事邮十八室。有物故去，辄代者有其田宅。有息，户勿减。令邮人行制书、急书，复，勿令为它事。"江陵毛家园1号汉墓《告地书》记"此家复不事"，荆州高台18号汉墓《告地书》记"家复不算不徭"，荆州谢家桥1号汉墓1号竹牍记："昌家复无有所与，有诏令，谒告地下丞以从事。"①"复未当事"当作一句读，与《史记·秦始皇本纪》与江陵毛家园1号汉墓《告地书》、"复不事"、《汉书·高帝纪下》"复勿事"相当，重点似是指免除徭役。在一般情形下，"复未当事"应可免予作典、老。但这里说的是特

---

① 相关资料出处及释读，见刘国胜《谢家桥一号汉墓〈告地书〉牍的初步考察》，《江汉考古》2009年第3期。

别情形，所以复除者也需要轮流担任。

　　［6］或，整理者释为"戍"，与"未当事"连读。今按：此字左侧欠清晰，仍可见是"或"而非"戍"。"或复""或不复"对言，亦可见原有释读之未确。

北大藏秦水陆里程简册所见的
汉江水道与津渡*

武汉大学历史学院　晏昌贵

2010年初，北京大学得到香港冯燊均国学基金会捐赠，入藏了一批从海外回归的珍贵秦简牍，其中一册主要记述江汉地区的水陆交通路线和里程。据介绍，该简册抄写于竹简卷四背面中部，共66枚简，每简分上下两栏书写，分别自右向左横读，其形式一般为"某地至某地××里"。一栏之内的地名往往前后相连，如"甲至乙""乙至丙""丙至丁"，形成链条状的交通线。所记地名大多位于秦南郡范围内，涉及县、乡、亭等邑聚和津、汭、口等津渡。篇首的几枚竹简还记录了江汉流域水路交通的航道里程，以及不同季节"重船"（即装载货物的船）、"空船"分别逆水上行和顺水下行的日行里数。对于长江中游历史地理的研究具有极高的史料价值。[①] 其中一段讲汉江水道与津渡情况，兹将相关简文抄录如下（文后所附为简号），并略作考释，希望得到读者的指教。

---

　　* 本文为国家社科基金重大招标项目"周代汉淮地区列国青铜器和历史、地理综合整理与研究"（批准号：15ZDB032）的阶段性成果。

　　① 北京大学出土文献研究所：《北京大学藏秦简牍概述》，《文物》2012年第6期。辛德勇：《北京大学藏秦水陆里程简册的性质和拟名问题》，《简帛》第八辑，上海古籍出版社2013年版，第17—27页；《北京大学藏秦水陆里程简册初步研究》[以下简称《初步研究》，载《出土文献》（第四辑），中西书局2013年版]，李学勤主编《出土文献》第四辑，中西书局2013年版，第177—279页。二文均收入辛德勇《石室賸言》，中华书局2014年版，第66—214页。

杨口到匡津七十里（059）

匡津到销容墼乡九十里（060）

销容墼到毚水口百九十里（072）

毚水口到鄢巩阳乡七十里（085）

巩阳乡到离津卅里（089）

离津到瓯津六十里（088）

瓯津到茝陵津六十里（235）

茝陵到邔乡七十里（234）

邔乡到鄢路卢津廿里（218）

路卢到邓新邓津七十里（217）

新邓津到育（淯）口廿里（216）

淯口到邓攀渚十四里（215）

凡杨口到西陵七百七十四里（214）

本段水道航程起自杨口，终于邓樊渚，全长 774 里（秦里，下同），涉及 13 个津渡地名，以下依次试作考释。

1. 杨口

杨水在"竟陵县西"北流，接纳巾、柘二水，又向北流，注入汉水（沔水），即为"杨口"，亦称"阳口"，在今潜江市汉江南岸的泽口附近。

2. 匡津

《鄂君启节·舟节》铭文云："自鄂市，逾油（淯）。上汉，就阴，就郇阳。逾汉，就邔。逾夏，入涢。"①《鄂君启节》自考古发现公布以来，经过众多考古学者、古文字学者和历史地理学者的共同努力，铭文大部分已可通读，所涉及地理问题也基本清楚，但也有若干疑难问题有待发覆。《舟节》铭文所记为：自鄂君启的封地"鄂"（在今河南南阳市北，即《汉志》之西鄂）出发，顺淯水而下。在淯水入汉处（当即淯口）分为二途，一路溯汉水而上，到达阴（今湖北老河口市西北）和郇

---

① 释文参见何琳仪《鄂君启舟节释地三则》，《古文字研究》第二十二辑，中华书局 2000 年版，第 141—145 页。

阳（今陕西旬阳北）。另一路顺汉水而下，到达"䣴"。然后铭文接述夏水航道。节铭由于以西鄂为起点，㴔口为㴔水与汉水汇合处，所以在述及汉江水道时，不得不分为"上汉"和"逾汉"两部分，实际上都是指汉江水道。节铭汉江水道涉及三个地名，其中的"䣴"，据节铭体例，只能是在㴔口与"夏水"之间的汉江上。此前的研究者，或以为当即《战国策·秦策》《史记·秦本纪》《楚世家》中的黄棘，汉棘阳县，故城在今河南南阳市南、新野县东北七十里。① 或以为在汉水上游，今河南或陕西境内。② 或以为当为春秋之谷国，在今湖北谷城附近。③ 均与节铭体例不合。另有学者释为"鄾"，在今襄樊市东北二十里。④ 亦有学者读为"襄"，以为即《汉志》江夏郡襄县，在今湖北钟祥至沔阳之间的汉水沿岸。⑤ 还有学者以为此地即两晋南朝所置上黄县，在今河北宜城至钟祥一带。⑥ 这些说法虽然合于节铭所述水道行程，但并无早期文献依据，且难以确定其地望。现在从秦简水陆里程简册看，节铭中的"䣴"应即匡，匡、䣴读音相近，可以通假。匡津指匡地之津。节铭"䣴"为邑聚名，水陆里程简册之"匡津"指津渡名，二者所指或为一地。今天门多宝镇以西有"匡家台"地名，简册"匡津"或当在此附近。天门多宝湾是汉江航运港口之一，荷（包湖）沙（洋）公路从多宝镇中心穿过，为交通要津。⑦ 据水陆里程简册，匡津距杨口 70 里，约合 29 千米，⑧ 而泽口至多宝镇的直线距离约为 28 千米，则古代汉水约在今天门张港镇西之新泗

---

① 谭其骧：《鄂君启节铭文释地》，原载《中华文史论丛》第二辑（1962 年），收入氏著《长水集（下）》，人民出版社 1987 年版，第 197 页。

② 黄盛璋：《关于鄂君启地理考证与交通路线的复原问题》，原载《中华文史论丛》第五辑（1964 年），收入氏著《历史地理论集》，人民出版社 1982 年版，第 272—273 页。

③ 姚汉源：《鄂君启节释文》（稿本），转引自长江流域规划办公室《长江水利史略》编写组《长江水利史略》，水利电力出版社 1979 年版，第 30 页。

④ 熊传新、何光岳：《〈鄂君启节〉舟节中江湘地名新考》，《湖南师院学报》1982 年第 3 期。

⑤ 何琳仪：《鄂君启舟节释地三则》，《古文字研究》第二十二辑，143 页。

⑥ 郑威：《楚国封君研究》，湖北教育出版社 2012 年版，第 64—67 页。

⑦ 湖北省天门市地方志编纂委员会：《天门县志》，湖北人民出版社 1989 年版，第 64 页。

⑧ 秦 1 里为 300 步，1 步为 6 尺，1 尺为 23.1 厘米，故秦 1 里等于 415.8 米。参见陈梦家《亩制与里制》，《考古》1966 年第 1 期；丘光明《中国历代度量衡考》，科学出版社 1992 年版，第 8—11 页；朱汉民、陈松长主编《岳麓书院藏秦简（贰）》，上海辞书出版社 2011 年版，第 66 页。

港附近截弯取直，直达多宝镇，然后西折，经匡家台至沙洋，如此方能如合简册所记 70 里之距离。

3. 销容箸乡

销为销县，见于秦及汉初的出土简牍，学者多有讨论。里耶秦简牍记"鄢到销百八十四里，销到江陵二百卅六里"，① 周振鹤先生据此推断秦及汉初的销县当在今湖北荆门市北的石桥驿与南桥之间。② 其后岳麓书院藏秦简《三十五年私质日》记墓主人行程，先"宿当阳"，次日"宿销"，又次日"宿箸乡"，③ 陈伟先生据此以为周振鹤的推测大致不误。④ 水陆里程简册有更多可以确定销县地望的材料，如编号 060 简记云："销到当阳乡九十三里，到江陵界卅六里。"编号 072："当阳乡到江陵百廿三里。"二者相加，销至江陵 216 里（约合 90 千米）。简号 085："销北到巍乡五十六里，到鄢界十七里。"简号 089："巍乡到箸乡卅里。"简号 088："箸乡到鄢八十里。"三简相加，销至鄢 176 里（约合 73 千米）。这两个数据均小于里耶秦简，也许是具体路线不同，也许计量标准不一（一为官方，一为民间），其故未详。若以里耶简的资料推算，鄢到销与销到江陵之比为 0.748；而水陆里程简册为 0.815。换言之，若以水陆里程简册所记里程衡量，销县的位置要更偏南一些。辛德勇先生在衡量水陆里程简册的相关记载后，也认为秦销县的地理位置应更偏靠南桥。⑤ 王琢玺则以为在今荆门市区以北、子陵岗镇以南一带，或即今荆门子陵岗遗址。⑥ 再衡之以今 G55 国家高速公路，从荆州到荆门北为 80 千米，从荆门北到宜城南为 74 千米。⑦ 后者的里程数与水陆里程简册所记已相当接近，而

---

① 湖南省文物考古研究所等：《湖南龙山里耶战国——秦代古城一号井发掘简报》，《文物》2003 年第 1 期；张春龙等：《湖湘简牍书法选集》，湖南美术出版社 2012 年版，第 99 页。

② 周振鹤：《秦代汉初的销县——里耶秦简小识之一》，简帛研究网，2003 年 12 月 1 日。

③ 朱汉民、陈松长主编：《岳麓书院藏秦简（壹）》，上海辞书出版社 2010 年版，第 24、105—106 页。

④ 参见陈伟《岳麓秦简〈三十五年质日〉地名小考》，《历史地理》第二十六辑，第 442—443 页。

⑤ 辛德勇：《初步研究》，第 221—222 页。

⑥ 王琢玺：《秦汉销县小考》，《中国历史地理论丛》2014 年第 3 期。

⑦ 此据《湖北及周边省区公路里程地图册》（中国地图出版社 2014 年版）所提供资料统计。

前者则差距较大。这也许是今荆门以北在秦代为平原岗地，陆路交通线路较为平直，而荆门以南则多河湖沼泽，陆上交通较为曲折的缘故。又，057 号简记云："销到容氅乡七十九里，乡到津五里，凡八十四里。"所谓"乡到津"，是指容氅乡到容氅津。这个容氅津应该位于汉江西岸，表明销县东至汉江为 84 里，而容氅乡到匡津的距离为 90 里，再衡以从容氅乡到清口尚有 600 里之遥，所以销县的具体位置还应更靠近东边，大约在今荆门市东之牌楼镇或稍北一带，如此方能符合水陆里程简册所记的里程距离。而容氅乡也应在钟祥旧口镇与荆门马良镇之间的汉水西岸。若再偏南，则与销县距离不合；再偏北，则与匡津、杨口里程不符。

4. 巏水口

又称"巏口"，当为巏水入汉江处。简册另有巏乡，前引简文称销北到巏乡 56 里，巏乡到箸乡 40 里，箸乡在今钟祥市西北胡集镇南的丽阳村一带。① 以销县、箸乡的地理位置及其与巏乡的里距推测，巏乡当在今钟祥市石桥驿北、双河镇一带。218 号简记云："巏乡到皇津卅六里。"047 号简："巏口到皇津廿里。"则巏口当在巏乡东 56 里之汉江西岸。从今地图看，其地理位置应在今磷矿镇附近。今利河（又名涮河）北源发自胡集镇杨冲，西源发自荆门市盐池区，二源在双河口汇合，东流经磷矿镇，在何家山利河口注入汉江。利（涮）、巏音近，或可通假，② 巏水口（巏口）当即在此。皇津则应为利河之津渡。简册记巏水口距容氅乡 190 里（约合 79 千米），据 20 世纪 70 年代测量，汉江航道从利河口至马良镇距离为 73 千米，距旧口则为 84 千米。③ 里程数也较为相符。

5. 鄢巩阳乡

距巏水口 70 里，约合今 29 千米。今汉江航道从利河口至关家山蛮河入汉江处的航程为 31 千米，简册所记鄢巩阳乡或当在此附近，隔汉江对岸即为钟祥丰乐镇。

简册所记之"鄢"即秦鄢县，后改名宜城，在今湖北宜城市南。简

---

① 陈伟：《岳麓秦简〈三十五年质日〉地名小考》，第 443—444 页。
② 据唐作藩《上古音手册》（江苏人民出版社 1982 年），利为质部来母，巏为质部定母，韵部相同，声母旁纽。
③ 湖北省钟祥县县志编纂委员会：《钟祥县志》，湖北人民出版社 1990 年版，第 461 页。

册另记有鄢县到襄县之行程里数：

鄢到邓百卅里。（076）
邓到襄百八十里。（064）

按简册所记之"襄"即穰县。《史记·高祖本纪》"襄侯王陵降西陵"，《集解》引韦昭曰："汉封王陵为安国侯，初起兵时在南阳，南阳有穰县，疑'襄'当作'穰'，而无'禾'，字省耳。"①《汉书》亦作"襄侯"。《战国纵横家书》第17章"谓起贾章"："身在于秦，请以其母质，襄疵弗受也。魏至今然者，襄子之过也。"②《韩非子·内储说下》："故襄疵言袭邺，而嗣公赐令席。"③《吕氏春秋·无义》："公孙鞅以其私属与母归魏。襄疵不受。"④"襄疵"《水经注·渠水篇》引《竹书纪年》作"穰疵"。⑤睡虎地秦简《秦律十八种》"臬粲、糯之襄"，整理者注释："一说，襄读为穰，《广雅·释草》：'稻穰谓之秆。'"⑥从水陆里程简册看，从鄢到邓140里，从邓到襄180里，邓在今湖北襄阳市西北，⑦秦汉穰县在今河南邓州市。⑧从道路里程看，将简册之"襄"理解为穰县亦甚合理。秦襄县亦见里耶秦简牍，可见秦县名应以"襄"字为正，后演变为"穰"。

6. 离津

《水经注·沔水（中）》所载夷水源流曰："夷水导源中庐县界康狼山，山与荆山相邻，其水东南流，历宜城西山，谓之夷溪。又东南径罗川城，故罗国也。又谓之鄢水，《春秋》所谓'楚人伐罗渡鄢'者也。夷

---

① 《史记》（点校二十四史修订本），中华书局2013年版，第454页。
② 马王堆汉墓帛书整理小组编：《战国纵横家书》，文物出版社1976年版，第71页。
③ 张觉：《韩非子校疏》，上海古籍出版社2010年版，第648页。
④ 陈奇猷：《吕氏春秋新校释》，上海古籍出版社2002年版，第1501页。
⑤ 参见方诗铭、王修龄《古本竹书纪年辑证》，上海古籍出版社2005年版，第141页。
⑥ 陈伟主编：《秦简牍合集（壹）上》，武汉大学出版社2014年版，第68页。
⑦ 参见石泉《古邓国、邓县考》，原载《江汉论坛》1980年第3期，收入氏著《古代荆楚地理新探》，武汉大学出版社1988年版，第105—126页。
⑧ 谭其骧主编：《中国历史地图集》第二册，中国地图出版社1982年版，图幅22-23；周振鹤：《汉书地理志汇释》，安徽教育出版社2006年版，第128页。

水东南流，与零水合。……与夷水乱流东出，谓之淇水，径蛮城南，城在宜城南三十里。《春秋》莫敖自罗败，退及鄢，乱次以济淇水，是也。夷水又东，注于沔。"杨守敬疏按："今蛮河自保康县东经南漳县，至宜城县南四十里名破河脑入汉。"① 夷水入汉地点，张修桂先生定在今璞河镇东南岛口村附近。② 破河脑又名璞河瑙，亦即璞河镇，皆地名雅化之结果。今蛮河则更向东南流至钟祥市关家山入汉江。事实上，宜城南部璞河瑙以东一带为典型泛滥平原，历史时期汉江主泓道摆幅较大。③ 从简册所记里程看，离津当在今璞河镇附近，为古夷水入汉之津渡。所以名"离津"之故，盖因离、罗音近，可以通假，如《易·离》："利贞。亨，畜牝牛吉。"汉帛书本"离"写作"罗"。《大戴礼记·五帝德》称黄帝"历离日月星辰"，《史记·五帝本纪》写作"旁罗日月星辰"，《史记索隐》："离即罗也。"④ 夷（蛮）水与古罗国关系密切，因有是称。

7. 瓯津

《水经注·沔水（中）》："沔水又南，得木里水会。楚时于宜城东穿渠，上口去城三里。汉南郡太守王宠又凿之，引蛮水灌田，谓之木里沟，径宜城东而东北入于沔，谓之木里水口也。"杨守敬疏引《宜城县志》谓木里沟水入汉处有二，其一在黄家沟口，其二在木瓜园。⑤ 黄家沟口在今宜城市南，以西经下梅家湾、童梅村、孝友铺、木渠村，或即木里水故道。从简册所记里程看，瓯津当在黄家沟口附近。

8. 茇陵津

《水经注·沔水（中）》："沔水又南，与疎水合。水出中庐县西南，东流至邔县北界，东入沔口，谓之疎口也。"关于古疎口的地理位置，熊会贞引《宜城县志》云："今县境北界有沟口，东流注汉。导源西北甚

---

① 谢承仁主编：《杨守敬集》第四册《水经注疏（下）》，湖北人民出版社、湖北教育出版社1988年版，第1731页。
② 张修桂：《〈水经·沔水注〉襄樊—武汉河段校注与复原（下篇）——附：〈夏水注〉校注与复原》，原载《历史地理》26辑，上海人民出版社2012年版。收入作者文集《龚江集》，上海人民出版社2014年版，第87—100页。
③ 鲁西奇、潘晟：《汉江中下游河道变迁与堤防》，武汉大学出版社2004年版，第36—38页。
④ 参见高亨、董治安《古字通假会典》，齐鲁书社1989年版，第673页。
⑤ 谢承仁主编：《杨守敬集》第四册《水经注疏（下）》，第1729页。

远，夏时雨集泫盈，水不断流，其地适当古中庐西南，或即疏水出口欤？"① 乃不定之辞也。张修桂先生则肯定古疏水在今宜城市北小河镇南之龚家湾流入汉水。② 从简册所记里程看，㦰陵津或当在此。

9. 邔乡

辛德勇先生已指出，邔乡"应即西汉南郡邔县"。③《水经注·沔水（中）》[经]文"（沔水）又南过邔县东北"条下郦道元注："县故楚邑也，秦以为县。"④ 然简册所记为"邔乡"，可知此时仍为鄀县之乡，尚未置县。张家山汉简《二年律令·秩律》反映西汉初年政区形势，其中亦无邔县。⑤ 然汉高帝十二年（前195）封侯有"邔侯"黄极忠，封侯之功绩为"以故群盗长为临江将，已而为汉击临江王及诸侯"。⑥ 邔侯国亦见江陵松柏汉墓出土的简牍户籍文书中，时在西汉武帝早期。⑦ 据上述情形推测，邔乡或在秦汉之际由乡升格为县，《秩律》不见记载，很可能邔为侯国，而《秩律》只记直属汉廷的县邑而不记侯国的缘故。汉代邔县的地理位置，据石泉先生所考，当在今襄阳南欧庙镇附近。⑧

10. 鄀路卢津

《水经注·沔水（中）》[经]："（沔水）又东过中庐县东，淮水自房陵县淮山东流注之。"[注]："县，即春秋庐戎之国也。县故城南有水，出西山。山有石穴出马，谓之马穴山。……其水东流一百四十里，径城南，名曰浴马港。……然候水诸蛮，北遏是水，南壅淮川，以周田溉，下流入沔。"淮水又名维水（以下通写作维水），庐亦作卢。此维水亦见

---

① 谢承仁主编：《杨守敬集》第四册《水经注疏（下）》，第1727页。
② 张修桂：《〈水经·沔水注〉襄樊—武汉河段校注与复原（下篇）》。
③ 辛德勇：《初步研究》，第222页。
④ 谢承仁主编：《杨守敬集》第四册《水经注疏（下）》，第1728页。
⑤ 参见周振鹤《〈二年律令·秩律〉的历史地理意义》，原刊《学术月刊》2003年第1期，此据作者文集《长水声闻》，复旦大学出版社2010年版，第178—18页；晏昌贵《〈二年律令·秩律〉与汉初政区地理》，原刊《历史地理》第二十一辑，此据笔者文集《简帛数术与历史地理论集》，商务印书馆2010年版，第325—345页。
⑥ 《史记》（点校二十四史修订本），第1131页；《汉书补注》，上海古籍出版社2012年版，第231页。
⑦ 荆州博物馆：《湖北荆州纪南松柏汉墓发掘简报》，《文物》2008年第4期。
⑧ 石泉：《古鄀、维、涑水及宜城、中庐、邔县故址新探——兼论楚皇城遗址不是楚鄀都、汉宜城县》，收入氏著《古代荆楚地理新探》，武汉大学出版社1988年版，第277—280页。

《汉书·地理志》汉中郡"房陵"县条下,班固自注云:"淮山,淮水所出,东至中庐入沔。"但关于这条古维水的源流及入汉所在,郦道元时代即不甚了了。① 后来的学者虽有多种复原方案,然都与简册所记不符。② 简册所记"鄢路卢津"当是指秦鄢县之路卢津,其得名或与春秋卢戎有关。战国时此地亦有庐江,屈原楚辞《招魂》乱曰:"路贯庐江兮左长薄,倚沼畦瀛兮遥望博。"自来解楚辞者,皆以为此庐江为《汉志》庐江郡之庐江。③ 谭其骧先生独具只眼,以为楚辞庐江在今宜城县北,即《水经注》所述之水,"庐江之为浴马抑维川不可知,要之必居其中之一"。④《续汉书·郡国志》汉中郡"房陵"县条下刘昭补注引《巴汉志》:"有维山,维水所出,东入泸。"⑤ 泸即庐,可证古代汉水流域确有庐江,具体流径及入汉地点俟考。从简册所记里程看,路卢津当在今欧庙镇北黄龙观、越家庄一带。⑥

11. 邓新邓津

新邓津距淯口 20 里,应在今襄阳东津镇附近的汉水东岸。已由秦鄢县(今宜城市)进入邓县(今襄阳)境。

12. 淯口

为淯水入沔之口。淯水下游即今唐白河,其入汉江处,当在今襄阳樊城东侧张湾一带。

13. 邓攀渚

《水经注·沔水(中)》:"沔水又径平鲁城南……东对樊城,仲山甫

---

① 参见谢承仁主编《杨守敬集》第四册《水经注疏(下)》第 1726 页杨守敬按语。
② 参见王先谦《汉书补注》,第 755 页;石泉《古代荆楚地理新探》,第 260—273 页;张修桂《〈水经·沔水注〉襄樊—武汉河段校注与复原(下篇)》,第 19—21 页。
③ 洪兴祖:《楚辞补注》,中华书局 1983 年版,第 213 页。
④ 谭其骧:《与缪彦威论〈招魂〉庐江地望书》,收入氏著《长水集(上)》,人民出版社 1987 年版,第 393—394 页。
⑤ 《后汉书》志第二十三《郡国五》,中华书局 1965 年版,第 3506 页。
⑥ 2017 年 5 月,在"千年古县——宜城地名文化座谈会"上,叶植教授提出路卢津可能是邹湾遗址所在。今按:邹湾遗址位于欧庙镇南之邹湾村东南约 500 米的台地上,潼口河绕其西部而流入汉江,除西部外,其他三面均为汉江淤积平原。遗址面积约为 4 万平方米,年代大致从春秋中期以至汉代(参见焦枝复线襄樊考古队《襄阳邹湾遗址发掘简报》,《江汉考古》1997 年第 4 期)。如果路卢津在邹湾,邵乡(邵县)的位置就要另作考虑。其详有待进一步研究。

所封也。"仲山甫所封之樊是否在此尚有疑问,① 然汉水北岸有樊城,则是确然无疑的。简册"邓攀渚"意为邓县之攀渚,攀、樊音近,攀渚或即樊渚,为樊城下汉水中之洲渚。《水经注·沔水(中)》:"襄阳东北有东白沙,白沙北有三洲。东北有宛口,即淯水所入也。"攀渚或即此三洲。攀渚距淯口14里,与今地理位置也是合适的。

简册在描述完上述里程后,接述"凡杨口到西陵七百七十四里",将杨口到邓攀渚的里程数相加,正好得774里。简册又说"凡江陵到西陵九百六十八里",而江陵到杨口为194里,加上杨口到西陵的774里,正好得968里。然231号简有"淯口到西陵十二里"的记载,从这一带的古今地理形势和简册记述行程看,这里所描述的只能是由淯口上溯汉水的水道,而不可能是由淯口上溯淯水(唐白河)的行程,否则就与简文所记"凡杨口到西陵七百七十里"的里程数不符,也与简册所称"邓西陵"不合。如此看来,简册是将西陵与邓攀渚视为一地,辛德勇先生引童书业说,以为《史记·六国年表》《楚世家》之"西陵"即邓。辛氏进而推断西陵即邓攀渚,"或即水侧山丘而言,则为'西陵';就滨水崖涘而言,乃为'攀渚'"。② 其说当是。

以上为汉江水道,因其起始点在杨口,简册称之为"杨口水道"。杨口水道从杨口到邓攀渚全长774里,约合322千米。20世纪50年代地理调查,汉江干流主航道从泽口至樊城约为320千米。③ 由此可知汉江主泓道在古代虽历经变化,但总里程的变化却较小,同时也可说明秦简册所记里程较符合实际状况,是可信的。

---

① 参见谢承仁主编《杨守敬集》第四册《水经注疏(下)》,第1718—1719页。
② 辛德勇:《初步研究》,第220页。
③ 《汉江流域地理调查报告》,第141页。

里耶秦简 8-149+8-489 号牍校读*

武汉大学简帛研究中心 鲁家亮

8-149+8-489 号牍由里耶秦简原整理者缀合,① 缀合后的木牍下部完整,上部仍有残缺。目前保存有四栏墨书,其中第一栏墨书文字存在部分磨损。从内容上看,该牍所见文书似为迁陵县部分吏员和戍卒(其身份均为更戍)的赀、赎记录,文书中还可见使用者对赀的对象、数额进行核实、勾校的痕迹。该木牍的释文和图版公布后,《里耶秦简牍校释(第一卷)》(以下简称《校释》)首先对牍文进行了注释与订补。② 此后,何有祖先生又补释了其中三字。③ 近来,我们重读这份文书,发现其在文字的释读上仍有可补之处,而对该文书的时间和性质的判断也有展开的可能。现将我们重新校读这份文书后的一些不成熟的想法条呈如下,请诸位方家批评、指正。

为方便讨论,我们先将该牍缀合后的图版和我们校读后的释文引述

---

* 本文为武汉大学自主科研项目"里耶秦简所见秦代迁陵县与基层社会"研究成果,写作得到国家社科基金青年项目"汉初律令体系研究"(编号:12CZS014)、武汉大学人文社会科学青年学者学术团队建设计划"史前至秦汉水流域人类文化的跨学科研究"和"中央高校基本科研业务费专项资金"资助。

① 湖南省文物考古研究所编著:《里耶秦简[壹]》,文物出版社 2012 年版,第 111 页。

② 陈伟主编,何有祖、鲁家亮、凡国栋撰著:《里耶秦简牍校释(第一卷)》,武汉大学出版社 2012 年版,第 89—91 页。又,下文所引里耶秦简释文,如无特别说明,均出自该书,不再一一注明。

③ 何有祖:《读里耶秦简札记(三)》,简帛网,http://www.bsm.org.cn/show_article.php?id=2267,2015 年 7 月 1 日。

如下。①

......

［司］空佐敬二甲。AⅠ

［司］空守警三甲。AⅡ

司空守毘三甲。AⅢ

司空佐沈二甲。已。AⅣ

校長□一盾。入。AⅤ

---

① 以《里耶秦简牍校释（第一卷）》释文为底本，并参考了何有祖先生的意见。凡对他们意见赞同者，不再一一注释。

庫武二甲。AⅥ

庫佐駕二甲。BⅠ

田官佐賀二甲。BⅡ

髳長忌再□瞏。① BⅢ

校長予言訾二甲。BⅣ

發弩□二甲。BⅤ

倉佐平七［盾］。② BⅥ

田佐黽一甲。BⅦ

令佐圂一盾。CⅠ

令佐冣七甲。CⅡ

令佐迨二甲。已利 CⅢ

梓廿錢。CⅣ

更戍畫二甲。CⅤ

更戍［五］二甲。CⅥ

更戍［登］二甲。CⅦ

更戍嬰二甲。DⅠ

更戍□二甲。DⅡ

更戍裝贖耐二。DⅢ

更戍得贖耐。DⅣ

更戍堂贖耐。DⅤ

更戍齒贖耐。DⅥ

更戍暴贖耐。DⅦ 8-149+8-489

第一栏第四行（AⅣ）有："司空佐沈二甲。已。"其中的"已"字，原释文及《校释》均作"以"，该字字形作， 里耶秦简中有类似写法的"已"字。③ 结合上下文来看，此字应是核实后所做的勾校记录，如果释

---

① □，《校释》疑是"贖"字，何有祖先生释作"聞"，并将"忌再聞"三字视作人名。今按，暂存疑。

② 盾，《校释》补释，雷海龙先生提示此字更有可能是"甲"。

③ 字形分析可参见陈剑《读秦汉简札记三篇》，《出土文献与古文字研究》第四辑，上海古籍出版社2011年版，第379页。

作"以"比较难理解,疑改释为"巳"。又本牍第三栏第三行记有"巳利";① 8-565 记载了尉广、校长舍、佐狅的赀甲数值,其中"佐狅"之下又记"赀已歸"。据此,我们怀疑本牍中的"巳"所表达的就是此类含义。

第一栏第五行(AV)有:"校長□一盾。入"。"校長"二字,原释文及《校释》均未释。前文已述本牍第一栏略有磨损,导致字形模糊。但在本牍第二栏第四行又见"校長"二字,可作比对如表1所见:

表1

第一栏第五行	第二栏第四行

又,"校長"下之人名,其右旁疑是"戈"。

第二栏第五行(BV)有:"發弩□二甲。"其中的"□",原释文及《校释》均未释。何有祖先生释作"咎",我们可将相关字形排列如表2:

表2

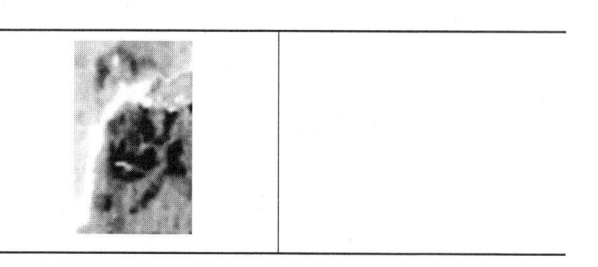

① 今按,"巳利"的含义不甚清楚,何有祖先生将其与下一行文字连读作"巳利梓廿錢",但未作详细说明。细核图版,"巳利"与"梓廿錢"似非一次书写而成,当如原释文断读为宜。

续表

	8-651	8-981	8-1437
咎			

由上表可见，此字或非"咎"，推测其可能是"欲"的残字。

第二栏第七行（BⅦ）有："田佐毚一甲。"其中田佐之名"毚"，原释文及《校释》均未释。该字略有磨损，下部有残缺。相关字形的比对可参见表3：

表3

8-149+ 8-489	8-179	8-725+ 8-1528①	8-1783+ 8-1825	8-2111+ 8-2136②

8-1783+8-1852记载有秦始皇三十年（前217）九月佐"毚"赀盾的记录，但是我们并不清楚其是何官署之佐。由本简可知，其可能就是田之佐。又，里耶秦简中有不少关于"田毚"的记载，据8-211+8-2136可知，"毚"至少在秦始皇三十一年（前216）就已经成这田啬夫。综合上述诸简的记载来看，"毚"极有可能于秦始皇三十一年（前216）由田佐升任田啬夫。

---

① 缀合见何有祖《里耶秦简牍缀合（八）》，简帛网，http：//www.bsm.org.cn/show_article.php? id=1988，2014年2月12日。

② 缀合见何有祖《里耶秦简牍缀合（七则）》，简帛网，http：//www.bsm.org.cn/show_article.php? id=1967，2012年5月1日。

以上是我们对该文书文字校读的一点补充。如前文所言，由于该牍上部残损，导致无法判断此份文书的性质和时间。目前已经公布的里耶秦简牍之中，有两份文书也记载有赀的对象和数额，可帮助我们理解本牍的内容。这两份文书是 8 – 300 和 8 – 565，其文云：

  鄉守履赀十四甲。☑Ⅰ
  鄉佐就赀一甲。☑Ⅱ
  鄉佐華赀六甲。☑Ⅲ 8 – 300

  尉廣赀四甲。校长舍四甲。☑Ⅰ
  佐狅四甲。赀已歸。☑Ⅱ 8 – 565①

不难看出 8 – 300 记载了某乡乡守、乡佐赀的明细，具体则包含职官、姓名和赀的数额三种信息。8 – 565 则是尉及其下属的相似记录，所记内容大体相近，唯"佐狅"条下标记有"赀已歸"。② 据此我们推测，每年迁陵县下各主要官署会分别统计各自吏员所应承担的赀数并上报。县廷则会依据各官署上报的数据进行汇总，8 – 149 + 8 – 498 由于涉及的官署较多，可能正是此类数据的汇总。这些数据在汇总之后，则会由金布曹中的令史进行核实、处置。在核实的过程之中，需要进行勾校、标记，并最终确定需要收缴的赀额总数，③ 或许还要在年终之前安排少内进行催缴。④ 如 8 – 1783 + 8 – 1852 所见：

  卅年九月甲戌，少内守扁入佐鼂赀一盾、佐斗四甲、史章二甲、
  □☑Ⅰ
  二甲、鄉歇二甲、發弩囚吾一甲、佐狐二甲。凡廿五甲四盾。

---

① 该简似可考虑分栏。
② 8 – 420 记载甲的数额，并在其后标记"未归""买爵"等，可与本简参看。
③ 8 – 493 所见"金布计录"中就有少内"金钱计"一项，但这恐怕是少内所涉及金钱事务的总称，赀钱很可能只是其中一个小的类别。
④ 催缴事务具体当由少内负责执行，8 – 454 中有"赀、赎、责（债）毋不收课"，可能就是对收缴这些赀钱、赎钱、欠债的考课名目。

爲☐ Ⅱ 8－1783＋8－1852

在秦始皇三十年（前217）的最后一个月，少内守扁收缴的各官署中各级别吏员的赀额总数达"廿五甲四盾"，这些甲、盾最终会折算成钱由少内入藏。① 因此，8－149＋8－489中亦可见直接记载钱数的情况，即"赀廿钱"。这大概是因为数额过少，而达不到折算甲、盾记录的缘故。

少内除负责收缴这些赀钱外，还会向外支出赀钱。如8－890＋8－1583所见：

卅年九月庚申，少内守增出钱六千七百廿，环（还）令佐朝、义、佐㱃赀各一甲，史犴二甲。Ⅰ
九月丙辰朔庚申，少内守增敢言之：上出券一。敢言之。/欣手。九月庚申日中时，佐欣行。Ⅱ 8－890＋8－1583

同样是在秦始皇三十年（前217）的最后一个月，少内守增出赀钱6720，而令佐朝、义、佐㱃、史犴累计的赀甲数额为五甲，恰好与6720钱相当。由8－890＋8－1583所见，少内在支出钱款的同时，还必须制作券以为凭证。

此外，我们也注意到，在8－149＋8－489中也记载有赎罪的情况。与赀甲、盾相似，赎是以马甲为单位，也可以折算成钱，一马甲等于1920钱。② 据岳麓秦简可知，"赎耐"需要缴纳4副马甲，折算成钱则为7680钱。③ 如此理解不误，则8－149＋8－489第四栏第三行的"更戍裦赎耐二"一句，或不应在"二"前断读，"二"可与上文连读，"赎耐二"指

---

① 陈伟师已指出"赀的计量单位是甲或盾，但执行时是折合成钱来计算的。根据岳麓书院秦简的资料，可知一盾等于384钱；一甲等于1344钱。因而秦简中的赀钱数目往往是384或者1344的倍数。那些不能分解为若干甲与若干盾的价值，大概是已经偿还了部分钱款，是所谓'赀余钱'（9－1、9－3、9－11等）"，见陈伟《里耶秦简所见秦代行政与算术》，简帛网，2014年2月4日。

② 陈伟：《里耶秦简所见秦代行政与算术》，简帛网，http://www.bsm.org.cn/show.article.php?id=1986，2014年2月4日。

③ 岳麓秦数《数》82号简云："赎耐，马甲四，钱七千六百八十。"见朱汉民、陈松长主编《岳麓书院藏秦简（贰）》，上海辞书出版社2011年版，第78页。

两个"赎耐"的处罚。换算成马甲当为 8 副,折算成钱则为 15360 钱。

综上,我们认为 8-149+8-489 号牍所见文书当为某一年份迁陵县廷对其所辖吏员、戍卒所应承担赀、赎数额的汇总记录。

在明白了这份文书的性质之后,我们再来看看这份文书可能的年代。在 8-149+8-489 中记载了大量职官及其任职者的姓名,或可帮助我们推定这份文书的时间。现逐一分析如下。

1. 司空佐敬

"敬"用作人名在里耶秦简中十分常见,① 游逸飞、陈弘音二位先生对"敬"的相关信息已有搜集和初步分析,并强调需要针对具体情况加以分析。② 我们认为现有关于"敬"的资料之中,与我们讨论有关且值得特别注意的是 8-221 和 8-880 两枚残简:

　　☐佐敬以來。/圂發。8-221
　　☐令史圂視。敬手。8-880

在这两枚残简中均出现了"圂"和"敬"的名字信息,这个"圂"应即下文会讨论到的令佐圂。从 8-880 号简的形式上看,其有可能是一份禀食记录的一部分,令史"圂"参与视平的禀食记录又见于 8-1135 简:

　　☐卅三年三月辛未朔己丑,司空色、佐午出以食[春]☐Ⅰ
　　☐令史圂視平。Ⅱ 8-1135

由禀食简的格式可以推测,8-880 中"敬手"之"敬"极有可能就是协助禀食的司空佐敬。但可惜的是,上述两枚残简并无相关时间信息保留下来。

2. 司空守警

目前未见司空守名"警"者。但 8-528+8-532+8-674 中有"假

---

① 参见单印飞《〈里耶秦简牍校释(第一卷)〉人名统计表》,《简帛研究二〇一四》,广西师范大学出版社 2014 年版,第 96—97 页。
② 游逸冰、陈弘音:《里耶秦简博物馆藏第九层简牍释文校释》,简帛网,http://www.bsm.org.cn/show_article.php?id=1968,2013 年 12 月 22 日,注 63。

御史警"与之同名。

3. 司空守㢈

目前未见司空守名"㢈"者。但"㢈"作人名则多见，如 8 - 60 + 8 - 656 + 8 - 665 + 8 - 748 中的"少内守㢈"，时间约在秦始皇二十八年（前219）前后；又如"迁陵守丞㢈"，主要见于 8 - 19、8 - 896、8 - 1525 等简，时间约在秦始皇三十四年（前213）。此外，目前还见有两处"㢈手"，一为 12 - 1784，从文书内容推断，该简中的"㢈"或非迁陵县官员。另一为 8 - 1549，据该简"仓衔、佐却出买白翰羽九"的记载，本简中的"㢈手"疑当改释为"却手"。

4. 司空佐沈

目前未见司空佐名"沈"者。"沈"作为人名，主要是以少内啬夫和都乡守的身份出现，且基本集中在秦始皇三十五年（前212），前者如 8 - 811 + 8 - 1572、后者如 8 - 1554。①

5. 校長□

该人名释读存疑。

6. 庫武

目前所见关于库啬夫"武"的记录较多，如 8 - 26 + 8 - 752、8 - 173、8 - 1069 + 8 - 1434 + 8 - 1520 等简。据 8 - 173 可知，应不晚于秦始皇三十一年（前216）六月，"武"已经担任库啬夫一职，而在秦始皇三十四年（前213）十二月还有库"武"的任职记录，见 10 - 1170。

7. 庫佐駕

里耶秦简中，"駕"用作人名，目前所见仅此一条。

8. 田官佐賀

目前未见田官佐名"賀"者。里耶秦简中，劳作之刑徒名"賀"者多见。另 5 - 1 有士吏名"賀"，时间为秦二世元年（前209）。

9. 髳長忌再

该人名释读存疑，也未见相关记录。

10. 校長予言

又见于 8 - 823 + 8 - 1997 号简，但该简内容为书信，时间不详。

---

① 参见单印飞《〈里耶秦简牍校释（第一卷）〉人名统计表》，第71—72页。

11. 發弩□

该人名释读存疑。

12. 仓佐平

目前未见仓佐名"平"者。有令佐名"平",如 8-1449+8-1484,时间为秦始皇三十四年(前 213)九月;又据 8-1527,在秦始皇三十四年(前 213)八月还有乡守名"平";此外 5-1 中记载有狱佐"平",时间为秦二世元年(前 209)。

13. 田佐鼌

田佐"鼌"的情况,上文已有讨论,见于 8-1783+8-1852,该简时间为秦始皇三十年(前 217)九月。又据 8-2111+8-2136 可知,"鼌"至少在秦始皇三十一年(前 216)七月就已经升任田之啬夫。

14. 令佐圂

除本简外,名为"圂"的佐,在里耶简中尚有两例,即 8-1267 和 8-1514。8-1267 残缺,但据残留纪时信息,可以推断其时间为秦始皇三十三年(前 214)六月。而 8-1514 的佐"圂"当为库佐,此时为秦始皇二十九年(前 218)。此外,8-154 和 8-904+8-1343 可见"圂手",8-1069+8-1434+8-1520 则见"圂發"。比较有意思的是 8-1069+8-1434+8-1520,该简中又见库"武",则本简中"圂發"之"圂"当即令佐"圂"。8-1069+8-1434+8-1520 号简时间为秦始皇三十二年(前 215)五月,8-904+8-1343 也是此年同月的文书,故可知 8-904+8-1343 中"圂手"之"圂"也极有可能是令佐"圂"。但 8-154 的时间已为秦始皇三十三年(前 214)二月,此时令佐"圂"或已出任令史。① 不过,据前揭 8-1267 的记载,在秦始皇三十三年(前 214)六月,"圂"又被称作了令佐。② 总而言之,令佐"圂"大概活跃的时间当不晚于秦始皇三十二年(前 215)五月,最晚可至秦始皇三十三年(前 214)六月。

15. 令佐冣

令佐"冣"除本简外,又见于 8-988 号简,但其时间也不甚清楚。

---

① 据 8-1135 所记可知,在秦始皇三十三年三月,"圂"又被称为令史。

② 关于令史与令佐的关系,可参见赵岩《秦令佐考》,《鲁东大学学报》(哲学社会科学版)2014 年第 1 期。

除此之外，名"冣"者的身份主要有乡佐和作徒。作徒应与令佐无关，比较难判定的是乡佐"冣"与令佐"冣"是否为同一个人。

16. 令佐逎

里耶秦简中，"逎"用作人名，目前所见仅此一条。

17. 梓

里耶秦简中，"梓"用作人名，目前所见仅此一条。

18. 更戍畫

里耶秦简中，"畫"用作人名，目前所见仅此一条。

19. 更戍五

该人名释读存疑，"五"用作人名，目前所见也仅此一条。

20. 更戍登

该人名释读存疑，8－686＋8－973另有城旦名"登"者，当非一人。

21. 更戍嬰

里耶秦简中，更戍为"嬰"者仅此一条。

22. 更戍□

该人名释读存疑。

23. 更戍絭

里耶秦简中，"絭"用作人名，目前所见仅此一条。

24. 更戍得

除本简外，与戍卒身份相关且以"得"为人名的例子，目前已发表的里耶简中尚有二例，即8－811＋8－1572和8－1871＋8－1542。在8－811＋8－1572中"得"为吏养，该简的时间为秦始皇三十五年（前212）。在8－1871＋8－1542中，"得"的身份为戍卒，但是时间则不明。而里耶简中，其他以"得"为人名者多为司空佐，此外司空守和司空啬夫也各有一例。① 这几位名"得"者，应与更戍"得"不是同一个人。

25. 更戍堂

里耶秦简中有大量关于"堂"作禀人的记录，② 时间主要集中在秦始皇三十一年（前216），但是否与本简中的更戍"堂"为同一人，尚难

---

① 参见单印飞《〈里耶秦简牍校释（第一卷）〉人名统计表》，第93页。
② 同上书，第92页。

确定。

26. 更成齘

里耶秦简中,"齘"用作人名,目前所见仅此一条。

27. 更成暴

里耶秦简中,"暴"用作人名,目前所见仅此一条。

通过以上分析,我们认为可以帮助我们判定该牍时间的线索主要集中在库武、田佐朂和令佐圂三人身上。综合三人在里耶秦简中出现的时间信息,我们推测8-149+8-489号牍所见赀、赎的记录最有可能反映的是秦始皇三十一年(前216)的情况。该年六月之前,"武"已任职迁陵县的库啬夫;而不晚于该年七月,田佐"朂"也升任为田啬夫。至于令佐"圂",虽从目前的资料来看,其最早以令佐身份出现的时间应为秦始皇三十二年(前215)五月,但我们推测其担任令佐的时间可能会更早,或可早至秦始皇三十一年(前216)。

附记:小文在写作时得雷海龙先生帮助与指正,谨致谢忱!

秦汉时期的"令"与文书行政[*]

[日] 冈山大学大学院社会文化科学
研究科　土口史记

一　序言

《周礼·地官·小司徒》提到三年一次的大比时说：

> 及三年则大比。大比则受邦国之比要。

"大比"是指对户口与财务进行全国性的调查，"比要"指簿籍。将户口与财务等簿籍集中于中央，这一见于《周礼》的理念可以说某种程度上也在现实国家中得到了实现。秦汉时期，地方行政机构将定期制作完成的数量巨大的簿籍呈送至上级机构或朝廷，形成了所谓的上计制度，而这正是秦汉时期文书行政的根本所在。

众所周知，居延汉简对汉代上计制度的研究颇有贡献。永田英正指出："在居延一带，作为汉代上级制度的一环，以燧或者候为单位，做成各种详细的记录，然后按月做成簿籍，逐一向侯官进行汇报，这种行政组织系统已经形成。"他同时列举出具体的簿籍名称，即"在署名籍""疾病簿""卒廪名籍""卒家属廪名籍""作簿""日迹簿""守御器簿"

---

[*] 本文得到 JSPS 科研费 JP26770242 资助。

"折伤簿"等等。①

关于簿籍的提交日期，可以参考汉初《二年律令》的记载：

> 发致及有传送，若诸有期会而失期、乏事，罚金二两。非乏事也，及书已具留弗行，行书而留过旬，皆盈一日罚金二两。《二年律令·行书律》269－270

某种行政机关的行为如果不能依照既定的期日实施，则对其科以罚金。簿籍的提交也应是这些行为之一。由此可知，呈送上级的簿籍类文书也有自身的上交期限以及超期呈交的罚则。

秦汉时期地方官吏的日常工作包括了制作极为多样的簿籍并向上级呈交。业务熟练的官吏必然熟知各种簿籍的呈交期日。那么，他们是如何熟习并掌握簿籍的呈交日期的？簿籍的种类和呈交期日是只通过口头命令进行传达的吗？抑或是作为不成文的习惯而得以继承的？或许并非如此。如果仅仅采用这些方式，那么拥有那么庞大领土与大量官员的秦汉帝国的文书行政就很难顺利地运行。

针对以上疑问，本文拟利用里耶秦简、居延汉简等秦汉时期的官文书，讨论簿籍提交的具体日期，兼及地方机构日常业务运转的相关规定。

二 里耶秦简所见的"令"

（一）指定簿籍提交期日的令

在里耶秦简中，常常可见指明了簿籍提交期日的令。②

> 卅三年二月壬寅朔朔日，迁陵守丞都敢言之。令曰：恒以

---

① ［日］永田英正：《居延汉简研究》，张学锋译，广西师范大学出版社 2007 年版，第 380 页。关于上计制度的重要研究还有：鎌田重雄：《郡国の上计》，收入其著《汉代政治制度の研究》，日本学术振兴会 1962 年版；严耕望：《中国地方行政制度史甲部秦汉地方行政制度》，"中央研究院"历史语言研究所 1990 年版，第 257—268 页。

② 以下所引用的里耶秦简，除了特别注明时以外，均依据陈伟主编《里耶秦简牍校释（第一卷）》，武汉大学出版社 2012 年版。标点略作修改。

> 朔日上所买徒隶数。·问之，毋当令者。敢言
> 之。　　　　　　　　　　　　　　　　8-154（正）
> 二月壬寅水十一刻刻下二，邮人得行。　圂手。　8-154（背）
>
> 卅二年九月甲戌朔朔日，迁陵守丞都敢☒
> 以朔日上所买徒隶数守府。·问　　　☒
> 敢言之。　　　　　　　　　☒8-664+8-1053+8-
> 　　　　　　　　　　　　　　2167（正）
> 九月甲戌旦食时，邮人辰行。　☒8-664+8-1053+8-
> 　　　　　　　　　　　　　　2167（背）

尽管后者有所残缺，但可知这两件文书均记载了"恒以朔日上所买徒隶数"，可以认为属于同一种"令"。此令要求县中机构在每月朔日汇报所买到的徒隶人数。据简8-664+8-1053+8-2167又可知此令规定相关簿籍的提交对象是太守府。里耶秦简的出土地为秦代迁陵县廷，① 此处的太守府是指其上级洞庭郡守府。

须向太守府提交的簿籍还包括：

> 卅二年三月丁丑朔朔日，迁陵丞昌敢言之。令曰：上
> 葆缮牛车薄，恒会四月朔日泰守府。·问之，迁陵毋
> 当令者，敢言之。　　　　　　　　8-62（正）
> 三月丁丑水十一刻刻下二，都邮人☒行。　尚手。　8-62（背）

亦是依据"令"的要求而提交报告。此令要求每年的四月朔日须向太守府提交有关牛车维修的簿籍。

下一条例子记载的是迁陵县廷要求属下的启陵乡提交"人臣妾者名"。

> 廿八年七月戊戌朔辛酉，启陵乡赵敢言之。令曰：二月

---

① 关于里耶秦简出土遗址与其文书性质之间的关系，参见［日］土口史记《里耶秦简にみる秦代县下の官制构造》，《东洋史研究》第73卷第4号，2015年。

秦汉时期的"令"与文书行政 / 75

<u>壹上人臣治（笞）者名</u>。·问之，毋当令者。敢
言之。   8－767（正）
七月丙寅水下五刻，邮人敞以来。/敬半。 贝手。
                8－767（背）

  这件是启陵乡寄送至迁陵县廷的报告实物。所引用的令当有省略，所以不清楚该令所涉及的提交对象究竟是县廷还是太守府。若与前引事例一样提交对象是太守府的话，那么可知迁陵县廷或许应将所收到的各乡报告加以整理之后，再转呈太守府。
  下一例所引用的"太守令"也不完整，但据残存文字可知此令要求每年九月望日向太守府提交记载了某种物产数量的簿籍。

廿六年十二月癸丑朔辛巳，尉守蜀敢告之。<u>大守令曰：秦
人□□□</u>
<u>侯中秦吏自捕取，岁上物数，会九月望大守府，毋有亦言。</u>
问之，尉毋当令者。敢告之。   8－67＋8－652（正）
辛巳，走利以来。/□半。慧   8－67＋8－652（背）

  另外，下一例以"令曰"以外的形式规定了提交期日，这一点与上述的"太守令"相同。

元年八月庚午朔朔日，迁陵守丞固□
之。守府书曰：上真见兵，会九月朔日守府。·今□
书者一牒。敢言之。/九月己亥朔己酉，迁陵□□ 8－653（正）
敢言之□□主□□□之/赣手□
赣□   8－653（背）

  所引的"守府书"要求每年九月朔日向太守府呈交关于现有兵器的簿籍。其命令来源不是"令"而是"书"，不过从内容来看，与上文提及的"令"较为类似。又要注意的是，文书回答内容"·今……书者一牒"虽然有残缺，但参照后文引用的简8－768，可知原文应是"今牒书应书

者一牒"。如有与命令内容符合者,回答的书式就这样。类似表达还有"当令者",屡见于里耶秦简:

> 廿九年四月甲子朔辛巳,库守悍敢言之:御史令曰:各第官徒丁［粼］☒
>
> 勮者为甲,次为乙,次为丙,各以其事勮易次之。·令曰各以☒☒
>
> 上。·今牒书当令者三牒,署第上。敢言之。　　8-1514(正)

> ☒□敢言之。令曰:上见辒辌轺乘车及
> ☒守府。今上当令者一牒,它毋　　　　　　8-175(正)
> ☒□恒会正月七月朔日廷。
> ☒佐午行。午手。　　　　　　　　　　　　8-175(背)

> ☒陵守丞衔敢言之:［令］☒
> ☒守府。·今上当令者二☒　　　　　　　8-359+8-343①

> ☒午,仓歜敢言□☒
> ☒□□□今上当令者三牒□☒　　　　　8-369+8-726(正)

> ☒敢言之:令曰□□前
> ☒□府。今牒书当令。　　　　　　　　　8-317

由此可知,里耶秦简中常见有要求定期呈交簿籍的令。② 提交周期有每一个月、两个月、三个月、每年等几种。可以初步认为,秦代地方官吏依据这种"令"来掌握需要呈交的簿籍种类与提交期日。

---

① 何有祖:《里耶秦简牍缀合(六)》,简帛网,http: // www. bsm. org. cn/show_ article. php? id=1708,2012 年 6 月 4 日。

② 关于向上级机关汇报并指定了期日的令,叶山已有整理。参见叶山《迁陵县档案中秦法的证据》,武汉大学简帛研究中心主办《简帛》第 10 辑,上海古籍出版社 2015 年版。

大部分的令有明确的提交日期，如"某月朔日""某月望"等，但是也存在不提及具体日期的令。譬如上文所举的 8－767 号简，所记载的令为"二月壹上人臣治（笞）者"，不清楚具体的期日。不过《里耶秦简牍校释》①业已指出与此简相关的资料：

上人奴笞者，会七月廷。　　　　　　　　　　　8－1379

简 8－1379 中的"人奴笞者"与简 8－767 中的"人臣笞者"虽然略有不同，但二者要求报告的都是奴婢笞人的情况，因此推测很可能属于同一个令。②据简 8－767 记载可知，启陵乡的确是在七月向迁陵县廷提交簿籍，与简 8－1379 所要求的提交时间一致。简 8－767 中的令只要求每两个月呈报一次，而简 8－1379 与此不同，更具体地规定在七月向县廷报告。究其原因，可以设想存在两种可能性：一、在目前可见的简 8－767，即迁陵县廷收到的启陵乡的报告中，所引用令文有所省略。之前县廷发给启陵乡的文书中原有"会七月廷"这样具体日期的指示。二、原令文并未指定具体的日期，但迁陵县廷考虑到自身向上级机构的呈交日期，在向启陵乡下达令文时添加了"会七月廷"这一具体日期。虽然目前无法判断哪一种推测是正确的，但可以认为，即使现存简牍引用的令文中没有任何具体日期的记载，也不能认定是令的规定不充分，只能说未见于残存资料而已。相关的行政人员应当依据某种途径知晓具体的日期。

---

① 陈伟主编：《里耶秦简牍校释（第一卷）》，第 221、318 页。
② 《睡虎地秦简·法律答问》提到了人奴笞其子致死时的惩罚：

人奴妾治（笞）子，子以［月古］死，黥颜頯，畀主。[74]

以及关于人奴犯罪的规定：

人奴擅杀子，城旦黥之，畀主。[73]

可见，行政机构有必要依据"令"来编纂"人奴（人臣）笞者"簿籍，以掌握奴婢犯罪的情况。

（二）令的性质

关于里耶秦简所见的令，徐世虹指出："在往来文书中，所应之令应有诏令、日常行政命令与既定法令或新颁法令之别"，① 我也同意这个看法。接下来以秦简实例为基础再作进一步讨论。

首先，由地方官员所颁发的令是明确存在的：

廿六年八月庚戌朔壬戌，厩守庆敢言之。<u>令曰：司空佐贰今为厩佐，言视事日</u>。·今以戊申
视事。敢言之。   8-163（正）
　　　　贰手。   8-163（背）

在这一条"令"中，由于前任司空佐的贰转任厩佐，县廷要求厩报告贰的就职日期。此令记载了具体的人名，其发出者应非中央政府，更有可能是县令等地方官员。应属徐世虹所说的日常行政命令。

在下面这两件文书中，更为清晰地反映了迁陵县令颁发"令"的情况。

廿六年七月庚辰朔乙未，迁陵拔谓学佴：学童拾有鞫，与狱史畸徼执，其亡，不得。上奔牒而定名事里。它坐亡年日月，论云何，[何]罪，□或覆问之，毋有。与狱史畸以律封守上牒。以书言。勿留。   14-18（正）
　　七月乙未，牢臣分数以来。／亭手。畸手。   14-18（背）

廿六年七月庚辰朔乙未，学佴亭敢言之：<u>令曰：童拾
□史畸执定言。今问之、毋学童拾。敢言之</u>□   15-172（正）

---

① 徐世虹：《秦"课"刍议》，武汉大学简帛研究中心主办《简帛》第8辑，上海古籍出版社2013年版，第264页。

秦汉时期的"令"与文书行政 / 79

　　即令守□行☑　　　　　　　　　　　15-172（背）①

　　简 14-18 记载了迁陵县令拔下达给学佴的命令，学佴据此命令，向县廷寄送了回报文书，即简 15-172。回报文书中"令曰：童拾……史畸执定言"这一部分虽然有所残缺，但仍然可以看出是学佴对县令命令内容的复述。不过末尾部分文句不同，当有省略或变改。到目前为止，这样一整套既涵盖了地方官所发出的命令，又囊括了受令者复述原有命令并予以回报的往来文书，仅见此一例。

　　以上这些由地方官颁发的命令称作"令"，除此之外，皇帝的诏令也可称为"令"。

　　制书曰：举事可为恒程者上丞相，上洞庭络帬程，有□□□
　　卅二年二月丁未朔□亥，御史丞去疾丞相令曰，举事可为恒
　　程者□上帬直，即应令弗应。谨案致……
　　……庭□。/□手。　　　　　　　　　　8-159（正）

　　从见于文书开头"制书"可知这显然是皇帝的诏令，但文书第二行却说"御史丞去疾丞相令曰"。此处制书与御史丞去疾丞相令二者所记载的内容应相同，均为"举事可为恒程者"等。下面这一例文书也存在相同的内容，不过文书名称则演变为"廷下御史书"。

　　卅二年四月丙午朔甲寅，少内守是敢言之：廷下御史书，举事可为
　　恒程者，洞庭上帬直。书到言。今书已到，敢言之。
　　　　　　　　　　　　　　　　　　　　　　　8-152（正）
　　四月甲寅日中，佐处以來。/欣发。　　处手。　　8-152（背）

　　少内守在向县廷报告时，引用了从县廷寄送而来的命令，称之为"廷

---

① 里耶出土的 14-18、15-172 两件简牍见于张春龙《里耶秦简中迁陵县学官和相关记录》，清华大学出土文献研究与保护中心编《出土文献》第 1 辑，中西书局 2010 年版。

下御史书",而其内容则与前文中的制书、御史丞去疾丞相令大约相同。

由此可见,"某令曰……"之中的"某"不一定是令的最初颁发者。随着文书在不同机构之间传送转达,引用者往往以前一个机构的名称作命令的来源,这就导致命令最初颁发者的名称消失不见了。因此,我们应该明确,尽管"令"前面附加了各种不同的名称,其来源或可上溯至皇帝。

岳麓书院藏秦简中存在将皇帝的诏令直接称为"令"的事例。

> ●制诏丞相御史:兵事毕矣⏎,诸当得购赏贳责(债)者,令县皆亟予之。令到县,县各尽以见(现)钱,不禁[308]者,勿令巨罪。令县皆亟予之。■丞相御史请:令到县,县各尽以见(现)钱,不禁者亟予之,不足,各请其属[309]所执法,执法调均,不足,乃请御史,请以禁钱贷之,以所贷多少为偿。久昜(易)期,有钱弗予,过一金,[310]赀二甲。[311]①

从文书开头可知这是一件"制诏",从其中的"令到县"等文字可知也将制诏称作"令"。岳麓秦简的整理者认为其属于"内史二千石官共令",是正确的。自始皇二十六年(前221)始,虽然秦朝将皇帝之令改称为诏,但源于皇帝令的法规之"令"并不属于更改范畴。

据上可知,里耶秦简中"令曰"发出者的身份较为多样,令的种类也涵盖了从地方机构发出的行政命令到皇帝所颁发的诏令不等。

三 见于"律"的文书提交日期

上一节所讨论的与"令"相关的文书,以"恒会某日""恒以某时"等方式来指定具体的呈报期日。值得注意的是,秦汉律文中亦常见这种辞例:

> 官各以二尺牒疏书一岁马、牛、它物用稿数、余见刍稿数,上内史,<u>恒会八月望</u>。

---

① 以下所引岳麓书院藏秦简,均依据陈松长主编《岳麓书院藏秦简(肆)》,上海辞书出版社2015年版。

《二年律令·田律》256

恒以八月令乡部啬夫、吏、令史相襍案户籍，副臧（藏）其廷。

《二年律令·户律》328

按照《田律》256 简的规定，地方机关要在每年八月望日，向内史报告马牛等用藁的数量及见存刍藁的数量。《户律》328 简也可以认为是有关簿籍呈交的规定，即乡啬夫等地方官吏要在每年八月制作户籍，将其副本呈送县廷。另外，在新公布的岳麓秦简《亡律》27 - 28 简的条文中也有相关规定：

咸阳及郡都县恒以计时上不仁（认）邑里及官者数狱属所执法，县道官别之，且令都吏时覆治之，以论失者，覆治之而即言请（情）者，以自出律论之。

咸阳和其他郡县在上计同时，还需统计籍贯及官职不明者的数量，并向所属的执法官吏汇报。①

由此可知，律文中也会出现簿籍的提交期日。② 上引律文使用"恒"

---

① 本文列举的只包括记载了"恒……"的资料。此外还存在其他文式的下令定期呈交某种报告的规定。如《睡虎地秦简·秦律十八中·仓律》简36：

稻后禾熟，计稻后年，已获上数数、别粲、糯□稻。别粲、糯之酿，岁异积之，勿增积，以给客，到十月牒书数，上内［史］。

《内史杂律》简187：

都官岁上出器求补者数，上会九月内史。

② 如下面这条里耶简文，虽然残缺严重，但可推测是依据《二年律令·田律》中的类似规定制作的文书：

▨一见刍稿数言（正）
▨　　诎手（背）　　　　　　　　　　　　　8 - 1483

"一见刍稿数言"的意思是每数个月一次呈报现有刍稿的数量，所引用的规定与前文论及的田律大致相同。但目前无法得知所引用的规定在秦代究竟是令还是律。

这个字来规定每年须提交一次报告。依据《尔雅·释诂》，"恒""律"等字均可训为"常也"。按此，"律"中出现对定期（"恒"）报告的规定，也是十分自然的。

另外还需要确认律与令的关系。关于这一问题已有不少研究，通过对新近出土文献的分析可以概括二者之间的关系。① 简而言之，在不定期颁布的皇帝命令之中，通过某种立法程序成为法令的，称作"令"，有对既存法进行补充或追加的性质。在行文格式上，"令"保留了诏书的原有形式，如张家山汉墓出土的《津关令》即为典型的汉初之"令"。②

二　制诏御史：其令扞关、郧关、武关、函谷［关］、临晋关及诸其塞之河津，禁毋出黄金，诸奠黄金器及铜，有犯令
《张家山汉简·津关令》

□　相国上内史书言：请诸诈袭人符传出入塞之津关，未出入而得，皆赎城旦舂。将吏智（知）其请（情），与同罪。● 御史以闻。● 制曰可，以□论之。　　《张家山汉简·津关令》496—497

显然，汉初之"令"保存了皇帝所下诏令或批准上奏的文书形式。③而"律"与之不同，先以皇帝诏令之"令"为基础进行编辑，再整理为明确的法律条文。因此就"律"的行文格式而言，诏书的原貌已然不存在了。

由此可知，秦汉律、令在行文格式上有着非常明显的区别，①但在内

---

① 关于秦汉时期律、令之间的关系，前人已有较深入的研究，就已有的研究情况，举例而言，包括［日］宫宅洁《汉令の起源とその编纂》，《中国史学》第 5 卷，1995 年；徐世虹《百年回顾：出土法律文献与秦汉令研究》，《上海师范大学学报》（哲学社会科学版）2011 年第 5 期。

② 滋贺秀三正确地指出了律和令在行文格式上的差异，称："二者（引用者注：律与令）之区别恐怕在于，律篇经过编辑成为条文形式，令篇虽然有所节略，但仍有部分保存了诏书的原有形式。"［日］滋贺秀三：《法典编纂の历史》，收入其著《中国法制史论集：法典と刑罚》，创文社 2003 年版，第 42 页。在《津关令》研究中讨论汉令形式的成果，可参见张伯元《〈二年律令·津关令〉与汉令之关系考》，收入其著《出土法律文献研究》，商务印书馆 2005 年版，第 58 页；孟彦弘《秦汉法典体系的演变》，《历史研究》2005 年第 3 期；杨建《西汉初期津关制度研究：附〈津关令〉简释》，上海古籍出版社 2010 年版。

③ 杨建：《西汉初期津关制度研究：附〈津关令〉简释》，第 15—41 页。

容方面，区分度却是很模糊的。与后世不同，刑罚法规（律）与非刑罚法规（令）之间的区分在秦汉时期尚未出现。譬如，出土秦律中往往出现律文自称为"令"的情况：

> 百姓居田舍者毋敢酤酒、田啬夫、部佐谨禁御之、有<u>不从令者</u>有罪。<u>田律</u>
>
> 《睡虎地秦简·秦律十八种》12

宫宅洁通过以上资料指出，律、令的名称在秦代可以通用。这种现象反映了在以皇帝诏令为基础编纂的律文中，仍然留存了令文原来的痕迹。据此可知，律和令在内容和名称上往往会通用，其区别主要在于条文的新旧，或编纂程度的差异。②

那么，令中哪些条文会被编纂为律？冨谷至认为，在不定期发布的令中，具有恒常性效力的被编纂为律。在皇帝的诏令中，有些条文的效力在发布之后会一直持续，而有些条文，如赦令，只具有暂时性的效力。③显然，前一种条文在发布之后一直有参照的必要，因此这种类型的令很有可能在经过编纂之后而成为律。④由此来看，本文所讨论的要求定期汇报的令编纂为律的可能性很高。换言之，这些令文是接近于律的。

秦汉时期律、令的区分较为模糊，是这一时期特有的情形，在这一背景下，要求定期汇报的"令"具有"接近于律"的性质。此后这种情

---

① 值得注意的是，《睡虎地秦简·为吏之道》所引用的两条战国魏律，保存了魏王所颁布的命令的形式：

> ● 廿五年闰再十二月丙午朔辛亥，告相邦……（魏户律） 16－5
> ● 廿五年闰再十二月丙午朔辛亥，告＝＝将军……（魏奔命律） 22－5

② ［日］滋贺秀三：《法典编纂の历史》，第41—42页。
③ ［日］冨谷至：《晋太始律令への道》，收入其著《汉唐法制史研究》，创文社2015年版，第57—63页。
④ 关于秦汉律的编纂程序，也参见［日］广濑薰雄《秦汉时代の律の基本的特征について》，收入其著《秦汉律令研究》，汲古书院2010年版，第141—177页。

况逐渐消失，至两晋时期，律、令各自的范畴就十分明确了：律是刑罚法规，令是行政规范。依照新的定义，要求定期汇报的命令属行政规范，即令。

下面以户籍制作为例来谈谈具体的情况。遗憾的是，现存的晋令佚文中没有关于制作户籍或指定簿籍提交时期的条文，① 明确的令文只能参看唐令。

> 诸户籍三年一造，起正月上旬，县司责手实计帐，赴州依式勘造。乡别为卷，总写三通，其缝皆注某州某县某乡某年籍，州名用州印，县名用县印，三月三十日纳讫，并装潢一通、送尚书省，州县各留一通。②

虽然行文方面有很大不同，但这样的户籍制作与呈交规定亦见于汉初的《二年律令·户律》。如上所述，《二年律令·户律》328号简规定，乡啬夫等官吏在每年八月制作户籍。徐世虹指出睡虎地秦简、二年律令等存在"违法行为＋量化标准＋惩罚"这一结构，并指出这一结构来源于秦汉律自身所具有的特质，即"事制与罪名杂于一篇"。③ 前文引述的户律既包含户籍的制作时期、管理方法，又涉及对违反者的惩罚，因此亦可认为是"事制与罪名杂于一篇"之一例。与此不同的是，唐令规定由县吏制作户籍，呈送尚书省，但未提及对违令者的惩罚。考虑到唐令的性质，这种略去惩罚的规定又是当然的。

四 见于"式"的文书提交日期

据以上讨论可知，以皇帝诏令为基础的令之后有可能编纂成律。关于诏令，需要关注里耶秦简中的这篇文书：

---

① 张鹏一曾对晋令进行过复原："州郡户口簿籍，一掌本县，一存州，一上司徒府"，但出处不明，或来源于他本人的自撰。参见张鹏一《晋令辑存》，三秦出版社1989年版，第13页。

② 这条唐令佚文见于《唐会要》卷八五《籍帐》；《册府元龟》卷四八六《户籍》。参见［日］仁井田升著，池田温编集代表《唐令拾遗补》，东京大学出版会1997年版，第533页。

③ 徐世虹：《秦"课"刍议》，第262页。

卅三年六月庚子朔丁未，迁陵守丞有敢言之。<u>守府下</u>
<u>四时献者上吏缺式</u>曰：放（仿）式上。今牒书应
书者一牒上。敢言之。　　　　　　　　　　8－768（正）
六月乙巳旦，守府即行。履手。　　　　　　8－768（背）

　　这件文书引用了洞庭太守府对迁陵县廷所下达的"四时献者上吏缺式"。在汉代的官文书中，动词"下"一般用于诏书的下达。① 秦代亦是如此，如上文引述的 8－152 号简提到的"廷下御史书"，其内容原为皇帝的制诏。② 但是，与汉代官文书不同，里耶秦简中也存在"下"用于一般性文书下达的情况③。因此，必须注意到里耶秦简中的动词"下"不全用于诏书的下达，还存在一些例外的情况。尽管如此，在前引 8－768 号

---

① ［日］大庭脩：《木简》，学生社 1979 年版，第 133 页；［日］鹰取祐司：《秦汉官文书の基础的研究》，汲古书院 2015 年版，第 91、104—107 页。
② 角谷常子指出 8－152 号简中的"下"是一个用于诏书以外文书的例证。参见［日］角谷常子《中国古代下达文书的书式》，卜宪群、杨振宏主编《简帛研究二〇〇七》，广西师范大学出版社 2010 年版。虽然 8－152 号简自称"廷下御史书"，给人以非诏书的直观印象，但如上文所言，该简是将 8－159 号简中的"制书"转发予下级机关，所以这里的"下"所传达的对象仍是诏书。同样的情况亦见于里耶简中的下面这支简，其内容应该也是通过御史大夫转发的诏书：

卅年十一月庚申朔丙子，发弩守涓敢言之。<u>廷下御史书</u>曰：县
□治狱及覆狱者，或一人独讯囚，啬夫、长、丞、正、监非能与
□□殿不参不便。书到，尉言。·今已到。敢言之。　8－141＋8－668（正）

③ 卅四年七月甲子朔癸酉，启陵乡守意敢言之：<u>廷下仓守庆书</u>
言，令佐赣载粟启陵乡。今已载粟六十二石，为付曼一上。
谒令仓守。敢言之。·七月甲子朔乙亥，迁陵守丞膃告仓
主：<u>下券</u>，以律令从事。／壬手。／七月乙亥旦，守府印行。　8－1525（正）
七月乙亥旦，□□以来。／壬发。恬手。　　　　8－1525（背）

"廷下仓守庆书"的内容包括了"令佐赣载粟启陵乡"，涉及地方官吏或行政单位的固有名称。特别提及了地方固有名称的文书大概不能认为是诏书的一部分。这件文书记载的是迁陵县廷将来自仓守庆的文书转发给所管辖的启陵乡，当与中央朝廷无关。该简后半部出现的"下券"，应是与粟米输送相关的文书，也是迁陵县廷自己制作的。不过，鹰取祐司依据文书中的"以律令从事"指出，律令中或有"券"，用于规定输送粟米时的事项。［日］鹰取祐司：《秦汉官文书の基础的研究》，第 172—173 页。就 8－1525 号简中所"下"的券而言，其本身并非诏书，之所以使用"下"这一动词，也许因为其与律令或皇帝诏令之间关系密切。

简中，由于太守府所"下"的"四时献者上吏缺式"与每季的贡献品有关，推测其属于诏书的可能性很高。

依据邢义田的研究可知，"式"指文书范本。① 有趣的是，这件文书记载范本与诏书一起被传递到了迁陵县。8-768号简所引诏书只有"放（仿）式上"三字，或有省略。不过既然附有文书范本，指示的内容应当十分明确。地方机构按照此诏书与范本来制作关于每季贡献品、官吏缺员情况的簿籍。

关于文书范本，里耶秦简另有如下记载：

三月壹上发黔首有治为不当计者守府
上薄（簿）式。　　　　　　　　　　　　　　　　　　　8-434

这支简指明每三个月，即每一季度汇报一次。其中只标明了"式"这一标题，不清楚是否与上一例相同，范本与诏书均同时传递至县。从簿籍的提交对象为太守府可知，"式"至少是由迁陵县的上级机关洞庭太守府所颁布的。

就秦代的"式"而言，虽然之前已有《睡虎地秦简·封诊式》，但目前从里耶秦简的记载可以推知秦代应当存在更多种类的"式"。需要注意的是，在里耶秦简中，一部分的"式"附属于诏书或上级机构下达的要求定期呈报的文书，一同寄送至县。县廷则参照不同种类的式编纂簿籍，并呈交太守府。

总而言之，簿籍报告的期日主要以律、令、式的形式得以成文化。徐世虹业已指出："式令与律共同构成了规范与制约机制。"② 簿籍的提交也不能例外。地方官吏参照律、令、式这些成文化的规定知晓需要提交的簿籍的种类与期日。

---

① 邢义田：《从简牍看汉代的行政文书范本——"式"》，收入其著《治国安邦：法制、行政与军事》，中华书局2011年版。
② 徐世虹：《秦"课"刍议》，第264页。

五　汉代以后的引"令"文书

需要进一步关注的是，在已经成文化了的律、令、式之中，只有令在定期提交簿籍时会被引用。而在现存资料中并未见到提交簿籍时引用律的情况。就式而言，其性质为文书范本，本无引用的必要，因此可不加考虑。那么，需要分析的问题是只引用令而不引用律的原因所在。

同时还要注意的是，虽然令是三种之中唯一被引用的，但从所有的簿籍提交类文书来看，引用令文的事例并不多，属于少数。因此，总体上看，上文列举的引用令的事例在当时是较为特殊和例外的。

至此需要回答两个问题：其一，律、令之中为何只引用令，或者说，为何不引用律？其二，引用令的文书为何从总体上看是特殊和例外的？

首先讨论第二个问题。定期汇报既然属于日常行政工作，本来就不需要特意引用所依据的法令。但是，如果定期汇报的时间在某令颁布后不久，那么对令的引用就不足为奇了。令颁布之后，官吏依据其要求，每几个月定期进行汇报，时间一长，也就自然而然地没有必要再加以重复引用了。

简文中也有反映这种情况的具体事例：

> 官为作务、市及受租、质钱，皆为缿，封以令、丞印，而人与参辨券之，辄入钱缿中，上中辨其廷。质者勿与券。租、质、户赋、园池入钱，县道官勿敢擅用，<u>三月壹上见金、钱数二千石官，二千石官上丞相、御史</u>。
>
> 《二年律令·金布律》429-30

这条律文规定，县、道每三个月须向所属的二千石官汇报现有金钱的数量，然后二千石官再向中央的丞相、御史报告。但是，在当时的簿籍实物中，并未见特意引用此律的事例。可以参照居延汉简中报告现钱的文书：

> 河平三年正月庚寅朔丁巳，□塞尉义敢言之。谨移<u>见钱出入簿</u>一编，

敢言之。 269·3①

28·11号简汇报的是阳朔二年正月以来三个月的钱出入情况，符合金布律的规定。其他两条虽然上报时间尚不清楚，但可以肯定都是定期汇报钱出纳情况的文书，其后应该伴随有簿籍原文。居延汉简中还存在可以看作是簿籍原文的资料：

三月辛卯，见钱万四千六百廿七。 262·10

见钱出入簿应当包含钱的出纳情况和最终的现有钱数。《二年律令·金布律》的效力在当时似乎仍在持续，但从居延汉简定期报告的实物文书的内容来看，已无须引用此律。

居延简所见的定期报告的实物文书，大部分不引用其所依据的以律为首的相关规定，不过也有少数例外，如引用诏书的这则事例：

●甲渠言府下赦令
诏书●谨案毋应书　　　　　　　　　　　　　　E. P. F22：162
建武五年八月甲辰朔，甲渠鄣候　敢言之。<u>府下赦令</u>
　　　　　　　　　　　　　　　　　　　　　　E. P. F22：163
诏书曰：其赦天下自殊死以下，诸不当得赦者，皆赦除之，上
赦者人数罪别之，　　　　　　　　　　　　　E. P. F22：164
会月廿八日。●谨案，毋应书。敢言之。　　　E. P. F22：165

这几支简连贯形成一件册书，以简 E. P. F22：162 中的内容为标题。据简 E. P. F22：163 及以下的文本记载可知，依据赦令诏书的要求汇报符合赦令的人数，在甲渠候官管区内无符合条件者。

这条赦令只是单独发布的、一次性的命令。简文中也存在要求定期

---

① 下文引用的20世纪30年代出土的居延汉简，据谢桂华、李均明、朱国照编《居延汉简释文合校》，文物出版社1987年版；20世纪70年代出土的居延简，据甘肃省文物考古研究所、甘肃省博物馆、中国文物研究所、中国社会科学院历史研究所《居延新简》，中华书局1994年版。

汇报的诏书：

> 建武四年五月辛巳朔戊子，甲渠塞尉放行候事敢言之。<u>诏书曰</u>：
> 吏民
> 毋得伐树木，有无四时言。●谨案，部吏毋伐树木者。敢言之。
> E. P. F22：48A
> 掾谭　E. P. F22：48B

所见诏书要求每一季度都要将违反禁令者上报，① 显然不是一次性的诏令，该诏书颁布之后应成为官吏持续参照的命令。②

由此可见，居延汉简中亦存在地方行政机构依据诏令定期上报的例证。但是从全部的簿籍提交文书来看，特意引用所据诏书、律令的事例还是很少。以上所列举的引用诏书的事例属于较为特殊的情况。这些文书特意引用诏书的原因应在于所引用的诏令是当时新颁布的，地方官吏尚未将其纳入日常行政工作的范围，对他们而言仍属于新从事的业务。因此，在提交簿籍时，地方官吏有必要特别引用所据的命令，故而出现了这一类文书。

进一步分析定期报告不引用律的原因，可以认为：律既然是以令基

---

① 类似事例亦见于简 E. P. F22：47、E. P. F22：44–45、E. P. F22：53、E. P. F22：49–50、E. P. F22：51–52、E. P. F22：37–39、E. P. F22：40–43、E. P. T59：161。

② E. P. F22：48A 引用的诏书"吏民毋得伐树木，有无四时言"是建武四年（28）以前公布的。但类似规定已出现于秦汉律：

春二月，毋敢伐材木山林及雍堤水。《睡虎地秦简·田律》简4
禁诸民吏徒隶，春夏毋敢伐材木山林，及进（雍）堤水泉。《二年律令·田律》简249

又在西汉平帝元始五年发布的敦煌悬泉置《月令诏条》中提到：

（孟春）禁止伐木。●谓大小之木皆不得伐也。尽八月，草木零落，乃得伐其当伐者。

这些条文可能溯源于《吕氏春秋·十二纪》《礼记·月令》《淮南子·时则训》所见的孟春禁止采伐树木命令，与战国秦汉时期的时令思想密接关联。参见［日］藤田胜久《汉代的地方统治と时令思想》，收入其著《中国古代国家と郡县社会》，汲古书院2005年版，第506页；于振波《〈月令〉对汉代法律的影响——以悬泉置壁书为中心》，收入其著《简牍与秦汉社会》，湖南大学出版社2012年版，第315页。

础编纂而成的，与令相比其内容出现的必然更早。律中虽然保存了关于提交定期报告的规定，但该规定曾作为诏令颁布，然后才编纂为律文，其间必然经历了一定的时间段。在令演变为律的同时，命令的内容也随之演变为普通的日常工作，定期报告文书不引用律的原因亦在于此。在实际运用之时，与较新颁布的令相比，律中的规定已不是新下达的、特殊的。因此，相较而言特意引用这些旧规的必要性并不高。

可以进一步推测，定期报告文书停止引用令的时间或许就在该令编为律的时期。不过这仅是臆测而已，有待于以后的分析。

六　结语

地方行政机构的工作可以分为两类，即一般性的日常业务和不定期发生的特殊事务。依据本文的分析，在二者之间还可以加上"逐渐恒常化的新业务"。里耶秦简中的"令曰"、居延汉简中引用了诏书的报告文书，都是对当时逐渐恒常化的新业务的反映。换言之，从引用令、诏书的定期报告可以得知存在新追加的定期报告文书这一种类。

一般来说，簿籍的制作和提交，没有必要引用所依据的令，作为日常业务按部就班地进行即可。但是任何日常业务应该都有其发端，引用令的情况一般就出现于接近业务开始的时间点。本文讨论的令规定了簿籍的提交和日期，该令既然要求定期完成工作并作汇报，应当具有持续性的效力。地方机关据此定期实施规定中的业务，随着业务多次、重复的实施，到达某个时间点之时就演变成了并不特殊的日常工作，最初引用的令至此时也无须再明示了。

在目前可见的所有资料中，提交定期报告时明确提及所据法规的事例并不多。反过来说，大部分定期报告的提交已经成为一般性的日常业务。引"令"文书的存在说明秦汉时期地方机关的日常业务原本也是依据皇帝诏令的要求进行。另一方面，也应注意到引令文书的稀少性，反映出行政工作的不断日常化。

附记：中文翻译时承蒙武汉大学历史学院郑威先生的帮助，在此表示衷心谢忱。

惩处不孝：中国早期法律的儒家化？

[美] 堡垒州立学院　南恺时

在唐太宗（627—649）统治时期，长孙无忌及其同僚敕撰完成了中国现存最早的法典——《唐律疏议》。瞿同祖先生在《中国法律与中国社会》一书中认为，《唐律疏议》的完成是儒家的礼制思想的充分体现。① 如果《唐律疏议》中的法令完全体现了儒家准则，那么这个过程开始于何时？四十年前，我们只能从历朝正史中去获取相关早期法律条款的主要材料，所以这将是一个难以回答的问题。然而近年来，在湖北省的考古发现，诸如睡虎地秦律和张家山汉律文书的出土，为我们回答此问题提供了有益的线索。在以上考古发掘的出土文献中，有一些相关法令会惩罚那些不孝的臣民。受法家思想影响的秦帝国和受黄老思想指导的汉初统治者居然会对违背儒家孝道的臣民如此重视，这无外乎使人惊讶。许多学者认为法律儒家化的过程最早开始于秦代，或者至少是在汉代早期。②

就最新的考古证据而言，本文尝试确定法律儒家化进程的起始时间。笔者认为，法律儒家化便是将诸如《五经》《论语》《孝经》和《三礼》

---

① Ch'ü T'ung-tsu, *Law and Society in Traditional China* (Paris: Mouton & Co., 1961), p. 279. 该书系由瞿同祖在1947年于商务印书馆出版的《中国法律与中国社会》一书（中华书局后来在1981、1996、2003年分别予以重印）基础上再加修订。

② 参见刘厚琴、田芸《汉代"不孝入律"研究》，《齐鲁学刊》2009年第4期，第39—44页；张弓《秦汉不孝罪考论》，《首都师范大学学报》（社会科学版）2004年第5期，第12—19页；翟芳《从二年律令对不孝罪的规定看汉初的以孝入律》，《理论界》2009年第11期，第111—113页。

等儒家经典中的情操观和价值观纳入法律规范。换言之，这些法律的制定是为了反映儒家思想。为此，笔者先后查阅了睡虎地秦律、张家山汉律文书中关于"不孝"的记载，本文将论证，秦代和西汉时期有关不孝之法规并未受到儒家思想的启发。早期法律文书存在惩处不孝行为法规的原因有二：第一，孝道在战国晚期已经成为社会的共同价值。第二，无论是秦朝还是之后的汉朝即位者都通过保持家长权威来维护社会秩序的既得利益。正如笔者在2005年的专著和2010年的论文中所言，儒家化开始于西汉晚期，并不断发展于东汉。①

《唐律疏议》中的不孝

既然《唐律疏议》充分展示了儒家化的成果，那就让我们先来看看它是如何管控不孝行为的，这将使我们清楚地认识到儒家思想是如何惩罚违反这一最基本价值的行为的。《唐律疏议》将不孝之行定为"十恶"之一——犯罪者通常不会被赦免，总是立即执行，而不是在秋决之时。再者，唐律严厉惩处所有不孝之行：诸子诅詈、殴打、告言父母者，绞；诸子孙违犯教令及供养有阙者，徒二年；诸父母在，而子孙别籍、异财者，徒三年；诸子孙违犯教令而嫁娶者，杖一百，朝廷确保子孙在父母离世后守孝服丧。诸闻父母之丧，匿不举哀者，流放。丧制未终，释服从吉，若忘哀作乐，徒三年。居父母丧而生子者，徒一年；及嫁娶者，徒三年。② 显而易见，有很多行为被认定为不孝。不孝不限于对父母口头和身体上的直接攻击，还包括与父母分开居住或从父母处分割财产，等等。即使父母都离世，子孙仍有尽孝的义务。

在服丧期内，子孙是禁止嫁娶和作乐的。隐匿父母离世或谎称父母

---

① ［美］南恺时：《无私的孝子：中国中世的孝和社会秩序》，夏威夷大学出版社2005年版，第20—26页；和南氏"源自逝者的正统性：祖先崇拜的儒家思想"。［法］劳格文、吕鹏志编撰：《早期中国宗教》第二章《分裂时期（公元220—589年）》，荷兰博睿出版社2010年版，第一卷，第143—192页。

② 参见（唐）长孙无忌等撰《唐律疏议》，台北弘文馆出版社1986年版，第6、120、155、156、179、329、330、331、345、348页；Wallace Johnson, trans., The T'ang Code (2 vols. Princeton: Princeton University Press, 1979 & 1997), v. 1, 74 – 77, v. 2, 88 – 90, 129 – 130, 157 – 158, 366 – 370, 392 – 394, and 399 – 400。

健在的子孙都属于受罚的罪行。因此，儒家化的法律涉及严格限制子孙在其父母生前生后的行为举止。

由于《唐律疏议》有关不孝的规定代表着法律儒家化的高峰，其次，笔者通过对比早期法律和《唐律疏议》，有助于确定儒家思想对法律影响的程度。这一对比表明，秦和西汉的法律与唐律之间存在着相当大的差异。

睡虎地秦律中的不孝

令人惊讶的是，根据出土于睡虎地 11 号墓的秦律文书显示，不孝行为在秦朝被认定为犯罪。该文书有三段材料直接阐明了对于不孝行为的惩处。又据睡虎地秦简《封诊式》，该文书明确指出，良善之父母有权要求朝廷处死他们不孝的子孙。

> 告子，爱书：某里士五（伍）甲告曰："甲亲子同里士五（伍）丙不孝，谒杀，敢告。"即令令史已往执。令史已爱书：与牢隶臣某执丙，得某室。丞某讯丙，辞曰："甲亲子，诚不孝甲所，毋（无）它坐罪。"①（爱书：某里士伍甲控告说："甲的亲生子同里士伍丙不孝，请求处以死刑，谨告。"当即命令史已前往捉拿。令史已爱书：本人和牢隶臣某捉丙，在某家拿获。县丞某审讯丙，供称："是甲的亲生子，确实对甲不孝，没有其他过犯。"）

虽然父母不能随意杀死他们的孩子，② 可一旦官府通过调查和供词确定其子有罪，官府将按照父母意愿执行对其子的处罚。值得注意的是，这一段文字关注了一个普通的农村家庭。

---

① 睡虎地秦墓竹简小组：《睡虎地秦墓竹简》，文物出版社 1990 年版，第 156 页；Katrina C. D. McLeod & Robin Yates, "Forms of Ch'in Law: An Annotated Translation of the *Feng-chen shih*," *Harvard Journal of Asiatic Studies* 41, No. 1 (1981), 150–152.

② 人们可以杀死天生残疾或畸形的婴儿。参见《睡虎地秦墓竹简》，第 109 页；［荷］何四维：《云梦秦律译著：1975 年出土于湖北省云梦县的公元前 3 世纪秦朝法律和行政法规及其相关注释与翻译》，荷兰博睿出版社 1985 年版，D 56，第 139 页。

若江贤三先生进而指出，证据表明即使是平民百姓都有一种"不孝即犯罪"的观念。① 一个个案明确记载有人因不孝而被处死，但并不清楚原告是否是被告之父。我们仅知道他是免老——一群年龄超过六十岁就不再需要向政府服役的老人。② 换言之，如果上述的免老不是被告的亲戚，那么我们可以推测不孝这种威胁社会的行为，即使是陌生人都能向官府告发他人的不孝恶举。封诊式中记载有另一个与此相关的案件，平民要求官府给其子的脚戴上镣铐或削其足，然后流放蜀地，遇赦不宥。但是官府没有准允他的请求。③ 对于这个案件，不难想象父亲提出这样要求的原因是他觉得儿子不孝顺。现代学者张弓先生认为削足和永久流放是惩处不孝的另一种形式。④ 若江贤三先生注意到秦法对不孝的惩处，这表明战国时期其他国家的法律也惩处不孝。⑤ 关于这些案件的另一个重要的一点是，国家并没有积极起诉不孝的行为。相反，族长或其他人促使官方关注犯罪，并请求惩罚被告。

遗憾的是，文书几乎没有告诉我们什么样的行为是被认为不孝。睡虎地秦简《秦律答问》中记载了为数不多的不孝行为，其中指出，"殴大父母，黥为城旦舂"。⑥ 这个法令的一个有趣的方面便是处罚的轻重：以后的法律规定在身体上虐待无论是父母还是祖父母都将会处以死刑。张弓先生认为，身体上虐待父母的人，也将受到判刺配为苦力的惩罚。⑦ 睡虎地法律文书中缺乏对不孝行为的释义，是因为大部分文本并不包含具体的秦律条款，而只是回答了如何解决某些类型案件的问题。

重要的是，据我们所知，秦律并未将告发父母的罪行视为不孝。在后世的法典中，此举将被视为不孝，理当处死。但是，在睡虎地文书中，此举仅仅被归类为由族长裁断的"不公室"。

---

① [日] 若江贤三：《秦汉律中的"不孝"罪》，《东洋史研究》1996 年第 55 卷第 2 期，第 5 页。
② 《睡虎地秦墓竹简》，第 117 页。
③ 同上书，第 155 页。
④ 张弓：《秦汉不孝罪考论》，第 13 页；
⑤ [日] 若江贤三：《秦汉律中的"不孝"罪》，第 7—8 页。
⑥ 《睡虎地秦墓竹简》，第 111 页；《云梦秦律译著》，D63，第 141 页。
⑦ 张弓：《秦汉不孝罪考论》，第 13 页；

睡虎地秦简《秦律答问》记载：

"子告父母，臣妾告主，非公室告，勿听。"·可（何）谓"非公室告"？·主擅杀、刑、髡其子、臣妾，是谓"非公室告"，勿听。而行告，告者罪。告［者］罪已行，它人有（又）袭告之，亦不当听。①

这段记载清楚地表明，如果人子或奴隶控告父母或主人，在首次控告被官府拒绝受理后仍行控告，政府将只会惩处出格的控告者。正如后面的这段记载所表明的，告发父母或主人犯罪是一种不在政府管控范围内的家罪。② 虽然告发父母是不被允许的，但控告者并不会被戴上"不孝"的帽子。这不过只是一种由族长来惩处的不良行为。即使父母不能擅杀、刑、髡其子或奴隶，但若有外人检举告发，他也会因此受到惩处。同样，如果人子抢劫或损害父母的奴隶和牲畜，这也不会被认为是不孝的行为，而是被当作由族长来惩处的家罪。③ 因此，秦政权赋予族长相当大的自由裁量权来管控自己的家族。Ulrich Lau 先生认为，秦政权并不关心家族内部发生什么事情；它仅试图遏制蛮横族长对其家族内部下属的严格管控。④ 如此，秦律仅仅是为了维护户主的权威，而不是宣扬孝道的价值观。正如 Paul Goldin 先生敏锐地指出，"因此我将解释，朝廷给予家族中男性头领相当大的特权并不是儒家思想的遗风，正如我们常看到的那样——另外，值得注意的是，睡虎地文书也没有延续儒家思想——但事实的结果是，朝廷不认为家庭成员犯罪的起诉是法律的正当程序"。⑤

不过，即使秦政权努力加强族长对其子孙和奴属的权威，但仍存在晚辈向官府检举族长罪行的情况。铃木直美女士提醒我们注意《唐律疏议》中的一个案例：族长密谋反叛，晚辈向官府告发是完全合法的。⑥ 在

---

① 《睡虎地秦墓竹简》，第118页；《云梦秦律译著》，D87，第148—149页。
② 《云梦秦律译著》，D88，第149页。
③ 《睡虎地秦墓竹简》，第119页；《云梦秦律译著》，D86，第148页。
④ Ulrich Lau, "The Scope of Private Jurisdiction in Early Imperial China: The Evidence of Newly Excavated Legal Documents", *Asiatische Studien/Études asiatiques* 49 (2005), 342.
⑤ 金鹏程：《汉法与人际关系调节再论：法律儒家化》，《亚洲专刊25》，第一部分，2012年，第15页。
⑥ ［日］铃木直美：《中国古代家族史研究》，刀水书房2012年版，第153—154页。

秦朝，对族长权威的限制甚至更大。《秦律答问》告诉我们，"夫有罪，妻先告，不收。妻媵（滕）臣妾、衣器当收不当？不当收"。① 换言之，妻子选择告发丈夫犯罪的行为是完全正常和正确的。这甚至是一种对妻子的激励机制，因为秦律能保障她的嫁妆完整不受损失。换言之，亲亲相隐的儒家原则并不受秦朝立法者重视。②

西汉早期法律中的不孝

出土于公元前196—前189年张家山汉墓中的法律材料，提供了一幅虽晚但更为完整的、用以描绘非法不孝行为的图景。此外，张家山汉律文书对此类犯罪的惩处比秦律更为严苛。就像同行的睡虎地一样，张家山文书清楚地表明，一个人不能殴打他的父母和祖父母，但禁止虐待的种类要广泛得多。《二年律令·贼律》曰：子牧杀父母，殴詈泰父母、父母、（叚）假大母、主母、后母，及父母告子不孝，皆弃市。③ 这条律文明确规定了不孝行为包括：如果你杀、殴打或咒骂你的父母、祖父母或主人，或者他们指责你品行不端，那么你就是不孝。有一点值得注意的是，不同于秦律，汉廷不只是等着父母检举其子女不孝，而是积极去寻求惩处不孝。换言之，朝廷设想这种可怕的行为不仅仅是家庭问题，还是对社会稳定的威胁。另一个重要观点是，汉律对于殴打祖父母的惩处远比秦律更甚。依汉律，不孝子弃市，代替了秦律黥为城旦舂的处罚。

有证据表明，不孝罪在西汉时期被认为是大逆不道的重罪。张家山汉简《二年律令·告律》云："杀伤大父母、父母及奴婢杀伤主、主父母，自告者皆不得减。"④ 换言之，杀伤父母或主人是罪大恶极，即使是自首也无法减轻其惩处。基于汉景帝时期的"防年杀继母"案，我们得

---

① 《睡虎地秦墓竹简》，第133页；《云梦秦律译著》，D149，第168页。
② 关于西汉藏匿亲人犯罪的正当性问题的争论，请参见方丽特《中国汉代早期的家庭和法（公元前206—公元8年）》，"赞成和反对惩罚犯罪亲属的论点"，《文化动力》第1期，2000年，第111—125页。
③ 朱红林：《张家山汉简〈二年律令〉集释》，社会科学文献出版社2005年版，第39页。转引自贾丽英《秦汉家族犯罪研究》，人民出版社2010年版，第77页。
④ 朱红林：《张家山汉简〈二年律令〉集释》，第99页；转引自贾丽英《秦汉家族犯罪研究》，第79页。

知杀伤父母将以《大逆》论处。① 换言之，立法者已经把"不孝"视为大恶，它在本质上恰如后世《唐律疏议》的"十恶"。

汉律不同于秦律的另一点便是如何处理告发。根据秦律，如果儿子告发父母或者奴隶告发主人犯罪，朝廷对此将置之不理，因为它在其司法管辖范围之外。告发者将由其族长来惩处——惩罚逆子和叛奴并不是朝廷的职责。然而，在西汉律令中，政府会直接惩处背叛父母或主人的子孙和奴婢。《二年律令·告律》其中一条律令规定"子告父母，妻告威公，奴婢告主、主父母妻子，勿听，而弃告者市。"② 据此，告发尊亲不再是私家问题。将是由朝廷处以死刑的公罪。Ulrich Lau 先生认为这段文字意味着，在任何情况下，儿子或奴婢都不能告发他的父母或主人。③

其他学者认为，对于其他"公室告"如谋反、盗窃、杀人等非家族内部的犯罪行为，秦法和汉律都允许儿子和奴隶对他们的父亲和主人进行告发。贾丽英女士主张，子女和奴婢不能对父母或主"擅杀、刑、髡其子、臣妾"的行为而亲自告发的。然而，对于其他"公室告"如谋反、盗窃、杀人等非家族内部的犯罪行为，秦律及汉初之律是极力提倡"告奸"的。④ 张家山《二年律令·贼律》记载："以城邑亭障反，降诸侯，及守乘城亭障，诸侯人来攻盗，不坚守而弃去之若降之，及谋反者，皆要（腰）斩。其父母、妻子、同产，无少长皆弃市。其坐谋反者，能偏（徧）捕，若先告吏，皆除坐者罪。"⑤ 这条律令清楚地表明，妻子可以告发丈夫，而孩子只有在父亲谋反时才可以告发他。在这种情况下，对国家的忠诚比对父亲的孝顺更重要。臣民有义务告发那些谋反的亲属。（大义灭亲）"相与谋劫人、劫人，而颇能捕其与，若告吏，吏捕颇得之，除告者罪，有（又）购钱人五万。所捕告得者多，以人数购之，而勿责其劫人所得臧（赃）。所告毋得者，若不尽告其与，皆不得除罪。诸予劫人者钱财，及为人劫者，同居智（知）弗告吏，皆与劫人者同罪。劫人

---

① （唐）杜佑：《通典》第 146 卷，中华书局 1988 年版，第 4288 页。
② 朱红林：《张家山汉简〈二年律令〉集释》，第 100 页。
③ Lau, "The Scope of Private Jurisdiction in Early Imperial China", p. 345.
④ 贾丽英：《秦汉家族犯罪研究》，第 81 页。
⑤ 朱红林：《张家山汉简〈二年律令〉集释》，第 3 页。

者去，未盈一日。能自颇捕，若偏（徧）告吏，皆除。"① 家族成员应该向官府检举同宗的非法铸钱罪行（盗铸钱及佐者，弃市。同居不告，赎耐②。）尽管族中晚辈不能告发尊长对他们犯下的罪行，但有义务告发尊长对社会犯下的罪行。铃木直美女士认为，与《唐律疏议》不同的是，在《唐律疏议》中，子孙只能告发父母威胁国家的罪行。但从战国到汉初，人们可以告发父母针对外人所犯的罪行。③《论语》中直躬向官府告发自己的父亲偷了一只羊。依据西汉律令，他的行为是正确的，并因此免受连坐的处罚。④ 这类法律思想显然是受商鞅的影响，而不是孔子。⑤

为父母提供物质上的支持

我们已经在《唐律疏议》中看到，子孙不应该与父母分开居住或拥有自己的私人财富（别籍或异财）。如果违反了这一法律，"子孙别籍、异财者，徒三年"。这意味着，子孙要和父母住在一起，并赡养他们；同时，所有家族资源都应由族长掌控。张家山汉简《二年律令》中没有相关的律令。然而，子孙不能让父母饿死。《二年律令·奏谳书》云："有生父而弗食三日，吏且何以论子？廷尉毂等曰：当弃市。"⑥ 在这里，我们看到儿子对父母有物质奉养的法律义务。然而，给父母提供足够的食物以维持生存和豢养牲畜无异；这与恭敬奉养双亲相去甚远。⑦ 这条律令并没有说儿子必须和父母住在一起；他只是被要求定期提供食物。然而，似乎户主应该照料所有家庭成员，尤其是父母和祖父母。张家山汉简《二年律令·户律》记载：

民大父母、父母、子、孙、同产、同产子，欲相分予奴婢、马

---

① 朱红林：《张家山汉简〈二年律令〉集释》，第66—67页。
② 同上书，第136页。
③ [日] 铃木直美：《中国古代家族史研究》，第168页。
④ 该故事见于《论语》第13篇，第18章。
⑤ 贾丽英：《秦汉家族犯罪研究》，第81页。
⑥ 彭浩、陈伟、[日] 工藤元男：《二年律令与奏谳书》，上海古籍出版社2007年版，第374页；转引自贾丽英《秦汉家族犯罪研究》，第75页。
⑦ 在这方面，人子应该恭敬奉养父母，参见 [美] 南恺时《无私的后代》，第113—136页。

牛羊、它财物者，皆许之，辄为定籍。它财物者，皆许之，辄为定籍。孙为户，与大父母居，养之不善，令孙且外居，令大父母居其室，食其田，使其奴婢，勿贸卖。孙死。其母而代为户。令母敢逐夫父母及入赘，及道外取其子财。①

这个记载的第一部分似乎表明，父母和祖父母还健在之时，是完全可以接受分家和分居的现状。② 第二部分表明，虽然在分家后，孙子作为户主，与祖父母生活在一起，他必须以合适的方式照顾他们。否则，朝廷会驱逐孙子，令祖父母掌控其家财。此处，我们有一个例证，即政府实际上是认可孙子与祖父母分开居住的；并且，即使他们拥有独立的财产，祖父母也可以把孙子的产业占为己有。该律令另一方面表明，它表明家庭成员在分家后仍可能生活在一起。在这种情况下，家庭运转的原则似乎是，假使家虽分而人聚居，则户主须用己之财来确保同居长辈得到很好的奉养。这条律令似乎也暗示着，如果分家后孙子与祖父母分开居住，他就没有义务奉养他们了。

服侍逝者

最后一点是父母逝世后子女如何尽孝守丧的问题。在这一点上，张家山汉律远不及后世的唐律。《唐律疏议》对那些没有以适当方式哀悼父母的子孙有很多种处罚。尽管刘厚琴和田芸两位先生想强调帝国早期法律的儒家化，甚至他们承认，张家山汉律中没有涉及惩处违背丧礼的成文法规。③ 事实上，张家山材料似乎在子女对待父母生前和逝世后有明显区别。臣民要对活着的双亲尽孝，而不是在逝世后。这在奏谳书中的非法性行为案例表现得很明显，戴梅可先生已经做了详细的分析。一天晚上，在女主和婆婆一起哀悼丈夫的死亡时，女主却溜进了另一个房间和

---

① 朱红林：《张家山汉简〈二年律令〉集释》，第211页。
② 这种现象即所谓的"生分"，意即双亲在世，子女便要平分家产。"生分"盛行于汉魏六朝时期，参见［美］南恺时《臣服于专制：中古时期孝子故事中的父母权威》，安乐哲、Peter D. Hershock 主编《儒家文化的权威》，纽约州立大学出版社2006年版，第75—79页。
③ 刘厚琴、田芸：《汉代"不孝入律"研究》，第42页。

一个男人发生性行为。第二天，女主人的婆婆将向官府告发女主的罪行。然而，官员却难以给她定罪。官员最初判她犯不孝罪处死。毕竟，她没有对亡夫怀有一丝的哀悯。

但另一位官员表示，这个判决是错误的：

律曰：不孝弃市。有生父而弗食三日，吏且何以论子？廷尉等曰：当弃市。（有）又曰：有死父，不祠其冢三日，子当何论？廷尉穀等曰：不当论。有子不听生父教，谁与不听死父教罪重，穀等曰：不听死父教，无罪。（有）又曰：夫生而自嫁，罪谁与夫死而自嫁罪重？廷尉穀等曰：夫生而自嫁，及取（娶）者，皆黥为城旦舂。夫死而妻自嫁、取（娶）者无罪。（有）又曰：欺生夫，谁与欺死夫罪重？穀等曰：欺死夫，无论。①

这个案例清楚地表明，一个人只能对健在的双亲或丈夫不孝。如果一个人三天不给父亲喂食，这就是犯罪。如果不供奉逝世的父亲，这不是犯罪。同样地，不顺从健在的父亲是犯罪，而忽视亡父的遗嘱则不是犯罪。简而言之，一旦父亲或是丈夫逝世，他对他的儿子和妻子不再有任何法律约束。儿子不再顺从父亲的命令，妇女能够再婚。这条法律声明与儒家事死如生的原则相去甚远。事实上，它倾向于进一步印证了荀子学说中最坏的一面，如果做不到事死如生，那么逝者将会被生者遗忘。不过，大部分官员首先想要控诉这个寡妇不孝，这表明该种观点虽然没有经过法律编纂，但确已存在。另一点也需注意，在这个案件中，夫妻关系受孝德的支配。在丈夫的棺木附近与另一个男人发生性关系被视为不孝。在睡虎地和张家山的其他法律材料中，孝似乎只管理父母或孩子、婆婆和媳妇之间的关系，或者是主人与奴隶之间的关系。因此张家山材料表明，在西汉时期，孝德可能已经延伸到更广泛包括夫妻关系在内的领域。

结　论

通过比对唐律与秦汉律法中对不孝罪的惩处，考古记录清楚地表明，

---

① 彭浩、陈伟、[日]工藤元男：《二年律令与奏谳书》，第374页；戴梅可：《张家山汉简中的非法性行为案例说明：翻译与评论》，引自《早期中国30年》，2005—2006年版，第32页。

早期的法律远未被儒家化。我们所看到的是，帝国早期的确视不孝为犯罪。鉴于孝道是中国早期的普世价值，我们不应该为朝廷在处理不孝行为的诸多举措而感到惊讶。不过，秦律似乎更注重维护户主的权威，而不是弘扬孝道。西汉法律更为广泛而严厉地制裁不孝之行，使其成为危害家国社稷的犯罪行为。然而，它没有惩罚那些不履行儒家思想的子孙：为人子必须确保父母不忍饥挨饿，但没有必要以一种提升父母地位的方式来照顾父母。人子既不跟父母住在一起，亦不与父母分享他的财富。人子不需要事死如生——他可以自由无视父母的禁令，不需要做出任何牺牲。法律的儒家化最终在西汉末年至东汉时期才会发生。

不过，我们确实看到了西汉时期律法儒家化发端的趋势。这一时期，杀伤父母，罪大恶极。这表明，社会斥责不孝之行的大趋势。殴打父母和祖父母可被处以死刑，而不仅仅是被罚黥为城旦舂，也证明了这一趋势。此外，官员们最初想判出轨寡妇死刑的这一事实揭示了社会日益重视丧礼的趋势。因此，尽管西汉早期的法律法规还没有被儒家化，但在社会态度方面，也不会花更多精力去推动律法朝那个儒家化发展。

（中国社会科学院研究生院　韩玄晔　译）

略论更始帝刘玄迁都长安及其败亡

深圳职业技术学院文学院　陶继双

学术界关于汉朝都城的讨论甚多，大多集中在刘邦弃洛阳都长安和刘秀弃长安都洛阳两方面，而对在二者之间有相同讨论意义的更始帝刘玄弃洛阳都长安则没有专论。对比刘秀定都洛阳，清代学者王夫之曾激烈批评刘玄，认为他弃洛阳都长安是打着恢复高祖旧业的招牌行抢掠长安之实，并认为刘玄误判关东形势，从洛阳西迁后，减轻了对在洛阳以东赤眉、刘秀等势力的威慑，以致在他们几乎毫无顾虑的反叛下败亡。近人对此则无专门探讨，通过对史料的解读，笔者发现刘玄定都关中是形势所迫，长安有着定都必备的经济、安全条件，定都长安与其败亡没有必然联系。王郎事变造就了拥有叛变实力的刘秀，而他最终选择叛变才是刘玄失败的主要因素。

一　都城选建的主要凭借

自古以来，帝都的选择无不与政治、经济紧密相连。政治考量的是安全和法统，经济考量的则是百官与百姓能否无衣食之忧。比如西汉建都长安出于安全考量的同时，通过移民政策，保证关中的经济生产足够消费。唐代的一段时期，必须到洛阳就食方能解决粮食短缺的困扰。因此我们判断朝代建都选择正误时，大概不外乎以上两点标准，即是否根据当时形势做出最佳选择，而非抛开历史事实，仅以成败来断定。

郑樵曾在《都邑略序》写道：

> 建邦设都，皆冯险阻。山川者，天之险阻也。城池者，人之险阻也。城池必依山川以为固。大河自天地之西而极天地之东，大江自中国之西而极中国之东。天地所以设险之大者，莫如大河，其次莫如大江。……自成周以来，河南之都，惟长安与洛阳，或逾河而居邺者，非长久之计也。自汉、晋以来，江南之都，惟有建业，或据上流而居江陵、武昌者，亦非长久之计也。是故定都之君，惟此三都是定，议都之臣，亦惟此三都是议。①

从中国漫长的历史看，尤其在郑樵之前，长安、洛阳、建业三城是古之政权定都的依次之选，这种常态由天然的地利促成，也就是安全性。而在刘玄之前，长安作为都城未有失败的经验，洛阳和建业尚无定都的经历。洛阳虽说是周时旧都，但到西汉末年，它不过是一个历史传说，且洛阳也从未做过严格意义上大一统的都城。所以从这方面来说，加之法统的需要，长安必然是刘玄建都的首选。为了说明这个问题，我们不妨拿北宋建都作为参照。

北宋建都开封曾引起最为激烈的讨论，它正好体现出只考虑经济因素对都城安全的危害。真宗景德元年（1004），辽军大举南侵，直抵黄河北岸。一时之间，人心惶惶，迁都金陵、成都、洛阳、长安等提案甚嚣尘上。金陵、成都由于所处位置的天险加之与辽里程较远，安全自不必说，而持洛阳、长安之说者，大体无外乎国家既能镇守经营北方，又有险可恃，是比较折中和务实的考虑。靖康之难，二帝被虏，引起了后世对建都开封更大的反思，郑樵以为："宋祖开基，大臣无周公宅洛之谋，小臣无娄敬入关之请，……遂有靖康之难。"② 顾祖禹说："河南者，古所称四战之地也。当取天下之日，河南在所必争；及天下既定，而守在河南，则岌岌焉，有必亡之势矣。"③ 他们都指出了开封缺少战争屏障的弊端。但支持建都开封者则以为，迁都金陵、成都是国家败亡的征兆，有

---

① 王树民：《通志二十略》之《地理略》，中华书局 2000 年版，第 561 页。
② 同上书，第 563 页。
③ 贺次君、施和金点校：《读史方舆纪要》卷四六《河南方舆纪要序》，中华书局 2005 年版，第 2083 页。

失国体,这是首先就可否定的建议。长安、洛阳形胜之势虽好,但此时二城已形同丘墟,根本无法承载帝都的需要,而开封经梁、晋、汉、周做都的经营,都城规模已具,加之经济富庶和人心思定,它就成了必然的选择。再者,西汉、唐以长安为都,东汉以洛阳为都,也未改变灭亡的命运。"至于南宋史学家郑樵将北宋的灭亡归咎于定都开封,更属偏见。一个王朝的衰败甚至灭亡,是由其政治、经济、军事等综合因素决定的,与都城是否有山川可恃,并无本质联系。"① 国势由综合因素决定无错,但其中无视地形的重要性自然不免偏颇,姑且不说历来兵家把地形作为战争的主要探讨对象,仅就三国东吴赤壁败强曹、羸弱的东晋淝水破前秦等历史事实,都说明都城有凭恃之险是天然的优势。论者以为汉唐虽守长安最终也避免不了亡国的历史命运,旨在说明国之胜败与建都选址无关,但事实上汉唐的国力昌盛和国运绵长是北宋所无法望其项背的,这不无与定都着眼久远有关。或以为关中和洛阳残破,无法承受都城所需,这是推诿的借口而已,如果够坚决,北宋160余年的统治时长足以修复长安或洛阳。因为我们不禁会想到,在短时间内西汉和隋能在几为废墟上建立起长安城,东晋和南宋的南迁可在仓促之间确立新都并维持下去,说明重建新都并非不可成就,只是北宋当局根本没有意识到问题的严重性,墨守因循而无迁都的决心。

钱穆先生对选建都城十分看重,认为所谓交通、城建、经济等困难相对于有"立国百年大计"的建都而言,都是"不足虑的",他通过比较得出结论:

> 昔咸阳残破,汉高祖都洛邑,一闻娄敬、张良之献议,即日西迁,遂成西汉二百年辉煌大业。光武以长安毁于赤眉,不再西驾,而东京局促,即远不如前汉之恢宏。宋太祖忌漕运,因承五季汴梁之漏制,而宋祚终以不振。②

---

① 李合群:《再论北宋定都开封——兼与宋长安和洛阳之比较》,《河南大学学报》2010年第3期。

② 钱穆:《论首都》,《政学私言》,九州出版社2010年版,第53页。

在冷兵器的年代，都城防御及其对人的心理安全影响的重要性不言而喻，因此开封被围，国事土崩瓦解，赵构窜于江表，凭借长江天险获取安慰，继任者承其余绪，醉生梦死直至于亡，又是走向把安全看得过重而忽视人力经营的又一极端。

回落到刘玄建都长安的考虑，笔者以为此时的长安在安全和经济上足够保证政府的日常运行，与西汉、新朝并不会有太大差别，所以这两点应不是刘玄十分重视的问题。他所看重的是承接西汉而来的法统，及长安对法统所具有的象征意义。刘玄的失败，并非迁都失策，而是其内政处理失当，其中最为关键的是刘秀对他的叛变所致。

二 更始定都长安的形势与理由

有趣的是，刘邦、刘玄、刘秀都曾定都洛阳，不同的是前二者俱迁都长安，一成一败；刘秀未迁，亦成汉家二百年天下。因此两汉定都与成败就成了前人热于讨论的话题。但对刘玄迁都长安，探讨较为深刻的，似仅有王夫之。他指出"更始之亡也，则舍洛阳而西都长安也"。[1] 认为迁都是绿林将帅"贪长安之富盛"，出于掳掠的目的[2]。此乃古之士大夫之于农民起事者一贯持以的轻蔑之论。据《后汉书·郑兴传》可知，定都长安的意见并非主要出自绿林将帅。长安由李松和申屠建二人共同领导攻下，申屠建是否绿林出身史无明言，他曾"尝事崔发为诗"[3]，估计是士大夫阶层无疑。李松是南阳大姓李通的族弟，是身份明确的士大夫阶层，劝说更始定都长安是他的意见，因此就不存在是绿林将领为掳掠而提建都之事。时李松行丞相事，派长史郑兴劝说更始西驾长安：

> 更始诸将皆山东人，咸劝留洛阳。兴说更始曰："陛下起自荆楚，权政未施，一朝建号，而山西雄桀争诛王莽，开关郊迎者，何也？此天下同苦王氏虐政，而思高祖之旧德也。今久不抚之，臣恐

---

[1] 王夫之：《读通鉴论·后汉更始》卷六，中华书局1975年版，第126页。
[2] 同上。
[3] 《汉书》卷四三《娄敬传》，中华书局点校本1962年版，第4193页。

百姓离心,盗贼复起矣。《春秋》书'齐小白入齐',不称侯,未朝庙故也。今议者欲先定赤眉而后入关,是不识其本而争其末,恐国家之守转在函谷,虽卧洛阳,庸得安枕乎?"①

郑兴的提议能说服更始,是王莽末年社会背景使然。"人心思汉""刘氏复兴"的传言四起,以至当时起事者无一不打着刘氏的旗号。② 在此情形下,取得正统显得尤为重要。郑兴所谓的"本",即指正朔、正统。入长安,即意味着得正统、得天下,犹如后世曹操的"挟天子以令诸侯",占据至高的有利位置。如此一来,其他纷纷逐鹿者自然失望而转向安分,像赤眉这样的"末"也会不解自散。否则如若有人捷足先登,据长安以号令天下,更始政权将处于名不正言不顺的境地,要么是勤王之兵,要么是犯上之寇,抗击来自长安的挟制或讨伐尚自顾不暇,又怎能扫平关东和"安卧"洛阳呢?这种考虑在当初而言也是形势所迫,不可简单鄙以计短谋拙。不过迁都提议一出,来自山东诸将乐于都洛阳不愿西迁的阻力很大,以此刘玄作了"朕西决矣"③的表态,才将各种不满意见暂时压下去。这与刘邦仅凭娄敬、张良只言,力排众议进关非常相似,而这正是刘秀所欠缺的气魄。

娄敬建议刘邦迁都长安时提出五点建议:一是洛阳乃周的旧都,周是天下共主,汉朝初创,直接承袭周在舆论和国运上不合适。二是刘邦以汉王与项羽争天下,杀死关东人无数,建都洛阳将直面敌对势力,无缓冲余地。三是长安"被山带河,四塞以为固",安全系数大于洛阳。四是"因秦之故,资甚美膏腴之地,此所谓天府"。经济上足以自足。五是即便关东失却,据秦地依然可以独立为国,与战国时秦国无异。④ 这些因素刘玄自然也考虑到了,他更为看重的是法统,因为他打着"刘氏复兴"的旗号,不进长安自然难圆其说。但这引起了王夫之的强烈批判,除了绿林贪长安富盛之外,还有一点即逃避。因为赤眉等不稳定的强大势力

---

① 《后汉书》卷三六《郑兴传》,中华书局点校本 1965 年版,第 1217—1218 页。
② 王树民:《廿二史札记校证》,第 72—73 页。
③ 《后汉书》卷三六《郑兴传》,第 1218 页。
④ 《汉书》卷四三《娄敬传》,第 2119—2120 页。

都在关东，刘玄应该把这些势力平定以后才能考虑迁都事宜。对此王氏非常推崇刘秀，因为在他眼中，刘玄贪于富盛，注定灭亡，而刘秀则寡欲坚定，注定兴起。王氏不过以成败论人，未见迁都抉择的形势。当时赤眉已经向刘玄称臣，所以刻意去消灭之并非紧急的选择，且师出无名，而长安周边盘踞很多势力，都打着"刘氏复兴"的旗号，欲进长安得正统，这是刘玄必须要优先解决的，而迁都以绝众觊觎者之望，无疑是上佳之选。

《东观汉记》中有"关中咸相望天子，更始遂西发洛阳"[①] 之句，意指更始帝西迁长安是顺应关中百姓的呼声。直到东汉章帝时仍有关中人提出迁都长安，为打消此念，王景、班固等人先后作赋以颂洛阳之美，但这种赞颂只停留在制度上，即定都洛阳，更趋向"王道"[②]，而对其弊端却未作深刻的检讨。当然关中人之延颈相望，或许只是刘玄提议西迁的借口，真正促使迁都的还当是长安的法统。

相较而言，刘秀定都洛阳，于刘姓帝室或许有利，但于国家则弊大于利。据廖伯源先生的分析，东汉定都洛阳有以下考虑：其一，长安经济不够充裕。其二，刘秀迷信谶纬定都洛阳之说。其三，更始先都洛阳，后徙都长安，未几败亡，光武或以此为前车之鉴。其四，光武性格平实低调，少远大空泛之志，但求安稳无事，都关中则与羌、氐相邻，暴露在外，易见侵扰。而其影响，一是促使关中地区衰落，二是西北边界向东南缩进，三是放弃西域。[③] 廖先生所言刘秀不都长安的第三点理由，尚有补充之说。前车之鉴固然无错，但不仅是败亡的经验，也是刘氏打着复辟的天命，到长安继正统更是天命昭昭，但迅速的败亡，是对天命最大的讽刺和揭穿。刘秀此时去长安再无天命可言，同时到长安无疑是对刘玄的继承，这是刘秀最要回避之事，刘玄实质上是被刘秀击败的，关中已无刘氏威胁，在洛阳建都则更心安理得。同时关东将相反对迁都的阻力很大，刘秀根本没有与之对抗的决心。这都是促成东汉定都洛阳的重要原因。就国家大一统的向外开拓而言，东汉不如西汉，就人格而言，刘

---

① 吴树平：《东观汉记校注》，中州古籍出版社1987年版，第258页。
② 陈苏镇：《汉代政治与春秋学》，中国广播电视出版社2001年版，第408页。
③ 廖伯源：《论东汉定都洛阳及其影响》，《史学集刊》2010年第3期。

秀没有刘邦及刘玄的锐气和担当。

钱穆先生论此说：

> 中国地形，既自西北倾向东南，山脉河流全向东南贯注，一切风气土物，亦削于西北而积于东南。若非有一种人力为之驱策，则东南常有沉淀壅滞之患，而西北则有寒荒剥落之象。西汉因建都关中，故东方人物经济不断向西输送，而全国形成一片，血脉常运，元气常调。东汉因建都洛阳，东方人物经济仅至洛阳而止。函潼以西，受不到东方暖气，其本土仅有之人物经济亦不断向东滑流，渐枯渐竭，终成偏瘫之症。①

简言之，即建都洛阳不利于全国性的经济人物流通，建都长安是迎难而上的进取精神，而建都洛阳则透露着"退婴"的气象。验之于唐以后的西北历程，可见斯言不谬。千余年来中国经济人物逐渐集中于东南，西北人物也向东南集聚，没有一强制的手段或首都的吸引力，不但东方的人力、财力很难自主流向西部，本土人物亦难完全定留，西北复兴难收骤然之功。

三 刘玄的失败与建都长安无关

王夫之以为更始帝失败的第二个失策是未能安置好赤眉，赤眉西进推翻更始，与更始之西入长安的本性无别，都是出于掠夺财富和攫取高位。日本学者西嶋定生认为"赤眉本身都是小农生产者，他们朴实的愿望是希望看到更始政权为农村带来和平和秩序，但更始政权的表现让他们彻底失望，所以才背叛更始，走向政权化"。② 这与王氏以为的樊崇等人因一己私利没得到满足而叛变的观点相距甚远。西嶋定生之言没错，但关键是抱有这一愿望的小农生产者比比皆是，历朝历代都有，何以未作政权化的行动，偏偏赤眉实践了呢？除了赤眉有一定实力之外，主要

---

① 钱穆：《战后新首都问题》，《政学私言》，九州出版社2010年版，第142—143页。
② [日]西嶋定生：《白话秦汉史》，台北文史哲出版社1983年版，第300—302页。

还是他们看到存在推翻更始的希望，这正是刘秀给予的。

从当时的形势看，长安、洛阳、河北三处主力军队加起来人数当在百万以上，尤以洛阳三十万为精锐，刘秀收编的上谷、渔阳的突骑更是所向披靡，加之各地驻防军，更始政权对赤眉具压倒性优势。然而赤眉对关中的攻击似为从天而降，在河南的纵横几乎未遭任何阻挡。他们从武关、陆浑关两道俱至弘农，"与更始诸将连战克胜，众遂大集。……进至华阳"。李贤注引《河图括地象》曰："武关山为地门，上为天齐星。""陆浑县有关，在今洛州伊阙县西南。"① 概言之，武关险，陆浑强。武关单凭险以防人似不足论，但陆浑阻击不力，未免使人不解，毕竟洛阳驻扎着朱鲔、李轶、武勃等三十多万大军，距此仅数十华里，让赤眉如此轻松过关，必有迫不得已之苦衷。事实上是刘秀在河北的崛起并对更始的叛变使然，以致洛阳大军无力也无暇与赤眉展开决战。②

刘玄安排李轶和朱鲔屯兵三十余万镇守洛阳，起初之意无非在盯防赤眉。但是在刘秀背叛之后，这支重兵就只能对抗刘秀了。如在王郎起事之时，河北摇动，刘秀北逃，刘玄迅速派遣谢躬率马武等六将共十几万大军进入河北，一路向北平定响应王郎的州县，最后与刘秀会合拿下邯郸。但此时刘秀已不甘屈人之下，火并了谢躬，收降了马武等。从此，河北成为刘秀的势力范围，并把前线转移到洛阳之北，洛阳至此陷入对抗河北而难以自拔的境地，对赤眉则无暇顾及了。

在洛阳统帅的人事安排上，李轶依附刘玄属于亲贵派，朱鲔出身绿林大将属于实力派，二人相互监督、制衡，这是绿林和南阳士大夫一直以来相互挟制的惯例。不过据史载，李轶与朱鲔关系较密，且朱鲔倒向刘玄比较彻底，总体而言洛阳有利于刘玄政府的控制。但是建立在不同集团利益之上的团结，根基终究是不稳固的。刘秀叛变之后，派邓禹攻击长安，其后赤眉也迅速挺进关中，长安风雨飘摇。此时刘秀派人诱骗李轶，使出离间计，李轶欲献城，洛阳随即起内讧，李轶被朱鲔所杀，导致洛阳局势陷入混乱，只有婴守之力，而无狙击之功。洛阳是长安的屏障和依靠，洛阳的被动，导致长安更加失却抵御之意志。刘秀攻击刘

---

① 《后汉书》卷一一《刘盆子传》，第479页。
② 刘敏、陶继双：《王郎垮台和更始覆灭要因发覆》，《河北学刊》2015年第5期。

玄的逻辑是怕刘玄抵敌不住赤眉，刘家江上不保，他取代之则能击败赤眉重振汉室。我们不禁要问，既然刘秀一方即可战胜赤眉，那为何不选择效忠刘玄而选择背叛呢？这个逻辑显然难以令人满意。历史不可以假设，但我们稍作推算，如若刘秀不叛变，以洛阳为主的河南大军与赤眉正面交战，河北谢躬、刘秀大军与其他方面军侧面呼应，赤眉首尾相顾不暇，怎敢越洛阳进而轻易入关呢？所以刘玄之失败，主要败在刘秀对其帝位的觊觎上。

当然刘玄的失败也由以下几点因素促成。一是成功太骤，以至于他们看天下事太易，从此沉溺酒色富盛之中，不知反躬与警惕。耿纯对李轶说的话就很能反映这一问题：

> 大王以龙虎之姿，遭风云之时，奋迅拔起，期月之间兄弟称王，而德信不闻于士民，功劳未施于百姓，宠禄暴兴，此智者之所忌也。兢兢自危，犹惧不终，而况沛然自足，可以成功者乎？①

如果说刘玄进长安之初并非为富盛，但京都的富盛却在短时间内俘虏了以刘玄为首的功臣集团。各种抢掠和非法政治经济交易几乎成为一种新常态，不仅使长安城及关中失望，也冷了天下读书人的心，而这些读书的士大夫是地方政权的实际掌控者，后来刘秀以文儒形象示人，不无借鉴刘玄之弊政的可能，王夫之所谓刘秀"皆惩更始之失而反其道"，②正好可作注脚。二是天下人对他们的暴发又看得太轻，以至于各路强力派都是表面上服从，却在暗中觊觎，所以当刘秀首难以后，赤眉等势力闻风而动，更始政权几一夜之间陷于分崩离析的状态。三是更始集团中的士大夫和绿林两派始终未能心无挂碍般地融合，一直处于离心离德的防范和内斗当中。如早期的刘縯被杀，其后的更始与张卬等决裂长安城，及后来的朱鲔杀李轶都能反映出两者之间从未能取得根本性的信任，也就是说，刘玄政府从开始就未曾整合出凝合而强势的政权。

刘秀在吸取刘玄失败的教训后，在政治上改弦更张，主要一条就是

---

① 《后汉书》卷二一《耿纯传》，第761页。
② 王夫之：《读通鉴论》卷六《后汉更始》，第126页。

退功臣进文吏，未像乃祖刘邦之诛除强臣，后世一直拿宋太祖赵匡胤与其相提并论，以为是仁慈帝王的典范。刘秀以权臣确切地说是地方实力派造反成功，惧怕武臣效仿，因此退功臣带着迫不得已的成分，而这当然给了处境相同的宋太祖以启示。不幸的是，东汉之舍长安都洛阳，导致关中地区五百余年不振，宋太祖定都开封，关中不振乃至于今。

熹平石经刊刻与东汉后期士人的交际网络

华中科技大学历史研究所　夏增民

熹平石经自魏晋以降，就受到学界的重视，尤其是随着后世残石的不断出土，研究不断深入，但从整体上看，对于熹平石经的研究，更多的仍是关注经文文字的考据、内容的阐发以及书学的成就诸方面。但是也有部分学者从政治和文化的角度考察了与熹平石经相关的问题。黄洁就认为：石经的刻立，使"学术得到规范，朝廷也借规范学术的名义，整顿学术、文化和社会秩序，规范思想，统一认识，从而达到稳定其统治的目的"，于是"石经成为国家一统的象征，最高权力的标志，成为一种国家意志的体现"；她进而指出，围绕石经的刊刻，形成一个与知识、学术、文化和社会权力相关的领域，这个领域将把持现实政治权力的外戚与宦官隔开。[①] 黄洁认识到了石经在当时的政治和文化功能，并区分了当时政治中的两种势力，这应该是高明之见，但是，她把外戚与宦官归为一体，似欠稳妥。

并不是只有黄洁认识到石经的政治意义。在此之前，杨九诠就曾讨论过石经刻立与党锢之祸的关系。他认为，石经的刻立是在党锢之祸以后重新激发的经学内容的今古文之争的矛盾，以及经籍"文字多谬"影响了太学生步入"禄利之路"的考试这两个背景下产生的。[②] 因此，"熹

---

① 黄洁：《熹平石经与汉末政治、文化规范》，《中国文化研究》2005年秋之卷。
② 杨九诠：《东汉熹平石经平议》，《文史哲》2000年第1期。

平石经绝不可能是宦官集团的主意，石经与太学相对于鸿都门学与宦官集团，恰恰是一'清'一'浊'、壁垒分明的反对的关系。石经之刻立，乃是当时政治斗争的副产品。所谓'副'，乃指它的形式化，即太学及其石经向以前通过'援经立说'参政议政的'义制合一'性质的形式化的回折"。他认为，刻立石经是士人集团对宦官集团的反抗，反映了两派斗争的继续，不过他同时也提出，这一行动并没有取得实质的政治效果。

然而顾涛对这一说法不太认同。他认为，目前学界对蔡邕操持刻经的功绩被夸大了，蔡邕顺应时局，牵头倡议刻经，其目的在于求仕，并希冀统领政学二坛，欲为士林之宗；就蔡邕本人而言，其于经学无大造诣，于刻经出力甚微；事实上政学两界也并未予石经以支持。不过，他也指出，熹平石经实乃汉灵帝为钳制宦官集团势力一枝独盛而采取的试行策略，与此后的鸿都门学前后相承。①

可见，学界对熹平石经的刊刻与东汉末政治之间的关系还存在歧见。鉴于此，笔者重新对东汉灵帝时期的史料重新进行排比分析，初步认为，石经刊刻未必是灵帝借士人而钳制宦官集团，因为灵帝在位期间，对士人集团在政策方面基本上仍处于排挞的取向，灵帝依赖的一直是宦官；另外，且不论蔡邕对石经刊刻贡献的大与小，而这一活动似确为士人集团对抗宦官集团的策略之一。

一　两次党锢之后士人集团的政治抗争

士人虽经历了宦官集团的严酷打压，但仍得到了民间及一些官员的支持，为了保护"党人"，官员为此挂冠而去者有之，死难者亦有之，甚至有人为掩护逃亡党人不惜遭破家之祸。这说明士人所主张的政治理念得到了广大民众的认同。正因为如此，在党锢之后，虽宦官气焰张天，仍有官员甘冒杀身的危险为士人申辩，与宦官集团进行了面对面的直接斗争。

公元168年，中常侍曹节等矫诏使张奂围攻窦武，致窦武自杀、陈蕃死难。事后，朝廷因功欲封赏张奂，"拜大司农，以功封侯"，张奂"深

---

① 顾涛：《熹平石经刊刻动因之分析：兼论蔡邕入仕》，《史林》2015年第2期。

病为（曹）节所卖","上书固让，封还印绶，卒不肯当"。次年，当局"诏使百僚各言灾应"，张奂乃上疏："武、蕃忠贞，未被明宥，妖眚之来，皆为此也。宜急为改葬，徙还家属。其从坐禁锢，一切蠲除。"直接要求为窦武、陈蕃等人平反。平反之事最终为宦官集团所阻，张奂也因与士人交往过密，被宦官党羽"陷以党罪，禁锢归田里"。①

同年，郎中谢弼也为士人申冤，直斥宦官集团为群邪，要求将所谓党人家属从流放地放还故乡。其上封事曰："故太傅陈蕃，勤身王室，而见陷群邪，一旦诛灭，其为酷滥，骇动天下；而门生故吏，并离徙锢。蕃身已往，人百何赎！宜还其家属，解除禁网。夫台宰重器，国命所系，今之四公，唯司空刘宠断断守善。"② 谢弼先是被贬官，后被害于家。

公元172年，有人书朱雀阙，言："天下大乱，曹节、王甫幽杀太后，常侍侯览多杀党人，公卿皆尸禄，无有忠言者。"矛头直接对准宦官及其朝中依附者。朝廷令司隶校尉刘猛追查，刘猛以"诽书言直"，拖延月余而被贬官谏议大夫。又以御史中丞段颎督办，段颎四出抓捕，牵连太学游生系者千余人。宦官曹节等人又使段颎以它事弹劾刘猛进行报复，刘猛论输左校。③

在四年以后的176年，又有永昌太守曹鸾上书："夫党人者，或耆年渊德，或衣冠英贤，皆宜股肱王室，左右大猷者也；而久被禁锢，辱在涂泥。谋反大逆尚蒙赦宥，党人何罪，独不开恕乎！所以灾异屡见，水旱荐臻，皆由于斯。宜加沛然，以副天心。"④ 灵帝见奏大怒，即下诏收捕曹鸾，于狱中掠杀之。灵帝还变本加厉，对士人集团进行进一步的打击，"于是诏州郡更考党人门生、故吏、父子、兄弟在位者，悉免官禁锢，爰及五属"。⑤

178年，尚书卢植上言朝廷，建议"凡诸党锢多非其罪，可加赦恕，申宥回枉。"⑥ 灵帝同样置之不理。

---

① 《后汉书》卷六五《张奂传》，中华书局1965年版，第2140—2141页。
② 《后汉书》卷五七《谢弼传》，第1860页。
③ 《后汉书》卷七八《宦者列传·曹节传》，第2525页。
④ 《资治通鉴》卷五七《汉纪》四十九"熹平四年"，中华书局1956年版，第1838页。
⑤ 《后汉书》卷六七《党锢列传序》，第2189页。
⑥ 《后汉书》卷六四《卢植传》，第2117页。

179年，京兆尹杨彪揭发宦官王甫"使门生于京兆界辜榷官财物七千余万"，① 司隶校尉阳球趁宦官头目王甫正"休沐里舍"、宦官阿附者段颎"方以日食自劾"之机，向灵帝报告王甫、段颎及中常侍淳于登、袁赦等人的罪恶，将王甫、段颎等人及其爪牙抓捕入狱。这是党锢之祸以后，宦官集团第一次遭受挫败。虽然如此，但形势对于士人集团来说，仍不容乐观。

同年，郎中审忠又向灵帝上书，要求将宦官从政治体系中排除出去："愿陛下留漏刻之听，裁省臣表，扫灭丑类，以荅天怒。"② 奏章上报，然而并无下文。

同样是这一年，灵帝诏赦天下。上禄长和海趁机上言："礼，从祖兄弟别居异财，恩义已轻，服属疏末。而今党人锢及五族，既乖典训之文，有谬经常之法。"史载，灵帝"览之而悟，于是党锢自从祖以下皆得解释"。③ 在士人集团的不断努力之下，总算是取得了一些成效。

然而，从士人与宦官的力量对比来看，在当时的政治体系中，宦官集团仍占上风，还是在这一年，司徒刘合、永乐少府陈球、尚书刘纳等与阳球合作谋诛宦官，结果事机不密，宦官集团进行了反扑。宦官头目曹节借机蛊惑灵帝，指"（刘）合与刘纳、陈球、阳球交通书疏，谋议不轨"。④ 灵帝大怒，刘合、陈球、刘纳、阳球都下狱处死。

从整体上看，士人集团在经过两次党锢之祸的打击，势力衰微，虽不断勉力斗争，仍处于宦官集团的打压之下。十年之间，士人阶层发动了八次大的直接抗争，其勇气令人感佩。

而175年三月，在蔡邕的主导之下，灵帝"诏诸儒正《五经》文字"，⑤ 开始进行石经的刊刻，至183年完成，立于洛阳城南开阳门外，前后凡8年之久。这就是历史上的"熹平石经"。石经文字的正定刊刻，在当时的政治意义即在于，围绕儒学经典所做的一切工作，都标志着儒学和士人集团的存在，儒学和士人并不因宦官集团的打压而凋零。因此，

---

① 《后汉书》卷五四《杨彪传》，第1786页。
② 《后汉书》卷七八《宦者列传·曹节传》，第2526页。
③ 《后汉书》卷六七《党锢列传序》，第2189页。
④ 《后汉书》卷五六《陈球传》，第1834页。
⑤ 《后汉书》卷八《孝灵帝纪》，第336页。

这前后 8 年的工作就有了士人政治上、文化上不屈服的精神含义，其作用与通过权力和武力扫除宦官具有同样的意义。它是清流文化的象征，让士人看到了希望。

二　蔡邕与士林之关系

"熹平石经"的刊刻是否具有上述的政治和文化意义呢？我们持肯定的意见，这从石经正定刊刻人员与士人的关系可以一探端倪。关于此，杨九诠《东汉熹平石经平议》和渠红帅《东汉熹平石经研究》都曾有过初步的研究。杨九诠认为石经正定人员与宦官并无关系，"熹平石经绝不可能是宦官集团的主意"。① 渠红帅在考证了石经刊刻人员之后，并对其相关人员于史可考者略做小传。② 综合二人的研究，确定与石经正定刊刻相关人员的有蔡邕、刘宽、堂溪典、杨赐、马日磾、张驯、韩说、单飏、卢植、杨彪、左立、孙表、赵㻕、刘弘、张文、苏陵、傅桢、王曜、□韶、张玹、周达、尹弘、傅弥、孙进、陈懿、陈兴和李巡，共计 27 人。

本文即在两个研究的基础上，综合史料，钩稽石经正定刊刻人员与士人的关系，以坐实石经刊刻乃是士人集团对抗宦官集团的文化活动。

参与石经正定人员中，蔡邕在历史上的名声最大，姑先将其与士人的社会关系胪列于左。

胡广。

蔡邕"师事太傅胡广"③，后曾与胡广合作做《律历志》，并在胡广去世后为之做颂文，两人关系之深厚可知。虽然胡广其人，"性温柔谨素，常逊言恭色。达练事体，明解朝章。虽无謇直之风，屡有补阙之益。故京师谚曰：'万事不理问伯始，天下中庸有胡公。'及共李固定策，大议不全，又与中常侍丁肃婚姻，以此讥毁于时"。④ 时人及史家对其为人多有异议，但也不能否认，"其所辟命，皆天下名士"，所以不能简单将

---

① 杨九诠：《东汉熹平石经平议》，《文史哲》2000 年第 1 期。
② 渠红帅：《东汉熹平石经研究》，硕士学位论文，天津师范大学，2012 年。
③ 《后汉书》卷六〇下《蔡邕列传》，第 1980 页。
④ 《后汉书》卷四四《胡广传》，第 1510 页。

胡广划入宦官一党。

桥玄。

蔡邕步入仕途，先由入桥玄幕府始，《后汉书》蔡邕本传记其"辟司徒桥玄府，玄甚敬待之"。另《后汉书·桥玄传》载，桥玄"七世祖仁，从同郡戴德学，著《礼记章句》四十九篇，号曰'桥君学'"，也是儒宗之家。汉灵帝光和元年（178）七月，诏蔡邕等"问灾异及消改变故所宜施行"时，蔡邕曾对曰："光禄大夫桥玄，聪达方直。"① 可见双方互相都有较高的评价。

郑玄。

郑玄为东汉末年大儒，蔡邕与郑玄的交游于史无载，但蔡邕蒙难，"北海郑玄闻而叹曰：'汉世之事，谁与正之！'兖州、陈留间皆画像而颂焉"。② 有惋惜之意，可见郑玄并不站在蔡邕反面的立场上。

郭泰。

郭泰去世，"四方之士千余人，皆来会葬。同志者乃共刻石立碑，蔡邕为其文，既而谓涿郡卢植曰：'吾为碑铭多矣，皆有惭德，唯郭有道无愧色耳。'"③ 郭泰为士林领袖，蔡邕为其作颂文，且发自真情，足见对郭泰的敬重。

周勰。

周勰乃东汉大儒周防之孙，其父周举"博学洽闻，为儒者所宗"，京师为之语曰："《五经》从横周宣光。"周勰"常隐处窜身，慕老聃清静，杜绝人事，巷生荆棘，十有余岁。至延熹二年，乃开门延宾，游谈宴乐，及秋而梁冀诛，年终而勰卒，时年五十。蔡邕以为知命"。④ 蔡邕赞其为人，引为同道。

孔融。

孔融是孔子直系后人，"性好学，博涉多该览"。他"与蔡邕素善，邕卒后，有虎贲士貌类于邕，引与同坐……海内英俊皆信服之"。⑤ 蔡邕

---

① 《后汉书》卷六〇下《蔡邕列传》，第1999页。
② 同上书，第2006页。
③ 《后汉书》卷六八《郭太传》，第2227页。
④ 《后汉书》卷六一《周勰传》，第2031页。
⑤ 《后汉书》卷七〇《孔融传》，第2277页。

去世之后，有武士相貌近于蔡邕者，孔融每饮酒，总引其入席，以比蔡邕。孔融与蔡邕的关系，可谓神交。

桓彬。

桓彬少与蔡邕齐名，拜尚书郎时，因恶中常侍曹节女婿冯方，冯方指控桓彬与左丞刘歆、右丞杜希共为酒党，尚书令刘猛同情士人，"不举正其事"，遭免官禁锢。可见桓彬、刘歆、杜希站在宦官集团的对立面。桓彬"著《七说》及书凡三篇，蔡邕等共论序其志……共树碑而颂焉"。①

朱穆。

朱穆"家世衣冠"，任冀州刺史时，因打击宦官亲贵党羽，"输作左校"，太学书生刘陶等数千人为之诣阙上书讼冤，朱穆与士人集团的关系可见一斑。又史载，朱穆"既深疾宦官，及在台阁，且夕共事，志欲除之"。② 蔡邕敬重其才学，《后汉书·朱晖传附孙穆传》注引《袁山松书》曰："穆著论甚美，蔡邕尝至其家自写之。"及朱穆去世，"蔡邕复与门人共述其体行，谥为文忠先生"。又"以为穆贞而孤，又作《正交》而广其致焉"。

申屠蟠。

申屠蟠与蔡邕同郡，儒林领袖郭泰"见而奇之"，蔡邕也"深重蟠，及被州辟"，乃辞让推荐申屠蟠，其云："申屠蟠禀气玄妙，性敏心通，丧亲尽礼，几于毁灭。至行美义，人所鲜能。安贫乐潜，味道守真，不为燥湿轻重。"③

赵晔。

赵晔著有《吴越春秋》《诗细历神渊》，"蔡邕至会稽，读《诗细》而叹息，以为长于《论衡》。邕还京师，传之，学者咸诵习焉"。④

边让。

边让有才学，"议郎蔡邕深敬之，以为（边）让宜处高任，乃荐于何

---

① 《后汉书》卷三七《桓彬传》，第1261页。
② 《后汉书》卷四三《朱穆传》，第1473页。
③ 《后汉书》卷五三《申屠蟠传》，第1751页。
④ 《后汉书》卷七九下《儒林列传·赵晔》，第2575页。

进曰：'伏惟幕府初开，博选清英，华发旧德，并为元龟。'"①

王匡。

《三国志·武帝纪》注引谢承《后汉书》曰："（王）匡少与蔡邕善。"王匡为河内太守，参与袁绍联军共同对抗董卓，可见他与士人为同一阵营。

王粲。

《后汉书·王龚传附子畅传》载，王粲"以文才知名……蔡邕见而奇之……闻粲在门，倒屣迎之"。此亦见于《三国志·王粲传》："献帝西迁，粲徙长安，左中郎将蔡邕见而奇之。"王粲后为文坛领袖，蔡邕可称有慧眼。

灵帝熹平六年（177）七月，蔡邕上封事，有褒扬张文、杨熹、庞芝、刘虔之语。其中郎中张文，或为参与石经正定人员中之张文。《后汉书·蔡邕传》注引《汉名臣奏》张文上疏，其曰"宜举敦朴，以辅善政"。可见其与士人集团的政治理念相合。另，蔡邕又云："幽州刺史杨熹、益州刺史庞芝、凉州刺史刘虔，各有奉公疾奸之心。"杨熹、刘虔无考；而据《后汉书·南蛮西南夷列传》，庞芝曾与益州太守李颙发板楯蛮击西南诸夷叛乱，政治立场恐与士人相同。同时，在此次上奏中，蔡邕提出"援引幽隐，重贤良、方正、敦朴、有道之选"等求贤措施，正是对宦官把持选官渠道的反击。

光和元年（178）七月，"诏召邕与光禄大夫杨赐、谏议大夫马日䃅、议郎张华、太史令单飏诣金商门"，"问灾异及消改变故所宜施行"。其中杨赐、马日䃅、单飏均参与石经正定。

单飏履历较为简单，据《后汉书》及《三国志》，单飏仅任太史令。

至于马日䃅，《后汉书·孔融传》注引《三辅决录》曰："（马）日䃅字翁叔，马融之族子。少传融业，以才学进。与杨彪、卢植、蔡邕等典校中书，历位九卿，遂登台辅。"蔡邕被王允治罪，时任太尉的马日䃅曾驰往王允处求请，不果。

张华曾与蔡邕共同创作《律历志》，见《后汉书·律历志下·历法条》李贤注。

---

① 《后汉书》卷八〇下《文苑列传·边让》，第2646页。

另，在此次对问中，蔡邕除褒扬桥玄之外，还称"廷尉郭禧，纯厚老成"，"太尉刘宠，忠实守正"，认为他们"并宜为谋主，数见访问"。①刘宠曾任大鸿胪，继黄琼为司空，为又任宗正、司徒、太尉；谢弼上书直斥宦官和朝臣，曾独赞刘宠。郭禧曾为太仆，继刘宠任太尉，应为士人一派。

其中又指赵娆、霍玉、程璜（即程大人）、②张颢、姓璋、赵玹、盖升等人小人在位。这些人中，程璜即宦官，而其他人也多与宦官有勾结，比如："太尉张颢、司徒樊陵、大鸿胪郭防、太仆曹陵、大司农冯方并与宦竖相姻私，公行货赂。"③

杨赐、卢植、杨彪、韩说、张驯诸人的关系，后有详述。由以上蔡邕的交游可见，蔡邕及正定石经人员一直与士人集团保持密切联系，而在各个方面大多共同一致地反对宦官集团的势力。

三 其他石经正定人员的身份及社会关系

或以为蔡邕议定石经之所为乃是谋求确定自己在政学两界的领袖地位。这种意见可能高估了蔡邕；就社会身份、家庭出身以及社会关系而言，石经正定人员中比蔡邕更有社会资源者不乏其人。比如杨赐。

杨赐出自弘农杨氏，"少传家学，笃志博闻。常退居隐约，教授门徒"，亦通经术。除家学之外，曾师事儒学世家桓焉。《后汉书·桓荣传附郁子焉传》载，桓焉为儒学世家，"明经笃行，有名称"，曾为太子少傅、太傅，"授经禁中"。桓焉"弟子传业者数百人，黄琼、杨赐最为显贵"。另据《后汉书·桓荣传附鸾子晔传》，桓晔"姑为司空杨赐夫人"。桓晔为桓焉侄桓鸾之子，可推知，杨赐为桓焉婿辈。杨赐曾为皇帝之师，史载，他与"太尉刘宽、司空张济并入侍讲"；④此事亦见于《后汉书·张酺传》注引《华峤书》，其记灵帝初，杨赐荐张酺曾孙张济明习典训，

---

① 《后汉书》卷六〇下《蔡邕列传》，第1999页。
② 程璜"用事宫中，所谓程大人也"。见《后汉书》卷五六《陈球传》，第1084页。
③ 《后汉书》卷六七《党锢列传》，第2209页。
④ 《后汉书》卷五四《杨赐传》，第1784页。

为侍讲。虽后来张济阿事宦官一党，但杨赐其实一直是反对宦官的。据《后汉书》杨赐本传，他曾"坐辟党人免"。

试看杨赐之交游，据《后汉书·赵咨传》："太尉杨赐特辟，使饰巾出入，请与讲议。"而赵咨其人，"至孝有道，仍迁博士。灵帝初，太傅陈蕃、大将军窦武为宦者所诛，咨乃谢病去"。同样可见，他不与宦官集团为伍是很明了的。又据《后汉书·陈寔传》，陈寔"有志好学，坐立诵读"，"后逮捕党人，事亦连寔"；可见陈寔也是党人一派，而"太尉杨赐、司徒陈耽，每拜公卿，群僚毕贺，赐等常叹寔大位未登，愧于先之"。另，崔寔"与边韶、延笃等著作东观"，为士人集团成员。及其病卒，"家徒四壁立，无以殡敛，光禄勋杨赐、太仆袁逢、少府段颎为备棺椁葬具，大鸿胪袁隗树碑颂德"。① 由此亦可知杨赐对党人的赞佩之意。

此外，杨赐于政坛还奖掖后进，提携士人。如黄琬，"至光和末，太尉杨赐上书荐琬有拨乱之才，由是征拜议郎，擢为青州刺史，迁侍中"。②

再如孔融。据《后汉书·孔融传》，孔融先是"辟司徒杨赐府"。与此相类似的，还有童恢。"恢少仕州郡为吏，司徒杨赐闻其执法廉平，乃辟之。"③

同时，杨赐还着意培养学生，发展士人力量。其后学知名者，有颍容。《儒林传下·颍容传》说他"博学多通，善《春秋左氏》，师事太尉杨赐"。还有王郎。《三国志·王郎传》记其"师太尉杨赐，赐薨，弃官行服"。

据《后汉书·孝灵帝纪》，杨赐曾两任司空、司徒，一任太尉。基于以上所论，他的思想和行为是站在士人集团立场上的，不仅曾经"坐辟党人免"，还与直接宦官交锋，"甚忤曹节等"。《后汉书·五行志五·龙蛇孽条》云："灵帝委任宦者，王室微弱。"李贤注云："杨赐谏曰：'皇极不建，则有龙蛇之孽。《诗》云：'惟虺惟蛇，女子之祥。'宜抑皇甫之权，割艳妻之爱，则蛇变可消者也。'"这也是他反对宦官的证据。杨赐在灵帝朝政、学两界的地位和影响，远超蔡邕之上。

---

① 《后汉书》卷五二《崔骃传附孙寔传》，第1731页。
② 《后汉书》卷六一《黄琬传》，第2041页。
③ 《后汉书》卷七六《循吏列传·童恢》，第2482页。

参与正定石经且影响较大的，还有卢植。

卢植少学于儒学大师马融，与郑玄、马日䃅为同门。《后汉书·卢植传》云其"少与郑玄俱事马融，能通古今学，好研精而不守章句"。建宁年间，征为博士。初议立石经时，卢植上书建议"裁定圣典，刊正碑文"，并主张"今《毛诗》、《左氏》、《周礼》各有传记，其与《春秋》共相表里，宜置博士，为立学官，以助后来，以广圣意"。后在东观与蔡邕等正定石经人员同事。① 郭泰去世，"同志者乃共刻石立碑"，其中即有卢植。② 正是这层的关系，卢植"素善蔡邕"，在蔡邕得罪宦官，流徙朔方的时候，卢植"独上书请之"。同时，董卓专权，蔡邕"见亲于卓"，卢植与董卓不睦，蔡邕也是"往请植事"，为卢植开脱。③

卢植曾任北中中郎将，破黄巾有功，"车骑将军皇甫嵩讨平黄巾，盛称植行师方略，嵩皆资用规谋，济成其功"，④ 时人有言："张角之捷，本之于卢植"；⑤ 又任尚书，十常侍之乱时，努力稳定政局，并抑制董卓专权。

刘备、公孙瓒皆曾就学于卢植，《后汉书·公孙瓒传》云："后从涿郡卢植学于缑氏山中，略见书传。"此亦见于《三国志·公孙瓒传》，其云："遣诣涿郡卢植读经。"而《三国志·先主传》云："年十五，母使行学，与同宗刘德然、辽西公孙瓒俱事故九江太守同郡卢植。"

曹操对卢植有高度的评价，说他"名著海内，学为儒宗，士之楷模，国之桢干也"。⑥

由上可知，卢植的政治、社会影响力，也较蔡邕大得多。实际上，讨论卢植、杨赐、蔡邕影响力大或小，都旨在说明一个问题，那就是党锢之后士人力量的重新集结。

---

① 《后汉书》卷六四《卢植传》载，卢植"与谏议大夫马日䃅、议郎蔡邕、杨彪、韩说等并在东观，校中书《五经》记传，补续《汉记》"。另，《后汉书》卷六〇下《蔡邕列传》亦记："邕前在东观，与卢植、韩说等撰补《后汉记》。"

② 《后汉书》卷六八《郭太传》，第2227页。

③ 《后汉书》卷六四《卢植传》，第2119页。

④ 同上。

⑤ 《后汉书》卷七一《朱儁传》，第2314页。

⑥ 《三国志·卢毓传》，中华书局1962年版，第650页；亦见于《后汉书》卷六四《卢植传》，第2119页。

试看其他石经正定人员的社会身份及社会关系。

刘宽。

刘宽为政地方，"温仁多恕"，"每行县止息亭传，辄引学官祭酒及处士诸生执经对讲。见父老慰以农里之言，少年勉以孝悌之训。人感德兴行，日有所化"。①《后汉书·循吏列传序》评价他说，"有善绩""仁信笃诚，使人不欺"。

刘宽通经术，"灵帝颇好学艺，每引见宽，常令讲经"。②另，据《后汉书·杨震传附孙赐传》："赐与太尉刘宽、司空张济并入侍讲"，前文已记，杨赐为正定人员。

据《后汉书·傅燮传》，傅燮"少师事太尉刘宽"，而傅燮"素疾中官"，曾上疏灵帝，建议"速行逸佚放殛之诛"，铲除宦官。由傅燮对宦官的态度，可以推知刘宽对宦官的立场。

刘宽在灵帝时，曾任光禄勋，继许训为太尉；后罢为卫尉，又再为太尉。

堂溪典。又作唐溪典。

据《后汉书·蔡邕传》，蔡邕"以经籍去圣久远，文字多谬，俗儒穿凿，疑误后学，熹平四年，乃与五官中郎将堂溪典、光禄大夫杨赐、谏议大夫马日䃅、议郎张驯、韩说、太史令单飏等，奏求正定《六经》文字"。其中记堂溪典为五官中郎将。此亦见于《后汉书·孝灵帝纪》注引《东观记》，其曰："使中郎将堂溪典请雨，因上言改之，名为嵩高山。"另据《后汉书·蔡邕传》注引《先贤行状》，又曾为西鄂长。

堂溪典通儒术，《后汉书·延笃传》记延笃"少从颍川唐溪典受《左氏传》"，另注引《先贤行状》曰："（延）笃欲写《左氏传》，无纸，唐溪典以废笺记与之。笃以笺记纸不可写《传》，乃借本讽之，粮尽辞归。典曰：'卿欲写传，何故辞归？'笃曰：'已讽之矣。'典闻之叹曰：'嗟乎延生。虽复端木闻一知二，未足为喻。若使尼父更起于洙、泗，君当编名七十，与游、夏争匹也。'"此亦可证其为儒生。

---

① 《后汉书》卷二五《刘宽传》，第887页。
② 同上书，第886页。

延笃曾与"与朱穆、边韶共著作东观","后遭党事禁锢"。① 又，《后汉书·宦者传·曹腾传》载，"其所进达，皆海内名人，陈留虞放、边韶、南阳延固、张温、弘农张奂、颍川堂溪典等"。朱穆、边韶、虞放、延固、张温、张奂等人皆党人，或与党人关系密切。由此可推知，堂溪典与士人集团为同一阵营。

马日䃅。

《后汉书·袁绍传》注引《三辅决录注》曰："马日䃅字翁叔，马融之族子。少传融业，以才学进，历位九卿，遂登台辅。"其为出身士人阶层由此可知。《杨震传附曾孙彪传》注引《华峤书》曰："与马日䃅、卢植、蔡邕等著作东观。"《后汉书·卢植传》亦曰："与谏议大夫马日䃅、议郎蔡邕、杨彪、韩说等并在东观，校中书《五经》记传，补续《汉记》。"参与了石经正定。

灵帝时先为谏议大夫、射声校尉，后为太尉。献帝时复任太尉，又为太傅，录尚书事。东汉末，与赵岐"奉使山东"，②"抚慰天下，及至淮南，数有意于袁术"。③ 并征辟华歆、朱治为掾，俱见《三国志》之《华歆传》和《朱治传》，另据《三国志·孙策传》："太傅马日䃅杖节安集关东，在寿春以礼辟策，表拜怀义校尉。"对孙策曾言"东方人多才耳，但恨学问不博"。④ 他与士人集团的关系较为紧密，没有证据表明他与宦官集团的有关联。

杨彪。

杨彪乃杨赐之子。灵帝时，任议郎；献帝时，历任光禄大夫、司空、司徒、太尉，并曾录尚书事。与蔡邕、卢植等并在东观。汉末政局动荡，杨彪扶持汉室不辍。"自震至彪，四世太尉，德业相继，与袁氏俱为东京名族云。"⑤

汉灵帝光和年间，杨彪揭发"黄门令王甫使门生于郡界辜榷官财物

---

① 《后汉书》卷六四《延笃传》，第2107页。
② 《后汉书》卷六四《赵岐传》，第2123页。
③ 《后汉书》卷七〇《孔融传》，第2264页。
④ 《三国志》卷五七《虞翻传》，第1319页。
⑤ 《后汉书》卷五四《杨彪传》，第1790页。

七千余万","司隶校尉阳球因此奏诛甫,天下莫不惬心。"① 可见他对待宦官的态度是站在士人的立场之上的。又,《后汉书·杨震传附曾孙彪传》注引《华峤书》曰:杨彪"与马日磾、卢植、蔡邕等著作东观"。后共同参与正定石经。

韩说。

韩说"博通五经,尤善图纬之学。举孝廉。与议郎蔡邕友善"。② 同样与上述诸人曾在东观同事,一并正定石经。"(蔡)邕前在东观,与卢植、韩说等撰补《后汉记》"。③ 此亦见于《后汉书·卢植传》。据《后汉书·律历志中》,韩说曾任侍中,光和二年(179)曾就月食问题参与历法的讨论。其云:"侍中韩说、博士蔡较、谷城门候刘洪、右郎中陈调于太常府,覆校注记,平议难问。"《后汉书》列其入《方术列传》,其来有自。又曾任江夏太守。查诸史册,韩说与宦官无染。

张驯。

张驯"与蔡邕共奏定《六经》文字"。为官地方,"化为惠政",与刘宽一样,堪称循吏,后迁尚书、大司农。④

参与石经正定者,另尚有刘弘、陈懿诸人。据《后汉书·孝灵帝纪》,有南阳刘弘,曾任光禄勋,转为司空。或为其人。至于陈懿诸,《后汉书》之《孝灵帝纪》《盖勋传》《董卓传》及《西羌传》传中有金城太守陈懿诸,恐非其人,履历及社会交往亦不得而知。而所余左立、孙表、赵㑄、苏陵、傅桢、王曜、□韶、张玹、周达、尹弘、傅弥和孙进等人,更是于史无考。

上文一直强调石经正定人员的士人身份背景,以及与宦官集团对立与抗争;然而,在这一群体中,仍有宦官的身影,即宦者李巡。不能否认的是,李巡对石经的刊立起了重要的作用。我们应该注意到,李巡与其他宦官的不同。《后汉书·宦者列传》称:"时宦者济阴丁肃、下邳徐衍、南阳郭耽、汝阳李巡、北海赵佑等五人称为清忠,皆在里巷,不争

---

① 《后汉书》卷五四《杨彪传》,第1786页。
② 《后汉书》卷二八下《方术列传·韩说》,第2733页。
③ 《后汉书》卷六〇下《蔡邕列传》,第2003页。
④ 《后汉书》卷七九上《儒林列传·张驯》,第2558页。

威权。"这与"手握王爵,口含天宪""剥割萌黎,竞恣奢欲。构害明贤,专树党类"的东汉后期宦官形象完全不同。这些清忠的宦官,很大程度上是士人的同情者,甚至是同路人。李贤注《后汉书·班彪传附子固传》曾引李巡注《尔雅》。有论者即以为此注《尔雅》之李巡即为宦者李巡。① 如此论成立,李巡也当曾为士人阶层中的一员,那他对于石经事业的热心也就容易理解了。

余论　汉灵帝与士人及宦官集团之关系

东汉政治史给人的印象就是宦官与外戚交替掌权,皇帝对双方是利用的关系,依靠一方打败另一方,以维持政治势力的平衡,保障皇权不失坠。而事实上,就皇帝本人而言,他基本上更是依靠宦官集团的势力,对于外戚则是严厉打击的。在这种政治斗争中,相较之下,士人阶层更容易倾向于外戚,至少外戚是一直站在宦官阶层的对立面的。有论者曾以为汉灵帝曾利用士人打压宦官,观诸史书,则会发现这种推测应该是子虚乌有。

灵帝初即位,年仅 12 岁,窦太后之父窦武秉政,与陈蕃、胡广一起参录尚书事,因窦太后及窦武的优柔寡断,谋诛宦官不成,反遭宦官集团反扑,于是党锢之祸再生。从此以后,虽如上文已述士人虽屡有抗争之举,终前功尽弃。每有士人建言,要么是"章寝不报",要么是"帝不省"。纵使汉灵帝有扶持士人之心,也是无能为力的,因为当时朝政从中央到地方,多为宦官集团把持,有势力的宦官多"封侯贵宠,父兄子弟布列州郡,所在贪残,为人蠹害"。② "父兄子弟皆为公卿列校、牧守令长,布满天下。"③ 灵帝本人也常云:"张常侍是我公,赵常侍是我母。"④ 在这种情况下,灵帝在士人和宦官两种势之间的选择就很清楚了。

更何况灵帝本无意政事,而是一味敛财,史载:"帝本侯家,宿贫,

---

① 参见刘师培著,陈居渊注《刘师培经学教科书》,吉林人民出版社 2013 年版,第 66 页。
② 《后汉书》卷七八《宦者列传》,第 2534 页。
③ 同上书,第 2525 页。
④ 同上书,第 2536 页。

每叹桓帝不能作家居,故聚为私臧,复寄小黄门常侍钱各数千万。"① 正是因为曾经家贫,当上皇帝之后,他"开西邸卖官,自关内侯、虎贲、羽林,入钱各有差。私令左右卖公卿,公千万,卿五百万";② 又"作列肆于后宫,使诸采女贩卖,更相盗窃争斗","着商估服,饮宴为乐"。③ 宦官能满足他富贵的要求,他当然也就不反对宦官。而士人基于自己的政治立场,对皇帝有很高的道德期望,同时又反对宦官干政,固然为灵帝所不喜。

不过,在皇帝和宦官的双重压制下,虽经历了两次党锢之祸,士人集团并没有偃旗息鼓,在面对面的直接对抗式微以后,他们用新的方式重新积蓄力量。"熹平石经"的刊刻,可以说是一种文化的抗争,正如章学诚所言,围绕着石经正定这一大事件,"文章典籍,有其统宗,而学术人心,得所规范"。④ 士人集团借此团结人心、收拢士气、积蓄力量,为东山再起做了十足准备。

---

① 《后汉书》卷七八《宦者列传》,第2536页。
② 《后汉书》卷八《孝灵帝纪》,第342页。
③ 同上书,第346页。
④ 章学诚:《文史通义校注卷六·外篇一·和州志政略序例》,中华书局1985年版,第655页。

试论东汉末年的"异姓诸侯"

南开大学历史学院、南开大学韩国研究中心　王安泰

一　前言

魏晋南北朝地方行政制度的一大特色，在于当时的地方行政长官多同时领有都督诸军事、刺史（或太守）、将军、王公侯伯子男等官爵，并据此设置州、军、国府，以招纳僚佐、任命属官。如严耕望认为，魏晋南北朝所实行的是"府州僚佐双轨制"，即地方长官同时拥有军府与刺史府两套僚佐体系；[①] 阎步克则认为，汉末以来朝廷对地方刺史加授军号，是一种羁縻的方法，也成为日后军职散阶化的雏形。[②] 而地方长官常态兼任多种官职的现象，最早可追溯至东汉末年。

东汉末年由于中央政局紊乱，遂使地方势力逐步壮大，形成割据之局。地方势力拥有多重头衔，且各地统治者常自领刺史与将军号，或许显示中央衰落、无法主导地方的现实；但另一方面，东汉朝廷因现实需要，经常主动授予各地统治者官爵，此一政治情势，远比中央衰落导致地方坐大的认识更为复杂。

由此可引导出另一个思索方向。"诸侯"一词，指称的是天子之外各

[①] 严耕望：《中国地方行政制度史（魏晋南北朝地方行政制度）》，上海古籍出版社2007年版，第111—129页。相关讨论另参见胡阿祥、孔祥军、徐成《中国行政区划通史（三国两晋南朝卷）》，复旦大学出版社2014年版，第58—68页。

[②] 阎步克：《品位与职位——秦汉魏晋南北朝官阶制度研究》，中华书局2002年版，第419—422页。

地的"实质统治者",如周代与汉初分封诸侯皆属此类。在汉武帝以后,"诸侯"指的是同为刘姓的宗室,而异姓除了少数例外(如卫公、宋公、安汉公等),最高只能封为县侯。东汉的诸侯王与列侯在封国只有衣食租税的权利,地方统治权则掌握在朝廷派遣的国相手上,亦即东汉的地方行政权与诸侯名分是分离的两种体系。① 因此东汉时期以刺史、郡守为代表的地方行政长官,拥有如同古代诸侯的统辖权;将军拥有动员地方军队或部分军事力量的权力;王侯爵虽然已失去对于方国的实质统治权,名义上仍为封国之君,具有无法取代的崇高地位。

东汉末年,朝政日趋紊乱,地方行政权与诸侯名分出现重合的可能性。兴平二年(195),袁绍的阵营曾有如此论辩:

> 兴平二年,拜绍右将军。其冬,车驾为李傕等所追于曹阳,沮授说绍曰:"将军累叶台辅,世济忠义。今朝廷播越,宗庙残毁,观诸州郡,虽外托义兵,内实相图,未有忧存社稷恤人之意。且今州城粗定,兵强士附,西迎大驾,即宫邺都,挟天子而令诸侯,稸士马以讨不庭,谁能御之?"绍将从其计。颍川郭图、淳于琼曰:"汉室陵迟,为日久矣,今欲兴之,不亦难乎?且英雄并起,各据州郡,连徒聚众,动有万计,所谓秦失其鹿,先得者王。今迎天子,动辄表闻,从之则权轻,违之则拒命,非计之善者也。"授曰:"今迎朝廷,于义为得,于时为宜。若不早定,必有先之者焉。夫权不失几,功不猒速,愿其图之。"帝立既非绍意,竟不能从。②

沮授所指的"诸侯",泛指当时分散各地的割据势力。当时"都督诸军事"的官职尚未普及,而这些"诸侯"的权力,实际上相当于日后的"都督诸军事"官衔。因此这批非刘姓宗室的"异姓诸侯",更符合一般认知的"诸侯",权力也大于汉武帝以降的同姓诸侯。各地统治者虽非刘

---

① 安作璋、熊铁基:《秦汉官制史稿》,齐鲁书社2007年版,第719—741页。杨光辉:《汉唐封爵制度》,学苑出版社2002年版,第19—24页。

② 《后汉书》卷七四上《袁绍传上》,中华书局1965年版,第2382—2383页。又《三国志》卷六《魏书·袁绍传》裴注引《献帝传》所记略同,中华书局1982年版,第194页。

姓宗室，基本具有以下特点。

1. 在官位上至少拥有将军号，以及太守、刺史（州牧）之位，或以将军之姿，能够控制刺史（州牧）、郡守等地方大员。这是要区别那些不具地方首长色彩之人如外戚侯、恩泽侯等，因此仅获得将军或刺史的大吏未列入统计。

2. 在爵位上为县侯（亦有部分乡亭侯）。之所以用县侯为标准，是因为县侯为列侯的最高级，建安年间，有功文武官员可为亭侯、乡侯，然少有以功封县侯者（曹操、张鲁除外，详后），其余为县侯者，多为各地之势力。这是为了分辨异姓诸侯与一般有功者，另可有区别各势力的大小强弱。

3. 不受中央的规范，为实际上的最高领导者。东汉时期不乏拥有爵位的刺史、郡守，也有许多人将其比拟为"古之诸侯"，但这些地方长官都受汉朝廷的支配，与形同独立的汉末地方势力全然不同。①

也就是说，这些人是拥有将军号与列侯爵的刺史（州牧、太守）。沮授陈述时并未使用"挟天子以令列侯"或"挟天子以令刺史（郡守）"的理由，一方面是"诸侯"名号更具代表性，另一方面，东汉以降的列侯只有名义上的统治权（臣其民），刺史郡守只有行政上的权力，而汉末各地的统治者同时拥有名义与实质的地方统治权力，与古代的诸侯无异。但当时的情形是否真如上所论述，以及这些"诸侯"在建安年间的发展，及其对魏晋以降地方型制度的影响，仍有进一步深入讨论的空间。

二 东汉末年异姓诸侯分析

所谓的"异姓诸侯"，指的是自董卓干政前后各个地方势力，本节即以中平末年至建安年间为分析主轴，部分事例（如士燮、公孙渊）亦兼

---

① 例如王邑在汉末建安年间曾为河东太守、镇北将军、安阳亭侯，钟繇曾上奏云，"臣前上言故镇北将军领河东太守安阳亭侯王邑巧辟治官，犯突科条，事当推劾，检实奸诈"，但是王邑当时已属曹操治下，与本文主旨相异。《三国志》卷十三《魏书·钟繇传》裴注引《魏略》，中华书局1982年版，第393页。

及三国时期，对当时的"异姓诸侯"加以分析。

1. 曹操，曹操在汉末的任官经历可略分为两期，大抵以迎汉献帝都许为界。在迎汉献帝以前，曹操曾任东郡太守、领兖州刺史、兖州牧，而未同时兼领将军或侯爵。而在迎汉献帝都许后，曹操晋升官爵的速度倍增，在建安元年（196）陆续获得建德将军、镇东将军与费亭侯、领司隶校尉与大将军、行车骑将军与武平侯等，直至建安九年（204），新获冀州牧一职。① 亦即自建安元年（196）始，曹操所带官职已涵盖州级长官（兖州牧—司隶校尉—冀州牧）、将军（建德将军—镇东将军—大将军—车骑将军）与列侯爵（费亭侯—武平侯），相较于兴平二年（195）以前曹操仅能获得州郡官，前后有着巨大差异。

2. 袁绍、袁术，董卓掌控朝政之初，即听从周珌、伍琼等人的建议，授予袁绍渤海太守与邟乡侯的官爵。次年袁绍自称车骑将军、领司隶校尉，其后取代韩馥为冀州牧、为朝廷任命为右将军。献帝都许后，曹操原给予袁绍太尉、邺侯的官爵，后因袁绍不满，改授大将军一职。②

自初平元年（190）起，袁绍透过朝廷授予和自称的方式获得州级长官、将军与列侯的三重身份，然因袁绍与当时朝廷（董卓、李傕先后掌权）关系不佳，其自称的官衔未得朝廷册命。直到曹操秉政时期，袁绍才正式获得册命。不仅如此，袁绍在获得曹操执政的朝廷册命前，已陆续任命子弟为青、并、幽诸州刺史，其后曹操又以袁绍兼督冀、青、幽、并四州，亦显示袁绍当时具有的实力，且为朝廷所重视。

袁术最初由董卓表为后将军；其后刘表上为南阳太守，袁术又自领扬州刺史；至李傕当政，又以袁术为左将军、阳翟侯，③ 亦即袁术自领扬州刺史之际，并未同时自称列侯爵号；在李傕遣使授命后，袁术也具备了刺史、将军、列侯的三重身份。

---

① 《三国志》卷一《魏书·武帝纪》，第9—26页。
② 《三国志》卷六《魏书·袁绍传》，第190—195页。《后汉书》卷七四上《袁绍传上》，第2375—2390页。
③ 《三国志》卷六《魏书·袁术传》，第207—208页。《后汉书》卷七五《袁术传》，第2438—2439页。

3. 刘焉、刘璋，自黄巾起事后，东汉朝廷为了加强对地方的管控，遂同意大臣提高刺史地位的建议，可谓州级长官权力提升的起源：

> 时灵帝政化衰缺，四方兵寇，焉以为刺史威轻，既不能禁，且用非其人，辄增暴乱，乃建议改置牧伯，镇安方夏，清选重臣，以居其任。焉乃阴求为交趾，以避时难。议未即行，会益州刺史郗俭在政烦扰，谣言远闻，而并州刺史张懿、凉州刺史耿鄙并为寇贼所害，故焉议得用。出焉为监军使者，领益州牧，太仆黄琬为豫州牧，宗正刘虞为幽州牧，皆以本秩居职。州任之重，自此而始。①

刺史原为监察性质之官，不具行政职能，因而秩级仅为六百石，不如郡守的二千石地位。② 然而中平年间再次常设的州牧，秩级亦为二千石，与太守等齐；而当时派任的刘焉（太常）、黄琬（太仆）、刘虞（宗正）原都是中二千石的九卿，朝廷让刘焉等人以中二千石的本秩居职，担任二千石的州牧，既保留刘焉等人在中朝的地位与影响力，也提升州级长官的地位。

但是东汉朝廷在授予刘焉、黄琬、刘虞等人州牧时，并未一并给予将军之职。刘焉在中平末年获得益州牧、阳城侯的官爵，刘焉死后，继位的刘璋为州大吏所推举，续任为益州牧与阳城侯。至建安十三年（208），曹操方授予刘璋振威将军，建安十六年（211）刘备又表上刘璋为领益州牧、行镇西大将军。③ 亦即直至建安中期，刘璋才同时拥有州级长官、将军、列侯的身份。

4. 刘虞与公孙瓒，刘虞与刘焉同为中平末年被派任的州牧，最初的官爵组合为太尉、幽州牧、容丘侯，之后又陆续获得大司马、太傅、襄

---

① 《后汉书》卷七五《刘焉传》，第 2431 页。
② 安作璋、熊铁基：《秦汉官制史稿》，第 719—741 页。
③ 《三国志》卷三一《蜀书·刘二牧传》，第 865—870 页。《后汉书》卷七五《刘焉传》，第 2431—2435 页。

贲侯等官爵。① 同一时期驻守幽州的公孙瓒，则是在董卓执政后受命为奋武将军、蓟侯，后又获得前将军、易侯的官爵。②

刘虞担任幽州牧期间，并未从朝廷获得任何将军职，此时的公孙瓒亦未取得州郡官职。可见朝廷的安排是刘虞主行政、公孙瓒主军事。但是公孙瓒诛杀刘虞后，并未自任幽州刺史，而是上表以朝廷使者段训为幽州刺史，其理由或许是为安抚人心。公孙瓒后以"以严纲为冀州，田楷为青州，单经为兖州，置诸郡县"，③俨然以河北诸州的统治者自居。

5. 刘表、陶谦，刘表在董卓执政之际，获命为荆州刺史；其后李傕为笼络刘表，遂以刘表为荆州牧、镇南将军、成武侯。尽管建安朝廷并未新授刘表官职，但仍承认前朝授予刘表的官爵。刘表死后，继位的刘琮先是沿袭刘表官爵，随后刘琮投降曹操，曹操为了将刘琮遣离荆州，命刘琮为青州刺史、列侯，而未授予将军号，符合刘琮无实权的现状。由此亦可证明，汉末州牧刺史带将军号与否，不仅是官衔多寡的差异，亦是实际权力的反映。

陶谦于汉末获得官爵的轨迹亦与刘表近似。陶谦原于中平年间受命为徐州刺史，李傕执政后，陶谦又获得徐州牧、加安东将军、溧阳侯等官爵，皆是在建安元年以前即已获得的官爵组合。

6. 刘备，刘备早期所担任的州郡长官职位，包括平原相、豫州刺史、徐州刺史等官，都是由其他官员或州人所推举，而非朝廷主动任命。至建安元年（196）曹操执政，朝廷方以刘备为豫州牧、镇东将军、宜城亭侯，后又以刘备为左将军。此后刘备所任荆州牧（刘备群臣、孙权推举）、司隶校尉（刘璋推举）、益州牧（自称）、汉中王（自称）等，亦非朝廷直接任命。④

建安二十四年（219）刘备群臣表上汉帝以刘备为汉中王的奏书云，"左将军领司隶校尉豫、荆、益三州牧宜城亭侯备，受朝爵秩，念在输

---

① 《三国志》卷八《魏书·公孙瓒传》，第239—240页。《后汉书》卷七三《刘虞传》，第2354页。
② 《三国志》卷八《魏书·公孙瓒传》，第239—242页。《后汉书》卷七三《公孙瓒传》，第2359—2363页。
③ 同上书，第242页。《后汉书》卷七三《公孙瓒传》，第2362页。
④ 《三国志》卷三二《蜀书·先主传》，第873—884页。

力，以殉国难"，① 东汉朝廷早已命他人为豫州、荆州刺史与司隶校尉，显然刘备此时称豫州、荆州牧仅有象征意义，但是由此亦可见，刘备在号召臣民时，所使用的官爵仍然是州级长官、将军与列侯的组合。

在同一份表奏中，还标示了数个当时的主要官员，包括平西将军、都亭侯马超，左将军长史、领镇军将军许靖，军师将军诸葛亮，荡寇将军、汉寿亭侯关羽，征虏将军、新亭侯张飞，征西将军黄忠，镇远将军赖恭，扬武将军法正，兴业将军李严等，以上这些具有将军职称者，没有一人兼带州郡长官，亦侧面反映刘备并未常态任命内部官员同时兼领三种官爵。

7. 孙坚、孙策、孙权，孙坚在灵帝时已为长沙太守、乌程侯，董卓执政后，袁术以孙坚为领豫州刺史、行破虏将军。② 由"领"与"兼"字可知，豫州刺史与破虏将军并非常态的朝廷任命，且袁术随即以他人为豫州刺史，但孙坚仍由此同时拥有州郡长官、将军、列侯的官爵。如果说孙坚并非同时获得朝廷任命三种官爵，孙坚死后，建安朝廷先后任命继位的孙策为领会稽太守、讨逆将军、吴侯（197年），③ 孙权为领会稽太守、讨虏将军、吴侯（200年），④ 则明确显示朝廷有意识的授予孙策与孙权兄弟三种官爵。

其后孙权又受东汉朝廷领荆州牧、骠骑将军之命（219年），以及曹魏所授领荆州牧、大将军、吴王之官爵（221年），表示朝廷给予地方诸侯州级长官、将军、王侯爵号的政策，经历汉魏禅代依然未变。

8. 吕布、张杨，吕布从追随董卓至诛杀董卓的期间，皆于中央任职，因此仅带有中郎将、奋武将军等号与列侯爵，尚无州郡长官之称。其后吕布为李傕等人所逐、浪迹关东时，先后自称或被表为领司隶校尉、兖州牧、徐州刺史、平东将军、左将军等官，加上吕布原有的温侯，构成州官、将军、列侯的官爵组合。然而吕布在统领徐州时，曾有向朝廷求

---

① 《三国志》卷三二《蜀书·先主传》，第885页。
② 《三国志》卷四六《吴书·孙破虏传》，第1095页。
③ 《三国志》卷四六《吴书·孙讨逆传》，第1104页。
④ 《三国志》卷四七《吴书·吴主权传》，第1116页。

徐州牧而不得的事件：

> 始，布因登求徐州牧，登还，布怒，拔戟斫几曰："卿父劝吾协同曹公，绝婚公路；今吾所求无一获，而卿父子并显重，为卿所卖耳！卿为吾言，其说云何？"登不为动容，徐喻之曰："登见曹公言：'待将军譬如养虎，当饱其肉，不饱则将噬人。'公曰：'不如卿言也。譬如养鹰，饥则为用，饱则扬去。'其言如此。"布意乃解。①

陈登以诡辩回避吕布的指责，但曹操不愿授予吕布徐州牧一职，即代表吕布在徐州仅能自称徐州刺史。

除吕布外，张杨于初平二年（191）为董卓任命为河内太守、建义将军，后又为李傕等人表为安国将军、晋阳侯，也成为州官、将军、列侯的官爵组合。

9. 士燮、马超，士燮于汉末获朝廷任命为绥南中郎将、交趾太守，其后士燮又派遣长吏至朝廷，遂获朝廷命为交趾太守、安远将军、龙度亭侯，成为朝廷所承认的交趾地区统治者。其后孙权陆续授予士燮领交趾太守、左将军（建安十四年，即209年）与卫将军、龙编侯（建安末）等官爵。对于朝廷与孙权来说，士燮仅是名义上归附的半独立势力。甚至连士燮之弟士壹，也于建安末年同时领有合浦太守、偏将军、都乡侯的官爵。② 士燮于公元226年卒后，孙权将交州析分为交广二州，并分派大臣为刺史、太守，进而取代士燮家族在交州的势力，士燮家族的政治地位延续至三国初年而止。

马超之父马腾，曾先后获得征西将军、征东将军、安狄将军、前将军、征南将军等职，后又以槐里侯的身份入朝。然而在马腾、韩遂领有河西的时期，似未受到朝廷授予州郡长官的称号。马腾入朝之际，朝廷也给予马超偏将军、都亭侯的官爵。马腾死于朝中后，马超以为父报仇

---

① 《后汉书》卷七五《吕布传》，第2449页。另《三国志》卷七《魏书·吕布传》内容略同，第225页。

② 《三国志》卷四九《吴书·士燮传》，第1192页。

为名，自称并州牧、征西将军，至此马超也拥有州级长官、将军、列侯的三重身份。①

10. 辽东公孙氏，辽东公孙氏发迹于公孙度，公孙度于中平年间已获命为辽东太守，至董卓执政时自称平州牧、辽东侯，另设置营州刺史，从辽东郡分出辽西、中辽郡，又"立汉二祖庙，承制设坛墠于襄平城南，郊祀天地，藉田理兵，乘鸾辂九旒旄头羽骑"，②俨然以辽东的王者自居。辽东郡原属幽州，公孙度自称平州牧的理由，应是不愿受到当时的幽州牧刘虞与实际的幽州统治者公孙瓒所辖，因而新立平州为号。③至建安九年（204），朝廷以公孙度为奋威将军、永宁乡侯，至此公孙度也同时拥有州郡长官、将军、列侯的三重身份。④

公孙度死后，公孙康、公孙恭先后继位，东汉朝廷授予公孙康左将军、襄平侯；汉魏禅代后，魏文帝又授予公孙恭车骑将军、平郭侯，加上原本的辽东太守（或自称的平州牧），继续同时持有三种官爵。

其后公孙渊取代公孙恭自立，于太和二年（228）获得魏明帝辽东太守、扬烈将军、平郭侯的官爵。与此同时，正值孙权称帝、与蜀汉结盟，吴蜀二国并约定以函谷关为界中分天下。孙权亟思与治下之臣建立君臣关系，遂通使归属"境内"的辽东公孙氏，并册命公孙渊为燕王。⑤公孙渊将孙权使者斩送至曹魏，魏明帝册命公孙渊为大司马、乐浪公。公孙渊最后仍选择自称燕王，而为曹魏所派司马懿所灭。⑥这一连串的事件，皆反映魏吴二国为了争夺与公孙渊的君臣名分所做的拉拢举措，也代表即使到了三国时期，辽东公孙氏仍具有异姓诸侯的特殊

---

① 《后汉书》卷七二《董卓传》，第2343页。《三国志》卷三六《蜀书·马超传》，第945页。

② 《三国志》卷八《魏书·公孙度传》，第252—253页。《后汉书》卷七四下《袁绍传下》，第2418—2419页。

③ 关于辽东公孙氏的地方行政沿革，可参见胡阿祥、孔祥军、徐成《中国行政区划通史（三国两晋南朝卷）》，复旦大学出版社2014年版，第441—444页。

④ 对建安朝廷来说，公孙度的官爵为辽东太守、奋威将军、永宁乡侯；公孙度对内自称的官爵，则为平州牧、奋威将军、辽东侯。名号虽有差异，但都同时带有州郡长官、将军、列侯官爵。

⑤ 王安泰《"恢复"与"继承"——孙吴的天命正统与天下秩序》，《厦门大学学报》（哲学社会科学版）2016年第5期，第1—7页。

⑥ 《三国志》卷八《魏书·公孙度传》，第253—261页。

地位。

三　汉末三国异姓诸侯兼领官爵的几个阶段

前节已具体分析汉末至三国的异姓诸侯，本节以上述分析为基础，进一步探讨汉末以来朝廷与异姓诸侯的关系。

首先，在汉灵帝末年，开始出现州牧设置的常态化现象。汉武帝初设州刺史，主要目的为监察各地太守，至东汉方渐具有行政职能，因此刺史的秩级仅为六百石，尚不如二千石的郡守。至于两汉之际所设的州牧，秩级为二千石，与郡守相当。不过东汉州牧并非常设官，仅东汉初年有之。① 据前引《后汉书·刘焉传》可知，汉灵帝为了因应黄巾之乱造成的地方动荡，任命刘焉（益州牧）、黄琬（豫州牧）、刘虞（幽州牧）等朝中大臣为州牧至各地安抚。任职州牧的大臣多为中二千石以上官，若仅授予六百石的刺史，无异于降格。因此这些大臣普遍被授予州牧之职，且"皆以本秩居职"，相当于汉代郡守与中二千石对应的常态。② 然而灵帝任命州牧时，仅一并给予刘焉（阳城侯）、刘虞（容丘侯）爵位，并未同时授予将军职，③ 而且部分刺史依然维持刺史之名与六百石的秩级。因此可以说，灵帝中平年间，州级长官的地位开始提升，但仍限于行政权力与诸侯名分，尚未扩及至军事职能，可视为异姓诸侯发展的第一阶段。

汉灵帝死后，朝中大乱，最后由受召至洛、拥立汉献帝的董卓把持朝政，却引发以袁绍为首的关东地方官僚反弹。董卓为了安抚人心，除新授予官员为刺史、太守，另一个重要手段是让地方大员保有原来州牧或州刺史、又能获得将军与列侯的官爵，等同给予这些州级（包含部分郡级）长官行政、军事权与诸侯名分。自董卓执政至献帝都许为止，许多州郡长官的官衔因而增加，包括陶谦（徐州牧、安东将军、溧阳侯）、

---

① 安作璋、熊铁基：《秦汉官制史稿》，第507—527页。
② 周振鹤：《中国地方行政制度史》，上海人民出版社2005年版，第148—151页。
③ 黄琬于中平五年"又为豫州牧，时寇贼陆梁，州境雕残，琬讨平之，威声大震。政绩为天下表，封关内侯"，亦即黄琬是因担任豫州牧时有治理功劳获得关内侯，在受命豫州牧之初恐尚未获得列侯或关内侯。《后汉书》卷六一《黄琼传》，第2041页。

刘表（荆州牧、镇南将军、成武侯）、张杨（河内太守、安国将军、晋阳侯）等人，皆为其例。此外如袁绍（自称冀州牧、右将军、邟乡侯）、袁术（南阳太守自领扬州刺史、左将军、阳翟侯）、吕布（自称兖州牧、奋武将军、温侯）等人，原本获得一至二种官衔，又以自称的方式凑齐三种官爵。在建安元年（196）以前，各统治者同时获得或自称刺史、将军、列侯三种官爵已为常态，异姓诸侯的规制逐渐成形，此为第二阶段。

曹操迎汉献帝都许之际，各地集结成以数郡或州为势力范围的集团。一方面曹操沿用初平、兴平时期的策略，继续承认或新授各集团领袖刺史、将军、列侯的官爵组合，建立东汉朝廷与诸势力间的君臣名分。诸如袁绍（领冀州牧、大将军、邺侯）、公孙度（辽东太守、奋威将军、永宁乡侯）、公孙康（辽东太守、左将军、襄平侯）、士燮（交趾太守、安远将军、龙度亭侯）、刘璋（益州牧、振威将军、阳城侯）等人皆是。另一方面，各势力统治者经常以自称或由僚佐吏民推举的方式，自命为某某官职，有时是朝廷未授予的官，有时是不满意朝廷所受官职，自称更高的官，例如吕布（自称徐州牧、左将军、温侯）、马超（自称领并州牧、征西将军、都亭侯）等人。因此建安年间汉朝廷授予异姓诸侯官爵的模式，比起前期更加固定化、体系化，可列为第三阶段。

汉魏禅代后，除曹魏初年短暂册封孙权，魏蜀吴三国之间不再出现上下册封的关系。加以建安末年以降，残存的地方势力甚少，三国时期可算作异姓诸侯的只有交州士燮与辽东公孙氏。其中公孙恭（辽东太守、车骑将军、平郭侯）公孙渊（辽东太守、扬烈将军——车骑将军、乐浪公）的官爵是由曹魏所授，士燮（交趾太守、卫将军、龙编侯）、士壹（合浦太守、偏将军、都乡侯）的官爵则是由孙权所授。士燮死后，宗族势力为孙权所拔除；至魏明帝时，公孙渊因势游移于魏吴之间，获得了过往异姓诸侯未曾获得的官爵，[①] 但公孙渊势力随即为曹魏所灭，至此汉末以来的异姓诸侯全数消亡，可视作第四阶段。

[①] ［日］西嶋定生：《亲魏倭王册封に至る东アジアの情势》，收入西嶋定生《中国古代国家と东アジア世界》，东京大学出版会1983年版，第468—511页。王安泰：《再造封建——魏晋南北朝的爵制与政治秩序》，台湾大学出版中心2013年版，第258—259页。

四 小结

本文分析东汉中平年间至三国时期的异姓诸侯,简单归结如下。

1. 自汉武帝以来,诸侯王与列侯已无实际统领封国的权力,朝廷派遣的郡守、县令与后来扩权的刺史则缺乏诸侯名分与世袭地位。直至东汉末年,朝廷开始授予地方行政长官以将军号与爵位,各地的刺史、州牧遂得成为兼及地方军政大权与诸侯名分的实质统治者。

2. 汉末异姓诸侯的发端是州牧的兴起,董卓执政时开始同时授予刺史(州牧)、将军、列侯三种官爵,至建安年间仍是如此,刺史(州牧)、将军、列侯的官爵组合遂成为各势力统治者的标配。朝廷一般会主动授予或被动承认其官爵,亦存在统治者自称官爵的情况。

3. 公孙渊势力灭亡后,汉末以来的异姓诸侯全部消亡,然而地方行政长官兼任将军并获得爵位的模式,逐渐扩及至政权内部的行政体系,加上都督诸军事一职的兴起,以"刺史、都督诸军事、将军号、爵位"构成的地方行政长官身份,遂成为两晋与南北朝政治制度的一大特点。

东汉三国吴的长沙郡与文书行政

[日] 爱媛大学　藤田胜久

序　言

　　《三国志》所涉及的主要时代，正是继承了东汉王朝的曹操以及曹操死后的曹魏政权。特别是围绕着赤壁之战前后的全国局势，即在这场关键之战后，华北与江南地区在政治上的分裂已经成为这个时代的象征。[①]而这场三足鼎立的权力争夺中心，则是围绕着荆州周围以及长江流域郡县的攻防拉锯，后期刘备将蜀地作为自己政治势力的据点也体现了这个大的时代背景。而围绕着荆州地区社会发展动向的历史材料，除了传世文献之外，现在我们还能从湖南省出土的东汉、三国时期的简牍中，了解到一些新的内容。

　　本文，首先将围绕赤壁之战，对曹操、孙权以及刘备等集团的军事根据地进行探讨。其次，则会考量在争夺荆州的相关地区之内，如南郡与长沙郡等地的发展与变化。关于长沙郡的统治，本文分析了长沙市五一广场出土的东汉简牍的使用情况，来考察当时县级文书的传达情况。最后，笔者比较了五一广场简牍与三国长沙吴简中"敢言之"与"白"两类文书的使用情况，尝试性地考察了后汉三国时期长沙郡的文书行政情况。

---

① [日] 冈崎文夫：《魏晋南北朝通史·内编·第一章·魏晋时代》，平凡社1989年版。书中阐述了其意义。

一　赤壁之战中的军事基地

要进行战争，就不仅仅需要组织临时性的军队，还要有长期性的民政与军政组织的支持。因此，本文试图就赤壁之战前后，曹操、刘备和孙权等军事集团各自控制着怎样的政治、军事根据基地展开讨论。

（一）曹操的民政与军政

曹操于建安元年（196）拥立汉献帝后，不久就又在建安五年（200）的官渡之战一举歼灭袁绍大军。但此时的他尚未统一中国北部地区。《三国志·魏书·荀彧传》载，建安六年（201）曹操欲伐刘表而被荀彧劝阻。接着建安九年（204），曹操攻陷邺城并自领冀州牧，欲设九州于天下，而此时荀彧则进言曹操应立刻平定河北之地，翻修洛阳城后，马上向刘表施压责问其为何不上表纳贡表示臣服。① 到了建安十三年（208），荀彧则主动向曹操进言要征讨刘表。在这样的情况下，值得注意的是《三国志·魏书·武帝纪》中载，建安十二年（207）春二月丁酉（五日），曹操从北方战线回到邺城，对幕僚进行论功行赏，以作为平定天下的准备。② 当时曹操将手下二十多位功臣尽皆封侯，其他僚属也全按其军功进行了授爵，并对牺牲沙场的士兵将领的遗孤进行了抚恤。而从当年五月一直到十一月，曹操再次挥师转战北方。如此，截至建安十二年（207）曹操在征讨刘表之前，已将现今的华北地区牢牢掌控在了自己的势力范围之下。因此他可以在自己统治的地区从容地调度军粮、劳役，并做好充足的准备以支持自己的军事行动。③

---

① 《三国志》卷十《魏书·荀彧传》："彧言曰……愿公急引兵先定河北，然后修复旧京，南临荆州，责贡之不入，则天下咸知公意，人人自安。天下大定，乃议古制，此社稷长久之利也。"
② 《三国志》卷一《魏书·武帝纪》："十二年春二月，公自淳于还邺。丁酉，令曰：'吾起义兵诛暴乱，于今十九年，所征必克，岂吾功哉？乃贤士大夫之力也。天下虽未悉定，吾当要与贤士大夫共定之；而专飨其劳，吾何以安焉！其促定功行封。'于是大封功臣二十余人，皆为列侯，其余各以次受封，及复死事之孤，轻重各有差。"
③ 曹魏的政策从在许拥立汉献帝之后，就着手在各地设置屯田。[日] 西嶋定生《魏の屯田制》（《中国经济史研究》，东京大学出版会1966年版）的研究表示，屯田主要分为隶属于典农部、位于中心地区郡的民屯，以及在吴、蜀交界的边境处所设置的军屯。其一般作为郡县收入的补充政策而实施。

建安十三年（208）正月，曹操回到邺城并开始训练水军。随后到了七月入秋，便开始了他的南征。《三国志·武帝纪》中，对于南征的经过有如下记载：

> 秋七月，公南征刘表。八月表卒，其子琮代，屯襄阳，刘备屯樊。九月，公到新野，琮遂降，备走夏口。公进军江陵，下令荆州吏民，与之更始。乃论荆州服从之功，侯者十五人，以刘表大将文聘为江夏太守，使统本兵，引用荆州名士韩嵩、邓义等。益州牧刘璋始受征役，前并给军。十二月，孙权为备攻合肥。公自江陵征备，至巴丘，遣张憙救合肥。权闻憙至，乃走。公至赤壁，与备战，不利。于是大疫，吏士多死者，乃引军还。备遂有荆州、江南诸郡。

这里能看到，曹操本欲征讨刘表，但八月刘表就已亡故，九月其子刘琮直接归降，曹操的军队直抵江陵。此时，曹操向荆州的吏民发布告，宣称荆州将会有一个新的开始。因此他将荆州十五位降将论功封侯，让刘表的大将文聘出任江夏太守，并授予兵权，又任用韩嵩、邓义等一些荆州名士。另，益州牧刘璋也派出援军，作为臣服曹操后荆州之地的军事支援。这传递出当时的局势。但是关于赤壁之战，文中仅仅记录曹军与刘备的军队交战不利，后来军中又暴发了疫病导致兵士多有死亡，曹操退兵，这样寥寥数语。这与次年本纪所记之事基本相同：

> 十四年春三月，军至谯，作轻舟，治水军。秋七月，自涡入淮，出肥水，军合肥。辛未，令曰："自顷已来，军数征行，或遇疫气，吏士死亡不归，家室怨旷，百姓流离，而仁者岂乐之哉？不得已也。其令死者家无基业不能自存者，县官勿绝廪，长吏存恤抚循，以称吾意。"置扬州郡县长吏，开芍陂屯田。十二月，军还谯。

这里记载，秋七月曹操在合肥驻屯，在此地发的布告中也说有疫病导致吏卒死亡，并命令长吏抚恤这些士兵家属。由此可见曹操的势力已经从建安元年（196）将华北地区的领土（郡县制）作为自己粮食、劳动力的供给地，发展为已经将整个华北地区作为其长期的军事补给基地。

这就使得他进行长时期的大规模战争变成了可能。

（二）刘备的军事基地

而关于刘备的军事基地，又是怎样的情况呢？《三国志·蜀书·先主传》中记载，刘备于建安十二年（207）在隆中接受了诸葛亮"三分天下"的政治策略后，仅一年后就将诸葛亮派往孙权处与之结盟，孙刘两家合兵一处共同参与了赤壁之战：

> 曹公南征表，会表卒，子琮代立，遣使请降。先主屯樊，不知曹公卒至，至宛乃闻之，遂将其众去。……琮左右及荆州人多归先主。……曹公以江陵有军实，恐先主据之，乃释辎重，轻军到襄阳。……先主斜趋汉津，适与羽船会，得济沔，遇表长子江夏太守琦众万余人，与俱到夏口。先主遣诸葛亮自结于孙权，权遣周瑜、程普等水军数万，与先主并力，与曹公战于赤壁，大破之，焚其舟船。先主与吴军水陆并进，追到南郡，时又疾疫，北军多死，曹公引归。

根据此文记载，刘备的军队是由没有跟随刘琮一同降曹的荆州人以及刘琦原有的军队汇集而成的一股军事势力，且其并没有控制一块具体的军事根据地。因此，刘备将诸葛亮派往孙权处，孙权则派周瑜与程普等人的数万水军与刘备的军队合力在赤壁攻破了曹操大军并烧其舟船。可是，刘备在赤壁之战后刘琦一病死，就自领荆州牧，一举接手其临近的四郡，获取了军事根据地：

> 先主表琦为荆州刺史，又南征四郡。武陵太守金旋、长沙太守韩玄、桂阳太守赵范、零陵太守刘度皆降。庐江雷绪率部曲数万口稽颡。琦病死，群下推先主为荆州牧，治公安。

《三国志·蜀书·诸葛亮传》中关于赤壁之战前后，有如下记载：

> 先主至于夏口，亮曰："事急矣，请奉命求救于孙将军。"时权拥军在柴桑，观望成败，亮说权曰……亮曰："豫州军虽败于长阪，

今战士还者及关羽水军精甲万人，刘琦合江夏战士亦不下万人。曹操之众，远来疲散，闻追豫州，轻骑一日一夜行三百余里……且北方之人，不习水战；又荆州之民附操者，偪兵势耳，非心服也。今将军诚能命猛将统兵数万，与豫州协规同力，破曹军必矣。曹军破，必北还，如此则荆、吴之势疆，鼎足之形成矣。成败之机，在于今日。"权大悦，及遣周瑜、程普、鲁肃等水军三万，随亮谒先主，并力拒曹公。曹公败于赤壁，引军归邺。先主遂收江南，以亮为军师中郎将，使督零陵、桂阳、长沙三郡，调其赋税，以充军实。

据此记载，诸葛亮对孙权说，刘备的军队与关羽的水军合计一万人，加上刘琦的军队一万人。然后周瑜、程普、鲁肃等人率领的水军号称有三万。总之根据《三国志·先主传》与《诸葛亮传》的记载，赤壁之战以前，刘备除了现有的军队以外，并没有能够掌握一块自己稳固的控制地区。其得到的第一块作为军事根据地的领地是在赤壁之战后。至此刘备夺取了江南地区，拜诸葛亮为中郎将并派其赴零陵、桂阳、长沙三郡，调度赋税以充盈军费。根据这样的军事格局，可以得知在赤壁之战前，刘备是无法去支持一场长时间的战争的，其政权仅仅作为一个"临时政权"艰难延续，而"隆中对"里三足鼎立的构想对于其来说更是遥不可及的。

（三）孙权的民政与军政

那么"三分天下"的战略，又是如何产生的呢？《三国志·吴书·吴主传》中记载了孙权从建安五年（200）继承了亡兄孙策所征战打下的军事基业起，逐渐将势力扩展至整个江南地区并建立稳定政权的过程。此时虽然其所领有的地区包括吴郡、丹杨、豫章、庐陵等郡，但统治尚不稳定。当时曹操还曾上表，让孙权担任讨掳将军并兼任会稽太守的职务。①

---

① 《三国志》卷四十七《吴书·吴主传》："是时惟有会稽、吴郡、丹杨、豫章、庐陵，然深险之地犹未尽从，而天下英豪布在州郡，宾旅寄寓之士以安危去就为意，未有君臣之固。张昭、周瑜等谓权可与共成大业，故委心而服事焉。曹公表权为讨虏将军，领会稽太守，屯吴，使丞之郡行文书事。"

在这之后的建安十三年（208）春，孙权俘虏了黄祖治下的男女人口数万，并设立新都郡，扩大了自己西部的领地。至此，孙权已在江南经营约八年。孙权参与赤壁之战并与刘备联手的情况，有如下记载：

> 荆州牧刘表死，鲁肃乞奉命吊表二子，且以观变。肃未到，而曹公已临其境，表子琮举众以降。刘备欲南济江，肃与相见，因传权旨，为陈成败。备进住夏口，使诸葛亮诣权，权遣周瑜、程普等行。是时曹公新得表众，形势甚盛，诸议者皆望风畏惧，多劝权迎之。惟瑜、肃执拒之议，意与权同。瑜、普为左右督，各领万人，与备俱进，遇于赤壁，大破曹公军。公烧其余船引退，士卒饥疫，死者大半。备、瑜等复追至南郡，曹公遂北还，留曹仁、徐晃于江陵，使乐进守襄阳。时甘宁在夷陵，为仁党所围，用吕蒙计，留凌统以拒仁，以其半救宁，军以胜反。

这里记载刘表亡故后不久，鲁肃便欲前往荆州，名为吊丧实为侦察荆州政局动向，但其为时已晚，此时刘琮已经降曹。鲁肃而后与刘备会面，传达了孙权的旨意。刘备行至夏口，派出诸葛亮作为使者前往孙权处，而孙权则派出了周瑜和程普前来会合。此时周瑜与程普的军队各一万人，在赤壁击败了曹军。又记载曹操将战船烧毁并退军，路上士卒因为饥饿和疾病出现了死亡。战后，曹操让曹仁和徐晃留守江陵，乐进守襄阳。

《三国志·吴书·周瑜传》则有如下记载：

> 其年九月，曹公入荆州，刘琮举众降，曹公得其水军，船步兵数十万，将士闻之皆恐。……瑜曰："不然。操虽托名汉相，其实汉贼也。……且舍鞍马，仗舟楫，与吴越争衡，本非中国所长。又今盛寒，马无藁草，驱中国士众远涉江湖之闲，不习水土，必生疾病。……将军禽操，宜在今日。瑜请得精兵三万人，进住夏口，保为将军破之。"权曰："……君言当击，甚与孤合，此天以君授孤也。"时刘备为曹公所破，欲引南渡江，与鲁肃遇于当阳，遂共图计，因进住夏口，遣诸葛亮诣权，权遂遣瑜及程普等与备并力逆曹

公，遇于赤壁。时曹公军众已有疾病，初一交战，公军败退，引次江北。……（黄）盖放诸船，同时发火。时风盛猛，悉延烧岸上营落。顷之，烟炎张天，人马烧溺死者甚众，军遂败退，还保南郡。备与瑜等复共追。曹公留曹仁等守江陵城，径自北归。

此处周瑜对孙权陈述了曹军的诸多不利之处，并请军三万以抗曹。①接着刘备在当阳与鲁肃会面，共同商议破曹攻略，一面又以诸葛亮为使者派往孙权处。因此孙权也派出周瑜和程普参与赤壁之战。而此时的曹军则已经饱受病痛困扰，不久就败退了。

然而，关于周瑜的功绩，裴松之进行了如下的考证：

臣松之以为建计拒曹公，实始鲁肃。于时周瑜使鄱阳，肃劝权呼瑜，瑜使鄱阳还，但与肃闇同，故能共成大勋。本传直云，权延见群下，问以计策，瑜摆拨众人之议，独言抗拒之计，了不云肃先有谋，殆为攘肃之善也。

总之，让东吴联合刘备军队一同抗曹的策略是由鲁肃发起的提议。将其归功于周瑜实为不恰当。《三国志·吴书·鲁肃传》中又有如下记载：

刘表死。肃进说曰："……肃请得奉命吊表二子，并慰劳其军中用事者，及说备使抚表众，同心一意，共治曹操，备必喜而从命。如其克谐，天下可定也。今不速往，恐为操所先。"权即遣肃行。到夏口，闻曹公已向荆州，晨夜兼道。比至南郡，而表子琮已降曹公，备惶遽奔走，欲南渡江。肃径迎之，到当阳长阪，与备会，宣腾权旨，及陈江东彊固，劝备与权并力。备甚欢悦。时诸葛亮与备相随，肃谓亮曰"我子瑜友也"，即共定交。备遂到夏口，遣亮使权，肃亦

---

① ［日］渡边义浩：《三国政権の構造と"名士"》第三章第一节"孫呉政権の形成と'名士'"（汲古書院2004年版）中研究指出，相对周瑜的主战论提出要兴复汉室的大义名分，鲁肃的策略则是要先保住江东之地以为据点，而后以图帝王之号，进而一统天下。

反命。

这里的记载中,鲁肃为了探清荆州的实际情况而提出申请要亲自前往。而且就连派诸葛亮出使东吴劝说孙权与刘备联合抗曹也是由于鲁肃的劝言。裴松之的注引中有对鲁肃提议的评价,并指出了其中与诸葛亮劝说东吴联合抗曹记载的矛盾之处:

> 臣松之案:刘备与权并力,共拒中国,皆肃之本谋。……而蜀书亮传曰:"亮以连横之略说权,权乃大喜。"如似此计始出于亮。若二国史官,各记所闻,竞欲称扬本国容美,各取其功。今此二书,同出一人,而舛互若此,非载述之体也。

因此孙权与刘备军队联合,不管其提议者是否为鲁肃,可以确定的是东吴肯定为此策略的发起与推动方。这是由于东吴政权长期统治着江南地区各郡县,受到曹操南下的军事威胁后,不得不向西寻求可靠有力的军事同盟的结果。可是赤壁之战以后,刘备为了维持自己的军事实力也急需一块能够立足的根据地。关于这点,《三国志·先主传》中有记录,刘琦病死后,刘备就自为荆州牧,将武陵、长沙、桂阳、零陵四郡牢牢控制在了自己手中。又在《诸葛亮传》中也有载,刘备在平定江南地区后,诸葛亮便亲赴零陵、桂阳、长沙三郡,调配赋税以筹措军费。同样的内容也可见于《三国志·吴主传》中的建安十四年(209)条目:

> 十四年,瑜、仁相守岁余,所杀伤甚众。仁委城走。权以瑜为南郡太守。刘备表权行车骑将军,领徐州牧。备领荆州牧,屯公安。

可是《三国志·鲁肃传》中却记载,只有鲁肃一人向孙权劝言,让其将荆州借与刘备,以图共同抗曹:"后备诣京见权,求都督荆州,惟肃劝权借之,共拒曹公。曹公闻权以土地业备,方作书,落笔于地。"

《三国志·周瑜鲁肃吕蒙传》的末尾,有孙权对鲁肃做的评价,称其对于自己的帝业有两大贡献:一为论帝王之业,二为劝周瑜出山入东吴麾下,迎击曹操。而失策之处唯有劝其将荆州之地借与刘备,不过仍不影响其功大于过的总体评价。① 从这里看出即使从孙权的角度看，要把荆州的土地借给刘备也是鲁肃提出的策略。而这个策略，从维持盟友军事根据地以保证长期盟军支持的视角来看无疑是非常合理的。

如此一来作为一个临时政权的刘备军队，由于获得了荆州之地，终于可以支持为期数年之长的军事行动。② 但在刘备手中的荆州三郡，并不由刘备方独立控制，这也可以从建安十九年（214）刘备攻取益州后，荆州租借问题再次被提出得到印证。《三国志·吴主传》有如下记载：

> 是岁刘备定蜀。权以备已得益州，令诸葛瑾从求荆州诸郡。备不许，曰：'吾方图凉州，凉州定，乃尽以荆州与吴耳。'权曰：'此假而不反，而欲以虚辞引岁。'遂置南三郡长吏，关羽尽逐之。权大怒，乃遣吕蒙督鲜于丹、徐忠、孙规等兵二万取长沙、零陵、桂阳三郡，使鲁肃以万人屯巴丘以御关羽。权住陆口，为诸军节度。蒙到，二郡皆服，惟零陵太守郝普未下。会备到公安，使关羽将三万兵至益阳，权乃召蒙等使还助肃。蒙使人诱普，普降，尽得三郡将守，因引军还，与孙皎、潘璋并鲁肃兵并进，拒羽于益阳。未战，会曹公入汉中，备惧失益州，使使求和。权令诸葛瑾报，更寻盟好，遂分荆州长沙、江夏、桂阳以东属权，南郡、零陵、武陵以西属备。

根据这里记载，孙权派诸葛瑾做使者请求返还荆州诸郡，但是由于刘备并不回应，孙权便派吕蒙等人夺取了长沙、零陵、桂阳三郡。此时正值曹操攻入汉中，刘备不得不与孙权议和。因此荆州就此被瓜分，长沙、江夏、桂阳以东归孙权所属，南郡、零陵、武陵以西划归刘备。就此，刘备政权在借到了荆州之地并将其作为自己的军事基地将近六年的时间后，又获得了益州的地盘。至此"三足鼎立"的格局才首次形成。

---

① 《三国志》卷五十四《吴书·周瑜鲁肃吕蒙传》："孙权与陆逊论周瑜、鲁肃及蒙曰……公瑾昔要子敬来东，致达于孤，孤与宴语，便及大略帝王之业，此一快也。……子敬即驳言不可，劝孤急呼公瑾，付任以众，逆而击之，此二快也。……后虽劝吾借玄德地，是其一短，不足以损其二长也。"

② 《三国志》卷五十四《吴书·鲁肃传》的裴松之注中引《汉晋春秋》记载鲁肃陈述要将土地借给刘备的理由："使抚安之。多操之敌，而自为树党，计之上也。"孙权听从了他的建议。

如上文所说，如果观察曹操、刘备与孙权的军事根据地，能发现曹操与孙权早在赤壁之战前许久就长期控制着自己的根据地的各郡县并不断开拓着外围的边疆，具有较强的军事实力。但是刘备，是要到请诸葛亮出山后一年，才召集起荆州未降曹的残余势力组织起一个临时政权，其并不拥有一块属于自己并能支持长期军事行动的根据地。但随着由东吴主导的赤壁之战的打响，刘备帅军协同参与并由此借得了荆州三郡，终于获得了一块作为军事根据的领地。而依托这三郡为刘备做后勤军需供给的正是诸葛亮。此后，刘备又挥师夺取了益州，开创了三分天下有其一的基业。如此可以看到，赤壁之战前后，各方都不仅仅局限于凑集成临时的军队，而都在争夺地盘以建立一块足以支撑长期民政与军政的根据地，这对三国各方都必不可缺。而这场争夺的焦点，则是南郡与长沙郡两地。

二　东汉时代的长沙郡
——长沙五一广场东汉简牍的文书传递

首先需要确认的是《后汉书·郡国志》中所记载的荆州郡县及其数量。《后汉书·郡国志》中记录的当时户口数，是以汉顺帝永和五年（140 年）的统计为准，展示了赤壁之战以前的基本情况。① 另，也参照了《汉书·地理志》中所记的统计数据。虽然西汉时代的郡，其下属的县未必与东汉时代相同，但也可从中发现东汉时代的一些变化：

长沙郡：县 13，户 255854，口 1059372（国：县 13，户 43470，口 235825）

江夏郡：县 14，户 58434，口 265464（郡：县 14，户 56844，口 219218）

桂阳郡：县 11，户 135029，口 501403（郡：县 11，户 28119，口 156488）

南　郡：县 17，户 162570，口 747604（郡：县 18，户 125579，口 718540）

---

① ［日］佐藤武敏：《後漢の戶口統計について》，《中国古代史研究》六，研文出版 1989 年版。

零陵郡：县 13，户 212284，口 1001578（郡：县 10，户 21092，口 139378）

武陵郡：县 12，户 46672，口 250913（郡：县 13，户 34177，口 185758）

根据以上统计，从西汉到东汉，长沙郡与桂阳郡、零陵郡的户口数是在不断地增加。而南郡的户口数虽然增加并不显著，人口数也达到了约 75 万人。《三国志·诸葛亮传》中记载，在赤壁之战后，其负责调配零陵、桂阳、长沙三郡之赋税。此三郡的合计数为：603167 户、2562353 人。从此刘备的军队可以自由调配这些人口所带来的劳动力与赋税。

另外在建安九年（204），被孙权与刘备分别占领的荆州东西两部分的户口合计数记载如下：

孙权（长沙、江夏、桂阳郡）：户 449317，口 1826239 人

刘备（南郡、零陵、武陵郡）：户 421526，口 2000095 人

根据《后汉书·百官志》的记载，郡负责裁决民政以及劝农、振恤、上计、推举孝廉、维持治安等工作；而县则负责裁决民政以及振恤、征收赋税、上计以及管辖乡里社会。① 这些职务中包括了户口的管理、赋税与劳动力的调配、裁决以及维持治安等工作，而这些工作的实施有赖于文书行政与实务的运作。但纸屋正和认为，自东汉中期以后，由于隐瞒灾害以及流民、盗贼等天灾人祸，并且中饱私囊，这些地方行政已经趋于停滞。② 而会导致这样的历史背景，则是由于自然灾害的多发、豪族势力的膨胀、官吏人才的匮乏、州刺史作为监察官的不作为、县与道的长吏任用的变更、外戚与宦官在地方官的职务上任人唯亲等各类复杂的原因。在这样的东汉时代地方行政背景下，围绕着孙权与刘备的军事根据地进行讨论，长沙郡的情况则成了关键点。

关于东汉时代的长沙郡，有几份出土资料值得注意。第一，是长沙五一广场东汉简牍，其《发掘简报》及《长沙五一广场东汉简牍选释》

---

① 《后汉书·百官志五·州郡·县乡条》，中华书局 1965 年版，第 3621—3625 页。

② ［日］纸屋正和：《漢時代における郡県制の展開》第 13 章 "後漢時代における地方行政の変容"，朋友书店 2009 年版，第 691—699 页。

（《选释》）有一部分已经公开。① 其年代为东汉和帝与安帝的时代（90—112），其被认为是长沙郡临湘县的县廷资料。这些资料记载了长沙郡周边的地名、长沙郡各县乡里的名称、长沙郡与其门下诸曹和临湘县门下诸曹的官吏等。有关司法的内容颇多，包括了刑事与民事的诉讼。从中可以窥见临湘县的文书行政以及其实务的运作。第二，是长沙东牌楼东汉简牍，是东汉灵帝时代临湘县的资料。②

汉代郡县的文书行政分为两种：一种是以密封的简册传递情报的方法，另一种则是用从外部能看到文书内容的觚状檄传递情报的方法。东汉时代，有用组编成册书状的文书，推断其中可能存在簿籍。但是没有找到作为单独简书的觚状檄。与此相对的，却发现了具有檄功能的新型的简牍。例如五一广场简牍与东牌楼简牍中，没有觚形的檄，但有作为单独简的凹形简牍与台形木板组合而成被密封起来的简牍（封检）。邬文玲与何佳、黄朴华等推测这可能相当于合檄。③ 另，侯旭东根据五一广场简牍 J1③：264－294 的侧面拥有两条刻痕推测，这可能是被密封起来的单独的板檄④。

这些简牍的形态与内容，已经经过了系统地考察，高村武幸将这些简牍与公文书及"公文书性质的书信"做了区别，进行了以下的说明⑤：

---

① 黄朴华、何佳、雷永利等：《湖南长沙五一广场东汉简牍发掘简报》，《文物》2013 年第 6 期；长沙市文物考古研究所、清华大学出土文献研究与保护中心、中国文化遗产研究院、湖南大学岳麓书院编：《长沙五一广场东汉简牍选释》，中西书局 2015 年版。陈伟：《五一广场东汉简牍属性刍议》（简帛网，http：//www.bsm.org.cn/show_article.php?id=1913，2013 年 9 月 24 日）都将其作为临湘县廷基本的文书档案（1. 临湘县内的文书；2. 长沙郡递送至临湘县的文书）。

② 长沙市文物考古研究所、中国文物研究所：《长沙东牌楼东汉简牍》，文物出版社 2006 年版。

③ 邬文玲：《汉简中所见"合檄"试探》，载吴荣曾、汪桂海主编《简牍与古代史研究》，北京大学出版社 2012 年版；何佳、黄朴华：《试探东汉"合檄"简》，《长沙五一广场东汉简牍选释》。另，[日] 角谷常子：《木簡使用の変遷と意味》（载角谷常子编《東アジア木簡学のために》，汲古书院 2014 年版）中指出五一广场的广幅简的檄与多面体不同，尤其是其用其他简覆盖的形式值得注意。

④ 侯旭东：《湖南长沙五一广场东汉简 J1③：264－294 考释》，《田余庆先生九十华诞颂寿论文集》，中华书局 2014 年版。

⑤ 除了前文所列的论文，还有刘国忠、刘乐贤、王子今、饭田祥子等人的研究，本文认可 [日] 高村武幸《長沙東牌樓漢簡中の公文書と書信》（2015 年版）、《秦汉简牍史料研究》（汲古书院 2015 年版）收录的论点。

五一广场简牍与"敢言之"类文书所记载的汉简的公文书具有相同的用途。其中编号 J1③：264－294、J1③：325－1－140 简牍虽具有较强的公文书的特点，但应该视为书信。另，编号 J1③：169 等简牍，接近西汉末年的书信形式，但其书写格式稍许有些趋同。高村氏称这种现象为"书信的公文书化"。

这些简牍是否作为合檄、板檄来使用是一个问题。檄的用途，在此之前一直是用在紧急、重要的突发事件、军事行动的命令与训诫，具有较强的公开性。但在拙稿《汉代檄的传达方法及其功能》中曾指出，类似从外部能直接读取文字内容的觚形文书檄，其本质也具有了让更多人传阅、了解的公开性。① 而现在被认为是合檄的简牍并不是觚的形状，而是密封的文书。编号 J1③：325－1－140 的形式与内容如下所记：②

永元十五年闰月丙寅朔八日癸酉，武陵大守伏波营军守司马郢叩头死罪敢言之。前言，船师王皮当偿彭孝夫文钱，皮船载官米，财遣孝家从皮受钱。郢叩头叩头死罪死罪。皮船载米四千五百斛，已重。孝不来，今月六日遣屯长王于将皮诣县，与孝□。□未到，亭长姓薛不知名，夺收捕皮毄亭。案军粮重事，皮受僦米六百卅斛，当保米致屯营。今收毄皮，空船无摄护者。亭重船稽留，有日不得发，恐宿夜灾异，无谁诡责。郢客吏，被蒙府厚恩发遣，正营流汗。唯长沙府财吏马，严临湘，晨夜遣当代皮摄船者诣郢，须进道，皮讼决手械，部吏传诣武陵临沅，保入官米。郢诚惶诚恐叩头叩头死罪死罪敢言之。

闰月十日乙亥，长沙大守行文书事大守丞虞谓临湘。写移，县知皮受僦当保载，而盛卷徇留皮，又不遣孝家受取直，更相推移何。书到，亟处言，会急疾，如律令。

　　　　　　　　　　　　　　●掾广、卒史昆、书佐喜

---

① ［日］藤田胜久：《汉代檄的传达方法及其功能》，载《甘肃省第二届简牍学国际学术研讨会论文集》，上海古籍出版社 2012 年版。
② ［日］饭田祥子：《長沙五一広場東漢簡牘 J1③：325－1－140 木牘の初步的整理》，《中国古代简牍の横断領域的研究》，HP・史料ノート，2014 年 7 月 21 日。

今白,谁收皮者召之,闰月十一日开(别笔)。

当临湘县收到了这一套复合文书后,在文书上另用笔附记下了"今白,谁收皮者召之,闰月十一日开"的文字。这条批注显示了命令传达的顺序,同时也是为了实行政令时,有必要让每个人都知晓。因此这份简牍虽然有从册书变形过来的一些功能,但同时也有其紧急性,文书被开封后它就被标注了批注并被广泛地公开了。也就是说这份文书并不具有军事、训诫的作用,却具有檄的公开性特点。

接着,被认为是板檄的编号J1③:264-294具有如下形式①:

元兴元年六月癸未朔六日戊子,沮乡别治掾伦叩头死罪敢言之。伦以令举度民田。今月四日,伦将力田陈祖、长爵番仲、小史陈冯、黄虑及蔡力度男子郑尤、越裹、张昆等流(枥)田。力别度周本、伍设昭田。其日昏时,力与男子伍纯争言斗,力为纯所伤,凡创四所。辄将祖、仲诣发所,逐捕纯,不得。尽力与亭长李道并力逐捕纯,必得为故。伦职事无状,惶恐叩头死罪死罪敢言之。

　　　　　　　　　　　　　　　　　　●檄即日起贼廷(正)
邮行　　　　　　　　　　　　　　　　　　　　　　　(背)

这里记载的内容是元兴元年(105)六月六日,名为伦的沮乡别治掾现在正要与亭长一起去抓捕故意伤害他人的嫌疑者。此份简牍也有"年月日,某叩头死罪敢言之。……惶恐叩头死罪死罪敢言之"。这样格式性的语句。文末写"檄即日起贼廷",则毫无疑问此文书是从贼廷处发出的。另,背面写有"邮行",其虽为重要的文书,但未发现专门的开封印章等标注。因此虽然这份檄不能确定是否有封印,但可以确定的是这是一枚单独成篇的简牍。其内容虽然有一定的紧急性,但并不涉及军事命令,而是一份关于治安维持的文件。檄文记录了犯罪嫌疑人正在逃跑途中,并具有将逮捕情报广而告之的作用。这可以说又与檄所具有的公开性相一致。

---

① 侯旭东:《湖南长沙五一广场东汉简J1③:264-294考释》。

长沙东牌楼东汉简牍中,有一些具有凹型特征的封检。木牍五(1001号)中记录了灵帝光和六年(183)监管临湘的李永例和督办盗贼的殷何上陈的文书①。此文书中有"某叩头死罪死罪敢言之。……诚惶诚恐叩头死罪死罪敢言之"的格式性语句。虽然其为密封性的文书,但文中"中部督邮掾治所檄曰……"表示,他们对檄的内容做过调查,并且报告了其调查的经过。在相当于题目的一行中写有"监临湘李永例督盗贼殷何言。实核大男李建与精张诤田自相和从书""诣在所"等文。文末又有附记表示这份文书收到的日期是"九月其廿六日发"。因此,虽然这份木牍的内容是否公开尚不明,但至少记录木牍八中有多处缺字,但也能看到"兼主録掾黄章〔叩头死罪〕白。……惶恐叩头死罪死罪"等文字。文末还用粗大的字体写有"十月十一日□"。

这些材料与檄相关,并能够让我们发现、知晓一些简牍的新用途,从而得知在东汉时代的长沙郡,除了用册书书写的文书与簿籍以外,还有像这些出土材料一样的将凹形简牍密封而成的文书(封检)、将木牍作为檄来使用的简牍等文书种类,它们一同构成了当时的文书行政模式。

三 长沙郡简牍的"敢言之"式文书与"白"式文书

五一广场出土的东汉简牍中,根据其与其他简牍类似的内容和形式,可以了解到一些临湘县的文书行政与运营的情况。而三国长沙吴简中有一些关于自东汉中平二年(185)起到孙吴嘉禾六年(237)止的临湘侯国(县)的行政文书与记录,从中可以了解三国鼎立之后长沙郡的格局与情况。② 长沙吴简中记录了截至简牍书写时,即嘉禾年间官吏百姓、农

---

① 王素:《长沙东牌楼东汉简牍选释》,《文物》2005年第12期;侯旭东:《长沙东牌楼东汉简〈光和六年诤田自相和从书〉考释》,简帛网,http://www.bsm.org.cn/show_article.php?id=1991,2014年2月21日;[日]高村武幸:《長沙東牌樓漢簡中の公文書と書信》均有此内容的详细考证。

② 走马楼简牍整理组编:《长沙走马楼三国吴简・嘉禾吏民田家莂》,文物出版社1999年版;走马楼简牍整理组编:《长沙走马楼三国吴简・竹简》(一)~《同书》(四),文物出版社2003—2011年版;胡平生、李天虹:《长江流域出土简牍与研究》,湖北教育出版社2004年版;[日]关尾史郎:《史料群としての长沙吴简・试论》,《木简研究》27,2005等。

田垦殖以及簿籍登录等各项内容，详细考察了长沙郡形形色色的实际情况并记录在册。如此，东汉时期的简牍与长沙吴简一起成为研究长沙郡必不可缺的材料。

关于长沙郡的文书行政，其主要集中在"白"格式书写的文书（即"白"式文书）是如何使用的问题。汉简与五一广场简牍一样，在长沙吴简中也有"年月日，某敢言之……敢言之"这样格式性的语句。但是五一广场简牍与长沙吴简中，有一些汉简中未曾发现的"白"文书的木牍。关于这点，关尾史郎指出虽然书写"白"的牍与竹简一样具有编辑而成的清单、票据的作用，但同时将其抽取出来作成一份报告文书，也是有可能的。而且认为"白"文书也拥有官府内部中上呈文书的作用。① 另外，伊藤敏雄则认为"白"文书的木牍上有为编合缀成的刻痕，所以推断"白"文书可能是以简册形态出现的簿籍、记录的票据清单功能，其内容大致记录了主要业务内容而向上级做汇报。② 这里，就五一广场简牍与长沙吴简中以"敢言之"形式书写的文书和"白"式文书为对象进行分析，从而深入了解长沙郡的情报系统的构成与运作。

五一广场简牍中"敢言之"的文书中，编号J1③：325－1－140属于郡内文书，J1③：264－294则属于县内文书。除此之外在《发掘简报》中还有如下文书的披露：

> 案，都乡利里大男张雄、南乡匠里舒俊、逢门里朱循、东门里乐竟、中乡泉阳里熊赵皆坐。……二年十二月卅一日……不承用诏书。发觉得。
>
> 永初三年正月壬辰朔十二日壬寅，直符户曹史盛劾，敢言之。谨移狱，谒以律令从事，敢言之。　　　　　　　J1③：281－5A

《选释》001条中则有如下记录：

> ●案，都乡澬阳里大男马胡、南乡不处里区冯、皆坐。……今

---

① ［日］关尾史郎：《〈吴嘉禾六（二三七）年四月都市史唐玉白收送中外估具钱事〉试释》，《东洋学报》95－1，2013。

② ［日］伊藤敏雄：《長沙吳簡中の"叩頭死罪白"文書木牘》，载伊藤敏雄·窪添庆文·关尾史郎编《湖南出土简牍とその社会》，汲古书院2015年版。

年六月……

永元十六年七月戊午朔十九日丙子，曲平亭长昭劾，敢言之。（临湘）狱以律令从事，敢言之。　　　　　　　　　　J1③：71-26

编号J1③：281-5A简牍是永初三年（109）正月直符户曹史向县廷递呈的狱文书；编号J1③：71-26简牍则被考证是永元十六年（104）七月曲平亭长向县廷递呈的狱文书。这些是临湘县内的部署递呈来的文书。另外《选释》015、030条中有两份用和汉简相同的文书递呈方法的简牍，同样也是在县内传递的文件。

延平元年（106）十月乙巳朔八月壬子，兼狱史封、行丞事永叩头死罪敢言之。谨移案诊男子刘郎大奴官为亭长董仲所格杀：
爱书、象人一读。　　　　　　　　　　　　　　J1①：110
年卅四，爵公士，谨移人名如牒。范、郎、崇职事惶恐叩头死罪死罪敢言之。　　　　　　　　　　　　　　J1③：313

因此五一广场的简牍中，无论是发向县外的文书还是在县内流通的文书，同样都会使用"敢言之"。"敢言之"文书的特征，正如上文已经指出的，其基本形式为"年月日，某敢言之……敢言之"。从这点看，"敢言之"文书与"谨移""以律令从事"以及"如牒"等格式并用，至少可以说是一种具有较强正式性的上呈文书格式。这也能从长沙吴简得到印证。①

针对此，可引五一广场的"白"式文书中编号J1③：169为例：②

待事掾王纯叩头死罪白。男子黄㸚前贼杀男子左建，亡。与杀人宿命贼郭幽等俱强盗女子王绥牛，发觉。纯逐捕㸚、幽，㸚、幽不就

---

① 《长沙走马楼三国吴简·竹简（四）》中有"嘉禾三年十一月癸巳朔日主簿羊君叩头死罪敢言之（四·1267）"等语句，这与写有"年月日、敢言之"形式的汉简相同。

② 王子今《长沙五一广场出土待事掾王纯白事木牍考议》（《简帛》第9辑，上海古籍出版社2014年版）中有详细考证。

捕，各拔刀戟□□□□刺击。纯格杀俐、幽。到今年二月不处日，纯使之醴陵追逐故市亭长庆陆，不在。俐同产兄宗、宗弟禹将二男子不处姓名，各〔操〕兵之纯门，司（伺）候纯。三月不处日，宗、禹复之纯门。今月十三日，　　　　　　　　　　　　　（正）

　　禹于纯对门李平舍欲徼杀纯。平于道中告语纯，纯使弟子便归家取刀矛自〔救〕。禹〔度〕平后落去。俐、禹仇怨奉公，纯孤单，妻子羸弱，恐为宗、禹所贼害。唯明廷财（裁）省严部吏考实宗、禹与二男子，谋议形执。纯愚戆惶恐叩头死罪死罪。

　　今为言，今开（别笔）。　　　　　　　四月廿二日白（背）

此篇简牍在文首与文末都没有记载年份，属于"某叩头死罪白。……某惶恐叩头死罪死罪。月日白"的格式。其内容记录了身为县廷待事掾的王纯，虽然将杀人凶手正法，但却受到了凶手同宗兄弟禹等人的怨恨，想要谋他性命，他祈求上级针对此事做出处理。简牍中仅记载有上文所述的内容就结束了，而并不包含其他上级官府下达的命令。因此我们马上就能知晓这并不是一份公文书，而是如同一封信函一样的私人信件。

然而《选释》025条中，记载了一篇与此文书密切相关的"白"式文书，其编号为J1③：305。此文以"君追杀人贼小武陵亭部"为题，内容如下所记：

　　兼左贼史顺、助史条白。待事掾王纯言，前格杀杀人贼黄俐、郭幽。今俐同产兄宗、宗弟禹于纯门外欲逐杀纯。教属曹今白。守丞护、兼掾英议请移书贼捕掾浩等考实奸诈。白草。

　　　　　　　　　　延平元年四月廿四日辛未白。J1③：305

这是在汉殇帝延平元年（106）四月二十四日兼任左贼使的顺与作为助史的条所共同上陈的一份文书。这里也使用了"某白。……年月日白"的格式。其内容主要记述了身为待事掾的王纯在斩杀了犯下命案的罪犯后，罪犯的同宗兄弟禹等人意欲在王纯宅门之外将其谋害的事实。本文的中段有"教属曹今白……白草"一句，《选释》将"教"解释为教令、"草"解释为草稿。但是撇去上部的标题，本文的正文部分均以较为规整端正的字体书写而成，因此这份文书是否为草稿还值得商榷。此后，又记载了希望作为守丞的护、兼掾的英以及移书贼捕掾的浩等人对该事件做出处理的请求。这里所记载王纯的供述，与编号J1③：169文书的内容完全相同。因此编号J1③：169文书看似是一封独立的书信，但如果和编号J1③：305文书对照来看，可以将其视作兼左贼使等人上呈文书依据的王纯之供述。而其理由为，对于编号J1③：169文书中王纯的供述里没有记录年份而出现了"四月二十二日"的日期，编号J1③：305文书则记载了延平元年（106）的年份，应该是四月二十四日书信寄出后续记载的。另外，两份木牍有明显共同编纂的痕迹，很有可能原来就是一份文书（王纯的供述加左贼史顺的上呈文书而成的复合文书）。这样一来如果两份文书是相关联的文件，编号J1③：169文书就应该是作为内部供述而只记载月、日。而编号J1③：169文书的背面有附记"今为言、今开"等语句，这可以推测为文书被临湘县的县廷受理之后，其所进行相关处理的流程之一。因此可知，记录官府接受并处理文书的简牍，与书信的传递是不同的。

从两者的木牍比较来推测"白"式文书的功能的话，J1③：169号文书作为附加文书，可以认定其载述内部供述的作用。因此能够推断其属于只记录有月日的"某叩头死罪白"类文书。但是第J1③：305号文书则不属于内部供述。这里，被称为君的负责人记录了命令小武陵亭部追捕杀人犯的题目，是属于记录了完整年月日的公文类"白"式文书。所以这两份文书的功能，应该不是写给上级的正式文书，而可能是在部门内部使用的上书方式。

而应当注意到的是，"君追杀人贼小武陵亭部"这个题目以及文书所陈述的内容。这份文书中记录了想要谋害王纯之人的姓名以及追究此事并要探明真相的官吏的名字，能够发现其有公开相关治安情报的特点。另，J1③：169号文书的背面附记着"今为言、今开"的文字。因此J1③：169号与J1③：305号文书作为两份相互有关联的文书，也可以认为是好比檄一样的具有部署内公开用途的文书。

而据此，我们可以将"白"式文书的形式大致分为以下两类：

（1）为记载题目，"某白。……年月日白"的形式。

（2）没有题目，"某叩头死罪白。……叩头死罪死罪。月日白"的形式。

在（1）类的"白"式文书中，又分为两种样式。第一种为J1③：305号文书与《选释》045条J1③：325-1-103号以"君追贼小武陵亭部"为题目的木牍。这里引用了"……自言，辞如牒"以及"武前诣府自言……"之类的供述，而类似"丞优、掾遣议请属功曹选得吏当辟被书复白"的处置方式也与J1③：305号文书非常类似：

> 辟曹史优，助史脩、弘白。民诣都部督邮掾自言，辞如牒。案文书，武前诣府自言，部待事掾杨武、王伦、守史毛佑等考，当畀，各巨异。今武辟，与子男溃〔垦〕食，更三赦，当应居得。愿请大吏一人案行覆考如武辟。丞优、掾遣议请属功曹选得吏当辟被书复白。
>
> 永初元年正月廿六日戊申白。J1③：325-1-103

第二种，则是以"君教诺"为题目的"白"式文书。陈松长与周海峰先生认为，木牍上部写有"君教"，又由另一人书写"诺"，而在下半部书写正文的这种格式与题为"君追贼小武陵亭部"的文书相同。① 他们所书的"君"应该是指县一级的令与长之类的长官。这里的正文如陈松长先生所归纳的，是由县的属吏起草，简略地陈述了案件的经过，并记录下县丞等人讨论出的处理方案以及反馈的要求。《选释》046、047、048、136及138条的形式与内容，如下所记：

> 辞曹助史襄白。女子张罢自言，桑乡佐盱负布钱万九千三百五十。械盱。曹下诡盱，今以钱万九千三百五十塈雇罢，毕。当处重罚，以钱毕，蒙阔略。丞优、兼掾赐议请解盱械，敕遣归乡。
>
> 延平元年八月四月己酉白 J1③：325-2-9
>
> 兼辞曹史辉、助史襄白。民自言，辞如牒。教属曹分别白。案，惠前遣姊子毒、小自言，易永元十七年中，以由从惠质钱八百。由去，易当还惠钱。属主记为移长刺部曲平亭长寿考实，未言，两相

---

① 陈松长、周海锋：《"君教诺"考论》，《长沙五一广场东汉简牍选释》。

诬。丞优、掾畼议请敕理讼掾伉、史宝实核治决。会月廿五日复白。

延平元年八月廿三日戊辰白 J1③：325－5－21

（左贼）史迁、兼史脩、助史庞白。男子烝备条言。界上贼捕掾副在部受所臧（赃）罪狼藉。教今白。案文书，番称前盗备禾。今副将备□称，左曹谨实问。备辞不自言，不以钱布与副，恐猾……条言副未有据告者。丞优、掾畼……，副□□亡。任五人。写移书桑乡贼捕掾并等考实。□（考）……宏□□□所起及主名（副）、任具解到。复白。白草。

永初元年四月十八日（庚）白。J1③：325－32

右贼史牧、兼史蒙、胜白。右部贼捕掾敬等楬言，男子张度与黄叔争言，鬬，〔度〕拔刀欲斫叔，不中，无状。适（谪）度作下津横屋。二月，以付将吏嵩。守丞护、掾英议如敬等言，请属左□曹□……

J1③：143

左贼史迁、兼史脩、助史详白。府赵卒史留事，召男子张阳、刘次、次舍客任惠将诣在所。教今白。丞优诣府对，掾隗议请敕庚亭长伦亟召次等将诣廷。到复白。

延平元年十二月一月甲辰白（正）

十二月二日付证。（背） J1③：165

这些文书均有编缀的痕迹，应为县内部署公务往来的文书。但 J1③：165 号文书的背面有"付证"这样的附记。

在（2）类的"白"式文书中，除了编号 J1③：169，还有 J1③：129 号简牍①：

昭陵待事掾逢延叩头死罪白。即日得府决曹侯掾、西部案狱涂掾、田卒史书，当考问缣会、刘季兴、周豪、许伯山等。谨白，见府掾卒史书期日已尽，愿得吏与并 （正）

力考问伯山等。唯明廷财（裁）。延愚戆惶恐叩头死罪死罪。

---

① ［日］饭田祥子：《湖南長沙五一広場東漢簡牘 J1③：129 木牘訳注稿》，《中国古代簡牘の横断領域の研究》，HP・史料ノート，2015 年 5 月 7 日。

七月八日壬申白（背）

另外，《选释》049 条里有编号为 J1③：325-4-43 的简牍：

> 理讼掾伉、史宝、御门亭长广〔叩头〕死罪白。廷留事曰，男子陈羌自言，男子董少从羌市马，未毕三千七百。留事到五月诡责治决。处言。伉、宝、广叩头死罪死罪。奉得留事，辄召（正）
>
> 少，不得。实问少比舍男子张孙、候卒张尊，辟，少七月廿八日举家辟（避）则（侧）。辄与尊、孙集平少所有什物，直钱二千七百廿，与羌。尽力晓喻少出与羌校论。谨籍少所有物，右别如牒。少出，辟有增异。复言。伉、宝、广惶恐叩头死罪死罪。
>
> 月十二日丁巳白（背）

J1③：129 号文书的内容，是一份报告县内调查情况的文书。而 J1③：325-4-43 号文书的内容则不但包括报告县内调查情况，如记载的"谨籍少所有物，右别如牒。"其还有附加的文件。此处可见编缀的纽迹掩盖了文字，也许是后来加以编辑而成的。

那么，我们究竟因该如何理解长沙吴简中的"白"式文书呢？根据现今出土的长沙吴简，围绕着《竹简（四）》中的"白"式文书有着大量的研究成果。① 我们以如下编号3904①的木牍为例：

> 从掾位刘钦叩头死罪白。谨达所出二年税禾给贷民为三年种粮，谨罗列人名为簿如牒。请以付曹拘校。钦惶怖叩头死罪死罪。
>
> 诣　仓　曹
>
> 八月四日白（四·3904①）

这里与五一广场简牍做一个比较，来简单梳理一下其中的使用方法：

第一，迄今关于长沙吴简中"白"式文书的争论点在于，从五一广场简牍可以看到其并不是（1）类年月日与"某白。……年月日白"的格

---

① ［日］伊藤敏雄：《長沙吳簡中の「叩頭死罪白」文書木牘》中有列举王素、宋少华、何旭红、胡平生等人的研究成果。

式，而全部都是（2）类"某叩头死罪白。……叩头死罪死罪。月日白"的格式。这种倾向也许是因为长沙吴简残留了竹简簿籍相关的部分内容。

第二，五一广场的简牍中有编缀的痕迹，所以有可能还有其他资料与其内容相串联。（1）类的形式中，编号J1③：325-1-103和J1③：325-5-21文书属于"如牒"式，（2）类的形式中，编号J1③：325-4-43文书属于"如牒"式，其中都记录了附记文书的存在。可是五一广场简牍中，未必能看出竹简册书中簿籍的功能。编号J1③：169号文书中有王纯的供述。另外，如"如牒""谨移"等表示有附加文书作为附件的语句，在有"敢言之"格式的文书中也能找到。因此，长沙吴简所见的其传递的功能，并不能推断为整个东汉与孙吴时代所有"白"式文书都具有的全体特征。

第三，五一广场简牍与长沙吴简中的"白"式文书，都具有县级内部政务部署使用文书的性质。另外两者的"白"式文书虽然都体现出一点紧急性，但都不是上呈给上级长官的正式公文。长沙吴简中，有一部分会有"诣某曹"的文字。那么如果考查"白"式文书的共通点，可以推断，县级内部政务部署中在申请委托的时候，"白"式文书是作为一种简略的呈报文书。这一点正如关尾史郎氏指出的，其功能与作为一种官府内部使用的上呈文书的用法是一致的。根据这样的推测，"白"式文书既然是一种公文书，其使用较为郑重其事的语气书写也是可以理解的了。

那么"白"式文书中的"白"，又有什么样的渊源呢？关于这一点就成了汉简使用方法的一条重要线索。① 汉简中，有"某白"的语句。还有书信中，有"再拜白"的语句。金关汉简第73EJT23：897号中，关于在私用旅行过程中的信息传递，在木简的背面有"啬夫赏白君门下"这样的文字。这是肩水金关的官吏们在文书传递过程中的用句。另在金关汉简第73EJT37：1065号文书中也有使用"白发"作为专递语句：

永始五年闰月己巳朔戊寅橐他守候护移肩水金关遣令史

---

① ［日］藤田胜久：《漢代簡牘的文书处理与"发"》，黎明钊编《汉帝国的制度与社会秩序》，Oxford Unxersity Press（China）Limited，Hong Kong，2010。

吕凤持传车诣府名县爵里年姓如牒书到出入如律令

　　　　　　　　　　　　　　　　　　　73EJT37∶1065A

张肩塞尉　　　　　　啬夫钦白发

闰月壬申□以来　　君前　／令史凤尉史敞　73EJT37∶1065B

　　像这样在中间使用"白发"作为文书传递语句的用法，在五一广场东汉简牍中以"白开"的形式被继承下来。《选释》006（J1①∶92B）、019（J1②∶124）、028（J1③∶315B）、050（J1③∶325-1-105B）、068（J1③∶325-4-54B）、070（J1③∶325-5-9B）、106（J1③∶325-1-45B）、107（J1③∶325-1-54B）、148（J1③∶263-1-14B）篇中，背面的中段用"史　白开"来传递；《选释》153（J1③∶263-32B）中则使用"待吏　白开"。如此，作为文书转接的"白"的用法，或者也可以说其与希望传递文书的县级内部所使用的"白"式文书的用法有共通之处。关于这一点，则有必要对长沙郡的文书行政进行更深入的探讨。

结　　语

　　东汉三国时代的地方史，对于理解地方政府的运行和社会结构有着重要的作用。在赤壁之战前后，尤其是围绕着荆州的争夺以及南郡、长沙郡的统治权问题，成了当时最重要的课题。本文中，以《三国志》所记载的内容作为社会大背景，讨论了曹操、孙权与刘备的军事根据地的问题，又以出土资料为依据对东汉时代以及三国吴的长沙郡的文书行政选择了一个侧面进行讨论。其中的主要观点与结论，汇总如下。

　　第一，在拥立了汉献帝之后，曹操从建安元年（196）起一直到建安十二年（207），将华北地区的郡县基本收归为自己的领地，并着手将其经营为自己的军事大后方。到了建安十三年（208），荆州的刘琮归降之时，其已经能为自己的军队提供充足的军粮和人力补给。孙权则在建安五年（200）继承了兄长孙策的基业，控制了江南地区。与此相对，刘备直到建安十二年（207）请出了诸葛亮，赤壁之战前都一直没有自己固定的政权领地，只不过是一个与荆州刘琦合作的军事集团。而刘备获得自己的领地则要等到赤壁之战后，其从孙权处借得了零陵、桂阳、长沙三郡的土地。此后，刘备攻入益州，并将荆州西部南郡、零陵、武陵三郡的大片土地纳入自己版图，而东部的长沙、江夏、桂阳三郡则归孙权所有。这样一来，三分天下的策略就不仅仅包含当时重要的战争，也包括了各个军事集团争夺自己的根据地并把各郡县纳入自己的领地进行切实有效的地方行政运营这样重要的课题。

第二，与荆州争夺相关的地区中，长沙郡在东汉时代户口数增加。而记录了东汉时代地区行政情况的，是长沙五一广场东汉简牍与东牌楼东汉简牍。然后针对汉代的文书行政，包括密封的册书与觚形的檄等文书的传递，以及东汉时代拥有檄一样功能的简牍进行了讨论。确认了像这样的简牍所具有的一些特性，包括其当初书写完毕后是被密封起来传递，而在收信人接收了文书之后，其内容又会被公开等。

第三，五一广场简牍与三国长沙吴简中有书写"敢言之"的文书，其在县级对外文书内部文书中都会被使用，可以断定是继承了汉代文书格式的极具正式性的上呈文书。可是东汉三国时代的"白"式文书基本都仅仅用于县级内部政令部署的传达。这一特点，一般伴随着编缀的刻痕，以及伴有附加文书的情况一同出现，但原则上并不作为册书清单的功用。而从两种文书的共通点看，在县级内部的政令部署中要申请代办时，推测都是使用作为简略式的上呈文书格式，即"白"式文书。另外，关于"白"式用法的渊源，笔者认为其可能与汉简中在文书的传递过程中需要专呈时书写"白发"有所联系。

如上所述，本文围绕赤壁之战的意义，考察了作为各军事集团根据地基础的长江流域郡县的运营情况。特别针对东汉时代与三国吴的长沙郡，根据讨论出土资料指出了一些新的文书行政的特点。今后，笔者将继续对长沙五一广场东汉简牍及长沙吴简进行分析，希望进一步接近东汉三国时代的地区行政的真实情况。

长沙走马楼吴简所见"取禾""贷禾"简再探讨

中国社会科学院历史研究所　　戴卫红
出土文献与中国古代文明研究协同中心

在长沙走马楼吴简中,有一类格式相对固定的简,其内容是关于某丘居民"取禾""贷禾"情况,它的基本格式是:"取禾者(大男、大女、县吏等)一(二)夫取(贷)禾＊斛居在某丘。"对于这一类简的性质,目前学术界有两类不同意见。2006年魏斌在《走马楼所出孙吴贷食简初探》一文中认为"取禾"简可以与贷食出米的"莂"可资比较,并将"取禾简"包含于文末的附录"贷食简释文一览"中,归纳了取禾简的两种格式,一种是取禾时类似于"莂"的记录简,一种是每日某乡某丘取禾者的总计简。[①]与此意见相类,于振波认为"取禾"一词当指从官府领取粮食或种子,而不是从官府缴纳租税。[②]谷口建速认为"出禾"簿以乡为单位制作,"禾"的贷与、返还有乡的存在。集计简是乡的下级行政单位——"丘"为单位统计,集计记录只在"取禾"簿看到。"禾"的贷与对象大部分是一般民众,少部分是户主为新吏、县吏的户,跟"贷食"对象一样为吏民。

---

① 魏斌:《走马楼所出孙吴贷食简初探》,《魏晋南北朝隋唐史资料》2006年第23辑。

② 于振波:《再说吴简中的丘》,载卜宪群、杨振红主编《简帛研究二〇〇六》,广西师范大学出版社2008年版,第291页。

"禾"的贷与额度与"夫"的人数不对应，夫的人数的增减不与贷与额度相对应说明其不是食料为目的而是生产为目的。基本贷与额度是一户一斛。从"贷"禾、"取"禾一户一斛的基本贷与额与返还额的记录看，极有可能是不收利息的。为了避免民贷出的"贷米"在返还的时候重复收取，在账户上有严格的区别和管理。① 另一类意见即沈刚在其2012年论文中认为的"这是集中在某丘的服役者定期（半月或一个月）向仓领取粮食的记录，这些服役者也是以丘为单位集体征发的。它反映出孙吴政权征发徭役的具体形态，对深入了解中国中古早期国家对社会力役资源的控制形式具有重要意义"。"贷禾"简可能是服役者提前支取口粮的记录。②

本文将在前贤研究的基础上，搜集竹简壹至柒中关于"取禾"及其相关的"贷禾"简，研究其格式、性质和功用。

一 "取禾简"再探讨

在竹简壹、贰、叁、肆、柒中有一些散落的竹简，它们的格式基本上为"取禾者一夫取禾＊斛居在某丘"。在这些取禾简中，取禾者的身份有大男、大女、私学、县吏等；取禾者"一夫"的数量有些简上为"二夫"；而取禾的数量有"一斛""一斛五斗"等。而"居在某丘"的信息明确表明此处的"丘"为其居住地。因为竹简零散，很多简都有残断，现根据简面的内容，依次将竹简［壹］［贰］［叁］［肆］［柒］③ 中简面上明确有"取禾"二字的简整理如下：

---

① ［日］谷口建速：《長沙走馬樓吳簡にみえる"貸米"と"種粮"——孫吳政權初期における穀物貸与——》，《史観》第162册，2010年，第43—60頁。
② 沈刚：《走马楼三国吴简所见"取禾简"解析》，《中国农史》2012年第2期，第137—142页；又见沈刚《长沙走马楼三国竹简研究》，第五章《"取禾"简解析》，社会科学文献出版社2013年版，第53—62页。
③ 本文引用的吴简，若无特殊，均引自长沙文物考古所、中国文物研究所、北京大学历史系走马楼简牍整理组：《长沙走马楼吴简·嘉禾吏民田家莂》；长沙文物考古所、中国文物研究所、北京大学历史系走马楼简牍整理组：《长沙走马楼三国吴简·竹简》［壹］；长沙简牍博物馆、中国文物研究所、北京大学历史系走马楼简牍整理组：《长沙走马楼三国吴简·竹简》［贰］、［叁］、［肆］、［柒］，文物出版社1999、2002、2006、2008、2010、2014年版。

1. 右平乡□□□丘三人取禾三斛　居在□丘（壹·941/2①）

2. 大男□□二夫取禾一斛　居在□丘（壹·942/2）

3. 郡□师②□□二夫取禾一斛　居在□丘（壹·943/2）

4. 新吏□□二夫取禾一斛☑（壹·949/2）

5. 大女陈□取禾一斛　居在□丘（壹·958/2）

6. ☑禾一斛　居在□丘（壹·962/2）

7. 大男□□一夫取禾一斛　居在□丘（壹·963/2）

8. ☑……取禾十斛……（壹·969/3）

9. ☑夫取禾一斛……（壹·981/3）

10. 右③平乡□□□丘五人取禾三斛☑（壹·995/3）

11. 大女□□取禾一斛☑（壹·997/3）

12. ☑男谷□④一夫取禾□☑（壹·1009/3）

13. 大男苍牛一夫取禾一斛☑（壹·1055/3）

14. ☑二夫取禾一斛☑（壹·1102/3）

15. ☑取禾七斛☑（壹·1103/3）

16. ☑取禾二千□百廿斛五斗一升　（壹·1520/5）

竹简壹中的 16 支取禾简，除简 16 来自采集简的第 5 盆外，其余均来自采集的第 2、3 盆中。其中简 5、6、7、9、11、12、13 等 7 支为"一夫取禾一斛"细目简，取禾者的身份有大女、大男；简 2、3、4、14 等 4

---

① 因为竹简壹、贰、叁为采集简，其所在的盆号对研究也有很大的意义，因此在所引竹简壹、贰、叁中的简均标注其盆号。"壹·941/2"中"壹"为竹简壹，"941"为简号，"2"为盆号，以下简例相同。
② 整理小组注释："师"上□右半残缺，左半从"女"。
③ 整理小组注释："右"上原有墨笔点记。
④ 整理小组注释："谷"下□右半残缺，左半从"纟"。

支为"二夫取禾一斛"细目简,取禾者的身份有大男、郡□师、新吏。从取禾者的身份和数量上看,他们之间没有严格的对应关系。

另外 5 支简中,简 1 "右平乡□□□丘三人取禾三斛　居在□丘(壹·941/2)"为平乡某丘取禾的小计简,简面"三人取禾三斛",因此可知统计的这三人均为"一夫取一禾";简 10 也为平乡某丘取禾的小计简,"五人取禾三斛",因此这里存在二夫取禾一斛的情况。而简 8、15 取禾的数量为十斛、七斛,从其数量来推测可能和简 1、11 为性质相类的小计简;而简 16 中取禾的数量多达二千多斛,由简 1、8、10、15 这样的小计简来推测,简 16 可能是对多乡取禾的总计。

竹简贰中的"取禾"简见于下:

17. ☑取(?)禾(?)三斛　居在□□丘(贰·2511/17)
18. ☑……取禾三斛☑(贰·2625/17)
19. ☑私学烝硕一夫取禾一斛☑(贰·9024/21)
20. ☑淦(?)丘民五人取禾五☑(贰·9033/21)

竹简贰这 4 支取禾简中,2 支属于采集简的第 17 盆,2 支属于 21 盆。简 20 是对淦丘取禾人名数量的小计,与简 1、10 性质相同。从现在已公布的简来看,淦丘可能属于小武陵乡。从取禾数量来看,简 17、18 也可能是取禾的小计;简 19 是取禾的细目简,取禾者的身份为"私学"。烝硕一名,还见于《嘉禾吏民田家莂》五·一二八"平攴丘男子烝硕"、五·二〇五"石下丘男子烝硕",竹简壹·4513"枯于丘烝硕"、肆·1050"东乡旁丘大男烝硕",此四人的身份为男子、大男,因此与简 10 中的私学烝硕不是同一人。

竹简叁中的"取禾"简如下:

21. 大男周众……　取禾一斛　☑　(叁·2/23)
22. 大男潘详一夫取禾一斛　☑(叁·5/23)
23. 大男谢立一夫取禾一斛　居在　☑　(叁·7/23)

24. ☐取禾一斛　居　在　敷　丘　（叁·18/23）

25. 大男吴☐①取禾一斛　☐　（叁·24/23）

26. ☐☐☐一夫取禾一斛　☐　（叁·28/23）

27. 大男陈☒一夫取禾一斛☐　（叁·35/23）

28. 新吏邓栋二夫　取禾一斛　☐　（叁·39/23）

29. 大男潘苌一夫取禾一斛　☐　（叁·41/23）

30. ☐取禾一斛　居　在　椞　丘　（叁·42/23）

31. 大男吴浍（？）一夫取禾一斛　☐　（叁·53/23）

32. ☐☐达　取禾一斛　☐　（叁·54/23）

33. ☐　取禾一斛　☐　（叁·56/23）

34. 右平乡巾竹丘民七人　取禾七斛　☐　（叁·62/23）

35. 大　男☐陈一夫取禾一斛　☐　（叁·293/23）

36. ☐一　夫取禾一斛　☐　（叁·294/23）

37. 取和②一斛☐　（叁·326/23）

38. 取禾一斛五斗　居　在　木　氏　丘　（叁·457/23）甲③

39. 大男李息一夫　取禾二斛　居　在　刘　里　丘　（叁·6296/36）

40. 吴昌烝金一夫　取禾一斛　居　在　平　安　丘　（叁·6301/36）

41. ☐取禾一斛　居　在　石　唐　丘　（叁·6340/36）

42. 大男黄赤一夫　取禾二斛　居　☐　（叁·6343/36）

43. 大男殷猾一夫　取禾二斛　居　☐　（叁·6389/36）

44. 大男谢☐一夫　取禾　（叁·6497/37）

45. ☐一夫　取禾一斛　（叁·6523/37）

46. ☐李☐一夫　取禾一斛　☐　（叁·6557/37）

47. 县吏黄讳二夫　取禾一斛☐　（叁·6752/37）

---

① 整理小组注释："吴"下☐左半残缺，右半为"昌"。
② 整理小组注释："和"应为"禾"之误。
③ 整理小组注释：从本简拆出457乙，但均残存半字，不可识。

48. 大男郑□一夫　取禾一斛☒　（叁·6761/37）

49. 大男谢览一夫　取禾一斛　☒　（叁·6787/37）

50. ☒二夫　取禾二斛　☒　（叁·6827/37）

51. 大男烝霸一夫　取☒　（叁·6852/37）

52. ☒取禾二斛　☒　（叁·6859/37）

53. 大男□□一夫　取禾一斛　☒　（叁·6882/37）

54. 雷□一夫　取禾☒　（叁·6893/37）

55. 吏黄阶二夫　取☒　（叁·6945/37）

56. ☒取禾一斛　居　☒　（叁·7065/37）

57. 大男黄宋一夫　取禾☒　（叁·7080/37）

58. 大男烝举一夫　☒　（叁·7095/37）

59. □一夫　取禾一斛　☒　（叁·7100/37）

60. □□□一夫　取禾☒　（叁·7102/37）

61. 大男谢双一夫　取禾☒　（叁·7104/37）

62. ☒取禾一☒　（叁·7130/37）

63. ……　取禾一斛　居☒　（叁·7146/37）

64. ☒取禾一斛　居　在　石　下　丘　（叁·7751/38）

　　竹简叁的 44 支取禾简中，简 21 到简 38 共 18 支简属于采集简的 23 盆，简 39 到简 43 共 5 支简属于第 36 盆，简 44 到简 63 共 20 支简属于第 37 盆，简 64 属于第 38 盆。在这 44 支竹简中，简 34 为平乡巾竹丘民七人取禾的小计简，而其他简均为细目简。

　　竹简叁"取禾"简中，关于取禾者的身份和取禾的数量，比竹简壹、贰"取禾"简中体现出来的更为复杂。竹简叁中的取禾者，简 23 中的大男谢立，还见于简叁·511"☒月廿日巾竹丘男子谢立关邸阁董基☒"和简叁·5537"☒巾竹丘谢立付三州☒"，联系到简 34 为平乡巾竹丘取禾的小计简，可以肯定简 23 的谢立居于"巾竹丘"。简 39 中居于刘里丘的"李息"，还见于《嘉禾吏民田家莂》四·四六六"刘里丘男子李息"。简 42 中缺居于某丘的黄赤也见于《嘉禾吏民田家莂》四·四七八和五·八九一，为"刘里丘男子"黄赤。简49中缺居于某丘的谢览，见于《嘉禾吏民田家莂》四·二三五"利丘男子"，还见于《嘉禾吏民田家莂》五·八一八，为"资丘男子"，因此不能肯定其居于何丘。简61中缺居于某丘的谢双，见于《嘉禾吏民田家莂》五·三二二，为"利丘男子"，还见于竹简壹·4408"舞丘谢双"，因此谢览、谢双不能确定居于何丘。

取禾者的身份除大男外，还见"县吏""新吏""吏"。简47中的县吏黄讳，其居于何丘的信息缺失，在嘉禾吏民田家莂中有"石下丘县吏黄讳"：

  石下丘县吏黄讳，佃田卅二町，凡卅二亩，皆二年常限。其二亩……定收卅亩……准入米……

嘉禾吏民田家莂：〇·一二

在竹简壹中还有"唐下丘县吏黄讳"：

  入桑乡嘉禾二年税米二斛六斗三升胄毕〓嘉禾二年十月廿九日唐下丘县吏黄讳关邸阁董基付三州仓吏郑黑受   壹·7436/13

在以上两支简中，县吏黄讳一在"石下丘"，一在桑乡的唐下丘。因此不能肯定其所居之丘。

简55中的吏黄阶，居住地点也缺失。在竹简中有9枚简均为下文格式：

  出黄龙三年税米一百七十斛七斗七升被吏黄阶敕付大男胡乌运诣州中仓乌以嘉禾   叁·1323

以上简文中没有交代黄阶的其他信息，还有两枚简载东乡县吏黄阶：

  □乡县吏黄阶租米四斛□   叁·5198
  入东乡县吏黄阶限米四斛五斗胄毕〓嘉禾元年十一月十六日音□

（肆·2136）

若东乡县吏黄阶即为简 55 中的"吏黄阶"，那么我们可以推测这枚简便是东乡某丘取禾简的细目。

取禾者的数量，除竹简壹、贰中所反映出来的"一夫"外，还有"二夫"，如简 47、50、55。取禾的数量，除一夫取"一斛"外，还有一夫取禾"二斛"，如简 39、42 和 43，这三支简的取禾者均为大男；另外简 38 上记录"一斛五斗"，不过这支简前面部分关于取禾者的身份和人数已不能确认。

以下为竹简肆中的"取禾"简：

65. ☑ 一夫取禾一斛（肆·3483）
66. ☑ 一夫取禾一斛（肆·3485）
67. 大男谢熹 一夫取禾一斛（肆·3488）
68. 大男卢战 一夫取禾一斛（肆·3562）
69. 大男烝众 一夫取禾一斛（肆·3596）
70. ☑ 一夫取禾一斛（肆·3613）
71. 大男侯表 一夫取禾一斛 ☑（肆·3631）
72. 大男烝廉 二夫取禾一斛 ☑（肆·3673）
73. ☑ 一夫取禾一斛（肆·3681）
74. 乡佃田掾烝若谨列所出禾人名如牒 ☑（肆·3692）
75. □□蔡就 一夫取禾一斛（肆·3701）
76. ☑ 一夫取禾一斛（肆·3705）
77. 大男烝裛 一夫取禾一斛（肆·3736）
78. 大男蔡讳 二夫取禾一斛 ☑（肆·3843）
79. 大男谢羊 二夫取禾一斛 ☑（肆·3844）

在以上 15 支简中，有 14 支简为记录取禾者身份姓名、取禾数量的细目简，它们有一个共同特点，即他们的下半部分的字迹磨灭，因此不像竹简壹、贰"取禾"简一样，有"居在某丘"的记录。简 72、78、79 中为"二夫取禾一斛"，其取禾者为大男。

而另外一支，即简 74 "乡佃田掾烝若谨列所出禾人名如牒"，为一枚标题简，表明其为一份"牒"文。在文书书写上，与大男、大女、吏等人"取禾"相对应，乡佃田掾烝若所列"出禾"人名。"佃田掾"很少见于竹简中，另一简例为"都乡佃田掾□☒（肆·1597）"，多记为"典田掾"。顾名思义，"乡佃田掾"负责乡土地以及佃种等事宜。沈刚认为，"典田掾并不是专门负责乡里田地登记、土地管理等类似汉初田部等诸多事宜，而是在某一特定时间登记户品纳钱这一和乡里有关事务"①。在嘉禾吏民田家莂、竹简壹、贰、叁、肆、柒、捌中，"烝若"这个人名出现多次。在嘉禾吏民田家莂五·一二五、五·四八一中，为平支丘男子、函丘男子，这两枚吏民田家莂中缴纳米的时间同在嘉禾五年（236）的十一月，可以推定这两个名为"烝若"的缴纳者并非同一个人。竹简壹、贰中有"模乡典田掾烝若"：

嘉禾五年十二月十八日模乡典田掾烝若白（壹·2697）
禾三年二月十八日模乡典田掾烝若白（贰·6844）

竹简贰中有"领主簿烝若"：

领主簿烝若省正月廿九日白（贰·7231）

竹简叁中有"平乡吏烝若"：

入平乡吏烝若备五年税米廿四斛三斗胄毕〓嘉禾二年正月十三日栗丘烝山关邸阁董基付三州仓吏谷汉受　中（叁·3743）

竹简肆中有"掾烝若"：

君教若　丞◎如期会掾烝若录事掾陈　旷校

---

① 沈刚：《试论长沙走马楼吴简中的乡吏》，《湖南省博物馆馆刊》2010 年第 7 辑，第 386 页。

兼主簿刘　恒省　十二月廿一日从史位周基所举私学□□正户民不应发遗事修行吴□主（肆·4850①）

烝若有可能便是竹简壹、贰中"模乡典田掾"。若烝若为模乡典田掾，那么简74则是模乡佃田掾烝若负责的出禾人名的标题简，而与之相关的便是模乡取禾人的细目简。

以下是竹简柒中"取禾"的竹简：

80. 大男潭凌一夫　取禾一斛五斗　居　在　两　□①　丘（柒·4363）

81. 大男谢狗一夫　取禾二斛　居　在　白　石　丘（柒·4369）

二简中一夫取禾的数量一个为"一斛五斗"，一个为"二斛"，与之前"一夫一斛"的数量不同。

沈刚认为"夫"在秦汉魏晋文献中指代劳动力，是指能够为国家服役的正丁。他将这种用法移植到取禾简中，认为大男、县吏、私学与新吏、师佐等取禾之夫为政府服劳役之劳动力，对于出现的"大女"，他认为一种解释是大女需要服劳役，另一种解释是，这些大女是服役者的家属，本身并不是服役者。因此他认为取禾简"是集中在某丘的服役者定期（半月或一个月）向仓领取粮食的记录，这些服役者也是以丘为单位集体征发的"。② 这种说法存在一些疑点。一方面，各细目简中记"一（二）夫 取禾 * 斛"但在小计简1、10中，均记录"某乡某丘 * 人取禾 * 斛"。若如沈文所说为服役者，细目简中记"夫"，而为什么小计简却统称为"人"呢？若我们仔细观察简文，就会发现大男、县吏、吏、新吏、私学取禾时，均记为"夫"，而涉及大女时，只记"大女取禾一斛"，中间并没有关于"夫"的标注。因此在小计时，既有沈文中"为国家服劳役的劳动力"，也有大女，便使用了"人"这一称谓。而这一称谓

---

① 整理小组注释："两"下右半残缺，左半从"月"。
② 沈刚：《走马楼三国吴简所见"取禾简"解析》，第139页。

便将服劳役与否与"取禾简"的性质之间的关系割断了。

另一方面,在简1、10、20、34这种小计简中,"右平乡□□□丘三人取禾三斛""右平乡□□□丘五人取禾三斛""淦(?)丘民五人取禾五⊘""右平乡巾竹丘民七人",各丘取禾之人都比较少,那么一个丘向国家缴纳租赋、服劳役的劳动力大概有多少呢?我们根据《嘉禾吏民田家莂》中嘉禾四年(235)、五年(236)某丘向孙吴缴纳粮食的"莂"中统计了每丘大男、大女的数量,见表1。

表1

丘名	年份	缴纳租赋人数	丘名	年份	缴纳租赋人数
林溲丘	嘉禾五年	27	平丘	嘉禾五年	1
朴伻丘	嘉禾五年	13	浸丘	嘉禾五年	1
鹘丘	嘉禾五年	12	旁丘	嘉禾五年	1
上伻丘	嘉禾五年	2	东薄丘	嘉禾五年	4
波丘	嘉禾五年	1	弹溲丘	嘉禾五年	38
绪中丘	嘉禾五年	1	弦丘	嘉禾五年	42
杨丘	嘉禾五年	1	□丘	嘉禾五年	14
温丘	嘉禾五年	19	里中丘	嘉禾五年	11
龙丘	嘉禾五年	13	梦丘	嘉禾五年	29
松田丘	嘉禾五年	26	平乐丘	嘉禾五年	40①
度丘	嘉禾五年	26	捞丘	嘉禾五年	10
上俗丘	嘉禾五年	31	三州丘	嘉禾五年	10
何丘	嘉禾五年	10	横溪丘	嘉禾四年	1
下俗丘	嘉禾五年	11	平支丘	嘉禾四年	17
南彊丘	嘉禾五年	10	中唅丘	嘉禾四年	20
锡丘	嘉禾五年	2	下伍丘	嘉禾四年	25
绪丘	嘉禾五年	2	石下丘	嘉禾四年	24
区丘	嘉禾五年	26	伻丘	嘉禾四年	25
□丘	嘉禾五年	15	杨溲丘	嘉禾五年	26
上□丘	嘉禾五年	23			

① 另有3人缴纳租赋年份不详。

虽然在《嘉禾吏民田家莂》中，横溪丘只有1名男子缴纳租赋，但在竹简都乡调布簿书中，还见6个横溪丘男子缴纳布；在嘉禾吏民田家莂中"上伻丘"只有2个男子缴纳租赋，但在竹简壹至柒中，至少还有4个广成乡上伻丘男子交纳米、钱；"锡丘"见于竹简中还有9处。因此表1中缴纳租赋的大男在7个以下的丘，在数据统计中可能是不完全的。一个丘缴纳租赋的男子，也即向国家服劳役的劳动力在10—30人之间，多者在40人以上。从平乡某丘"三人""五人""七人"取禾的小计简可见，某丘取禾人数并不是这个丘的缴纳租赋的劳动力总人数。因此，将"取禾简"看成"集中在某丘的为国家服劳役的劳动力"定期向仓领取粮食的记录，恐怕不能成立。

关于取禾简的性质，我们首先不能忽略所谓"禾"的意义。《说文解字》禾，"嘉谷也。二月始生，八月而孰，得时之中，故谓之禾。"禾，不是一般的粮食，在吴简中经常被用作种粮：

从掾位刘钦叩头死罪白　谨达所出二年税米禾给俴（贷）民为
三年种粮谨罗列
人名为簿如牒请以付曹拘校钦惶怖叩头死罪死罪
　诣　金　曹
八月四日白（肆·3904①）

简肆·3904①中将二年的税米禾给贷平民作为三年的种粮，以作生产之目的。上引竹简肆·3483、3485相邻的简文如下：

☑户下品过年佃种遇旱三分收一　☑贷户三斛先给种一斛（肆·3482）
　　☑　其廿一斛佃种禾（肆·3484）

从内容上看，这两支简是分属于两个不同的册书，但是均与种粮有关。简肆·3482是因遇旱灾减产而贷给户下品种粮，简肆·3484是关于"佃种禾"的。

以上分析了竹简［壹］［贰］［叁］［肆］［柒］中的"取禾"简，

它们的格式基本上为"取禾者一夫　取禾＊斛　居在某丘"。其中，取禾者的身份不仅有大男、大女，还有私学、县吏、新吏、吏等；取禾者为"一夫"或"二夫"；而取禾的数量有"一斛""一斛五斗""二斛"等。从仅存的"取禾"简来看，取禾的原因，归还"禾"时是否需要缴纳利息还并不清晰。

二　"贷禾"简再探讨

在竹简贰和竹简叁中还有一部分"贷禾"简，其简文格式为"贷禾者身份姓名　一夫贷禾一斛 居在某丘"，与取禾简基本相同，有的简上省略了"禾"字。

82. ·右夫里领贫民十八人贷食官禾合十八斛☐☐（贰·9036）
83. 大男烝☒一夫贷一斛　（贰·9056）
84. 大男李息 一夫贷（？）一斛（贰·9065）
85. ☐仙一夫贷一斛　　居在（贰·9069）
86. 大 男 谢逢（？）一夫贷禾一斛　　☐（贰·9074）
87. ☐☐一夫贷（？）一斛　　居在☐☐丘（贰·9089）
88. 大男潘旻　一夫贷禾七斗　　居在（贰·9091）

竹简贰的 7 支贷禾简中，简 82 以"右"字开头，右字上有墨点标记；从内容上看，记录的是夫里贫民十八人贷食官禾十八斛的人名数量，人均一人一斛，从形制和内容上看为一支小计简。这一点为我们搞清楚简 82 及其相关简的性质至关重要。简中贷禾的人是夫里贫民，这明确表明贷禾的原因为民贫，他们所贷为"官禾"，因此这也可归于"贷食简"一类。与"取禾简"中"右"开头小计简以"某乡某丘"的小计单为不同，此处以"里"为小计单位。但因为简 82 后部分简文残断，是否与简 1"右平乡☐☐☐丘三人取禾三斛 居在☐丘"格式相同，至今尚不能确认。但在简 85、87、88"贷禾（一）斛"后均有居在某丘的记载。从贷禾数量看，简 83 至简 87 均显示为"一夫贷一斛"，而简 88 为一夫贷禾七斗。

竹简叁中有关"贷禾"简如下：

89. 大男烝☐ 一夫贷一斛　☐☐☐☐　（叁·1/23）

90. 乡界立起波溏合一百卌八人并有饥穷☐除未讫出杂禾一百卌八斛给（？）☐☐（叁·6/23）

91. ☐ 夫贷禾一斛　居 在 敷　丘（叁·8/23）

92. ☐男 涂直 贷禾一斛 ☐（叁·11/23）

93. ☐中乡☐贷……五十三斛☐（叁·12/23）

94. ☐☐贷一斛　居 在 ☐（叁·13/23）

95. 大男烝汝贷一斛　☐（叁·14/23）

96. 大男郑观 一夫贷一斛　☐（叁·21/23）

97. ☐☐ 一夫贷一斛 居☐（叁·22/23）

98. ☐☐主 一夫贷一斛（叁·26/23）

99. 大男黄柱 贷禾一斛（叁·38/23）

100. ☐☐广成平模桑乡所出禾给贷民草枚数☐☐ ☐（叁·57/23）

101. 大男黄缲 一夫贷一斛　☐（叁·65/23）

102. ☐贷一斛 ☐（叁·68/23）

103. 大男烝虞 贷禾一斛 ☐（叁·70）

104. 大 男 黄☐ 一夫贷一斛 ☐（叁·109/23）

105. ☐夫贷一斛 ☐（叁·144/23）

106. ☐贷 一 斛　居☐（叁·158/23）

107. 一夫贷一斛　居 在　☐☐（叁·260/23）

108. 大 男☐☐一夫贷一斛 ☐（叁·291/23）

109. 大男烝鼠 一夫贷一斛 ☐（叁·295/23）

110. ☐①一夫贷禾一斛 ☐（叁·297/23）

111. 大男谢苏 一夫贷一斛 ☐（叁·301/23）

112. 大男陈迁 贷禾一斛 ☐（叁·312/23）

---

① 整理小组注释：第一☐左半残缺，右半从"攵"；第二☐左半残缺，右半从"页"。

113. ……贷禾一斛 居 在□□丘 （叁·1245）

在竹简叁 1-68、291-312 这两个部分的简中，"贷禾"简与"取禾简"互相掺杂。而简 90 "乡界立起波溏合一百卌八人并有饥穷□除未讫出杂禾一百卌八斛给（？）□☑（叁·6）"对认识"贷禾"简的性质至关重要。其中"除"上的"□"，简作"茯"，为"茠"，《唐韵》同薅；《说文》薅，或从茠；《诗·周颂》以薅荼蓼。《疏》薅，或作茠。这支简记录了某年因为乡界建造波溏，有一百四十八人饥穷，还未进行薅除，从而出杂禾一百四十八斛给这些贫民。这支简明确说明出禾的原因、对象以及出杂禾的数量，一共有 148 人得到了共 148 斛的杂禾，因此平均一人得到一斛。而在与它相邻的简中，除了"一夫取禾一斛"的细目简，还有"一夫贷一禾"的细目简。联系到三国吴简中一系列贷食种粮、禾给贫民和屯田民的竹简，有充分的理由认为这支简便是官府给贷"杂禾"给 148 名因乡界立起波溏而造成饥穷的贫民的总计简或标题简。

由于是"乡界"建造波溏造成饥饿穷困从而出禾给贷贫民，因此涉及的贫民便不局限于一个乡，可能有好几个乡的多个居住区域受到影响。从残留的简 85、87、88、91、94、97、106、107、113 看，贷禾简中，仍记录某人居于何丘的信息。因此，出贷禾簿书由多个乡不同丘的不同身份人贷禾的细目简以及不同乡不同丘的小计简组成。

简 93"五十三斛"的贷禾数量来看，是一支小计简，可能是中乡贷禾数目的小计。简 100"☑□广成平模桑乡所出禾给贫民莫枚数□□☑"中涉及广成乡、平乡、模乡和桑乡至少四个乡出禾给贫民的总计简。其余 11 枚细目简中，贷禾人的身份均为"大男"。在简 92、95、99 中，虽然贷禾人为"大男"，但缺失了"一夫"这样的信息，有可能是漏写。

竹简肆中的"贷禾"简见之于下：

114. □□□□民贷禾卌斛一斗（肆·4350）

从贷禾的斛数来看，这枚简是一枚小计简，可能是某乡贷禾的小计简。

以上是竹简壹、贰、叁、肆中保存了"贷禾"字样的33枚简，其数量明显少于"取禾"简。其组成也与取禾简的组成一致，因某事贷禾给民，由标题简、细目简、小计简和总计简组成。

在竹简壹、贰、叁、肆、柒中还有一些残留了"居在某丘""禾一斛""大男某某一夫"等信息的简，根据其形制和内容，我们可以肯定这些简属于"取禾"简或"贷禾"简。

115. ……居 在 □丘　（壹·970/3）
116. 在　敷　丘（壹·1048/3）
117. 居 在 敷 丘　（壹·1053/3）
118. □　居　在 新 片（成）①　丘　（壹·1068/3）
119. 在□丘（壹·6187/12）
120. □　在　桐　丘　（壹·6972/12）
121. 居 在 □丘（壹·8095/13）
122. 居 在 桐　丘　（壹·8130/13）
123. 居 在 露 丘　（壹·8132/13）
124. 居 在 阿 丘（壹·8133/13）
125. 居 在 阿 丘（壹·8136/13）
126. 在 露 丘（壹·8531/13）
127. 居 在 （壹·8552/13）
128. 在 区 丘　（壹·8556/13）
129. 居 在 沱 丘（壹·8585/13）
130. 居 在（壹·8591/13）
131. ☐　居在东平丘（贰·9037/21）
132. ☐　居在东 平丘（贰·9038/21）
133. ☐居在☐（贰·9042/21）
134. ☐居在☐（贰·9055/21）

---

① 杨振红先生认为，此处"片"或须应该释为"成"，从释文和简例来看，释为"成"更可取。详见杨振红《长沙吴简所见临湘侯国属乡的数量与名称》，载卜宪群、杨振红主编《简帛研究二〇一〇》，广西师范大学出版社2012年版，第142页。

135. ☐禾 一 斛　居　在　淇 ☐　（叁·3/23）

136. ☐一 斛　居　在　☐　丘　（叁·10/23）

137. ☐……　居　在　槳　丘　（叁·17/23）

138. ☐　居　在　平　安　丘　（叁·19/23）

139. ☐……　居　在　平　安　丘　（叁·20/23）

140. ☐……　居　在　淇　丘　（叁·23/23）

141. ☐禾 一 斛　居　在　☐　丘　（叁·31/23）

142. ☐……居　在　淇　丘　（叁·32/23）

143. ☐……　居　在　敷　丘　（叁·36/23）

144. ☐斛　居　在　槳　丘　（叁·37/23）

145. ☐……　居　在　敷　丘　（叁·40/23）

146. ☐禾 一 斛　居　在　☐　丘　（叁·45/23）

147. ☐……　居　在　☐　丘　（叁·46/23）

148. ☐禾 一 斛　居　在　敷　丘　（叁·49/23）

149. ☐☐斛　居　在　平　安　丘　（叁·52/23）

150. ☐……　居　在　敷　丘　（叁·63/23）

151. ☐居　在　上　☐☐　（叁·83）

152. ☐　居　在　☐☐　（叁·88/23）

153. ☐　居（?）在 ☐☐☐　（叁·102/23）

154. ☐斛　居　在　☐　丘　（叁·135/23）

155. ☐　居　在　敷　丘　（叁·151/23）

156. ☐　居　在　莒　浭　丘　（叁·153/23）

157. ☐禾 一 斛　居　在　☐　丘（叁·174/23）

158. ☐一 斛　居　在　石　下　丘　（叁·282/23）

159. ☐居　在　敷　丘　（叁·304/23）

160. 一 斛☐　（叁·309/23）

161. 禾 一 斛☐　（叁·330/23）

162. ☐居　在　淦　丘　（叁·442/23）

163. ……　居　在　石　下　丘　（叁·468/23）

164. ☐一 斛 五 斗　居　在　木　氏　丘　（叁·487/23）

165. 居　在　合　丘　（叁·510/23）

166. 居 在□丘（叁·513/23）
167. 居 在 □① 丘 （叁·612/23）
168. ☒ 居 在 □ 丘 （叁·679/23）
169. ☒居 在 淦丘 （叁·1125）
170. ☒居 在 平 夂 丘 （叁·1141）
171. ☒ 居 在 平 夂 丘 （叁·1156）
172. ☒居 在 平 夂 丘 （叁·1182）
173. ☒在 区 母 丘 （叁·2368）
174. ☒居 在 嬴 卑 丘 （叁·3155）
175. 吴昌烝□一夫 ☒ （叁·6368/36）
176. 大男娄萌二夫 ☒ （叁·6395/36）
177. 石 下 丘 （叁·6441/36）
178. 大男张硕一夫 ☒ （叁·6455/37）
179. 居 在 石 唐 丘 （叁·6466/37）
180. 居 在 □ 丘 （叁·6733/37）
181. 在 劣 丘 （叁·6744/37）
182. 斛 居 在 新 成 丘 （叁·6789/37）
183. 大男烝省一夫 ☒ （叁·6858/37）
184. 县吏□汤三夫 ☒ （叁·6860/37）
185. 大男黄兰一夫 ☒ （叁·6888/37）
186. 大男黄惊二夫 ☒ （叁·6889/37）
187. 县吏烝赟二夫 ☒ （叁·6890/37）
188. 大男烝囊一夫 ☒ （叁·6892/37）
189. 大男□陶一夫 ☒ （叁·6919/37）
190. 大男□钱一夫 ☒ （叁·6920/37）
191. 县吏黄□一夫 ☒ （叁·6946/37）
192. ☒居 在 刘 里 丘（叁·7050/37）
193. 居 在☒ （叁·7090/37）
194. 大男烝举一夫 ☒ （叁·7095/37）

---

① □左半残缺，右半为"召"。

195. ☑在 上 和 丘　（叁·7111/37）

196. ☑居　在☑　（叁·7112/37）

197. 大男李群一夫　☑　（叁·7116/37）

198. 吴仓烝买一夫　☑　（叁·7124/37）

199. 大男烝☐①一夫　☑　（叁·7126/37）

200. ☑在　☑（叁·7139/37）

201. ……　居　在　☐　丘　（叁·7142/37）

202. 居　在　刘　里　丘　（叁·7143/37）

203. ☑在　石　☑　（叁·7781/37）

204. ☑居　在　平　☑　（叁·7834/37）

在以上 90 枚残简中，取禾或贷禾的人除了大男外，还有"县吏"，简 187 中的"县吏烝赟"还见于嘉禾吏民田家莂五·三〇九"利丘县吏烝赟"、竹简壹·7462"东乡谷丘县吏烝赟"、竹简肆·3193"入东乡吏烝赟租米十一斛冑毕〓嘉禾元年十一月廿七日谷☐丘连☐☐"，因此不能肯定此处"县吏烝赟"居于何丘。取禾之人多为"一夫"；另有简 176、186、187 中的"二夫"，还有简 184 中的"三夫"。取禾或贷禾的数量多数为"一斛"，另有简 164"一斛五斗"。涉及的丘有敷丘、新片（成）丘、桐丘、露丘、阿丘、区丘、东平丘、沱丘、淇丘、䅻丘、木氏丘、刘里丘、平安丘、上和丘、石唐丘、淦丘、区母丘、平支丘、莒溭丘、赢卑丘。

三　乡丘关系

在取禾简中，乡和丘有辖属关系，如简 34 "右平乡巾竹丘民七人取禾七斛　☑（叁·62/23）"便清晰地体现了这种辖属关系。在以上 204 支关于取禾和贷禾的简中，明确有居在某丘记载的丘共有 27 个丘，分别是淦丘、敷丘、淇丘、莒溭丘、䅻丘、巾竹丘、木氏丘、刘里丘、平安丘、石唐丘、新片（成）丘、桐丘、东平丘、沱丘、露丘、区丘、阿丘、石下丘、两☐丘、白石丘、上☐丘、平支丘、劣

---

① 整理小组注释："烝"下"☐"右半残缺，左半从"角"。

丘、合丘、羸卑丘、区母丘、上和丘，除了莒浿丘、平安丘、两□丘、上□丘、羸卑丘、劣丘这6个丘暂时未找到对应的乡外，其他丘都有对应的乡。见下表2：

表2

居在某丘	简例	对应乡	简例
1. 淦丘	淦丘民五人取禾五□（贰·9033/21） □居在淦丘（叁·442/23） □居在淦丘（叁·1125）	小武陵乡	入小武陵乡税米三斛胄毕㠯嘉禾元年十一月一日淦丘男子周□（肆·3490）
2. 敷丘	□取禾一斛居在敷丘（叁·18/23） □夫贷禾一斛居在敷丘（叁·8/23） 在敷丘（壹·1048/3） 居在敷丘（壹·1053/3） ……居在敷丘（叁·36/23） ……居在敷丘（叁·40/23） 禾一斛居在敷丘（叁·49/23） ……居在敷丘（叁·63/23） 居在敷丘（叁·151/23） 居在敷丘　（叁·304/23）	桑乡	入桑乡税米一斛胄毕㠯嘉禾元年十一月四日敷丘男子潘丁付三州仓吏谷汉受（肆·1200）
		乐乡	入乐乡私学由阇元年限米十一斛二斗胄毕㠯嘉禾元年十一月六日敷丘大男萌甘付三州仓吏谷汉受（叁·2695）
3. 淇丘	□禾一斛居在淇□（叁·3/23） ……居在淇丘（叁·23/23） ……居在淇丘（叁·32/23）	不明	□毕嘉禾二年十月廿六日淇丘县吏刘□关邸阁董基付三州仓吏郑黑受（壹·4402/11）
4. 莒浿丘	□居在莒浿丘　（叁·153/23）	暂无	
5. 槃丘	□取禾一斛居在槃丘（叁·42/23） ……居在槃丘（叁·17/23） 斛居在槃丘（叁·37/23）	不明	□□㠯嘉禾三年正月八日槃丘大男冯解关邸阁李嵩付仓吏黄讳潘虑（贰·334）

续表

居在某丘	简例	对应乡	简例
6. 巾竹丘	右平乡巾竹丘民七人取禾七斛☐（叁·62/23）	平乡	入平乡子弟限米五斛七斗胄毕〼嘉禾元年十一月十五日巾竹丘男子石袭付三州仓吏谷汉受（肆·1062）
		桑乡	入桑乡税米十七斛胄毕〼嘉禾元年十一月十八日巾竹丘男子烝谩付三州仓吏谷汉受中（肆·2286）
7. 木氏丘	取禾一斛五斗居在木氏丘（叁·457/23）甲 ☐一斛五斗　居在木氏丘（叁·487/23）	不明	☐☐☐☐☐〼嘉禾六年正月八日木氏丘男子吴故关丞睾纪付掾孙　☐（叁·942）
8. 刘里丘	大男李息一夫取禾二斛居在刘里丘（叁·6296/36） ☐居在刘里丘（叁·7050/37） 居在刘里丘（叁·7143/37）	东乡	入东乡三年税米二斛胄毕〼嘉禾元年十一月十四日刘里丘殷赴付三州仓吏谷汉受（叁·2834）
		桑乡	入桑乡嘉禾二年调布一匹三丈七尺〼嘉禾☐年☐月七日刘里丘刘☐付库☐（叁·6476）
		都乡	入都乡嘉禾元年税米廿一斛五斗〼嘉禾二年正月☐日刘里丘力田邓☐关邸阁郭据付仓吏黄讳史潘虑受（贰·375）
9. 平安丘	吴昌烝金一夫取禾一斛居在平安丘（叁·6301/36） 居在平安丘（叁·19/23） ……居在平安丘（叁·20/23） ☐斛居在平安丘（叁·52/23）	暂无	

续表

居在某丘	简例	对应乡	简例
10. 石唐丘	取禾一斛在石唐丘（叁·6340/36）	模乡	入模乡杂皮五枚🗡嘉禾二年三月十六日石唐丘男子文庆（？）付库吏殷连受（贰·8926）
11. 新片丘 新成丘	□居在新片丘（壹·1068/3）	暂无	
		东乡	入东乡三年税米一斛一斗青毕🗡嘉禾元年十月九日新成丘囗囗付三州仓吏谷汉受中（叁·3576）
	□居在新成丘（壹·1068/3） 斛居在新成丘（叁·6789/37）	桑乡	入桑乡嘉禾二年税米三斛五斗青毕🗡嘉禾三年囗月囗日新成丘州吏陈颜关邸阁董基付仓吏郑黑受（柒·4319）
12. 桐丘	□在桐丘（壹·6972/12） 居在桐丘（壹·8130/13）	平乡	入平乡嘉禾二年邮卒限米六斛青毕🗡嘉禾二年十月十七日桐丘监通关邸阁董（壹·4388）
		桑乡	入桑乡嘉禾二年新调布一匹🗡嘉禾二年七月廿三日桐丘男子殷展付库吏殷（贰·5612）
13. 东平丘	居在东平丘（贰·9037/21） 居在东平丘（贰·9038/21）	桑乡	入桑乡嘉禾二年租米十三斛青米毕🗡嘉禾二年十月五日东平丘郡吏吴卢关邸阁董基付仓吏谷汉受（壹·3500）
		南乡	入南乡二年财用钱四百🗡嘉禾二年八月十八日东平丘男子吴……（壹·2845）
		中乡	入中乡租米三斛青毕🗡嘉禾二年九月廿八日东平丘县吏伍训关邸阁董基付仓吏谷汉受（壹·3061）

续表

居在某丘	简例	对应乡	简例
13. 东平丘	居在东平丘（贰·9037/21）居在东平丘（贰·9038/21）	东乡	入东乡东平丘男子董根二年布一匹㠭嘉禾二年十月十五日烝弁付库吏（壹·6815）
14. 沱丘	居在沱丘（壹·8585/13）	桑乡	入桑乡租米三斛六斗胄毕㠭嘉禾元年十一月廿日沱丘县吏殷连付三州仓吏谷汉受（肆·3122）
		乐乡	入乐嘉禾二年新吏限米六斛僦毕㠭喜禾三年四月廿七日□沱丘谢□关邸阁董基付三州仓吏郑黑受（柒·4271）
15. 露丘	居在露丘（壹·8132/13）在露丘（壹·8531/13）	桑乡	入桑乡税米四斛二斗胄毕㠭嘉禾元年十一月五日露丘烝黄付三州仓吏谷汉受（肆·1214）
16. 区丘	在区丘（壹·8556/13）	东乡	入东乡嘉禾二年还所贷食嘉禾元年税米□二斛胄毕㠭嘉禾二年十二月十八日区丘谢□关邸阁董基㠭（肆·4230）
		桑乡	入桑乡嘉禾二年吏黄春子弟限米十斛胄毕㠭嘉禾三年正月五日区丘谢土关邸阁董基付三州仓吏郑黑受（柒·4326）
		平乡	入平乡嘉禾二年布一匹㠭嘉禾二年八月十六日区丘邓□付库吏殷（壹·8318）

续表

居在某丘	简例	对应乡	简例
16. 区丘	在区丘（壹·8556/13）	广成乡	入广成乡嘉禾二年税米九斛胄米毕㇇嘉禾二年十月廿五日区丘（壹·10150）
17. 阿丘	居在阿丘（壹·8133/13） 居在阿丘（壹·8136/13）	桑乡	入桑乡税米一斛胄毕㇇嘉禾元年十一月十六日阿丘殷疆付三州仓吏谷汉受（肆·1151）
18. 石下丘	取禾一斛居在石下丘（叁·7751/38）	南乡	入南乡嘉禾二年新调布三丈八尺㇇嘉禾二年七月廿五日石下丘男子娄䍮付库吏殷连受（贰·5628）
		都乡	入都乡石下丘嘉禾元年税米九十四斛三斗六升㇇嘉禾元年十一月九日大男张高关邸阁郭据付仓吏黄讳潘虑受（贰·351）
		小武陵乡	入小武陵乡嘉禾二年所调布二匹㇇嘉禾二年八月廿日石下丘庐（卢）战付库吏殷连受（贰·6229）
19. 两□丘	大男潭凌一夫取禾一斛五斗居在两□丘（柒·4363）	暂无	
20. 白石丘	大男谢狗一夫取禾二斛居在白石丘（柒·4369）	都乡	入都乡嘉禾二年税米一斛二斗㇇嘉禾三年正月十二日白石丘大男谷黑（？）关邸阁李嵩付州中仓吏黄讳潘虑（贰·359）
		小武陵乡	出小武陵乡嘉禾二年火种租米八斛二斗㇇嘉禾三年正月十八日白石丘男子文解关邸阁李嵩付仓吏黄讳史潘虑受（贰·368）

续表

居在某丘	简例	对应乡	简例
21. 上□丘	居在上□☒（叁·83）	暂无	
22. 平支丘	居在平支丘（叁·1141） 居在平支丘（叁·1156） 居在平支丘（叁·1182）	模乡	入模乡冬赐布二匹 嘉禾元年八月廿二日平支丘大男李狗……（叁·210）
		小武陵乡	入小武陵乡嘉禾元年税米三斛青毕㠯嘉禾二年二月十三日平支丘谢□关邸阁董基付三州仓吏谷汉受 中（叁·5656）
23. 劣丘	在劣丘（叁·6744/37）	暂无	
24. 合丘	居在合丘（叁·510/23）	平乡	入平乡嘉禾二年税米十斛青毕㠯嘉禾二年十月十四日合丘男子谢归关邸阁董基付三州仓吏郑黑受（壹·7281）
		西乡	出西乡黄龙三年所败米二斛还渗米四斗㠯嘉禾二年十一月廿三日合丘□□母扬母关邸阁李嵩付仓吏监贤受（柒·134）
		桑乡	入桑乡三年税米四斛㠯嘉禾二年正月十五日合丘□□关邸阁董基三州仓吏谷汉受 （贰·2663）
		小武陵乡	入小武陵乡二年所贷嘉禾元年新吏限米四斛五斗㠯嘉禾二年十月十九日合丘□□关邸阁李嵩付仓吏黄讳潘虑 （柒·2244）
25. 赢卑丘	居在赢卑丘（叁·3155）	暂无	

续表

居在某丘	简例	对应乡	简例
26. 区母丘	在区母丘（叁·2368）	不明	入□乡屯田司马黄松嘉禾二年限米廿二斛六斗就毕▱嘉禾三年四月廿日区母丘屯田帅高蔡关邸阁董基付三州仓吏郑黑受（柒·1609）
27. 上和丘	▱在上和丘（叁·7111/37）	平乡	入平乡上和丘大男何俹▱（叁·303）
		东乡	入东乡三年税米二斛青毕▱嘉禾元年十二月十一日上和丘谢水付三州仓吏谷汉受中（贰·3756）

　　从上表可以看出，"乡—丘"之间存在复杂的对应关系，同名丘对应多乡的现象十分常见，这一特点在嘉禾吏民田家莂和其他卷的吴简中也显现出来，并引起了学者的关注。① 如在《竹简》所附"乡、丘对应关系列表"中，"石下丘"便对应着东乡、都乡、广成乡、南乡、小武陵乡，"寇丘"对应着广成乡、乐乡、模乡、平乡、桑乡，侯旭东、苏卫国等学者指出每个丘并不是固定只对应一个乡。苏卫国先生将这些同名丘视作同一丘分属于多乡，② 这一观点已受到凌文超等先生的质疑。③ 我们从上表中"合丘"对应的五个乡的情况看，也不能得出这样的结论。而从取禾简、贷禾简中，我们可以明确丘作为实际居住点确定无疑，而乡为户籍统计的基层单位，那么户籍为同一个乡的人居住在不同的居住点

---

① 关于乡丘关系，参见王素《中日长沙吴简研究述评》，载李文儒主编《故宫学刊》二〇〇六年总第三辑，紫禁城出版社，第540—544页。侯旭东：《长沙走马楼三国吴简"里""丘"关系再研究》，《魏晋南北朝隋唐史资料》第23辑，2006年。

② 苏卫国、岳庆平：《走马楼吴简乡丘关系初探》，《湖南大学学报》2005年第5期，第33—38页。

③ 凌文超：《嘉禾吏民田家莂编连初探》，载卜宪群、杨振红主编《简帛研究二〇〇七》，广西师范大学出版社2010年版。

"丘"是比较符合吴简中乡丘关系的一种解释。

综上所述,长沙走马楼吴简中所见的"取禾""贷禾"简,基本格式为"取禾者(大男、大女、县吏等)一(二)夫取(贷)禾＊斛居在某丘",它们是东吴政府因为水旱灾害或民贫或修造陂溏而给贷贫民"禾"的贷食简的一类。它们均记录取禾或贷禾者"居在某丘",表明丘即其居住地点。"取禾""贷禾"简中体现了"乡—丘"之间存在复杂的对应关系,同名丘对应多乡的现象十分常见,到现在为止,户籍为同一个乡的人居住在不同的居住点"丘"是比较符合吴简中乡丘关系的一种解释。

孙吴时期长江下游人文区域探析

湖北省社会科学院　张璐赟

长江下游地区在先秦时期分布有吴、越二国，吴与越既是国名又是族称。到了秦汉时期，随着政治格局的变化，吴、越开始从先秦时期的国族概念逐渐演变为人文区域概念，其区域文化因而也被称为吴越文化。以吴越文化为代表的吴越文化区包含了吴、越两大人文区域。他们虽面貌不同，却又彼此联系化合为一，构成二元一体的吴越文化和吴越文化区。吴越文化区的形成与演进以及吴、越内部的关系极其复杂，后世吴、越人文区域与先秦时期吴、越二国的关系，秦汉以后吴、越和吴越作为区域概念的形成与演进历程等，均是历史人文地理上需要仔细梳理和认真探究的问题。先秦时期，吴、越二国曾强盛一时，一度与晋、楚争霸，但总体而言其经济文化水平要低于中原诸侯。秦、西汉时期，长江下游地区也一直处于低潮阶段，经济文化发展明显落后于北方。司马迁在《史记·货殖列传》中写道"楚越之地，地广人希，饭稻羹鱼，或火耕而水耨，果隋蠃蛤，不待贾而足，地埶饶食，无饥馑之患，以故呰窳偷生，无积聚而多贫。是故江淮以南，无冻饿之人，亦无千金之家"。[①] 东汉时期，这一地区经济文化虽有一定发展，但仍无法与北方相比。而其得到快速发展，是从东吴开始的。董楚平在谈到吴越文化发展时，曾说过"东汉末年的黄巾起义与西晋末年的永嘉之乱，给吴越地区带来了第一次

---

① 《史记》卷一二九《货殖列传》，中华书局2014年版，第3968页。

加速发展的历史性机遇",①而这第一次"从外部带来的加速发展机会，是从东吴时期开始的"。②孙吴是六朝史上的第一个政权，它在南方的经营极大促进了长江下游地区的发展，对吴越文化区的形成和吴、越两大人文区域的内部关系具有重要影响。

正是在孙吴时期的发展与推动下，"三吴"概念在东晋南朝时期得到广泛运用。关于"三吴"概念，学界颇有争议。"三吴"一词一般认为有指代扬州、广义三吴、狭义三吴三层不同含义。从指代扬州来说，"三吴"是指汉武帝以来所建十三刺史部中的扬州。从广义三吴来说，"三吴"指代东晋南朝全境。从狭义的角度来说，"三吴"是指具体的三郡，其中吴郡与吴兴郡是明确的，而第三郡存在会稽、义兴、丹阳三种说法。会稽说源自北魏郦道元《水经注》："汉高帝十二年，一吴也，后分为三，世号三吴，吴兴、吴郡、会稽其一焉。"③丹阳说来自唐代杜佑的《通典》："秦置会稽郡……汉亦为会稽郡，后顺帝分置吴郡。晋宋亦为吴郡，与吴兴、丹阳为三吴。"④与杜佑几乎同时代的《元和郡县图志》亦赞同此说。⑤而义兴说出自《资治通鉴》胡三省注："汉置吴郡；吴分吴郡置吴兴郡；晋又分吴兴、丹杨置义兴郡，是为三吴。"⑥对于"三吴"问题，自宋人始就略有辨析。清代王鸣盛在《十七史商榷》"三吴"条中引述宋范成大《吴郡志》卷四八《考证》门曰："似吴郡、吴兴、会稽为三吴"，⑦而王鸣盛本人对此亦颇为难，既认同丹阳说，又同意会稽说，

---

① 董楚平等：《广义吴越文化通论》，中国社会科学出版社2012年版，第215页。
② 同上书，第3页。
③ （北魏）郦道元注，陈桥驿校证：《水经注校证》卷四〇《浙江水》，中华书局2007年版，第944页。
④ （唐）杜佑：《通典》卷一八二《州郡十二·吴郡》"苏州"条，中华书局1988年版，第4827页。
⑤ 《元和郡县图志》："周时为吴国……后汉顺帝永建四年，阳羡令周喜、山阴令殷重上书，求分为二郡，遂割浙江以东为会稽，浙江以西为吴郡。孙氏创业，亦肇迹于此。历晋至陈不改，常为吴郡，与吴兴、丹阳号为'三吴'。"见（唐）李吉甫《元和郡县图志》卷第二十五《江南道一》"苏州"条，中华书局1983年版，第600页。
⑥ （宋）司马光编著，（元）胡三省音注：《资治通鉴》卷九四《晋纪十六》，中华书局1956年版，第2956—2957页。
⑦ （清）王鸣盛编，黄曙辉点校：《十七史商榷》卷四五《晋书三》"三吴"条，上海书店出版社2005年版，第331页。

于相抵牾的史料仅以"不必泥"带过，考证不详。就这一问题，早期学术界普遍认同会稽说。从晚清以来的劳格、①汪士铎②等人到新中国成立后的唐长孺、③詹子庆、④朱绍侯⑤等诸家学者，仍以会稽说为主流观点，田余庆阐述了会稽为三吴的腹心，⑥王铿也专文论证会稽说。⑦近期，余晓栋、杨恩玉等提出异议，分别支持丹阳说与义兴说。余晓栋认为东晋时期"三吴"中的另一郡是指丹阳郡，而南朝以后"三吴"概念则出现模糊化，多种说法并存。⑧杨恩玉则主张"三吴"中的另一郡是指义兴郡。⑨学术界虽以会稽说为主流，但丹阳说与义兴说亦不乏依据，因此有必要对"三吴"问题做更进一步的讨论。

此外，以上学者虽然对"三吴"问题已有深入探讨，但在某些方面仍然有未曾涉及之处。首先，论述"三吴"问题时没有涉及孙吴时期，而"三吴"概念最早就是在孙吴末期出现的。就目前所见文献，"三吴"概念最早出现于《太平寰宇记》所引《三吴郡国志》，⑩该书为三国韦昭所撰，因此这一概念出现至迟应不晚于韦昭去世的公元273年。六朝是一个相对完整的历史时段概念，而孙吴又是六朝的开端，"三吴"概念得以形成也脱离不了孙吴经营江南的历史事实，因此，"三吴"概念虽广泛运用于东晋南朝，但研究该问题却不涉及概念形成的孙吴时期，似有不妥。其次，诸家论及三吴，皆未将吴、越联系起来。吴、越两地地理位置相邻，文化面貌相似，又有密不可分的历史渊源，是一个相对完整的文化区。如同韩、赵、魏通称"三晋"，而吴、越亦为一体。吴越文化区虽由

---

① 劳格：《晋书校勘记》，《丛书集成初编》第168册，商务印书馆1936年版，第68页。
② 汪士铎：《三吴考》，《清人文集·地理类汇编》第1册，浙江人民出版社1986年版，第480页。
③ 唐长孺主编：《中国通史参考资料》（古代部分第3册），中华书局1965年版，第179页注释1。
④ 詹子庆主编：《中国古代史参考资料》，高等教育出版社1987年版，第120页注释6。
⑤ 朱绍侯主编：《中国古代史》中册，福建人民出版社1991年版，第77页。
⑥ 田余庆：《东晋门阀政治》，北京大学出版社1989年版，第78—83页。
⑦ 王铿：《东晋南朝时期"三吴"的地理范围》，《中国史研究》2007年第1期。
⑧ 余晓栋：《东晋南朝"三吴"概念的界定及其演变》，《史学月刊》2012年第11期。
⑨ 杨恩玉：《东晋南朝的"三吴"考辨》，《清华大学学报》2015年第4期。
⑩ （宋）乐史撰：《太平寰宇记》卷九四《江南东道六·湖州》"孔姥墩水"条，中华书局2007年版，第1886页。

吴、越两大人文区域化合而成，但他们又是二元一体的，对外一体，对内二分。因此，在探讨"三吴"问题时，需要考虑吴、越两者的内部关系。最后，目前学者只将"三吴"放在固态时间中讨论，这样的讨论难免平面化，会出现三说中必有一误的思维误区。概念是会随着时代变迁而变化的，东晋南朝长达273年，加上孙吴政权的86年，[①] 前后延续359年，在这样长的时间段内需要考虑"三吴"概念的动态变迁。此外，文献中对"三吴"问题的三种说法亦颇有根据，三说或为这一概念的动态演变亦未可知，因此需要通过动态研究判断这种可能性。

本文探究孙吴时期长江下游人文区域，意在通过分析孙吴立国东南这一历史背景，从吴越一体的角度探讨这一时期长江下游地区吴、越人文区域概念以及吴越文化区内部的吴、越关系，补充在讨论"三吴"时未论及孙吴时期的不足，从而为解决"三吴"问题提供更为翔实的基础。

一 孙吴的时间界定与其在六朝中的地位

探究孙吴时期长江下游人文区域问题，我们首先要对孙吴时期做一个时间界定。根据《三国志》所载，孙权正式称帝是在黄龙元年（229），但先于此时，早在曹丕称帝后的黄初二年（221），即已对孙权"封吴王，加九锡"，[②] 承认其"据三州虎视于天下"[③] 的独立地位，孙权本人也于次年使用黄武为年号，以黄龙元年称帝的时间作为上限显然不妥。而且黄龙元年已是蜀汉后主建兴七年、魏明帝太和三年，蜀汉政权已传两代，曹魏政权已传三代，从整体格局而言时间也略晚。回溯孙吴政权的建立过程，它是孙权在其父坚、兄策经营基础上逐步扩充起来的。孙坚以镇压许昌之乱起家，熹平元年（172）招募精勇始有部曲。孙坚死后，孙策从袁术处重得其父部曲，并以此为中坚逐步发展实力，结好江淮名士，

---

① 按照通行算法，孙吴政权的起止时间为孙权黄龙元年（229）至孙皓天纪四年（280），共计52年。由于此处涉及下文对孙吴时期的时间界定，出于行文前后一致的原则，均以兴平二年（195）为起始时间，故此处计为86年。

② 《三国志》卷二《魏书·文帝纪》，中华书局1959年版，第78页。

③ 《三国志》卷四二《吴书·吴主传》，第1123页。

于兴平二年（195）渡江，在江东逐步站稳脚跟。孙坚募兵与孙策渡江都是具有决定性意义的事件，笔者以为前者虽为政治集团之肇始，但在后者拥有根据地之前，仍然依附于袁术，在当时割据混战中，难以算作独立的政治集团，并且鉴于本文主要探析长江下游人文区域，故以孙策渡江的兴平二年（195）为上限。天纪四年（280），西晋灭吴，以此为下限当无疑义。

孙吴是六朝的第一个政权，其在六朝史研究中的重要性不言而喻。首先，孙吴是秦统一之后第一个在南方建立的区域政权。因此，孙吴政权的出现实际上开创了中国史上新的一种政治格局。其次，孙吴所拓展的疆域面积基本奠定了未来东晋南朝的疆域。据胡阿祥《六朝疆域与政区研究》所载，孙吴"据有东汉交州的全部，荆、扬二州的一部；以今地论，包括浙江、福建、江西、广东、湖南等省的全部，湖北、安徽、江苏、广西、贵州等省区的一部及越南的中北部、四川的一隅"。①从谭其骧《中国历史地图集》中所见，此后东晋、宋、齐、梁都是在此基础上有所变动，直至北方政权势力逐渐压倒南方的陈统治时期，疆域才比孙吴明显减小。六朝疆域基本上是以秦岭、淮河以南地区为主，除西疆和北疆变动较大外，其他地区变动范围都不大。再次，孙吴是第一个定都建业（两晋南朝时又改称建邺、建康）的政权，而此后的东晋、南朝也均在此建都。建康本为汉秣陵县，建安十六年（211），孙权将此地更名建业，因其地形势险要，宜扼长江而保江东，故张纮、刘备曾先后劝孙权建都于此。武昌与建业同为扼守长江防线的重要军事据点，而孙吴亦在黄龙元年（229）以前都武昌（今湖北鄂州），但最终以其"实危险而塉确，非王都安国养民之处"②而迁建业。后来孙皓一度迁回武昌，但以其地难以逆流供应，复迁建业，这就与吴会地区为东吴经济重心所在有重要关系。由此可见，对于在南方建立的政权来说，从赋税和军事角度来看，建业都是较好的都城选择，故南方政权六朝皆以建业为都。最后，孙吴政权为此后东晋南朝立国东南奠定了经济和政治基础。经济上，南方地区本不发达，如前

---

① 胡阿祥：《六朝疆域与政区研究》，学苑出版社2005年版，第37页。
② 《三国志》卷六一《吴书·陆凯传》，第1401页。

文所引司马迁的描述，该地区自然条件虽然优越，但经济文化发展水平较为低下。而孙吴在此建立政权后，大力招徕拥有先进生产技术的北方流民耕作屯田，扩展耕地面积，并且兴修水利，发展水陆交通，加强商业往来，大幅提高了南方地区的经济发展水平。政治上，孙吴政权得以建立，绝大部分支持来自江东和皖北的世家大族。他们广泛地参与政权，发展庄园经济，强化了自身政治与经济上的优势地位，并在东吴覆灭后仍然保持了这种优势，从而成为后来东晋立足东南的重要基础。东晋以后，宋、齐、梁、陈的更迭也没有改变国家的政治结构和社会结构，世家大族仍然在南朝政治中保持了一定的地位。综上所述，孙吴时期在吴、越人文区域的形成与演变中占有重要地位，是不可忽略的历史阶段。

二 《三国志》所见孙吴时期的越人文区域

由于吴人文区域的问题比较复杂，鉴于吴越之间的紧密联系，故先行探究越人文区域，从而推论吴人文区域的情况。根据陈寿《三国志》及裴松之注中所见关于"越"的记载，除去人名、郡名、部分国名和作动词的含义，大致可以将之划分为以下几层含义：一是指代春秋时期的越国，如"句践养胎以待用，昭王恤病以雪仇，故能以弱燕服强齐，羸越灭劲吴"；① 二是指代西汉前期的南越国、东越国、闽越国和东瓯国，如"（许靖）经历东瓯、闽、越之国，行经万里，不见汉地，漂薄风波，绝粮茹草，饥殍荐臻，死者大半"，② "汉孝武元鼎中，改桐乡为闻喜，新乡为获嘉，以著南越之亡"，③ 偶尔也有将南越国与闽越国"两越"并称者，如"孝武虽外事四夷，东平两越、朝鲜，西讨贰师、大宛，开邛莋、夜郎之道，然皆在荒服之外，不能为中国轻重"；④ 三是指代南越地区，常与"百越""南越""夷越"并用，如"马援讨越，刘隆副军"，⑤ "于

---

① 《三国志》卷一四《魏书·蒋济传》，第453页。
② 《三国志》卷三八《蜀书·许靖传》，第964页。
③ 《三国志》卷四《魏书·三少帝纪·高贵乡公髦纪》，第141页。
④ 《三国志》卷三〇《魏书·乌丸传》，第831页。
⑤ 《三国志》卷三《魏书·明帝纪》，第111页。

是外连东吴，内平南越"，①"会苍梧诸县夷、越蜂起，州府倾覆，道路阻绝"，②"昔避内难，南游百越"；③四是以"吴、越"或"吴越"连称指代东吴政权；五是作为官职称号；六是指代山越；七是指代吴越故地，有"吴、越"连称，亦有"扬、越"连称。

"越"的前两种含义多使用于追述前代史事，所涉及的范围就是诸侯国疆域，由于超越了探讨的时间范围，故不做叙述。第三种含义涉及的南越地区大约包括今四川、贵州、云南部分地区和广西、广东全境以及越南北部的部分地区。由于涉及的地理范围超出了长江下游地区，故也不多做探讨。

第四种含义以"吴、越"或"吴越"连称指代东吴。举例言之，诸葛亮前往东吴寻求结盟时，曾说孙权曰"将军量力而处之：若能以吴、越之众与中国抗衡，不如早与之绝"，④此处将"吴、越"与"中国"并举，并言及"抗衡"，显然说的就是东吴与曹魏两个政权的对立，而不可能是两个地区的对立。此类用法在《三国志》及裴注中颇多，如"然后先帝东连吴、越，西取巴、蜀，举兵北征，夏侯授首，此操之失计而汉事将成也"，⑤"孰若安时处顺，端拱吴、越，与张昭、张纮之俦同保元吉者哉"，⑥"何期臣仆吴越，背本就末乎"，⑦"丰名乃被于吴越邪"，⑧这是以疆域范围指代政权的用法，后世沿用此法者亦多。

第五种含义是用作官职称号，此类称号颇多，仅据《三国志》统计就有如下几种：越骑校尉、越骑将军、讨越中郎将、威越校尉、抚越将军。其中，越骑校尉与越骑将军除见于《三国志》外，也见于前代的《汉书》与《后汉书》，⑨官职称号沿袭自前代，而讨越中郎将、威越校

---

① 《三国志》卷三五《蜀书·诸葛亮传》，第930页。
② 《三国志》卷三八《蜀书·许靖传》，第964页。
③ 《三国志》卷一四《魏书·董昭传》，第438—439页。
④ 《三国志》卷三五《蜀书·诸葛亮传》，第915页。
⑤ 同上书，第924页。
⑥ 《三国志》卷三八《蜀书·许靖传》，第966页。
⑦ 《三国志》卷四三《蜀书·吕凯传》，第1047页。
⑧ 《三国志》卷九《魏书·夏侯尚传附子玄传》，第301页。
⑨ 《汉书》卷一九上《百官公卿表上》，中华书局1962年版，第737页；《后汉书》卷一七《岑彭传》，中华书局1965年版，第656页。

尉、抚越将军在正史中均首次见于《三国志》中东吴将领，可见都是当时东吴为了特定目的——越人而设置的。蒋钦因讨击"会稽冶贼吕合、秦狼等为乱"有功，平定五县，遂徙讨越中郎将；① 董袭因讨鄱阳贼彭虎等有功，拜为威越校尉；② 诸葛恪因自告奋勇驱逐丹阳山民成为东吴治下编户，遂被孙权拜为抚越将军。③ 据以上可知，会稽东冶贼、鄱阳贼和丹阳山民都属于时人"越"的概念范围内。

第六种含义是指代山越。对于这一问题，胡阿祥在《六朝疆域与政区》中论述较详。他引用张崇根的说法作为山越的定义："山越是东汉末年由古代越人的遗裔与部分汉族人，在我国东南部山区经过长期的共同劳动与斗争，逐渐融合而形成的一个少数民族。直到唐朝后期，方融合于汉、壮、瑶等民族中。"④ 其分布地区"根据《三国志》的零星记载，断以孙皓时的政区划分，则广至十二郡境，即丹阳、吴、吴兴、会稽、鄱阳、豫章、庐陵、临川、新都、东阳、东安、建安；论其范围，则北至长江，东至沿海，西至赣江西岸，南至南岭一线。在这一范围内的山地，如今皖南黄山、浙江天目山、会稽山、括苍山、仙霞岭，福建武夷山，浙赣交界怀玉山，以及江西九岭山，大都为山越出没之地"。⑤ 查阅《三国志》以前的《史记》《汉书》《后汉书》及以后的《晋书》，除《后汉书》有东汉末灵帝建宁二年（169）"丹阳山越贼围太守陈夤，夤击破之"⑥ 的记载外，别无"山越"记载，可见这是汉末三国时人对此的专称。山越的生活习惯也与一般汉人不同，"其幽邃民人，未尝入城邑，对长吏，皆仗兵野逸，白首于林莽。逋亡宿恶，咸共逃窜。山出铜铁，自铸甲兵。俗好武习战，高尚气力，其升山赴险，抵突丛荆，若鱼之走渊，猿狖之腾木也。时观闲隙，出为寇盗，每致兵征伐，寻其窟藏。其战则蜂至，败则鸟窜。自前世以来，不能羁也。……山越恃阻，不宾

---

① 《三国志》卷五五《吴书·蒋钦传》，第1286页。
② 《三国志》卷五五《吴书·董袭传》，第1291页。
③ 《三国志》卷六四《吴书·诸葛恪传》，第1431页。
④ 胡阿祥：《六朝疆域与政区研究》，学苑出版社2005年版，第46页。
⑤ 同上书，第46—47页。
⑥ 《后汉书》卷八《孝灵帝纪》，第330页。

历世，缓则首鼠，急则狼顾"。① 由以上可见，山越人主要活动于未曾开发的东南山区，是中原教化所不及处。

第七层含义是指代吴越故地，有"吴、越"连称，亦有"扬、越"连称。"吴越"连称时常指代春秋吴越两国故地。战国时，越王无彊伐楚，"楚威王兴兵而伐之，大败越，杀王无彊，尽取故吴地至浙江，北破齐于徐州。而越以此散，诸族子争立，或为王，或为君，滨于江南海上，服朝于楚"。② 由此可见，自楚威王败越后，浙江（即今钱塘江）以北的原吴地并入楚国，越人的主要活动范围就在钱塘江以南。而秦始皇二十五年（前222），"王翦遂定荆江南地，降越君，置会稽郡"，③ "荆江南地"的地理范围应在长江以南至钱塘江，包括了越灭吴前的吴地，"降越君"说明包括了钱塘江以南的越人活动地区，因此，秦所置会稽郡应包括了吴越故地。会稽郡原治吴，东汉顺帝永建四年（129）分会稽郡为吴郡，吴郡治吴，另以山阴为会稽郡治所，故汉末三国会稽郡与吴郡所在地域即可为原吴越故地。"会稽妖贼许昌起于句章，自称阳明皇帝"，《灵帝纪》补注其下曰："昌以其父为越王也。"④ 由此可知，会稽郡属于当时人概念中的越地。另外，"孙策虽威行江外，略有六郡，然黄祖乘其上流，陈登间其心腹，且深险强宗，未尽归复，曹、袁虎争，势倾山海，策岂暇远师汝、颍，而迁帝于吴、越哉？"⑤ 孙策所定六郡应该是会稽、豫章、庐陵、丹阳、庐江和吴郡，"迁帝于吴、越"则说明这六郡都是属于当时人的"吴、越"概念。"扬、越"连称时亦有，如"时扬、越蛮夷多未平集，内难未弭，故权卑辞上书，求自改厉"。⑥ "扬"出自《禹贡》九州之一扬州，"淮、海维扬州"，⑦ 十三刺史部中亦有扬州，据《汉书·地理志》所载，会稽郡、豫章郡、丹阳郡、庐江郡、九江郡属扬州。将孙策所定六郡参照《汉书》可知，扬州之中除庐陵郡分自豫章郡

---

① 《三国志》卷六四《吴书·诸葛恪传》，第1431—1432页。
② 《史记》卷四一《越王勾践世家》，第2112页。
③ 《史记》卷六《秦始皇本纪》，第302页。
④ 《三国志》卷四六《吴书·孙坚传》，第1093—1094页。
⑤ 《三国志》卷四六《吴书·孙策传》，第1111页。
⑥ 《三国志》卷四七《吴书·吴主传》，第1125页。
⑦ 《史记》卷二《夏本纪》，第73页。

以及吴郡分自会稽郡外，仅九江郡不在其中，大部分地区为曹魏所得。如上文所见，孙策所定六郡称"吴、越"，而"扬、越"所称之地理范围与其大致吻合，故吴、越与扬、越有指代意思皆同之处，均可指代吴越故地。

综上所述，我们可以做出以下总结：一、"吴、越"或"吴越"连称有时可以指代东吴；二、会稽、鄱阳、丹阳均属越；三、山越活动的范围都属于不发达地区；四、"吴、越"与"扬、越"皆可指代吴越故地。

三 《三国志》所见孙吴时期的吴人文区域

据《三国志》及裴注所见之"吴"，除人名和书名外，约可分为以下几类：一是指代东吴政权，曹操曾表孙策为吴侯，曹丕称帝后亦册封孙权为吴王，后孙权称帝，告天文中有言曰"左右有吴，永终天禄"，[①] 故史称东吴或孙吴，也常用"吴、越"或"吴越"连称指代东吴，如上文"越"含义所述；二是指代春秋时期的吴国，如"昔伍子胥曰：'越十年生聚，十年教训，二十年之外，吴其为沼乎'"[②]；三是指代官职名称和封号；四是指代吴郡与吴县；五是"吴会"连用；六是以"吴、楚"连用指代东吴。

"吴"的前两类含义都是指代两个政权，指向明确，故不多做解释。第三类指代官职名称和封号，即殄吴将军、辅吴将军及吴侯、吴王。《三国志》所见有关职官名称只有殄吴将军和辅吴将军各一，"初，文帝分休户三百封肇弟纂为列侯，后为殄吴将军，薨，追赠前将军"[③] 与"更拜（张昭）辅吴将军，班亚三司，改封娄侯，食邑万户"[④]。从官职授予对象来看，前者是曹魏集团的曹肇，后者是东吴集团的张昭，一殄灭一辅佐，由此可见"吴"的含义应指代东吴。至于王侯封号，除上文所说孙策被曹操上表封为吴侯外，逃到曹魏的孙壹也曾被封吴侯。孙权称帝后，

---

① 《三国志》卷四七《吴书·吴主传》，第1136页。
② 《三国志》卷六四《吴书·诸葛恪传》，第1436页。
③ 《三国志》卷九《魏书·曹休传附子肇传》，第280页。
④ 《三国志》卷五二《吴书·张昭传》，第1221页。

还分别封过孙策子绍和宣太子登次子英为吴侯，绍死后其子孙奉嗣位吴侯。另外，废帝孙亮还封过孙权子鲁王霸之子基为吴侯。值得注意的是吴侯本应有封地，封地内应设有一套相、长史、内史等的机构，但搜索《三国志》，除了曹魏授予孙壹的吴王"开府辟召仪同三司，依古侯伯八命之礼，衮冕赤舄，事从丰厚"，①其他并未见到吴国内史等相关官职，由此可见，吴侯只是虚封。"吴王"在《三国志》中涉及三个人物，即西汉吴王刘濞、三国吴王孙权和曹魏楚王彪。吴王刘濞已超出讨论年代范围，暂且不论。孙吴政权以孙策所踞江东六郡起家，上文讨论"越"概念时亦以此六郡为"吴、越"，因此号称"吴"也与前文推论相合的。至于楚王彪曾经封吴王时的封地具体在何处，《中国行政区划通史·三国两晋南北朝卷》认为曹彪的吴王封号属于遥领、虚封，并没有实际封地，②恐怕无法以此封号推论"吴"的概念。

第四类是指代吴郡与吴县，东汉顺帝永建四年（129）分会稽郡为吴、会稽两郡。"（曹休）携将老母，渡江至吴。"其下补注《魏书》曰："休祖父尝为吴郡太守。休于太守舍，见壁上祖父画像，下榻拜涕泣，同坐者皆嘉叹焉。"③由此处可知，渡江所至当为吴郡。"曹公表权为讨虏将军，领会稽太守，屯吴，使丞之郡行文书事"。④一支部队屯军驻守不可能占据整个郡，以会稽太守驻扎吴县，于情理亦合，因此，此处"吴"即为吴县。东吴政权中亦有诸多吴郡人士。孙权本人就是吴郡富春人，丞相顾雍为吴郡吴人，鄱阳太守周鲂为吴郡阳羡人，《广义吴越文化通论》中有一张《三国志·吴书》列传人物籍贯一览表，⑤56个人物中出身吴郡的有14人，占总人数的25%，由此可见吴郡人才济济，文化发达。东吴能够成为天下鼎立的一足，与当地众多人才不无关系，这也在一定程度上反映了当地发展程度。

第五类是"吴会"连用。"（孙策）因谓（周）瑜曰：'吾以此众取

---

① 《三国志》卷四《魏书·三少帝纪》，第140页。
② 周振鹤主编，胡阿祥、孔祥军、徐成著：《中国行政区划通史·三国两晋南北朝卷》，复旦大学出版社2014年版，第76页。
③ 《三国志》卷九《魏书·曹休传》，第280页。
④ 《三国志》卷四七《吴书·吴主传》，第1116页。
⑤ 董楚平等：《广义吴越文化通论》，第216页。

吴会平山越已足。卿还镇丹阳。'"① 这句话由于后文明确的"丹阳"二字可知，此处"吴会"是指吴郡和会稽郡。"足下大君，昔避内难，南游百越，非疏骨肉，乐彼吴会，智者深识，独或宜然。"② 这句话来自魏将董昭给敌人袁术部将袁春卿的信件，当时袁春卿的父亲在扬州，为曹操所迎，以此写信要挟，因此"吴会"是指代扬州。"荆州北据汉、沔，利尽南海，东连吴会，西通巴、蜀，此用武之国，而其主不能守，此殆天所以资将军，将军岂有意乎？"这句话出自著名的《隆中对》，前面还有对曹操与东吴的情况分析："今操已拥百万之众，挟天子而令诸侯，此诚不可与争锋。孙权据有江东，已历三世，国险而民附，贤能为之用，此可以为援而不可图也。"③ 因此这句话是在紧跟着政局分析后对荆州地理位置的分析，由于此事发生在建安十二年（207），荆州与吴郡和会稽郡中间还相隔豫章郡、庐江郡和丹阳郡，地理位置上不可能相连，所以此处"吴会"与"巴蜀"并举，说明这里的"吴会"是指代扬州，"巴蜀"指代益州。"流闻东军失备，师徒小衄，辍食弃餐，奋袂攘衽，抚剑东顾，而心已驰于吴会矣"。④ 此言来自曹植太和二年（228）上魏文帝的《自求书》，意图有所见用，故此处"吴会"也是指代东吴政权。"于时韩、马之徒尚狼顾关右，魏武不得安坐邺都以威怀吴会，亦已明矣。"⑤ 文中所说事为建安十三年（208）曹操欲取荆州水军伐吴败于赤壁之事，当时曹操直接威胁的是荆州地区，而非吴会，因此，这里的"吴会"指代东吴政权。"吴会"一词可以由具体的地名扩大为指代一州，再扩大为一个政权，可见这一地区的文化活跃度非常高，发展水平较快。吴郡是在东汉顺帝永建四年（129）分会稽郡而来，至东吴灭亡的天纪四年（280），约有150年，以当时的生产力程度来看，这样的发展速度应当也是相当快的。

第六类是"吴、楚"连用，指代东吴。楚地的核心区域在长江中游地区，也就是三国时荆州所在地。魏、蜀、吴三国都曾对荆州有过激烈

---

① 《三国志》卷五四《吴书·周瑜传》，第 1259—1260 页。
② 《三国志》卷一四《魏书·董昭传》，第 438—439 页。
③ 《三国志》卷三五《蜀书·诸葛亮传》，第 912 页。
④ 《三国志》卷一九《魏书·陈思王植传》，第 567 页。
⑤ 《三国志》卷一〇《魏书·贾诩传》，第 330 页。

的争夺，一直到蜀吴夷陵之战后，荆州的归属才稳定地确立下来，大部分地区归属东吴。曹丕称帝后，"帝欲大兴军征吴，毗谏曰：'吴、楚之民，险而难御，道隆后服，道洿先叛，自古患之，非徒今也。'"① 此时东吴刚经夷陵之战，据有荆州之地，此时言"吴、楚"正与时事相符。不过本文探讨的范围在长江下游地区，因此对"楚"的内涵不做深入探讨。

综上所述，我们可以做出以下总结：一、"吴"作为国号，可用来指代东吴政权；二、江东六郡不仅可以用"吴越"指代，也可单用"吴"指代；三、吴郡是江东人才集中地区，这在某种程度上也是这一地区高度发展的反映；四、"吴会"可以指代具体的吴郡和会稽郡，也能指代扬州、指代东吴政权，说明这一地区发展速度较快；五、"吴、楚"也可指代东吴政权。

四 小结

通过以上对时人"吴""越"概念的分析总结，可以从中看到一个有趣的现象，"吴"和"越"的概念范围常常是重叠的。至少从地理位置上来说，"吴"所包含的江东六郡与"越"所属的丹阳、会稽、鄱阳各郡地理范围都有重叠。不同之处在于"越"地不如"吴"地发达，因此，当时吴人文区域应属于已开发地区，而越人文区域属于未开发地区。

春秋时期，吴、越两国的文化虽然不能与中原国家相比，但两国水平倒是相似。孙吴政权立国东南后，以"吴"为国号，打击"山越"，无形中强调了"吴"在时人心中的主导观念。同时，对江南地区的开发也极大地提升了这一地区在南方区域政权中的重要性。政治地位与经济发展程度的提升推动了吴越观念的变化，人文区域的划分标准由原来的地域转变为发展程度，吴人文区域成了"发达"地区的代表。正是在此背景下，到三国末期，"三吴"而非"三越"的概念开始出现。

---

① 《三国志》卷二五《魏书·辛毗传》，第697页。

魏晋至隋唐民间若干知识技术职业的收入估测

中国社会科学院历史研究所 楼 劲

知识技术者的收入情况如何,可以达到什么样的生活水平,不仅关系到其人、其家生存的物质条件,更是一个综合了物质、精神和制度各种因素的社会问题。从根本上说,执业者收入多少不仅直接关系到其生活水平和处境、地位,更是衡量不同知识技术门类社会生态的重要指标,对知识技术的创造、传播和服务活动具有深远影响,可以视为整个社会知识生产和再生产机制中具有基础意义的部分。本文拟对魏晋至隋唐民间若干知识技术职业的收入状况作一粗略估测,由于文献对此记载十分零散,不同时期、地区和行业的情况又复杂多端,因而只能就某些个案来见其局部或大体,以便对魏晋至隋唐常见知识技术职业的收入获得大致印象。[①]

一 教师

先来看民间教师的收入情况。魏晋至隋唐开馆授学为业者甚多,皆要靠生徒缴纳的学费来维持生计。这种学费循孔子所称而叫"束脩",具体构成和数额则因学生及教师情况不同而异,其中有一部分显然是生徒

---

① 以下所论诸职业收入及诸物价,甚得益于王仲荦先生《金泥玉屑丛考》卷四《魏晋南北朝物价考》、卷五《唐五代物价考》所整理的资料与相关思考。特此致谢,并深切悼念王先生逝世三十周年!

在拜师时缴纳的礼品。

汉魏以来解释孔子所收束脩,虽陈义有所不同,但就其物品构成而言,大都释之为肉干10条,是拜师时所纳礼物的下限,或童子始入小学缴纳的礼物。① 由于孔夫子有教无类而仍收束脩,之中蕴有以礼就学等特定含义,可以认为汉唐间注家把肉干10条解释为束脩的下限,也反映了此期拜师礼束脩少不过此的现实。而高级学馆和名师生徒所纳的入门束脩,则必然会突破这个数量。《唐六典》卷二一《国子监》载国子博士之职:

> 国子博士掌教文武官三品已上及国公子孙、从二品已上曾孙之为生者……其生初入,置束帛一篚,酒一壶,脩一案,号为束脩之礼。

这是高官显贵子孙进入国子学所交束脩的品类和数量,据《开元礼》中相关礼制注明的规格,帛一篚为5匹,酒一壶在皇子是指5斗,国子学生是指2斗,脩一案皆指肉5脡;下至州学生降为一篚帛3匹、酒一壶5斗,脯一案15脡,县学生为一篚帛1匹,酒一壶2斗,脯一案5脡。② 就是说,身份地位较低的官学生徒拜师礼仪虽同,束脩的数量是随之下降的。唐代所定的这类束脩数额亦应基于以往传承下来的惯例,③ 似可反映

---

① 《论语·述而第七》:"子曰:自行束脩以上,吾未尝无诲焉。"唐代孔颖达《礼记正义》卷五《曲礼下》疏释"束脩":"童子之挚,悉用束脩也。故《论语》云孔子自行束脩以上则吾未尝无诲焉。"南朝皇侃《论语义疏》卷四此条释曰:"束脩最是贽之至轻者也。"清人刘宝楠《论语正义》卷八释此,亦引"郑注《论语》曰:束脩,谓年十五以上也",释为十五以上可以行挚见师。

② 《大唐开元礼》卷五四《吉礼·皇子束脩》《学生束脩》,卷六九《吉礼·州学生束脩》,卷七二《吉礼·县学生束脩》。其中国学生称"脩一案",州县学生称"脯一案",恐是肉类或规格有别。

③ 《晋书》卷一九《礼志》载汉代虽立学而释奠礼无闻,曹魏齐王芳正始二年始行之,晋武帝泰始七年以来时承此损益。而官学束脩之礼附于释奠,可推西晋荀颉定礼百六十五篇时对此应已有所规范。《晋书》卷一〇八《慕容廆载记》述其办学,命刘赞为东庠祭酒,世子慕容皝率国胄"束脩受业";卷一一三《苻坚载记上》述其命太子及公卿百官子弟"束脩释奠"。或即晋制。《陈书》卷二四《袁宪传》载其梁大同时为国子生,欲试策补博士,人有劝其先具束脩于学司,其父周君正曰:"我岂能用钱为儿买第耶!"似可反映其时官学束脩构成有钱。《周书》卷四七《艺术冀俊传》载其大统年间教诸胄书,"时俗入书学者亦行束脩之礼,谓之谢案",俊以为书字起于苍颉,"若同常俗,未为合礼",启请太祖"释奠苍颉及先圣先师"。可见其时官私学类皆行束脩礼,唐国学包括律、书、算学及地方官学皆行此礼,以致诸伎术学亦须束脩,即承此而来。参见《文苑英华》卷五一二《判十·书数师学投壶围棋门二十七道》所录"观生束脩判五道"。

相当时期内拜师所纳束脩从高到低的规格，民间学馆拜师礼物的轻重有可能就在其间浮动，而肉干10条则可视为其平均下限。

　　上面虽说是礼节性的束脩，但也是教师的一项值得重视的物质收入。一般认为成书于南北朝前期的《孙子算经》卷下所述的"以粟买绢"之题，述绢"一匹直粟三斛五斗七升"；由张丘建撰于北魏孝文帝改革前夕的《张丘建算经》卷中，"以粟易酒"之题又有"清酒一斗值粟十斗"之说。这应该是当时较大范围内绢、粟、酒的通行比价①。据此折算，倘同期拜师束脩中的帛、酒两项也在绢1—5匹，酒2—5斗间浮动，折算共计合粟约5.5—20斛，加肉干当可供2—7人一月之费。② 再据唐代官定赃估折绢每匹550钱、③ 官酿酒价每斗300钱折算，④ 则拜师束脩中的帛、酒两项，从皇子到县学生其额约为1150—4250钱，这个数量已超过或接近了开元所定八品、九品官员每月的俸料钱收入。按唐前期粟米一般数百钱1石折算，这些钱足可购粮2.3—8.5石，考虑度量衡变动因素再加束脩中包括的肉干，当可供3—9人的月费。倘民间名师收取拜师束脩的数额类同县学生所交，按一师所开学馆数十人的规模，则可供一家3口的年费有余。

　　民间教师开馆不像官学那样，诸事自有官费供给维持，官学教师有

---

① 钱宝琮先生认为二书皆具北朝背景，成书分别在公元400年前后及466—485年间。见《李俨、钱宝琮科学史全集》第九卷收录的钱宝琮《孙子算经考》《张丘建算经考》，辽宁教育出版社1998年版。

② 据杨平主编《中国科学技术史（度量衡卷）》第二十一章《民国时期的度量衡》末附的"中国历代度量衡量值表"，南北朝时升斗容量在魏晋上下浮动，萧齐较之增加约47%，梁陈减约2%，北魏、北齐增90%多，北周先减约22%，后又增约4%。这里仍按西晋标准按人日1斗计其所需。

③ 《唐会要》卷四〇《定赃估》载开元十六年李林甫奏天下绢价不一，有的地方每匹不到三百钱，多则七百钱以上，高宗上元二年曾定均价为绢匹五百五十钱。敦煌吐鲁番文书中多有唐前期西州、沙州等地绢帛布匹的钱价，虽因其质地不同而参差不齐，但亦多为每匹数百钱。如P.3348背"天宝四载豆卢军上河西支度使和籴正账牒"中，大生绢匹估465文，绝匹估620文。

④ 《旧唐书》卷四九《食货志下》载德宗建中三年"初榷酒，天下悉令官酿，斛收直三千，米虽贱，不得减二千"。《唐会要》卷八八《榷酤》载贞元二年十二月"度支奏：请于京城及畿县行榷酒之法，每斗榷酒钱百五十文，其酒户与免杂差役。从之"。是其酒价仍斗三百而税率达50%。

其俸禄,①生徒或有廪给,而执业民间者不仅须凭开馆授徒赡家,讲舍、设施、书籍和教学所需一应杂用也须由此开支。②况且私学生徒往往过着某种程度的集体生活,食宿等事也就总有需要学馆统筹供养之处。③凡此之类的办学成本,只靠拜师时收取数额有其礼节性惯例的束脩是不够的,也就不免会要在此基础上加收学费。这种不在拜师束脩惯额之内的费用,魏晋至隋唐虽缴纳方式多端而同样可称束脩,但本质上显然已是一种保障教师生活和教学活动正常展开的市场化收费。

其典型如北魏后期部分名师学馆的收费,《北史》卷四七《贾思伯传》载其齐郡益都人,北魏宣武帝时为南青州刺史,早年曾就学于北海阴凤所开学馆:

> 初,思伯与弟思同师事北海阴凤。业竟,无资酬之,凤遂质其衣物。时人为之语曰:"阴生读书不免痴,不识双凤脱人衣。"及思伯之部,送缣百匹遗凤,因具车马迎之,凤惭不往。时人称叹焉。

思伯与思同兄弟拜师时应已缴纳束脩,这里所谓"业竟,无资酬之",表明阴凤学馆依例另须定期缴费,虽可拖欠至结业时缴清,却不能免除。其原因自然是生徒若人人如此,学馆即无法维持下去。至于贾思伯莅州后送缣百匹之类,则可说明师生之礼确实也不因这类收费而抵销。《北史》卷八一《儒林徐遵明传》载其为魏末名儒而教学不辍:

---

① 《唐摭言》卷一《两监》述龙朔二年所定国学各学束脩,国子、太学生各绢三匹,四门生二匹,俊士及律、书、算学及州县学生各一匹,另有酒脯;"其分束脩,三分入博士,二分助教"。是官学所收束脩堪称是教官特有的一项生活补助。
② 参见李锦绣《唐代财政史稿》第三编《唐前期的财政支出》第一章《供国》六《教育图书修史费用》(一)《教育》所列各项开支。
③ 《三国志》卷一二《魏书·崔琰传》载其汉末曾与公孙方等就郑玄受学,"学未期,徐州黄巾贼攻破北海,玄与门人到不其山避难。时谷糴悬乏,玄罢谢诸生"。是汉代私学生徒食宿即由教师统筹,魏晋以来亦然。如《晋书》卷九四《隐逸杨轲传》载其"少好《易》,长而不娶,学业精微,养徒数百,常食粗饮水,衣褐缊袍,人不堪其忧,而轲悠然自得"。生徒未必皆由教师供养,然其饮食等项当由教师统筹,至于费用来自生徒束脩还是教师家资则别为一问题。

> 讲学于外二十余年，海内莫不宗仰。颇好聚敛，与刘献之、张吾贵皆河北聚徒教授，悬纳丝粟，留衣物以待之，名曰"影质"，有损儒者之风。

可见像阴凤学馆质押生徒衣物以为学费，在当时已是较为普遍的一种风气。① 大量资料表明，魏晋至隋唐名师学馆授徒常为数十百人，按此规模，其每年所收拜师礼物及多少不等的其他束脩，为数当甚可观。尤其是北朝后期游学盛甚而学馆林立，规模最大的如徐遵明"束脩受业，编录将逾万人"，刘献之门下生徒虽少得多，而亦"著录数百"，张吾贵则"聚徒千数"。② 这类名师严格收取束脩，固然也是因为其学馆规模较大所需费用不赀，③ 但既生徒众多而收费办学有余，其家计的丰赡自不难想见。

从上面的例子也可看出，教师开馆授徒与市肆店铺毕竟不同，生徒拖欠学费似属常事，教师严格收费则被认为"有损儒者之风"。而这当然会使正常的束脩收入难以保障，即就史籍中一般情况而言，魏晋以来不乏邴原那样被教师免费收入学馆的贫困学童，④ 也多有王褒这种门徒千余而仍"家贫躬耕，计口而田，度身而蚕"的自苦之师。⑤ 即便是在严格收取束脩成习的北朝同期，也还是存在着冯伟这样"门徒束脩，一毫不受"的教师。⑥ 故授徒常达数十百人的一地名师，原则上虽不至于

---

① 《隋书》卷七五《儒林刘焯传》载其学问精博与刘炫齐名，又皆宦途坎坷而讲习为业，"天下名儒后进，质疑受业，不远千里而至者，不可胜数。论者以为数百年以来，博学通儒，无能出其右者。然怀抱不旷，又啬于财，不行束脩者，未尝有所教诲，时人以此少之"。可见其风已蔓延至隋唐。

② 《魏书》卷八四《儒林刘献之、张吾贵、徐遵明传》。

③ 《魏书》卷六九《崔休传》载其宣武帝时为渤海太守，其时张吾贵讲学于郡中，"生徒既众，所在多不见容。休乃为设俎豆，招延礼接，使肄业而还，儒者称为口实"。可见其生徒数量庞大而至"所在多不见容"，幸有太守崔休支持并为之提供相关条件。《文苑英华》卷五〇九《判七·师学门十六道》首为"申公杜门判"，事由为"申公杜门不出，聚远方众百余人，里中兴讼"。所录判辞两道皆以其光阐儒业舍而不问，可见学馆众多者，非得官府支持往往构成问题。

④ 《三国志》卷一一《魏书·邴原传》裴注引《原别传》。

⑤ 《三国志》卷一一《魏书·王脩传》裴注引王隐《晋书》述褒事迹。

⑥ 《北史》卷八一《儒林冯伟传》。这可以视为有鉴于"影质"之风而痛矫此弊者。

生活困窘，却仍多见家境贫寒之例，相应的则有外界尤其是官府给予资助的例子。① 像这样名师乐于教学不以收费为意，官贵则时或资助以示崇教尊师的状态，都反映了教师收入偏离市场规则是有深厚社会基础的，也就会使其家生计显得尤为参差不齐。②

以上所举事例多属名师，代表的是学问声望较高的教师之况，而其情况已甚参差不齐，则地位高低迥然有别、生徒数量和收费态度差异较大的教师生计之相去悬殊，是不难想象的。如当时知识者往往依附富贵人家充其馆客，其中被聘为师者有的甚受礼重待遇丰厚，有的则教奴识字，其资给自应远不及前者。③ 这里特别应该注意到基层乡校村学之师，由于其所开多为附近聚落的启蒙学馆，生徒数量天然受限，束脩额本在下限而又难免品类不一，生活之清苦拮据实为常态。如《南齐书》卷五五《孝义吴达之传》附何伯玙兄弟事迹：

> 何伯玙，弟幼玙，俱厉节操。养孤兄子，及长为婚，推家业尽与之。安贫枯槁，诲人不倦，乡里呼为人师。

---

① 如《晋书》卷九一《儒林范宣传》载其东晋居于豫章讲诵为业，门徒甚众而仍"茅茨不完"，太守殷羡"欲为改宅"，庾爰之"以宣素贫，加年荒疾疫，厚饷给之"，皆不受。《宋书》卷九三《隐逸沈道虔传》载其吴兴武康人，不仕而讲学，"乡里年少，相率就学。道虔常无食，无以立学徒。武康令孔欣之厚相资给，受业者咸得有成"。《南齐书》卷三九《刘瓛传》载其身为一代名儒，其建康檀桥居住讲学之所却只有"瓦屋数间，上皆穿漏"，齐武帝遂赐以华堂美宅，未及徙居而卒。《旧唐书》卷一八九下《儒学尹知章传》载其睿宗以来为国子博士而家中亦自授徒，受业者有贫匮则衣食之，"其子尝请并市樵采，以备岁时之费"，知章以为既有禄，不宜与民争利。是其家境不佳而仍以俸禄补贴生徒。

② 这一点不仅中国古代如此，西方中世纪亦然。雅克·勒戈夫《中世纪的知识分子》第二章《十三世纪：知识分子的成熟及其问题》在"矛盾：如何生活？靠工资还是靠领地"题下指出：中世纪教会"宣布的一项原则是：教学无偿。这样做的最合法的理由，是希望对那些穷苦学生敞开大学的大门。另一理由以一种远古的观点为基础，并与那时狭义地说只有宗教课程的时代有关，它把知识看成是上帝的赐予，出卖知识就是买卖圣职罪"。当然同期也存在"教师们倾向于依靠学生付给的报酬为生"的风气。

③ 《魏书》卷一九上《景穆十二王传上·阳平王新成传》附《元钦传》载其历官贵重而不能有所匡益，识者轻之。"曾托青州人高僧寿为子求师，师至，未几逃去。钦以让僧寿。僧寿性滑稽，反谓钦曰：'凡人绝粒，七日乃死，始经五朝，便尔逃遁，去食就信，实有所阙。'钦乃大惭，于是待客稍厚。"此为家馆教师因报酬过薄而逃去之例。

何伯玛兄弟把家产尽与兄子而自教书为业,"安贫枯槁"正是这类乡村塾师日常生活的写照。牛僧孺《玄怪录》卷三《齐饶州》述饶州刺史齐推之女死而复活之事,内有其女婿韦会谒见通晓阴阳术的村学教授田先生,求其施法救妻的情节:

> ……到堂前,学徒曰:"先生转食未归。"韦端笏以候,良久,一人戴破帽,曳木屐而来,形状丑秽之极。问其门人,曰:"先生也。"命仆呈谒,韦趋走迎拜,先生答拜曰:"某,村翁,求食于牧竖,官人何忽如此,甚令人惊。"韦拱诉曰……

此虽志怪小说,但其中渲染田先生衣衫形貌之陋,及其"转食"由各家轮流供饭之况,仍足以反映唐时村学教师生计之艰,且因其所记具体而甚可宝贵。① 据其后文所述,这位田先生所授有村童数十,其所纳束脩看来亦难保障,故其自嘲"求食于牧竖"。这也表明教师收入与其影响范围和授徒多少直接相关,就总体情况而言,声望越高,授徒越多,办学条件及其家庭生计亦水涨船高得到改善,当是一般的规律。

二 佣书等业

一般文书之人的知识结构以能书会算为特点,与教师往往皆须通经能文有所不同,但其在基层也算是小知识分子,而社会上对写写算算的需求显然不小,这就为之提供了谋生赡家的生计。以文书知识从业赡家,常见于史载的是"佣书"为生者,其中有些也提到了其具体收入的多少。

《魏书》卷五五《刘芳传》载其献文帝收青齐时北徙为平齐民而家计无着:

> 虽处穷窘之中,而业尚贞固,聪敏过人,笃志坟典。昼则佣书,

---

① 《太平广记》卷三〇九《神十九·蒋琛》引唐薛用弱《集异记》述"霅人蒋琛,精熟二经,尝教授于乡里,每秋冬,于霅溪太湖中流,设网罟鱼以给食"。亦反映了唐乡学村校教师生计之艰。

以资自给，夜则读诵……常为诸僧佣写经论，笔迹称善，卷直以一缣，岁中能入百余匹，如此数十年，赖以颇振。由是与德学大僧多有还往。

当时平齐民有知识者多曾佣书自给，以此为沦落北方时的重要谋生手段，此例则表明像刘芳这样"笔迹称善"的，价格可达每卷一缣。缣本指质地较绢细密厚实的丝织物，北朝至唐亦以称绢，① 若按绢一匹计算，据前引《孙子算经》约值粟米 3 斛 5 斗有余。② 倘刘芳月写 10 卷则值 35 斛多，传中称其家"赖以颇振"，实非虚语。

魏晋以来佛、道发展迅速，译经写经日盛一日，雇人写经在南北朝尤为常事。③《高僧传》卷一二《诵经·宋京师瓦官寺释慧果》载其好诵《法华》《十地》经：

尝于圊厕见一鬼……云："昔有钱三千，埋在柿树根下，愿取以为福。"果即告众掘取，果得三千，为造《法华》一部，并设会。

这也是志怪之类，但 3000 钱可造《法华经》一部，必是其时通行价，而大部分应为写经之费。当时流行的即是今存鸠摩罗什所译《法华经》七卷共 78000 余字，④ 按 3000 钱计每卷需费 420 多钱，若其装帧之费共需 500 钱，则其佣书之价百字约为 3 文多。而书法上佳者往往会是这个通行价格的一倍以上，《云笈七签》卷一〇七《传录·华阳隐居先生本起录（原注：从子翊，字木羽撰）》述陶弘景之父陶贞宝事迹：

---

① 《释名》卷四《释采帛第十四》："缣，兼也。其丝细致，数兼于布绢也。"《汉书》卷九七上《外戚传上·卫太子史良娣》"作缣单衣"，师古注："缣，即今之绢也。"

② 《魏书》卷一一〇《食货志》载北魏初丰年绢价"匹中八十余斛"。又载孝文帝迁都后铸太和五铢钱，官定绢价每匹 200 钱；至孝庄帝时又铸永安五铢，官定匹绢 200，私市 300 钱。当然绢钱比价多随币制及匹帛长短变化，各地区往往差价较大，故其与绢米比价一样只能略供参考。

③ 《洞玄灵宝三洞奉道科戒营始》卷一《置观品四》述道观应设"写经坊""校经堂"。佛寺大略亦应如此。

④ 《出三藏记集》卷二《新集撰出经律论录第一》所录姚秦鸠摩罗什所译经三十五部中，述"《新法华经》七卷，弘始八年夏于长安大寺译出"。

闲骑射，善藁隶书。家贫，以写经为业，一纸直价四十，书体以羊欣、萧思话法。

这里提供了写经 1 纸 40 钱的价格，若每纸书 500 多字，合百字 7 文多，① 陶贞宝因书体得法，收费较高自属理所当然。②

佛、道写经均属功德而甚讲究书法，北朝及唐写经今仍可见于敦煌文书者甚多，其字皆颇不俗，足见受雇写经者往往是文书之人中的书法佳者。因而百字 3—7 钱，当可代表文书之人中书法水平更高一筹者的佣书价格。倘其日写 5000 字，月收入可达 4500—10000 余钱，赡家糊口应有余裕了。《旧唐书》卷一八九下《儒学王绍宗传》载其扬州江都人：

少勤学，遍览经史，尤工草隶。家贫，常佣力写佛经以自给，每月自支钱足即止，虽高价盈倍，亦即拒之。寓居寺中，以清净自守，垂三十年。

这是唐初之事，王绍宗书法尤工，故其佣力写经，虽支钱足用即止，但其应得报酬本可倍于其赡家之需。③ 又《旧唐书》卷一九〇上《文苑崔行功传》载太宗时命秘书省写四部书，至高宗初其功未毕：

---

① 《真诰》卷一九《翼真检第一·真诰叙录》述杨及二许写经"多书荆州白牋……有全卷者，唯《道授》二许写，《丰都宫记》是杨及掾书，并有首尾完具，事亦相类。其余或五纸三纸、一纸一片，悉后人糊连相随，非本家次比"。是当时道经多以数纸糊连为卷。唐后期《贞元新定释教目录》卷二九《大乘入藏录》每部皆载卷、纸数，一卷多者达 30 余卷，少则不到 10 纸，其中《妙法莲华经》八卷共写 152 纸，原注述其即僧祐所述的《新法华经》，也就仍为 78000 余字，平均每卷 19 纸，每纸书 500 多字。按 1 纸 40 钱计，百字 7 文多。当然各时期纸张大小及道、佛经书写规格必有不同，这样估价只可略供参考而已。

② 上述刘芳字迹工赡而每卷匹绢之价亦是如此，另如《太平广记》卷二〇七《书二·王羲之》引《图书荟萃》述有老妪卖扇一把二十许钱，羲之为题五字，云可卖一百钱，"入市，人竞市之"。则属著名书家之法书而其价不贵。

③ 《法苑珠林》卷二七《至诚篇第十九·济难部第八》之《感应缘·唐比丘尼法信经验》述武德时河东练行尼法信雇人写《法华经》，"访工书者一人，数倍酬直……写经七卷，八年乃毕，供养殷重，尽其恭敬"。像这样以八年时间、数倍之直，供养殷重而写《法华经》七卷，则是不惜重金的特例。

>显庆中，罢仇校及御书手，令工书人缮写，计直酬庸，择散官随番雠校。

这是罢撤官府书手，改从民间雇人抄写典籍，据"工书人"的佣书市价来支付其报酬。当时官府从民间佣力的平价是16—69岁正丁每日折绢三尺，① 应是基于民间壮劳力供其一家日费的佣价而来。为秘书省抄写典籍的佣书者之所以不是"计日酬庸"而是"计直酬庸"，其价格自必在此之上，收入则可供一家生计有余。官府一直都是文籍最为浩繁之所，一旦其抄写之事部分通过市场来解决，凭此赡家谋生者的数量显然也会相当可观。要之，佣书者及其收入的情况固然多有不同，② 有些也不是全职佣书，而只是贫苦无计的知识者补贴家用之方，但佣书的收入水平无疑要高于一般壮劳力的雇佣市价，字迹工赡的文书之人只要勤勉，还可以极大地改善家境。

当然文书之人所擅不只是写字而已，其中长于计算者就业收入之况虽罕见于史载，但南北朝至唐成书的《孙子算经》《张丘建算经》《五曹算经》《缉古算经》等书，都有大量涉及耕织、畜牧、工程、商贸等事的计算问题，这类除为官府诸曹常事外，③ 亦为民生日用所需，敦煌吐鲁番文书中更有不少官府、寺院及俗间簿账和契约、借贷文书。由此不难体会到具有书计才能之人的官、私所用之广，④ 而其平均收入水平亦应高于佣力而有类佣书之价。更何况，魏晋以来士族争以清高相尚而鄙于琐事，大量实务皆须依赖文书之人来牵头处理，而这类人员中本多精明强干之辈，对他们来说更高的收入和富裕的生活显然并非难事。具体如《宋书》卷九三《恩倖戴法兴传》载其山阴人：

---

① 《唐律疏议》卷一一《职制篇》"诸监临之官私役使"条。
② 佣书职业及其状态的多样在欧洲中世纪亦然。参见雅各布·布克哈特《意大利文艺复兴时期的文化》（何新译，商务印书馆1979年版）第三篇《古典文化的复兴》第三章《古代著作》所述抄书职业之况。
③ 走马楼吴简中多录吴国调皮调物之事，大体与官府市买相关。参见杨际平《论长沙走马楼吴简中的"调"》，《历史研究》2006年第3期。
④ 如《南齐书》卷五三《良政沈宪传》："迁少府卿。少府管掌市易，与民交关，有吏能者，皆更此职。"其时有吏能者，类皆须掌市易，说明账籍计息簿之类，实为"吏能"的重要组成部分，民间之况亦当相类。

家贫，父硕子贩苧为业。法兴二兄延寿、延兴并修立，延寿善书，法兴好学。山阴有陈载者，家富，有钱三千万。乡人咸云：戴硕子三儿，敌陈载三千万钱。

戴法兴出身市井贩卖为业，其后来宦途通达得掌机要，成为刘宋一朝寒微小人倖进的代表人物，实非早年其父子或乡人可得逆料，但乡人对戴氏三儿才具足以发家致富却信心十足，这说明当时公认文书之人中的优秀者有着大量机会来赚得财富。3000万钱三人若用一二十年时间来赚，人均每月应收入4万—8万多钱，约在一般佣书者月收入十倍左右，这大概应可算是文书之人正常可望的最高预期值了。①

三 医师

接下来再看医筮卜相等方术之士的收入。医师亟为民生日用所需而市场甚大，魏晋以来笼统记及医师的资料不少，总体来看其谋生赡家当不成问题，治疗有验者且甚易致富。至于较为具体的诊疗收入，文献中亦有若干零星资料可供估测其况。

《宋书》卷三一《五行志二》载东晋江淮及建康地区曾暴发过一次寄生虫病，民间盛传其治疗之方须以白犬胆为药，或须烧铁烙灼身体的某些部位，其中提到了当时医药收费猛增之况：

> ……于是翕然被烧灼者十七八矣，而白犬暴贵，至相请夺，其价十倍。或有自云能行烧铁者，凭灼百姓，日得五、六万，愈而后已。四、五日渐静。

---

① 《南史》卷五二《梁宗室列传下·南平元襄王伟传》附《萧恪传》载其官为雍州刺史，"年少未闲庶务，委之群下，百姓每逋一辞，数处输钱，方得闻彻。宾客有江仲举、蔡薳、王台卿、庾仲容四人，俱被接遇，并有蓄积。故人间歌曰：'江千万，蔡五百，王新车，庾大宅。'遂达武帝。帝接之曰：'主人愦愦不如客。'"江、蔡、王、庾四人为萧恪宾客，受贿千百万计而车宅豪华，《宋书·恩倖戴法兴传》载其累任要职后亦"家累千金"。这类非正常收入又难以为计。

这里说的是时疫暴发而医药十倍于平常的价格，据其所述四五日内庸医烧铁灼疗之费"日得五、六万"，可以推想并非时疫之际医师治疗病人的日常收入，多时每日可达5000—6000钱，若平均每日2000—3000钱则月入约为60000—90000钱。考虑到上引文所述应主要是富人云集的京师建康之况，这恐怕还是要高于当时平均线的医师收入额。《魏书》卷一九上《景穆十二王传上·阳城王新成传》附《元衍传》载其在徐州刺史任上病重，孝文帝敕御医徐成伯乘传前往治疗：

> 疾差，成伯还。帝曰："卿定名医。"赍绢三千匹。成伯辞，请受一千。

孝文帝遣徐成伯远赴徐州为元衍治病而酬绢3000匹，虽是额外加赏，亦应考虑了其乃"当世上医"，① 远诊愈病本就费用不赀；而徐成伯请受的1000匹，则必略加谦抑而取当时名医的远诊时价。② 按照前述同期绢、粟、钱的一般比价，这大约相当于20万—30万钱或粟3570余斛，可供100人左右的年费，无妨视之为名医一次远至外地诊疗有验的最高收费。

当时医生也无须担忧有没有病人前来求治。魏晋以来巫女行医之例不少，且有以此致富之事，即足说明医术的紧缺和巫觋治病的流行。③ 据此推断，形形色色技术门类和水平高低不同的医师，都会有足够的施术市场和职业空间。治疗有验的名医则常门庭若市，如李肇《唐国史补》卷中《王彦伯治疾》条记唐德宗时长安名医王彦伯行医事迹：

---

① 《魏书》卷二一下《献文六王传下·彭城王勰传》所载，徐成伯名謇，事迹详《魏书》卷九一《术艺徐謇传》。

② 如华佗曾从家乡沛国谯县远诊至广陵一带。又《唐律疏议》卷八《卫禁篇》"诸越州镇戍城及武库垣"条，其中包括越官府廨垣及坊市垣篱的惩处规定，《疏议》引《监门式》规定宵禁期间仍可往来的例外，包括"丧、病须相告赴，求访医药，赍本坊文牒者，亦听"。可见出诊、求诊皆为常事。

③ 《抱朴子》内篇卷五《至理》："吴越有禁呪之法，甚有明验，多炁耳"。《南齐书》卷二六《陈显达传》载南齐巫医潘氏，善察咒之术，曾为陈显达出目中箭镞。《南齐书》卷五五《孝义诸暨东洿里屠氏女传》载诸暨孝女屠氏得山神教医术，谓可得大富，"遂以巫道为人治疾，无不愈，家产日益"。

> 王彦伯自言医道将行，时列三四灶，煮药于庭，老少塞门而请。彦伯指曰："热者饮此，寒者饮此，风者饮此，气者饮此。"皆饮之而去。翌日，各负钱帛来酬，无不效者。

这是把所有病人分为寒、热、风、气四类，各类概用一剂治之而病人自认为皆有效验。其事或有所夸张，却也正是当时公认的名医妙手惯习，这也可见时人所谓的"效验"，多半都难以测度而须取决于病人心理。因此，尽管医师职业也像教师那样，经常会有种种难以严格收费或欠费的情况出现，① 身为良医也会有遭逢坎坷之时，② 记载中却绝难见到基层医师像教师那样贫寒困窘的例子，当是因其病人众多而收费较高之故。魏晋以来有不少重要官员皆资财不足以就医市药，也从一个侧面表明了医师诊疗价格不低。③《酉阳杂俎》续集卷之二《支诺皋中》记有唐德宗时期一则关于兽医的志怪故事：

> 建中初，有人牵马访马医，称马患脚，以二十镮求治。其马毛色骨相，马医未尝见，笑曰："君马大似韩幹所画者，真马中固无也。"

其事亦属虚构，然以 2000 钱求治马脚之患，④ 则应是当时同类治疗

---

① 《柳河东集》卷一七《宋清传》载其为长安药商，"逐利以活妻子"，欠券甚多而常焚之。"居药四十年，所焚券者百数十人。或至大官，或连数州，受俸博，其馈遗清者相属于户，虽不能上报，而以赊死者千百，不害清之为富也。"李肇《国史补》卷中《宋清有义声》条亦载"宋清卖药于长安西市，朝官出入移贬，清辄卖药迎送之。贫士请药，常多折券，人有急难，倾财救之。岁计所入，利亦百倍"。

② 《隋书》卷五八《许善心传》载其续修其父所撰《梁史》，其《序传》末述制作之意，其中提到陈朝亡后自家遭逢："值本邑沦覆，他乡播迁，行人失时，将命不复。望都亭而长恸，迁别馆而悬壶，家史旧书，在后焚荡。今止有六十八卷在，又普缺落失次……"许善心当时曾"悬壶"为业而仍家史旧书焚荡，主要应是战乱之故。

③ 《三国志》卷四三《蜀书·张嶷传》载其后主时为都尉将兵，颇有功勋，"后得疾病困笃，家素贫匮"，遂结交广汉太守何祗，祗为之"倾财医疗，数年除愈"。是其治疗费用须倾二位重要官员之财。《魏书》卷六《献文帝纪》皇兴四年三月诏告天下，"民有病者，所在官司遣医就家诊视，所须药物，任医量给之"。后来孝文帝至宣武帝皆屡有这类诏令，可见当时治疗收费常人多难承受，故既命官医施治，即须免其诊免药费。

④ 其后文述"马医所得钱，用历数主，乃成泥钱"。镮为重量单位，钱一镮约相当于一镮百钱。

的常价。这个例子的可贵，是其不仅反映了兽医的收费状态，且可借此验证上面对南朝建康医师日收入多至5000—6000钱，平均当2000—3000钱的估测。这个基于首都建康推算的数字恐怕仍应高于平均线，若据此推断大部分医师平均月收入在60000—90000钱，那显然就是魏晋至隋唐平均收入最高的一种民间职业。

四　占相卜筮

关于卜筮占相之人的收入，《三国志》卷二九《魏书·方技管辂传》裴注引《辂别传》载其答人之难有曰：

> 昔司马季主有言，夫卜者必法天地，象四时，顺仁义……病者或以愈，且死或以生，患或以免，事或以成，嫁女娶妻或以生长，岂直数千钱哉？

魏晋至隋唐卖卜于市者其况不一，管辂此处提到的"直数千钱"，显然反映了高明术士每次卜筮得中的价格。《晋书》卷八二《习凿齿传》载其曾为桓温主簿时的一件事情：

> 时温有大志，追蜀人知天文者至，夜执手问国家祚运修短。答曰……温不悦，乃止。异日，送绢一匹，钱五千文以与之。

其下文载这位蜀地占星士错会其意，以为桓温是要令其自裁，习凿齿则释为返途费用而开解之。故绢一匹和钱五千，实际上是厚给其路费以充星占报酬，这也说明东晋高明卜占者的常价，大抵应是一次数千。至于更高于此的收费，《南齐书》卷二四《柳世隆传》载其出身望族而才艺博杂，"善卜，别龟甲，价至一万"。以此结合管辂所说及桓温星占之事，即可大致推断：魏晋以来高明术士每次卜占的均价可能确在"数千"钱的水平，而10000钱则可视为其上限。

当然卜占之类的价格，也会视其事大小及问卜者支付能力而浮动。《续高僧传》卷九《义解篇五·隋相州演空寺释灵裕传》述其北齐时大受崇重，到北周武帝灭佛时仍收聚同侣二十余人坚持信仰：

> 时属俭岁，粮粒无路。造卜书一卷，令占之取价，日米二升，以为恒调。既而言若知来，疑者丛闹，得米遂多。裕曰……索取卜书，对众焚之。

当时这些僧人已杂居于乡村基层，为人占卜也无非民间日常琐事，所谓"日米二升"，按当时灾年斗米往往数百至千钱的价格，① 也就是日入不到200钱。这当然不会是释灵裕同侣占卜的全部所获，因为其显然不够二十余人维生，只能是一人占卜的日收入。② 实情大概是由几人占卜来供养这个临时集体，由于占验颇有效验而酬值渐高，所得之米很快就超过了释灵裕的限制，遂失其本意而索书焚之。据此推想，对于那些身处基层面对馁饤之事的卜筮者来说，日入200钱大致当可视为其收入的下限。

相比之下，卖卜于市者既身处城市以此为业，即便具体情况仍有不同，却应更能反映卜筮者的一般收入水平。《云笈七签》卷一一一《洞仙传·扈谦》述其精于《易》占，东晋时在建康卖卜：

> 常在建康后巷许新妇店前筮，一卦一百钱，日限钱五百止，次卦千钱不为也。谦母住尚方门外路西，有养女三四人自料理。谦日日送钱三百供养母，余钱二百，谦以饮酒，乞与贫寒。

后文又述扈谦为桓温占筮，得温及夫人送钱共六十万，自此"日筮三卦，以供养母"。扈谦为东晋后期著名术士，其人虽迹近神仙而其事存于《晋书》者不少，③《云笈七签》录其生平，应承自南北朝以来的仙道

---

① 《魏书》卷五八《杨椿传》载孝庄帝时钱多轻薄而"米斗几直一千"。唐贞观初天下已定而遇灾荒，《新唐书》卷五一《食货志一》及《贞观政要·政体》篇均有匹绢斗米的记载。
② 据周一良《魏晋南北朝史札记》之《宋书札记·南朝时口粮数》条，日米二升应是当时通行的口粮底线。释灵裕限卜价日米二升当即取本于此。
③ 《晋书》卷八《海西公纪》载其尝召"术士扈谦筮之"；卷二八《五行志中》"诗妖"目述升平末，扈谦曾解释俗间流行的《廉歌》，预言穆帝之崩；卷三二《后妃传·孝武文李太后传》载简文帝时又命扈谦卜后房姬女孕子之事。其中前后两事亦见于《建康实录》，中间一事别有据，可见初唐以前流传扈谦事迹的文本颇为不少。

传记，故上面所引当可反映南北朝后期至唐城市卖卜者的收入和生活水平。所谓一卦百钱，或是此期市肆卖卜的常价；① 扈谦自限日入五百，过此千钱一卦而不为，及其为桓温占筮而收入巨万，仍说明高明术士的收入远超常士而多有特例；扈谦自此以每日三卦收入300钱为度，可供其母及养女三四人维持不错的生活，无妨将之视为同期市肆卖卜者的平均收入；而此前其自留二百维生，亦正表明以日入200钱为卜者收入的下限，可能也是近乎事实的估测。② 以此证之《太平广记》卷一五一《定数六·孟君》引《逸史》述唐德宗时孟员外之事，其人应进士举久不中第，寄居丈人殷君家而遭嫌厌，乃托病求去：

> 殷氏亦不与语，赠三百文，出门不知所适。街西有善卜者，每以清旦决卦，昼后则闭肆下簾。孟君乃谒之，具陈羁蹇，将填沟壑，尽以所得三镮为卜资。卜人遂留宿，及时，为决一卦……

孟氏此时求卦的心境已不在乎常价，而三镮（即300钱）确实超过了卜者一卦之价，故其遂愿留宿孟氏至旦而筮。这也可见扈谦之例所示一卦100钱，日入300钱的收入，还是可以约略说明此期卖卜于市者的平均收入水平的。

五 匠作

匠作同样有其专业知识技能，水平高者"劳心"程度不逊于方术之士，但对其具体收入的记载却更加稀少，这与当时官府和上流社会往往将之视同一般胼手胝足的劳作者，其实际生活和社会地位也常无别于芸芸众生的状态是分不开的。但尽管如此，从文献所载

---

① 《新唐书》卷一九六《隐逸武攸绪传》载其"则天皇后兄惟良子也，恬淡寡欲，好《易》、《庄周》书，少变姓名，卖卜长安市，得钱辄委去"。是唐初卖卜长安者确多收钱。
② 《颜氏家训》卷七《杂艺》："世传云：'解阴阳者，为鬼所嫉，坎壈贫穷，多不称泰。'吾观近古以来，尤精妙者，唯京房、管辂、郭璞耳，皆无官位，多或罹灾，此言令人益信……"所谓"坎壈贫穷"，大概是与官宦世家相比，颜氏亦强调其官位不显而易遭灾祸，与其实际收入足供温饱是两回事。

宫廷以及民间富贵之家建筑用具制作之巧，仍足推想民间技巧者的专业水平及其殚精竭思之态，更可体会到其职业市场之大和收益之丰。可以断定，水平顶尖的技巧之人无论依附富贵之家还是独立执业民间，赡家固然不成问题，致富亦当所在多有。至于水平并非顶尖而亦凭其技术为生者的收入情况，则可通过若干具体的例子来加以估测。

《宋书》卷九一《孝义郭世道传》附子《郭原平传》载其至孝有行：

> 养亲必已力，性闲木功，佣赁以给供养。性谦虚，每为人作匠，取散夫价。主人设食，原平自以家贫，父母不办有肴味，唯餐盐饭而已。若家或无食，则虚中竟日，义不独饱，要须日暮作毕，受直归家，于里中买籴，然后举爨。

郭原平既"性闲木功"，应是一位技术不错的木匠，其为人佣作只"取散夫价"，也就是不论技术而按一般佣力价取酬。魏晋间刘徽注《九章算术》卷六《均输》述输粟佣价，多者人日十钱，大部分皆人日五钱。① 以此类推其时一般匠作价格，应在人日十钱以上，且有主家供其饭食；然郭原平既只受散夫价，有时便会家无余粮，只能待其日暮取直买米而炊。可见一般佣力价格，全家只能勉强糊口，时或不济，而匠作的收入则当较之为好。郭原平此例所示匠作者收入的信息还不止此。上引文后面载其智巧过人，父亡后又学筑墓，久乃闲练：

> 既学构冢，尤善其事，每至吉岁，求者盈门。原平所赴，必自贫始，既取贱价，又以夫日助之。父丧既终，自起两间小屋，以为祠堂……及母终，毁瘠弥甚，仅乃免丧。墓前有数十亩田，不属原平，每至农月，耕者恒裸袒，原平不欲使人慢其坟墓，乃贩质家赀，

---

① 《文选》卷四〇《弹事》录任彦昇(昉)《奏弹刘整》一首，其中提到新除中军参军刘整侵夺兄嫂家财，内有关于家奴当伯的役使之况：其兄刘寅"以私钱七千赎当伯，仍使上广州去……当伯天监二年六月从广州还至，整复夺取，云应充众，准雇借上广州四年夫直"。意即当伯为兄弟共有之奴，刘寅所付七千钱可充当伯去广州办事的四年夫直。以此计其夫直每年为1750钱，约合每日4.8钱，奴婢食宿皆由主供，一般夫直应在5—10钱。

贵买此田。三农之月，辄束带垂泣，躬自耕垦。①

这段记载表明匠作的报酬，即便像郭原平这样每"取贱价"，亦可起屋买田。因而若正常取酬，匠作技艺较高者维持小康生活，应当不成问题。

唐代一般工匠的官府雇价与其征发壮劳力相同，《新唐书》卷四六《百官志》载工部郎中、员外郎之职：

> 凡工匠，以州县为团，五人为火，五火置长一人。四月至七月为长功，二月、三月、八月、九月为中功，十月至正月为短功。雇者，日为绢三尺，内中尚巧匠，无作则纳资。

此处规定工匠每人雇价日绢三尺的价格，也是当时官府征发或雇佣壮劳力的平均价格，②所透露的正是把一般工匠视同散夫的观念。不过这个规定也还是反映了工匠雇佣市价要高于一般壮劳力的状态，因为其同时包括的内容，是工匠可按日绢三尺的标准纳资给官府，以便自己继续正常从业，③这无疑可以说明其雇佣市价经常都要高于日绢三尺。上引文"内中尚巧匠，无作则纳资"一句更表明，即便是服务于宫廷的工匠，也可在无事时纳资就市，④而其作为高级工匠的雇佣市价自然会比一般工匠

---

① 其后文又载郭原平"每出市卖物，人问几钱，裁言其半……邑人辄加本价与之"。这显然是其仍以木作家具售卖，堪为其积累家资得以买田数十亩的注脚。

② 《唐律疏议》卷四《名例篇》"诸平赃"条："平功、庸者，计一人一日为绢三尺。"《唐六典》卷三《户部》户部郎中、员外郎条："凡丁岁役二旬，无事则收庸，每日三尺。"《唐会要》卷四〇《定赃估》载天宝六年四月八日敕"一人一日折绢四尺"；肃宗上元二年正月又敕折庸须依"当时绢估并准实钱"，即按绢匹市价上下浮动。

③ 《唐六典》卷七《工部》工部郎中、员外郎条原注："少府监匠一万九千八百五十人，将作监匠一万五千人，散出诸州，皆取材力强壮、伎能工巧者，不得隐巧补拙，避重就轻。其驱役不尽及别有和雇者，征资市轻货，纳于少府、将作监。"同书卷二三《将作监》将作监丞条："凡诸州匠人长上者，则州率其资纳之，随以酬顾。"这都是说匠人可以按日绢三尺的标准纳资代役而自行从业。

④ 《唐六典》卷七《工部》工部郎中、员外郎条原注："其巧手供内者，不得纳资，有阙则先补工巧业作之子弟。"这是说服务于宫廷的巧匠有活要干的话不许纳资，与《新志》所述"内中尚巧匠，无作则纳资"并不矛盾。

更高。有鉴于此，无妨把日绢三尺视为唐时工匠雇价的下限，按当时匹绢550钱的赃估平价计算，也就是每天20文稍多，要比上面所述魏晋以来均输佣力较高的人日十钱多出一倍。

也正由于是最低线，也正由于工匠雇佣市价的存在，官府也经常只能"和雇"即以议价方式来雇佣所需的能工巧匠。① 见于唐代史乘的"长上匠""明资匠"之类，大抵都是官府按市价雇佣的，因其技艺高超而在各官作坊中起着骨干作用。② 而高级工匠的市价往往相当可观，《柳河东集》卷一七《梓人传》所传为一杨姓都料匠，即今人所称的建筑总工程师的事迹：

……问其能，曰："吾善度材，视栋宇之制，高深圆方短长之宜，吾指使而群工役焉。舍我，众莫能就一宇。故食于官府，吾受禄三倍；作于私家，吾收其直太半焉。"

后文述其在工地设计指挥之状甚为生动。这类工匠显然是以脑力劳动为主，而其自言取酬高低之况：受雇于官府是低级伎术官禄的三倍，据唐德宗贞元三年（787）所定俸料钱标准，最低一级的"针医""卜助教"之类每月2917文，三倍则为8751文；③ 若其受雇民间，则由于私家建筑在规模和复杂性上毕竟有限，约为官府酬直的大半，保守估测月入

---

① 《唐大诏令集》卷二《即位赦上·中宗即位赦》中，即有"顷者户口逃亡，良由差科繁剧，非军国切要者，并量事停减。若要和市和雇，先依时价付钱"的条款。可见"和雇"即随行就市按时价雇佣。这种官府雇佣工匠的措施南北朝以来有之，唐初以后至中晚唐渐成官府使用工匠的主要方式。参见唐长孺《魏晋南北朝史论丛续编》所收《魏晋至唐官府作场及官府工场的工匠》一文。

② 《新唐书》卷四八《百官志三》将作监原注述天宝十一载监中所属"短番匠一万二千七百四十四人，明资匠二百六十人"。其数量已少于前引《唐六典》所述开元二十五年将作监工匠一万五千人，"明资匠"当在各作坊中起着技术负责人的作用。唐长孺先生上引文认为长上匠应是役满因需要而留雇的高级工匠，除月粮外另给绢布以为报酬，性质与雇佣时间长短不一的明资匠相类。

③ 《唐会要》卷九一《内外官料钱上》载唐代宗大历十二年所定京官俸料钱标准，"针医""卜助教"等每月为1917文，较之高一级的医监、司医、保章正等月俸料钱4175文；至德宗贞元四年前者各加1000钱，后者各加2000钱。又《梓人传》的"食于官府，吾受禄三倍"，若解释为其作为著名都料匠的市价，约相当于一般工匠市价的三倍。若只按最低每天20文计则月入仅600文，显然不可能是当时高级工匠的雇佣市价。

也应在 6000 钱以上。① 至于唐后期其他领域高级工匠的工价，《太平广记》卷四八七《杂传记四·霍小玉传》载其曾命侍婢浣沙典卖紫玉钗：

  路逢内作老玉工，见浣沙所执，前来认之。曰："此钗吾所作也，昔岁霍王小女将欲上鬟，令我作此，酬我万钱，我尝不忘。汝是何人，从何而得？"

所谓"内作老玉工"，也就是唐代工匠管理规定中的"内中尚巧匠"。② 从上引文可知服务于宫廷的细作玉匠若为私家制作精美玉钗，一支工价即达万钱，这大概可说是当时匠人工价的上限了。③ 由此联系上面所说的杨姓都料匠收入之况，大抵当可把唐代高级工匠的月入估测为 10000 钱上下，其额似与高明卜相士相去不远。

六　伎乐

  伎乐职业的状态与匠师相当接近，歌舞之类同样是一种技术职业，魏晋以来富贵之家往往既开置作坊又蓄养乐伎，其例不胜枚举。④《洛阳伽蓝记》所述洛阳大市"通商""达货""调音""乐律"诸里工巧、伎乐聚居而多财的状态，可见两者不仅常被同等视之，其营业之况也多相

---

① 《新唐书》卷一四五《严郢传》载其德宗初年奏屯田之事，提到当时官雇田客"人给钱月八千，粮不在，然有司常募不能足"。是当时雇佣散夫市价已以月钱 8000 为下限，以此估测，《梓人传》"受禄三倍"还不能是最低一级伎术官的俸料钱，若以德宗时仅高一级的医监、司医、保章正等月俸料钱 6175 文计，三倍当为 18525 文。

② 《新唐书》卷四六《百官志》载工部郎中、员外郎之职："凡工匠，以州县为团，五人为火，五火置长一人。四月至七月为长功，二月、三月、八月、九月为中功，十月至正月为短功。雇者，日为绢三尺，内中尚巧匠，无作则纳资。"

③ 《历代名画记》卷二《论名价品第》述画价每有上万者。以此联系前述柳世隆卜价万钱之例，可见每次 10000 钱可以视为当时各业心理预期价位的上限。

④ 《晋书》卷三三《石苞传》附《石崇传》载其家"后房百数，皆曳纨绣，珥金翠。丝竹尽当时之选，庖膳穷水陆之珍……有司薄阅崇水碓三十余区，苍头八百余人，他珍宝货贿田宅称是"。《宋书》卷七七《沈庆之传》载其以军将而镇方面，孝武帝时年满七十以郡公致仕"身享大国，家素富厚，产业累万金，奴僮千计……妓妾数十人并美容工艺"。《洛阳伽蓝记》卷三《城南高阳王寺》条载高阳王元雍家有"僮仆六千，妓女五百"，内有美人徐月华善弹箜篌，二姬修容、艳姿则分擅《绿水歌》《火凤舞》。

通之处。

关于伎乐之人的收入状况,《高僧传》卷一〇《神异下·晋上虞龙山史宗》述其不知何许人,常著麻衣,或重之为纳,故世号麻衣道士:

> 身多疮痬,性调不恒。常在广陵白土(土旁录),凭(土旁录)讴唱,引绋以自欣畅,得直,随以施人。

此为一风尘侠僧,然亦可见东晋时民间卖唱有"直"。不过这种在社会底层的卖唱者,收入自然不高,大抵当可赖之糊口。① 《高僧传》卷一三《唱导·齐正胜寺释法愿》载其颍川长社人,俗名钟武厉,出家前曾至建康谋生:

> 家本事神,身习鼓舞,世间杂技,及著爻占相,皆备尽其妙。尝以镜照面云:"我不久当见天子。"于是出都住沈桥,以庸相自业。

钟武厉家显然世为民间祀神歌舞作乐,兼事诸种杂技维生,大略有类吉普赛人之兼擅歌舞与杂占。其来到建康"庸相自业","相"指占相,其正凭此而得见宋文帝;"庸"即佣,恐怕就是指受雇作伎,故其为僧以后也仍"善唱导",而出家之前其住于沈桥,则可表明其生计无虞而居所安定。《颜氏家训》提到北朝伎乐甚盛,以致士大夫子弟亦风行学弹琵琶,而魏齐间洛阳大市妙伎聚居而多富户,则可见技艺高超的乐舞者收入甚为可观。

唐代官府对伎乐之人的管理与工匠相通。其人身强制的程度也是从列入专籍的官户、杂户逐渐降低,直至附籍州县类同平民,其服役皆在官府有关技术部门,且可凭其技艺和业绩逐渐上升为技术官吏。② 当时规定除身份为官奴婢者外,凡轮番服役于官府乐舞机构者,皆适用纳资代

---

① 《乐府杂录·歌》载唐"大历中,有才人张红红者,本与其父歌于衢路丐食"。所谓"丐食",也就是像前面所说的村学教师、基层卜者那样勉强糊口而已。

② 参见《唐律疏议·名例篇》"工、乐、杂户及太常音声人"条。

役日绢三尺的规定，① 这显然也可视为民间雇佣伎乐之人市价的下限。又据《教坊记》述开元时期教坊女伎凡入宜春院，以器乐歌舞供奉于御前者称为"内人"或"前头人"：

> 其家犹在教坊，谓之"内人家"，四季给米。

"内人家"原来多是配没于教坊的乐舞世家，虽已屡经放免，身份有类平民，仍多从业和聚居于教坊。这里所说的"四季给米"数额不详，基本意思显然是其全家皆由官府供养，若按当时官给粮米的通行标准，则为平均每人日米二升，盐二勺五撮。② 由于这是壮劳力给粮的标准，故可推想"内人家"全家温饱已无问题，若再考虑御前服务必有的定例赏赐和连带而来的其他收入，③ 则肯定还要超过此数。

事实上，初唐以后伎乐高超的平民服务于官府，也已像"长上匠""明资匠"一样渐多和雇之例。《唐六典》卷一四《太常寺》太乐署条原注：

> 短番散乐一千人，诸州有定额。长上散乐一百人，太常自访召……若有故及不任供奉，则输资钱，以充伎衣、乐器之用。

这一规定中的"长上散乐"，性质显然与"长上匠"一致；而所谓"太常自访召"，实际上也就是和雇。而和雇必随行就市，技艺杰出者因

---

① 《唐六典》卷六《刑部》都官郎中、员外郎条述官奴婢"一免为番户，再免为杂户，三免为良人，皆因赦有所及则免之"；官奴婢则"长输其作，番户、杂户则分为番"。原注："番户一年三番，杂户二年五番，番皆一月。十六已上当番，请纳赀者，亦听之。其官奴婢长役无番也。"这些规定对有技艺者也完全一样。

② 《唐六典》卷一九《司农寺》太仓署："给公粮者，皆承尚书省符。"原注："丁男日给米二升，盐二勺五撮，妻、妾、老小则减之。若老、中、小男无官及见驱使，兼国子监学生、针、医生，虽未成丁，亦依丁例。"教坊伎乐人四季给米显然不会少于此数，《乐府杂录·上平声调》末述"梨园新院"后亦"抽入教坊，计司每月请料"。可见教坊中人须每月别请粮料，且有可能参照流外吏员另给俸料。

③ 《教坊记》上引文之下，述内人家"得幸者，谓之'十家'，给第宅，赐亦异等"。可见内人家必有定例赏赐。至于其因服务于御前而声望大增而致市价倍增，亦属理所当然。

供不应求,其价格之高和收入之丰是不难想见的。① 具体如《乐府杂录·歌》载有唐玄宗时宜春院歌伎永新,安史乱时流落民间为一士人姬妾:

> 后士人卒,与其母之京师,竟殁于风尘。及卒,谓其母曰:"阿母钱树子倒矣!"

永新美慧善歌,能变新声,技艺在"内人家"中也很突出,曾于上元夜万众喧哗之时,登楼一曲而使寂然无声。故其再返京师以卖唱为业,市价亦必甚高。从其自称"钱树子",即可知晓顶尖伎乐之人的收入水平,应不会在高明方术士或匠师等职业者之下。

---

① 《乐府杂录·康老子》载其本为人名,"长安富家子,酷好声乐,落魄不事生计,常与国乐游处"。家产荡尽后又得奇遇,获财千万,"康得之,还与国乐追欢,不经年复尽,寻卒。后乐人嗟惜之,遂制此曲,亦名'得至宝'"。此人两度为伎乐而破产,后一次明述千万钱而不经年复尽,亦足见伎乐妙者市价之高。

魏晋南北朝皇帝玺管窥：
玉玺、金玺与"传统"的虚像

[日] 中央大学　阿部幸信

一　序言

汉代授官、封爵礼仪中，公印（及系印之绶）的授予往往构成仪式之核心。①依据被授予者的地位，公印的材质、钮式等物质形态也呈现差异。其结果，公印具有了标识身份、位阶的功能。关于汉代公印的形态特征与当时位阶制度的关系，王献唐、小林庸浩、太田孝太郎、栗原朋信、罗福颐等已有先驱性研究，②笔者也曾附其骥尾，瞩目于制度的细

---

① 关于汉代的授官、封爵礼仪，《续汉书·礼仪志中》（中华书局1965年版，第3120—3121页）记载：

拜诸侯王公之仪：百官会，位定，谒者引光禄勋前。谒者引当拜者前，当坐伏殿下。光禄勋前，一拜，举手曰："制诏其以某为某。"读策书毕，谒者称臣某再拜。尚书郎以玺印绶付侍御史。侍御史前，东面立，授玺印绶。王公再拜顿首三。赞谒者曰："某王臣某新封，某公某初除，谢。"中谒者报谨谢。赞者立曰："皇帝为公兴。"重坐，受策者拜谢，起就位。供赐礼毕，罢。

据此，"当拜者"亦即接受封爵或任官之人被授予玺绶之后，才称"新封""初除"。

② 王献唐：《五镫精舍印话》，齐鲁书社1985年版；[日] 小林庸浩（斗盫）：《両漢・新莽印について》，《書品》第28、29号，1952年；《漢代官印私見》，《東洋学報》第50卷第3号，1967年；[日] 太田孝太郎：《漢印私考》，《書品》第36—39号，1953年；[日] 栗原朋

节、变迁尝试进行分析。①

又在汉代，简牍被用作书写材料，其内容容易改变，为保持机密，文书封检备受重视，公印亦被用作保密道具。②因此，公印具有标识身份、位阶的功能，与其作为道具的职能是分不开的。③不过另一方面也应看到，官府文书封检之际，有时也使用私印；④这似乎表明公印授予这一举措，其目的在当时已经不是提供行政上的必要道具。及至魏晋南北朝时期，一般认为这时书写材料渐变为纸，与此相应，公印作为装饰物的倾向也进一步增强，⑤其结果，印采取何种形式失去必然性，最终至隋代公印授予被废止，唐代改以随身鱼符取而代之。⑥因此在考察这一时期的公印制度时，关注印作为位阶标识的功能，这一途径较之在汉代的场合更为有效。关于此，小林聪的一系列研究作为嚆矢，迄今仍具有重要

（接上页）信：《文献にあらわれたる秦漢璽印の研究》，收入其著《秦漢史の研究》，吉川弘文館 1960 年初版，1969 年增补第 3 版；罗福颐、王人聪：《印章概述》，生活·读书·新知三联书店 1963 年初版，香港中华书局 1973 年改版；罗福颐：《古玺印概论》，文物出版社 1981 年版等。

① ［日］阿部幸信：《漢代の印制・綬制に関する基礎的考察》，《史料批判研究》第 3 号，1999 年版。

② 关于汉代印章的具体用法，米田健志有详细论述，参见《漢代印章考》，［日］冨谷至编：《辺境出土木簡の研究》，朋友书店 2003 年版。

③ 如［日］阿部幸信《皇帝六璽の成立》（《中国出土史料研究》第 8 号，2004 年版）第 3 节《皇帝璽・天子璽の区別と天子三璽の成立》所论，皇帝三玺与天子三玺的区分（见后文），正是基于公印、私印功能的本质差异。

④ 参见［日］栗原朋信《文献にあらわれたる秦漢璽印の研究》，第 127 页；［日］大庭修《「検」の再検討》（《書学書道史研究》创刊号，1991 年，后收入其著《漢簡研究》，同朋舍 1992 年版）第 3 节《二、私印の封泥の意味》；［日］米田健志《漢代印章考》第 2 章《二、官職代行と私印の使用》等。

⑤ 魏晋印、南北朝印的遗物中，不少都形制粗糙，大约很难认为是实用之物。把他们视为佩饰腰间、纯粹作为身份、位阶的标识，无疑是妥当的。这样的印在东汉末年业已存在，《三国志》卷六《李傕郭汜传》（中华书局 1959 年初版，1982 年第 2 版，第 187 页）裴注引《魏书》记载杨奉、韩暹奉天子赴洛阳途中，"医师、走卒，皆为校尉，御史刻印不供，乃以锥画，示有文字，或不时得也。"即是其例。

⑥ ［日］小林庸浩：《両漢・新莽印について》，第 5 页。不过，虽然鱼符确实和公印一样属于佩于腰间的身份、位阶之标识，但鱼符最初却是与印有着不同渊源的器物，其能否被视为公印的延续，毋宁说是有疑问的。不仅如此，较之鱼符与公印关系更近的鞶囊，在隋唐以后仍作为饰物保留。鉴于此，则尽管只是类比，但以往将鱼符视为公印替代品的认识无疑还需修正。

地位。①

　佩带作为身份、位阶标识的印，皇帝也不例外。皇帝玺印，作为王权象征的符号，很早就获得关注。其中，栗原朋信、西嶋定生曾对汉代"皇帝六玺"予以详细考察，二氏着眼于皇帝六玺印文分为冠以"皇帝"的三玺（皇帝三玺）和以"天子"为名的三玺（天子三玺），根据其用法不同，指出汉代王权具有面向国内的"皇帝"和面向国外的"天子"的二重性。②尽管现在我们已知晓汉初仅存在"皇帝信玺""皇帝行玺"两种玺印，皇帝六玺至西汉成帝时才最终成立，③因此不能认为皇帝六玺制度在汉代一直存在，不过如果限于六玺用法的区别而言，栗原、西嶋的论述仍然值得肯定。

　不过，关于汉代出现的皇帝玺制度在魏晋南北朝时期如何展开，迄今还没有全面系统的考察。其原因尚不明确，大约西嶋在分析汉代皇帝六玺的用法时将其援用至隋唐制度，由此掩盖了讨论位于其间的魏晋南北朝时期皇帝玺的必要性。又前述小林聪的研究，其目的在于究明制约官僚机构之法制、礼制的关联，故皇帝玺印被置于讨论之外。本文则试图弥补这一缺环。由于线索较少，势必难免驳杂。不过本文之所以仍愿进行这样的尝试，则是基于以下考虑，即以往关于汉代皇帝六玺的成果多将六玺作为考量彼时王权存在形态的重要线索，准此，是否也可以皇帝六玺为题旨追究魏晋南北朝时期王权存在形态之一端？

---

　① ［日］小林聪：《六朝時代の印綬冠服規定に関する基礎的考察——『宋書』礼志にみえる規定を中心にして——》，《史淵》第130号，1993年；《晋南朝における冠服体系と官爵体系——『隋書』礼儀志の規定を題材として——》，若手魏晋南北朝史研究者の集い（今魏晋南北朝史研究会）第9回大会报告，お茶の水女子大学文教育学部，1995年7月10日；《晋南朝における冠服制度の変遷と官爵体系——『隋書』礼儀志の規定を素材として——》，《東洋学報》第77巻第3、4号，1996年；《魏晋南朝時代の帯剣・簪筆に関する規定について——梁の武帝による着用規定の改変を中心に——》，《埼玉大学紀要》（教育学部）人文・社会科学第3分冊第46巻第1号，1997年；《漢六朝時代における礼制と官制の関係に関する一考察——礼制秩序の中における三公の位置づけを中心に——》，《東洋史研究》第60巻第4号，2002年；《西晋における礼制秩序の構築とその変質》，《九州大学東洋史論集》第30号，2002年。

　② ［日］栗原朋信：《文献にあらわれたる秦漢璽印の研究》第2章第2节《皇帝の璽》；［日］西嶋定生：《皇帝支配の成立》，《岩波講座世界歴史》第4巻《東アジア世界の形成1》，岩波書店1970年版，后收入《西嶋定生東アジア史論集》第1巻《中国古代帝国の秩序構造と農業》，岩波書店2002年版。

　③ ［日］阿部幸信：《皇帝六璽の成立》。

又文本的考察对象，仅限于皇帝持有及使用的由六玺或更多玺构成的一套玺（以下简称"皇帝玺"），所谓传国玺①则基本不涉及。虽然传国玺犹如显示中华正统所在的宝物，但其是否真的存在则尚存疑问，且和王权称号以及国号、年号等不同的是，传国玺还无法说明彼时"正统性"的具体面相。②然则围绕传国玺展开一些讨论虽然在技术上是可行的，不过继续固守此前那样的"传国玺观"，并在此限度内认为不从传国玺切入就无法展开讨论，诸如此类的看法应已不存在了。这是笔者目前的认识。因此本文想效仿栗原、西嶋二氏，较之传国玺更优先考察皇帝六玺。

二 关于孙吴的皇帝玺

在考察魏晋南北朝时期的皇帝玺之前，先简略确认一下汉代皇帝玺的构成。关于汉代的皇帝玺，四库本卫宏《汉官旧仪》记载：

> 皇帝六玺，皆白玉螭虎纽，文曰"皇帝行玺"、"皇帝之玺"、"皇帝信玺"、"天子行玺"、"天子之玺"、"天子信玺"，凡六玺。以皇帝行玺，凡封［原注：按此句有脱字，应云"凡封命用之"］以皇帝之玺，赐诸侯王书；以皇帝信玺，发兵其征大臣，以天子行玺，策拜外国事；以天子之玺，事天地鬼神；以天子信玺［引用者注：有脱字］皆以武都紫泥封，青布囊，白素里，两端无缝，尺一板中约署。……不佩玺。以金银縢组，侍中组负以从。③

---

① 关于传国玺的讨论不胜枚举，这里仅举最新且详细的［日］田中一辉《玉璽の行方——「正統性」の成立と相克——》（《立命館東洋史学》第38号，2015年）一文为例。

② 传国玺所显示的乃是"始自秦始皇的王权的连续性"。对于坚持"中国史"是一个完整故事或者致力于考察此类历史认识自身历史的学者来说，这种连续性也有很大意义。不过，这与笔者所关心的对象不同。

③ 周天游点校：《汉官六种》，中华书局1990年版，第30—31页。画波浪线部分据《唐六典》卷八《门下省》"符宝郎"条补（中华书局1992年版，第352页。其详情参见后文）。关于脱误、衍字处理及断句的根据，参见［日］阿部幸信《西汉时期内外观的变迁：印制的视角》（《浙江学刊》2014年第3期）第8页注①）。

其中不少都与《新唐书》卷二四《车服志》的如下记载相符。

> 天子有传国玺及八玺,皆玉为之。神玺以镇中国,藏而不用。受命玺以封禅礼神,皇帝行玺以报王公书,皇帝之玺以劳王公,皇帝信玺以召王公,天子行玺以报四夷书,天子之玺以劳四夷,天子信玺以召兵四夷,皆泥封。①

因此,正如前文所述,一般认为汉代的皇帝玺制度,迄至唐代仍被继续沿用。

不过,《三国志》卷四六《吴书·孙破虏传》裴注中,却留下了如下意味深长的记载:

> 《江表传》曰:"……太康之初(280)孙晧送金玺②六枚,无有玉……"虞喜《志林》曰:"天子六玺者,文曰'皇帝之玺'、'皇帝行玺'、'皇帝信玺'、'天子之玺'、'天子行玺'、'天子信玺'。此六玺所封事异,故文字不同。……吴时无能刻玉,故天子以金为玺。玺虽以金,于文不异。……"③

这里值得注意的是,《江表传》、虞喜《志林》都称孙吴皇帝玺为金玺。而如前所见,无论是汉代六玺抑或唐代八玺均为玉玺,因此,若从

---

① 《新唐书》卷二四《车服志》,中华书局1975年版,第524页。
② 此处金玺,《三国志》卷四八《吴书·孙皓传》(第1176页)记载:

> (天纪四年,280),晧用光禄勋薛莹、中书令胡冲等计,分遣使奉书于(王)濬、(司马)伷、(王)浑曰:"……敢缘天朝含弘光大,谨遣私署太常张夔等奉所佩印绶,委质请命,惟垂信纳,以济元元。"

据此可知,孙晧降晋时曾借称自己的玺为"印"进行否定自己的表演。固然,孙晧特意制作金质皇帝印以显示恭顺之意,这样理解也非绝无可能。不过,考虑到孙晧降晋并非是在和平状态下进行的,而是在晋军迅速来袭的迫切状况下发生的,很难想象其尚有余裕可以从容准备制作时需花费功夫、成本的6枚金玺,其能够做到的应只是将玺称作印。因此认为孙吴的皇帝玺原本即为金玺,当更为自然。

③ 《三国志》卷四六《吴书·孙破虏传》,第1099—1100页。

将二者简单联系的所谓学界一般"常识"而言，孙吴的金玺不得不说是一"例外"。若此不误，那么问题来了，孙吴政权为何特意使用金制作皇帝玺？

据虞喜《志林》，"吴时无能刻玉"、亦即没有能加工玉的工匠，因此以金铸造天子玺，印文则同于汉玉玺（"玺虽以金，于文不异"）。不过，众所周知，良渚文化有着以玉琮为代表的高度发达的玉器加工文化，据此可见长江下游地区很早就是玉文化的先进地带。虽说此后情况曾有变化，但后代的江南人绝不至于不能制作玉印，这一点从江西南昌西汉海昏侯墓出土若干枚精致的龟钮玉印也可获得证实。① 因此，虞喜所谓"吴时无能刻玉"的解释，无论如何也不能信从。按虞喜其人，据《晋书》卷九一《儒林传·虞喜传》所见：

> 虞喜字仲宁，会稽余姚人，光禄潭之族也。父察，吴征虏将军。喜少立操行，博学好古。②

虞喜出身会稽虞氏，系出仕孙吴的硕学名儒虞翻的后裔。③ 然则虞喜乃是作为讲述江南事情最合适的人物，这么说应该没有问题吧。然而对于孙吴金玺的由来，虞喜却编造出"无论如何也不能信从"的这样显而易见的谎言，对此毋宁这样认为，即其原因当是为了隐藏孙吴金玺所具有的真正用意。

与此问题相关，《太平寰宇记》卷一五七《岭南道一·广州》"南海县"条记载：

> 志云："赵佗之墓，黄武五年（226），孙权使交趾治中从事吕瑜

---

① 海昏侯墓的正式发掘报告及出土品图录尚未出版，目前参见江西省文物考古研究所、首都博物馆编《五色炫曜：南昌汉代海昏侯国考古成果》，江西人民出版社2016年版。
按西汉时期中央向诸侯、臣下追赠印绶尚未成为定制，至东汉这一制度方始确立，且追赠之印为一般公印，因此不能认为海昏侯墓出土玉印为中央下赐之物。关于汉代追赠印绶的详情，参看［日］阿部幸信《漢代における印綬の追贈》，《东方学》第101辑，2001年。
② 《晋书》卷九一《儒林传·虞喜传》，中华书局1974年版，第2348页。
③ "光禄潭"亦即晋有光禄大夫虞潭为虞翻之孙，如《晋书》卷七六《虞潭传》（第2012页）所见："虞潭字思奥，会稽余姚人，吴骑都尉翻之孙也。"

访凿佗墓……卒不能得。掘婴齐墓,即佗之子……得金印三十六。一皇帝信玺,一皇帝行玺,余文天子也。……"①

据此,孙权黄武五年(226)打开南越帝婴齐之墓,获得金质的"皇帝信玺"和"皇帝行玺"。按1983年发掘的广州西汉南越王墓,赵佗之孙赵眛墓仅出土"文帝行玺"(西汉南越王墓博物馆藏),带有"信玺"印文者迄未发现;且其文字也非"皇帝某某"而是以"文帝"开头,因此《太平寰宇记》所见印文恐怕不能径直采信。② 不过,考虑到"文帝行玺"确为金玺,则可以认为所谓"金印"应无疑问。若此说不误,则可知在孙吴黄武五年(226)之际,孙权已了解南越帝玺确为金质。按孙权即皇帝位是在此3年之后,③ 如果说彼时重新铸造皇帝玺之际,参考了南越制度,则孙皓呈奉给晋的六玺为金玺,理解起来就没有障碍了。或者说孙吴皇帝的金玺,乃是孙吴于南越之后再度在南方亚热带季风地带建立独立政权之际,继承或谓重新发现这一地域文化,④ 借以宣示

---

① 《太平寰宇记》卷一五七《岭南道一·广州》,中华书局2007年版,第3016页。

② 不过,据《史记》卷一一三《南越列传》(中华书局1959年初版,1982年第2版,第2971页)记载:

天子使庄助往谕意南越王,胡顿首曰:"天子乃为臣兴兵讨闽越,死无以报德!"遣太子婴齐入宿卫。……后十余岁,胡实病甚,太子婴齐请归。胡薨,谥为文王。

婴齐曾在武帝身边充任近侍长达十余年,因此不能说即没有可能因受汉朝影响而在归国后施行这一制度。不过,即便如此,这之后南越沿用帝玺为金玺的制度,无疑也表明南越王权与金玺之间关系密切。

③ 《三国志》卷二七《吴书·吴主传》(1134页)记载:"黄龙元年(229)春,公卿百司皆劝权正尊号。夏四月,夏口、武昌并言黄龙、凤凰见。丙申,南郊即皇帝位,是日大赦,改年。"

④ 将岭南的南越与江南(江东)的孙吴连在一起、并假定存在一种"地域文化",这或许会令人感到不可思议。不过,正如[日]吉开将人在《印からみた南越世界——嶺南古璽印考——》(《东洋文化研究所纪要》,东京大学东洋文化研究所,第136、137、139号,1998—2000年)中篇的详细论述所见,南越制度原本就较多承袭楚制,因此其制度与其说是岭南自身系统,毋宁说是江南系统。当然,我们并不能保证孙吴政权即是将南越文化理解为楚制系统,这种情形,笔者想理解为,即孙吴对江南、岭南不作严格区分,遂继承南越文化,从中可以看出欧亚大陆东部亚热带地区地域文化的连续性。

又战国之楚或秦汉之际的诸"楚"政权,其王玺、帝玺材质如何尚不明确,因此不能认为南越金质帝玺即可上溯至楚。不过,至少南越帝玺之"行玺"与楚制相关。关于此,参见[日]阿部幸信《皇帝六璽の成立》,第68—70页。

正统性的一个途径。①

按以上这一假说，当下直接验证起来还存在困难，不过可以参考的是《宋书》卷一八《礼志五》的如下记载：

> 吴无刻玉工，以金为玺，孙晧造金玺六枚是也。又有麟凤龟龙玺，驼马鸭头杂印，今代则阙也。②

如《汉旧仪》所见，汉代皇帝玺为螭虎钮，而《宋书》上述引文则未提及螭虎钮。相反，《宋书》却提及孙吴皇帝佩有包括龙钮之玺在内的诸玺。而各种各样动物形状的钮这一特征在南越印中也可看到，后者尤其偏爱使用生活于潮湿的亚热带季风地带的有鳞动物，此前已知的有龙钮、龟钮、蛇钮、鱼钮，③ 其中龙钮乃是南越"文帝行玺"的钮形。因此从《宋书》可以看出，孙吴在某种方式上采用了与之相同的制度。孙吴皇帝在制作实际使用的玺印时，在材质、钮式两个方面似乎都模仿南越帝玺的格式，这显示出孙吴应是有意识地继承南越制度。其印面大小或许也与南越帝玺相同，而比汉代的皇帝玺

---

① 此金玺终究只是孙权时铸造的皇帝玺，而非受自于天的宝物。因此，在以材质呈现孙吴正统性这一点，与之后孙晧作为正统性表演的一个环节宣称获得玉玺，并不矛盾。关于孙晧获得玉玺，《三国志》卷四八《吴书·孙晧传》（第1171页）记载：

> 天玺元年（276），吴郡言临平湖自汉末草秽壅塞，今更开通。长老相传，此湖塞，天下乱，此湖开，天下平。又于湖边得石函，中有小石，青白色，长四寸，广二寸余，刻上作皇帝字。于是改年，大赦。

此外，在以此为契机举行国山封禅之际而树立的"国山碑"之中也有提及。关于国山碑，参见［日］渡边义浩《孙吴の正统性と国山碑》，《三国志研究》第2号，2007年，后收入其著《三国志よりみた邪马台国——国际关系と文化を中心として——》，汲古书院2016年版；魏斌《国山禅礼前夜》，《文史》2013年第2期。

② 《宋书》卷一八《礼志五》，中华书局1974年版，第506页。

③ ［日］吉开将人：《印からみた南越世界——岭南古玺印考——》前篇，第100—102页；中篇，第12—13页。此外还存在玉质螭虎钮的"帝印"（西汉南越王墓博物馆藏），虽然其是否为公印尚不明确，吉开将人论文前篇注25指出，这可能是模仿南越皇帝之"传国印"的明器。与此相对，正如［日］阿部幸信《西汉时期内外观的变迁：印制的视角》第14页所指出的那样，汉朝公印正式引入动物形状的钮是在武帝元狩二年（前121），且仅有龟钮后来被确定用于面向国内的公印制度。

稍大一些。①

当然，孙吴王权的称号终究是"皇帝"，这一点与南越使用生号且称"帝"明显不同，②因此其皇帝玺也遵从汉制为六玺，而与南越制度并不完全一致。而即便是动物钮的图案，孙吴也偏爱圣兽，从中不难感受到孙吴政权的风格，即重视作为正统性表演方法之一的祥瑞。③不过尽管存在这些差异，孙吴与南越之间存在一定的连续性恐怕仍无法否认。要之，孙吴的皇帝玺制度，其要旨大抵遵从汉制，但与此同时，其材质、钮式却体现出与南越的连续性。如果注意到这一点，那么对于皇帝制度、六玺制度业已确立、固定之后在江南地区最早出现的独立政权，其所具有的历史性特质，或许就应重新予以认识了。

不过，即便存在这样的背景，但在虽居江南实际却是继承北方文化的东晋王朝的统治下，具有虞喜这样立场的人终究无法大声宣扬金玺的正统性。或许正是这一困境，才产生了"吴无刻玉工，以金为玺"的牵强解释。进言之，从中还不难看出所谓"玉玺之晋战胜金玺之孙吴，不过是由于实力悬殊，并非由于前者正统性更强"这一江南人的自尊之心与抵抗的态度。这样的情感能够保留在当地人心中，在此意义上以孙吴制作金质皇帝玺，其目的就可以说充分实现了。

---

① "文帝行玺"边长3.1厘米，与之相对，与汉代皇帝玺同等规格的"皇后之玺"（陕西历史博物馆藏）边长2.8厘米，亦即相当于汉尺1寸2分（关于印面尺寸，均据孙慰祖主编《两汉官印汇考》，上海书画出版社、大业公司1993年版）。关于汉代的"皇后之玺"，如四库本卫宏《汉官旧仪》（45页）所见：

  皇后玉玺，文与帝同"皇后之玺"，金螭虎纽。

其"之玺"部分的文字与皇帝的"皇帝之玺"相同，钮式也是以金镶嵌的螭虎钮。显然二者是作为对偶之物被制作的（[日]阿部幸信《皇帝六璽の成立》，第70—72页），然则可以推测其他规格也大体相同。

② [日]栗原朋信：《南越の君主号についての小考》，《史観》第50、51号，1957年。

③ 关于孙吴政权宣示自身正统性时不得不依赖祥瑞的理由，参见[日]渡边义浩《孙吴の正统性と国山碑》第2节《不安定な正统性と瑞祥》；魏斌《孙吴年号与符瑞问题》，《汉学研究》第27卷第1期，2008年。

三　晋南朝的皇帝玺

关于与孙吴对峙的曹魏、蜀汉之皇帝玺，其详情不明。《宋书》卷一五《礼志二》记载：

> （魏）文帝……及受禅，刻金玺，追加尊号。不敢开埏，乃为石室，藏玺埏首，示陵中无金银诸物也。汉礼明器甚多，自是皆省矣。……魏氏金玺，此又俭矣。①

曹操虽被追赠金质皇帝玺，不过此为追赠所用，且以示薄葬，不能作为曹魏皇帝玺为金玺的证据。要之，受汉帝禅让的曹魏以及以继汉自居的蜀汉，都不大可能积极使用与汉制迥异的皇帝玺，考虑到此，毋宁认为它们更有可能原样继承了玉质六玺制度。②

这种状况在承曹魏而立的西晋亦是如此。《晋书》卷二五《舆服志》记载：

> 乘舆六玺，秦制也。曰"皇帝行玺"、"皇帝之玺"、"皇帝信玺"、"天子行玺"、"天子之玺"、"天子信玺"，汉遵秦不改。又有秦始皇蓝田玉玺，螭兽纽，③ 在六玺之外，文曰"受天之命，皇帝寿昌"。汉高祖佩之，后世名曰传国玺，与斩白蛇剑俱为乘舆所宝。……及怀帝没胡，传国玺没于刘聪，后又没于石勒。及石季龙死，胡乱，穆帝世乃还江南。④

---

①　《宋书》卷一五《礼志二》，第 404—405 页。
②　蜀汉皇帝有玺确凿无疑。与本文第 232 页注②所提及的孙吴降晋的情况相同，蜀汉投降曹魏之际，也曾为表示恭顺之意，称皇帝玺为印。关于其详情，参见［日］阿部幸信《漢帝国の内臣—外臣構造形成過程に関する一試論——主に印綬制度よりみたる——》，《歴史学研究》第 784 号，2004 年，第 26 页。
③　这之后如《隋书》所见"螭兽纽"，均为避唐太祖李虎讳而改，实际即是指螭虎纽。
④　《晋书》卷二五《舆服志》，第 771—772 页。

其中并未明言六玺材质为何。① 不过，为便于西晋王朝"参照"汉制而进行修史的司马彪②或许认为汉晋皇帝玺制度没有变化，故在《续汉书·舆服志》中并未提及皇帝玺。考虑到这一点，毋宁认为西晋皇帝玺也是玉玺。

如《晋书·舆服志》的记载所见，西晋皇帝玺在永嘉之乱中亡失了。《晋书》卷一〇三《刘曜载记》记载：

（光初元年，318）寻而乔泰、王腾、靳康、马忠等杀（靳）准，推尚书令靳明为盟主，遣卜泰奉传国、六玺降于（刘）曜。曜大悦，谓泰曰："使朕获此神玺而成帝王者，子也。"③

据此可知，刘曜时六玺尚完整流传，不过其是否即真的晋之皇帝玺，则无法断言。而东晋建国后不久由前燕慕容廆、鲜卑段部末波等转呈元帝四玺，④ 这样的经历则更令人怀疑。不过，其实这是否即是真的西晋皇

---

① 关于晋之皇帝玺的资料除此之外，又有《唐六典》卷八《门下省》"符宝郎"条（第252页）记载：

卫宏《汉旧仪》……又云："以皇帝行玺为凡杂，以皇帝之玺赐诸侯王书，以皇帝信玺发兵，其征大臣以天子行玺，外国事以天子之玺，鬼神事以天子信玺。皆以武都紫泥封，青布囊，白素里，两端缝［引用者注：脱'无'字］，尺一版中约署。有事及发外国兵，用天子信玺；封拜外国及征召，用天子行玺；赐匈奴单于、外国王书，用天子之玺；诸下竹使符征召大事行州郡国者，用皇帝信玺；诸下铜兽符发郡国兵，用皇帝之玺；封拜王公以下遣使就授，皆用皇帝行玺。若车驾行幸，次直侍中佩信玺、行玺以从。"

乍一看似乎皆引自《汉（官）旧仪》，不过"有事及发外国兵"之前与之后的内容，可以认为大体相同，且由于节略或脱误，二者存在相互矛盾之处。因此不能认为全文为一整体叙述。前段（包括脱误）与第2节所介绍的《汉官旧仪》逸文大体相同，至此盖引自《汉（官）旧仪》。而后段记有"州"，且文末所见"若车驾行幸"以下部分，当指第5节所见晋、宋制度，因此这里关于皇帝玺的记载也系晋宋时期，这种可能性是相当大的。从"匈奴单于"判断，或许是晋泰始令的内容。不过无论如何，关于皇帝玺材质无从得知。

② ［日］渡边义浩：《司馬彪の修史》，《大东文化大学汉学会志》第45号，2006年；后收入其著《西晋「儒教国家」と貴族制》，汲古书院2010年版，第481页。关于司马彪此一态度与《续汉书·舆服志》内容的关系，［日］阿部幸信《後漢服制考——読『続漢書』輿服志箚記・その二——》（《日本女子大学文学部纪要》第56号，2007年）第32—33页曾有触及。

③ 《晋书》卷一〇三《刘曜载记》，第2684页。

④ ［日］田中一辉：《玉璽の行方——「正統性」の成立と相克——》，第56—58页。

帝玺，也不是什么重要问题。皇帝玺和传国玺不同，属于实用品，一旦被夺走就会在行政上产生阻碍，因此江左应在玺印丢失后不久就会制作新的皇帝玺。若此不误，则较之真伪，其材质为何无疑更值得重新追问。

如"吴无刻玉工，以金为玺"这样的表述所见，虞喜将孙吴制作金玺的理由归结为技术的限制。换言之，这意味着"如果孙吴有技术的话，应该也能制作玉玺"。而如前所见，事实并非如此。虞喜将玉玺之不存视为技术制约的结果，同时试图隐瞒孙吴金玺所含真实意义，这似乎还暗示其所生活的东晋，皇帝玺应也是玉玺。按晋朝虽转移至江南，但仍同样是晋朝，其在重新制作皇帝玺时和西晋一样选择以玉为材质，似乎是理所当然的。另一方面，像虞喜这样知晓孙吴金玺及其意义者在江南地区当不在少数。其结果是，对于江南知识人而言，东晋的玉质皇帝玺恰是其"外来者"的一个证据。

皇帝持有"外来者"的玉玺，这种状况在承东晋后立国的刘宋亦是如此，而金玺及以龙钮为代表的各种动物钮的孙吴制度，并未得到沿用。虽然按照小林聪的意见，《宋书·礼志》所见印绶冠服规定大抵沿袭晋泰始令，①《宋书》不见与晋制相左的皇帝玺制度，似乎是理所当然的。②不过，这并非只是由于《宋书·礼志》的史料性质，正如前引文所显示的那样，《宋书》复述虞喜"吴无刻玉工，以金为玺"的说明，且关于各种动物钮也说"今代则阙也"，据此也可以看出，刘宋的皇帝玺乃是玉质，且没有形式多样的钮式。

不过，时入南齐，情况却有很大变化。《南齐书》卷一七《舆服志》记载：

> 乘舆传国玺，秦玺也。晋中原乱没胡，江左初无之，北方人呼

---

① ［日］小林聪：《六朝时代の印绶冠服规定に关する基础的考察——『宋书』礼志にみえる规定を中心にして——》，第 81—86 页。
② 《宋书》所记皇帝玺（及传国玺）制度，仅限于卷一八《礼志五》的如下记载（第506页）：
乘舆六玺，秦制也。《汉旧仪》曰："皇帝行玺，皇帝之玺，皇帝信玺，天子行玺，天子之玺，天子信玺。"此则汉遵秦也。初高祖入关，得秦始皇蓝田玉玺，螭虎纽，文曰"受天之命，皇帝寿昌。"

晋家为"白板天子"。冉闵败,玺还南。别有行(玺)、信(玺)等六玺,皆金为之,亦秦、汉之制也。①

据此,南齐以金制作六玺。而所谓"亦秦、汉之制",大约并非是金玺这一点,而是指六玺制度自身。② 又彼时所复活的金玺:

梁制,乘舆印玺,并如齐制。③
陈永定元年(557),武帝即位,徐陵白:"所定乘舆御服,皆采梁之旧制。"……从之。④

如上所见,在梁、陈亦被继承下来。这样,孙吴的金玺便在南齐之后成为一种定制,跨越王朝更迭而获得沿用。

而恰在此时,江南受刘宋末年孝武帝礼制改革的影响,酝酿出了新的天下观,即跳出以洛阳为中心的天下观,改以建康为中心。⑤ 南齐采用金质皇帝玺,恰与此进程一致。当然,皇帝玺采用金玺,也有可能并非始于南齐,而是可以上溯至刘宋孝武帝,限于史料尚无法确认。无论如

---

① 《南齐书》卷一七《舆服志》,中华书局1972年版,第343页。
② 笔者曾有论及,六玺制度并非秦制,不过当时已经不记得皇帝六玺的成立过程,故相信其为秦制。最终到唐代,《汉旧仪》等文献所见皇帝玺与传国玺的记载常被混在一起引用,将二者等同视之的记载亦变得普遍。关于这个问题,由于在本文关心之外,故仅限于指出,不予详述。

不过对于以玉玺为皇帝玺,如《北堂书钞》卷一三一《仪饰部下》"玺"条引卫宏《汉旧仪》所见:

秦以前,民皆以金、玉、银、铜、犀、象为方寸玺,各服所好。自秦以来,天子独称玺,又以玉。

乃是秦制。
③ 《通典》卷六三《礼典二三》"天子诸侯玉佩剑绶玺印"条,中华书局1988年版,第1759页。
④ 《隋书》卷一一《礼仪志六》,中华书局1973年版,第218页。
⑤ 关于刘宋孝武帝改革与以建康为中心的天下观的关系,参见[日]户川贵行《刘宋孝武帝の礼制改革について——建康中心の天下観との関連からみた——》,《九州大学东洋史论集》第36号,2008年;后收入其著《東晋南朝における伝統の創造》,汲古书院2015年版。

何，把金质皇帝玺视为江南文化及独特性象征的想法，在当时仍在延续，并未断绝，由此南齐将其采纳进王朝制度之内，这一点应无疑问。

不仅如此，皇帝玺的金玺化还影响到皇后玺制度。汉代以来，皇后玺的格式同于皇帝玺，① 随着皇帝玺改用金玺，皇后玺势必也发生改变。《南齐书》卷一七《舆服志》记载：

> 皇后金玺，太子诸王金玺，皆龟钮。②

其中明确说到南齐皇后玺为金玺。不难想见，该制度应和金质皇帝玺一样，为梁、陈所继承。又《宋书》卷一八《礼志五》记载：

> 汉制，皇帝黄赤绶，四采，黄、赤、缥、绀。皇后金玺绶亦如之。③

据此也可设想，皇后玺可能在刘宋时已采用金玺，不过其记载整体文意尚不明确。另一方面，皇帝玺自身在刘宋孝武帝时改用金玺，这种可能性也不能排除，《宋书》"皇后金玺"这一表述或与此相关。要之，刘宋皇后玺是否已是金玺，此点一时还很难判断。故这里只是确认在南齐以后，皇后玺已改为金玺。

又这一时期引入的新制度中，还可发现其他与江南文化相关的元素。如《隋书》卷一一《礼仪志六》所见梁武帝天监令所确立的公印制度：

> 威雄、猛、烈、振、信、胜、略、风、力、光等十威将军，武猛、略、胜、力、毅、健、烈、威、锐、勇等十武将军，并银章熊钮，青绶，兽头鞶，武冠，朝服。猛毅、烈、威、锐、震、进、智、威、胜、骏等十猛将军，银章羆钮，青绶，兽头鞶，武冠，朝服。壮武、勇、烈、猛、锐、威、毅、志、意、力等十壮将军，骁雄、

---

① 参见本文第236页注①。
② 《南齐书》卷一七《舆服志》，第343页。
③ 《宋书》卷一八《礼志五》，第506页。

桀、猛、烈、武、勇、锐、名、胜、迅等十骁将军，雄猛、威、明、烈、信、武、勇、毅、壮、健等十雄将军，并银章羔钮，青绶，兽头鞶，武冠，朝服。忠勇、烈、猛、锐、壮、毅、捍、信、义、胜等十忠将军，明智、略、远、勇、烈、威、胜、进、锐、毅等十明将军，光烈、明、英、远、胜、锐、命、勇、武、野等十光将军，飚勇、猛、烈、锐、奇、决、起、略、胜、出等十飚将军，并银章鹿钮，青绶，兽头鞶，武冠，朝服。龙骧、武视、云旗、风烈、电威、雷音、驰锐、进锐、羽骑、突骑、折冲、冠武、和戎、安垒、起猛、英果、扫虏、扫狄、武锐、摧锋、开远、略远、贞威、决胜、清野、坚锐、轻锐、拔山、云勇、振旅等三十号将军，银印菟钮，青绶，兽头鞶，朝服，武冠。①

其中包含熊、罴、羔、鹿、兔等各种动物钮。② 这之中，许多是在车驾、衣服的纹饰③以及元会上的委贽礼④等使用的动物，有些虽然也作为

---

① 《隋书》卷一一《礼仪志六》，第229页。

② 罗福颐《秦汉南北朝官印征存》（文物出版社1987年版）所介绍的梁印中，可以看到"飙迈将军之印"羊钮（第2305页）、"飙猛将军之印"兽钮（第2306页）、"辛义将军之印"兔钮（第2308页）。虽然将军名与钮式的关系与《隋书·礼仪志》的记载并不完全一致，但仍可确认当时存在着各种动物钮。

③ 《宋书》卷一八《礼志五》（第498页）记载：

公及列侯安车，朱斑轮、倚鹿较、伏熊轼。

据此车上绘有鹿、熊。又《晋书》卷二五《舆服志》（第774页）记载：

皇后谒庙，其服皁上皁下，亲蚕则青上缥下，皆深衣制，隐领袖缘以绦。……八爵九华，熊、兽、赤罴、天鹿、辟邪、南山丰大特六兽，诸爵兽皆以翡翠为毛羽。

④ 关于晋代的委贽礼仪，《宋书》卷一四《礼志一》（第343—344页）载之甚详：

咸宁注……治礼郎引公、特进、匈奴南单于子、金紫将军当大鸿胪西，中二千石、二千石、千石、六百石当大行令西，皆北面伏。大鸿胪跪赞："太尉、中二千石等奉璧、皮帛、羔、雁、雉，再拜贺。"太常赞："皇帝延君登。"治礼引公至金紫将军上殿，当御座。皇帝兴，皆再拜。皇帝坐，又再拜。跪置璧皮帛御座前，复再拜。成礼讫，赞者引下殿，还故位。王公置璧成礼时，大行令并赞，殿下中二千石以下同。成礼讫，以赞授受赞郎，郎以璧、帛付谒者，羔、雁、雉付太官。……

其中言及羔。

祥瑞被记录下来，①但与孙吴多使用龙、麒麟、凤凰等想象中的神兽相比，性质稍有不同。不过，二者都使用多样的动物钮，在此意义上，还可以认为天监印制具有与孙吴印制类似的性质。梁武帝在何种程度上意识到孙吴制度尚不明确，但即便是无意识，毋宁也可以这样认为，即江南地区具有超越时代的喜好复杂钮式的倾向。

总结前文所述，即孙吴时期诞生的皇帝金质六玺，虽然未被东晋、刘宋沿用，但在南齐却再度成为定制，并为随后的梁、陈所继承。然而如第2节所见，唐代皇帝玺均为玉玺。显然在考察这一点的意义时，需将目光转向北朝时期的皇帝玺。关于此，俟下节另述。

四 五胡、北周的皇帝玺

正如印绶制度的其余部分一样，文献中对五胡至北魏时期的皇帝玺制度一无记载，其详情尚不明确。其中颇有意义的是《晋书》卷八七《李玄盛传》的如下一段记载：

> 隆安四年（400），晋昌太守唐瑶移檄六郡，推玄盛为大都督、大将军、凉公、领秦凉二州牧、护羌校尉。玄盛乃赦其境内，建年为庚子。……初，吕光之称（天）王也（龙飞元年，396），②遣使

---

① 《宋书》卷二八《符瑞志中》：

> 赤熊，佞人远，奸猾息，则入国。宋文帝元嘉二十年（443）十二月，白熊见新安歙县，太守到元度以献。……白鹿，王者明惠及下则至。（第803页）
> 赤兔，王者德盛则至。（第812页）

同样《宋书》卷二九《符瑞志下》（第837页）也记载：

> 白兔，王者敬耆老则见。

② 吕光称王，如《晋书》卷一二二《吕光载记》（第3059页）所见：

> 是时麟见金泽县，百兽从之，光以为己瑞，以孝武太元十四年（389）僭即三河王位，置百官自丞郎已下，赦其境内，年号麟嘉。

是在389年，不过似乎很难认为从389年求玉到送达需要花费11年的时间。而从吕光制作六玺的意图来看，其求玉应非称王时，而是在称天王时。按吕光自称天王的时间，据同载记（第3060页）所见：

> 光于是以太元二十一年（396）僭即天王位，大赦境内，改年龙飞。

市六玺玉于于阗，至是，玉至敦煌，纳之郡府。①

这里，吕光为制作六玺，遣使往于阗求玉。据此不难想见，至少后凉的天王玺应为玉质，且其数量也是 6 枚。不过，考虑到河西地区保存汉、魏、西晋文化较多，且在此之前统治河西的前凉大体一直是以晋室之臣自居，② 故应慎重认为玉质六玺制度在五胡诸国中也很普遍。③

比较明确的是《隋书》卷一一一《礼仪志六》所见北齐、北周制度。其中关于北周制度：

> 皇帝八玺，有神玺，有传国玺，皆宝而不用。（原注：神玺明受之于天，传国玺明受之于运）皇帝负扆，则置神玺于筵前之右，置传国玺于筵前之左。又有六玺。其一"皇帝行玺"，封命诸侯及三公用之。其二"皇帝之玺"，与诸侯及三公书用之。其三"皇帝信玺"，发诸夏之兵用之。其四"天子行玺"，封命蕃国之君用之。其五"天子之玺"，与蕃国之君书用之。其六"天子信玺"，征蕃国之兵用之。

---

① 《晋书》卷八七《李玄盛传》，第 2259 页。《太平御览》卷八〇四《珍宝部》"玉上"条引《十六国春秋》记载：

> 初，吕光之称王也，遣市六玺于于阗，六月玉至也。

按汤球《十六国春秋辑补》卷九二《西凉录一》"李暠庚子二年"条（《丛书集成》初编，商务印书馆 1937 年初版，中华书局 1985 年新版，第 635 页），其文末作"至是六月玉至敦煌"，应理解为"至六月"而非"费时六月"。大约汤球将庚子改元比定为十一月，因此将接下来"六月"的记事理解为庚子二年之事。

② 关于河西地区残留的汉、魏、西晋文化的影响，陈寅恪《隋唐制度渊源略论稿》（三联书店，1957 年初版，2001 年与《唐代政治史述论稿》合刊本）30—47 页论之甚详。关于晋朝与前凉政权的关系，参见［日］三崎良章《五胡十六国　中国史上の民族大移動》，东方书店 2002 年初版，2012 年新订版，第 78—80 页。

③ 《晋书》卷一〇五《石勒载记下》（2745 页）记载：

> （咸和四年，329），（石）季龙克上邽，遣主簿赵封送传国玉玺、金玺、太子玉玺各一于（石）勒。

据此，前赵在传国玉玺外似乎还存在金玺，不过其性质如何尚不清楚。

六玺皆白玉为之，方一寸五分，高寸，螭兽钮。①

如上所见，六玺均为玉玺，且钮式亦是螭虎钮，不过其印面却"方一寸五分"——显然即便忽视尺度自身的变化不计，北周皇帝玺较之汉代方1寸2分的皇帝玺，②其规格也趋于大型化。一般认为，随着纸上捺印的普及，印面也从阴刻转变为阳刻，及至南北朝末年，印普遍大型化了，这一点从官署印的实例亦可获得证实。③按公印为个人佩带物，尺寸应不会有较大变化，而皇帝玺通常并不佩带，④其规格变大大约不会有什

---

① 《隋书》卷一一《礼仪志六》，第250页。按北周的君主号，如《周书》卷三《孝闵帝纪》（中华书局1971年版，第46页）所见：

（孝闵帝）元年（557）春正月辛丑，即天王位。

最初为天王。据此，《隋书·礼仪志》所记皇帝玺制度或为武成元年（559）复活皇帝号之后的产物，又或是沿用前制只是将原本的"天王"部分改作"皇帝"。关于北周的君主号改革，《周书》卷四《明帝纪》"武帝元年"条（第58页）记载：

秋八月己亥，改天王称皇帝，追尊文王为帝，大赦改元。

② 参见本文第236页注①。
③ 罗福颐：《古玺印概论》，第71—72页。
④ 如第2节开头所引《汉官旧仪》"不佩玺"所见，汉代皇帝玺不用于佩带乃是通例（［日］阿部幸信：《皇帝六玺の成立》注55）。至于此后是否成为定制，《晋书》卷二五《舆服志》（第751—752页）记载：

史臣曰："（汉）明帝采《周官》、《礼记》，更服衮章，天子冠通天而佩玉玺。"

这显系《续汉书·舆服志下》（第3663页）所见明帝冕服制度：

孝明皇帝永平二年（59），初诏有司采《周官》、《礼记》、《尚书·皋陶篇》，乘舆服从欧阳氏说，公卿以下从大小夏侯氏说。

同样的内容《后汉书》卷二《明帝纪》（第100页）记作：

（永平）二年春正月辛未，宗祀光武皇帝于明堂，帝及公卿列侯始服冠冕、衣裳、玉佩、絇履以行事。

么不便。至于其尺寸不是1寸4分，也不是1寸6分，而是1寸5分，其意义则有必要另外讨论。

关于此，《隋书》卷一六《律历志上》"候气"条记载：

> 仲冬之月，律中黄钟。黄钟者，首于冬至，阳之始也。应天之数而长九寸，十一月气至，则黄钟之律应，所以宣养六气，缉和九德也。……始黄钟之管，下生林钟，以阳生阴。①

协定音律之际作为基准音的黄钟被视为"阳之始"，管长9寸，称"天之数"。从"阳之始"的9寸"三分损一以下生"（同卷"律直日"条）求得最初的"阴"亦即林钟的管长，即9寸减去三分之一为6

（接上页）
　　据此，《晋书·舆服志》之"玺"应为衍字或误字。同样，如《隋书》卷一一《礼仪志六》（第238页）所见北齐河清令之制：

> 乘舆，……白玉玺，黄赤绶，五采，黄赤缥绿绀，纯黄质，长二丈九尺，五百首，广一尺二寸。小绶长三尺二寸，与绶同采，而首半之。

而同书志（第215页）所见梁制：

> 乘舆郊天、祀地、礼明堂、祠宗庙、元会临轩，则黑介帻，通天冠平冕，俗所谓平天冠者也。其制，……佩白玉，垂朱黄大绶，黄赤缥绀四采。

及卷一二《礼仪志七》（第254页）记载隋开皇令之制：

> 乘舆衮冕，……白玉双佩，玄组。双大绶，六采，玄黄赤白缥绿，纯玄质，长二丈四尺，五百首，广一尺。小双绶，长二尺六寸，色同大绶，而首半之，间施三玉环。

可见与河清令中"白玉玺"相当的地方梁制、隋制都记作佩玉。虽然如后文所见，河清令所记皇帝玺乃是一种独特的制度，其佩用若有特殊的习惯也绝非不可能，不过综合各种情况看，毋宁认为只是误记更为妥帖。要之，汉代以降无论是哪个时期，都不存在皇帝玺用于实际佩带的习惯。
　　如果这样的话，本文第232页注②所见《三国志·吴书·孙皓传》之"谨……奉所佩印绶"的表述，并不单指玺和印，或许还含有"因为佩带着，故并非真的皇帝玺"的意思。

① 《隋书》卷一六《律历志上》，第396页。

寸。① 这样，9 与 6 相加而得的数字正是 15。要之，所谓 1 寸 5 分（15 分）的规格，绝非无缘无故便确定下来的数字，而是和 "六" 官、"六" 典一样，乃是基于北周喜好复古的数字理念而生成的数字。北周独特的 "十二" 色的绶制② 也是此表现之一。这样看来，北周在传国玺、六玺外增加 "神玺" 组合成 "八" 玺，其意义大约也可以从整体上获得理解——"八"，无须赘言既是 "六" "三分益一" 得来的数字，也是与 4 并列，系作为北周模板的《周礼》最喜欢用的数字。③

不过，这样的制度实际并未持续太久。《隋书》卷一一《礼仪志六》记载：

宣帝即位（578），受朝于路门，初服通天冠，绛纱袍。群臣皆服汉、魏衣冠。④

学者据此认为，577 年征服北齐之后，北周冠服制度即改用北齐样式。⑤ 彼时皇帝玺制度是否也曾改动，史书没有记载，但至少皇后玺似乎曾受改制影响。作为例证显示这一点的是 1993 年北周武帝孝陵出土的

---

① 如《续汉书·律历志上》所见，汉代京房已经知道毕达哥拉斯音差（Pythagorean comma）的存在，故《隋书》卷一六《律历志上》"和声" 条（第 389 页）也记载：

何承天立法制议云："上下相生，三分损益其一，盖是古人简易之法。"

据此，单纯凭借三分损益法以求音律的做法，当时已经被认为是不完全的理论。尽管如此，《隋书·律历志》之所以仍然依据三分损益法对候气数理进行讨论，应是因为 9、6、8 作为数之序列仍然具有特别的意义。
② 《隋书》卷一一《礼仪志六》（第 250 页）记载：

皇帝之组绶，以苍，以青，以朱，以黄，以白，以玄，以纁，以红，以紫，以緅，以碧，以绿，十有二色。诸公九色，自黄以下。诸侯八色，自白以下。诸伯七色，自玄以下。诸子六色，自纁已下。诸男五色，自红已下。三公之绶，如诸公。三孤之绶，如诸侯。六卿之绶，如诸伯。上大夫之绶，如诸子。中大夫之绶，如诸男。下大夫绶，自紫已下。士之绶，自緅已下。其玺印之绶，亦如之。
③ 按照音律理论，长 1/2 的管（弦亦然）所奏出的音，具有原长的管（弦）成倍频率的音，亦即一个八度音阶上的音。因此，6 与 12、4 和 8 在音律所具有的功能是等同的。
④ 《隋书》卷一一《礼仪志六》，第 250 页。
⑤ 陈寅恪：《隋唐制度渊源略论稿》，第 63—64 页。

"天元皇太后玺"（陕西省考古研究院藏）。

此玺被认为是武帝皇后阿史那氏之物，如《周书》卷七《宣帝纪》所见：

> （大象元年，579）二月癸亥……帝于是自称天元皇帝，所居称天台，冕二十有四旒，车服旗鼓，皆以二十四为节。内史、御正皆置上大夫。皇帝（宇文）衍称正阳宫，置纳言、御正、诸卫等官，皆准天台。尊皇太后为天元皇太后。①

阿史那氏确实具有"天元皇太后"的称号。又《周书》卷九《武帝阿史那皇后传》记载：

> （大象）二年（580）二月，又尊为天元上皇太后。册曰："天元皇帝臣赟，奉玺绶册，谨上天元皇太后尊号曰天元上皇太后。……"宣帝崩，静帝尊为太皇太后。隋开皇二年（582）殂，年三十二。隋文帝诏有司备礼册，祔葬于孝陵。②

据此，阿史那氏的称号在短时间内曾先后变更为天元上皇太后、太皇太后，而文献明确记载其改称天元上皇太后之际曾接受玺，那么是否仅天元皇太后玺保存下来，并非没有疑问。不过，考虑到此玺自身也是被盗掘之后历经曲折才最终抢救回来的，③ 故不排除其他玺也存在只是下落不明，因此这一点对于该玺真伪不带来任何影响。若此不误，可以认为，随着东汉向高爵者追赠印绶成为一种制度以后，正式授予（即非假授）的印绶与受赐者个人之间逐渐形成密不可分的联系，受赐者身死之后也被追赠生前所使用的印绶，④ 然则此玺应同样也是当时天元皇太后之

---

① 《周书》卷七《宣帝纪》，第 117—119 页。
② 《周书》卷九《武帝阿史那皇后传》，第 144 页。
③ 关于其中详情，参见梁开利《北周"天元皇太后玺"盗卖案侦破始末》，《文博》1992 年第 2 期。
④ ［日］阿部幸信：《漢代における印綬の追贈》，第 23—24 页。

玺的原物。①

北周皇太后玺的制度尚不明确，至于天元皇太后之玺，当然也没有记载。不过关于皇后之玺，《隋书》卷一一《礼仪志六》可以看到如下记载：

> 皇后玺，文曰"皇后之玺"，白玉为之，方寸五分，高寸，麟钮。②

按"天元皇太后玺"麟钮，印面大小为4.5厘米×4.55厘米，③约当北周时代所用北魏后尺（29.59厘米）④之1.5寸，其钮式、规格均与北周制度一致。不过其材质却不折不扣是金，而非"以白玉为之"。考虑到此，则"天元皇太后玺"是否与宣帝改制相关，就有讨论的余地了。

如前所述，一般认为宣帝多沿用北齐制度。不过河清令中的皇后玺，

---

① 以生前印绶追赠固是惯例，但也存在例外，如《宋书》卷一五《礼志二》（第405页）记载：

> 武帝泰始四年（268），文明王皇后崩，将合葬，开崇阳陵。使太尉司马望奉祭，进皇帝蜜玺绶于便房神坐。

即是追赠"蜜玺"亦即专门用于殉葬的蜜印（蜜蜡印）的例子。不过，天元皇太后玺极为精致，似乎很难认为是殉葬专用印。又《隋书》卷一一《礼仪志六》（第243页）所见北齐河清令之制：

> 皇太后、皇后玺……玺不行用，有令，则太后以官名卫尉印，皇后则以长秋印。

此外，《隋书》卷一二《礼仪志七》（第261页）所记隋开皇令之制也记载：

> 皇太后玺，不行用，若封令书，则用宫官之印。皇后玺，不行用，若封令书，则用内侍之印。

据此，当时的皇后玺、皇太后玺并不实际使用，因此不能根据有无使用痕迹判断是否为殉葬专用印。

② 《隋书》卷一一《礼仪志六》，第250页。
③ 陕西省考古研究所、咸阳市考古研究所：《北周武帝孝陵发掘报告》，《考古与文物》1997年第2期，第24页。关于印台的高度没有记载。
④ 丘光明编著：《中国历代度量衡考》，科学出版社1992年版，第68页。

据《隋书》卷一一《礼仪志六》记载：

> 皇太后、皇后玺，并以白玉为之，方一寸二分，螭兽钮，文各如其号。①

系以白玉制成，且其规格方1寸2分、螭虎钮，也与"天元皇太后玺"完全不同。若上述不误，则势必会得出如下结论，即北周宣帝确曾进行礼制改革，不过却未必遵从了北齐制度。这一点，从前引《周书·宣帝纪》所见"冕二十有四旒，车服旗鼓，皆以二十四为节"之制不见于河清令也可获得证实。② 事实上这里必须予以充分注意的一点是，史书原本只记述宣帝时重新发现"汉魏"制度（"群臣皆服汉、魏衣冠"），沿用北齐制度则并未提及。

"天元皇太后玺"以金为之，既然在北齐制度中无法说明，那么接下来应讨论的是，宣帝改制之际，除了北齐之外，有无可能参照了其他地域文化、制度。按中亚一方印章以贵石印章为主，③ 因此基本可以排除来自西方的影响；然则接下来应当注意的便只有南朝皇后的金玺了。或许北朝出于某种理由从南方输入金质皇后玺制度，进而影响到宣帝制度，其结果便是"天元皇太后玺"遂也以金制作而成。

为了考察这一点，则有必要对皇帝玺作为王权象征的性质与其演变以及在此末端上演生的北齐新的皇帝玺制度进行探讨。因此接下来想另

---

① 《隋书》卷一一《礼仪志六》，第243页。
② 为避免繁冗，这里仅限于部分比较。《隋书》卷一一《礼仪志六》（238页）所见河清令之制：

> 乘舆，平冕，黑介帻，垂白珠十二旒，饰以五采玉，以组为缨，色如其绶，鞋纩，玉笄。……

虽然仅此一例，但仍不难看出北周制度与河清令完全不同。
③ 西亚贵石印章文化通过中亚传播到北朝，[日]岩本笃志的一系列研究对此有详细探讨。参见《北朝隋唐期の貴石印章とその用途——ソグド人・ササン朝との関係をめぐって——》，《東アジア——歴史と文化——》第14号，2005年；《徐顕秀墓出土貴石印章と北斉政権》，《史滴》第27号，2005年；《中国・北朝隋唐期の貴石印章とソグド人補章：ユーラシア大陸における印章と東西交流》，《環東アジアセンター年報》（新潟大学）第1号，2006年。

起一节，试图在确认这些问题的基础上，重新讨论"天元皇太后玺"以金为之所具有的意义。

五　皇帝玺性质变迁与北齐金玉并用制

所谓皇帝玺，从其"皇帝"玺之名不难获知，是在秦以后才出现的，这无论是谁都能一眼发现的，故理所当然被视作"秦制"，而揭举理想制度周制的经典中自然也不存在与之相当的器物。传国玺亦是如此，无法上溯至秦代以前，在此意义上，皇帝玺、传国玺显然都位于儒家礼制范畴之外。因此即便是在祭祀的场合，皇帝玺也不佩带在身，自然也就没有机会供众人观瞻。要之，皇帝玺一方面既是实用之物，但另一方面毋宁认为皇帝玺事实上的"秘不示人"乃是其作为王权象征的本质所在。正因如此，如《汉书》卷六八《霍光传》所见：

> （元平元年，前74），（霍）光即与群臣俱见白太后，具陈昌邑王不可以承宗庙状。……光与群臣连名奏王，尚书令读奏曰："……受皇帝信玺、行玺大行前，就次发玺不封。……"①

昌邑王因"就次发玺不封"而遭受非议。

不过，据《晋书》卷二四《职官志》记载：

> 侍中，……大驾出则次直侍中护驾，正直侍中负玺陪乘，不带剑，余皆骑从。②

晋代规定皇帝出行需有玺印伴随。这里虽然没有指明是何玺，不过据《宋书》卷一四《礼志一》：

---

① 《汉书》卷六八《霍光传》，中华书局1962年版，第2938—2940页。
② 《晋书》卷二四《职官志》，第732页。同样，《宋书》卷三九《百官志上》（第1238页）记载：
　　侍中，四人。……法驾出，则正直一人负玺陪乘。

元嘉二十五年（448）闰二月，大蒐于宣武场……校猎日平旦……上水四刻，奏："外办。"正次直侍中、散骑常侍、给事黄门侍郎、军校剑履进夹上阁。正直侍郎负玺，通事令史带龟（钮之）印中书之印。上水五刻，皇帝出。著黑介帻单衣，乘辇。正直侍中负玺陪乘，不带剑。殿中侍御史督摄黄麾以内。次直侍中、次直黄门侍郎护驾在前。又次直侍中佩信玺、行玺，与正直黄门侍郎从护驾在后。……①

至少应包括部分皇帝玺在内。

汉代皇帝的活动范围基本限定在都城及周边，皇帝自身也作为"秘密"而存在，因此皇帝玺也没有带出去的必要。不过至三国时期，皇帝频繁出行，皇帝玺也发生"移动"，这一惯例在泰始令中遂被明文规定，由此出现了前引《晋书》的规定。在东汉末年的混乱中，还曾发生这样的事情，即皇帝玺从皇帝手头遗失，直到"天子从河上还，得六玺于阁上"，②才重新寻回。皇帝出行携带皇帝玺，不仅可以避免丢失的风险，同时在离开都城期间还可以随时发布诏敕。以此而言，皇帝出行携带皇帝玺，乃是因皇帝四处活动、应时而生，因此，这一制度此后无论在南朝还是在北朝应都获得继承。据《北史》卷五《孝武帝纪》所见：

（永熙）三年（534）……秋七月己丑，帝亲总六军十余万，次河桥。……丙午，帝率南阳王宝炬、清河王亶、广阳王湛、斛斯椿以五千骑宿于瀍西杨王别舍，沙门都维那惠臻负玺持千牛刀以从。③

这个例子虽然略显特殊，但其中明确记载北魏末年孝武帝迁入长安时即携带玺印。

皇帝所在之处常伴随有皇帝玺，最终在北朝滋生出皇帝与皇帝玺被

---

① 《宋书》卷一四《礼志一》，第369—370页。
② 《三国志》卷四六《吴书·孙破虏传》（第1097页）裴注引《江表传》所引《献帝起居注》。
③ 《北史》卷五《孝武帝纪》，中华书局1974年版，第172—173页。

视为密不可分的氛围。北周的皇帝玺制度即象征了这一点,"皇帝负扆,则置神玺于筵前之右,置传国玺于筵前之左",亦即皇帝临朝之际,将神玺和传国玺置于其前。① 皇帝在朝堂之上也携带玺印,且将玺印由秘不示人转而供人观瞻,这在皇帝玺的历史上无疑具有划时代的意义。②

而大约在此之前,北朝皇帝自身的存在方式亦发生巨大转变。北魏

---

① 关于神玺与传国玺的区别,《唐六典》卷八《门下省》"符宝郎"条(352 页)引徐令《玉玺记》记载:

> 又《晋阳秋》云:"晋孝武(太元)十九年(394),雍州刺史郗恢于慕容永处得玺,乃送建业。其玺方六寸,厚一寸七分,高四寸六分,蟠龙〔引用者注:疑脱'钮'字〕。隐起文字巧妙,一与传国玺同。但形制高大,玉色不逮耳。"自晋至梁相传,谓之镇玺。及侯景败,侍中赵思齐挟以度江,兖州刺史郭元建得之,以送于齐文宣帝。齐亡,入周,周传于隋。隋文帝初亦谓之为传国玺,开皇二年改为授命玺。至开皇九年(589)平江南,得真传国玺,乃改前所得大者,名神玺。至大业初,著之于令。

要之,晋以降类似传国玺的玺大小有二,大者称镇玺,侯景之乱后归于北齐文宣帝之手,隋文帝改称传国玺,不过由于隋灭陈后获得真正的传国玺,曾被称为传国玺的大者(原本之镇玺)遂又改称神玺。不过,如本文后文引《北齐书》所见,其中有资料显示名为镇玺的玺在北齐也被称作传国玺,且神玺在北周时期似乎业已存在,因此《玉玺记》的解释当不能信从。

② 〔日〕藤井康隆:《中国江南六朝の考古学研究》(六一书房 2014 年版)第 3 章《陵墓の外部空間》指出,北朝帝陵的特征即是建有很想令外人看到的地表设施。在藤井看来,不仅地表设施,甚至包括墓室在内,王朝以此空间为舞台举行葬礼,由此向内外宣示皇帝威严(第 54 页)。而同样在北朝,皇帝玺也由"秘不示人"转而"令人观瞻",这显示出对于作为宣示威严方式的可视性表演的重视,在与陵墓并列的朝廷之上也同样进行。又〔日〕渡边信一郎《天空の玉座——中国古代帝国の朝政と儀礼》(柏书房 1996 年版)第 170—176 页详细阐述的舞踏礼,其出现亦是与此合拍的变化。

当然,与伴随有身体行为的葬礼、舞踏礼相比,或认为皇帝玺的展示在视觉上施与的影响可能会小些。不过事实上,以皇帝玺为代表的华丽器物充庭摆放,其效果相当之大,《隋书》卷一二《礼仪志七》(第 279 页)在介绍完炀帝所定新的冠服制度后,紧接着记载:

> (大业)三年(607)正月朔旦,大陈文物。时突厥染干朝见,慕之,请袭冠冕,帝不许。明日,率左光禄大夫、褥但特勤阿史那职御,左光禄大夫、特勤阿史那伊顺,右光禄大夫、意利发史蜀胡悉等,并拜表,固请衣冠。帝大悦,谓(牛)弘等曰:"昔汉制初成,方知天子之贵。今衣冠大备,足致单于解辫,此乃卿等功也。"

从该故事可以得知,不仅礼仪本身,礼仪中身体所着冠服,对于观者而言也具有在视觉、心理层面令其倾倒的效果。

孝文帝"进入"朝堂即是其例。① 以往仅在太极殿发布裁决的皇帝一旦临御朝堂，直接介入朝政，则对于更多的臣民来说，皇帝的"圣容"就变得日常可见了。考虑到前揭皇帝与皇帝玺的结合，不难想见，皇帝进入朝堂应被视为与"出驾"类似，即随着皇帝身体移动，玺印亦发生移动。而皇帝携带皇帝玺出现在朝堂，应具有更为突出地显示出皇帝裁决之所转至朝堂的效果。

不过，随着北魏皇帝权力很快趋于削弱，特意将众多的皇帝玺搬至朝堂，已失去其实际意义。皇帝自身移动的机会大概也日益减少。其结果，在北周朝廷，大约仅神玺和传国玺成为专供观瞻的物品，而被象征性地保留下来。② 这样的变化发展到最后变成了如《新唐书》卷二四《车服志》所见规定：

> 大朝会则符玺郎进神玺、受命玺于御座，行幸则合八玺为五舆，函封从于黄钺之内。③

唐代元会礼仪中也仅神玺、受命玺供人观瞻，不过从行幸时八玺全都伴随皇帝可以看出，皇帝玺与皇帝的一体关系依然没有丧失。

处于南北朝时期这样的趋势之下，时人对于皇帝玺自身的关注也远较汉代为高。随着体制的安定，出于整备礼制的考虑，皇帝玺的理想形象也被提出讨论。不过，由于皇帝玺在经典中并无依据，因此较之其余车服制度，参照文献遗存的汉制、晋制记载，以及较多沿袭汉制、晋制的南朝制度，无疑更具重要意义。④ 侯景之乱便是在此氛围中爆发的。

---

① [日] 渡边信一郎：《天空の玉座——中国古代帝国の朝政と儀礼》，第 81—84 页。
② 《隋书》卷一二《礼仪志七》（第 276 页）记载：

> 皇后……有金玺。……冬正大朝，则并黄琮，各以笥贮，进于座隅。

可见大业令中皇后玺也成为供人观瞻的对象，尽管其自身并不直接供人观瞻。
③ 《新唐书》卷二四《车服志》，第 524 页。
④ 关于彼时北朝存在着为复原西晋礼制而试图直接参照梁制的态度，[日] 小林聪《漢唐間の礼制と公的服飾制度に関する研究序説》曾有论及，《埼玉大学纪要》（教育学部）第 58 卷第 2 号，2009 年，第 241 页。

《北齐书》卷三〇《辛术传》：

> 及王僧辩破侯景（551），术招携安抚，城镇相继款附，前后二十余州。于是移镇广陵。获传国玺送邺，文宣以玺告于太庙。此玺即秦所制，方四寸，上纽交盘龙，其文曰："受命于天，既寿永昌。"二汉相传，又传魏、晋。怀帝败，没于刘聪。聪败，没于石氏。石氏败，晋穆帝永和中，濮阳太守戴僧施得之，遣督护何融送于建邺。历宋、齐、梁。梁败，侯景得之。景败，侍中赵思贤以玺投景南兖州刺史郭元建，送于术，故术以进焉。寻征为殿中尚书，领太常卿，仍与朝贤议定律令。①

据此，侯景败亡之际南朝所传的传国玺被从建康带至北齐，如果彼时萧梁之金质皇帝玺仍然存在的话，虽未必被一并送到文宣帝之手，但至少金玺的消息应可传至北齐。而卷入这一系列事件的辛术，后转任尚书并参与了律令制定的讨论，这进一步强化了如下假设，即以侯景之乱为契机，南朝的金玺制度被传至北齐。其结果，在辛术死后颁布的河清令中，如《隋书》卷一一《礼仪志六》所见：

> 天子六玺：文曰"皇帝行玺"，封常行诏敕则用之。"皇帝之玺"，赐诸王书则用之。"皇帝信玺"，下铜兽符，发诸州征镇兵，下竹使符，拜代征召诸州刺史，则用之。并白玉为之，方一寸二分，螭兽钮。"天子行玺"，封拜外国则用之。"天子之玺"，赐诸外国书则用之。"天子信玺"，发兵外国，若征召外国，及有事鬼神，则用之。并黄金为之，方一寸二分，螭兽钮。又有传国玺，白玉为之，方四寸，螭兽钮，上交五蟠螭，隐起鸟篆书。文曰"受天之命，皇帝寿昌"，凡八字。在六玺外，唯封禅以封石函。②

出现了史无前例地将白玉材质的皇帝三玺与黄金材质的天子三玺并

---

① 《北齐书》卷三〇《辛术传》，中华书局1972年版，第502页。
② 《隋书》卷一一《礼仪志六》，第239页。

用的制度。

尽管这里传国玺也是白玉材质，不过由于传国玺原则上是秦代的玉玺，因此其为白玉玺并不具有特殊含义。然则河清令乃是将玉玺至上的秦、汉、晋系统的制度与金玺至上的南越、孙吴、南朝系统的制度融合在一起。河清令没有全部采用金玺，而是仅限于金玉并用，大约是考虑到被视为继承西晋礼制的金质皇帝玺与文献记载及北朝以往实际状况不符，故无法全面采用金玺。而这种折中的态度，此后为唐朝所否定，最终皇帝玺全都被定为白玉材质。以此而言，北齐金玉玺并用只是一时之制。不过尽管如此，考虑到皇帝玺材质并用金、玉的制度出现在山东，笔者仍认为其具有相当的历史性意义。在与江南文化交流密切的山东，酝酿出不以玉对于金有着先天优势的认识，① 由此形成对玉玺至上主义的冲击。而如果没有这一冲击，那么即便北齐听闻梁代皇帝玺为金质，大约也不会将其引入并确定为制度。事实上，虽然北周在建国之前已有机会通过后梁获知南朝皇帝玺为金质，但北周并未采用这一制度，而是仍然使用玉质皇帝玺。故通过河清令之皇帝玺制度我们可以得知，山东地区逐渐形成既与有着拒绝采用金质皇帝玺倾向的关中不同、也与在金质中发现正统性的江南不同的价值观，并最终推动了在北齐时期创造出新制度。②

灭亡北齐的北周宣帝如何看待这种组合的皇帝玺制度，由于史乘完全没有记载，我们也无从得知。隋开皇令主体内容沿袭齐制，《隋书》卷一二《礼仪志七》仅记载：

> 神玺，宝而不用。受命玺，③ 封禅则用之。"皇帝行玺"，封命诸

---

① 《三国志》卷四六《吴书·孙破虏传》（第1097页）裴注引虞喜《志林》云："金玉之精，率有光气。"其中以金、玉皆可放出光气，等同视之，与儒家经典中所见玉作为德的象征故被看重的言论不同。

② ［日］藤川正数《魏晋时代における丧服礼の研究》（敬文社1960年版，第5页）曾指出："礼议与书桌上的空论不同，而是为如何处理当下问题而产生的议论，因此议论的成功与否，未必与是否符合经典相关，而是较多受到当时政治、社会条件的制约。也正因如此，其可以帮助我们窥知时代的特征。"

③ 此受命玺即传国玺。《隋书》卷一《高祖纪上》（第17页）"开皇二年五月"条记载："甲子，改传国玺曰受命玺。"

侯及三师、三公，则用之。"皇帝之玺"，赐诸侯及三师、三公书，则用之。"皇帝信玺"，征诸夏兵，则用之。"天子行玺"，封命蕃国之君，则用之。"天子之玺"，赐蕃国之君书，则用之。"天子信玺"，征蕃国兵，则用之。常行诏敕，则用内史门下印。①

其中没有明言材质，而同样见载于《隋书·礼仪志》的借鉴陈制的大业令，甚至都没有言及皇帝玺。因此继承北周的隋是否采用金玉并用制度，目前尚不明确。不过可以确定的是，如同志所见：

皇后服……有金玺，盘螭钮，文曰"皇后之玺"。……皇太后服，同于后服。②

大业令中皇后玺、皇太后玺为金质。这里我们再次回到"天元皇太后玺"，其为金玺表明北周在征服北齐之后业已采用了与隋同样的制度。若以上论述不误，则隋之金质皇后玺系继承北周宣帝制度，这种可能性是相当大的。

如前节所论，南朝皇后玺为金玺，而北齐、北周皇后玺则仍规定为玉玺。大约这反映出鲜卑社会中女性地位较高，故北魏、东魏、西魏的皇后一直沿用玉玺，并为北齐、北周所继承。不过，以征服北齐为契机谋求恢复汉魏之制的北周宣帝，却把皇后金玺的南朝制度误认为汉魏之制而予以继承。③ 又或者，宣帝对北齐皇帝玺金玉并用的知悉，成为他积极采用金玺的动机之一。无论如何，其结果是，北周末年皇帝、皇后分别使用玉玺和金玺，由此造就了新的金玉并用制度。这一新的金玉并用制度，如《新唐书》卷二四《车服志》所见：

太皇太后、皇太后、皇后、皇太子及妃，玺皆金为之，藏而

---

① 《隋书》卷一二《礼仪志七》，第255页。
② 同上书，第276—277页。
③ 虽然没有确切证据，但北周皇后玺的麟钮形式，也有可能来自南朝。若此说不误，则北周接受南朝金质皇后玺的基础，早在宣帝之前就已经具备了。

不用。①

在经历隋朝后进而为唐所继承。如果这样看，则对于现存诸史料就可以毫无矛盾地进行理解了。要之，宣帝绝非是要完全照搬齐制，而是只不过将齐制作为启示之一予以利用的同时，借鉴南朝制度，由此试图建立近乎汉魏之制的制度。而"天元皇太后玺"，正是鲜明地反映出宣帝立场，以及作为其背景所在的所谓金玉并用的新的时代动向的遗物。

同时，这方金玺还表明关中也非完全排斥将金玉同等看重的文化，毋宁说是以与山东不同的方式接受了下来。南北、东西复杂交织的文化的巨大"互动"，都集中在这枚小小的玺之上了。这种"互动"的结果便是唐代的皇帝玺制度，显然无论如何也不能认为唐制是对汉制的直接继承和模仿。各个时期的制度，首先应将其放到各个历史环境中进行理解；而缺乏这一努力，使得魏晋南北朝乃至唐代皇帝玺所具有的历史性特征在此前都被忽视了。

六 结语

以上讨论涉及许多方面，其要点概括如下。

1. 孙吴皇帝玺为金质六玺。材质选择金，乃是受到南越制度的影响。另一方面，六玺制度则是继承自汉代制度。

2. 两晋、刘宋均使用汉代以来的玉玺，南齐以降的南朝则改用金玺。

3. 北周皇帝玺为玉质六玺，北齐河清令则以玉质的皇帝三玺和金质的天子三玺并用。河清令中的金玺，是以侯景之乱为契机，受梁制影响而出现的。

4. 与皇帝玺关系密切的皇后玺，北朝一直使用玉玺，南朝在南齐以降则使用金玺。北周宣帝在参照北齐、南朝制度的同时谋求复兴汉魏之制，乃遵从南朝皇后玺制度，结果北周遂以玉质皇帝玺和金质皇后玺并存。

5. 北周末的玉质皇帝玺和金质皇后玺的制度为隋唐所继承。该制度

---

① 《新唐书》卷二四《车服志》，第524页。

中，皇帝玺承袭北朝制度，皇后玺沿用南朝制度，不过其金玉并用的设计自身却源自北朝时期山东地区所滋生的新观念。

由本文的讨论可见，皇帝玺从汉到唐所走过的历史是相当复杂的。汉朝正统的白玉玺在形式上为唐朝所继承，但这只是一种结果论，应该看到金玺也曾有相当大的可能被传至后世。事实上，如果不限于皇帝玺，汉唐制度之间所呈现的连续性，同样也非理所当然的继承关系，而是在经历各种各样的实验摸索之后偶然形成的。在结束本文之际，笔者想瞩目于这类"各种各样的实验摸索"，再次阐述一下其意义。

对于北朝与南朝之间制度、文化的差异，如下理解是较为普遍的，即将其与华北胡族与江南汉族这样的地域及主体人群的不同重合起来予以把握。不过，若说起皇帝玺制度，北周玉玺与南朝金玺的对立结构，毋宁说与汉和南越、西晋和孙吴之间的不同并无二致。要之，与皇帝玺相关的北朝与南朝文化上的对立，并非由胡族、汉族这样的民族不同所致，而是受制于关中、江南这样的地域性差异。而同样属于华北胡族政权的北齐、北周在是否接受金玺上的差异，则显示出即便在地域层面，单纯的华北、江南二分法也无法成立，与长江流域交流密切的山东和交流相对较少的关中之间的东西对立仍然存在。① 以此而言，则还应考虑到这种可能性，即胡族进入华北之前业已存在的诸地域间的文化紧张关系，随着胡族占据华北，在此时代环境之下进一步凸显，其结果是仅有胡汉或南北的对立为人所注意了。

判断当时地域因素在某些场合较之民族因素具有更为决定性的作用，这从相信胡族与汉族各自承担特定文化的观点看，势必引发疑问。汉朝瓦解之后，玉质六玺也在被西晋所继承后，大约经过北魏而传至北周。彼时胡族并没有创出独特的制度，据此可以看出，胡族对汉朝的六玺制度显示出相当程度的理解，且维持尊重这一制度的态度。另一方面，孙吴及南齐以降的南朝，却借助与南越制度密切相关的金质皇帝玺宣示自己的正统性。如果仅注意到这一点，大概甚至可以认为，成为汉制忠实继承者的并非南朝而是北朝。由此可见，较之民族，把中原这一地域视

---

① 关于东西对立的存在，最早指出这一点的是傅斯年的《夷夏东西说》，历史语言研究所编：《庆祝蔡元培先生六十五岁论文集》下册，（北平）国立中央研究院1935年版。

为正统所在，而以江南为边境，这种看法是有一定说服力的。

不过，问题也非这么简单。江南的金质皇帝玺固然并非沿用汉制，不过其六玺制度，确是不折不扣的模仿汉制。因此在并用六玺这一点上，可以认为孙吴及南朝诸王朝都是以汉之继承者自居。换句话说，江南的金质六玺在江南人的诠释下乃是沿用汉制。要之，与汉制连续还是断绝，无论过度强调哪一方，并试图说明这显示出地域或民族本质，相反却可能会导致看漏其内核。

同样，对于胡族所具有的历史意义也应这么看。胡族并不总是破坏者，当然也非所有一切的创造者。他们常常在与包括各地地域性在内的历史产物进行反复对话的同时，试图在华北文化、社会与自身存在之间达成妥协，而北周、北齐皇帝玺制度的差异，则如实显现出这种"妥协"的形成方式有时并不一致。而所谓"汉化"，只是这种"妥协"的一个面相而已。

进一步来说，无论胡族汉族，都是基于各自立场利用汉朝制度、文化的同时，添加自身元素，由此创造出符合时代状况的制度。在此之外的任何结构性变化，可以说都是不存在的。汉制只为某个民族、地域像特权一样所继承，这在现实中是不可能的；现实情况是各个民族、地域根据形势的不同，对汉制形式予以各种各样的改变。这种"改变"的终点在我们看来即是唐制，后者表面上看是接续汉制，但实质却有差异。这是因为汉制在汉唐之间曾经历几番取舍选择，由此增加了新的历史性意义。

人无法脱离历史而创造出新东西，而即便是创造新东西也无法重置过去。同时，也不能将某一时代的状况照其原样固定下来，即便为此捏造（invent）①"传统"，也无法终止历史的运动。魏晋南北朝时期或许就是这样一个时代，即在持续不断的革新当中，发现（invent）存在着"无法重置的东西"的人们按照各自的时代、地域、立场，重新创造（invent）传统。当然，汉代皇帝六玺的成立过程中也存在同样的倾向，革新与传统的相互作用是在任何一个时代都可以见到的现象。只是在魏晋南

---

① 这一对于传统的"invent"及其多种意义的用法，仿照了 Hobsbawm, E., "Introduction: Inventing Traditions", in Hobsbawm, E., and Ranger, T. (eds.), *The Invention of Tradition*, Cambridge: Cambridge University Press, 1983。

北朝时期，其形式更为剧烈，投射到我们眼中也更容易理解。而且由于作为结果显示出来的是位于魏晋南北朝时期末端的隋唐帝国成为胜利者，这也使得后人更容易从中发现特殊意义。因此也有这样的论者，即偏重革新化与传统化之任何一方，或仅将一部分人群视作带来新时代的革新者。不过，在历史的长河中，并非只有这个时代显现出超出常例的存在形态，也不是只有隋唐帝国具有唯一的可能性。从"结果"往回看试图说明时代的态度，只会使我们远离历史的深奥。

关于魏晋南北朝时期的皇帝玺，没有什么重要史料，因此以上论述或不免有臆测之嫌。不过，笔者之所以不惮于此而致力于考察该问题，其真实原因亦即在此。某种意义上来说，窥视不易被简单化的"各种各样的实验摸索"，或许反而更能简明显示魏晋南北朝时期所具有的意义吧。

当然，在本文结论的基础上值得考察的问题还不止于此。六玺制度在宋代以降趋于消亡，不过皇帝玺的材质仍被固定为玉玺。① 另一方面，河内国立博物馆所藏阮朝皇帝玺印均为金质，明治四年（1871）改铸的日本天皇御玺也是金质。② 要之，北方玉玺文化和南方金玺文化的对立结构，这之后在中国与越南、日本之间仍然存在。然则在思考皇帝玺选择玉、金作为材质的背景时，或许不应局限于华北、江南这样的狭小范围，还有必要按照干燥农业地带、亚热带季风地带这样更大的空间进行讨论。不过这已经超过本稿范畴，笔者将留待他日探讨。

(首都师范大学历史学院　孙正军　译)

---

① 宋代皇帝玺为玉质，以及不使用六玺制度，关于此，《宋史》卷一五四《舆服志六》（中华书局1985年版，第3581页）记载：

宝。秦制，天子有六玺，又有传国玺，历代因之。唐改为宝，其制有八。五代乱离，或多亡失。周广顺中，始造二宝：其一曰"皇帝承天受命之宝"，一曰"皇帝神宝"。太祖受禅，传此二宝，又制"大宋受命之宝"。至太宗，又别制"承天受命之宝"。是后，诸帝嗣服，皆自为一宝，以"皇帝恭膺天命之宝"为文。凡上尊号，有司制玉宝，则以所上尊号为文。宝以玉，篆文，广四寸九分，厚一寸二分。填以金，盘龙钮。

② 《太政类典》第二编第四二卷《国玺御玺铸造・二条》，日本国立公文书馆。在此之前内印为铜印，天皇之玺并不使用玉玺。

[补记1] 孙正军先生提示，孙吴墓出土玉器极为罕见。从这一点展开而言，推测江南只是因为玉材欠缺而不能制作玉玺，或是可以的。确实，江南在求取西域白玉时位置不利，而良渚文化所见到的玉，也非白玉。不过，孙吴不存在玉制遗物，或可从薄葬的趋势予以说明（可以参考魏文帝追赠曹操金玺之例），且南越曾制造大量玉器，以及南朝众多玉制品被列入礼制规定，似也不宜忽视。而随葬有白玉器的孙吴皇帝墓，今后也未必不会发现。又文献中完全不见孙吴、南朝试图通过外交活动寻求白玉，这也显示出即便白玉欠缺，也不构成什么特殊问题。因此作为结论笔者认为，将江南存在金质皇帝玺归结于玉材欠缺，尽管其说容易理解，但仍欠说服力。

当然，华北较之江南更易获得白玉，江南较之华北金也确实更为丰富，因材料获得的难易影响皇帝玺材质的选择，进而决定时人对印材的认识，这种可能性是存在的。这一点留待后考。

[补记2] 本文是在2016年9月至10月停留北京期间写作的《魏晋南北朝期の皇帝璽について》基础上修订而成的。构思及改订之际，蒙南恺时（Keith N. Knapp）、胡阿祥、曹峰、顾江龙、后晓荣、魏斌、吴真、孙英刚、马孟龙、孙正军、陈侃理、胡鸿等先生提供了许多宝贵意见，谨志于此，以表谢意。

[补记3] 本文完稿后，留意到孙慰祖《从"皇后之玺"到"天元皇太后玺"——陕西出土帝后玺所涉印史二题》（《上海文博论丛》2004年第4期）一文。其中尤其是关于"天元皇太后玺"，部分与本文观点重合。不过由于问题意识完全不同，该文对该玺地位的解释与本文存在差异。敬请一并参看。

六朝岭南译经群体考略

上海师范大学人文与传播学院　姚潇鸫

万绳楠曾指出："(南朝)宋时来到建康的外国与西域僧人最多,译经也最多,建康蔚然成为南方的译经中心。到梁陈时期,南方译经中心发生了变化,不是建康而是广州。这与梁、陈之际长江流域战乱频繁有关。"① 战乱的影响当然是广州取代建康成为南方译经中心的原因之一,但之所以是广州而不是其他地方,应与六朝时期佛教在岭南地区的传播密切相关,尤其是岭南地区(主要在广州)自东吴以来从未间断过的译经传统,更是其中最重要的因素之一。② 早期佛教在中土的传播与佛经翻译紧密联系在一起,因而六朝时期的译经活动是学者较多关注的问题,但以往的研究主要集中在材料的搜集以及对历代经录记载的考辨。③ 把岭南作为一个特定的区域,考察六朝时期佛经翻译的情况与特点是学者较

---

①　万绳楠:《魏晋南北朝文化史》,黄山书社1989年版,第327页。
②　广州在梁陈时期成为译经中心当然是由各种因素综合作用的结果,其所处的地理位置就是重要的原因之一,但因与本文主旨无关,在此就不赘述了。
③　如日本学者小夜玄妙在20世纪30年代编写的《佛教经典总论》[杨白衣译,(台北)新文丰出版公司1983年版,第59—98页]中,整理了六朝译经僧的资料,汇总了当时翻译的佛经,并对经录的一些记载进行考辨。任继愈主编的《中国佛教史》第二卷(中国社会科学出版社1985年版,第702—753页)中附录了《西晋、东晋十六国译经目录》。《中国佛教史》第三卷(中国社会科学出版社1988年版,第128—254页)中有对南北朝时期佛经翻译的介绍。类似的梳理还有王铁钧的《中国佛典翻译史稿》(中央编译出版社2006年版,75—92页)第2章《两晋、南北朝时期》。

少涉及的内容，①笔者拟就读书所得，就六朝时期岭南译经群体的情况略作论述，祈方家指正。

一部佛经被翻译为汉语——尤其是有组织的译经——往往要经过多个步骤，因而参与的人数众多，从广义上来说，这些人都可算作译经者。而整个译经活动中最核心的人物，应是那些直接转胡②为汉的传译者③。为叙述方便，先将六朝时期活跃在岭南地区的佛经传译者列表1④：

表1

人名	原籍	译经时间	译经数量	译经地点
支彊梁接⑤	西域	东吴五凤二年（255）	1部6卷	交州
彊梁娄至⑥	西域	西晋武帝太康二年（281）	1部1卷	广州
昙摩耶舍⑦	罽宾	东晋安帝隆安年间（397—401）	1部1卷	广州白沙寺
竺难提⑧	天竺	东晋恭帝元熙元年至宋初（419—?）	3部5卷	广州

---

① 据笔者所见，范家伟在《六朝时期佛教在岭南地区的传播》（载《佛学研究》，1995年）一文中，对该内容有所涉及。但限于论题，并未深入展开。
② 被翻译的佛经可能是由梵文写成，也可能是由其他文字写成，为论述方便，文中统称为胡文、胡本。
③ 据《高僧传》《出三藏记集》等记载，当时多将译胡为汉的工作称为"传译"，如支楼迦谶……汉灵帝时游于洛阳，以光和、中平之间，传译梵文。又如竺法护……自敦煌至长安，沿路传译，写为晋文。再如方等《大般泥洹经》……禅师佛大跋陀手执胡本，宝云传译。因此本文将直接承担翻译任务者称为传译者。
④ 表1所列都是文献有明确记载曾在岭南地区传译过佛经的高僧或居士。像东晋时的竺法度，僧传谓其"常为译语"，但岭南与建康都曾是他的活动区域，而且没有更多的文献来证明其是否在岭南传译过佛经，为谨慎计，类似的情况不列入表1。
⑤ （唐）智昇：《开元释教录》卷二，《大正新修大藏经》（以下简称《大正藏》）第55册，第419页中。
⑥ 智昇：《开元释教录》卷二，第497页中。
⑦ （梁）慧皎著，汤用彤校注：《高僧传》卷一，中华书局1992年版，第41—42页。
⑧ （隋）法经：《众经目录》卷一，《大正藏》第55册，第117页中。智昇：《开元释教录》卷三，第509页上。

续表

人名	原籍	译经时间	译经数量	译经地点
竺法眷①	天竺	宋明帝时（465—472）	6部29卷	广州
释翔公（或作朝公）②	中国	宋世（420—479）	1部2卷	广州
昙摩伽陀耶舍③	天竺	齐高帝建元三年（481）	1部1卷	广州朝亭寺
大乘（或作摩诃乘）④	西域	齐武帝时（483—493）	2部2卷	广州
僧伽跋陀罗⑤	西域	齐武帝永明六年（488）	1部18卷	广州竹林寺
拘那罗陀（真谛）	天竺	陈武帝永定二年至宣帝太建元年（558—569）	50余部？卷⑥	广州制旨寺、王园寺

"西域这一历史地理名词，始见于西汉。它有广狭两个含义：广义的是指玉门关（今甘肃敦煌西北小方盘城）、阳关（今甘肃敦煌西南古董滩一带）以西，直到今中亚、西亚、南亚以及欧洲广大地区。"⑦ 但在表示来华异域胡僧的籍贯时，"西域"并不包括"天竺"，而是泛指古代由玉门关、阳关以西，前往印度的陆上交通线所经过的广阔区域，包括今天

---

① （梁）僧祐著，苏晋仁、萧炼子点校：《出三藏记集》卷二，中华书局1995年版，第62页。
② 智昇：《开元释教录》卷二，第532页中。
③ 同上书，第535页中。
④ 僧祐：《出三藏记集》卷二，第63页。智昇：《开元释教录》卷二，第535页下。
⑤ 智昇：《开元释教录》卷二，第535页下。
⑥ 拘那罗陀即真谛的译经数量，《续高僧传》记为64部，278卷，经《开元释教录》进一步勘定，其中翻译49部，142卷；自作义疏19部，134卷。除岭南地区外，真谛在建康、豫章等地也有译经活动，[日]宇井伯寿、苏公望、汤用彤等都曾对真谛所译佛经进行过系年研究，但没有明确时间记载的译经仍大量存在。此处据《续高僧传》：有天竺沙门真谛……途出岭南，为广州刺史欧阳頠固留，因欲传授，周访义侣，拟阅新文。[法]泰遂与（僧）宗、（慧）恺等不惮艰辛，远寻三藏，于广州制旨寺笔受文义，垂二十年。前后所出五十余部，并述义记[（唐）道宣著，郭绍林点校：《续高僧传》卷一，中华书局2014年版，第23页]。
⑦ 赵永复：《汉唐的西域》，《历史教学问题》1983年第2期，第59页。

中国的新疆、中亚以及南亚的部分地区。这也是本文所使用的"西域"一词的概念。罽宾国的位置，历来众说纷纭。① 仅从佛教史籍记载来看，"迦湿弥罗国，即此俗常传罽宾是也……虽预五方，非印度之正境也"。② 羽溪了谛认为罽宾"与他国交通不易，故其佛教绝少受他国之影响，而呈特殊发展之状态"，③ 并将罽宾佛教归为"西域之佛教"。因此，本文也将罽宾归入西域地区。如此，表1中所列的10位传译者按原籍可以分为三类：中土1人，占总人数10%；来自西域者5人，占50%；来自印度者4人，占40%。

从统计数字看，来自印度与来自西域的传译者几乎相当，但从时间分布上来看，晋宋之际是一条显著的分界线。最早在岭南地区译经的是东吴时来华的西域僧人支彊梁接，从"支"字看，应来自月氏。其后的彊梁娄至、昙摩耶舍也都来自西域。直到东晋末刘宋初，才有印度人竺难提在广州译经，难提是一位商人（详见下文），译经并非其主要工作，因而其译经的成就有限。因此，东晋及此前，来自西域的传译者实是岭南地区佛经翻译的主力，绝大多数的翻译由他们完成。④ 早期佛教东传中土的过程中，西域诸国发挥了更为重要的作用。⑤ "（西域）诸国之佛教，实为印度佛教与中国佛教之媒介，南北朝以前，来中国之传道者、译经者，殆皆为上述诸国之沙门或居士。"⑥ 岭南地区译经的情况也正好印证了这一点。南朝以后，来自印度的传译者人数明显增多。南朝时传译者共计7人，来自印度者4人，比例上升到57%；来自西域者2人，比例下降到28%。而且从译经的数量来看，即使不计算真谛也远超过中土以

---

① 余太山所著《罽宾考》（《西域研究》1992年第1期）对诸家之说都有介绍。
② 道宣：《续高僧传》卷四，第102页。
③ ［日］羽溪了谛：《西域之佛教》，贺昌群译，商务印书馆1999年版，第216页。
④ 前文述及，东晋时的竺法度可能在岭南地区有过佛经传译的活动，由于无法确知所以未列入表格。竺法度"本竺婆勒子。勒久停广州，往来求利，中途于南康生男，仍名南康。长名金迦，入道名法度"。可见，竺法度完全是在中土出生并成长起来的，其师昙摩耶舍亦是一位罽宾沙门，因而竺法度所继承的也应是罽宾说一起有部的佛学（详见慧皎《高僧传》卷一，第41—42页）。可见，将竺法度看作一位西域罽宾的沙门更合适。因此，即使算上竺法度，也只是进一步证明东晋及此前，来自西域的传译者是岭南地区佛经翻译的主力。
⑤ 季羡林：《再谈"浮屠"与"佛"》，原载《中华佛学学报》1992年第5期；后收入《季羡林文集》第七卷，江西教育出版社1998年版，第349—350页。
⑥ 羽溪了谛：《西域之佛教》，第6页。

及西域来华传译者的总和。因此，南朝时岭南地区的译经活动，来自印度的传译者发挥了更为重要的作用。

六朝时期，由印度和西域来华的佛经传译者中，除了高僧大德，还能看到居士的身影。"求那跋摩，此云功德铠，本刹利种。……跋摩以圣化宜广，不惮游方，先已随商人竺难提舶，欲向一小国，会值便风，遂至广州。"① 求那跋摩是南朝时最著名的佛驮跋陀罗译经僧团的主要成员之一。② 来到中土以后，求那跋摩在南林寺设立戒坛，影福寺慧果、净音等比丘尼请求那跋摩重新为她们受戒，由于可以出任三师七证的女尼人数不足，并未实现。于是再次请求竺难提的帮助，到"（元嘉）十年，舶主（竺）难提复将师子国铁萨罗等十一尼至，先达诸尼已通宋语，请僧伽跋摩于南林寺坛界"③ 重新受戒。此外，铁萨罗等并不是第一批来到中土的外国比丘尼，元嘉六年（429）的时候，有8位师子国的比丘尼已来到汉地，而这8人，也是由"外国舶主难提，从师子国载来"④ 的。从"竺"字来看，难提应是一位来自印度的商人，他拥有自己的商船，经常在师子国（今斯里兰卡）与中土之间往来贸易。他的商船除了运输货物外，还经常搭乘一些拥有传法志向的异域僧尼，将他们送往中土。这些僧尼来到以后，或译经，或说法，或传戒，进一步促进了佛教在中土的传播和发展。从竺难提的行迹不难看出，他应是一位信仰佛教的居士，而长时间在华经商，汉语能力应得到较大的提高。如此，他具备了翻译佛经最重要的两个条件——语言以及对佛经的理解，因而他能在广州开展佛经的翻译活动，并承担最核心的传译的工作。竺难提的情况与东汉灵帝末年"游贾洛阳"，并与严佛调合作翻译了《法镜经》的安息国（也有学者认为是粟特安国）商人安玄十分相似。⑤

张骞通西域以后，"驰命走驿，不绝于时月；商胡贩客，日款于塞下"⑥。徐闻、合浦、日南、广州等海上丝绸之路最重要的港口都位于岭

---

① 慧皎：《高僧传》卷三，第105—107页。
② 任继愈主编：《中国佛教史》第三卷，中国社会科学出版社1988年版，第142页。
③ （梁）宝唱著，王孺童校注：《比丘尼传校注》卷二，中华书局2006年版，第88页。
④ 宝唱：《比丘尼传校注》卷二，第88页。
⑤ 僧祐：《出三藏记集》卷一三，第511页。
⑥ 《后汉书》卷八八《西域传》，中华书局1965年版，第2931页。

南，因而六朝时期来到岭南地区的胡商也人数众多。东吴时"（士）燮兄弟，并为列郡，雄长一州，偏在万里，威尊无上。出入鸣钟磬，备具威仪，笳箫鼓吹，车骑满道。胡人夹毂、焚烧香者，常有数十"①"中国称外国人为胡人，此集中在交阯的数十名胡人，当是外国商人无疑"。②东晋法显归国时，曾"随他商人大船，上亦二百许人……东北行，趣广州"③"广州边海，旧饶，外国舶至，多为刺史所侵，每年舶至不过三数。及（萧）励至，纤豪不犯，岁十余至"。④如此众多的来华胡商中，不少都具有佛教信仰，其中有部分应于佛学有较精深的造诣。⑤而长时间在华经商，又使得他们较熟练地掌握汉语，故而具备竺难提这样条件的胡商应该还有一些。虽然史料缺载，但他们中的一些人可能和竺难提一样，独立译经，更多的人则可能参加当时各种的译经团体，协助完成佛经的翻译工作。

岭南地处中国南岸，是中国与东南亚、南亚诸国交通的海路门户。六朝时期，在岭南地区传译佛经的印度或西域高僧、居士大都经由海上丝绸之路来到中土。"基于当时（秦汉）的造船、航海技术水平，船舶在行驶中，白天只能以沿岸标志来定方位，夜间则以天体星宿作航导。同时，船体小，装载的淡水、粮食等生活必需品有限，客观上需要在一定距离内从途中的港口给以及时补给。这样，汉帝国与东南亚各地密迩的交阯湾沿岸便自然地形成徐闻—合浦—日南等中外船只往来的古老的港口。……孙吴立国，倚重水运，特别注重发展水上交通。由于当时的造船和航海比秦汉有所进步，船舶载量增大，已不必靠沿岸逐站补给生活用品，船舶性能较前精良，坚硬度提高，可冲破险阻，经深海区而过，这就有可能另辟便直的航道。因此，吴晋时期，开通了自广州起航，经海南岛东部海面，直穿西沙群岛海面而抵达东南亚各国的航线。它大大

---

① 《三国志》卷四九《士燮传》，中华书局1959年版，第1192页。
② 邓端本：《市舶使设立之前海外贸易管理》，载陈柏坚主编《广州贸易两千年》，广州文化出版社1989年版，第62页。
③ （晋）法显著，章巽校注：《法显传校注》，上海古籍出版社1985年版，第171页。
④ 《南史》卷五一《梁宗室上·萧励传》，中华书局1975年版，第1262页。
⑤ 姚潇鸫：《试论汉唐时期商人在佛教东传中土过程中的作用》，《史林》2014年第5期，第31—38页。

缩短了从广州到东南亚各地的航程，直接导致了徐闻、合浦的衰微，为广州港市的潜在优势得以发挥提供机遇。"① 六朝岭南地区的传译者既多由海上而来，航线港口的变化也直接导致了译经地点的变迁。由于交趾湾（今北部湾）沿岸的徐闻、合浦、日南等港口首先兴起，因而最初由海路来到中土的传译者大都在交州②登岸，交州自然也就成为岭南地区最早的佛经传译地。从表1可见，目前所知岭南地区最早的经译活动，就是东吴五凤二年（255）西域高僧支疆梁接在交州翻译了《法华三昧经》1部6卷。随着航海技术的发展，广州港取代了徐闻、合浦等成为海路门户，如此大量异域来华的传译者改由广州登岸，因此广州也取代交州成为岭南地区最重要的佛经传译地。从表1可见，东晋以后，有记载的佛经翻译活动都发生在广州地区。

从表1不难看出，六朝时期岭南译经，只传译1部佛经的情况特别突出，占总数的60%，造成这一现象的众多因素中，岭南所处的"海路门户"地位是其中重要的原因之一。"自秦汉修筑跨南岭南北的交运系统后，自岭南北进有两个主要方向，一是向湘江流域，即今天的湖南进军；另一条路则是越大庾岭向赣江流域，即今天的江西。"③ 沿湘江入洞庭湖或沿赣江入鄱阳湖，都可转入长江水道。顺流而下可以直抵建康。由长江入濡须水，经巢湖转入淝水，在寿春转入淮河，再入颍水——浪荡渠水道可以直抵河洛地区。或由长江入沔水（今汉水）到襄阳，由襄阳出发，不论是去关中或者河洛地区，都有多条水旱道路可走。当然，由岭南出发继续浮海而上，中国沿海各港口皆可到达。可见，六朝时期，岭南通往内地的交通还是较为便利的。而六朝时期，关中、河洛、建康等地，长时期是中土佛教的中心。因而对许多由异域来华，传法译经的高僧或居士而言，海路门户的岭南并不是他们此行的终点，历经千难万苦来到中土最南端的他们，稍作休整后，还将继续踏上北行的征程。如东

---

① 张难生、叶显恩：《海上丝绸之路与广州》，《中国社会科学》1992年第1期，第209、210页。

② 东吴黄武五年（226），孙权以交趾悬远，乃分合浦以北为广州，交趾以南为交州。因此，交州的地理范围历史上是有所变化的。本文中使用的交州（除引文外），就地理范围而言都指交广二州分开以后的情况。详见《三国志》卷四九《士燮传》，第1193页。

③ 张晓东：《六朝的漕运、地域格局与国家权力》，《史林》2010年第3期，第54—55页。

晋时在广州翻译了《差摩经》的昙摩耶舍，"至东晋义熙中（405—418），来入长安"①。又如僧伽跋陀罗于萧齐武帝永明六年（488）在广州竹林寺译《善见毗婆沙律》后就前往了建康。② 反观那些传译较多者，竺难提因商贸往来多次来到广州；真谛于萧梁中大同元年（546）到达岭南，在岭南并无译经活动而北上建康，后因由岭南渡海回国不得，"飘还广州"，才在此开展了大规模的译经活动；还有竺法眷与大乘，两人都"并未至京都"，③ 只是活动在岭南地区。综上，对岭南地区而言，不少的佛经传译者只是匆匆过客，短暂的停留时间决定了他们的译经往往仅限于1部，因而贡献有限。那些因为各种原因而主要在岭南地区活动的传译者发挥了更为重要的作用。

传译者中中土僧人只有1人，即释翔公，或作朔公，相关的记载极简略，只知其在刘宋时曾于南海郡翻译了《濡首菩萨无上清净分卫经》1部2卷。另据《历代三宝纪》《开元释教录》等，《善见毗婆沙律》是僧伽跋陀罗与一位中土僧人僧祎（或作猗）合译的。④ 但《出三藏记集》（现在所能见到关于此事最早的记载）中关于此事却有两种不同的记载。其一是收录的《善见律毗婆沙记》，"齐永明十年，岁次实沉，三月十日，禅林比丘尼净秀，闻僧伽跋陀罗法师于广州共僧祎法师译出胡本《善见毗婆沙律》一部十八卷。京师未有，渴仰欲见。僧伽跋陀罗其年五月还南，凭上写来。以十一年，岁次大梁，四月十日得律还都，顶礼执读，敬写流布"。⑤ 其二是僧祐自己编撰的《新集经论录》，"《善见毗婆沙律》十八卷，或云《毗婆沙律》，齐永明七年出。右一部，凡十八卷。齐武帝时，沙门释僧猗于广州竹林寺，请外国法师僧伽跋陀罗译出"。⑥ 虽然《善见律毗婆沙记》被称为"出律前记"，但从内容来看，显然不是译经时所作的，而是僧伽跋陀罗应禅林寺净秀尼的请求，在南归的途中，托

---

① 慧皎：《高僧传》卷一，第42页。
② 僧祐：《出三藏记集》卷一一，第419页。
③ 僧祐：《出三藏记集》卷二，第62、63页。
④ （隋）费长房：《历代三宝纪》卷一一，《大正藏》第49册，第95页中、下；智昇：《开元释教录》卷六，第535页下。
⑤ 僧祐：《出三藏记集》卷一一，第419页。
⑥ 僧祐：《出三藏记集》卷二，第63页。

人将《善见毘婆沙律》的译本由广州带到建康，僧尼"顶礼执读，敬写流布"时写的。作者为何人已无法确知，但肯定不是参与过译经活动的人。因而，僧伽跋陀罗与僧祎共译此律，只是听闻而来的。既然该记被收入《出三藏记集》，其内容僧祐一定是知道的。历代对《出三藏记集》的评价，都是推崇备至的。唐代道宣赞扬僧祐"弘护在怀，综拾遗逸，缵述经诰，不负来寄"。① 因此，在僧祐自己编撰的经录中并不认可僧祎的合译之功，认为他仅是请求僧伽跋陀罗翻译该律，这应该是经过一番考证的。故而，笔者还是采信僧祐的看法，并未将僧祎列入传译者。综上，六朝时期岭南地区的佛经传译者中，中土僧人的作用是极小的，这当然是语言限制造成的。但六朝时期，不乏像法显、宝云、智严、法勇等中土译经高僧，他们共同的特点就是都曾西行求法，在西行的过程中都深入学习梵文。如宝"云在外域，遍学梵书，天竺诸国音字诂训，悉皆备解"。因而归国后都能从事佛经的传译，甚至出现了"江左译梵，莫逾于（宝）云"② 的评价。但现存的史料中并无六朝时期岭南僧人西行求法的记载，③ 这也应是其中重要的原因。

前文述及，佛经翻译，特别是有组织的译经活动，往往需要经过多个步骤，参与人数众多，上文我们重点讨论了译经中的核心人物，即传译者，以下将关注其他参与者的情况。由于相关史料的缺乏，我们主要以梁陈之际真谛译经的情况来说明。

其一为笔受。顾名思义就是将别人口头讲说的内容用文字记录下来的人，在译经中分为胡文笔受和汉文笔受。佛经翻译时，并不是一定有胡文原本可据，有时仅是由僧人背诵出胡文佛经，此时就需要胡文笔受，将其背诵内容写成胡文文本。虽没有岭南地区的例子，可举前秦长安译经的情况。《〈大比丘戒〉序》："外国道人昙摩侍讽《阿毘昙》，于律特善。遂令凉州沙门竺佛念写其梵文，道贤为译，慧常笔受。"④ 更为重要的是汉文笔受，六朝时，佛经的翻译主要采用口译的方式，传译者往往

---

① （唐）道宣：《大唐内典录》卷一〇，《大正藏》第55册，第326页中。
② 慧皎：《高僧传》卷三，第103页。
③ 何方耀：《晋唐时期南海求法高僧群体研究》，宗教文化出版社2008年版，第68—69页。
④ 僧祐：《出三藏记集》卷一一，第412页。

先口诵胡文佛经，然后直接口译为汉语，此时就需要由汉文笔受将其口译经文的内容记录下来。如东吴时来到交州的西域沙门支彊梁接，在翻译《法华三昧经》时，就由沙门竺道馨任笔受。① 又如真谛于陈天嘉四年（563）、光大二年（568）在广州制旨寺分别翻译了《摄大乘论》与《律二十二明了论》，当时担任笔受的都是沙门慧恺。② 除慧恺外，真谛在岭南译经时，经常担任笔受的还有沙门法泰、僧宗。"有天竺沙门真谛……途出岭南，为广州刺史欧阳頠固留，因欲传授，周访义侣，拟阅新文。[法]泰遂与（僧）宗、（慧）恺等不惮艰辛，远寻三藏，于广州制旨寺笔受文义，垂二十年。前后所出五十余部，并述义记"，为真谛的译经工作提供了不少的帮助。六朝岭南译经，汉文笔受主要由中土僧人出任，这当然与汉语的熟练程度有关。而法泰、僧宗、慧恺三人前往岭南追随真谛译经前已"知名梁代，并义声高邈，宗匠当时"，皆以义解（即通过对经、律、论的注疏来解释佛教精深的义理）而闻名当世，都有相当的佛学造诣。可见，当时汉文笔受者的选择也应有较高的标准。

其二为檀越。如"刺史欧阳穆公頠，延住制旨寺，请翻新文。（真）谛顾此业缘，西还无措，乃对沙门慧恺等，翻《广义法门经》及《唯识论》等。后穆公薨没，世子纥重为檀越，开传经论"。③ 世子单名纥，从"重"字可见，欧阳頠父子都曾为真谛译经时的檀越。檀越就是施主。"盖古人之译经也，译出其文，即随讲其义"，汉末魏初安世高译经时已采用这种方式。④ 因而佛经翻译时总有一定人数的僧众参与其间。如果是大规模的译经活动，如真谛在广州，"翻译时，译讲同施，中土道俗得聆此方未闻之妙谛，故参预译场者恒数百人至数千人"。⑤ 因此，译经的顺利开展一定少不了各种支持，尤其是经济上的，如果规模巨大，还需要一些政治上的支持。即使不考虑人数，就是翻译必需的纸张，在六朝时也还是精贵的东西，因而檀越——译经活动的资助者——实是译经活动

---

① 智昇：《开元释教录》卷二，第491页中。
② 智昇：《开元释教录》卷七，第545页中、下。
③ 道宣：《续高僧传》卷一，第23页。
④ 汤用彤：《汉魏两晋南北朝佛教史》，北京大学出版社1997年版，第208、43—44页。
⑤ 曹仕邦：《论中国佛经译场之译经方式与程序》，载张曼涛主编《现代佛教学术丛刊》第38册《佛典翻译史论》，（台北）大乘文化出版社1978年版，第195页。

必不可少的。

六朝时期，岭南译经活动中的檀越大致可分为两类：一是中土僧侣。按佛教用语，檀越一般指在家信众，此处将中土僧人归为檀越似有不妥，但必须考虑译经的特殊性。六朝岭南的译经主要还是由异域来华的高僧或居士完成，中土佛教与印度佛教又有一个巨大的不同，就是寺院经济的兴盛，不少寺院自身就拥有较强的经济实力。如此，一些中土僧侣就可以提供一定的物质保障，邀请来华的高僧或居士开展译经活动。如上文提到过萧齐武帝时，请西域沙门僧伽跋陀罗译《善见毘婆沙律》的广州竹林寺沙门释僧祎。又如萧齐建元三年（481）在广州朝亭寺请中天竺沙门昙摩伽陀耶舍译《无量义经》的武当山比丘慧表。① 因此，中土僧侣是六朝岭南译经活动中一类特殊的檀越。二是在职官员。如前述广州刺史欧阳頠及其子欧阳纥（其父欧阳頠去世后继任广州刺史）。真谛与鸠摩罗什、玄奘、义净并称，"始梁武之末。至陈宣即位，凡二十三载，所出经论记传六十四部，合二百七十八卷"。② 虽然在江州等地，真谛也有翻译活动，但其一生主要的译经活动还是在广州的8年时间内完成的，而且真谛之所以留在广州译经，也是"广州刺史欧阳頠固留"的。如此长的时间，如此大规模的译经，肯定少不了各方面的支持，既有政治上的也有经济上的。因而由前后两任的广州刺史——广州刺史的治所当然在广州，是地方最高长官——出任檀越当然是最为合适的人选。正是由于父子两人的持续支持，才造就了真谛辉煌的译经成就。

综上可见，在六朝时期岭南地区的译经活动中，东晋及此前以来自西域的高僧为主，此后来自印度的大德与居士才是真正的主力，大量的佛经由他们翻译为汉文。异域来华的佛经传译者大都由海上丝绸之路来到岭南，由于丝路沿线港口的变迁，最早的译经活动在交州地区展开，其后逐渐转移到广州，最终广州成为岭南译经的中心。对岭南地区而言，不少的外来传译者只是匆匆而过，较短的停留时间决定了他们的译经往往仅限于1部。那些因为各种原因而主要活动在岭南地区的传译者发挥了更为重要的作用。中土僧人的译经贡献非常小，这与六朝时期岭南地

---

① （南朝齐）刘虬：《无量义经序》，僧祐：《出三藏记集》卷九，第353页。
② 道宣：《续高僧传》卷一，第21页。

区僧人鲜有西行求法者有关。在译经活动中，除了传译者外，笔受、檀越是另外两类重要的人群。真谛在广州所取得的译经成就，首先要归功于出任檀越的广州刺史欧阳頠，正是他的"固留"，才开启译经的序幕。且前后出任檀越的欧阳頠、欧阳纥父子也为译经的顺利开展提供各方面的支持。而担任汉文笔受的法泰、僧宗、慧恺等中土僧人也在译经活动中贡献着他们的力量。

士族个案研究的问题、路径与超越

上海师范大学历史系　范兆飞

国内外学者对于中古士族阶层的研究，已经有百余年的深厚积累。从研究路径和成果来看，大体呈现出若干"二元对立"的态势：宏观叙事与个案研究、政治史脉络与社会史取向、考证分析与数量统计、婚姻仕宦等硬实力与家学门风等软实力，等等。这些因素又相互交叉和影响，构成百余年士族研究的主要特征。其中，个案研究作为研究方法使用于士族研究，肇端于1951年守屋美都雄通过太原王氏系谱的个案，研究六朝门阀士族，进而考察中古政治社会的根本属性。① 此后，个案研究成为海内外学者研究士族问题的"关键词"，甚至成为士族研究最为重要的方法和路径，国内外学人效仿者比比皆是。尤其近三十年来，随着墓志等"新出"资料的强力刺激和推动，士族个案研究更是在国内学界如虎添翼、大行其道。学人估计，几乎所有的中古大族，都已经被学人采用个案研究的方法，进行"地毯式"的"轰炸"考察，但是，针对这种研究，学人不无尖锐地批评，相当一部分研究在很大程度上是"跑马圈地""有增长无发展"的考察。② 客观而言，这种学术批评正是针对个案研究作为方法论本身所存在的弊端而有的放矢，部分学者在使用个案研究方法的

---

① ［日］守屋美都雄：《六朝門閥の一研究：太原王氏系譜考》，《法制史研究》第4卷，日本出版协同株式会社1951年版。

② 陈爽：《近20年中国大陆地区六朝士族研究概观》，《中国史学》第11期，2001年；仇鹿鸣：《士族研究中的问题与主义——以〈早期中华帝国的贵族家庭〉为中心》，《中华文史论丛》2013年第4期。

时候，没有充分意识到这种方法存在的弊端。那么，在个案研究历经半个多世纪以后，我们需要回答以下几个疑问：个案研究作为方法论，是否已经内质耗尽、穷途末路呢？如果没有，是否应该将个案研究进行到底？如果存在这种迹象，如何走出个案研究的困境，路径和基础何在？笔者拟从个案研究的视角，就士族研究的问题与可能的路径略作阐述。不当之处，敬请赐教。

一　个案研究的问题意识

个案研究由社会学经验研究生成，结合人类学和社会学的有力推动，成为近百年内人文社会科学研究中最重要的研究取向之一。① 无可否认，学人将个案研究用于考察士族门阀以后，向我们生动展示了中古时期部分大族高门的政治活动和社会形象。对于一个个家族纤毫毕现的叙述，或许只有个案研究才能提供这样的可能。守屋美都雄展开的太原王氏研究，毛汉光进行的琅琊王氏研究，伊沛霞（Patricia Ebrey）开展的博陵崔氏研究，姜士彬（David Johnson）从事的赵郡李氏研究，堪称士族个案研究的典型案例，受到学人的广泛赞誉和认可。② 究其原因，除了生动地呈现中古大族的演变轨迹之外，还在于他们试图通过个案研究的考察，洞悉中古大族高门的普遍规律和一般特征，甚至总结和概括中古政治社会的基本底色。由此，一个比较优秀的个案研究，需要具备两个必要条件：(1)"聚焦镜"功能：精细的个案考察；(2)"望远镜"功能：宏阔的问题意识。

这样的评价标准，可以简单体现为"主标题＋副标题"的命名方式：其中一个是个案的名字或研究内容，另一个则是宏阔的问题关怀。例如

---

① 卢晖临、李雪：《如何走出个案——从个案研究到扩展个案研究》，《中国社会科学》2007 年第 1 期，第 118—130 页。
② [美] 伊沛霞：《早期中华帝国的贵族家庭——博陵崔氏个案研究》，范兆飞译，上海古籍出版社 2011 年版；[美] 姜士彬：《一个大姓的末年——唐末宋初的赵郡李氏》，范兆飞编译：《名门：西方学者中国中古贵族制论集》，生活·读书·新知三联书店 2018 年版（待出）。在英文世界比较重要的书评论文，例如 Robert M. Somers, "The Society of Early Imperial China: Three Recent Studies", *The Journal of Asian Studies*, Vol. 38, No. 1, 1978, pp. 127 – 142. Michael Dalby, *Harvard Journal of Asiatic Studies*, Vol. 40, No. 1, 1980, pp. 249 – 263。

伊沛霞从事的博陵崔氏个案研究，还有一个主标题是"早期中华帝国的贵族家庭"；姜士彬展开的个案研究，主标题是"世家大族的末年"，副标题是"唐末宋初赵郡李氏研究"；仇鹿鸣展开的渤海高氏和南阳张氏个案研究，分别有一个主标题是"攀附先世与伪冒士族"和"制造郡望"；① 再如笔者近年从郡望和谱系等角度展开的个案考察，也是搭配这样的主、副标题；② 等等。笔者新译的姜士彬著作《中古中国的寡头政治》（*The Medieval Chinese Oliagarchy*），原型是其博士论文，也有副标题"大家族的社会、政治和组织结构之个案研究"（A Study of The Great Families in Their Social, Political and Institutional Setting）。其实，这种方式源于开创士族个案研究传统的学者，甚至源于作为方法论的个案研究模式。③ 守屋美都雄关于太原王氏的著作，主标题是"六朝门阀个案研究"，副标题则是"太原王氏系谱考"。其实，这些主标题或副标题的设置，往往是意味深长的，至少彰显出他们试图走出个案研究的学术气象。不仅如此，有机结合个案研究与宏阔的学术视野者，例如田余庆对于东晋门阀政治的研究，提纲挈领地将琅琊王氏、颍川庾氏、谯国桓氏、陈郡谢氏和太原王氏等融汇于东晋政治史演进的脉络之中，④ 又如陈爽结合范阳卢氏、太原王氏、荥阳郑氏和关东诸豪四个个案研究，结合考察世家大族与北朝政治社会的互动关系。⑤ 简言之，上述学者从事的士族个案研究，所关注的问题意识有两个路径：社会学路径和政治史路径。两种路径各有千秋，各有短长，但都有一个共同的特点：关注相对宏大的历史场景。

因此，有无鲜明乃至宏大的问题意识，或可成为衡量士族个案研究

---

① 仇鹿鸣：《"攀附先世"与"伪冒士籍"——以渤海高氏为中心的研究》，《历史研究》2008年第2期，第60—74页；《制作郡望——南阳张氏的形成》，《历史研究》2016年第3期，第21—39页。

② 范兆飞：《中古郡望的成立与崩溃——以太原王氏的谱系塑造为中心》，《厦门大学学报》2013年第5期；《中古士族谱系的虚实——以太原郭氏的祖先构建为例》，《中国史研究》2017年第4期。

③ 卢晖临、李雪：《如何走出个案——从个案研究到扩展个案研究》，《中国社会科学》2007年第1期，第119页。

④ 田余庆：《东晋门阀政治》，北京大学出版社2005年版。

⑤ 陈爽：《世家大族与北朝政治》，中国社会科学出版社1998年版。

优劣的重要标尺。应该指出，相当一部分国内学人使用个案研究的方法考察中古士族门阀，并非国内学术自然生长的产物。如果说政治史取径的个案研究是国内史学传统的话，那么社会史取径的个案研究则是西学东渐的产物，我们同样需要指出，国内大部分学人从事个案研究的路径选择，都是"西风压倒东风"，即简单效仿日本和欧美学人（如守屋美都雄、伊沛霞等）研究士族个案的"舶来品"，在此过程中多少有些"形似而神不似"。所谓"形似"，就是采用社会学的数量统计方法，简单排列士族谱系，统计婚姻仕宦，勾勒家学门风，借此观察该家族政治社会地位的升降浮沉；所谓"神不似"，就是缺乏鲜明的问题意识，缺乏宏大的学术关怀。学人批评若干士族个案研究的弊端，正是集矢问题意识的普遍缺位。这是问题的一个面向。另一方面，我们必须指出，在精密入微的个案研究与宏阔深邃的问题意识之间，即便从最简单的逻辑关系而言，也很难建立起充分必要的关联。任何一个中古时期的大族与整个大族群体之间，都是特殊与一般的逻辑关系。学人从事的个案研究，如欲提炼更为宏大和普遍的结论，正是从个别到一般的归纳推理，这种推导思维无疑隐藏着很多危险。职是之故，几乎所有从事个案研究的学者（包括笔者的士族研究），在研究之初都会无一例外地声称，他们所进行的研究对象是典型的（typical）和代表性的。原因不言而喻，只有典型的家族，才有更大的可能蕴涵着普遍的一般性规律，才能从个案的解剖上升到普遍性的概括。但是，我们一定产生这样的疑问：具备什么特征的家族，才是典型的？拥有政治权力的，抑或社会地位崇高的？如果说琅琊王氏和太原王氏是典型的，那么东海王氏和中山王氏就不是典型的吗？抑或琅琊颜氏和太原郭氏就不是典型的吗？

其实，中古士族个案研究的展开，与宋元以降的精英家族研究最大的不同之处，就是所据文献史料多寡丰蹇的根本性差异。基本史料的遗存情况是关键性因素。中古时期的一流高门和名门望族，我们完全没有条件可以逐一进行个案研究。伊沛霞在20世纪70年代选择博陵崔氏作为个案研究的对象，原因之一正是伊氏于1971—1972年在"中央研究院"访问时发现尚未公布的42份博陵崔氏的墓志。可以说，新资料的使用，是伊氏当时研究的亮点之一，也直接影响20世纪80年代以降学人研究士族的资料使用。与此同时，近三十年来，大量中古时期的墓志、造像记等石刻资料得以刊布，因此，学人完全有条件从事更多地域、更多层次的士族个案研究的考察，在某种程度上，这些研究的积累的确会扩充和丰富我们对于中古士族乃至政治社会的认知。既然如此，类似的个案研究，为什么还会受到学人较为激烈和尖锐的学术批评呢？究其原因，正是因为研究中问题意识的普遍缺乏，从而使个案研究迷失在简单统计婚宦的航道之中，失去明确的问题指向和学术目标。明乎此，我们就有必要提醒从事个案研究的学人，在考察过程中需要强化问题意识，大致分为两个层面：一种是指向宏大叙事的问题意识，诸如贵族制论、历史分期、政治社会性质等宏大场景。换言之，学人要培养和具备从个案到综合、从特殊到一般归纳中古士族社会性质和规律的学术自觉。例如，守屋美都雄就通过太原王氏的研究，回应内藤湖南的唐宋变革论；另一种则是家族本身的问题导向，诸如谱系虚实、郡望重构、身份认同、家学礼法、历史变化等个案研究自身应该囊括的深层次话题和重要特征，例如，伊沛霞追踪汉唐时期博陵崔氏的变化，揭示在汉代、北魏和唐代完全相同的术语——博陵崔氏——却发生着相当客观的和几乎持续的变化。① 这样的结论虽微观特殊却典型深刻，几乎适用中古时期所有的一流高门。② 情况虽未必如此，至少代表相当一部分士族门阀在北朝隋唐所发生的历时性变化。

二 个案研究如何超越

个案研究固然存在着一些问题，但作为一种方法论，显然不宜因噎废食，遽然抛弃，兼以近年新出墓志资料的大量涌现，围绕单个抑或家族群体的墓志资料层出不穷。在这种情况下，如何整合大量墓志资料，如何进行有效的个案研究，进而实现个案研究的内在超越，深化我们对中古家族形态和政治社会的认知。个案研究的超

---

① ［美］伊沛霞：《早期中华帝国的贵族家庭——博陵崔氏个案研究》，范兆飞译，上海古籍出版社2011年版，第116页。
② Dušanka Dušana Miščević, "Oligarchy or Social Mobility? A Study of the Great Clans in Early Medieval China", *The Museum of Far Eastern Antiquities*, Vol. 65, 1993, pp. 5–256.

越之路，莫过于强化问题意识，至于具体做法，概括而言，需要注意以下三点。

一是开拓文本的史料价值。近年新出墓志的涌现，成为助推士族研究的重要动力。在一般情况下，学者较多重视志主的婚姻、仕宦、墓葬地等可以和史传互相补充和印证的实证性材料，而对其中文采斑斓的铭记或奇思妙想的首叙熟视无睹，甚或对志文以外的材料都漠然置之。陈爽通过对读墓志与图录，竟然在中古墓志的首叙、志尾和碑阴等部分发现了"久已失传"的士族谱牒。① 因此，对于墓志资料的解读，要从粗放式的经营转为集约化，精耕细作。一方面，就单个墓志而言，墓志的志题、铭文等文字资料，以及图录形式、行文平阙、墓志方位、墓葬壁画等非文字资料，应该引起学人的广泛关注。另一方面，围绕一个家族，存在数量不等的墓志，以太原王氏而论，现在大致有560份。② 如何整理、综合研究数百份墓志集群，也成为学者突破个案研究的必要条件。不仅如此，墓志等石刻文献中充满虚夸看似无益的文字材料，也有可能实现"无用之用"的功能。以墓志中关于志主谱系的追溯材料为例。中古墓志的祖先记忆，大致分为三个时段：上古祖先、汉魏祖先和近世祖先，③ 以前，部分学者大致认为上古祖先和秦汉祖先荒诞不经，视为盲目的攀附。实际上，笔者发现，这些看似伪冒的谱系资料，不应一概摒弃，其中也隐含着丰富的历史内容。这些谱系材料应该和首叙志尾的谱系资料一起，成为士族谱牒的重要构成。④ 与此同时，中古大族谱系知识自上而下的世俗化过程，以及中古郡望意义的弱化，都与隋唐帝国权威重建背景下的城市化、中央化等进程息息相关。与此前学者多是利用墓志和史传勾连谱系、考证真伪所不同者，仇鹿鸣亦充分发掘关于谱系记载的

---

① 陈爽：《出土墓志所见中古谱牒研究》，学林出版社2015年版。关于陈著的书评论文，参见范兆飞《士族谱牒的构造及与碑志关系拾遗——从〈出土墓志所见中古谱牒研究〉谈起》，《唐研究》2016年第22卷，第447—477页。
② 和庆锋：《隋唐太原王氏的变迁与影响》，博士学位论文，上海师范大学，2013年。
③ 范兆飞：《中古郡望的成立与崩溃——以太原王氏的谱系塑造为中心》，《中古太原士族群体研究》，中华书局2014年版，第254—274页；《昨土命氏：汉魏士族形成史论》，《复旦学报》2016年第3期。
④ 范兆飞：《士族谱牒的构造及与碑志关系拾遗——从〈出土墓志所见中古谱牒研究〉谈起》，《唐研究》2016年第22卷，第447—477页。

政治背景和社会动因，对南阳张氏"虚拟郡望"的构建过程进行详细勾勒。① 谱系和郡望互为唇齿，是中古士族社会得以成立的标志性条件。谱系应该成为士族研究的重要方面。如果说此前学者强调史传和墓志资料中有形文字的重要作用，强调士族人物的谱系排列和文本正缪，那么，这些文本中的"虚构"内容及其形成过程，折射出怎样的政治社会内容，显然都应统筹纳入考虑的范围。如此，在士族谱系研究方面，或许能够建立更为立体鲜活的谱系景观。

二是重视士族的地域性背景。史睿曾经比较南北朝士族婚姻礼法的不同，认为南方家族规模较小，子女地位以父系血缘为准，家族多依靠个人才能而建功立业；北方家族规模较大，子女地位多依靠母族和妻族的门户来决定，婚姻关系成为北方士族进入仕途的重要条件。② 在个案研究似乎逐渐"穷尽"的情况下，有必要积极整合个案研究的成果，扩展个案研究的"宽度"和"广度"。唐人柳芳《氏族论》云：

> 过江则为"侨姓"，王、谢、袁、萧为大；东南则为"吴姓"，朱、张、顾、陆为大；山东则为"郡姓"，王、崔、卢、李、郑为大；关中亦号"郡姓"，韦、裴、柳、薛、杨、杜首之；代北则为"虏姓"，元、长孙、宇文、于、陆、源、窦首之。③

我们认为，是不是应该在同乡范围内，考察某一州郡不同家族之间的关系，考察某一家族为中心的交游网络，复原不同州郡之间家族形态的异同和升降，诸如此类。在此基础上，我们庶几可以洞悉和验证柳芳《氏族论》所论五大区域代表性士族——吴姓、侨姓、郡姓和虏姓——的根本性差异及其影响。与此同时，我们还可将研究触角向下延伸，尝试分析柳芳所谓一流高门与地方大族乃至移民家族的冲突、矛盾以及融合的相关问题，从而丰富地域社会史的研究内容。不仅如此，我们还可在

---

① 仇鹿鸣：《制造郡望：中古南阳张氏的成立》，《历史研究》2016 年第 3 期，第 21—39 页。
② 史睿：《南北朝士族婚姻礼法的比较研究》，《唐研究》2007 年第 13 期，第 177—202 页。
③ 《新唐书》卷一九九《柳冲传》，中华书局 1975 年版，第 5677—5678 页。

旧话题中阐发新意义。例如，学人曾对敦煌发现的《天下姓望氏族谱》进行集中考察，聚焦于写本的真伪、缀合、谱系以及生成环境，对于氏族谱所载姓望的具体内容则措意不足。应该说，近年来新出石刻资料的大量出版，使这种以州郡为地理单元的地域性家族群体的考察成为可能。至少我们可以清楚地知道，敦煌氏族谱所载姓望在当时文献中的活跃度。杜希德（Denis C. Twitchett）曾就唐代氏族谱提出大胆的设想，"在唐初真正通过科举入仕的社会流动新因子，却是一大群声望相对不太显赫的地方士族。他们藉科举之途加速其晋身高位，以前这些高位，或多或少是受高门大族垄断的"。① 杜氏之说如能成立，无疑对学人关于科举制与隋唐社会流动的关系有全新的认识。当然，这个假说和推测有待史料进一步的验证和判明。因此，从士族能够立足的地域社会和乡里背景出发，我们可从柳芳和杜希德所论的不同层面，对于不同地域、不同层级的地方大族进行更为缜密的横向考察和纵向分析，在此基础上进行整合比较，甚至有必要破除"断代史"研究的森严壁垒，充分吸收其他时段的研究成果，与其他历史时期尤其是宋史学者——例如黄宽重、柳立言等人关于宋代明州家族的研究——关于精英家族的"地方化"，以及明清史学者——如弗里德曼、钱杭、常建华等人——关于中国近世宗族的研究进行纵向比较和整合考察。

三是回应已有的士族理论。国内外学者对于士族研究素有积累，其间形成不少有影响力的推测、假说和理论。内藤湖南的六朝贵族制论是日本中古史研究的重要基石。日本和欧美学人对于士族个案的研究，落脚点多数都是在检验、修正抑或批评贵族制理论。艾伯华（Wolfram Eberhard）亦提出著名的"城乡双家形态说"，是指任何一个精英家族都有两窟：城市之家（city-home）与乡村之家（country-home），前者是文化支柱和政治支柱，后者是经济支柱，为前者提供强大的经济支撑；两支互为形援，互为支持，构成艾氏士绅社会（Gentry Society）理论的重要

---

① Denis C. Twitchett, "The Composition of the T'ang Ruling Class: New Evidence from Tunhuang", *Perspectives on the T'ang*, ed. Arthur F. Wright and Denis C. Twitchett, New Haven, Conn., 1973. 中译文参见［英］杜希德《唐代统治阶层的构成——敦煌发现的新证据》，何冠环译，收于范兆飞编译《名门：西方学者中国中古贵族制论集》，生活·读书·新知三联书店 2018 年版（待出）。

根据,也是士绅精英持续拥有政治权力和社会声望的重要源头。① 其实,所谓的"乡村之家",主张经济史观的学者多视为"经济基础",多从庄园制、佃户赋税和土地问题等方面入手讨论,实际上,若换一个更准确的术语,就是"地方基础"或"乡里基础"。中古前后期士族的差异,源于地方基础的抽空,跨有城乡的士族形态,逐渐从"双家形态"向"城市化"过渡,转变成寄生于城市和国家机器的普通官僚。另外,谷川道雄揭橥"豪族共同体"理论,其中译本引介到国内后,鲜有回应和讨论。② 其实,陈寅恪、钱穆等先生强调士族的礼法门风等精神层面的因素,学人在考察婚姻仕宦等硬性指标之外的家学、门风等"软实力"方面,契合谷川氏强调士族义行、善举等道德因素对治理宗族、整合社会的积极作用。最后,中国史其他时段累积的理论体系,也可适当选择,为我所用。我们以士族谱牒的研究为例。姜士彬曾经利用西方人类学和社会学研究的成果,尤其回应弗里德曼等人关于中国明清时期宗族问题的相关讨论,姜士彬指出,"如果没有义田,没有家庙,大型继嗣集团甚至在坟茔旁边没有任何发展完善的聚集活动,实际上,我们就可以确定,中古中国不存在弗里德曼所谓意义上的宗族"。姜氏在此基础上,宋代以降的宗族以祠堂和公产为纽带,中古士族凝结起来的标志就是谱牒,而中古谱牒最重要的特征就是"不包括所有的亲族成员,大概只收录那些担任官职的成员"。③ 又如,仇鹿鸣灵活借用顾颉刚研究上古史的层累理论,极富新意地指出中古时期渤海高氏的祖先记忆呈现出"层累构成"的特征。④ 可以想象,学人关于先秦贵族、汉代豪族、宋代士人等问题的基本讨论以及其他相关度较高的讨论,都可作为"他山之玉",丰富研究士族的视角、理论和方法。

---

① Wolfram Eberhard, *Conquerors and Rulers: Social Forces in Medieval China*, rev. ed. Leiden: E. J. Brill, 1952, p. 13. [美]艾伯华:《征服者与统治者:中世纪中国的各种社会力量》,荷兰博睿学术出版社1952年版。关于这个学说的影响,参见范兆飞《北美士族研究传统的演变:以姜士彬和伊沛霞研究的异同为线索》,《文史哲》2017年第3期。

② 李济沧:《论谷川道雄的中国史研究》,《中国史研究》2005年第2期。

③ [美]姜士彬:《中古中国的寡头政治》,范兆飞译,中西书局2016年版,第130、157页。

④ 仇鹿鸣:《"攀附先世"与"伪冒士籍"——以渤海高氏为中心的研究》,《历史研究》2008年第2期。

总体言之，个案研究不仅包括单个士族的研究，还包括士族群体的比较研究。个案研究当然对应着不同程度的特殊性，但也不乏涵括普遍性的可能。作为方法论的个案研究，并未完全过时。但与此同时，我们需要具备充分的学术自觉，援引人类学和社会学方法，抽绎个案研究的精华，就士族作为家族或宗族本身（如谱系、郡望）进行横向剖析和纵向比较，从而概括和榨取个案研究中的应有之意和重要特征。与此同时，我们也不能画地为牢，自我封闭在个案研究的无边泥潭，而应该换位宏观场景，站在地域社会、宏大叙事和理论关怀的高度思考和观察个案，反观和验证宏大叙事，走出和超越个案，融会贯通，强化士族研究中个性与共性、特殊性与一般性的互动和互补。我们若能积累更多富有意义和问题指向的个案研究，尝试更多层面的比较研究，必然能够有力推动学人关于士族群体乃至中古政治社会的理解和认识。

附识：拙作刊于《中国史研究动态》2017年第1期，因组稿和版面要求，有所删减，兹补充若干注释和内容，收入本论文集，望以此为定本，不妥之处，敬希谅解。

论东晋咸康土断

湖北大学历史文化学院　张　敏
华中师范大学历史文化学院　容　易

东晋一朝，户籍纷繁杂乱，这与当时历史环境息息相关，而影响东晋初期朝局的数次重大事件也多与户籍有关。自永嘉以来，北民南迁，大批流民涌入南境可谓是东晋时期的一大特色，东晋政府以广泛设置侨州郡县的做法安置流民，对其进行登记、管理，任命其中大族为长官。而大规模的流民对于刚刚建立的东晋政权和诸大族而言，都蕴含着蔚为可观的利益。不同的利益集团对于流民的看法不同：政府要使其著籍，士族要使其附庸，流民帅则要求维持其独立性，不为朝廷、士族所控，因此东晋各利益集团的争夺体现在户籍方面，也就是对流民的争夺。复杂的政治集团的利益纠葛和纷繁多变的时代给以东晋政治制度深刻烙印，咸康年间的土断既是政治斗争的结果，也是对原有经济格局的一次大变动，深入分析咸康土断的背景以及其选择的措施，有助于了进一步了解东晋初年的政治格局，理解流民与流民帅、士族、皇帝和荆、扬州镇将四者之间的相互关系。

此前的史籍和学者对于东晋建立之初政治变动的情况已多有论及。如清人赵翼强调了东晋多幼主，他认为"主虽孱弱，臣尚公忠，是以国脉得以屡延"。① 吕思勉《两晋南北朝札记》（上海古籍出版社1983年版）对荆扬之争进行了分析，该书引用《宋书》卷六十六《何尚之传》

---

① （清）赵翼：《廿二史札记》，商务印书馆1987年版，第110页。

的材料云："江左以来，树根本于扬越，任推毂于荆楚。扬士自庐、蠡以北，临海而及大江；荆部则包括湘、沅，跨巫山而掩邓塞。民户境域，过半于天下。晋世幼主在世，政归辅臣，荆、扬司牧，事同二陕。"① 王仲荦也指出："就东晋、南朝整个时期的内部形势来看，荆州的镇将又往往因上游军事经济的优势，孕育野心，威逼下游。……所谓荆、扬之争——中央与方镇的矛盾，就是在这种形势下造成的。"② 此外，田余庆《东晋门阀政治》（北京大学出版社2012年版）和韩国磐《魏晋南北朝史纲》（人民出版社1983年版）对东晋初期政治斗争都做过全面而深入的研究。

关于东晋土断的研究成果十分丰硕。胡阿祥分析了土断的内容、数量及其对东晋南朝各领域的影响。③ 邱敏从纵向的角度强调了东晋南朝土断着重点的不同。④ 曹文柱则强调了土断与整顿户籍、搜括人口之关系。⑤ 吴刚认为，东晋南朝政权之所以能够在长期的土地兼并中延续二百七十多年，其重要原因即以"土断"和"开山泽之禁"为手段，有效地调整缓和了土地矛盾。⑥ 舒朋认识到了土断未被西晋统治者采用而却为东晋统治重视的原因在于当时特定的社会历史条件，并指出士族在土断方式选取上发挥的作用。⑦

通过还原历史语境，了解东晋统治者希望通过土断解决的问题和在当时的历史条件下土断方式选取的原因，能够更好地把握东晋建国初期经济变动与政治斗争之间的相互关系。咸康年间所行土断之策，并非简单地再行前朝之事，而是在中枢权力受到多重掣肘的情况下，为增强朝廷实力而进行的。本文分析了东晋初期的政治斗争对于土断的影响，探讨土断失败的原因，希望能推进我们对相关问题的认识。

---

① 《宋书》卷六六《何尚之传》，中华书局1974年版，第1739页。
② 王仲荦：《魏晋南北朝史》（上），上海人民出版社2003年版，第307页。
③ 胡阿祥：《论土断》，《南京大学学报》（哲学人文社科版）2001年第2期。
④ 邱敏：《东晋南朝土断"阶段性"特征刍议》，《南京理工大学学报》（社会科学版）2008年第5期。
⑤ 曹文柱：《关于东晋南朝时期的"土断"问题》，《北京师范大学学报》1980年第6期。
⑥ 吴刚：《论东晋南朝的"土断"和"开山泽之禁"》，《史林》1991年第1期。
⑦ 舒朋：《略论"土断"与"却籍"的成败及其原因》，《北京师院学报》（社会科学版）1986年第2期。

一 从范宁之策看咸康土断之独特性

两晋言及土断的史料不多,多见《晋书》。一条见《晋书·卫瓘传》:"瓘以魏立九品,是权时之制,非经通之道,宜复古乡举里选,一拟古制,以土断定,自公卿以下,皆以所居为正。"① 又见同书《李重传》:"谓九品既除,宜先开移徙,听相并就。且明贡举直返,不滥于境外,则冠带之伦将不分而自均,即土断之实行矣。"② 另一条为(晋书卷七)成帝在咸康七年(341)夏四月,正式诏曰:"实编户,王公以下皆正断白籍。"③ 另见《晋书·哀帝纪》兴宁二年(364)三月庚戌,"大阅户人,严法禁,称为庚戌制"。④

根据时间线索,我们可以将上述史料分为三个主要发生的时间:西晋武帝、东晋成帝、东晋哀帝。通过分析史料,似乎很容易就将土断理解为西晋至东晋沿革而来的户籍政策,实则不然。中书侍郎范宁曾向东晋孝武帝上土断之策。我们可以通过分析范宁之策,以此来看其土断思想之渊源。今录其策如下:

> 帝诏公卿牧守普议得失,宁(即范宁,下同)又陈时政曰:"古者分土割境,以益百姓之心;圣王作制,籍无黄白之别。昔中原丧乱,流寓江左,庶有旋反之期,故许其挟注本郡。自尔渐久,人安其业,丘垄坟柏,皆已成行,虽无本邦之名,而有安土之实。今宜正其封疆,以土断人户,明考课之科,修闾伍之法。难者必曰:"人各有桑梓,俗自有南北。一朝属户,长为人隶,君子则有土风之慨,小人则怀下役之虑。"⑤

由此文可见,土断含义有三:一为属户;即变侨人为土著人户,编

---

① 《晋书》卷三六《卫瓘传》,中华书局2000年版,第691页。
② 《晋书》卷四六《李重传》,第864页。
③ 《晋书》卷七《成帝纪》,第117页。
④ 《晋书》卷八《哀帝纪》,第134页。
⑤ 《晋书》卷七五《范汪附子范宁传》,第1321页。

入当地闾伍之中。二为划一户籍；即取消"许其挟注本郡"的白籍。三为"明考课之科"；即取消侨人享有的免税免役特权，与土著人户一样纳税服役。① 值得注意的是，范宁此人在桓温死后方得重用，此疏上书至少应当是桓温庚戌土断之后事。据范宁疏文可推知，范宁等人对于土断的心理概念应当是受到此前至少一次土断实践之影响而成，理由有三：其一，若无之前实践，范宁很难提出如此系统而又有条理的土断之法；其二，范宁预测了非难土断之策的人的意见，如非曾经见闻过、耳闻过，很难表述得如此清晰；其三，此疏上书晋帝后，"帝善之"，可见范宁的观点在当时绝非孤例，应当是能为时人所接受的。以常理度之，如范宁此策风险大，成果小，晋帝很难会对此意见表示赞同。

不论《卫瓘传》抑或《李重传》，其上土断之策的缘由皆在于"复古乡举里选"，通过土断的实施，而达到"明贡举直返，不滥于境外，则冠带之伦将不分而自均"的目的，与范宁所推荐的"明考课之科，修闾伍之法"此类注重纳税服役之目的土断相去甚远。更为关键的是，卫瓘土断策虽"武帝善之，而卒不能改"，② 所以范宁的土断概念应当不是受到西晋武帝卫瓘土断之策的影响。次叙东晋成帝：东晋成帝曾实施两次土断，我们以咸康七年（341）夏四月诏为例，诏曰："实编户，王公以下皆正断白籍。""实编户"即意为充实编户体系，"正断白籍"即意为"皆以所居为正，无复悬客远属他土者"，去白籍而入黄籍，与"实编户"可以互相印证。可以清晰地看到"实编户""正断白籍"正与"修闾伍之法""明考课之科"相对应。如此严密的对应关系，绝非是一种巧合，足以说明东晋成帝所颁布的土断措施，正是影响范宁等人心中所想的土断概念的初始。

此时又产生另一个问题，如前文所述，东晋成帝是以注重纳税服役之目的的土断，卫瓘和李重则是提出了注重选官的土断之策。这二者间可以说除了土断方式（以土断定）相似以外，其余皆不相同。那是什么造成了西晋、东晋土断之策的巨大鸿沟呢？是什么历史因素，影响了成

---

① 万绳楠：《论黄白籍、土断及其有关问题》，载《中国魏晋南北朝史学会成立大会暨首届学术讨论会议文集》，1984 年。

② 《晋书》卷三六《卫瓘传》，第 691 页。

帝土断措施的选择与实施，这是后文需要解决的问题。

二 流民兴衰与土断需求

咸康七年（341年）诏曰："实编户，王公以下皆正断白籍。"只有国家编户不足，才会有去"实编户"的需要。晋成帝缘何会遭遇编户不足的困境，要想解答这个问题，应当自东晋初建，流民南迁的时局中找寻答案。

永嘉年间，"晋自元康之后，政乱朝昏，祸难荐兴，艰虞孔炽，遂使奸凶放命，戎狄交侵，函复沸腾，苍生涂炭，干戈日用，战争方兴"。① 西晋末年，"八王之乱"尚未完全止息，五胡又崛起，逐鹿中原，内外战祸连绵不绝。此时全国特别是北方出现空前大旱，长江、汉、黄、洛水都一度断流。大旱过后，北方幽、并、司、冀、秦、雍六州更是爆发严重蝗灾，"食草木、牛马毛，皆尽"，② 中原民不聊生。大多数人在北方的故乡已无法生存，中原人口向各个方向避难迁徙。晋宗室琅琊王司马睿都督扬州诸军事，出镇建业，加之南方相对安定，因此流向江淮难民数量为最多。自永嘉五年（311）后，晋朝的宗室贵族、文武大臣、北方的世家豪族都以建康及周边地区为主要迁移目标，难民更是在迁移的过程中大多以原籍或宗族为单位，或依附于原籍的强宗大族、地方官员，集体行动从而形成南迁浪潮。

以常理度之，流民南迁，无疑会增加南方人口，国家所掌握的编户数量也就水涨船高。然东晋举措失宜，失去了将流民纳为编户的良好时机。其一，黄、白籍分立。江左普遍设置侨州郡县以居流民。起初，认为他们不久就可以返回北方，"故许其挟注本郡"。③ 即在户籍上夹注原来北方的籍贯，从而产生了"白籍"。户籍因而有了黄白之别。黄籍为土著居民所持，白籍为北方来的士、庶所持。凡持白籍，因被认为是暂时侨居南方，故不编入侨居地阊伍之中，不须向国家缴税服役。

---

① 《晋书》卷八九《忠义序》，第1533页。
② 《晋书》卷五《孝怀帝纪》，第76页。
③ 《晋书》卷七五《范宁传》，第1321页。

其二，优容士族。西晋制占田之法，自一品至九品可以荫庇佃客十五户到一户不等，荫庇衣食客三人至一人。大多南下流民既无经济基础，又无熟人相知，南渡之后为了寻求庇护，获得长久安身之所，部分流民涌入宗主、大族之门，成为佃户或私荫户。据《南齐书》卷一四《州郡志》（上）"南兖州"条，晋元帝时，"百姓遭难，流移此境。流民多庇大姓以为客"。①

其三，坐视强藩出现。东晋初建，元、明帝时，于内，朝局尚不稳定；于外，更有强敌环伺，而东晋的兵力却是十分匮乏。除了王敦、陶侃、祖约等强藩外，东晋军既寡弱，又无粮廪。《晋书》卷七八《丁潭传》："今之兵士或私有役使，而营阵不充。"②《晋书》卷七〇《刘超传》也讲道："时军校无兵"。③ 中枢如此羸弱，而荆州却"楼船万计，兵倍王室，处其利而无其心者，周公其人也"。④

东晋士族尾大不掉，中央可以调动的力量就有所不足。元帝举措失宜更使流民就此分为三部分：手持白籍，无须纳税的流民；成为士族奴客的流民；滞留淮河、襄阳一线的流民帅。这也极大地削弱了东晋应对紧急情况的能力，限制了东晋实力的增强，减少了国家所控制的编户的数量。土地和编户齐民是中国古代重要的经济资源和实力基础，治下控制的人口多寡决定了赋税和兵丁的多少，东晋也不外乎如是。国家要殷实，人民要富足，天下要太平，追根究底在于政府能否掌握人民。三国时徐干即论道："追及乱君之为政也，户口漏于国版，夫家脱于联伍，避役者有之，弃捐者有之，浮食者有之。于是奸心竞生，伪端并作矣。小则盗窃，大则攻劫，严刑峻法不能救也。"⑤ 他认为一切乱政即在不能掌握户口。休说从国家稳固角度而言编户地位重要，从当时时局来看，增

---

① （梁）萧子显：《南齐书》卷一四《州郡志》，中华书局2000年版，第173页。
② 《晋书》卷七八《丁潭传》，第1373页。
③ 《晋书》卷七〇《刘超传》，第1245页。按：此为王敦之乱后不久，可见王敦之乱前后，兵员都较为匮乏，这应当是个长期现象。关于东晋兵制问题，本文采纳高敏观点，即东晋兵制乃是一种世兵制，民、兵分离，兵士另立户籍，世代相袭为兵。见高敏《两晋时期兵户制考略》，《历史研究》1992年第6期。
④ 《晋书》卷六《明帝纪》，第105页。
⑤ （汉）徐干撰，龚祖培点校：《中论·民数篇》，辽宁教育出版社2011年版，第47—48页。

加国家编户也是迫在眉睫之事。

渡江之后，几乎是孑身一人的晋元帝处于南北士族的夹缝之中，士族力量之强大以及王氏兄弟在中央和上游方镇的实力膨胀是他所不愿意看到的；特别是王敦居上游之利，即便晋帝也不得不正视。元帝不甘心主弱臣强，任人摆布，于是一方面任用刘隗、刁协、宋典等为亲信，另一方面即是兴发受士族荫庇的流民为兵。

在这样的形势之下，元帝在大兴四年（321）时，"诏以流民失籍，使条名上有司，为给客制度"。① 其用意在于使流民有名可考，使国家在一定程度上可以掌握这些流民。流民既已著籍，东晋朝廷征发他们就有了根据。同年，元帝发布"免中州良人遭难为扬州诸郡僮客者，以备征役"② 的诏令。晋元帝在同一年之内针对私家僮客紧急实行给客制度和发奴客为兵二事正是为了"外以讨胡，实御敦也"③。大兴四年（321）七月，元帝任命尚书仆射戴若思"为征西将军、都督兖豫幽冀雍并六州诸军事、假节，加散骑常侍。发投刺王官千人为军吏，调扬州百姓家奴万人为兵配之"……④但晋元帝发扬州奴为兵对于荆州镇将王敦而言实是再好不过的口实，刘隗、戴若思二人刚刚被任命不久，王敦即发檄讨伐。由于晋元帝发奴客为兵的政策削弱了扬州大族荫占僮隶的特权，特别是江南土著士族损失巨大，所以王敦的檄文一发，立即得到这些人的响应。四月，王敦大军直指京师，兵临石头，而吴姓豪族周玘弟周札开门迎敌，"故王师败绩"。⑤

朝廷企图通过发奴客为兵来抵御王敦的政策失败，故而当王敦第二次南下时，就不得不采用其他的办法抵御王敦兵锋了。屯驻在江淮之间的流民帅多数曾有在北方抗胡的历史，他们所统帅的武装力量长期跟随，多少具有私兵的性质。对于这样一支流民力量，东晋朝廷不得不重视他们，又不敢放心大胆地使用他们，朝廷担心这些势力过江之后给江左政权带来新的威胁。其势大者如祖逖受命豫州刺史，活动于淮北；苏峻历

---

① 见《南齐书》卷一四《州郡志》（上）"南兖州"条，第173页。
② 《晋书》卷六《元帝纪》，第98页。
③ 《晋书》卷九八《王敦传》，第1708页。
④ 《晋书》卷六九《戴若思传》，第1227页。
⑤ 《晋书》卷五八《周处传附子周札传》，第1043页。

任淮陵内史、兰陵相；蔡豹以为临淮太守、徐州刺史；褚翜出为奋威将军、淮南内史；邵续、刘遐等等皆为流民帅，但不论是谁都主要活动在淮河一带，不得渡过长江，更不可能进入东晋政局核心。就流民帅本身而言，他们虽欲攀附东晋政权，以便在新的空间里得到进一步发展，但又不愿意过多地受东晋政府节制。尽管互不信任，互相算计，可是当面对王敦第二次举兵威胁时，东晋朝廷不得不放弃以前发奴为兵的老办法，转而信任、利用流民帅的武装力量。

太宁元年（323）八月间，郗鉴就与明帝密谋讨伐王敦，翌年七月，王敦所遣王含、钱凤之兵临建康，过了十五日即有苏峻、刘遐等流民帅之兵迅援建康，扭转了局势，乱事悉平。但当流民帅快速平定王敦之乱却使东晋朝廷"大震"。王敦之乱平后，中央即着手限制流民帅，最典型的例子即是苏峻。苏峻得历阳内史职，控建康上游门户，骄溢自负，颇有异志。庾亮鉴于苏峻"拥兵近甸，为逋逃薮"①而生疑窦，数次内征苏峻令其至建康任职，而"峻素疑亮欲害己"，由于庾亮对流民帅苏峻处置失宜，引发苏峻和驻防寿春的祖约起兵叛乱。此外，刘遐死后，部众亦叛，后为晋廷平之。②而流民帅郭默也在平定苏峻、祖约之乱后被陶侃擒杀。③除京口郗鉴和内辅京师而成宿卫的之外，其余这些一度进入东晋政治领域的几个重要的流民帅都被消灭了。流民帅所隐含的威胁虽暂时消除，但是这一连串政治事件所带来的后果即是成帝已无法再利用现成的流民帅力量来抵御长江中上游的强藩。

自永昌元年（322）开始的王敦叛乱，直到太宁二年（324）才平息，在这种背景下，流民向南迁移的潮流已有所削减。太宁三年（325），后赵军又接连向晋发动攻势，司、豫、徐、兖四州尽数沦陷，④晋朝的北界退至淮河一线。咸和元年（326），后赵继续南侵，先后攻汝南、寿春、阜

---

① 《世说新语·假谲》"陶公自上流来"条注引《晋阳秋》。转引自田余庆《东晋门阀政治》，北京大学出版社1999年版，第112页。

② 见《晋书》卷八一《刘遐传》，第1419页。"遐妹夫田防及遐故将史迭、卞咸、李龙等不乐他属，共立肇，袭据故位以叛。成帝遣郭默等率诸郡讨之。"

③ 见《晋书》卷六三《郭默传》，第1135—1136页。"侃闻之……即日率众讨默，上疏陈默罪恶。……即斩（郭默）于军门，同党死者四十人，传首京师。"

④ 见《资治通鉴》卷九三《晋纪》"太宁三年"条。（宋）司马光：《资治通鉴》卷九十三《晋纪》，中华书局1976年版，第2936页。

陵等地。次年，又有苏峻、祖约之乱，这导致京邑丘墟，民怨沸腾。咸和三年（328），苏峻由历阳渡江，攻入建康。而后赵军又渡淮攻寿春。四年（329），苏峻之乱才平息。从永昌元年至咸和年间，东晋不断处于内忧外患之中，政治动荡不安。大有王敦之乱和苏峻、祖约之乱，小有刘遐部属和郭默之乱，更受到后赵兵锋所向。与南方局势相比，北方又稍稍安定，故而在兵荒马乱之中，此时南迁江左的百姓多为原滞留江淮之间的居民，而少见自中原地区向江南、荆湘等地者，南迁浪潮相对减退。①

南来流民的减少给予东晋朝廷巨大压力。一方面，王敦之乱的发生就已经表明皇帝本就难以从与士族抢夺流民的斗争中占得上风；另一方面，若南来流民规模尚未减退，东晋朝廷仍可以从流民之中吸纳流民帅以补充军力，抵御北朝兵锋，抗衡上游强藩。未曾料想，东晋初年政局，三五年一大变，变则干戈扰攘，台城丘墟。不仅江左废墟一片，而且可以利用的流民已无，若想加强中枢力量，而又不引发动荡，发奴客为兵又不可取。此种情形之下，晋帝就不得不改善国家编户体系，尽可能多地扩充编户齐民数量。

三 荆扬之争对晋帝土断之掣肘

王敦之乱后"居上游者多踵王敦之迹，处其利而有其心，恃兵恣擅，力图以此巩固门户利益"②。这样的形势使得时人提出加强中枢力量的要求。中央与地方不断有人提出括户的主张，甚至实施之。颜含"豫讨苏峻功，封西平县侯，拜侍中，除吴郡太守"。王导问曰："政将何先？"颜含对司徒王导表示："王师岁动，编户虚耗，南北权豪，竞招游食，国弊家丰，执事之忧。且当征之势门，使反田桑，数年之间，欲令户给人足，

---

① 葛剑雄将永嘉乱后、东晋初建时期的人口南迁分为两个阶段：第一阶段为永嘉乱后（307—324）；第二阶段为东晋太宁三年至永和五年（325—349）。在第二阶段"后赵对晋虽有局部袭击，但并无实质性推进，因此大规模的南迁基本停止"。见葛剑雄《中国移民史》（第二卷），福建人民出版社1997年版，第310—321页。笔者认为王敦之乱后即永昌元年起南来流民已然减少，王敦之乱后一年间即有后赵发兵南方，时间间隔相对狭促，故而将永昌元年至永和五年划为第二阶段更为妥当。在此阶段内南来流民减少是其相对第一阶段的一大特征，也是本文立论所依。

② 田余庆：《东晋门阀政治》，北京大学出版社2012年版，第39页。

如其礼乐，俟之明宰。"① 而山遐为余姚令时"豪族多挟藏户口以为私附，遐绳以峻法，到县八旬，出口万馀"。② 虽有人力推括户，但是，此时的政局又因为受到王导、郗鉴与庾亮之争的掣肘，使得土断的推行成为贸然之举。史籍内也少有再见载括户之事。

明帝即位之后，历经了王敦之乱，对王氏家族颇具戒心，在中枢内愈发信赖、依仗庾亮，任其为中书监以分王导之权。③ 明帝故后、成帝即位时，其时庾亮"与司徒王导受遗诏辅幼主。加亮给事中，徙中书令。太后临朝，政事一决于亮"④。后庾亮虽因苏峻、祖约之乱引咎出镇芜湖，暂时退出在中枢与王导的争夺，但却"持节、都督豫州扬州之江西宣城诸军事、平西将军、假节、豫州刺史、领宣城内史"。⑤ 当时他的都督区有淮南、庐江、弋阳、安丰、宣城诸郡，⑥ 江州以东、建康以西的中游之地几乎尽归所有，拥强兵以列王导卧榻之侧，使王导多有不安，面对庾亮咄咄逼人之势，王导也采取了相应的对策。其中一个很重要的方面就是与流民帅郗鉴合作，庾亮用事以来，王导、郗鉴这两个家族就开始出现了密切联系。明帝时王导辟郗鉴子，而王氏两代娶郗氏女，郗鉴选中王导侄王羲之才有了东床快婿这一美谈。可见此时王氏、郗氏在王敦之乱后互求支持，以联姻、提拔宗族子弟的形式维持家族势力于不坠。

自温峤之后，江州成为上游陶侃与下游王导的争夺对象。陶侃死后，庾亮转镇武昌。是时，庾亮"虽上流分陕，而顿失内权"，王导抓住时机向

---

① 《晋书》卷八八《孝友传附颜含传》，第1525—1526 页。
② 《晋书》卷四三《山涛传附山遐传》，第810 页。按：后文写道"遐与会稽内史何充笺"，何充任会稽内史时至少是苏峻乱后，山遐又在余姚令上任职八旬，余姚地处长江三角洲南翼，与建康相去不远，苏峻之乱余姚必首当其冲，不可能有八旬时间去括户，故而山遐括户当是苏峻乱后之事。
③ 庾亮加中书监一职曾有反复。首先是王敦表荐庾亮为中书监，庾亮上《让中书表》，是时王、庾二家尚未交恶，王敦对于庾亮并无反目之事，故而有此一事。见《太平御览》卷二二〇。表谓"中书令、领军庾亮，清雅履正，可中书监，领军如故"。可见此时庾亮已居中书令一职；其后，"王敦既有异志，内深忌亮而外崇重之，亮忧惧，以疾去官，复代王导为中书监"。见《晋书》卷七三《庾亮传》。本文所述为此时之事。
④ 《晋书》卷七三《庾亮传》，第1275 页。按：原文即为中书令。
⑤ 《晋书》卷七三《庾亮传》，第1277 页。
⑥ 本文引胡三省注《资治通鉴》："豫州、扬州之江西，淮南、庐江、弋阳、安丰、历阳等郡也。宣城郡，属扬州。"见《资治通鉴》卷九三《晋纪》，第2969 页。

庾亮反击，故而有了争夺豫州江州之事。王导先是夺情起复王允之"咸和末除宣城内史，监扬州江西四郡事，建武将军，镇于湖"。① 趁庾亮移调荆州之际，占领紧逼建康的长江两岸之地，以分庾氏扬州之力，缓解琅琊王氏在建康的困境。而后，咸康元年（335）以袁耽上列不实军情，王导借此部署兵力再次向庾亮反击。"夏四月癸卯，石季龙寇历阳，加司徒王导大司马，假黄钺，都督征讨诸军事以御之。癸丑，帝观兵于广莫门，分命诸将，遣将军刘仕救历阳，平西将军赵胤屯慈湖，龙翔将军路永戍牛渚，建武将军王允之戍芜湖。司空郗鉴使广陵相陈光帅众卫京师，贼退向襄阳。戊午，解严。"② 在这十五日中，王导利用机会遣兵调将，完成了对豫州治所周围要地的占领，解除了庾亮在建康对于王导的压力。咸康五年（339）庾亮命弟庾怿脱离北伐建制，急率所部进驻江州的半洲，而又"寻迁辅国将军、豫州刺史，进号西中郎将，监宣城、庐江、历阳、安丰四郡军事，假节，镇芜湖"。③ 庾怿得以监四郡夹长江而扼建康，恢复了庾亮咸和九年（343）出镇荆州以前在豫州的态势。再后，王允之出镇江州，史籍见载："咸康中……寻迁南中郎将、江州刺史。"王、庾两大家族在咸康五年（339）再次交手并完成了地盘的互换，可这肯定不是常规的换防活动，势必是想致对方于死地。从这一系列事件来看，自咸和至咸康、王、庾两家多次较量，其中咸康五年（339）更是生死搏斗的一年，朝局暗潮涌动，人心不安。

不仅如此，王导、庾亮、郗鉴、陶侃皆是一时之豪俊，主弱臣强之势凸显。其中于咸和初年（326）发生的一事更是佐证了这一点，"御史中丞钟雅劾（南顿王）宗谋反，庾亮使右卫将军赵胤收之。宗以兵距战，为胤所杀"。司马宗被杀后，成帝问："南顿何在？"庾亮回答："党峻做贼，已诛。"成帝又问："言舅作贼，当复云何？"庾亮勃然大怒，以牙尺打帝头："儿何以作耳语？"庾亮对皇帝如此颐指气使，威权之盛可见一斑。苏峻、祖约之乱后，政争愈发激烈。王敦死后，陶侃继任荆州刺史，在郭默之乱时，即与坐镇中央的王导发生剧烈冲突，甚至几次想要兵发

---

① 《晋书》卷七六《王舒传附王允之传》，第1331页。
② 《晋书》卷七《成帝纪》，第115页。按：对于咸康元年假报军情一事，田余庆在《东晋门阀政治》第120—121页中讲述较为清楚，本文引用了这一观点。
③ 《晋书》卷七三《庾亮传附庾怿传》，第1280页。

扬州以清君侧。陶侃敢不经成帝允许，而引兵内向，谋求废除王导，虽为郗鉴所止，仍反映了成帝权威不足的情况；咸康元年（335）王导更是不核实军情，不经周密考虑，只凭"不言骑少"的一纸表奏，擅自判定需要亲自出征，而且还假黄钺，得到专斩节将的权力从而在庾亮移调荆州之际，占领紧逼建康的长江两岸之地，以分庾氏扬州之力，缓解琅琊王氏在建康的困境。可见成帝时，皇帝不论在中央还是地方都不是绝对权威，受到王、庾甚至是陶侃、郗鉴的制约。局势如此紧张，能维持两家势力平衡，干戈止息已殊为不易，此时若行土断，势必将改变两家实力对比，莫说庾、王两家不会同意，就算战争一起，也势必动摇国家根基。在王、庾斗争激烈之时行土断之事既不现实也不可能。

而自咸康五年（339）起，朝局却发生了巨大改变，郗鉴、王导于该年逝世，庾亮又于次年病逝。时当"三良既没"，"朝野忧惧"① 之时，若以常理度之，绝不应改弦更张，然对于成帝而言却是一个绝好时机。继王导为相的庾亮弟庾冰，在"人情恇然"的情况下意在周旋宁息，王、庾矛盾暂时在宁静局面下转为暗流，维持了两年多。王、庾矛盾暂且按下，可谓是给了东晋一个稍稍安定的机会，成帝若想有所作为，不可能不把握这个时机。

成帝恰恰与庾氏兄弟想要另辟蹊径增强实力的想法不谋而合。

《成帝纪》载：咸和五年（330）六月，"初税田，亩三升"。又载：咸康二年（336）"二月，算军用税米，空悬五十余万石"。由此可知荆扬州镇将所率兵马的军需至少有一部分是出自田税，所征税额的多少与军队息息相关，作为荆州镇将的庾氏兄弟不可能不了解这一点。范汪在反对庾翼屯驻襄阳的疏文中也讲道："襄阳顿益数万口，奉师之费皆当出于江南，运漕之难，船人之力，不可不熟计。"② 田余庆先生则认为："襄阳

---

① 见《艺文类聚》卷四七引《晋中兴书》，中华书局1965年版，第840页。
② 《晋书》卷七五《范汪传》，第1319页。按：范汪此人身份特殊，"为亮佐吏十有馀年，甚相钦待"。不仅是庾氏故吏，而且受到庾亮看重。虽上疏反对庾翼屯驻襄阳，但不太可能与庾翼反目成仇，且疏文最后写道："若少合圣听，乞密出臣表，与车骑臣冰等详共集议。"所谓密出臣表，既是不明发疏文；又要与车骑将军庾冰等详共集议，可见范汪此文一是让成帝知晓态度，二是能有足够理由与庾冰密议，足以证明范汪只是与庾翼对于屯驻襄阳一事政见不同罢了。此文既是上疏成帝，又要密发车骑将军，笔者因此认为范汪所言即使非为其真实所想，然屯驻襄阳的确需要来自江南的补给这一事实却是相对可信的。

以及全部梁州,仰赖'荆湘之粟'以为军实,这在东晋南朝大抵如是。"①继王导为宰辅的庾冰"隐实户口,料出无名万馀人,以充军实"。②庾冰如此大动干戈正恰恰说明了增加国家编户对充实荆州军需的重要性。庾氏盘踞荆州,既要守住荆襄防线以扼北国兵峰,又要力压下游士族,荆州镇军无疑存在着对于军需的巨大依赖。此时成帝若想要通过土断吸纳无须纳税的侨州郡县的流民为编户齐民以充实国库,无疑是对荆扬州镇军的重大利好,是断然不会受到来自庾氏兄弟的阻挠的,同理王氏也当如此。

既然已出现了庾、王之争稍稍和缓的如此时机,采取何种形式,加强中央权力,必然经过执政者的多次考虑。一方面他们注意到士族虽被削弱,但远远没有达到伤筋动骨的地步。何充作为王导死后,王氏在中枢的代表,"都督徐州,扬州之晋陵诸军、假节、领徐州刺史,镇京口……先是(庾)翼悉发江,荆二州编户奴以充兵役,士庶嗷然,充复发扬州以均其谤,后以中兴时已发三吴,今不宜复发而止"。③尽管六州奴客对于荆扬州集团鼎足之势事关重大,且在庾翼即将兵发襄阳的情况下,若没有充足的实力纵使何充也不敢兴发扬州奴客。若是既能够不触动士族利益,又能掌握强大军事实力,不论对于上游分陕势力还是中枢而言都是相当有利的。

另一方面又注意到,军需对于荆扬州镇军的重要作用。荆州更是庾氏大本营,而土断无疑是对户籍制度以及附于其之上的税赋制度的一次大调整,若是土断动摇了荆州赋税,荆州镇将是绝无可能对土断持肯定态度的。

更看到了庾、王两大士族所具有的强大实力。建元元年(343),庾翼表请北伐,虽说是北伐,然意在襄阳,通过肃清雍州地区的武装力量和陶侃的家族残余势力,以便将这一地区及其武装力量牢牢地控制在自己手中。庾亮弟庾翼为了达成这个目标,"发所统六州奴及车牛驴马"。④

---

① 田余庆:《东晋门阀政治》,北京大学出版社2012年版,第129页。
② 《晋书》卷七三《庾亮传附庾冰传》,第1281页。按:此事发生在"王导新丧""冰兄亮既固辞不入"后,因此应当发生在咸康土断稍早前或正当时。
③ 《晋书》卷七七《何充传》,第1349页。
④ 《晋书》卷七三《庾亮传附庾翼传》,第1285页。

然而庾翼"不顾咎咎"仍成功兴发奴客为兵，取得了进驻襄阳的巨大胜利，实现了庾氏巩固上游分陕势力、控制襄阳的战略目标，取得了对于下游何充的相对优势。这足以证实庾氏兄弟在荆州的经营是成功的，纵使"百姓嗟怨"，而不至于后方空虚，最终取得如此战果。假设士族过分强大，庾翼发奴客为兵使得荆州大震，为何充所趁，若何充稍稍运作使荆州动荡不安，纵使襄阳地位重要，庾翼也断不可能冒着巨大风险以荆州换取襄阳。同样庾氏在荆州的经营绝非一日之功，必是长期积累之结果。纵使咸康七年（341），庾氏在荆州之地位未有建元元年（343）之稳固，也当相去不远。

权衡再三，既能谨慎地绕开士族对于奴客的占有，又能获得坐镇扬州的王家和坐镇荆州的庾家支持，他们即将目光放在了卫瓘、李重所上土断之策上。

《卫瓘传》云：

> 瓘以魏立九品，是权时之制，非经通之道，宜复古乡举里选，与太尉亮等上疏曰：斯则乡举里选者，先王之令典也。自兹以降，此法陵迟。魏氏承颠覆之运，起丧乱之后，人士流移，考详无地，故立九品之制，粗且为一时选用之本耳。中间渐染，其弊不细。今九域同规，大化方始，臣等以为宜皆荡除末法，一拟古制，以**土断**定，自公卿以下，皆以所居为正，无复悬客远属他土者。如此，则同乡邻伍，皆为邑里，郡县之宰，即以居长，尽除九品中正之制，使举善进才，各由乡论。①

又《李重传》载李重上疏陈九品曰：

> 然承魏氏凋弊之迹，人物播越，仕无常朝，人无定处，郎吏蓄于军府，豪右聚于都邑，事体驳错，与古不同。谓九品既除，宜先开移徙，听相并就。且明贡举直返，不滥于境外，则冠带之伦将不

---

① 《晋书》卷三六《卫瓘传》，第1058页。

分而自均，即土断之实行矣。①

卫、李二疏上于西晋武帝年间。他们提出"以土断定"，自公卿以下客寓他乡人士，皆依其现居地断入当地户籍，即以客籍作为本贯，使侨寓成为"土著"。尽管它的目的在于解决当时流移、侨寓人士及其子弟参与选举的一项特殊政策。但这个政策放在东晋实施却更为合适，它可以使永嘉丧乱后中原流移、侨寓人士断入户籍，纳入国家税赋体制，解决黄白籍并行的问题，又不至于过多触动已在东晋站稳脚跟的高门士族利益，更能使中枢拥有掌握强大军事实力的基础，通过土断吸纳无须纳税的侨州郡县的流民为编户齐民以充实国库，为荆扬州镇军提供粮饷。这无疑是针对当时所处历史环境的极为合适的一项政策。

咸和中曾土断一次。《陈书·高祖纪》："汉太邱长陈寔之后也，世居颍川"；及陈达，"永嘉南迁……咸和土断，故为长城人"。可见曾是咸康土断之前的一次尝试，成帝在咸康七年（341）夏四月，正式诏曰："实编户，王公以下皆正断白籍。"可谓正是"以土断定，自公卿以下，皆以所居为正，无复悬客远属他土者"的翻版，足以见成帝土断正是借鉴了西晋土断之法而实行的。诏书特别强调王公以下侨户皆土断，反映本次土断范围之广。"皆"字，即是说一律统一注籍，不许再有例外。"正断白籍"表明本次土断目标是王公以下侨流人户都以所居为正，对白籍进行土断。"实编户"则表明本次土断的主要目的在于丰实国家编户体系。将此诏与庚戌土断②"大阅户人"相比，便可知咸康土断只是为了解决黄白籍并行的问题，使流移、侨寓人士断入户籍，纳入国家税赋体制。虽远远不及庚戌土断的范围和规模，但已是当时所能够

---

① 《晋书》卷四六《李重传》，第1309页。
② 《晋书·哀帝纪》兴宁二年三月庚戌，"大阅户人，严法禁，称为庚戌制"。刘裕回忆这次土断说："自永嘉播越，爰托淮海，朝有匡复之算，民怀思本之心，经略之图，日不遐给。是以宁民绥治，犹有未遑。及至大司马桓温，以民无定本，伤治为深，庚戌土断，以一其业。于时财阜国丰，实由于此。"见《宋书》。庚戌土断的情况又与咸康土断不同，它是由桓温一手实施的。笔者认为桓温其时已权威煊赫、一时无两，已无人能掣肘他，故能取得较大成就。

实施的极限了。①

前文已述，东晋希冀通过土断白籍，以求得宁民绥治、财阜国丰。正如范宁所说"正其封疆，以土断人户，明考课之科，休闾伍之法②"。但值得注意的是，若是"以土断定"就尚还存在着一个郡望的问题。东晋门阀士族制度已经形成且日趋僵化，给社会带来一种高标郡望的风气，大多数士人不愿附籍所居州郡，在观念上也以改籍为耻辱。钱大昕《十驾斋养新录》卷一二《郡望》条："自魏晋以门第取士，单寒之家屏弃弗齿。而士大夫始以郡望自矜。"③ 为了解决郡望问题，尽可能地减少改革阻力，东晋采取了相对灵活的方式予以解决。以琅琊王氏为例。《宋书》卷三十五《州郡志》（一）南徐州南琅琊郡条载："成帝咸康元年，桓温领郡，镇江乘之蒲州金城上，求割丹阳之江乘县境立郡，又分江乘地立临沂县。"对于这个临沂县，《太平寰宇记》卷九十引《舆地记》《舆地纪胜》卷十七引《建康图经》等都认为临沂县设于东晋咸康七年（341）。④ 正如《南齐书》卷一四《州郡志》（上）北兖州条载："光禄大夫吕安国启称：'……割小户置此郡，始招集荒落，使本壤族姓，有所归依。'"⑤ 这就是说为了减少土断阻力，解决郡望问题，对于部分士族采取了实土的策略，以求能既不失故乡之名，又有土著之实。在土断中，是失去原来的侨籍、接受新籍，还是既保持形式上的侨籍，又得土断之实，是与政治权力的大小、社会地位的高下相关的。流寓南方的琅琊王氏等郡望得以长期保持，在于其高门地位，至于中下层贵族，则改籍较

---

① 案：《宋书》记，"及至大司马桓温，以民无定本，伤治为深，庚戌土断，以一其业"。《宋书》卷二《武帝中》，第30页。《文献通考》说："昔东晋之宅江南也，慕容、符、姚迭居中土，人无定本，伤理为深，遂有庚戌土断之令，财丰俗阜，实由于兹。其后法制废弛，旧弊复起，义熙之际，重举而行，已然之效，著在前志。"（元）马端临：《文献通考》卷一〇《户口考一》，中华书局1986年版。由此可见，庚戌土断的实施成果是很显着的，与史籍中寥寥数笔的咸康年间土断不可同日而语。

② 《晋书》卷七五《范汪传附子范宁传》，第1321页。

③ （清）钱大昕著，陈文和点校：《嘉定钱大昕全集》（第7册），江苏古籍出版社1997年版，第313页。

④ 转引自［日］中村圭尔《关于南朝贵族地缘性的考察——以对侨郡县的探讨为中心》，《南京晓庄学院学报》2005年第4期。

⑤ 见《南齐书》卷一四《州郡志》（上）"北兖州条"，174页。

为普遍，如此一来就维护了高门士族的利益。①

按理说，土断既无士族的大规模反对，又契合了王、庾两家增强实力的心理，更解决了郡望问题，获得成功，取得一定成效是有较大可能的。然而史籍对于本次土断内容记载非常少，远远不及庚戌、义熙两次土断的有关内容多，曾着力于此的诸位方家也对此现象也有所论述。不过依笔者所见，此次土断成果规模虽大，但效果应当不会太好，此次土断效果较差的原因与成帝末年的政治格局仍然息息相关。

成帝于咸康七年（341）夏四月下诏土断，至咸康八年（342）夏六月，成帝已感到时日无多了。诏"司徒、琅邪王岳……肆尔王公卿士，其辅之！"②并命武陵王晞、会稽王昱、中书监庾冰、中书令何充、尚书令诸葛恢并受顾命。癸巳，成帝驾崩。"初，成帝有疾，中书令庾冰自以舅氏当朝，权侔人主。"③而康帝两年即驾崩，可见在成帝病笃以来至康帝末，庾冰才是执掌中枢的第一人。然而一系列事件使得庾冰已无暇分心继续土断。《晋书》卷七三《庾怿传》记载：豫州刺史庾怿"尝以毒酒饷江州刺史王允之，王允之觉其有毒，饮犬，犬毙，乃密奏之。帝曰：'大舅已乱天下，小舅复欲尔耶？'怿闻，遂饮鸩而卒"。此事发生在咸康八年（342）之春，即成帝死前数月。成帝责备庾怿谋杀王允之以再次挑起王、庾两家矛盾，并认为此事的后果与庾亮"乱天下"相当，诸多史家对于庾怿自裁一事多有所怀疑，④ 不论当时事实为何，局势骤然紧张是

---

① 中村圭尔认为"侨置的琅邪郡临沂县以及兰陵郡兰陵县对于琅邪大姓王氏、颜氏以及兰陵萧氏来说，是名实相符的完全的籍贯；而其它士族与原籍侨郡县之间，则没有这样的名实相符的关系，不具有实际疆域的侨郡县对于他们来说，充其量不过是登记户籍的地方。据此，被侨置的原籍是名义上的还是现实的，与作为士族的等级上下有着深刻的关系"。本文观点与他相似。参见［日］中村圭尔《关于南朝贵族地缘性的考察——以对侨郡县的探讨为中心》，《南京晓庄学院学报》2005 年第 4 期。

② 《晋书》卷七《成帝纪》，第 118 页。

③ 《晋书》卷七《康帝纪》，第 120 页。

④ 吕思勉对于庾怿自裁之事颇为疑惑，他在《两晋南北朝史》第 150 页中说："《纪》又言帝少为舅氏所制，不亲庶政，而赫然一怒，庾怿惧而自裁，有是理乎？妨帝不亲庶政者王导也，于庾氏何与？而谤转集于庾氏，何哉？"田余庆则认为"庾怿自裁，决非只是成帝一怒的结果，也不只是王允之制造压力的结果，而是庾、王门户之争，特别是近数年来庾、王江州之争的结果。它反映了庾、王江州之争的尖锐激烈程度"。田先生似乎是站在庾怿自裁一事确有其事的角度上考虑。此二观点为学界对此事的主流看法。

一定的。它是几十年来庾、王两家激烈斗争的产物，特别是庾、王江州之争的结果之一，它足以反映了江州之争的激烈程度。在这样的时局中，庾、王两家无论是谁坐镇中枢都似乎不太可能将施政重心放在土断之上了。

成帝死后，庾、王两家更是多次交手。何充参政，何充虽与庾、王皆是戚属关系，不过在政见上，还是多偏王氏。庾冰为了巩固庾氏的外戚地位，屡以宜建长君为由，请立成帝母弟为嗣。何充则主张立嫡不立弟，庾冰不从，而后何充避庾氏而出镇京口。其后又是江州问题。《晋书》卷七六《王允之传》："王恬服阕，除豫章郡。允之闻之惊愕，以为恬，丞相（王导）子，应被优遇，不可出为远郡，而以允之为卫将军、会稽内史。未到，卒。"田余庆先生认为王允之此举一是为了逼庾冰收回以王恬为远郡的成命，二是为了让王恬代为江州。而此计未成，却被庾冰调至会稽。王允之死后，咸康八年（342）十月，褚裒出镇江州，十二月庾冰出都为江州刺史。江州在一年多的时间里两次易手，足可以想见江州之争的激烈程度。

据上文可知，荆扬州镇将之争稍稍和缓是土断得以实行的基础之一，成帝安康、士族削弱、土断方式的选择和北朝多年未向南用兵都是土断赖以实行的重要条件。自咸康八年（342）以来形势即急转直下，王、庾矛盾再起，成帝病逝，权柄落入庾冰手中，新的士族如桓、谢之流不断兴起，所有的这些都在不断冲刷着土断实行的基础。如此动荡的局势，再要实行如此规模的土断已不大可能。只有当权力分配逐渐稳定之时，才有可能再行土断之计，这一等即是23年后的桓温庚戌土断了。

土断无疑是东晋、南朝增强中央实力和稳定政局的重要措施之一，它以现居地为准，将人户著之于籍。通过还原历史语境，我们发现土断的实行受到各种历史因素的影响：士族；流民帅；荆扬州镇将以及庾、王两大家族。元帝"发奴客为兵"而王敦反，明帝引流民帅而致苏峻之乱，加之南来流民减少，东晋迫切需要找到一个新的途径加强中枢权力，土断即是他们的解决之道。然土地和编户齐民作为中国古代重要的经济资源和实力基础，不仅东晋统治者希望通过吸纳流民、清丈土地与户籍加强对国家的掌控力，其他各利益集团特别是士族和荆扬州镇将也对流民有所希冀。通过土断，解决户籍中黄白二籍并行的问题，利用永嘉之乱后南渡的尚未纳入国家税赋体系的流民，既符合荆扬州镇将利益又能缓解晋廷所面临的窘境。此时（咸康年间）士族受苏峻之乱影响实力多有下降，其又以荆扬州镇将（王、庾两家）为首，不敢再有所行动。公元339年至340年，王导、郗鉴、庾亮相继逝世，王、庾两家暂且按下矛盾，这才使得土断出现了一个绝佳的实施时机。自咸康八年（342）以来形势即急转直下，王、庾矛盾再起，成帝病逝，权柄落入庾冰手中，新的士族如桓、谢之流不断兴起，所有的这些都在不断冲刷着土断实行的基础。如此动荡的局势，再要实行如此规模的土断已不大可能。

通过分析咸康土断，我们可以进一步把握东晋建国初期经济变动与政治斗争之间的相互关系。咸康年间所行土断之策，并非简单地再行前朝之事，而是在中枢权力受到多重掣肘的情况下，为增强实力而进行的。咸康土断的实施如履薄冰，步履艰难。随着掣肘力量的加强，土断也就不再可为。

五凉政治制度建设申论*

河西学院河西史地与文化研究中心　贾小军

五凉即五凉政权，是指西晋十六国时期随着社会动荡、分裂先后产生的五个河西地方割据政权，它们分别是汉族张氏建立的前凉、氐族吕氏建立的后凉、鲜卑秃发氏建立的南凉、汉族李氏建立的西凉以及卢水胡沮渠氏建立的北凉。这五个河西地方政权虽不比秦皇汉武、唐宗宋祖的文治武功，但在政治制度建设方面却有独到之处，而这些政治制度往往上承汉晋，下启北朝隋唐，在中国中古政治制度变迁中占有突出地位。故陈寅恪先生云："西晋永嘉之乱，中原魏晋以降至文化转移保存于凉州一隅，至北魏取凉州，而河西文化遂输入于魏，其后北魏孝文、宣武两代所制定之典章制度遂深受其影响，故此（北）魏、（北）齐之源其中亦有河西之一支派，斯则前人所未深措意，而今日不可详论者也。"①

笔者认为，五凉政权政治制度建设的突出成就，主要表现在职官制度、地方行政制度、礼仪制度、籍帐制度四个方面。有关五凉保存、传承汉晋礼仪制度，前贤如陈寅恪先生早有宏论，②此不赘。本文仅就五凉职官制度、地方行政制度及籍帐制度进行讨论，以就教于方家。

---

* 基金项目：国家社科基金西部项目（14XZS014）"汉唐时期河西走廊墓葬壁画整理研究"，教育部人文社会科学研究青年基金项目（12YJC770025）"魏晋十六国河西镇墓文、墓券整理与研究"。

① 陈寅恪：《隋唐制度渊源略论稿》，中华书局1963年版，第2页。
② 同上书，第4—81页。

一 五凉职官制度

五凉政权最高统治者分别称公，称王，或称帝，并设置了与之相对应的各类职官，以"奖导民萌，裁成庶政"，①由此形成了独具特色的五凉职官制度。

五凉职官制度根据其形式与内容可分为三个阶段、两种模式。

五凉职官制度的三个阶段，即因五凉最高统治者称公、称王、称帝而分为"二府"体制、王国官僚体制和帝国官僚体制。五凉最高统治者称州刺史、某公时推行"二府"体制，即以凉州府（州府）、都督府（军府）为最高统治机构设立相应职官，别驾、治中等州官理民，长史、司马等府官理戎。由于五凉皆为割据政权，受时局影响，军府责任重大，故长史、司马等府官居于重要地位。需要注意的是，"二府"体制是五凉政权建立初期普遍推行的职官体制，但较之汉晋职官制度，其所署核心职官仅与汉晋三公、丞相属官相近或相同，故不能与汉晋时期的中央台省职官相提并论。《资治通鉴》论及南燕慕容德统府时指出："以统府行帝制，置百官。"胡注云："统府者，诸方镇皆统于燕王府；行帝制者，称制以行事。"②推究起来，五凉"二府"体制当与同时期南燕主慕容德之"统府"相当，乃"以'二府'行帝制"。另外，长史、司马等府官地位重要，其在职官制度中所反映的核心意义，是督府（太府）力量较州府（少府、小府）更为重要，这与五凉皆属割据政权、时局动荡、军事活动频繁有直接关系。

五凉最高统治者称王、称帝时则推行相应的王国官僚体制和帝国官僚体制。王国官僚体制的核心是设置自丞郎以下的百官。③帝国官僚体制

---

① 《晋书》卷二四《职官志》，中华书局1974年版，第723页。
② 《资治通鉴》卷一一〇《晋纪》三十二隆安二年，中华书局1956年版，第3461页。
③ 《晋书》卷一二二《吕光载记》载，公元389年二月，吕光自称三河王，大赦，改元麟嘉，"置百官自丞郎已下"（第3059页）。陈仲安、王素据此论道："吕光自封三河王，只敢'置百官自丞郎以下'。所谓'自丞郎以下'，是说置中央官最高不超尚书左、右丞及尚书郎中、中书侍郎。这样做是为了避免被更强大的政权指为僭越，并以此为口实兴兵讨伐。"（陈仲安、王素：《汉唐职官制度研究》，中华书局1993年版，第68页）《十六国春秋辑补》卷八二《后凉

指模仿汉晋职官制度,在中央设有以尚书、中书、门下三省及御史台职官为代表的台省职官,在地方则推行州、郡、县三级制并辅以护军制。而较多的武官则一直是五凉职官的重要组成部分。

而所谓职官制度的两种模式,是指由于五凉政权所处政治环境的差异、统治民族的不同等因素,五凉职官制度又可分为基本承袭汉晋官制的前凉、西凉模式和以汉制为主、汉夷混杂的后凉、南凉、北凉模式,前一模式以前凉表现最为完整,后一模式则以南凉秃发乌孤时期存在单于号并以秃发亲贵分镇战略要地表现最突出。但五凉政权统治者虽有称帝、称天王、称王、称公之区别,或间以部分少数民族部落官制,其官制之实质,根本上仍属以汉晋旧制为基础的帝国官僚体制,或者是其"具体而微"的表现。

五凉职官主要来源于河西胡汉大族。河西大族在长期与五凉政权合作、斗争的过程中实现各自的利益,这反映出五凉政权门阀政治的特点。与东晋门阀政治相比,五凉门阀政治独具特色。五凉政权在有限的区域内将士族门阀与皇(王)权的共治推演及上至"中央"职官、下及郡守县令的各个层次,这与东晋门阀政治中门阀士族主要通过控制主力军队和军事重镇实现其利益颇为不同。[①]由于五凉政权大量援引河西大族成员任职,故五凉职官总体素质较高,这保证了他们在其职任之内能够恪尽职守并有所建树,从而保证了五凉时期河西社会秩序的有效运行。

五凉因政权前后相承、援引河西大族任职以及前凉之后诸凉政权皆以"承张王之业"为念而实现职官制度的传承。五凉政权除前凉外,其

(接上页)录二·吕光》记作"(吕光)僭即三河王位于南郊,置官司。自丞郎已下犹摄州县事"。(汤球:《十六国春秋辑补》,中华书局1985年版,第573页)似乎三河王吕光并非仅置"自丞郎已下"的百官,而是丞郎以下多了"摄州县事"的职责。联系上文所论,所谓"自丞郎已下犹摄州县事",或为后凉从"二府"体制向王国官僚体制转换时的一种表现。《晋书·吕光载记》或夺"犹摄州县事"诸字。同书记北凉沮渠蒙逊称河西王,"置官僚,如吕光为三河王故事。……立其子政德为世子,加镇卫大将军、录尚书事"。(《晋书》卷一二九《沮渠蒙逊载记》,第3195页)在一定程度上亦可作为吕光并非仅"置百官自丞郎以下"的旁证。

① 参见田余庆《东晋门阀政治》,北京大学出版社1989年版。

余诸凉多前后相承,或同时并立,诸凉臣僚纵横于各政权之间,新凉多旧凉重臣,新政权制度的创设者往往即旧政权的建设者;又五凉政权皆援引河西大族任职,大族仕宦又自有其传统,基于此,五凉制度间的传承自然容易实现。如后凉杨统之入南凉、段业受沮渠男成等所推建立北凉;西凉李暠本段业旧臣,其属下臣僚如宋繇辈亦历仕后凉、段业北凉;梁中庸、句呼勒等纵横北凉、西凉之间;① 等等。又,河西大族尤其是敦煌大族如宋氏、索氏、阴氏、张氏、令狐氏、氾氏等,其安身立命之本即"只成门户私计",故自前凉时代开始即积极参与五凉政治,周旋于河西割据政府之间。因此,往返于诸凉政权间的臣僚与河西大族成员一起,成为五凉制度传承的主要使者。

通过五凉政权与中原、江南等地日常的文化交流,以及前秦灭前凉、后秦灭后凉、北魏灭北凉后迁河西士民入中原等多种途径、较长时段的传输,包括职官制度在内的五凉制度辗转回馈中原,并成为隋唐制度的渊源之一。西晋乐舞辗转入北魏之事颇能说明此点。《资治通鉴》卷137齐武帝永明九年(491)十二月条:"初,魏世祖克统万及姑臧,获雅乐器服工人,并存之。"胡三省注云:"晋永嘉之乱,太常乐工多避地河西;夏克长安,获秦雅乐:故二国有其器服工人。"②《魏书》卷109《乐志》亦云:"世祖破赫连昌,获古雅乐,及平凉州,得其伶人、器服,并择而存之。"③ 其中由夏入北魏的后秦雅乐,或许也有来自河西者。其他五凉文化之入魏,大体亦如之,从而使之成为隋唐文化的重要源头。

二 五凉地方行政制度

五凉政权地方行政制度承袭汉晋制度又有改易。

所谓承袭汉晋制度,是指五凉地方行政制度基本承袭汉晋以来地方行政体制中州、郡、县三级制的基本架构,在基层又设乡、里具体负责

---

① 参见《晋书》卷八七《凉武昭王李玄盛传》、卷一二二《吕光载记》、卷一二六《秃发乌孤载记》、卷一二九《沮渠蒙逊载记》。
② 《资治通鉴》卷一三七《齐纪》三永明九年,中华书局1956年版,第4315页。
③ 《魏书》卷一〇九《乐志》,中华书局1974年版,第2828页。

民事。有关五凉州、郡、县制度，《晋书》《资治通鉴》《十六国春秋》等传世史籍和酒泉高闸沟晋代太守壁画墓都有记载和反映。① 正史极少关于汉晋时期河西"乡里"记载，河西出土文献却保存了大量的相关资料。据何双全②、陈国灿③、李并成等先生考证，"西汉敦煌郡共得32里；其中敦煌县21里、效谷7里、龙勒2里、广至1里、佚名县1里"。④ 另据吐鲁番哈那和卓九六号墓出土文书反映，大约在北凉玄始十二年（423）至义和二年（432）间的高昌郡尚有"都乡"。⑤ 据笔者统计，魏晋十六国河西出土镇墓文、墓券等文献中，乡里可考者为19例，分别为□□里、⑥效谷东乡□□里、⑦西乡、⑧敦煌东乡□山里、⑨敦煌郡效谷县东乡延寿里、⑩敦煌郡西乡里、⑪敦煌郡敦煌县东乡昌利里、⑫敦煌郡敦煌县

---

① 贾小军：《五凉郡守诸问题考述》（中共嘉峪关市委宣传部、甘肃省历史学会主编：《嘉峪关与丝绸之路历史文化研究》，甘肃教育出版社2015年版，第260—269页）、《西晋十六国时期河西县令长史迹钩沉》（楼劲主编：《魏晋南北朝史的新探索：中国魏晋南北朝史学会第十一届年会暨国际学术研讨会论文集》，中国社会科学出版社2015年版，第63—77页）。
② 何双全：《〈汉简·乡里志〉及其研究》，《秦汉简牍论文集》，甘肃人民出版社1989年版。
③ 陈国灿：《唐五代敦煌县乡里制的演变》，《敦煌研究》1989年第3期。
④ 李并成：《河西走廊历史地理》，甘肃人民出版社1995年版，第157页。
⑤ 唐长孺主编：《吐鲁番出土文书（壹）》，文物出版社1992年版，第41页。
⑥ 《永嘉十三年（319）韩某镇墓文（一）》，参见张勋燎、白彬《中国道教考古》（第1卷），线装书局2006年版，第404—406页。
⑦ 《建兴十三年（325）五月阎芝镇墓文（一）（二）》，参见［日］关尾史郎《敦煌新出镇墓瓶初探——〈中国西北地域出土镇墓文集成（稿）〉补遗（续）》，西北出土文献研究会《西北出土文献研究》（第9号），2011年，第61—85页。
⑧ 《建兴十七年（329）四月郭綦香镇墓文（一）（二）》，参见张勋燎、白彬《中国道教考古》（第1卷），第417—418页；王素、李方《魏晋南北朝敦煌文献编年》，（台北）新文丰出版公司1997年版，第79—80页。
⑨ 《建兴十七年（329）八月某人镇墓文》，参见敦煌县博物馆考古组、北京大学考古实习队《记敦煌发现的西晋十六国墓葬》，《敦煌吐鲁番文献研究论集》第4辑，第630页。
⑩ 《建兴十九年（331）七月李兴初镇墓文（一）（二）》，参见王素、李方《魏晋南北朝敦煌文献编年》，第83页；又见张勋燎、白彬《中国道教考古》（第1卷），第423—424页；又见［日］关尾史郎《中国西北地域出土镇墓文集成（稿）》，（新潟）新高速印刷株式会社2005年版，第38页。
⑪ 《神玺二年八月□富昌镇墓文（一）（二）》《神玺二年（398）十一月□富昌妻镇墓文》，参见甘肃省文物考古研究所等《敦煌祁家湾》，文物出版社1994年版，第116页。
⑫ 《庚子六年（405）正月张辅镇墓文（一）（二）（三）》，参见甘肃省敦煌县博物馆《敦煌佛爷庙湾五凉时期墓葬发掘简报》，《文物》1983年第10期；《玄始十年（421）八月张法静镇墓文（一）》，参见甘肃省敦煌县博物馆《敦煌佛爷庙湾五凉时期墓葬发掘简报》，《文物》1983年第10期。按，《玄始十年（421）八月张法静镇墓文（一）》无"乡里"相关信息，但张辅、张法静为夫妇，上述镇墓文同出一墓，生前所居"乡里"自当相同。

都乡里、①敦煌郡敦煌县西乡里，②墓券中乡里可考者3例，③敦煌文书S.0113《建初十二年（416）正月敦煌郡敦煌县西宕乡高昌里籍》有"敦煌郡敦煌县西宕乡高昌里"，④涉及前凉、前秦、西凉、北凉四个政权。按，十六国时期，后凉统治范围亦曾包括河西全境，魏晋十六国河西镇墓文中亦有后凉麟嘉八年（396）纪年，但镇墓文未见后凉时期河西乡里的记载，这是否说明后凉与前述诸凉不同，并未推行乡里制度？尚待新的考古资料证明。若从敦煌建郡的后元元年（前88）算起，至笔者所统计有乡里信息的镇墓文纪年最晚的玄始十年（421），河西乡里制度已延续了五百年之久，这从一个侧面反映了作为中国基层社会组织生命力的顽强，另一方面也不能不说是河西地区在十六国时期社会环境较为稳定的有力证据。

另外需要注意的是，从河西走廊和新疆吐鲁番地区出土的相关镇墓文、墓券、衣物疏及墓葬壁画来看，经过五凉时期，今新疆东部地区与河西走廊地区不仅在地缘上一衣带水，在文化上也渐趋一致。或许正因如此，前凉张骏总结历史经验与教训，设置高昌郡，⑤将郡县制推行至今新疆东部地区。此后前秦、后凉、西凉及北凉政权，都对该区域进行了有效的管辖。五凉时期经略西域的成功经验，为后世经略西域打下了良好的制度基础。

除"里"之外，这一时期的河西基层社会组织，应该还有"村""坞"或"坞壁"。⑥《魏书》卷一一四《释老志》称："凉州自张轨后，

---

① 《建初五年（409）润［十］月画房奴镇墓文（一）（二）》，参见甘肃省文物考古研究所等《敦煌祁家湾》，第117页；《玄始九年（420）九月□安富镇墓文》，参见甘肃省文物考古研究所等《敦煌祁家湾》，第119页。

② 《建初十一年（415）十二月魏平奴镇墓文》，参见甘肃省文物考古研究所等《敦煌祁家湾》，第122页。

③ 均为"建康郡表是县都乡杨下里"，分别是《建元十八年（382）正月高俟墓券（一）》《建元十八年（382）正月高俟墓券（二）》《建元十八年（382）正月高容男墓券》，参见赵雪野、赵万钧《甘肃高台魏晋墓墓券及所涉及的神祇和卜宅图》，《考古与文物》2008年第1期；又见寇克红《高台骆驼城前秦墓出土墓券考释》，《敦煌研究》2009年第4期。

④ 中国科学院历史研究所资料室编：《敦煌资料》（第一辑），中华书局1961年版，第3—7页。

⑤ 《晋书》卷八六《张轨传附张骏传》，第2238页。

⑥ 参见贾小军《魏晋十六国河西社会生活史》，甘肃人民出版社2011年版，第197—226页；贾小军《临泽出土〈田产争讼爰书〉释读及相关问题》，《鲁东大学学报》（哲学社会科学版）2012年第5期。

世信佛教。敦煌地接西域,道俗交得其旧式,村坞相属,多有塔寺。太延中,凉州平,徙其国人于京邑,沙门佛事皆俱东,象教弥增矣。寻以沙门众多,诏罢年五十以下者。"① "村坞相属"的景象,反映出十六国时期"村"或"坞"已经成为普遍存在于河西社会的基层组织。"村"与"里"一道,构成了十六国时期河西村民的基本生活空间。当然,"村"真正成为一级行政组织单位,是在唐代实现的,②但在十六国时期河西的发展,无疑为其后的进步奠定了重要的基础。

所谓有所改易,主要体现在五凉政权在民族或边疆地区推行的护军制度。护军制度,自魏晋时期即已有之。不过前凉地方护军制度,乃十六国诸政权之首创,因此颇受学界关注。③

十六国"地方"护军制度产生于汉末魏初,至北魏孝文帝中叶最后消亡。其渊源是魏晋中原王朝设于少数民族地区或从事军事征伐、镇抚的地方护军,其传承关系与十六国政权更替相符合,其组织系统来源于魏晋中央护军、诸杂号将军及地方护羌、戎、蛮、夷校尉和郡府之制,是其综合和变通。④

前凉先后曾设置十一处护军,控域今甘、青、川交界地带的民族地区。分别是宁羌护军、平虏护军、枹罕护军、武街护军、石门护军、侯和护军、漒川护军、甘松护军、玉门大护军、大夏护军、宣威护军,其中武街、石门、侯和、漒川、甘松合称"五屯护军",乃张骏时期所设。史载,咸和五年(330),"骏因长安乱,复收河南地,至于狄道,置武街、石门、侯和、漒川、甘松五屯护军,与勒分境"。⑤《读史方舆纪要》认为:"五屯护军,是越河、湟而南也。洮阳,今洮州卫治。武街,在今

---

① 《魏书》卷一一四《释老志》,第3032页。
② 参见刘再聪《村的起源及"村"概念的泛化——立足于唐以前的考察》,《史学月刊》2006年第12期。
③ 代表性的研究成果主要有:严耕望《中国地方行政制度史·魏晋南北朝地方行政制度》,上海古籍出版社2007年版,第817—835页;高敏《十六国前秦、后秦时期的"护军"制》,《中国史研究》1992年第2期;张金龙《十六国"地方"护军制度补正》,《西北史地》1994年第4期;冯君实《魏晋官制中的护军》,载《魏晋南北朝史论集》,齐鲁书社1991年版;龚元建《五凉护军考述》,《敦煌学辑刊》1994年第1期。
④ 张金龙:《十六国"地方"护军制度补正》,《西北史地》1994年第4期。
⑤ 《晋书》卷八六《张轨传附张骏传》,第2238页。

岷州卫境。侯和、溋川、甘松，俱在洮州卫境。"① 据日本学者前田正名考证，五屯护军置于五街县以西之陇西郡及阴平郡北部。② 另外，平虏护军是统领中央军的军职名称，与前凉其余护军性质有所不同。《晋书·张茂传》："张茂大悦，以（陈）珍为平虏护军。"③

前凉之后，后凉、西凉、南凉、北凉政权也在统治区内设置护军。分别是后凉中田护军、④ 宁戎护军、⑤ 北部护军、⑥ 西凉驿马护军、⑦ 敦煌护军、⑧ 南凉湟川护军、⑨ 邯川护军、⑩ 北凉中田护军、⑪ 敦煌护军⑫等，此不赘述。

三 籍帐制度

传世史籍不见五凉籍帐制度的相关记载。但在河西、吐鲁番出土文献中，五凉以至北朝时期的籍帐制度却自成体系。敦煌吐鲁番文书中的《西凉建初十二年（416）正月敦煌郡敦煌县西宕乡高昌里籍》⑬《北凉承阳二年（426）十一月籍》⑭《前秦建元二十年（384）三月高昌郡高宁县

---

① 《读史方舆纪要》卷三《历代州域形势三·晋十六国》，中华书局2005年版，第126页。
② ［日］前田正名：《前凉国の境域について》，《驹沢大学文学部研究纪要39》，1981年。
③ 《晋书》卷八六《张轨传张茂传》，第2232页。
④ 《晋书》卷一二九《沮渠蒙逊载记》，第3189页；《读史方舆纪要》卷六三《陕西十二》，第2975页。
⑤ 《晋书》卷一二二《吕光载记》，第3061页。
⑥ 同上书，第3069页。
⑦ 《晋书》卷八七《凉武昭王李玄盛传》，第2259页。
⑧ 同上书，第2257、2261页。
⑨ 《晋书》卷一二九《沮渠蒙逊载记》，第3195页。
⑩ 《晋书》卷一二六《秃发傉檀载记》，第3154页；《读史方舆纪要》卷六四《陕西十三》，第3012页。
⑪ 《晋书》卷一二九《沮渠蒙逊载记》，第3193页；《读史方舆纪要》卷六三《陕西十二》，第2975页。
⑫ 《晋书》卷八七《凉武昭王李玄盛传》，第2257—2258页。
⑬ 中国科学院历史研究所资料室编：《敦煌资料》（第一辑），第3—7页；郝春文主编：《英藏敦煌社会历史文献释录》第一卷，科学出版社2001年版，第183—189页。以下简称《西凉建初籍》。
⑭ ［日］关尾史郎：《从吐鲁番带出的"五胡"时期户籍残卷两件——柏林收藏的"Ch6001v"与圣彼得堡收藏的"Дx08519v"》，载新疆吐鲁番地区文物局编《吐鲁番学研究——第二届吐鲁番学国际学术研讨会论文集》，上海辞书出版社2006年版，第180—189页。以下简称《北凉承阳籍》。

都乡安邑里籍》①和《西魏大统十三年（547）等户籍计帐残卷》②等，与近年来陆续公布的走马楼孙吴户籍简一起，为探讨书写材料变革前后，中国中古时期户籍格式、内容及其造籍制度发生的一系列变化，提供了至为重要的文本基础。③

将上述四种籍帐按时间顺序排列，分别是前秦建元二十年（384）、西凉建初十二年（416）、北凉承阳二年（426）、西魏大统十三年（547），自十六国前秦到北朝西魏，涉及前秦、西凉、北凉、西魏四个政权。

先说《前秦建元籍》。该籍在这几件户籍中时代最早，内容最为丰富，其作为民籍的性质也最具代表性。从著录格式上看，该籍分为三栏，第一、二栏分别和《西凉建初籍》的上、下栏内容相当，只是没有户口居住地的标注。第三栏登录每户的主要财产状况。④前秦统治河西地区，是在灭前凉（376）之后，建元二十年（384），前秦刚刚经历淝水之败，但在河西地区的统治仍然稳固。据《晋书·吕光载记》，时梁熙为凉州刺史，《前秦建元籍》中的"高昌郡高宁县都乡安邑里"，高昌太守是杨翰。⑤可以说，《前秦建元籍》承上启下，建元二十年（384）之前的前凉及前秦凉州刺史梁熙时期、此后的后凉吕光时期，都缺少籍帐记载。前凉时期，凉州继承汉晋制度，基本保持了域内的安定，极有可能推行与《前秦建元籍》相似的籍帐制度。吕光于385年进入姑臧城，"自领凉州刺史、护羌校尉"⑥以后，凉州形势并无大的变化。可以相信，虽说凉州最高统治者易人，但吕光建立的后凉政权应继承了包括前秦籍帐制度在内的一切制度。

次为《西凉建初籍》。该籍首书户主的籍贯、身份、姓名、年龄，其

---

① 荣新江、李肖、孟宪实主编：《新获吐鲁番出土文献》，中华书局2008年版，第176—179页。以下简称《前秦建元籍》。
② [日]池田温：《中国古代籍帐研究》"录文与插图"，龚泽铣译，中华书局2007年版，第6—22页。
③ 参见张荣强《〈前秦建元二十年籍〉与汉唐间籍帐制度的变化》，《历史研究》2009年第3期；又载张荣强《汉唐籍帐制度研究》，商务印书馆2010年版，第222—266页。
④ 张荣强：《〈前秦建元二十年籍〉与汉唐间籍帐制度的变化》，《历史研究》2009年第3期；又载张荣强《汉唐籍帐制度研究》，第222—266页。
⑤ 《晋书》卷一二二《吕光载记》，第3056页。
⑥ 同上。

后分为两栏：上栏分行登录户内的各个家庭成员，下栏是家庭成员丁中的分项统计、全家人口合计以及户口所在地。户籍的最后一行标注具体的造籍年月。多数学者认为该籍属于吏兵籍，不是普通的民籍。①

与前两种户籍相比，《北凉承阳籍》保存状况较差，为仅存10行的片断，呈被杂乱撕掉的形状。② 与保存较好的《前秦建元籍》《西凉建初籍》相比较，《北凉承阳籍》男女、丁中之别人员数、其合计人员数以及纪年的记载项目和顺序，与《西凉户籍》下半部分完全一致。显然，就户籍格式这一点来说，三者有较大的共同点。进一步说，三者或许具有前后相承的关系。这正与前述五凉政权前后相承的特点一致。在这个意义上，包括籍帐制度在内的五凉制度之所以能够流传久远，首先有赖于五凉政权在河西一隅之地传承不绝。

五凉政治制度是五凉文化的重要组成部分。而所谓五凉文化，亦即五凉时期的河西文化。具体而言，是指五凉时期融汉晋时期的中原文化、西域文化与河西地方文化于一体，发端或保存于河西地区，并经由后秦、北魏等政权重新输入中原地区，至隋唐得以振兴的中国传统文化。陈寅恪先生论道："北魏孝文、宣武两代所制定之典章制度遂深受其影响。"施光明先生亦指出，五凉文化对北朝的影响可概括为开启儒风、振兴礼乐、完善官职律令三点。③ 现在看来，五凉留给北朝及后世的文化遗产，尚需我们进一步发掘和发现。单就制度建设而言，五凉职官制度、地方行政制度和籍帐制度等，无疑为北朝提供了重要镜鉴。赵向群师指出："五凉时代所拥有的文明成果……是在兼收并蓄中外文化精髓的基础上，糅进河西地域自己的文化成分而形成的庞大的文明集合体。它后来被隋唐社会所接纳，成为隋唐文明宝库的重要组成部分，从而也影响到我国文化史的发展。"④ 信然。

---

① 张荣强：《〈前秦建元二十年籍〉与汉唐间籍帐制度的变化》，《历史研究》2009年第3期；又载张荣强《汉唐籍帐制度研究》，第222—266页。
② ［日］关尾史郎：《从吐鲁番带出的"五胡"时期户籍残卷两件——柏林收藏的"Ch6001v"与圣彼得堡收藏的"Дx08519v"》，载新疆吐鲁番地区文物局编《吐鲁番学研究——第二届吐鲁番学国际学术研讨会论文集》，第180—189页。
③ 施光明：《五凉政权"崇尚文教"及其影响述论》，《兰州学刊》1985年第6期。
④ 赵向群：《史不绝书的五凉文化·前言》，甘肃教育出版社2014年版。

论苻秦统治集团的民族结构演变及败亡

陕西师范大学中国西部边疆研究院 冯纪儒 王 欣

氐族苻氏兴起于略阳临渭（今甘肃秦安陇城），① 在迁居枋头（今河南省鹤壁市浚县）期间，苻洪之势力迅速壮大，于350年自称大都督、大将军、大单于、三秦王，但在其意欲入主关中之际被麻秋谋杀。而后其子苻健代统部众，西入长安，据有关陇；351年苻健自称大秦天王、大单于，次年改称皇帝，国号秦，史称前秦。随着前秦的建立，其统治结构开始逐渐从部族联盟向封建皇权体制过渡，同时以苻氏宗族为主的军事集团也得以形成。苻生在位期间，先后通过各种措施褫夺与诛杀异姓勋贵，借以强化苻氏家族统治以及皇权权威，但同时异民族在政权上层的实力也大大削弱。苻坚在夺权僭位后重任用心腹幸臣，逐渐将皇权集于一身，同时氐族本位主义逐渐占据了主流。在苻秦兴起、建政与覆亡的三个阶段中，其统治集团的民族结构也随着统治者的具体策略而发生

---

① 据文献记载，苻氏此时当尚未改姓，仍以"蒲氏"为号，在苻洪出生时尚以"蒲"为姓，至永和六年（350）才根据谶文"艸付应王"以及苻坚背部的"艸付"字迹而改姓苻氏。（见《晋书》卷一一二《苻洪载记》，中华书局1974年版，第2867—2868页。）在此为行文方便，统一用"苻"姓。而至于苻氏何时迁于略阳临渭，史无明文亦不得而知。蒋福亚先生根据苻洪梦其族曾祖苻建（健）再结合文献中青龙四年（236）一位名曰苻建（健）的氐王奔蜀武都的记载，推测该人即可能为苻洪的族曾祖，因而认为苻氏是由武都迁于临渭，而至苻洪出生时在此处已生活有50余年了（见氏著《前秦史》，北京师范学院出版社1993年版，第26页）。根据前文所述"蒲氏"至永和六年（350）才根据谶文改姓苻氏，因此青龙四年奔蜀的苻建（健）是否与苻洪一支有血缘继承关系很值得怀疑。

着变化。本文拟以此为线索，探索苻秦统治集团民族结构与其兴亡之间的关系。在短短的44年中其统治基础实际上并未稳固且存在隐患，民族融合也受到了阻碍。因而前秦在淝水之战失利后便迅速分崩离析也在所难免。①

一 苻氏集团的兴起与其统治集团的民族构成

前秦苻氏先祖本"世为西戎酋长"，苻洪之父怀归只是氐族诸部落中的一名"小帅"而已。史称苻洪"好施，多权略，骁武善骑射"，在部族中享有较高声望，"群氐畏服之"；永嘉四年（310），前赵刘聪曾遣使任命苻洪为平远将军试图加以拉拢，苻洪则对此予以拒绝而自称护氐校尉、秦州刺史、略阳公。"永嘉之乱"（311）时天下大乱，苻洪"乃散千金，召英杰之士访安危变通之术"，并在宗人蒲光、蒲突的拥戴下被推举为氐族各部落盟主，②从而完成了从部落"小帅"到部落联盟"盟主"的转变，其权威因此也得以扩大。因而先后有刘曜、石虎政权对其施以拉拢或胁迫，旨在令其归降。刘曜曾拜苻洪为宁西将军、率义侯，命其率部众从略阳东徙至京兆高陆（今西安高陵），并进封苻洪为氐王。③但刘曜败亡后，苻洪又率部西返陇山故地。咸和八年（333），苻洪归降后赵入长安并向石虎献策，建议把关陇豪杰及氐、羌部众东迁"以实东方"，"虎从之，徙秦、雍民及氐、羌十余万户于关东。以（苻）洪为龙骧将军、流人都督，使居枋头（今河南浚县西）；以羌帅姚弋仲为奋武将军、

---

① 关于淝水之战及前秦失败灭亡之原因的探讨，前辈学者已经有过深入的论述，特别20世纪90年代前在该问题上的几次争议。代表性学者及其观点前人亦有详尽综述，在此不再赘述，具体请参见崔明德、赵志坚《建国以来关于淝水之战、前秦政权研究述评》，《中国史研究动态》1996年第11期。另外马长寿先生对苻坚不能统一中国的原因亦有论述。见氏著《氐与羌》，上海人民出版社1984年版，第50—61页。而近二十年来相关研究情况，具体可参见邹锦良、龚世豪《二十年来淝水之战相关问题研究综述》，《江西教育学院学报》（社会科学版）第34卷第4期，2013年。另，一些前辈学者的具体研究成果见后文。
② 《晋书》卷一一二《苻洪载记》，第2867页。
③ 《魏书》卷九五《临渭氐苻健》，中华书局1974年版，第2073页。

西羌大都督，使帅其众数万徙居清河之漯头（今河北枣强县）。"① 此后直到350年苻健西入长安，苻氏集团在枋头活动长达18年之久。东徙枋头不仅扩大了苻氏统治部众的民族成分，而且对其统领集团民族构成的改变影响深远，具体表现在以下几个方面。

其一，苻氏此时所统民众除了原氐族部众外，当还包括随迁的关陇汉人以及羌人，加之各族流民的不断加入，其民族成分亦呈现出多样化的特点。苻洪由初期任护氐校尉而至东迁枋头后任流人都督这一变化也从侧面能够反映出所领民众成分的多元化。② 况且流人都督一职对于苻洪而言也甚为重要，借此便可以光明正大的以石虎集团之名义笼络各族流民为己所用，特别是汉人世家大族。而苻洪以流人都督身份统领部众与地方州郡无关，③ 因此其统领部众当有很大的自主性。至咸康四年（338），苻洪又因功进封都督六夷诸军事、西平郡公，④ 诸此经历均为苻氏的崛起打下了基础，尤其是苻洪部下受赐关内侯之人竟达二千之众，而苻洪又为"关内领侯将"，⑤ 其势力也可见一斑。

其二，苻氏统领集团除了苻氏宗族和氐人部落酋帅外，还吸收了其他民族的豪杰人士，如其部下雷弱儿、赵俱即为羌酋，鱼遵则为西域胡。⑥ 尤其是与羌酋的联合使得苻氏的统领地位日趋巩固。诚然该"联盟"的形成与氐羌自古以来的密切联系息息相关。⑦

---

① 《资治通鉴》卷九五《晋纪》一七咸和八年，中华书局2011年版，第3039页。
② 田余庆先生认为，苻洪所领之人只是汉人和氐人，并由苻洪初期任护氐校尉而至东迁枋头后任流民都督这一变化指出"苻洪枋头之众中氐人数量不会很多，至少不会多于汉人"。见氏著《东晋门阀政治》，北京大学出版社1989年版，第233页。但苻洪起兵所封众酋帅中即有羌人。总之，苻洪和姚弋仲所领之人并非是为单纯的氐人或羌人，其成分并非为单一民族。从文献记载来看，苻氏集团内有羌人而姚氏集团内亦有氐人，何况二者之中都有汉人参与。
③ 唐长孺：《晋代北境各族"变乱"的性质及五胡政权在中国的统治》，《魏晋南北朝史论丛》，中华书局2011年版，第155页。
④ 《资治通鉴》卷九五《晋纪》一八咸康四年，第3070页。另《晋书》记作："累有战功，封西平郡公"（卷一一二《苻洪载记》，第2867页）。
⑤ 《晋书》卷一一二《苻洪载记》，第2867页。
⑥ 具体见后文表1内容。
⑦ 关于氐、羌的密切联系，马长寿先生已做过详尽的论述。具体参见氏著《氐与羌》2006年版，第8—20页。

至石遵时期，针对逐渐壮大的苻氏集团，石氏统治者欲求给予适当的压制，因而罢黜苻洪流民都督一职。《资治通鉴》记载：

> 武兴公闵言于遵曰："蒲洪，人杰也；今以洪镇关中，臣恐秦、雍之地非国家之有。此虽先帝临终之命，然陛下践阼，自宜改图。"遵从之，罢洪都督，余如前制。洪怒，归枋头，遣使来降。①

永和五年（349）五月，苻洪在反叛石虎后又选择附晋，如此一来又能增加自身声望，② 因而关陇之流民在西归途中，路径枋头，则共推苻洪为主，以至其众至十余万。③ 苻洪在起兵关东时又自称"大将军、大单于、三秦王"，④ 就其称号而言主要有三个面向，即大将军主要为维系和笼络汉人、大单于领诸胡族，而称三秦王则意欲取得进居关中的合法性。⑤

此外苻洪由最初的"蒲氏"而改姓"苻氏"这一举措也当主要是为

---

① 《资治通鉴》卷九八《晋纪》二十永和五年，第3141—3142页。
② 苻洪是能够从臣服东晋或受晋封号以壮大势力的，具体可以通过鲁昌说慕容廆一事窥知一二。其文曰"王以鲜卑大都督慕容廆为都督辽左杂夷流民诸军事、龙骧将军、大单于、昌黎公；廆不受。征虏将军鲁昌说廆曰：'今二京覆没，天子蒙尘，琅邪王承制江东，为四海所系属。明公唯雄据一方，而诸部犹阻兵未服者，盖以官非王命故也。谓宜通使琅邪，劝承大统，然后奉诏令以伐有罪，谁敢不从！'处士辽东高诩曰：'霸王之资，非义不济。今晋室虽微，人心犹附之，宜遣使江东，示有所尊，然后仗大义以征诸部，不患无辞矣。'廆从之，遣长史王济浮海诣建康劝进。"胡三省注曰："晋室虽衰，慕容、苻、姚之兴，其初皆借王命以自重。"（《资治通鉴》卷九十《晋纪》一二建武元年，2893页。）
③ 《魏书》卷九五《临渭氐苻健传》，第2073页。
④ 《晋书》卷一一二《苻洪载记》，第2868页。
⑤ 田余庆先生认为此三称号主要是基于氐族统治者在数量上不占优势的弱点而为，且前两个称号不过是虚张声势，最具实际意义的是"三秦王"之号，不仅可以取得关中本地旧族的认同而且可以弥补本族武力不具优势的缺陷。见氏著《东晋门阀政治》，第233页。此说甚是，苻洪称"三秦王"的确是为取得关中本地旧族的认同。但苻洪在起兵前打出上述三个旗号实际上更像是一套组合拳，其所领之众包含不同族人，因而无所谓轻重之分。反而"大单于"之名号对势力强大的诸豪酋部落当更具感召力，《晋书》卷一百二十《刘聪载记》，第2674页记载了刘粲、王沈与靳准陷害太子刘乂一事，为此刘粲派靳准和王沈"收氐羌酋长十余人，穷问之，皆悬首高格"。《资治通鉴》亦记载了此事，胡三省在其后注曰："乂为大单于，氐、羌酋长属焉，皆服事东宫。"（《晋书》卷九十《晋纪》十二，第2894页。）

获取更大范围的认同，其对象不仅是氐人当还包括汉人。① 因此有理由认为，苻洪改姓有利于获取原势力强大的氐酋的支持，同时也能在一定程度上获取更大范围汉人的认同感。总之，苻洪上述做法的根本目的是为凝聚各族民众而强化和扩大统治基础，为入主长安甚至是建立和巩固政权做好准备。其民族的多样性从永和六年（350）苻洪任命的一批将佐官员便可窥知一二，具体见表1：

表1　　　　永和六年（350）苻洪任命将佐官员情况统计

姓名	族属	郡望	所封官爵	兼职
雷弱儿	羌	南安	辅国将军	
梁楞	氐	安定	前将军	左长史
鱼遵	西域胡②	冯翊	右将军	右长史
段陵	?	京兆	左将军	左司马
赵俱	羌	天水	从事中郎	
牛夷	?	陇西	从事中郎	
辛牢	?	北地	从事中郎	
毛贵	氐	渭北	单于辅相	
麻秋	?		军师将军	

资料来源：麻秋之任命见《晋书》卷一百十二《苻洪载记》，第2868页；其他见《资治通鉴》卷九八《晋纪》二十，3152页。

从表1可以看出，苻洪逐渐打造起来的统治集团其民族成分涉及氐、

---

① 针对苻洪改姓，周一良先生认为"利用图谶以附会姓名，乃后汉以来旧习，至南北朝未变。"见氏著《魏晋南北朝史札记》（补订本），"五胡次序，无汝羌名"条，中华书局2015年版，第116页。周先生此说甚是，苻洪改姓与此并不单单是一种图腾崇拜的遗留（杨铭：《氐族的姓氏及婚姻》，《西北民族研究》1992年第1期）。但是苻洪为何要附会苻姓更值得探究。据姚薇元先生考证，略阳苻氏当为汉武都白马氏之后裔，而且久通中国与汉人杂居，姓汉姓、习汉语，其"汉化"水平已经很高［具体请参见氏著《北朝胡姓考》（修订本），中华书局2007年版，第365—367页］。因此，以古老且为汉人所熟知的氐族"苻氏"为姓当更容易获取汉人的认同。而据《史记》（修订本）卷一一六《西南夷列传》记载："自冉駹以东北，君长以什数，白马最大，皆氐类也。"（中华书局2014年版，第3625页）此处的"白马"当为"白马氐"（详细考证请参见段丽波、闵红云《白马氐与白马羌辩》，《思想战线》2008年第5期）。因而从该层面讲，选择附会古老且影响最大的白马氐对于凝聚氐人的认同亦是一种高明的选择。

② 陈国琳：《中古北方民族史探》，商务印书馆2010年版，第362页。

羌、西域胡和汉人等，其民族多样性特点日益显著，但不可忽视的是豪酋仍然是支撑其政权的基础，部落联盟的性质更为突出，而苻洪有限的权威也面临着外在的挑战。从出任宗族盟主到当下政权雏形初步形成，这种挑战也一直存在。早在刘曜进据长安之时，苻氏宗人蒲光和蒲突便"逼洪归曜"，① 苻洪也被迫接受。而至永和六年（350）三月，在准备入主长安之际便被"将并其（苻洪）众"的麻秋鸩杀，苻健"代统其众"。② 这一系列的事件一方面冲击着苻氏统治的稳定，另一方面则反映出苻氏权威的有限，因而麻秋便有机可乘。当然，这在很大程度上也影响了苻氏家族后世统领者对待异姓勋贵（尤其是豪酋）的态度。

苻健在初步稳定内部局势后，自称晋征西大将军、都督关中诸军事、雍州刺史，并按照苻洪令其进据关中的遗嘱，于永和六年（350）八月开始着手进军长安。与此同时，苻健又在其父苻洪的"基业"之上对统治集团的部分成员进行了调整，其中梁安任右长史、段纯为左司马，雷弱儿辅国将军一职被其弟苻雄代替，其侄苻菁任扬武将军。③ 苻氏统治集团虽然广纳各族人才，但是在此时却将军权牢牢控制在苻氏宗族手中，这与前文所述苻洪受到胁迫的遭遇不无关系。因而在进攻长安的过程中，实际上也主要是两个苻氏将领起到了决定性的作用。一为苻雄，统率步骑五千入潼关，而苻雄所部实际上是为前锋。④ 二为苻菁，统率七千之众自轵关入河东。苻雄先于潼关击败杜洪之将军张光，⑤ 随后又"略地渭北"并且于阴槃擒获张光，从而"诸城尽陷"，而苻菁所过之地亦无不归降。在二人的合力攻击下"三辅略定"，⑥ 这也强化了苻氏宗族对军队的控制力。

综上可以看出，广揽各族豪杰和人才为己所用并以此凝聚各族民心，是苻氏集团兴起的重要原因之一。这也使得苻氏统治集团的民族成分在

---

① 《晋书》卷一一二《苻洪载记》，第2867页。
② 同上书，第2868页。
③ 《资治通鉴》卷九八《晋纪》二十永和六年，第3157页。
④ 虽《资治通鉴》卷九八《晋纪》二十，第3157页有"以鱼遵为前锋"的记述，但《晋书》记载："（苻健）既济，焚桥，自统大众继雄而进。"（卷一一二《苻健载记》，第2869页）因而苻雄实为前锋。
⑤ 《魏书》卷九五《临渭氐苻健传》，第2074页。
⑥ 《晋书》卷一一二《苻健载记》，第2869页。

东徙枋头之后渐趋多样化，但苻氏宗族独揽军权则是其统治集团的主要特征。易言之，苻氏统治集团民族成分的多样化实际上多呈现在非军事领域。事实上，这种情况在苻秦建政后表现得更为突出。

二 苻健建国及苻秦统治集团的宗族化

永和七年（351），苻健即天王、大单于位，改元皇始，国号大秦。① 史称其"缮宗庙社稷，置百官于长安。立妻强氏为天王皇后，子苌为天王皇太子，弟雄为丞相、都督中外诸军事、车骑大将军、领雍州刺史"。② 显然，苻健在入主长安后基本模仿中原王朝的模式构建中央统治体制，不过其统治集团核心成员的宗族化色彩依然十分突出，这还表现在对其诸子的分封上，具体情况如表2：

表2　　永和七年（351）苻氏家族成员分封情况统计

姓名	职位或爵位	与苻健的关系
苻靓	平原公	次子
苻生	淮南公	三子
苻觐	常乐公	四子
苻方	高阳公	五子
苻硕	北平公	六子
苻腾	淮阳公	七子
苻柳	晋公	八子
苻桐	汝南公	九子
苻庾	魏公	十子
苻武	燕公	十一子
苻幼	赵公	十二子
苻雄	都督中外诸军事、丞相、车骑大将军、雍州牧、东海公	弟
苻菁	卫大将军、平昌公	侄

资料来源：《资治通鉴》卷九九《晋纪》二二，第3161—3162页。

---

① 《魏书》卷九五《临渭氐苻健传》，第2074页。
② 《晋书》卷一一二《苻健载记》，第2869页

至永和八年（352）苻健称帝后，"诸公进位为王"。这实际上与汉高祖大封同姓王性质相同，其实际目的仍是为巩固苻氏宗族政权而屏藩皇室。而对于异姓勋贵，苻健也均授予高官厚禄。在受封的异姓勋贵中除雷弱儿、毛贵、梁楞、鱼遵以及段纯这些"旧勋"外，又新任姜伯周为尚书令、王堕为右仆射、强平为太傅及吕婆楼为散骑常侍，① 其统治集团的成员进一步扩大。不过军政大权仍统归于苻氏宗族手中，因而在此后前秦的各种军事行动也多为苻氏宗族成员所主导，从而形成了以苻氏宗族为主的军事集团。其中苻雄和苻菁的作用尤为突出。此点从苻健在位期间，前秦政权对外大小战役中领军将领的任用情况便可得知，具体如表3：

表3　至永和八年（352）至永和十年（354）前秦对外战争将佐任用情况统计

领军将领	时间	地点	对方将领	秦军胜负	结果
苻健	352年5月	宜秋	张琚	胜	张琚被杀
苻雄、苻菁	352年6月	颍水	谢尚	胜	俘虏张遇②
苻雄	352年11月	陇西	王擢	胜	王擢奔凉州
苻雄、苻菁	353年2月	龙黎	王擢、张弘、宋修	胜	俘虏张弘及宋修，王擢奔姑臧
苻飞	353年3月	平阳	刘康	胜	擒获刘康
苻愿	353年5月	上邽	王擢	败	苻愿奔长安
苻飞	353年6月	仇池	杨初	败	苻雄击败杨初③
苻菁	353年9月				定上洛，置荆州于丰阳川
苻雄	353年11月	池阳	孔特	胜	孔特被杀
苻法、苻飞	353年12月	鄠	刘珍、夏侯显	胜	刘珍、夏侯显被杀

① 《资治通鉴》卷九九《晋纪》二十永和七年，第3161—3162页。
② 永和八年（352）苻雄与苻菁二人率众略地关东，以救援石季龙豫州刺史张遇为名，先击败谢尚所领晋军，后又乘机进攻张遇并将其虏回长安。
③ 《晋书》卷八《穆帝纪》，第199页记载："五月，大疫。张重华复使王擢袭秦州，取之。仇池公杨初为苻雄所败。"

续表

领军将领	时间	地点	对方将领	秦军胜负	结果
苻雄	354年1月	司竹	胡阳赤	胜	胡阳赤逃奔霸城
苻苌、苻雄、苻菁、苻生、苻硕	354年4月	蓝田	桓温	败	桓冲又败苻雄于白鹿原
苻雄	354年4月	子午谷	司马勋	胜	司马勋退屯女娲堡
苻雄	354年5月	白鹿原	桓温	胜	
苻苌	354年6月	潼关	桓温	胜	
苻雄	354年6月	陈仓	司马勋、王擢	胜	司马勋奔汉中、王擢奔略阳
苻雄	354年6月	乔秉	雍		苻雄卒

资料来源：《资治通鉴》卷九九《晋纪》二一，第3177—3193页。

从苻洪起兵至苻健入主长安的几年中，苻氏在建立家族政权以及对外扩张中大小战争从未间断。按照常理应该擢用富有实战经验的将领，但通过上表统计可以看出，除苻雄与苻菁外一批苻氏新人纷纷崭露头角并成为主导，而从苻洪时期开始参与苻氏建国的其他异姓旧勋均未见直接任用，虽有少数例外但实际上也是迫不得已。如桓温北伐时，"秦太子苌等退屯城南，秦主健与老弱六千固守长安小城，悉发精兵三万，遣大司马雷弱儿等与苌合兵以拒温"。[①] 在击退桓温所领的晋军后，苻健根据军功封赏诸将，"以雷弱儿为丞相，毛贵为太傅，鱼遵为太尉，淮南王生为中军大将军，平昌王菁为司空"。[②] 异姓勋贵看似处以高位，但关键的军事权力却牢牢掌握在苻氏成员手中。因而，异姓勋贵在苻秦政权中的权力和影响实际上受到了一定程度的削弱。

而自晋廷返还但被姚襄扣留近四年的苻安，在逃归长安后却被封为"大司马、骠骑大将军、并州刺史"。[③] 由此看来，苻健之用意依然在依靠

---

① 《资治通鉴》卷九九《晋纪》二一永和十年，第3190页。
② 同上书，第3193页。
③ 据《资治通鉴》卷九八《晋纪》二十永和六年，第3155页记载：永和六年（350）三月，苻洪死后，苻安前往晋廷告丧。但至永和十年（354）方归长安（见《资治通鉴》卷九九《晋纪》二一永和十年，第3194页）。

宗室王公控制军权屏藩皇室，最终达到稳固苻氏统治的目的，而对其他各族人才给予尊位则意在笼络和凝聚各族民心。这可谓是苻氏统治集团在权力分配上的主要特点。因此，终苻健一世虽苻秦统治集团之宗族化日益加强，但诸异姓豪酋的势力依旧不容小觑。

三　强化皇权与勋贵豪酋的被诛

永和十年（354），前秦太子苻苌在抵御桓温的战斗中"为流矢所中"，于十月去世，① 而后苻生被立为太子。至翌年六月，苻健病死，苻生即位。② 在临死之前，苻健还任命了一批辅政大臣，史书记载：

> （355年6月）壬午，以大司马、武都王安都督中外诸军事。甲申，健引太师鱼遵、丞相雷弱儿、太傅毛贵、司空王堕、尚书令梁楞、左仆射梁安、右仆射段纯、吏部尚书辛牢等受遗诏辅政。③

入主长安后被"冷落"的非苻氏宗族的旧勋却在此时临危受命，成为辅政大臣，这当与功高权重的苻菁起兵作乱有直接关系。在苻健病重之际，苻菁以为苻健已死，遂引兵谋乱，欲杀太子苻生而自立，但结果以失败被诛而终。④ 虽然此次苻菁之乱得到平息，但苻氏宗族军事集团的势力在某种程度上已经威胁到了皇权并在事实上影响到皇权的正常交接，所以苻健在临终之际任命了一批包括异姓乃至异族的大臣辅政。但另一方面则表明诸受命辅政之人之势力威望依旧不容小觑，这亦当是苻生继立后对他们进行诛杀的重要原因之一。事实上，就在苻生即位之初，苻秦统治集团内部人员任用方面对异姓勋贵的"忽视"就已显现出来。公元355年，苻生趁前凉内乱之机，命其征东将军苻柳的参军阎负和梁殊前往说降招纳，二人向凉州牧张瓘宣示了前秦统治集团的将相辅臣，其名单如表4：

---

① 《资治通鉴》卷九九《晋纪》二一永和十年，第3194页。
② 《资治通鉴》卷一百《晋纪》二二永和十一年，第3196—3197页。
③ 同上书，第3197页。
④ 《晋书》卷一一二《苻健载记》，第2871页。

表4　　　　　　　　苻生时期人员任命情况统计

人名	族属	官爵	备注
吕婆楼	氐	侍中、左大将军	后为侍中、尚书
苻安	氐	太尉、大司马、武都王	
苻柳	氐	征东大将军、并州牧	镇蒲坂
苻谀	氐	镇东大将军、豫州牧	镇陕城
苻黄眉	氐	卫大将军、广平王	
苻法	氐	后将军、清河王	
苻坚	氐	龙骧将军、东海王	
胡文		中书监	
王鱼		中书令	
李威		左卫将军	
苻雅	氐	右卫将军	
梁平老	氐	特进、御史中丞	
强汪	氐	御史大夫	
董荣		尚书右仆射	
苻飞	氐	前将军、新兴王	
邓羌	汉	建节将军	
彭越		立忠将军	
范俱难		安远将军	
徐盛		建武将军	

资料来源：《晋书》卷一一二《苻生载记》，第2875—2876页。

通过表4所列名单明显可以看出异姓勋贵的授用情况远在氐族之下，而如前文所见，这种局面在终苻健之世业已形成。而伴随着苻生继立，为消除勋贵豪酋对朝政的影响以及强化皇权权威，诸异姓勋贵受到了大规模的诛杀，而权威过盛的苻氏宗族成员也逐渐受到排挤。①

史称"（苻）生虽在谅闇，游饮自若，荒耽淫虐，杀戮无道，常弯弓

---

① 唐长孺先生对苻生及苻坚两代抑制氐羌贵族、扩大皇权的策略已有所论述。见《晋代北境各族"变乱"的性质及五胡政权在中国的统治》，《魏晋南北朝史论丛》，第172—173页。实际上在苻健入主长安后即已着手抑制豪酋勋贵，从而推进苻氏政权的家族化。

露刃以见朝臣，锤钳锯凿备置左右"。① 他在继位后不久即以反对改元为由诛杀段纯，② 由此拉开了"滥杀无辜"的大幕。从355年至357年，短短两年时间里，苻生就诛杀了大批异姓勋贵，具体情况如表5：

表5　永和十一年（355）至升平元年（357）被苻生诛杀人员情况统

姓名	官职或爵位	被诛时间	被诛原因	备注
段纯	右仆射	355年6月	上奏劝谏	
梁后	皇后	355年9月	天文异象	
毛贵	太傅	355年9月	天文异象	
梁楞	尚书令	355年9月	天文异象	
梁安	左仆射	355年9月	天文异象	
雷弱儿	丞相	355年11月	受赵韶、董荣谮毁	九子二十七孙受到株连
王堕	司空	356年1月	天文异象	
杜郁	洛州刺史	356年1月	赵韶恶之	王堕之外甥
辛牢	尚书令	356年1月	身为酒监而"失职"	时群臣饮酒而未醉，苻生怒
程肱	金紫光禄大夫	356年3月	上奏劝谏	
强平	左光禄大夫	356年4月	上奏劝谏	
程延	太医令	356年10月		
苻黄眉	广平王	357年5月	谋杀苻生	有功未赏，反而受辱于苻生
鱼遵	太师、录尚书事、广宁公	357年6月	长安谣言	七子十孙受到株连
康权	太史令	357年6月	奏报星象	视为妖言

资料来源：《资治通鉴》卷一〇〇《晋纪》二二，第3197—3214页。

从表5中可以发现，苻生诛杀大臣有着明确的范围和目的，并非是性格使然的"滥杀无辜"，③ 其所诛对象绝大部分均为异姓旧勋，尤其是

---

① 《晋书》卷一一二《苻健载记》，第2873页。
② 《资治通鉴》卷一百《晋纪》二二永和十一年，第3197页。
③ 蒋福亚先生对苻生杀人的原因已有相关论述，具体请参见氏著《前秦史》，第58—63页。

一批开国勋贵。因此，诸贵臣以"进谏"或因"灾异"而被诛只是表面现象，何况诛戮之人并非全为奏述灾异之人。中书监胡文及中书令王鱼以星象有异进谏，结果梁氏以及毛贵受到诛杀；而又有人上奏称："太白犯东井。东井，秦之分也，太白罚星，必有暴兵起于京师。"但苻生不但没有诛杀奏报之人，反而答曰："星入井者，必将渴耳，何所怪乎！"① 而所谓因天文异象而诛之人也具有明显的选择性，《资治通鉴》有载：

> 会有天变，荣与强国言于秦主生曰："今天谴甚重，宜以贵臣应之。"生曰："贵臣惟有大司马及司空耳。"荣曰："大司马国之懿亲，不可杀也。"（大司马为武都王苻安，苻生之叔父）乃杀王堕。②

倘若需要诛杀贵臣以应灾异，苻生何以独称贵臣唯有苻安与王堕？董荣的回答更为直接明了，只因苻安为"国之懿亲"不可诛杀，而王堕则成为"替死鬼"。因此，所谓灾异只不过是苻生剪除异己的借口而已。尤其值得注意的是，苻健所任命的八位辅政大臣先后被苻生以各种理由全部诛杀，而这八位辅政大臣均为勋贵旧臣，其在朝中之资历及威望非他人所能比肩。尤其是雷弱儿、梁楞、毛贵、鱼遵以及辛牢五位大臣，他们在苻洪枋头起兵后均已成为苻氏政权建立与扩张的参与者，可谓是"三朝元老"，但同样遭到诛杀。一方面，如前文所述，这可能与诸勋贵势力过盛有关；而另一方面这实际上也是历代皇权更替过程中权力斗争的表现形式，本质上乃苻生维护其皇权专制、铲除异己的产物，而导火索很有可能为苻苌死后引起的太子人选之争。前太子苻苌去世之后，新太子的选择存在争议，即使按照长幼之别，苻生也只是苻健的第三子。关于苻生立为太子，《魏书》记曰：

> 初，健之长子死，生母强氏意在少子柳，健以谶有"三羊五眼"之言，故立之。③

---

① 《晋书》卷一一二《苻健载记》，第 2872—2878 页。
② 《资治通鉴》卷一百《晋纪》二二永和十二年，第 3202 页。
③ 《魏书》卷九五《临渭氏苻健》，第 2074—2075 页。

虽然苻健最终以"三羊五眼"之谶言选择了苻生作为储君，① 但不能因此而忽视强氏在该事件中的影响力，而其他勋贵豪酋很有可能也参与其中。至苻生当政之时，在外族勋贵势力中"深受其害"的他对诸势力强大的异姓勋贵当更为提防和反感，因此消除这些潜在的威胁也在情理之中。

对皇权的挑战不仅来自异姓勋贵，而且苻氏部分宗族成员也更不容忽视，苻菁之乱即为前车之鉴。② 而苻坚之志气与威望不在诸苻氏之下，在"图纬世"的志向下广结英豪。作为当朝权贵并有"王佐之才"的王猛、吕婆楼、强汪以及梁平老等人，不但没有忠心扶持继立"正统"的苻生，反而被东海王苻坚收为党羽，尤其是身为扶助苻健入主长安的旧勋吕婆楼，也站在了苻坚阵营。因而为强化皇权，苻坚等宗人势力首当其冲也无法回避。但从表5可以明显看出，除苻黄眉外，苻氏宗族成员并未大量受到诛戮，究其原因实际上是苻生着手铲除苻法之事泄露而被发动政变的苻坚与苻法等人诛杀。③

四 "氏本位"的实际强化及前秦统治集团的瓦解

苻坚在诛杀苻生登位之后，实际上基本上延续了苻生的集权之路，只不过手段更为高明，策略较为平缓。一方面继续铲除旧勋豪酋势力（包括氏族）的同时又重新重用一批亲信；另一方面氏族本位主义的策略实际得到了强化。苻坚即位之初即做出人事任命，具体如表6：

---

① 至于"三羊五眼"之谶言从何而来，史无详载，不过可以大胆地推测，此事可能是支持苻生之党所为。崔明德先生认为：拥护苻生的政治势力根据苻生的独眼特点，编造了"三羊五眼"的谶言，为苻生承继皇太子之位制造舆论［见《试析前秦谶言的产生及其应验》，《烟台大学学报》（哲学社会科学版）1997年第2期］。

② 在苻健病重之际，苻菁以为苻健已死，遂引兵某乱，欲杀太子苻生而自立，但结果以失败被诛而终。事见《晋书》卷一一二《苻健载记》，第2871页。

③ 事见《晋书》卷一一二《苻生载记》，第2879页。

表6　　　　　　　　苻坚即位初人事任命情况统计

姓名	族属	职官与爵位	备注
苻法	氐	使持节、侍中、都督中外诸军事、丞相、录尚书	
苻侯	氐	太尉	
苻柳	氐	车骑大将军、尚书令	
苻融	氐	阳平公	
苻双	氐	河南公	
苻丕	氐	长乐公	
苻晖	氐	平原公	
苻熙	氐	广平公	
苻叡	氐	钜鹿公	
李威	?	卫将军、尚书左仆射	
梁平老	氐	右仆射	
强汪	氐	领军将军	
仇腾	氐	尚书	
席宝	?	丞相长史、行太子詹事	
吕婆楼	氐	司隶校尉	
王猛	汉	中书侍郎	掌机密
薛赞		中书侍郎	掌机密
权翼		给事黄门侍郎	掌机密

资料来源：《晋书》卷一一三《苻坚载记上》，第2884—2885页。

苻坚虽如此分配权力，但实际在其后政权建设中所重用之人绝大部分则并非出自该份封赏名册，反而其中一些旧勋豪酋则受到了排斥和打压，而这一策略的实施则主要依靠王猛进行。氐豪樊世虽然"有大勋于苻氏"，但苻坚为使"百僚可整"而设计将其诛杀，"自是公卿以下无不惮猛"。① 王猛掌权后继续对豪酋旧勋实施打击，史书记载：

> 其特进强德，健妻之弟也，昏酒豪横，为百姓之患。猛捕而杀之，陈尸于市。其中丞邓羌，性鲠直不挠，与猛协规齐志，数旬之

---

① 具体见《晋书》卷一一三《苻坚载记上》，第2885—2886页。

间，贵戚强豪诛死者二十有余人。于是百僚震肃，豪右屏气，路不拾遗，风化大行。①

从引文中可以看出诸豪酋在苻氏政权中势力强盛，甚至是横行不法，而苻坚对其打击力度不在苻生之下，这正也说明诸豪酋的确与苻氏皇权集中存在着矛盾。上表5中所列仇腾和席宝也因"谮毁""权倾内外"的王猛而受到贬黜。② 在王猛受到重用后樊世也质问：

吾辈与先帝共兴事业，而不预时权；君无汗马之劳，何敢专管大任？是为我耕稼而君食之乎！③

显然，樊世之言实际道出了诸勋贵在苻氏政权构建中的贡献及地位。所谓"不预时权"当是诸旧勋豪酋逐渐被排挤出苻秦上层权力圈的说辞，其背后所暗含着"不预"与"干预"之间的矛盾与博弈。而苻坚之所以如此费尽心思为"无汗马之劳"的王猛树立权威以致打击豪酋，④ 实际上归根结底也是为了强化皇权，试图将苻秦政权带上封建王朝的"正轨"。但苻坚所重用之人也并非只是汉人，一批氐族新人亦应运而起。从苻坚即位后讨伐叛将张平开始至383年南下伐晋前夕，期间大小决议和战事重用之人主要如表7：

表7 升平元年（357）至太元八年（383）苻坚对外战争人员任命情况统计

姓名	族属	出征次数	备注
邓羌	汉	7	
张蚝⑤	?	6	
杨安	氐	9	

---

① 《晋书》卷一一三《苻坚载记上》，第2887页。
② "黜腾为甘松护军，宝白衣领长史。"见《晋书》卷一一四《苻坚载记下》，第2931页。
③ 《晋书》卷一一三《苻坚载记上》，第2886页。
④ 唐长孺先生认为，汉人被任用者甚多，正是因为苻氏宗族与氐族内部矛盾发展的结果。见《晋代北境各族"变乱"的性质及五胡政权在中国的统治》，《魏晋南北朝史论丛》，第172页。
⑤ 张平之子，本姓弓，上党人。

续表

姓名	族属	出征次数	备注
苟氏	氐	6	苟池、苟苌
毛氏	氐	8	毛盛、毛嵩、毛当、毛兴

注：此表结合蒋福亚先生《前秦史》，第219—220页统计结果与姜文皓之统计（《试析前秦苻坚迁徙氐族于地方的原因》，《韩国研究》第4辑，第113—114页）绘制。

资料来源：《晋书》卷一一三《苻坚载记上》，第2885—2903页。

从表7的统计结果可以看出新兴氐人受到的重用情况，其所占比重远远超过其他民族。另外我们还可以通过另一项统计来说明这一情况，即至淝水之战前苻坚派遣将领出镇要地的情况，见表8。

表8　　　　　　　淝水之战前夕前秦将佐出镇情况统计

姓名	族属	镇地	备注
杨安	氐	仇池	后镇成都
王统	?	仇池	
毛当	氐	汉中	后镇彭城
梁熙	?	姑臧	
梁成	氐	襄阳	
毛盛	氐	胡陆	
苻洛	氐	成都	
苻丕	氐	邺	
石越	氐	龙城	
韩胤	氐	平城	
梁谠	氐	蓟城	
毛兴	氐	枹罕	
王腾	氐	晋阳	
苻晖	氐	洛阳	
苻叡	氐	蒲坂	

资料来源：《晋书》卷一一三《苻坚载记上》，第2885—2903页。另，表中一些将领之族属情况，依据马长寿先生之考证，见氏著《碑铭所见前秦至隋初的关中部族》，广西师范大学出版社2006年版，第28—32页。

结合上表所示，显然可以看出氐族此时在苻秦国家政权层面的特殊地位。苻坚如此集中重用氐人将佐，在政权发展初期的确可以稳固苻氏的统治根基，但从长远来看其弊端显而易见，甚至会动摇其统治的根基。苻氏政权在草创初期即保留了原来的部落组织，有酋长，① 至苻洪枋头起兵之时，已完全是军事化与部落化的封建组织，而且亦有部落与部曲制的结合。② 但这种"合成体"本身就存在问题，"杂户"向"编户"的过渡必然涉及权力等利益问题，当部民成为编民时，酋长的实际权力是被弱化了。因而要解决这一矛盾，实则可以在国家政权建构层面给诸豪酋部分空间，令其能逐渐融入苻氏统治集团之中，因而可以加速"杂户"向"编户"的过渡。事实上，苻坚后来对其他诸如慕容氏等民族的"怀柔"也当有诸此方面的考虑。但实际情况从上文所述来看，其上层统治集团中氐族本位主义逐渐占据了主流，并且前秦地方刺史或州牧之任用也多为氐人。根据前辈学者的统计，具体如表9：

表9　　　　　　前秦地方刺史或州牧人员任命情况统计

州	官职	治所（镇所）	任职者	设置年代
司隶	校尉	长安	梁楞、赵晦、吕婆楼、王猛、苻融	苻健
雍州	刺史、牧	安定→蒲坂	苻雄、苻双、苻武、苻柳、苻丕	苻健
秦州	刺史、牧	上邽	苻愿、啖铁、苻雅、苻双、苟池、窦滔	苻健
洛州	刺史	宜阳→陕城	赵俱、杜郁、苻庾、邓羌、邵保	苻健
豫州	刺史、牧	许昌→洛阳	张遇、杨群、苻庾、王鉴、苻重	苻健
并州	刺史、牧	蒲坂→晋阳	苻安、苻柳、尹赤、苻抑、徐成、俱难、张蚝	苻健
冀州	刺史、牧	邺	张平、王猛、苻融、苻丕、苻定	苻健

---

① 唐长孺：《晋代北境各族"变乱"的性质及五胡政权在中国的统治》，《魏晋南北朝史论丛》，第128—136页。

② 同上书，第155—156页。

续表

州	官职	治所（镇所）	任职者	设置年代
幽州	刺史	和龙	张哲、郭庆、苻重、苻洛	苻健
青州	刺史	广固	袁朗、韦钟	苻健
荆州	刺史	丰阳→襄阳	郭敬、黄甫覆、杨安、梁成	苻健
南秦州	刺史	仇池	杨世、杨统、王统	苻坚
凉州	刺史	枹罕→金城→姑臧	彭越、姜宁、王统、梁熙	苻坚
河州	刺史	武始→枹罕	李俨、李辩	苻坚
梁州	刺史	汉中	杨安、毛当、韦钟	苻坚
益州	刺史、牧	成都	王统、杨安、苻洛	苻坚
宁州	刺史	垫江	姚苌	苻坚
兖州	刺史	仓垣→鄄城	梁成、彭超、毛盛	苻坚
徐州	刺史	彭城	彭越、毛当	苻坚
扬州	刺史	下邳	王昱	苻坚

注：此表结合蒋福亚先生《前秦史》，第219—220页统计结果与姜文皓之统计（《试析前秦苻坚迁徙氐族于地方的原因》，《韩国研究》第4辑，第113—114页）绘制。

显然，从苻健到苻坚南伐这一段时期内，苻秦政权地方最高权力基本上仍掌握在氐人手中。那么诸如羌等其他民族人员在苻秦政权构建中处于何处呢？虽然我们无法从传统史料记载中获知其具体情况，但仍可从苻秦时期的《邓太尉祠碑》和《广武将军□产碑》中相关记载情况加以论证。通过马长寿先生的整理和考证，对于苻秦关中郡县一级的人员任用及其民族构成当有了较为明晰的认知。[1]《邓太尉祠碑》中所述，冯翊护军所辖五部的部族分别为：屠各；上郡夫施的黑、白羌；高凉西羌；卢水胡；白虏（鲜卑）；支胡；粟特；苦水人等，文中称"夷类十二种"。此碑中所见的人员任用以西羌军吏最多，共十九人，占军吏全数二十九人的68%以上。[2] 而《广武将军□产碑》不仅有郡县系统的记载，还记

---

[1] 马长寿：《碑铭所见前秦至隋初的关中部族》，第12—37页。
[2] 同上书，第17页。

述了部落系统的情况，具体见表10：

表10　《邓太尉祠碑》和《广武将军□产碑》中苻秦地方人事任用情况统计

姓氏	族属	属于少数部族姓氏	不确定	合计
夫蒙	羌	29		29
王	氐	8	6	14
白、帛	龟兹人	6		6
杨	氐	6	11	17
儁蒙	羌	4		4
张	屠各	4	1	5
雷	羌	4		4
同蹄	羌	3		3
李	？	3	1	4
爪	？	2		2
秦	？	2	11	13
樊	氐	1		1
董	屠各	1	7	8
井	羌	1		1
韩	氐	1	1	2
司马	？	1		1
总计		76	38	114

注：内容亦根据马先生所列统计结果及考证内容改制而成。见氏著《碑铭所见前秦至隋初的关中部族》，第28—33页。

从表10可以看出羌人在苻秦地方政权系统举足轻重的地位。据马先生统计，在《邓太尉祠碑》中西羌人占军吏的68%，而在《广武将军□产碑》中西羌人称将军或部大、酋大的也占少数民族将吏总数的54%。但即便如此，时羌人在苻秦政权中的地位不如氐族之现状是一目了然的，[①] 即使有雷弱儿、姚襄及姚兴等一干人先后参与苻秦的中央政权之

---

① 见马长寿《碑铭所见前秦至隋初的关中部族》，第34页。

中，但所占比例则是微乎其微，何况雷弱儿早在苻生时期即被诛杀，而姚苌之任用实为统御诸羌之需要，其受重用程度远逊于氐人。因此，由与氐族联系密切的羌人在苻秦政权系统中的参与情况大体亦可推知诸如屠各等其他民族参与之状况。显然，相对于氐族而言其他诸民族之任用多集中于地方政权系统的底层。而且由表10所反映的情况来看，大部分其他民族在苻秦政权中仍是以"部大"或"酋大"统领下的部落形式而存在，因而其统领之民众绝大部分仍为杂户，而被迁居关中地区的鲜卑诸族实际情况也与此类似。

以居于关中的羌人为例，至苻坚时期只有少数的羌人从杂户中分化出来，成为城镇编户，"大部分的羌族杂户仍在本族大姓部大的统治下，过着落后的部落生活"。① 如此一来，苻秦的民族融合在短时期内当难以实现。② 我们从另一则史料的记述也可体会其中的微妙之处，在敛岐居略阳反叛后，苻坚派王猛、姜衡、邵羌及姚苌前往镇压，而敛岐部落先前属于姚仲弋，因而听闻姚苌前来便纷纷降附。③ 实际上，至淝水之战失败后前秦的迅速瓦解便是以鲜卑、丁零、乌丸及羌等民族集团反叛势力的出现而开始的。

苻氏所建立的前秦政权的统治基础是氐、羌诸豪酋所统领的大小不一的部落组织，从入主关中建立政权至"淝水之战"，苻洪、苻健、苻生、苻坚四代君主面对不同的局面和形势采取了不同的策略以巩固苻氏之统治，并一步步推进前秦政权的封建化进程，从而出现了淝水之战前较为强盛的局面。但或许正是这种表象使得苻坚在一些认知上出现了误区，尤其是在民族关系上。④ 而这种认知偏差的出现也恰恰反映出苻坚对前秦民族关系乃至封建国家政权建构的一种美好愿景。需要指出的是，苻坚对诸如鲜卑等异族贵族阶层的怀柔似乎不可简单视为策略

---

① 马长寿：《碑铭所见前秦至隋初的关中部族》，第36—37页。
② 通过王猛劝谏苻坚之言可见一斑，王猛曰："鲜卑、羌虏，我之仇也，终为人患，宜渐除之，以便社稷。"（《晋书》卷一一四《苻坚载记下附王猛传》，第2933页）王猛之论虽非出自苻坚之口，但实际代表了苻氏统治阶层在处理民族关系中的一种认知，这当也不利于民族融合。
③ 《资治通鉴》卷一一〇《晋纪》二三太和二年，第3254页。
④ 李方：《前秦苻坚的中国观和民族观》，《西北民族研究》2010年第1期。

失误,① 当然也不完全是苻氏家族多元文化倾向影响的结果。② 因为以此我们还不能完全解释苻坚在继立初期诛杀异姓勋贵,而在后期却宠幸异族上层这种矛盾的做法。若从整个前秦政权的发展过程来看,正如李方先生指出的,苻坚施行仁政、优待各族实质是为全力推行汉化,实现"六合一统"的目标。③ 但通过上文所述可以看出,苻秦政权建构中氐族本位主义实际上的强化却阻塞了民族融合,使得广大其他民族民众并未完全融入苻氏政权之中,即相当一部分的"部民"仍未转化成为"编民",因而其政权的根基实际上潜存着隐患。前秦统治集团内在的结构性矛盾以及潜在的危机很可能会在某次偶发事件中集中爆发,而淝水之战的失利则成了导火索。因而即使苻坚返还至洛阳仍有众"十余万",④ 但也无法阻止前秦迅速走向分崩离析。

---

① 李椿浩:《论苻坚的民族政策与前秦的灭亡》,《中央民族大学学报》(哲学社会科学版) 2000 年第 1 期。对这种民族政策或策略展开探讨的还有:张鹤泉《前秦国家民族政策的失误及其对国家统一局面的影响》,《郑州大学学报》(哲学社会科学版) 2004 年第 5 期;孟永林、林双成《苻坚"崇尚文教"与前秦败亡之原因》,《社会科学战线》2006 年第 5 期。

② 丁宏武、靳婷婷:《前秦苻氏家族的多元文化倾向及其成因考论》,《甘肃社会科学》2009 年第 5 期。

③ 李方:《前秦苻坚的中国观和民族观》,《西北民族研究》2010 年第 1 期。

④ 《晋书》卷一一四《苻坚载记下》,第 2919 页。

墓志所见汉族士族女性操持元魏宗室之"家政"与"家教"

——从一个侧面看北魏后期鲜汉上层社会之文化交融

扬州大学社会发展学院历史系　王永平

众所周知，北魏孝文帝迁都洛阳之后，实施全面汉化政策，加快了鲜、汉上层间民族融合的进程。对此，历代史家就其相关军政举措及其影响与得失等问题多有论述，几可谓题无剩义。不过，最近比较系统地梳理北魏士族妇女墓志资料，其中不仅涉及鲜、汉上层通婚之记载，而且还有诸多比较具体的有关女性婚后生活的内容，这都远远地超出了史传文献的记载。检讨相关学术史，鲜、汉通婚固为孝文帝汉化重要政策之一，其实施及影响自然为论者所重视，但囿于资料与视角，在制度层面之外的生活领域，那些入嫁鲜卑上层特别是元魏宗室的汉族士族女性是如何推进异质民族文化融合的？政策性的婚姻举措与制度化的门第比附固然确立了孝文帝改制的导向，但日常生活方式、社会文化观念等方面的交融在民族融合进程中也有不可忽视的作用。而在这一方面，入嫁元魏宗室的汉族士族女性则扮演了特殊的文化传播者的角色，应当引起足够的理解与重视。有鉴于此，本文以相关墓志资料为中心，从汉族士族女性操持元魏宗室各房支之内务与家教这一具体视角，论述其在传播汉族士族文化与推进民族文化融合方面的作用，以期有补于陈说。

一 "中馈是宜，内政有序"：汉族士族女性主持元魏宗室之家政内务

北魏孝文帝迁都洛阳之后，强制拓跋氏皇族子弟与汉族士族通婚，其目的在于促使元魏上层与汉族士族合流，以推动其逐步"士族化"。士族之本质在于其具有以儒家礼法为核心的家族文化，[①] 而对于元魏宗室而言，其自身并不具备汉族士族社会那样渊源有自的文化传统。那么，他们是通过什么途径或方式以吸收汉族士族文化以实现其向"士族化"转变的呢？我们知道，士族社会日常的礼法实践与子女训导，一般是由各家族之主妇操持的。入嫁元魏宗室的汉族士族女性自然将士族文化风尚带到夫族家庭生活之中，她们多主持家族内务，从而在日常生活领域改造鲜卑文化，成为催生拓跋氏统治集团汉化的一个不可忽视的重要因素。

出土墓志资料显示，入嫁元魏宗室的汉族士族女性成为向拓跋上层传输士族文化的重要媒介。北魏《韩氏墓志》载其为遂城人，魏安乐王第三子给事君之夫人："贞顺自性，聪令天骨，德容非学，言功独晓。……毕醮结缡，作嫔蕃室。每期玄庆福善，长隆内训。"[②] 这里称其"每期玄庆福善，长隆内训"，实际上就是用士族妇德改造夫族生活风尚。

又，北魏《元飏妻王夫人墓志》载其出自琅邪王氏"世载家训，阴轨亦明，作配魏宗。……言告师氏，内式闲素，□□之操，终始若一"。[③] 这里称王氏在拓跋家庭中始终遵循士族礼度。

又，《魏岐州刺史赵郡王故妃冯会墓志》载：

> 太妃姓冯，名会，长乐信都人。……太妃禀河月之精，陶清粹

[①] 陈寅恪先生在《唐代政治史述论稿》（上海古籍出版社 1982 年版）中有论云："所谓士族者，其初并不专用其先代之高官厚禄为其唯一之表征，而实以家学及礼法等标异于其他诸姓。……凡两晋、南北朝之士族盛门，考其原始，几无不如是。……夫士族之特点既在其门风之优美，不同于凡庶，而优美之门风实基于学业之因袭。故士族家世相传之学业乃与当时之政治社会有极重要之影响。"（第 71—72 页）

[②] 赵超：《汉魏南北朝墓志汇编》，天津古籍出版社 2008 年版，第 71—72 页。

[③] 同上书，第 72 页。

之气，爱静幽闺，训兹礼室。俶容天挺，孝敬过人，婉娩既闲，敏斯四德，丝枲紃组，无不悉练，女功心裁，内外嗟称。又善于书记，涉揽文史……自来嫒蕃邸，恭俭踰素，作训可模，动止成则。可谓圣善形家，垂芳自国者也。①

这里称述冯太妃主持赵郡王蕃府之内务，"作训可模，动止成则"，重塑元魏宗室之门风，确实"可谓圣善形家，垂芳自国者也"。

又，《魏阳平王妃李氏墓志》载：

太妃李氏，顿丘卫国人也。魏故使持节、大将军、阳平幽王之妃。使持节、卫大将军青定二州刺史、阳平惠王之母。……志量宽明，性度方雅，顾史自修，问道缄阙，五礼既融，四德兼朗。九族称其贞淑，邦党敬其风华。……太妃遂内执恭谦，外秉礼宪，慕关雎之高范，遵鸡鸣之鸿轨，柔裕以奉上，慈顺以接下，发言必也清穆，举动其于令则。……妇德徽于大邦，母仪光于蕃国，四育宝璋，道映当世，奉时之绩，鸿册流芬。故庙堂庆其诞载，王业赖其作辅，烈岳之胤，太妃其有焉。太妃慈惠为心，聪令为德，严而易奉，和而难悦，恭己以政人，克躬以齐物，俭不侵礼，华不损诰。虽荣贵弥隆，而志操不俞，欢恚弗形于颜，憍矜莫现于色。听其声，则无鄙吝之心；睹其容，则失傲慢之志。故能长幼克谐，小大斯穆。至于孝慕仁厚之感，慈明恭允之量，垂衿泛爱之道，温柔和裕之至，信可以踵武大姜，继轨任氏者矣。②

李氏出自汉族旧门，其出嫁拓跋宗室人物，善于持家，"故庙堂庆其诞载，王业赖其作辅"，修身严正，恪守礼法，将汉族士族的治家风范传播到拓跋族氏家庭生活中。

又，《魏彭城武宣王妃李媛华墓志》载其出自陇西李氏，父李冲，婚后治家有道：

---

① 赵超：《汉魏南北朝墓志汇编》，第84—85页。
② 同上书，第100页。

闺庭整峻，言不越闻。武宣出统戎马，入总机权，百揆一人，万务由己，声绩允著，朝野嗟称。岂独外行所招，盖亦内德之助。……妃既善母仪，兼闲妇德，三从有闻，四教无违。帝宗仰其风流，素族钦其盛轨。①

彭城王参掌军政要务，李氏则主家政，颇有"内德之助"。彭城王死后，家务更全有赖李氏，以致"帝宗仰其风流，素族钦其盛轨"。

又，《魏章武王妃卢贵兰墓志》载：

太妃姓卢，讳贵兰，范阳涿县人也。……亦既言归，继之王室。奉上接下，曲尽妇仪，用之家人，克成内政，遵其法度，为世模楷。加以敦穆宗亲，贻训子侄，唯礼是蹈，非法不言，故能望楚官而轶樊姬，瞻齐堂而超卫女。②

可见章武王家庭内政主要由卢太妃操持，其治家"遵其法度，为世模楷"，"敦穆宗亲，贻训子侄，唯礼是蹈，非法不言"，以士族礼法治理鲜卑王室之内务。

又，《魏故元氏赵夫人墓志铭》载赵夫人讳光，字容妃，南阳苑县都乡白水里人，年十六与元魏宗室冠军将军、徐州刺史元永长子联姻，"其在重闱，四德唯婉，既配帝胄，七教逾隆。故令众姒颂徽，群娣歌美，训范两宗，惠流庶族"。铭文中有赞辞曰："爰匹帝族，肃雍是侍，德则称人，过乃收己。上虔舅姑，傍协娣姒，恩沾两门，化洽邦里"。③

---

① 赵超：《汉魏南北朝墓志汇编》，第149页。北魏孝文帝以来，陇西李氏是元魏宗室主要的通婚对象之一，涉及这方面的墓志资料也较多，又如《魏博陵元公故李夫人墓志铭》载："夫人字艳华，陇西狄道人，武昭王皓之五世孙。……年十七，归于元氏。□母事姑，婉然作合，居不言容，敬等如宾，奉上温恭，逮下慈惠，斯须无怠，造次靡失。丝茧组纴之功，蘋蘩醴酏之品，从今行古，人无闲言。信可模范一时，矩仪当世"（前揭赵超《汉魏南北朝墓志汇编》，第347—348页）。李艳华也可谓操持元魏宗室家务之典范。

② 赵超：《汉魏南北朝墓志汇编》，第371页。

③ 赵超：《汉魏南北朝墓志汇编》，第113—114页。其中"苑县"，查《宋书》卷三七《州郡志三》"雍州·南阳郡"条和《魏书》卷一〇六下《地形志》"荆州·南阳郡"条，皆载有"宛县"，疑此处"苑"当为形近而误书，或因志文不清而录文有误。

不仅如此，以婚姻关系进入元魏宫廷的汉族士族女性，则有机缘辅助元魏帝王，治理后宫与内廷事务。《魏故世宗宣武皇帝嫔李氏墓志》载其出自赵郡李氏：

> 爰在父母之家，躬行节俭之约，葛覃不足逾其勤，师氏莫能增其训。……遂应帝命，作配皇家，执虔烝祀，中馈斯允。事先帝以成，奉姑后以义。柔顺好和，谠言屡进，思乐贤才，哀而不伤。后宫有贞信之音，椒掖流恺悌之泽。①

李氏贤明，为宣武帝操持内务，"执虔烝祀，中馈斯允"。

就相关墓志所载，入嫁拓跋宗室的士族女性不仅以礼法操持其家务内政，而且在辅助元魏王公之军政方面亦卓有建树。如《薛伯徽墓志》载其河东汾阴人，甚有才德之名，魏中山王元英之子元诱"钦重门胄，雅闻德音，乃申嘉娉，崇结伉俪。夫人时年廿有七矣。于时元氏作牧秦蕃，夫人起家而居之。至使语及刑政，莫非言成准墨。夫氏秉忠贞之概，逢淫刑肆毒。夫人痛歼良之深冤，逝长龄于同穴"。② 由"语及刑政，莫非言成准墨"，可见其辅助军政颇可称述。

又，北魏《任城文宣王浄太妃冯令华墓志》载出自长乐信都冯氏，文明皇太后侄女，正始二年（505），其年十九出嫁任城王元澄，治家辅政：

> 文宣王历作王官，至于宰辅，居栋梁之任，荷天下之忧，昧旦入朝，不以私室为念。太妃恭勤妇业，助治家道，中馈是宜，内政有序；务先窈窕，不有妒忌之心；博进才贤，而无险诐之志。至若遥听车声，识伯玉之有礼；当朝晏罢，责叔敖之未登。辅主君，古今英异。《易》称一人得友，《诗》著三五在东，以兹樛木之恩，成此螽斯之业。③

---

① 赵超：《汉魏南北朝墓志汇编》，第184页。
② 同上书，第174页。
③ 同上书，第374页。

志文称其"恭勤妇业,助治家道,中馈是宜,内政有序",可见其治家以礼,成效卓著。在此基础上,冯氏依照"辅佐君子,助其不足"之士族社会之妇德规范,用多种方式助益其夫施政,发挥了积极的正面作用,故有"辅主君,古今英异"之誉。①

关于士族女性襄助元魏统治者之军政事务,史传文献对此也有记载,《魏书》卷九二《列女传》载:

"任城国太妃孟氏,巨鹿人,尚书令、任城王澄之母。澄为扬州之日,率众出讨。于后贼帅姜庆真阴结逆党,袭陷罗城。长史韦缵仓卒失图,计无所出。孟乃勒兵登陴,先守要便。激厉文武,安慰新旧,劝以赏罚,喻之逆顺,于是咸有奋志。亲自巡守,不避矢石。贼不能克,卒以全城。澄以状表闻。属世宗崩,事寝。灵太后后令曰:'鸿功盛美,实宜垂之永年。'乃敕有司树碑旌美。"②

元魏皇族之外,其他鲜卑上层贵族也与汉族士族通婚,并由士族女性主持家政内务,这在相关墓志中也有记载。如《长孙士亮妻广平郡君宋氏墓志》载:

---

① 北朝后期,鲜、汉通婚常态化,入嫁元魏宗室后裔的士族主妇始终秉持其妇德仪范,操持内务。如隋《崔暹墓志》载其"年十七,出嫁魏郡元氏,从夫千里,不惮飘摇,方期百年,唯勤巾栉,性闲工巧,知无不为。元氏为淮南县丞,夫人同往赴任"。(韩理洲辑校《全隋文补遗》,三秦出版社2004年版,第225页)可见入隋后元魏后裔与汉族士族通婚,女性从夫持家之风依然如此。当然,由于所载之"魏郡元氏"具体家世背景不详,难以深论。

② 北朝女性尚武,参与军事者颇多,《魏书》卷九二《列女传》载:"苟金龙妻刘氏,平原人也。廷尉少卿刘叔宗之姊。世宗时,金龙为梓潼太守,郡带关城戍主。萧衍遣众攻围,值金龙疾病,不堪部分,众甚危惧。刘遂率厉城民,修理战具,一夜悉成。拒战百有余日,兵士死伤过半。戍副高景阴图叛逆,刘斩之,及其党与数十人。自余将士,分衣减食,劳逸必同,莫不畏而怀之。井在外城,寻为贼陷,城中绝水,渴死者多。刘乃集诸长幼,喻以忠节,遂相率告诉于天,俱时号叫,俄而澍雨。刘命出公私布绢及至衣服,悬之城中,绞而取水,所有杂器悉储之。于是人心益固。会益州刺史傅竖眼将至,贼乃退散。竖眼叹异,具状奏闻,世宗嘉之。正光中,赏平昌县开国子,邑二百户,授子庆珍,又得二子出身。"(中华书局1974年版,第1983—1984页)这可见北朝汉族女性普遍具有实干才能,其中杰出者能领兵处分,指挥若定。

夫人讳灵妃，广平烈人人也。祖弁……女德光于未笄，妇功茂于已醮。声逸诸姑，誉腾伯姊。闺闱嗟羡，九族归仁。非玉洁在性，兰芳自天，其孰能若斯者哉。……爰初外成，修栗告虔，尽恭孝于舅姑，竭信顺于叔妹。子侄被慈惠之恩，室家显终身之敬。德流二宗，人无间然。

当时朝廷特下诏称其"柔仪内湛，娴问外扬。积庆之门，方膺茂祉，而不幸徂殒，良用嗟悼。宜崇宠数，以慰沉魂。可赠广平郡君，祭以太牢，礼也"。①

这些入嫁元魏宗室的汉族士族女性之所以能操持其家族内政事务，在于她们普遍具有良好的妇德礼法与学术文化等方面的修养。在妇德仪范与生活技能方面，士族女性自幼便接受严格的训练。这在相关墓志中多有明确记载，如前揭《元飏妻王夫人墓志》载其"世载家训，阴轨亦明"。②《魏岐州刺史赵郡王故妃冯会墓志》载"太妃禀河月之精，陶清粹之气，爰静幽闺，训兹礼室。俶容天挺，孝敬过人，婉娩既闲，敏斯四德，丝枲纠组，无不悉练，女功心裁，内外嗟称"。③《魏阳平王妃李氏墓志》载其"志量宽明，性度方雅，顾史自修，问道箴阙，五礼既融，四德兼朗。九族称其贞淑，邦党敬其风华"。④《魏故世宗宣武皇帝第一贵嫔夫人司马显姿墓志》载其河内温人，"夫人承联华之妙气，育窈窕之灵姿。闲淑发于髫年，四德成于笄岁。至于婉娩织纴，早誉宗闱，洁白贞专，远闻天阁"。⑤《魏任城王妃冯令华墓志》载其"生道德之家，长礼仪之室，目不睹异物，耳不闻外事。而聪明温惠，与本性而相符；仁信规矩，乃率行而自合"。⑥《魏安丰王妃冯氏墓志》载其"夙承阴教，早备柔仪，取则彤管之诗，求箴青史之记"。⑦《魏顿丘李府君夫人郑氏墓

---

① 赵超：《汉魏南北朝墓志汇编》，第301页。
② 同上书，第72页。
③ 同上书，第85页。
④ 同上书，第100页。
⑤ 同上书，第120页。
⑥ 同上书，第374页。
⑦ 同上书，第376页。

志》载其"世擅膏腴，家传冠盖。禀和有素，籍庆自远。……仪范宗姬，誉满闺阃"。① 有关这类妇德仪范的记载连篇累牍，主要得自士族礼法熏陶，可谓渊源有自。

士族社会之女教还涉及以儒家基本典籍为核心的经史学术与文学才艺等方面的内容，目的在于培养其才具学识。对此，相关墓志记载也有所体现。如《魏广阳文献王妃王令媛墓志》载其"琅邪临沂人，齐尚书仆射奂之曾孙也。既望冠海内，为天下盛门。……妃籍采华胄，膺和淑灵，体韵闲凝，识怀明悟，尊敬师傅，鉴诫国史，进退合轨，折旋成则。亦既有行，来仪蕃邸，率礼公宫，剋循法度"。② 王令媛出自南朝琅邪王氏，从其"尊敬师傅，鉴诫国史"等情况看，其家族重视女教，在经史学术启蒙方面则有专门的师傅教授。琅邪王氏家族如此，其他士族也当如此。又，《魏尚书江阳王次妃石夫人墓志铭》载石夫人名婉，字敬姿，勃海南皮人，为北魏荆、豫、青三州刺史石馥女，"禀气妍华，资性聪哲，学涉九流，则靡渊不测，才关诗笔，触物能赋"。③ 石婉"学涉九流"，"才关诗笔，触物能赋"，可见其不仅学识广博，而且有较高的文学才能。又，《魏故车骑将军司空公元故夫人冯氏墓志》载其不仅妇德修养甚佳，"闺中有婉娩之称，阃外闻四德之声"，而且"好读诸义，巧于辞令"，④ 也有丰富的才艺学识。又，《魏故贵华恭夫人王普贤墓志铭》载王普贤为南朝一流门第琅邪王氏代表人物王肃女，在才学方面，其"妙闲草隶，雅好篇什，春登秋泛，每缉辞藻，抽情挥翰，触韵飞瑛"。⑤ 王肃在北魏孝文帝时入魏，其家族自然具有南朝崇尚文学之风尚，其女性也显示出卓著的文学才情。正因为士族女性普遍具有非同一般的妇德仪范及相关学术文化修养，她们出嫁后多能从容主持家族内务，并能承担起训导子弟的责任。

---

① 赵超：《汉魏南北朝墓志汇编》，第 377 页。
② 同上书，第 358 页。
③ 同上书，第 55 页。
④ 同上书，第 258 页。
⑤ 同上书，第 69—70 页。

二 "训诲诸子,成兹问望":汉族士族女性对元魏宗室子女之母教

士族女性主持其家务内政,"助治家道",在日常生活中主要表现为敬奉舅姑、和睦娣姒,以确保"中馈是宜,内政有序"。但若仅限于此,于当时的妇德仪范而言,则有未周,有所亏欠。妇德之中一项重要指标是母德,即士族女性之治家,肩负着抚育、训导其家族子弟的使命与职责。对于入嫁元魏宗室的汉族士族女性而言,其操持家政内务,自然必须履行育子之责。对此,相关墓志多有记载。如东魏《元均墓志》载:

> 夫人京兆杜氏,汉御史大夫(杜)周之后。……凡所诞育七男六女等,莫不如珪如璋,令问令望者矣。①

这里说杜氏善于教育子女,其所亲生之七男六女"莫不如珪如璋,令问令望者矣",非同凡器,显然是称颂其训导之功。又,《魏故南阳郡君赵夫人墓志铭》载:

> 夫人讳胡仁,南阳苑人也。南阳太守之女,相州刺史、平阳公之第六子、散骑常侍之妻。……夫人诞生三子,声驾一时,咸有王佐之略,命世之才。……当世以为贵盛,缙绅慕其藉甚。……夫人自少至耋,孝敬敦睦,长孤抚幼,亲加鞠养,好施能赡,去奢就约。……是以誉满两京,声溢九服。大丞相、中外诸军事、渤海王高,地居咸重,位望尊崇,亲慕夫人慈训,躬展诚敬。朝廷标赏,诏曰:"辅国将军、岐州刺史难宗母,前以身德子勋,光启邑号。因讳陈改,理宜见从。可西荆南阳郡君。"②

这里说赵氏所生三子"声驾一时,咸有王佐之略,命世之才。……

---

① 赵超:《汉魏南北朝墓志汇编》,第361页。
② 同上书,第372—373页。这里的"苑县",当为宛县,见前文注释之相关说明。

当世以为贵盛，缙绅慕其藉甚"，当与其训导有关。不仅如此，赵氏对同宗族其他房支的子女也"长孤抚幼，亲加鞠养"，颇有"慈训"之誉。

确实，汉族士族社会家族意识、宗族观念植根甚深，入嫁元魏宗室之士族女性在训育元氏子女过程中也有所体现。他们抚育、训导元魏王族子弟，往往表现出开阔的气度，亲生嫡子之外，对庶出子弟也加以训育，如《魏任城文宣王靖太妃冯令华墓志》载：

> 抚养异宫，恩同己子，故能化自閨闱，声闻邦国。神龟二年十二月，文宣王薨，朝依典礼，策拜太妃。诸子布在周行，并縻好爵。每分至纪节，内外备在，未尝不钟鼓悬庭，蝉冕满室，胥徒骆绎，轩盖成阴，文物声明，此焉独盛，忠臣孝子，顿出斯门。虽先王积善余庆，抑亦太妃德教所及也。昔慈母八子，咸为卿士大夫；泰姬五男，俱登郡守牧伯。尚称荣旧史，著美前书。扬榷而言，曾何仿佛。动中典礼，言必称于先姑，修德苦身，以为子孙之法。①

冯氏"抚养异宫，恩同己子，故能化自閨闱，声闻邦国"，完全是从任城王家族整体利益出发，无分嫡庶，共同施教，以致"忠臣孝子，顿出斯门"。

嫁入元魏宗室之汉族士族女性普遍实施母教，以培养元魏宗室子弟，其中事迹最为突出、感人的是寡母抚育幼孤，这在墓志中颇有其例。如前揭《魏彭城武宣王妃李媛华墓志》载：

> 及崩城结涕，朝哭欑悲，藐尔诸孤，实凭训诱。诞此三良，形兹四国，无事断机，弗劳屡徙，而日就月将，并标声价，齐名三虎，迈响八龙。②

这里说李氏在彭城王死后，独立抚养、训导诸子，"藐尔诸孤，实凭训诱"，以致"日就月将，并标声价"。又，《魏故齐郡王妃常氏墓志

---

① 赵超：《汉魏南北朝墓志汇编》，第374—375页。
② 同上书，第149页。

铭》载：

> 齐王徂弃，遗胤藐孤，负荷危缀。妃内抚茕弱，外穆亲宗，理物必究其诚，推心每极其恕。①

常氏在齐郡王死后，独立抚育"遗胤藐孤"。又，《魏故乐安王妃冯季华墓志》载其长乐郡信都人，太师冯熙女，文明皇太后侄女：

> 年廿二，归于元氏。起家而居有千乘，贞淑而作合君子。敬等如宾，和同琴瑟。及王薨徂，治服过礼，训诲诸子，成兹问望。②

可见冯氏在其夫乐安王死后，独立"训诲诸子，成兹问望"。又，北魏《元讃远墓志》载其为元氏宗室，"父文王，才藻富丽，一代文宗"，其本人亦以才学著名，然"生五岁，遭文王忧，唯兄及弟，亦并童幼，太妃鞠育劬劳，教以义方"。③元讃远母之出身具体情况不详，其当出自士族门户，而元讃远兄弟丧父时皆童幼，其母"鞠育劬劳，教以义方"。④

这类寡母教子自是母教中最为典型、极端的一种类型，对于元魏宗室某一房支而言，其孤弱幼嗣之成长不仅直接关系到其血嗣之传衍及其门户地位之延续，而且关系到元魏皇族整体实力的兴衰。从以上诸例看，北魏后期元魏宗室代表人物早逝的情况并非少数，这当与当时的军政斗争等情况不无关系，而对于其家族而言，孤婴弱嗣之成长则端赖汉族士族之女性，其作用无疑具有扶危继绝之功。

至于汉族士族女性训导元魏宗室子弟之内容，在生活养育的基础上，主要是进行儒家礼法方面的训导与学术文化方面的启蒙。前引诸墓志已

---

① 赵超：《汉魏南北朝墓志汇编》，第133页。
② 同上书，第156页。
③ 同上书，第309页。
④ 《魏东安王妃陆顺华墓志》载其河南洛阳人，"及东安诏赴，鱼山告窆，训抚咳幼，克绍家业。朝旨褒其风德，议议重其高顺"（见前揭赵超《汉魏南北朝墓志汇编》，第375—376页）。陆顺华为入洛鲜卑上层贵族之后，其抚育元魏宗室幼孤，与汉族士族寡母育子无异，显然是受到汉化风气的影响。

多有涉及，如称齐郡王妃常氏教子，很注意言传身教，以身作则，所谓"妃内抚茕弱，外穆亲宗，理物必究其诚，推心每极其恕"，说的正是这一点。又，《魏章武王妃卢贵兰墓志》载："敦穆宗亲，贻训子侄，唯礼是蹈，非法不言，故能望楚宫而轶樊姬，瞻齐室而超卫女"。① 卢氏"贻训子侄，唯礼是蹈"，完全依照儒家礼法要求训导章武王子弟。又，《魏安丰王妃冯氏墓志》载其"训诲诸子，雅有义方，恩切倚闾，俞均断织"。② 所谓"义方"，当指以儒家道德伦理为基本内容的礼法规范。又，《魏临淮王元彧墓志》涉及其母教：

> 孝为心基，义成行本，早违陟岵，兼丧孔怀，训育所资，实唯圣善，倚门有望，噬指□归，母子二人，更相为气，虽家享万钟，室盈珍旨，日荐双鲤，事由感应。上敦宗族，傍穆亲姻，学海靡穷，□□不已，百家浩荡，异轸同归，万古攸缅，得门竞入。③

元彧是孝文帝迁洛后鲜卑皇族汉化人物中学养最为丰厚之代表性人物，具有典范性，其墓志载其"训育所资，实唯圣善"，以儒家学说为主，而其"早违陟岵"，施教者主要来自母亲，所谓"母子二人，更相为气"，正说明了这一点。

北朝后期，元魏后裔汉化日深，其门第随之士族化，其与汉族士族间的联姻也成为一种常态化的现象。一些嫁入元魏贵族之门的士族女子，对于元氏子弟的教育及其门风改造依然发挥着重要的作用。隋《元英暨其妻崔麝香墓志》载元英字洪隽，河南洛阳人，魏昭成六世孙，"体道幽深，心同水镜"。其妻崔氏，父令珍，青州刺史，"年十□归于元氏，四德□然，明解庭训。年三十六卒在□城"。④ 本志残缺不全，其母教仪范叙述未周，具体情况不明。又，隋《元范妻郑令妃墓志》载：

---

① 赵超：《汉魏南北朝墓志汇编》，第371页。
② 同上书，第376页。
③ 同上书，第503页。
④ 韩理洲辑校：《全隋文补遗》，第107页。

> 夫人讳令妃，荥阳中牟人也。齐州使君郑宝之女，济北府君元范之妻。范则魏景穆皇帝之曾孙，汝阴王司空公之二子。夫人家藉公卿之绪，门惟钟鼎之业，令仪孤出，绝世挺生。访史观图，明诗习礼。虽邓女六岁，而通《孝经》；甄后八年，而布仁义。了慧为拟，今古相俦。既而作合良贤，每归宁孝养，世之后裔，号泣登车。德为女师，仪成垂范，外匡从政，内训闺闱，相敬如宾，和彼琴瑟。而府君下世，一形尪毁。无夫无子，寒霜总萃。割耳截鼻，彼独何人？教诲诸侄，并登公辅。①

郑氏出自中土士族旧门，礼法严正，其嫁入元氏，不仅和睦二族，"外匡从政，内训闺闱"，而且在丧夫后，笃志守节，"教诲诸侄，并登公辅"，对整个元氏家族子侄之成长影响甚大。又，《大隋故太仆卿夫人姬氏墓志》载："夫人幼挺聪慧，早标婉淑。……既闲习于诗书，且留连于笔研。……年十有八，归于元氏焉。太仆弱冠登朝，盛播名德。夫人亦虔恭内职，忧在进贤。穆琴瑟之和，展如宾之敬。天和四年，册拜建宁国夫人。……于是辅佐以审官，自防以典礼。送迎未尝逾阈，保傅然后下堂"。②墓志载其亡于周建德六年（577），年二十九，她才学、品德俱佳，特别在助夫为政方面甚为突出。

入嫁元魏皇族之汉族士族女性，将士族治家与教子风尚带入拓跋氏家族之中，从而在一定程度上推进鲜卑社会之汉化。对此，逯耀东先生在论述北魏孝文帝以降鲜、汉上层通婚之影响时曾指出：

> 但就整个文化融合而论，孝文帝强制拓跋氏宗室，与中原士族通婚的影响是不可磨灭的，因为这些出身于中原士族家庭的闺秀，不论在学养和德性方面，都比那些长在草原的子女强得多，她们下嫁到拓跋氏的家庭里去，以她们文静的气质，来调和北方草原民族的粗犷习气是非常有效的，同时将中国文化传统、生活方式、伦理观念带到拓跋氏的家庭里，感化她们的夫君，教育她们的子女，经

---

① 韩理洲辑校：《全隋文补遗》，第126页。
② 同上书，第339页。

过一段潜移默化的时间以后，拓跋氏的宗室，由"我鲜卑常马背中领上生活"（《宋书·索虏传》）的草原武夫，一变为"博极群书，兼有文藻"的儒雅之士，在高祖时已有彭城王勰、任城王澄，但他们的家室都出自中原士族大家，元勰妻陇西李氏，元澄妻也是陇西李氏，继室长乐冯氏，是冯熙的第五女（见《元澄妻冯令媛墓志》）。自迁都以后和中原士族通婚比较普遍，于是在拓跋氏宗室里"文雅从容"之士越来越多，当时最著名的有（元）延明、元彧、元熙。……其他如元晖、元洪超、元鉴、元罗、元昌、元孚、元钦、元弼、元晖业、元显和、元匡、元略、元徽、元端、元悰等人，或经学修明，或笃志孝友，都是为时所重的风流人物，如果再进一步分析，他们不是直接和中原士族家庭有婚姻关系，便是母族是汉人。经过长期的婚姻关系，到后来周齐隋唐，拓跋氏以才学德行名于世的更多了。……这些拓跋氏的后裔到北魏末年，已与中国人没有什么区别，而到隋唐以后其中杰出之士，更可驾凌汉人，如果追究其原因，家学渊源是一个重要因素，而他们的"家学"，却是嫁到拓跋氏家族去的中原士族的女儿带去的。[①]

确实，北魏孝文帝迁都洛阳以后，拓跋氏宗室子弟之为人及其生活作风普遍雅化，其中杰出者在学术文化方面也积累日丰，达到了相当高的水平。[②] 这固然与迁都后拓跋宗室所处的汉化氛围及其相关政策导向关系密切，但具体而言，与当时鲜、汉普遍通婚后汉族士族女性之母教存在着不可分割的紧密联系。从这一意义上可以说，入嫁元魏宗室之士族女性，其通过治理内务、训育子女等方式，逐步改良其家族的拓跋风尚，特别是通过母教，潜移默化、润物无声地重塑了元魏皇族后裔之文化气质，从而推进了鲜、汉民族间及其文化的逐步融合。

[①] 逯耀东：《拓跋氏与中原士族的婚姻关系》，收入氏著《从平城到洛阳——拓跋魏文化转变的历程》，中华书局2006年版，238—242页。
[②] 关于迁洛后元魏皇族子弟之文雅化，王永平《墓志所见北魏后期迁洛鲜卑皇族集团之雅化——以学术文化积累之提升为中心的考察》（《学习与探索》2011年第3期）、《北魏后期迁洛鲜卑皇族集团之雅化——以其学术文化积累提升为中心》（《河北学刊》2012年第6期）分别利用历史文献与出土墓志资料，对这一问题进行了比较深入的专题考述，敬请参阅。

此外，从汉族士族女性之母教而言，不仅如上所论涉及对元魏男性子嗣之训导，而且对其女子之士族化教育也必然有深刻的影响。在北朝后期鲜、汉通婚过程中，元魏女性也多有嫁入汉族士族家庭者，她们在夫族主持家政内务，表现出了与士族女性基本一致的文化风尚。这在相关文献记载中有零星的记载，① 而就出土墓志所见，相关事例颇多，如《魏冯邕妻元氏墓志》载：

> 夫人元氏，河南郡洛阳县崇恩里人也。昭成皇帝之曾孙、常山康王之长孙，司空、文献公之元女。……秉四德以基厥身，执贞高而为行本。体备温恭，聪慧在性，家诫女传，逕目必持，凡所闻见，入赏无漏。每览经史，睹靖女之峻节，觏伯姬之谨重，未始不留涟三覆，慕其为人也。令仪令色，风流之盛攸归，声曜闺庭，誉闻王族。年廿有一，越嫔冯氏。母仪三恪，道著二王。肃穆闺闱，见重君子。乃言曰：吾少好讽诵，颇说《诗》《书》，而《诗》刺哲妇，《书》诫牝鸡，始知妇人之德，主于贞敏，不在多能。于是都捐庶业，专奉内事，酒醴自躬，组紃由己，饮膳之味，在调必珍，文绣裁缝，径手则丽。三徙之流，莫不遵其风教；内外宗妇，于是访其容仪。是使长息向冠，台府垂辟。二女未笄，皇子双娉，虽复妫姜取贵，杞宋见珍，何以加也。②

可见元氏在出嫁之前受到了良好的儒家礼法与文化方面的教育，入嫁冯氏后，"专奉内事"，其"风教""容仪"堪称士族女性之楷模。

又，《魏故金城郡君元华光墓志》载：

---

① 王肃北奔入魏，孝文帝以其第六妹陈留长公主妻之，《洛阳伽蓝记》卷三"报德寺条"载："肃在江南之日，聘谢氏女为妻，及至京师，复尚公主，其后谢氏入道为尼，亦来奔肃；见肃尚主，谢作五言诗以赠之，其诗曰：'本为箔上蚕，今作机上丝；得路逐胜去，颇忆缠绵时？'公主代肃答谢云：'针是贯线物，目中恒任丝；得帛缝新去，何能纳故时？'肃甚有愧谢之色，遂造正觉寺以憩之。"由陈留公主与谢氏诗，可见其汉文化修养。又，北魏世宗景明中，南齐宗室萧宝寅入魏，《魏书·萧宝寅传》载其"寻尚南阳长公主，赐帛一千匹，并给礼具。公主有妇德，事宝寅尽肃雍之礼"。由此可见元魏皇族女性之妇德礼法。

② 赵超：《汉魏南北朝墓志汇编》，第128—129页。

> 故金城郡君姓元,字华光,河南洛阳嘉平里人也。光明元皇帝第三子、乐安王范之曾孙,城门腾之女,泒州荣之第二妹。……幼哲天聪,早誉休溢,及始笄缨,贞风稍远,每好靖女之句,恒恶桑中之篇。……遂父母礼命,下适王氏。乃备六德以和亲,修害浣以归宁,内协外谐,香音镜郁。然苍灵降灾,移天早殒,靡神不幸,孤息夭没。乃枕衰茕悼,独悲标里,昔美敬姜,宁显斯乎?遐想恭风,还宗自誓,持心守初,欲夺弗许。皇太后闻之为奇,恒欲慈引,未遂之间,高春陨萚,桃李霜柚。①

可见元魏宗室女性与汉族士人通婚,妇德仪范、才学艺能、节操观念等皆可称述。

又,《魏故司空渤海郡开国公高猛夫人长乐长公主元瑛墓志》载:

> 主讳瑛,高祖孝文皇帝之季女,世宗宣武皇帝之母妹。……虽倪天为妹,生自深宫,至于箕帚制用,醴酏程品,非唯酌言往载,而率用过人。加以披图问史,好学罔倦,该柱下之妙说,核七篇之幽旨。驰法轮于金陌,开灵光于宝树。绡縠风靡,斧藻川流,所著辞诔,有闻于世。兰芝之雕篆富丽,远未相拟;曹家之謦悦淹通,将何以匹。及于姿同似月,丽等疑神。虽复邯郸庄容,易阳稚质,无能尚也。……和若埙篪,好踰琴瑟,敷政内朝,允厘中馈,恩虽被物,贵不在身。②

孝文帝女长乐公主汉文化修养甚高,日常礼法谨严,涉猎学术广泛。其与高氏结姻,治家有序,所谓"和若埙篪,好踰琴瑟,敷政内朝,允厘中馈",颇有法度。

又,《魏故穆氏元夫人墓志》载:

> 夫人讳洛神,河南邑人也。……禀质岐嶷,冲神雅素,婉顺恭

---

① 赵超:《汉魏南北朝墓志汇编》,第165—166页。
② 罗新、叶炜:《新出魏晋南北朝墓志疏证》,中华书局2005年版,第118页。

肃，出自天骨，教敬仁敏，声逸外著。至于麻枲丝尔之庸，织纴组紃之艺，虽复生自膏腴，故亦宿闲颜训。时年十四，言归穆氏。二族姻娅，犹兄若弟，锦缋交辉，轩冕相映。及其虔顺舅姑，抚遗接幼，居室弥谐，闺房悦睦，乃有识之所景行，达者之所希羡。①

元神洛作为元魏宗室之女，其家教妇德及其治家内务，与汉族士族女性基本一致。

又，《魏故车骑大将军平舒文定邢公继夫人大觉寺比丘尼元纯陀墓志》载：

> 夫人讳纯陀，法字智首，恭宗景穆皇帝之孙，任城康王之第五女也。……天情孝性，不习而知，泣血茹忧，无舍昼夜。初笄之年，言归穆氏，勤事女功，备宣妇德。良人既逝，半体云倾，慨绝三从，将循一醮……兄太傅文宣王，违义夺情，確焉不许。文定公高门盛德，才兼将相，运属文皇，契同鱼水，名冠遂古，勋烈当时。婉然作配，来嫔君子，好如琴瑟，和若埙箎，不言客宿，自同宾敬。奉姑尽礼，克匪懈于一人；处姒唯雍，能爕谐于众列。子散骑常侍逊，爰以咳褯，圣善遽捐，恩鞠备加，慈训兼厚。大义深仁，隆于己出。故以教侔在织，言若断机，用令此子，成名克构。兼机情独悟，巧思绝伦，诗书礼辟，经目悉览，纮綖组纴，入手能工。稀言慎语，白珪无玷，敬信然诺，黄金非重。巾帨公宫，不登袨异之服，箕帚贵室，必御浣濯之衣。信可以女宗一时，母仪千载，岂直闻言识行，观色知情。及车骑谢世，思成夫德，夜不洵涕，朝哭衔悲。乃叹曰："吾一生契阔，再离辛苦，既惭靡他之操，又愧不转之心，爽德事人，不兴他族，乐从苦生，果由因起。便舍身俗累，托体法门，弃置爱津，栖迟正水，博搜经藏，广通戒律，珍宝六度，草芥千金"。②

元纯陀先后二嫁，其"勤事女功，备宣妇德"，而且才学突出，特别

---

① 赵超：《汉魏南北朝墓志汇编》，第218—219页。
② 同上书，第261页。

与士族名门邢氏联姻，治家之"奉姑尽礼"，训导邢氏前妻幼子，"恩鞠备加，慈训兼厚。大义深仁，隆于己出"。

又，《魏故仪同三司阎公之夫人乐安郡公主元氏墓志》载：

> 公主讳仲英，河南洛阳人也。显祖献文皇帝之孙，太尉咸阳王之女。禀祥星月，毓采幽闲，风德高华，光仪丽绝。年十有五，作嫔阎氏。女节茂于公宫，妇道显于邦国。永熙在运，诏除女侍中。倍风闱壸，实谐内教。①

乐安郡公主以"女节茂于公宫，妇道显于邦国"，显然自幼受到良好的儒家礼法熏陶。

又，《祖子硕妻元阿耶墓志铭》载：

> 夫人姓元，字阿耶，河南洛阳人也。恭宗景穆皇帝之玄孙，济阴靖王之长女。……加以留心女史，存意典图，亦既教成，言归异室。年十二，乃适范阳祖氏。肃奉慈姑，敦穆娣姪。曲尽欢心，特留顾盼。彤管有辉，白珪无玷。夫人率下行己，非礼不动。虽冀妇相敬如宾，□曜齐眉举食，不能过也。及丧祸荐臻，旻凶在疚，含酸茹痛，思□泣面。岂蓼莪之足陈□□人之无□假。鸟兽易心，水火变节，□之加也。且夫人笃于同气，孔怀特甚，惟弟及妹，倾心爱友。夫□□□男，莫不令问令望，为龙为虬。教同训□，义等成轲，故长□□志业清尚，才鉴明远，□日瑚琏，终成栋梁。故能诞仪凤之毛羽，附神龙之鳞翼。望东阁以表道，登□朝而爱止。岂伊擅美蕃采，固以扬名显亲矣。

其中铭文赞之曰："观图践礼，陈诗问史。……妇德之宗，母仪之盛。敬事慈姑，敦穆娣姪，言告言归，有行有节。中馈尤善，女工妙绝，岂言妇人，实称明哲。"② 元阿耶嫁与汉族士族旧门，其自幼受到良好的

---

① 赵超：《汉魏南北朝墓志汇编》，第338—339页。
② 同上书，第239—340页。

儒家礼法与文化熏陶，持家有道，特别在训导子弟方面卓然有成。

又，《郑践妻元孟瑜墓志》载：

> 夫人讳孟瑜，河南河阴人也。……祖延明……夫人生自深宫，五奇彰于弱岁，少归夫氏，七德被于令年。下堂必咨保傅，入门无替襟缡。……家传卿相，世袭珪璋。眷言其帚，实钟娴令。既取式诸姬，亦见仪闺阃。①

元孟瑜嫁入士族旧门荥阳郑氏，以礼度著称。

又，西魏《杨保元妻元氏墓志》载：

> 夫人姓元，河南洛阳人。……夫人幼明慧，长柔顺，教自公宫，来仪君子，拥箕帚而致养，奉俎案而齐眉。二族咸休，邦家斯庆……论德比义，绰有裕焉。暨华阴伯薨徂，夫人以母仪训世。朝廷乃拜县君，以万年为夫人汤沐邑。后迁敷西县主。

元氏以"母仪训世"，甚有德望，朝廷屡加表彰，大统十五年（549），其卒后又册封华山郡主。②

又，北周《魏上蔡公夫人正平郡君故裴氏墓志铭》载：

> 夫人字智英，河东闻喜人也。世为著姓，家传盛德。……勤于妇道，善于母仪。将逯兄弟，归于拓拔公。公名荣兴，河南洛阳人也，昭成皇帝之后。……既是皇宗，又兼才德。高官上爵，无替于时。但往因离乱，遂隔在东国。夫人鞠养幼孤，并克成立长。子休，实禀慈训，以作时英。而子贵母尊，古今通典，乃封正平郡君，礼也。③

---

① 韩理洲等辑校：《全北魏东魏西魏文补遗》，三秦出版社2010年版，第401页。
② 赵超：《汉魏南北朝墓志汇编》，第385页。
③ 王连龙：《新见北朝墓志集释》，中国书籍出版社2013年版，第183页。

蔡智英出自士族名门，嫁元魏皇族人物，东西魏分裂之际，她"鞠养幼孤，并克成立长"，使其门户得以传承维系。

又，隋《裴子通墓志》载其"河东闻喜人也。……芝兰满室，华萼同荣。海内重其家风，人伦敬其门法。……夫人元氏，魏安定王超之女也。玉台悬镜，言归温峤之门；金缕为衣，来入桓嘉之室。芳风满于公族，淑德表于闺房"。① 裴子通出自河东裴氏，门风严正，元超之女嫁入其家，以德行著称，可见其自幼所受汉族士族女教之熏染。

关于元魏女性之汉化、文雅化，史传文献也有所记载。《魏书》卷三一《于栗磾传附于忠传》载："忠后妻中山王尼须女，微解《诗》《书》，灵太后临朝，引为女侍中，赐号范阳郡君。"又，《北史》卷二八《陆俟传附陆卬传》载其代人，其家族汉化程度较高，东魏、北齐之际，陆卬以才学知名，"少机悟，美风神，好学不倦，博览群书，《五经》多通大义。善属文，甚为河间邢邵所赏。邵又与子彰交游，尝谓子彰曰：'吾以卿老蚌遂出明珠，意欲为群拜纪可乎？'由是名誉日高，雅为搢绅所推许。……自梁、魏通和，岁有交聘，卬每兼官谘接。在席赋诗，卬必先成，虽未能尽工，以敏速见美。"陆卬雅化如此，固然有多方面因素，但确实与其母教关系甚密，"卬母，魏上庸公主，初封蓝田，高明妇人也，甚有志操。卬昆季六人，并主所生。故邢邵常谓人云：'蓝田生玉，固不虚矣。'主教训诸子，皆以义方，虽创巨痛深，出于天性，然动依礼度，亦母氏之训焉。卬兄弟相率庐于墓侧，负土成坟。朝廷所嗟尚，发诏褒扬，改其所居里为孝终里。"陆卬母上庸公主之教子，其形式与内容，与汉族士族无异。又，随着元魏公主群体普遍文雅化，她们在择婿时倾向汉族士族名士。《北齐书》卷一八《孙腾传》载其先后追随尔朱荣、高欢，自为武人，"及平邺，授相州刺史，改封咸阳郡公，……入为侍中。时魏京兆王愉女平原公主寡居，腾欲尚之，公主不许。侍中封隆之无妇，公主欲之，腾妒隆之，遂相间构。"平原公主拒孙腾而欲嫁

---

① 罗新、叶炜：《新出魏晋南北朝墓志疏证》，第409页。

封隆之，根本原因在于其门第与文化观念所决定的。①

其他鲜卑贵族女教之汉化也大体如此，墓志也有相关记载。如《魏故平州刺史巨鹿郡开国公于君和夫人墓志》载："夫人讳丑仁，字丑仁，河南洛阳人也。祖天水侯，以英标雅量，缉熙王业。……令淑著自绮年，婉顺彰于笄岁。兼志在女工，躬存俭约，温良慈惠，慎而寡言。师氏之训，昭晰闺庭，媛德之隆，仪形邦国。既身光四善，誉流五行，言告言归，来嫔明哲。夫人恭理妇业，毕力中馈。动合规矩，言成均的。后生仰以为模，乡邑被其清猷。"② 又，隋《羊烈夫人长孙氏墓志》载其河南洛阳人，"夫人祖稚，魏录尚书、上党王。父子彦，仆射、司州牧"，为迁洛鲜卑之后，汉化甚深，其与羊氏通婚，"有此家室，邕密礼教，肃穆闺门。仪□内成，风犹水扇，远近人物，德□是钦"。其中铭文云："于精家业，积叶传芳，乃祖乃父，令闻令望。四德爰备，造舟为梁，言归百两，亦显其光。蘋蘩蕰藻，□祀蒸尝，缉谐中外，谨敬帷房。"③ 长孙氏进入汉族士族名门，其礼法持家如此，可见其与汉族旧族女性已无差异，其诸女皆嫁入著名士族旧门。又《隋故上柱国卢国公夫人贺拔毗沙墓志》载其河南洛阳人，"观察见机，鉴同明镜。窥嵇康于牖里，远识贤才；辩邃瑗于车声，预昭仁智。谏荆王之猎，不食鲜禽；矫齐后之心，讵听繁乐。大隋受命，授卢国太夫人。治丝教绩，克勤以励众姬；广被重茵，招贤以成诸子。戒文伯之奉剑，更事严师；反田稷之遗金，遂称廉化。以兹闺训，弘此家声。"④ 相关史传所载也涉及于此，《魏书》卷一八《太武五王·广阳王建传》载其子嘉之后妃乃"宜都王穆寿孙女，

---

① 在元魏皇族女性之妇德普遍士族化过程中，依然存在一些粗鄙、无礼的现象，如《魏书》卷四七《卢玄传附卢道虔传》载："道虔字庆祖，粗闲经史，兼通算术。尚高祖女济南长公主。公主骄淫，声秽遐迩，先无疹患，仓卒暴毙。时云道虔所害。世宗秘其丑恶，不苦穷治"。《魏书》《北史》有关元魏宗室人物传记也载有多例诸王宗族内通奸，如《魏书》卷一六《道武七王·京兆王继传》载元叉在明帝时一度专权，"得志之后，便骄慢，耽酒好色，与夺任情。乃于禁中自作别库掌握之，宝充轫其中。又曾卧妇人于食舆，以帊覆之，令人舁入禁内，出亦如之，直卫虽知，莫敢言者。轻薄趣势之徒，以酒色事之，姑姊妇女，朋淫无别"。元叉"姑姊妇女，朋淫无别"，固然与其个人性情相关，但也体现出当时鲜卑上层的文化特征。这说明鲜卑上层之汉化、士族化需要经历一定的过程，不可能一蹴而就。

② 赵超：《汉魏南北朝墓志汇编》，第293—294页。

③ 罗新、叶炜：《新出魏晋南北朝墓志疏证》，第417页。

④ 韩理洲辑校：《全隋文补遗》，第184页。

司空从妹也，聪明妇人。及为嘉妃，多所匡赞，光益家道"。穆氏如此，在于其品德素质之文雅化。

以上据相关墓志所载，可见迁洛之后与汉族士族联姻之元魏宗室之女性及其他拓跋贵族之女，多以妇德女仪著称，"率下行己，非礼不动"，嫁入汉族士族家庭后，他们在治家理务、训导子女等方面，无不遵礼循规，表现出了优良的礼法修养，其言行与汉族旧门之女性几无差异。何以如此？究其原因，固然非止一端，但其中关键的一点则在于他们自幼受到了系统的儒家礼法教育，而具体施教之人，则当为其出自汉族士族社会之母亲。前引逯耀东先生所论，以为入嫁拓跋氏家庭的中原士族女性带去了儒家学术文化，构成了其家学的源头，而就其家族"女教"而言，这些士族女性同样带来了家教仪规，并通过其"母教"在一定程度上确立了其家门风操，而以上所述墓志所见嫁入汉族士族旧门之拓跋贵族女性之表现，正体现出了其家族之汉化、士族化之新风尚。

南北朝时期鄂豫地区的"蛮"和水陆交通*

[日] 龙谷大学 北村一仁

序 言

现在的鄂、豫两省交界地区在南北朝时期也是南北政权的交界地带。其间大部分是山区，地处荒僻，但也分布着不少交通要路，因其连接着南北两方，因此历史意义重大。先行研究中对此的专论较少，其中最重要的是严耕望先生的大作《唐代交通图考》（"中央研究院"历史语言研究所，1985），但因严先生的去世，书中河南、淮南部分尚未完成，① 部分遗稿虽经李启文先生整理，但遗憾的是，因地图的缺失，对其间交通路线的具体情况我们还是难得其详。

另外，在该地区还活跃着史书称之为"蛮"的人群。对此有不少前人研究，我本人也做过若干考察。② 但我感觉，关于"蛮"对于当地的交

---

* 本研究得到如下项目支持：日本JSPS科研费（编号：15K16850）"北朝～隋代華北地域の交通路に関する実証的研究—摩崖石窟等を手掛かりとして"，2015—18年度若手研究（B）。

① 另外，关于荆州地区的交通概况，参见王玲先生《汉魏六朝荆州地区的经济与社会变迁》，中国社会科学出版社2010年版，第9—11页；关于淮水流域军事据点的分布，参看张文华先生《汉唐时期淮河流域历史地理研究》，上海三联书店2013年版，第352—384页。

② 2005年以前的相关研究，参见拙稿《南北朝期「中華」世界における「蛮」地の空間性について》，《东洋史苑》67号，2006年，注2。2005年以后发表的主要研究，有方高峰《六朝政权与长江中游农业经济发展》，天津古籍出版社2009年版；鲁西奇《人群・聚落・地域社会：中古南方史地初探》，厦门大学出版社2012年版；杨文春《魏晋南北朝淮河上游的地缘政治与蛮族势力》，《北方论丛》2015年第5辑；等等。

通情况的影响，先行研究中讨论得还很不充分。而在史料常能看到"蛮"阻碍交通之类的记述，因此在这篇小文中，我们将充分关照到这一点，期能阐明当地交通情况和"蛮"的关系，进而思考"蛮"作为一种在地势力所扮演的角色。

一　鄂豫地域的地貌和水陆路

鄂豫交界地区既有很多山区、河川、湖泊，同时又是四通八达的交通要冲。首先，就山区而言，主要有桐柏、大别两大山区，两者又合称为"淮阳山区"，① 大至位于长江北岸到淮河南岸的地带，构成了鄂、豫、皖三省的交界处。

其中，桐柏山区（其主峰是太白顶，海拔1140米）又是鄂、豫两省的分界点，位于南阳盆地的东南边。在其偏北处是大胡山等低山丘陵，往西则与伏牛山区相连，成为南阳盆地东北部的山区。大别山区在桐柏山的东边，主要分布在长江北岸安徽省境内，主峰为白马尖（海拔1777米），在其东端有灊山（天柱山）。

此外，桐柏山西面有伏牛山，属于秦岭山脉的东端，构成南阳盆地西北方的山区。在淮阳山区的西南有大洪山，与在再往西的荆山共同构成了南阳盆地南端的屏障。

流经当地的河流主要有长江、汉水、淮河三大水系及其支流。首先，桐柏山区是淮河源头所在地，与汉水支流溳水（今溳水，随州以南是府河。源流在大洪山）合流的溠水（今府河，源流在随州东北的黄山），② 与溠水合流的澴水（今澴水，源流在桐柏山），③ 注入溳水的隋水（今漂水？源头在应山北的石龙山）④ 等流经该地区。另外汉水的几条支流也流经于此。

大别山也分布有很多河川的源流。根据《水经注疏》，同时参

---

① 冯文科：《大别山区地区构造地貌特征》，《地质科学》1976年第3期。
② 杨守敬、熊会贞疏：《水经注疏》，江苏古籍出版社1989年版，第2640页。
③ 同上书，第2640页。
④ 同上书，第2642页。

考《中国历史地图集》、《唐代交通图考》、王鑫义《淮河流域经济开发史》（黄山书社2001年版，第12—14页）等书，大致可整理如下：

○ **从大别山向北流入淮水**

石泉水（源头：信阳南固成山）、① 九渡水（源头：信阳南鸡翅山）、油水（源头：信阳西北油溪）、② 浉水［今浉河，源头：弋阳县东南大溃（龟）山］、③ 谷水（今竹竿河，源头：罗山县鲜金山）、瑟水（今小黄河，源头：罗山县西南灵山）、④ 柴水（今砦河；源头：光山县西南白沙山）、⑤ 黄水（今潢河，源头：麻城西北木陵山和光城西南黄武山）、⑥ 澪水（今白露河，源头：光山县东南南垂山）、⑦ 灌水（今灌河，源头：商城东南大苏山，与决水合流）、⑧ 决水（今史河，源头：雩娄南大别山檀公岘）、⑨ 安风（丰）水（今穷水，源头：霍邱穷谷）、⑩ 沘水（今淠水，源头：霍山县南霍山）⑪

○ **从大别山向南方流入到长江**

澴水（今大悟河，源头：大龟山？）、武口水（今滠水，源头：武汉黄陂区延头）、⑫ 乌石水（源头：黄冈乌石山）、⑬ 西归水（今倒水，源头：新县南）、⑭ 倒水（源头：麻城西北黄武山，与举水、赤亭水合

---

① 杨守敬、熊会贞疏：《水经注疏》，第2496页。
② 同上书，第2497页。
③ 同上书，第2500页。根据杨守敬的注，与大龟山一样。
④ 同上书，第2503页。
⑤ 同上书，第2508页。
⑥ 同上书，第2510页。
⑦ 同上书，第2513页。
⑧ 同上书，第2663页。
⑨ 同上书，第2659页。
⑩ 同上书，第2518页。
⑪ 同上书，第2667页。
⑫ 同上书，第2901页。
⑬ 同上书，第2905页。
⑭ 《中国历史地图集》第四册，第36页。

流)、① 举水(源头:麻城龟头山,下游是赤亭水)、② 巴水(今巴河,源头:罗田东北盐堆山)、③ 希水(今浠水,源头:霍山、英山北界岭)、④ 蕲水(今蕲水,源头:蕲州北大浮山)⑤

总之,在桐柏、大别等的山区有许多河川的源头,由此形成了很多河谷。有这样地貌特征的桐柏、大别山区,在南北朝时期是南北政权的边境,现在其则成了鄂、豫两省的交界之地。

该地区有如下几条交通路。首先关于大别山区,根据严先生的考证整理如下。

一、自义阳(今河南信阳)经由义阳三关(平靖关:古黄岘关,大龟山;武胜关:鸡头山;武阳关:礼山),到安陆(今湖北安陆)。即浉、溾水及其支流附近。

二、自罗山经由大胜关、延头,到黄陂、江夏。即谷水、武湖水附近。

三、自定城、光山经由白沙关(白沙山),到麻城、齐安(今湖北黄冈)。即黄水、倒水附近。

四、自弋阳(定城)、光山经由穆陵关(穆陵山),到麻城。即黄水、举水的支流附近。

五、自定城或固始经由苞信(隋代的殷城),经过阴山关(垂山),到麻城。即浠水、垂山水附近。

六、先自弋阳或固始到苞信,经由定城关(大苏山),到麻城。即潢水、举水附近。

这些道路都在上面提到的河川的河谷附近,连接着大别山的南北。另外也有东西走向的道路。不用说,在南北朝时期这些道路都是南北政权的必争之地,同时也是豫州蛮、西阳蛮活跃的地带。关于这个问题后面还要考察。

---

① 杨守敬、熊会贞疏:《水经注疏》,第2907页。
② 同上书,第2906页;关于赤亭水,第2908页。
③ 同上书,第2917页。
④ 同上书,第2919页。
⑤ 同上书,第2567页。

关于桐柏山区的交通道路，相关史料不多，先行研究也较为薄弱。[①]但是，比照严先生的研究和现在的交通地图，我认为，以前的道路与现在的道路在很大程度上是重叠的。因此可以现在的情况为线索，略作推测。

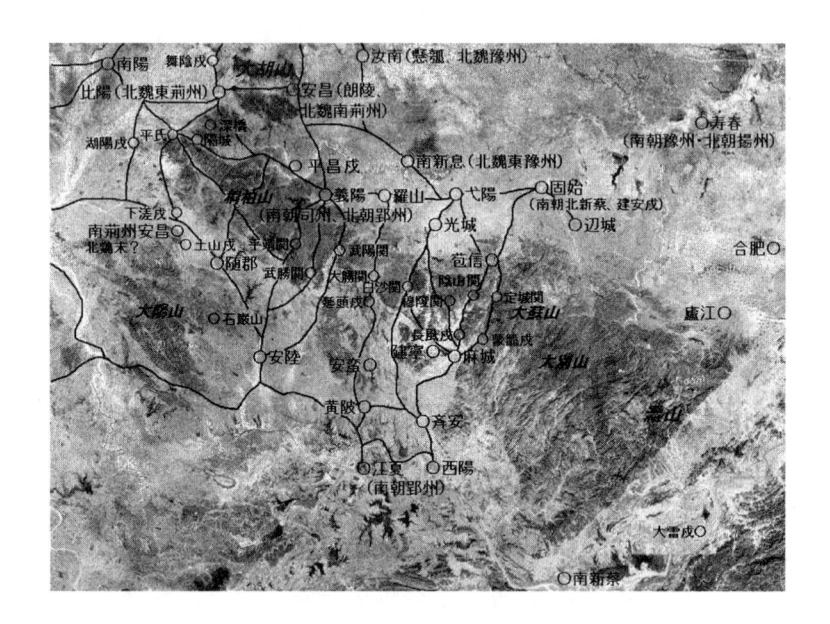

图1　桐柏、大别（西部）、大阳山区交通图[②]

该地区现有328省道经过其间，这条道路起自广水市蔡河镇经随州市殷店镇，沿桐柏山进入河南省，在桐柏县平氏镇与312国道（经桐柏山北麓，东西走向）交会；此外还有212省道，这条道路起自随州市三里岗镇经随州市县城，沿㴔水而北上，在殷店镇与328省道交叉而过，在小林镇与312国道交会。

[①] 参见《唐代交通图考》篇伍陆《洛阳郑汴南通汉东淮上诸道》。书中仅指出了叶县和方城之间的道路而已，并且没有绘制地图。

[②] 本文中的地图参考谭其骧先生《中国历史地图册第四册》（地图出版社1982年版）、严耕望先生的《唐代交通图考》、"中央研究院"人文社会科学研究中心地理信息科学研究专题中心《唐代交通地理信息系统》（http：//gissrv4. sinica. edu. tw/gis/Tang. aspx，2016/3/30阅览）、王仲荦先生《北周地理志》（中华书局1980年版）、施和金先生《北齐地理志》（中华书局2008年版）等资料，依据谷歌卫星地图（http：//www. google. cn/maps）制作而成。

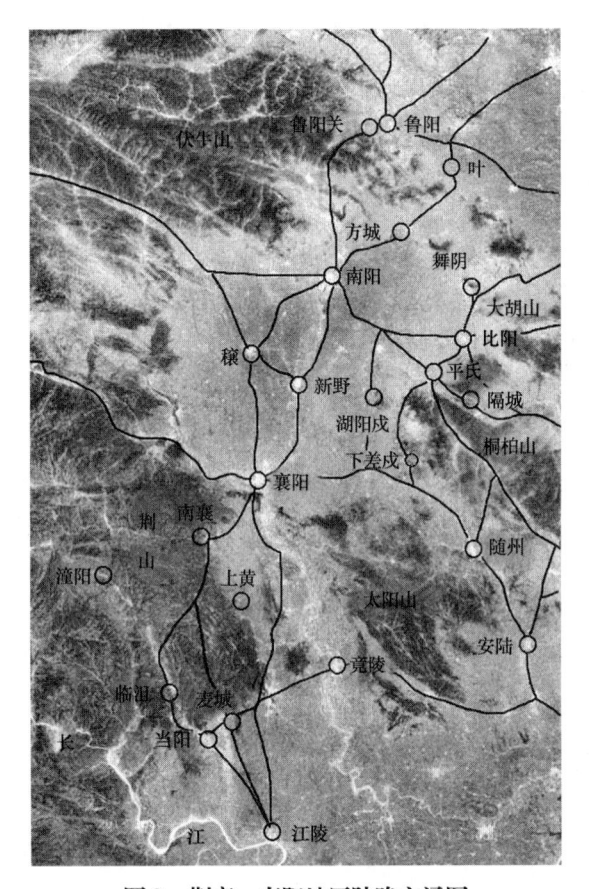

图 2　荆襄、南阳地区陆路交通图

值得注意的是平氏这个地方，它是南北朝时期的战场，《南齐书》卷二六《陈显达传》："（桓）天生还窜荒中，遂城、平氏、白土三城贼稍稍降散。"又同书卷三零《曹虎传》也称："（曹虎）遂攻隔城，拔之……贼弃平氏城退走。"总之，平氏是军事据点，周边肯定有交通道路。而且与两条省道交叉的312国道横贯大别、桐柏山区，通向南阳盆地，亦即从义阳方面经平氏到南阳以西的道路。有鉴于此，南北朝时期，当地肯定也存在交通线路。

在荆山和大阳山之间，即汉水及其沿岸一带，既有水路也有陆路，都是连接襄阳和江陵两地的。关于这些路线分布，严先生前揭书篇28《荆襄驿道与大堤艳曲》曾做过研究，此外，篇29《成都江陵间蜀江水陆道》对江陵和四川间长江流域的水运交通也做过探讨。严先生探讨的时段主要是唐代，但也充分关照到南北朝时期的记述，据此，我们已能够充分了解相关情况。

值得注意的是，襄阳和江陵之间的交通线路有三条：第一是利用汉水走水运；第二是汉水东岸路，与今207国道相近。但是，正如严先生提到的，今宜城南方的蛮城附近本来是"地当卑下，泥淖常多，暑雨之时，不通车马"，到唐代方修治道路，① 由此推测，南北朝时期该地交通尚不发达，道路险阻；第三是经由南漳（南北朝时期置有南襄郡）的两条线路：一条是经麦城的，一条是从南襄至乐乡、荆门方面的。② 其中，后者似乎是为了避开蛮城附近的交通不便。此外，据《唐代交通地理信息系统》，还有另一条路线，即经当阳沿沮水而下。

当地的地貌特征和交通情况大致如上，下面拟分地域来探讨"蛮"和交通的关系。

二 各地的交通和"蛮"

（一）长江水运交通和"蛮"

首先想从长江水运和"蛮"的关系入手，考察这个问题。《周书》卷四九《异域上·蛮》云：

> 有冉氏、向氏、田氏者，陬落尤盛。余则大者万家，小者千户。更相崇树，僭称王侯，屯据三峡，断遏水路，荆、蜀行人，至有假道者。……田乌度、田都唐等抄断江路。

《周书》卷二八《贺若敦传》：

> （贺若敦）寻出为金州都督七州诸军事、金州刺史。向白彪又与蛮帅向五子等聚众为寇，围逼信州。诏敦与开府田弘赴救，未至而城已陷。进与白彪等战，破之，俘斩二千人。仍进军追讨，遂平信州。

---

① 李隅：《徐襄州碑》，《全唐文》卷七二四；《唐代交通图考》，第1057页。
② 严耕望：《唐代交通图考》，第1061页。

同书卷二八《陆腾传》：

> 保定元年，迁隆州总管，领刺史。二年，资州盘石民反，杀郡守，据险自守，州军不能制。腾率军讨击，尽破斩之。而蛮、獠兵及所在蜂起，山路险阻，难得掩袭。腾遂量山川形势，随便开道。蛮獠畏威，承风请服。所开之路，多得古铭，并是诸葛亮、桓温旧道。是年，铁山獠抄断内江路，使驿不通。腾乃进军讨之。欲至铁山，乃伪还师。贼不以为虞，遂不守备。腾出其不意击之，应时奔溃。一日下其三城，斩其魁帅，俘获三千人，招纳降附者三万户。

在长江沿岸的三峡地区广泛分布着"蛮"部落，他们屯据三峡隘路，断绝交通，阻碍了人们的通行。从上引史料来看，长江沿岸的"蛮"牢牢控制着该地区的交通，在治理上述地区时，这成为困扰南北政权的一大难题。

另外，在长江北岸的山中也有连接南北的通道。《周书》卷四四《扶猛传》云：

> 魏大统十七年，大将军王雄拓定魏兴，猛率其众据险为堡，时遣使微通饷馈而已。魏废帝元年，魏兴叛，雄击破之，猛遂以众降。太祖以其世据本乡，乃厚加抚纳，授车骑大将军、仪同三司，加散骑常侍，复爵宕渠县男。割二郡为罗州，以猛为刺史。令率所部千人，从开府贺若敦南讨信州。敦令猛别道直趣白帝。所由之路，人迹不通。猛乃梯山扪葛，备历艰阻。雪深七尺，粮运不继，猛奖励士卒，兼夜而行，遂至白帝城。刺史向镇侯列阵拒猛。猛与战，破之，乘胜而进，遂入白帝城。抚慰民夷，莫不悦附。①

---

① 附带提一下，扶猛本人出身"白兽蛮"的"渠帅"家族。本传云："（扶猛）上甲黄土人也。其种落号白兽蛮，世为渠帅。""上甲黄土"即是上州甲郡黄土县，按王仲荦先生《北周地理志》第404页，县治在今陕西洵阳东北蜀河口，即蜀河镇附近。虽然这个地方离罗州和白帝之间的交通路很远，但他当过"上庸、新城二郡守，南洛、北司二州刺史"，所以应十分熟悉上庸附近的地形、交通等。似乎也正因此，他才能成为贺若敦的向导、别将。

又《周书》卷二八《贺若敦传》：

> 时岷蜀初开，民情尚梗。巴西人谯淹据南梁州，与梁西江州刺史王开业共为表里，扇动群蛮。太祖令敦率军讨之。山路艰险，人迹罕至。敦身先将士，攀木缘崖，倍道兼行，乘其不意。又遣仪同扶猛破其别帅向镇侯于白帝。淹乃与开业并其党泉玉成、侯造等率众七千，口累三万，自垫江而下，就梁王琳。敦邀击，破之。淹复依山立栅，南引蛮帅向彪为援。敦设反间，离其党与，因其懈怠，复破之。斩淹，尽俘其众。

以上两段史料反映的是从罗州（治所上庸，今湖北竹山西南）通往信州白帝（今重庆奉节）的交通情况。这一带附近都是山区，今有236和201省道等经过其间，虽然南北朝时期的情况不明，但以理推之肯定也会有道路，只是"所由之路，人迹不通"而已。从扶猛、贺若敦得以"乘其不意"而奇袭"蛮"人这一情形来看，长江沿岸的"蛮"对这条道路并未能有效控制。

（二）荆山山区以及汉水流域的交通和"蛮"

在襄阳、江陵之间的路边，换句话说在荆山山区、汉水及其支流流域也分布着"蛮"的部落，他们同样经常让阻断当地交通。早在三国时期，该地区的"粗中"一带便已出现了"夷"的活动。① 《三国志》卷五六《朱然传》裴松之注所引《襄阳记》曰："粗中在上黄界，去襄阳一百五十里。魏时夷王梅敷兄弟三人，部曲万余家屯此，分布在中庐宜城西山鄢、沔二谷中，土地平敞，宜桑麻，有水陆良田，沔南之膏腴沃壤，谓之粗中。"上黄在今湖北南漳东南50里。②

此后的南朝刘宋时期，当地也有"蛮"的活动。《宋书》卷九七《蛮传》云："其后沔中蛮大动，行旅殆绝。……及世祖出为雍州，群蛮

---

① 关于"粗中"，参见［日］石井仁先生《粗中考》，收入三国志学会编《三国志论集：狩野直祯先生伞寿记念》，汲古书院2008年版。
② 史为乐主编：《中国历史地名大辞典》，中国社会科学出版社2005年版，第183页。

断道，击大破之。台遣军主沈庆之连年讨蛮，所向皆平殄。"又同书卷七七《沈庆之传》也云："世祖以本号为雍州，随府西上。时蛮寇大甚，水陆梗碍，世祖停大堤不得进。分军遣庆之掩讨，大破之，降者二万口。世祖至镇，而驿道蛮反杀深式，遣庆之又讨之。"

南齐时期也一样，《南齐书》卷五八《蛮传》云："建元二年，虏侵豫、司，蛮中传虏已近，又闻官尽发民丁，南襄城（郡？治所隔城，今河南桐柏西北）①蛮秦远以郡县无备，寇潼阳（湖北远安北），县令焦文度战死。司州蛮引虏攻平昌戍（河南信阳西北，平昌关镇），戍主苟元宾击破之。秦远又出破临沮（今湖北远安县南）百方砦，杀略百余人。北上黄（地点不明）蛮文勉德寇汶阳（远安县西北），太守戴元孙孤城力弱，虑不自保，弃戍归江陵。荆州刺史豫章王遣中兵参军刘伾绪领千人讨勉德，至当阳（今湖北当阳），勉德请降，收其部落，使戍汶阳所治城子，令保持商旅，付其清通，远遂逃窜。"

又《北史》卷九五《蛮传》："（景明）二年，梁沔东太守田清喜拥七郡三十一县、户万九千，遣使内附，乞师讨梁。其雍州以东，石城以西，五百余里水陆援路，请率部曲断之"；《周书》卷四四《阳雄传》也云："蛮帅文子荣窃据荆州之汶阳郡，又侵陷南郡之当阳、临沮等数县。诏遣开府贺若敦、潘招等讨平之。即以其地置平州，以雄为刺史"；《周书》卷二八《贺若敦传》："是岁，荆州蛮帅文子荣自号仁州刺史，拥逼土人，据沮漳为逆。复令敦与开府潘招讨之，擒子荣，并虏其众。"

总之，当地的"沔中蛮""群蛮"阻断道路，使水陆"交通梗碍"，由此"行旅殆绝"。这些例子都说明当地的"蛮"在沔中一带形成了有力的集团，控制了当地交通。

（三）桐柏、大洪山区的陆路和"蛮"

大阳山（或称郧山，今大洪山）和桐柏山附近也有"蛮"。早在西晋末期，这一带已经有"义阳蛮"张昌的活动，《晋书》卷一〇〇《张昌传》云：

---

① 但南襄城郡离潼阳、临沮较远，而在潼阳、临沮附近则有南襄郡（今南漳），《南齐书·蛮传》的"南襄城"好像是"南襄郡"之误。

张昌，本义阳蛮也。少为平氏县吏……太安二年，昌于安陆县石岩山屯聚，去郡八十里，诸流人及避戍役者多往从之。昌乃易姓名为李辰。太守弓钦遣军就讨，辄为所破。昌徒众日多，遂来攻郡。钦出战，大败，乃将家南奔沔口。镇南大将军、新野王歆遣骑督靳满讨昌于随郡西，大战，满败走，昌得其器杖，据有江夏，即其府库。造妖言云："当有圣人出。"山都县吏丘沈遇于江夏，昌名之为圣人，盛车服出迎之，立为天子，置百官。沈易姓名为刘尼，称汉后，以昌为相国，昌兄味为车骑将军，弟放广武将军，各领兵。……群小互相扇动，人情惶惧，江沔间一时焱起，竖牙旗，鸣鼓角，以应昌，旬月之间，众至三万。

"义阳蛮"张昌本来在平氏县（今桐柏县平氏镇）任职，之后在安陆石岩山中形成自身势力，攻略随郡、江夏一带。可见，他的势力范围主要是桐柏山南麓到大洪山北部一带。关于平氏县，前面已有提及，值得注意的是下面两段资料。

第一，《南齐书》卷二六《陈显达传》："（永明）五年，荒人桓天生自称桓玄宗族，与雍、司二州界蛮虏相扇动，据南阳故城。上遣显达假节，率征虏将军戴僧静等水军向宛、叶，雍、司众军受显达节度。天生率虏众万余人攻舞阴，舞阴戍主辅国将军殷公愍击杀其副张麒麟，天生被疮退走。仍以显达为使持节、散骑常侍、都督雍梁南北秦郢州之竟陵司州之随郡军事、镇北将军，领宁蛮校尉、雍州刺史。显达进据舞阳城，遣僧静等先进，与天生及虏再战，大破之，官军还。数月，天生复出攻舞阴，殷公愍破之，天生还窜荒中，遂城、平氏、白土三城贼稍稍降散。"

第二，同书卷三〇《曹虎传》："（永明）六年四月，荒贼桓天生复引虏出据隔城，遣虎督数军讨之。虎令辅国将军朱公恩领骑百匹及前行踏伏，值贼游军，因合战破之。遂进至隔城。贼党拒守，虎引兵围栅，绝其走路，须臾，候骑还报虏援已至，寻而天生率马步万余人迎战，虎奋击大败之，获二千余人。明日，遂攻隔城拔之，斩伪虎威将军襄城太守帛乌祝，复杀二千余人，贼弃平氏城退走。"

总之，平氏一直有不少"蛮"人，张昌正是这类"蛮"人之一。他被称为"义阳蛮",而在年轻时又担任过"平氏县吏",因此肯定生长在平氏附近。从这一事实来看,"义阳蛮"的生活范围好像不仅限于义阳一地,也包含桐柏山南麓或大洪山北部地区。我们知道,该地区有所谓"随枣走廊",是江夏和随州、襄阳之间的主要道路,张昌攻略各地时,从他的进军路线来看,很有可能利用了这条道路。此外,南齐时期的桓诞和其他"蛮"人也是以该地区作为主要据点。因此我认为,既然他们有效控制了桐柏、大洪山区,为便于彼此联络与人员移动,应该也同时控制着当地的交通网络。

另外,在桐柏山的北面还有一座大胡山。《北史》卷一五《元祯传》云:

> (元祯)后拜南豫州刺史。大胡山蛮时时钞掠,前后守牧多羁縻而已。祯乃设画,召新蔡、襄城蛮魁三十余人,祯盛武装,于州西为置酒,使之观射。先选左右能射者二十余人,祯自发数箭皆中,然后命左右以次而射,并中。先出一囚犯死罪者,使服军衣,亦参射限,命射不中,祯即责而斩之。蛮魁等伏伎畏威,相视股栗。又预教左右取死囚十人,皆着蛮衣,云是钞贼。祯乃临坐,伪举目瞻天,微有风动,祯谓蛮曰:"风气少暴,似有钞贼入境,不过十人,当在西南五十里许。"即命骑追掩,果缚送十人。祯告诸蛮曰:"尔乡里作贼如此,合死以不?"蛮等皆叩头曰:"合万死。"祯即斩之。乃遣蛮还,并加慰谕。诸蛮大服,自是境无暴掠,淮南之人相率投附者三千余家,置之城东汝水之侧,名曰归义坊。

北魏豫州刺史元祯有意震慑、控御大胡山蛮,招来的却是新蔡(河南新蔡)、襄城(河南西平西?)的"蛮魁",具体原因不明。但这似乎透露出,这三个地方的"蛮"之间存在着某种关联。

大胡山南麓置有东荆州、南荆州。《北齐书》卷二二《李元忠附愍传》:"太昌初,(李愍)除太府卿。后出为南荆州刺史、当州大都督。此州自孝昌以来,旧路断绝,前后刺史皆从间道始得达州。愍勒部曲数千人,径向悬瓠,从比阳复旧道,且战且前三百余里,所经之处,即立邮亭,蛮左大服。"关于南荆州,据《隋书》卷三一《地理下·荆州》:

"春陵郡，后魏置南荆州，西魏改曰昌州。统县六，……春陵，旧置安昌郡，开皇初郡废。又后魏置丰良县，大业初废。有石鼓山。有四望水。"知其治所是安昌（今湖北枣阳东南）。北魏时期，大阳蛮酋桓诞担任过南荆州刺史，其子担任过东荆州刺史，而东荆州的治所就是比阳（今河南泌阳）。李憨从悬瓠经比阳到安昌，这段路程前任刺史都是走的"间道"，而李憨则从比阳开始走"旧道"。其间"且战且前"的对手，按上下文意，应该就是"蛮左"。我们不清楚这些"间道""旧道"的具体情况，但既然通过了桐柏山区西边，因此似乎也是经过平氏的。如前所述，在这一带活跃着很多"蛮"人，他们"断绝"了当地的交通。《李憨传》的记载恰好印证了这一点。

（四）三鸦路和"蛮"

前文提到的东荆、南荆"蛮"同时也长期占据着三鸦路。关于三鸦路以及鲁阳一带的道路，《周书》卷一八《王思政传》云：

> （大统）十三年，侯景叛东魏，拥兵梁、郑，为东魏所攻。景乃请援乞师。当时未即应接。思政以为若不因机进取，后悔无及。即率荆州步骑万余，从鲁关向阳翟。思政入守颍川。

这段记述反映了从"鲁关"经阳翟到颍川的交通线路。"鲁关"就是鲁阳关，根据《中国文物地图集河南分册》，第88—89页，其遗址在今平顶山市鲁山县县城西南的西辛庄村附近。[①] 鲁阳是三鸦路北方的入口，因此上引史料中王思政行军走的当是三鸦路。

在魏晋南北朝时期，鲁阳作为洛阳南边的边境地域被赋予了重要的战略意义。《三国志》卷二《文帝纪》"黄初二年正月条"裴注所引《魏略》："改长安、谯、许昌、邺、洛阳为五都；立石表，西界宜阳，北循太行，东北界阳平，南循鲁阳，东界郯，为中都之地。"就是说，以洛阳为中心划定了四方的境界，四界以内是"中都之地"，鲁阳正当其中南方

---

① 此外，在附近的平高城村还有平高城遗址。参见《河南文物》，文心出版社2008年版，第946页。

的境界。此后，北魏也有过类似规定，《魏书》卷一九《元澄传》：

> 时四中郎将兵数寡弱，不足以襟带京师，澄奏宜以东中带荥阳郡，南中带鲁阳郡，西中带恒农郡，北中带河内郡，选二品、三品亲贤兼称者居之，省非急之作，配以强兵，如此则深根固本、强干弱枝之义也。

据此，灵太后时期的元澄认为，北魏政权版图中的"干"是荥阳、鲁阳、恒农、河内四郡以内的区域。那么，这是否仅是元澄个人的认知呢？就鲁阳而言，肯定不是。以孝文帝末年的情况为例。当时孝文帝在南征途中的马圈城（河南镇平南）到汉水附近病情加重，至谷塘原（河南邓县东南）去世，北魏军队因此收兵北返，而直到鲁阳方正式发丧。① 照此来看，我们推测鲁阳这个地方似乎带有某种特殊意义。进一步来看当地地理位置，谷塘原和鲁阳之间是伏牛山，似乎这座伏牛山正当北魏政权"干"空间（换言之即"畿"）的南端。②

贯穿伏牛山以达"畿"内的道路就是三鸦路。到两魏时期，这一带又成为东西相争的战场。《周书》卷二八《郭贤传》："及侯景来附，思政遣贤先出三鸦，镇于鲁阳。……既而颍川陷，权景宣等并拔军西还，自鲁阳以东，皆附东魏。"可见，鲁阳已成为两军对抗的最前线。此后，据《隋书》卷五五《侯莫陈颖传》："平陈之役，以行军总管从秦王俊出鲁山道。属陈将荀法尚、陈纪降……"虽然鲁山道具体线路不详，但《陈书》卷一三《荀朗传附子法尚传》云："（荀法尚）祯明中，为都督

---

① 关于这个问题还有两条史料值得注意。首先《魏书》卷七下《高祖纪下》"太和二十三年三月甲辰"条："诏司徒勰征太子于鲁阳践阼。"《南齐书》卷五七《魏虏传》："宏复率大众南攻，破显达而死。丧还，未至洛四百余里，称宏诏，征伪太子恪会鲁阳。恪至，勰以宏伪法服衣之，始发丧。至洛，乃宣布州郡，举哀制服，谥孝文皇帝。"按这两段史料，孝文帝临终前将太子元恪（即宣武帝）召到鲁阳，让他在此即位。这也表明以鲁阳为界的内外之别。这一差别似乎也是基于北魏"畿"的观念。

② 关于这个问题，薛瑞泽先生也提到河洛地区的南边是伏牛山（《汉唐间河洛地区经济研究》，陕西人民出版社2001年版，第7页）。此外，北周与陈"画野分疆""分界"时，鲁山的归属也是其重要议题（参见《周书》卷三九《杜杲传》）。由此也可见，该地区长期以来都被视作南北政权的分界地。

郢巴武三州诸军事、郢州刺史。及隋军济江，法尚降于汉东道元帅秦王。"据此推测，侯莫陈颖等从鲁山到郢州（今湖北武汉）进军路线似乎是：从鲁山经三鸦路到南阳，然后又南下到襄阳，最终到达郢州。总之，鲁阳道即三鸦路，它是南、北政权之间重要的交通孔道，深刻影响了南、北关系走向。

然而当地的"蛮"经常断绝三鸦路。据《魏书》、《周书》、《宋书》、《南齐书》中的《蛮传》等史料，三鸦路附近是"蛮"的聚居地，《北史》卷九五《蛮传》也有载："六镇、秦陇所在反叛，二荆、西郢蛮大扰动，断三鸦路，杀都督，寇盗至于襄城、汝水，百姓多被其害。梁遣将围广陵（今河南息县），楚城（今河南信阳北?）①诸蛮，并为前驱。自汝水以南，恣其暴掠，连年攻讨，散而复合，其暴滋甚。"还有，《周书》卷二八《史宁传》载："值荆蛮骚动，三鸦路绝，宁先驱平之。"另外《（北）魏故尚书寇使君（治）墓志》也云："（鲁阳）地实附畿，山蛮死棘"。② 可知鲁阳虽是"附畿"之地，却有"山蛮"活动其间。

断绝三鸦路等路的不仅有"荆蛮"，还有所谓"鲁阳蛮"。《魏书》卷六六《李崇传》：

> 鲁阳蛮柳北喜、鲁北燕等聚众反叛，诸蛮悉应之，围逼湖阳（今河南唐河湖阳镇）。游击将军李晖先镇此城，尽力捍御，贼势甚盛。诏以崇为使持节、都督征蛮诸军事以讨之。蛮众数万，屯据形要，以拒官军。崇累战破之，斩北燕等，徙万余户于幽并诸州。……东荆州蛮樊安，聚众于龙山（今河南郏县），僭称大号，萧衍共为唇齿，遣兵应之。诸将击讨不利，乃以崇为使持节、散骑常侍、都督征蛮诸军事，进号镇南将军，率步骑以讨之。崇分遣诸将，攻击贼垒，连战克捷，生擒樊安，进讨西荆，诸蛮悉降。

可见，诸蛮"屯据"湖阳、龙山等"形要"之地，阻断交通往来，作为南北孔道的"三鸦路"也时有断绝之虞。

---

① 参见施和金《北齐地理志》，中华书局2008年版，第463页。
② 赵万里：《汉魏南北朝墓志集释》，科学出版社1956年版，图版254。

(五) 大别山区的陆路和"蛮"

大别山区也是南北政权的交界地域，南北双方于此互相抗争，很多"蛮"人也长期活跃于此。其中势力最强大的是"光城蛮"田益宗。《魏书》卷六一《田益宗传》云："田益宗，光城蛮也。"光城即今河南光山，虽然其治位于大别山区北麓的平原地带，但田益宗本人肯定常住光城南边山中的"蛮"部落。其家族"世为四山蛮帅"，这一记载表明他应该是此前刘宋所授"都统四山军事"①的田益之子孙。②本传称其"受制于萧赜"，就是说他本来归属南朝，太和十九年（495）"遣使张超奉表归款"，才归顺北魏。太和十九年（495），授"员外散骑常侍、都督光城（今河南光山）弋阳（今河南潢川）汝南（＝南新息，今河南息县?）新蔡（今河南固始）宋安（今河南信阳南）五郡诸军事、冠军将军、南司州刺史、光城县开国伯，食蛮邑一千户"，而且"所统守宰，任其铨置"，亦即北魏承认了他所有的人事权力。"后以益宗既渡淮北，不可仍为司州，乃于新蔡立东豫州，以益宗为刺史。寻改封安昌县伯，食实邑五百户"，虽然迁往淮北，但是人事权力没有改变，田益宗和光城蛮的关系也不变，他仍然控制着大别山区的"蛮"。"景明初，萧衍遣军主吴子阳率众寇三关。益宗遣光城太守梅兴之步骑四千，进至阴山关（今湖北麻城北）南八十余里，据长风城（今湖北麻城北），逆击子阳，大破之，斩获千余级。萧衍建宁（今湖北麻城西）太守黄天赐筑城赤亭（今湖北麻城南西），复遣其将黄公赏屯于潭城（今湖北麻城西），与长风相持。益宗命安蛮（今湖北武汉市黄陂区）太守梅景秀为之掎角击讨，破天赐等，斩首数百，获其二城。"据这段史料，田益宗麾下领有梅姓诸人，梅姓也是"蛮"族大姓之一，所以他们应该都是"蛮"人。

那么，田益宗的职权范围具体是怎样的呢？对此，成为问题关键的是"三关"所指为何。《资治通鉴》卷一四三"齐东昏侯永元二年"条

---

① 《宋书》卷九七《夷蛮传·豫州蛮》，中华书局1974年版，第2398页。
② 据《南齐书·蛮传》，有田何代［新平左郡（湖北安陆·应城·京山一带）太守］·田驷路［北遂安左郡（不明、湖北东部的江北）太守］、田驴王［宜人左郡（湖北安陆·应城·京山一带）太守］三人的记载，时在永明六年（488）。另外，《梁书》卷十《邓元起传》还提到田孔明［义阳（河南信阳）附近］这个人。总之，当地有许多田姓之人。

胡三省注认为系指黄岘、武阳、平靖三关，即所谓"义阳三关"。但是这个看法在地理方位上有矛盾：① 吴子阳攻打的是大别山最西边（今河南省信阳市南部）的地方，益宗负责防卫的则是偏东的区域（今湖北麻城附近）。王延武先生认为，这个"三关"不是"义阳三关"，而是阴山、穆陵、白沙三关。② 对此，下面我们不妨来看史料中的实例，普通八年（527），"敕（夏侯）夔帅壮武将军裴之礼、直合将军任思祖出义阳道，攻平静、穆陵、阴山三关，克之"。③ 按，除"义阳三关"之外，也有"三关"这个语句的实例。这些"平静、穆陵、阴山"三个关门之中，除平静关（＝平靖关）之外的两个关门位于定城、光城和麻城之间的交通路上。前揭的《魏书·田益宗传》的"三关"肯定是这些"三关"（穆陵、阴山、定城或白沙），田益宗的职权范围也肯定是以该地区为中心的。

根据本传的记述，对于从麻城方面进攻三关的南齐军，田益宗遣梅兴之往长风，击退了他们的进攻。对此，南齐方面加强了在建宁左郡附近防御，益宗再度派遣安蛮太守的梅景秀，与在长风的梅兴之同时出击，再次击破敌军。在这次军事行动中，田益宗在大别山南麓发挥了重要的影响力，这反映了对同为"蛮"人的梅氏的有效支配。但是附见于《田益宗传》的《田兴祖传》云："益宗兄兴祖，太和末，亦来归附。景明中，假郢州刺史。及义阳置郢州，改授征虏将军、江州刺史，诏赐朝服、剑舄一具，治麻城。"据此，当时田益宗作为刺史在东豫州，而他的哥哥在麻城，麻城与他们原先居住的西阳较近，而且此后益宗的两个儿子逃亡到"关南"，这个"关"不是义阳三关，而是作为东豫州到麻城的交通路的"三关"。

总之，以田益宗和他的家族为中心的"蛮"控制着大别山区。如前面所说，在大别山区有 5 条主要道路，都是连接着大别山的南北麓的。这些道路都为"蛮"所控制，其统帅则是田益宗家族。南北朝政权只有借助他们的力量，才能有效支配大别山区的交通网络与社会。

---

① 严耕望：《唐代交通图考》，第 1957 页。
② 王延武：《豫州蛮与田延宗》，第 191 页。
③ 《梁书》卷二八《夏侯亶传》，中华书局 1973 年版，第 421 页。

但是，这一情形没有持续很久，北魏政权对这一带的控制力越来越强，反之，田氏家族的影响力则越来越弱。其标志性事件是田氏与宇文福的共治局面。据本传，在宣武帝时期"诏益宗率其部曲并州镇文武，与假节、征虏将军、太仆少卿宇文福绥防蛮楚"，又据《魏书》卷四四《宇文福传》："诏福行豫州事，与东豫州刺史田益宗共相影援，绥遏蛮楚。"均提及为对"蛮楚"加以"绥防""绥遏"，要求田益宗与于文福加强合作。而且北魏政权对田益宗及其家族的态度前后也有变化，本传云：

> 益宗年稍衰老，聚敛无厌，兵民患其侵扰。诸子及孙竞规贿货，部内苦之，咸言欲叛。世宗深亦虑焉，乃遣中书舍人刘桃符宣旨慰喻，庶以安之。桃符还，启益宗侵掠之状。世宗诏之曰："风闻卿息鲁生淮南贪暴，扰乱细民，又横杀梅伏生，为尔不已，损卿诚效。可令鲁生与使赴阙，当加任使。如欲外禄，便授中畿一郡。"鲁生久未至。延昌中，诏曰："益宗先朝耆艾，服勤边境，不可以地须其人，遂令久屈。可使持节、镇东将军、济州刺史，常侍如故。"世宗虑其不受代，遣后将军李世哲与桃符率众袭之，出其不意，奄入广陵。益宗子鲁生、鲁贤等奔于关南，招引贼兵，袭逐诸戍，光城已南皆为贼所保。世哲讨击破之，复置郡戍，而以益宗还。

因田益宗及其家族在东豫州的诸般横暴之举，与北魏关系趋于恶化，由此引发了一场军事叛乱。田益宗本人归朝后，因"生长边地，不愿内荣，虽位秩崇重，犹以为恨"，上表为己鸣冤，又"表乞东豫，以招二子"，最终未能如愿，于熙平二年（517）去世。此外，其兄兴祖任江州刺史镇麻城，去世之后，"益宗请随兴（益宗长子）代之，世宗不许，罢并东豫"，江州被并入东豫州。

接下来看看归顺南朝的田鲁生等人的情况。《梁书》卷二二《萧秀传》云："时司州叛蛮田鲁生，弟鲁贤、超秀，据蒙笼来降，高祖以鲁生为北司州刺史，鲁贤北豫州刺史，超秀定州刺史，为北境捍蔽。而鲁生、超秀互相逸毁，有去就心，秀抚喻怀纳，各得其用，当时赖之。"可知，关南地区应该重新并入了南朝版图，北魏失去了东豫州一半的疆土。从田氏家族的立场来看，虽然田益宗丧失了在该地区的支配，但其子鲁生等在大别山西南部仍然有很强的势力。只是这在此后不久也趋于消亡，《北史》卷九五《蛮传》云："梁定州刺史田超秀亦遣使求附，请援历年，朝廷恐轻致边役，未之许。会超秀死，其部曲相率内附，徙之。"

田益宗丧失对大别山区的支配后，控制该地区的是北魏政权。关于这一情形，《魏书》卷七九《刘桃符传》称："桃符善恤蛮左，为民吏所怀。"《韦彧传》也载其"稍迁平远将军、东豫州刺史。彧绥怀蛮左，颇得其心。蛮首田益宗子鲁生、鲁贤先叛父南入，数为寇掠。自彧至州，鲁生等咸笺启修敬，不复为害。彧以蛮俗荒梗，不识礼仪，乃表立太学，选诸郡生徒于州总教。又于城北置宗武馆以习武焉。境内清肃"。① 可见在刘桃符、韦彧等人的治理下，当地的"蛮"得以安定，大别山南北地区的交通也被顺利置于北魏控制之下。然后到527年，东豫州刺史元庆和"南叛"到梁，② 又547年东魏一度收复东豫州，③ 由于史料的缺乏，我们难以了解具体情况，当地似乎陷入了混乱状态。

另外，在大别山东部也能见到田姓等诸"蛮"的活动。《魏书》卷八《世宗纪》正始元年（504）九月条云："乙丑，萧衍霍州（治所岳安，今安徽霍山）刺史田道龙、义州（治所苞信，今河南商城西南）刺史张宗之遣使内附。"《北史·蛮传》也载："梁义州刺史边城王文僧明、铁骑将军边城（治麻步山？今安徽金寨麻埠镇）太守田官德等率户万余，举州内属。拜僧明平南将军、西豫州刺史，封开封侯；官德龙骧将军、义州刺史；自余封授各有差。僧明、官德并入朝。蛮出山至边城、建安者，八九千户。义州寻为梁将裴邃所陷。"《梁书》卷二八《裴邃传》也云："普通二年（521年，按《梁书·本纪》，事在六月丁卯），义州刺史文僧明以州叛入於魏，魏军来援。以邃为假节、信武将军，督众军讨焉。邃深入魏境，从边城道，出其不意，魏所署义州刺史封寿据檀公岘，邃击破之，遂围其城，寿面缚请降，义州平。"从这类人的姓氏来判断，田道

---

① 《魏书》卷四五《韦阆传附韦彧传》，中华书局1974年版，第1015页。
② 《魏书》卷九《肃宗纪》孝昌三年九月条，第247页。
③ 《魏书》卷一〇六《地形志中》东豫州条，2558。

龙、张宗之、文僧明、田官德应该都是"蛮",而且他们所处的边城也是交通、军事上的要冲,他们应该有效控制着当地的交通。

小结:南北朝交界地区的"少数民族"与当地交通

基于上文考察可知,今天的鄂、豫两省是南北政权的边境地带,或者说缓冲地区,因此分布着不少南北交通的孔道。而活跃在这些交通道路沿线的则是诸类"蛮",他们依违于南北政权之间,控制着当地的交通网络。

此外,说到这类社会特征及其实际状态,仇池地区(陕甘川三省交界地区)也是相似的。在蜀地通往天水、汉中两个方向的道路上,① 长期活跃着仇池杨氏等氏族首领,他们以该地区为根据地,先后建立了数个割据政权。此外,就北朝后期的东、西政权而言,山胡(稽胡)生活的秦晋交界地区(即黄河南流之处,东西两岸,尤其是汾北、吕梁山区)也是东、西两方的边境,也分布着几条交通线路。② 当地的情形也颇为相似。

从上述事实来看,居住在山区的人群(其中不少是非汉少数民族)都掌握了当地的交通,如果没有他们的协助,政权想通过他们实际控制的地域去征伐敌对政权,将是很非常困难的。因此南北政权普遍采取了恩威并施的手段,亦即武力讨伐与怀柔、羁縻相辅相成。通过这些措施方能有效控制这类地区,进而利用其间的交通道路。"蛮(以及仇池氏、山胡等的在地势力)"在交通史上所有的意义就是如此。

但是从"蛮"人的立场而言,因为他们活跃在南北朝交界地区,特别是在其交通孔道附近,所以自身生活也不免受到了南北政权的介入、

---

① 参见严耕望《唐代交通图考》第三卷《秦岭仇池区》,第二二《仇池山区交通诸道》("中央研究院"历史语言研究所,1985年)。

② 参见严耕望《唐代交通图考》第五卷《河东河北卷》,第三八《黄河汾水间南北交通线》;拙稿《「山胡」世界の形成とその背景—後漢末~北朝期における黄河東西岸地域社会について》(《东洋史苑》77,2011年)。

渗透，正因如此，他们的社会组织、经济基础等均渐趋于崩溃，到隋朝统一南北的时候，都已破坏殆尽。

［附记：在修改本稿的时候，得到了周鼎先生（华东师范大学）的帮助，衷心感谢］

北朝时期与"疾患"有关的造像记

吉林大学古籍研究所　邵正坤

疾病是人类健康的最大威胁，即便是在科学昌明的现代，仍然有许多疑难病症没有被攻克，不少人忍受疾病的折磨，严重者甚至被致命性的疾患夺去生命。古代的医疗卫生条件低下，疾病的防治、诊断、治疗和预后远不如现代，因此，这方面的问题当更为突出。事实上，根据传世文献的有关记载，我们发现，北朝时期的一般民众很难获得有效的医疗资源，与此同时，普通人在学习和掌握医术方面又存在一定的障碍，因此，当他们罹患疾病的时候，除了咬牙忍受以外，只能求助于超自然的神圣力量。佛教传入以前，道教和民间信仰中的诸神经常成为求助的对象，佛教进入中土以后，通过雕佛造像的方式祈求病愈，则逐渐成为流行的社会风气。

一　在家众祈求病愈的造像记

佛教拥有丰富的医疗资源，其医疗系统中有自成体系的理论以解释病因与治疗疾病。佛教对病因、病理的认识首先是基于因缘论，认为病由业起，业由心造。此外，由佛教的宇宙观和生命观入手，又衍生出"四大增损"之说，认为人体是地水火风的结合，人体产生的种种疾病，则是由四大不调引发，并由四病衍生出四百四病。倘若致病的原因与患者自身的业力相关，必须借助礼拜、修忏、祈福等方式，戒除贪、嗔、痴三毒，诸恶莫做，众善奉行，才能减轻疾病所带来的痛苦，乃至根治疾病。修忏祈福的方式有多种，北朝时期，随着造像风气的流行，通过雕佛造像的方式求祈佛佑，逐渐成为人们对治疾病的一种常见选择。

北朝的造像记，就发愿内容而言，大体可以分为两类，一类关注生者的利益，一类是为死者追福。在为生者祈福的造像记中，有相当一部分与"疾病"有关。根据诸多造像记的记载来看，时人与疾患有关的造像铭文实际涉及两个方面：一个是疾病的"未然"状态，即造像人及其家庭成员并未染病，以造像之功德，祈愿自身和家人身体健康，无病少痛。如北魏延昌四年（515）八月八日张安世造像记：

> 是以张安世，体识虚空，识真正法，减割家珍，张安世人身造石像一区（躯）。上愿帝主康宁，祚延无穷，若洛（落）三徒（途），不逢八难。下愿张安世人身家眷，合家大小，无病少痛，延年益寿，宅舍金刚，来财宜宝，用之无尽，所愿从心。①

兴和二年（540）七月三日卢遗造像记：

> 范阳卢义乃女遗造像一躯，愿女长寿无患……利（离）苦得洛（乐），生生世世，眷属大小，常与佛会，永同斯福，愿愿从心。②

北齐天保三年（552）三月刘子瑞造浮图记：

> 仰愿皇祚兴隆，四海宁晏，身命延长，无诸患苦，存亡眷属，咸同兹福。又愿边地众生，俱登彼岸。③

皇建二年（561）六月九日李孝贞造像记：

---

① 颜娟英：《北朝佛教石刻拓片百品》，（台北）"中央研究院"历史语言研究所2008年版，第40页。
② 黄浚：《尊古斋造像集拓·尊古斋陶佛留真》，上海古籍出版社1990年版，第40页。
③ 薛文灿：《新郑北齐石造像》，《中原文物》1986年第2期。

皇建二年，六月九日，李孝贞敬造石象（像）一区（躯），上为亡父、亡兄托生西方安乐之处，又愿母兄延年益寿，居家眷属无患长寿，亡者生天，见存受福，一切众生，同获兹果，俱时成佛。①

天统五年（569）七月十五日刘陆虎造像记：

天统午（五）年七月十五日佛弟子刘陆虎造石像一区（躯），愿使夫妻眷属长命延康，无诸病苦，善愿从心。②

其中，张安世造像记和李孝贞造像记都是为阖家大小祈愿，而其祈愿内容，都与无病、长寿有关。卢遗则是通过造像，为女儿祈福，祈求女儿"长寿无患"。刘子瑞希望通过建浮图的功德，使自身寿命延长，远离疾患，并祈祷"存亡眷属"皆因此蒙福。刘陆虎造像记的回向对象主要是其本人以及妻子，回向内容是"无诸病苦"，也与身体状况密切相关。从根本上说，通过造像这种宗教信仰实践，实现"无病少痛""无诸患苦""无患""无诸病苦"等愿望，乃是造像人期望借助佛、菩萨的神力，达到预防疾病的目的。《黄帝内经·灵枢经》中便有"上工治未病"之说，对当事人来说，在疾病到来之前，便提前采取预防措施，将其拒之门外，从而免受病痛的折磨，当然是上上之选，该类造像记的屡次出现，便反映了时人依靠神佛之助预防疾病的心态。

除此以外，还有一种造像记，是关于疾病的"已然"状态，即造像人本人和家人已经身染疾患，造像的目的不是为了预防，而是祈求自身及家人病体痊愈。如北魏正光二年（521）二月六日李谨造像记：

李谨因父有患疾，造一区（躯）□□□□□□文□□□□□命奉□。③

---

① 沈铭杰：《河北省景县出土北朝造像考》，《文物春秋》1994年第3期。
② 孟昭东：《新郑县出土北齐造像碑》，《文物》1965年第9期。
③ 北京鲁迅博物馆、上海鲁迅纪念馆编：《鲁迅辑校石刻手稿》2函1册，上海书画出版社1986年版，第117页。

西魏大统四年（538）三月八日魏文男造像记：

佛弟子魏文男为身病患愿造像一区（躯），愿百病永除，众邪弥散，上为上（亡）父母，下为妻子眷属，并为一切众生共成佛道。①

东魏武定元年（543）十二月四日常恩洛造像记：

高城县常恩洛为夫人身患□削将奉绢三匹，续帛石像一躯，上为七世父母，现在俱（居）家大小，愿诸恶肖（消）□，顺善来庆，愿愿从心，所求如意。②

北齐河清元年（562）十月八日阳氏造像记：

清信士佛弟子阳氏□自为自造观世音一区（躯），愿使百病消除。③

河清二年（563）十月四日姬洪燕造像记：

佛弟子姬洪燕仰为父母敬造观世音像一区（躯）……愿使息女罗晕眼目精明，无病长受（寿）。④

天统元年（565）十一月二十八日□永进造像记：

大齐天统元年，十一月廿八日，佛弟子□永进为父患，愿造观世音像一区（躯），患早□保□。⑤

---

① 傅永魁：《河南巩县石窟寺再次发现造像龛》，《考古与文物》1984年第4期。
② 北京鲁迅博物馆、上海鲁迅纪念馆编：《鲁迅辑校石刻手稿》2函2册，361页。
③ 乔文泉：《河北邺南城附近出土北朝石造像》，《文物》1980年第9期。
④ 晋华、吴建国：《山西寿阳出土一批东魏至唐代铜造像》，《文物》1991年第2期。
⑤ 李静杰：《中国金铜佛》，宗教文化出版社1996年版，第103页。

天统三年（567）五月二十七日张静儒造像记：

夫正觉常湛，生灭无穷。聚□割体，非因不报。临难遄迫，应声解脱。佛弟子张静儒，身遇时疾，愿患除愈，在黄岗上造浮图一区。素画像容，刊石立形。①

以上诸造像记中，李谨和某永进都是因为父亲患病造像，希冀借助造像的功德，使父亲病体痊愈，孝子之心昭然可见。魏文男、阳氏、张静儒则是为了解除自身病痛而出资造像抑或建塔，其中，魏文男和阳氏所发之愿相差无几，一个是祈愿"百病永除"，另一个是"使百病消除"，"百病"显然是泛指各种疾病，即通过兴造的功德，解除所有的疾患。魏文男似乎还有一劳永逸的想法，欲以一次兴造之功，解除终生病苦之患，可见其对佛、菩萨期望之高。张静儒造像称"身遇时疾"，"时疾"当为特指，可能是造像人染上了某种流行性的疾病，希望通过造作浮图的功德，解除疾病对身心带来的困扰。常恩洛应是在朝为官，夫人染病之后，身为丈夫的他拿出俸绢三匹，为夫人造像祈福。姬洪燕的造像对象是父母，回向对象中则出现了其女罗晕，罗晕大概患有眼疾，因此她造像时特地为女儿"眼目精明"回向。上述题记中亦可见造像者对病因的认识，魏文男认为自身患病是由"众邪"引起，因此祈愿"众邪弥散"，常恩洛则以为夫人所患疾病与"诸恶"脱不了干系，是故在回向文中以"诸恶肖（消）□"为造像目标，这就是说，他们都认为今生的病苦乃是"夙业"所致，而通过造像，获得佛、菩萨的加持，便可摆脱往世愆尤，获得病体康健的福祉。此外，以上造像记中的造像题材大多已不可考，值得注意的是，标明题材的皆为观世音，如阳氏造像记、姬洪燕造像记、某永进造像记，这可能与观世音在救度生老病死等苦难上的无边法力有密切关系，《妙法莲花经·观世音菩萨普门品》："种种诸恶趣，地狱、鬼、畜生、生老病死苦，以渐悉令灭。"观世音大慈大悲、救苦救难，可断除诸种恶趣，疾病也在其中，这应当是时人为祈求家人及己身病愈时竞造观世音像的主要原因。

---

① 北京鲁迅博物馆、上海鲁迅纪念馆编：《鲁迅辑校石刻手稿》1函6册，1037页。

二 出家众祈求病愈的造像记

在家众苦于疾病的困扰，出家人虽皈依三宝，持斋守戒，亦不能免除各种病痛的折磨。一般而言，僧尼染病以后，主要是通过焚香、礼拜、念佛、持咒等方式，对往昔的罪咎进行发露和忏悔，以化解累世的业障，并解除因恶业引发的各种疾病。除此以外，与在家信徒一样，通过造像的方式求祈福佑，也成为职业信徒经常采取的治疗手段。如北魏太和十三年（489）九月十九日比丘尼惠定造像记：

  比丘尼惠定，身遇重患，发愿造释迦、多宝、弥勒像三区（躯），愿患消除，愿现世安稳，戒行猛利，道心日增，誓不退转。以此造像功德，逮及七世父母、累劫诸师、无边众生，咸同福庆。①

延昌二年（513）八月二日比丘尼法兴造像记：

  比邱（丘）尼法兴因患发愿，造释迦像一躯，愿使此身恶厄云消，戒行清洁，契感元宗，明悟不一，逮及七世父母、生身父母、一切众生咸同此福。②

孝昌二年（526）五月二十三日乾灵寺比丘尼智空造像记：

  乾灵寺比丘尼智空，为自身小患，愿得壮明，诸灾□弥，十方含识，□津□□愿。③

东魏武定二年（544）七月五日比丘尼惠遵造像记：

---

① 辛长青：《云冈第 17 窟比丘尼惠定造像记考释》，《北朝研究》1989 年第 1 期。
② （清）陆增祥：《八琼室金石补正》卷一三，文物出版社 1987 年版，第 73 页。
③ 同上书，第 76 页；又见北京图书馆金石组编《北京图书馆藏中国历代石刻拓本汇编》第 5 册，中州古籍出版社 1990 年版，第 28 页。

寺尼惠遵因患敬造弥勒王像二区（躯），并为天王国主、师僧父母、眷属，愿生永远，当为法界同发菩提，一心恭敬，连成正觉。①

武定七年（549）三月六日阳市寺尼惠遵造像记：

阳市寺尼惠遵因患发愿，敬造弥勒玉像一区（躯），并杂事□，为天王国主、师僧父母、门徒眷属，愿生生恒安，永宁净□，普为法界，同发菩提，志□坚固，速成正觉。②

北齐天保二年（551）四月八日比丘法巡造像记：

比丘法训为身患造像一堀（躯），原（愿）患速得除愈，永无更□，因此□福，愿与一切众生同获弘庆，愿愿从心。③

武平元年（570）十一月十五日比丘尼静深造像记：

比丘尼静深患中发愿，造观世音像一躯，为帝□□道种姓识，复为师僧父母，普及法界众生，咸同斯愿。④

依佛法而言，无论在家众还是出家众，生、老、病、死都是必须经历的苦难，佛陀为波斯匿王说法时曾说，人生有五不可避，老、病、死、灭、尽，"病"是其中之一。佛教中的病，又有身病和心病的区别，《大智度论》中提到："种种内外诸病名为身病，淫欲、瞋恚、嫉妒、悭吝、忧愁、怖畏等种种烦恼，九十八结、五百缠、种种欲愿等，名为心病。"以上比丘僧和比丘尼造像记显示，他们造像的目的，显然是祛除身病，

---

① 北京鲁迅博物馆、上海鲁迅纪念馆编：《鲁迅辑校石刻手稿》2函2册，第381页；
② 同上书，第429页；（清）端方：《陶斋藏石记》卷九，江苏古籍出版社1989年版。
③ 文物编辑委员会：《文物资料丛刊》5，文物出版社1981年版，第139页
④ 北京鲁迅博物馆、上海鲁迅纪念馆编：《鲁迅辑校石刻手稿》2函4册，第819页；北京图书馆金石组：《北京图书馆藏中国历代石刻拓本汇编》第8册，第14页；（清）陆增祥：《八琼室金石补正》卷二二，第137页。

而非治疗心病。比丘尼惠定因"身遇重患"而造像，造像动机是"愿患消除"；比丘尼法兴亦"因患发愿"，目的是使"恶厄云消"；乾灵寺比丘尼智空为"自身小患"造像，欲通过造像之行为，达到身体"壮明"之境界；比丘法巡也是为"身患"造像，而且造像人重获健康的愿望极为迫切，"愿患速得除愈"，痊愈以后，希望此生永离疾病的缠碍，"永无更□"便反映了这一点。除以上诸例以外，北魏孝昌二年（526）比丘尼僧超造像记，东魏武定二年（544）七月五日比丘尼惠遵造像记，武定七年（549）三月六日阳市寺尼惠遵造像记，北齐武平元年（570）十一月十五日比丘尼静深造像记，都是"因患"造像，"因患发愿"抑或"患中发愿"。

一般说来，出家人皈依三宝，在寺修行，严格按照佛教的有关戒律行事，对于佛法的崇信比在家众更为虔敬，因此，他们患病以后，也比普通人更加倾向于向佛、菩萨求助。在笔者搜集的祈求病愈的造像记中，造像人身份为僧尼的，明显要多于在家信徒。其中，两通惠遵造像记尤为值得注意。武定二年（544）造像记称："寺尼惠遵因患敬造弥勒玉像二区（躯）"①，武定七年（549）造像记云："阳市寺尼惠遵因患发愿，敬造弥勒玉像一区（躯）"②，前一造像记中"寺尼"当为"阳市寺尼"的省称，因此这两通造像记中的比丘尼惠遵应为同一人。惠遵先后两次造弥勒玉像，祈求病愈，可见其对于依靠造像这种方式使病体康复期望之高，而这与僧尼作为职业信徒，深受佛法浸润有直接关系。在家众染病以后，通常是先求医问药，若无疗效，再转向佛法，而出家众与此有异，遇有疾患，他们更倾向于采取宗教的治疗方式，称念佛号、忏悔业障、写经、诵经、持咒念佛等，依靠诸佛、菩萨的加持力，以及个人的信心、悲心和愿心，使患者"恶厄云消，戒行清洁"，从而达到诸邪退避、豁然痊愈的客观效果。雕佛造像，对虔诚的信徒来说，无疑是信、愿、行三者的浑然一体、完美结合。造像是行为，病愈是愿景，而以上两者，皆建立在对佛法的虔信之上。

那么，在出家众的心中，哪一尊佛或菩萨的加持更有利于疾病的痊

---

① 北京鲁迅博物馆、上海鲁迅纪念馆编：《鲁迅辑校石刻手稿》2函2册，第381页。
② 同上书，第429页。

愈呢？换句话说，僧尼为祈求病愈所造的佛像中，哪个题材出现的频率更高？在笔者搜集的与疾患有关的出家众造像记中，弥勒出现3次，释迦2次，多宝1次，定光佛1次，观世音1次，其他仅云"像""玉像"或者"佛像"，题材不明。由于样本有限，无法根据现有材料遽然推断，不过，与在家众对观世音的偏好不同，释迦与弥勒似乎在这个情境之下更受欢迎。大乘佛教的有关经典中认为释迦是现在佛，弥勒为未来佛，是释迦牟尼的继任者，他们皆具有不可思议的广大法力，可救度无边众生。在对疾病的治疗上，《大智度论》卷二二说："佛如医王，法如良药，僧如瞻病人，我当清净持戒正忆念。"[①] 佛陀是包治百病的医王，佛法是可疗众病的良药，僧侣如同病人的看护，正因为如此，僧侣染病之后，往往不是外求，而是内省，或者倾向于通过造像供养的方式，凭借造像之功德，祈求佛法的荫蔽及诸佛、菩萨的护持，进而化解业障，祛除疾患，恢复健康。

三　信徒为求病愈的选择——以陈天宝造像记为例

如前所述，时人兴造功德，一方面是希望借助佛、菩萨的法力预防疾病，另一方面，则是希求患病以后令身体尽快痊愈。尽管我们无法确切知道佛教与道教和传统医学在相互竞争中到底处于什么样的地位，但是，有一个事实无法回避，虔诚的信徒在生活中遭遇变故，尤其是与生老病死有关的变故时，总是倾向祈求于神，而非求助于人，因此，北朝时期，有相当一部分人得病以后用手中有限的资财营造功德，而不是求医问药，寻求医者的帮助。现代医学证明，人体有一定的自愈能力，某些疾病即便不加治疗，在调动免疫系统以后，经过一段时间也能痊愈。在这种情况下，虔诚的信徒必然将病愈的功劳归于佛、菩萨的佑护，从而在身体恢复以后增强其宗教属性，对自己的信仰更为虔敬。当然，有些疾病属于顽症，靠自身免疫无法抵抗，而当时的医学也达不到治愈的程度，病人沉疴在身，苦不堪言，这个时候进行佛事活动，纵使没有什

---

① 大藏经刊行会编：《大正新修大藏经》第25册，新文丰出版公司1998年版，第224页。

么效验，也能使患者及其家人获得某种心理上的安慰。因为对于佛教徒来说，今生的苦难，都是前世造"业"的结果，如果兴造功德以后病情也无法减轻，显然是前世恶业太深，或者累世愆尤导致，而非佛法本身不够灵验。不过，对于一般信众抑或原本没有任何宗教信仰的人来说，患病以后，首先想到的当是寻医问药，而非求仙拜佛，尤其是当时社会的知识和权贵阶层，他们获取医疗资源的途径较一般人更为便捷，面临选择时，就更是如此。北魏武泰元年（528）四月八日陈天宝造塔像记便是典型的一例：

> 夫至貌悕微，非世赏之能模。真姿妙灭，岂情近之仿响。然经著归依，显洞导之尊。童教播声，仿杨苌住之续。像故镂金镂玉，继童发于修沙；素莹雕涂，宗弹合于指掌。有杨州丹阳郡溧阳县右乡西里佛弟子陈天宝，国茅齐都，轮官魏阙，宿薄无良，风患萦痾，方医未效，奄加麻疾，尪于枕席，莫知凭祈，欣托三宝，觊救危遂。乃于中练里私宅造塔三级，并建石像一区（躯）。光趺三尺，图恃备设。庶藉兹诚，所患云消，有愿从心。上及七世父母，下暨现在卷（眷）属，值佛闻法，朗悟正觉，轮乐兜率，恒与善会。大魏武泰元年，岁次戊申，四月八日乙未刊。①

陈天宝出身丹阳陈氏，原籍扬州丹阳郡溧阳县，先是"国茅齐都"，后转入"魏阙"任职，可能是易代之间转入北魏，从他的出身和在朝廷任职的情况来看，应是具有一定的社会地位和文化素养。该造像记文字雅驯，颇具文采，与一般程式化的造像铭文有很大差别。倘若该造像记确属陈天宝本人所撰，根据遣词造句的特征，更能推断他本人在当时的社会属于知识阶层，正因为如此，他虽然自称佛弟子，但与一般狂热的佛教徒仍有差别，在"风患萦痾"之际，首先想到的是寻求"方医"诊疗。所谓"风患"，当即中风，《北史》卷四《临淮王谭附孚传》说元孚"后遇风疾，手足不随，口不能言，乃左

---

① 北京鲁迅博物馆、上海鲁迅纪念馆编：《鲁迅辑校石刻手稿》2函1册，第165页；又见北京图书馆金石组编《北京图书馆藏中国历代石刻拓本汇编》第5册，第81页。

手划地作牢,乞解所任"。又南朝陈徐陵于《在北齐与宗室书》中云:"自徘徊河朔,亟积寒暄,风患弥留,半体枯废……固以形如槁木,心若死灰,匍匐苦庐,才有魂气。"① 中风患者多肢体麻木、半身不遂、舌蹇难语、口眼歪斜,主要由脑部出血及出血性损伤引起。陈天宝得风患以后,马上延请"方医"施治,不幸的是,治疗无效,不但未获痊愈,而且雪上加霜,"奄加麻疾",身体麻痹,干脆"尫于枕席",卧床不起了。中风起病急、变化快,陈天宝由一个身体健康的正常人,在极短的时间里,变成行走坐卧皆不能自理的病人,饱受疾病的折磨与煎熬,其痛苦和绝望可想而知。

陈氏本人及其家人大概通过各种渠道求医问药,想尽了办法,但顽疾在身,都不见效,最后"莫知凭祈",走投无路之下,"欣托三宝,觊救危遂",出资在中练里私宅造塔三级,建石像一区,并在塔、像的雕饰上颇下了一番功夫,"镌金镂玉","素莹雕涂",想必所费不赀。对病患和其家属来说,这无疑是最后一根稻草,因此务必要通过功德的兴造,昭示信仰的虔诚。其最终目的,当然是希望仰仗三宝之法力,获得一线生机。从愿文来看,多少带有"危中告佛,厄乃求僧"的意味,但其人在山穷水尽之时,对于"神迹"的殷切期盼却即从可见。

总之,在家信徒尤其是文化层次较高的在家信徒,染疾之后,其治疗手段,仍以求医问药为先,遇有沉疴痼疾,药石难愈,才转向造像的方式,企图通过佛、菩萨加持的神圣力量,摆脱疾病的缠碍。在这种情况之下,造像人往往将自身所患顽症,归结为夙世所造的恶业,陈天宝造像记中便说自己"宿薄无良",比丘尼法兴造像记认为"恶厄云消"是病体早愈的前提条件。通过造像建塔等方式祈求病愈,其着眼点还是在因缘果报之上,兴造功德以获得佛佑,清算累世的夙愆,由此达到消灾解厄的目的,最终解除疾病的无明我执,获得病体痊愈的最终效果。

---

① 徐逸民校笺:《徐陵集校笺》卷五,中华书局2008年版,第506页。

四 造像祈福与功德回向

根据造像记的内容来看,患者疾病的消除,主要依靠功德的回向。回向又作转向、施向,即将自己所修功德回转给他人。回向的根本在于修积功德,然后才是发愿,即希望以所修之功德实现什么样的愿景。倘若没有兴造功德作为前提,那么只是普通的发愿,而与回向无涉。

造像铭文所涉及的回向具有不同的层次,因自身或家人患病而出资造像,在佛教的义理中,属于回因向果,即回转所修之因转向所求之果,在这里,造像是因,病愈是果。以造像的功德祈求患者痊愈的现世利益,是造像的主要目的。这是回向的第一层次,也是造像人的出发点和动因,没有己身或亲眷染病这个诱因,就不会有造像这个事实,前述造像记皆体现了这一点。

将造像的功德回转给病人的同时,也涉及他人——主要是家人的集体利益。这是回向的第二层次,在造像记中,往往有较为清楚的指涉对象。以北齐天保二年(551)郑敬羡造像记为例:

> 大齐天保二年,岁在鹑首,九月甲辰朔,廿五日甲午,清信士佛弟子郑敬羡,先有观音像一区(躯),边荒□落身,遭疾病,发愿更造,今得成就,上为皇帝陛下福祚永隆,七世先亡、所生所养、父母、亡兄、亡姐、及今眷属、见存兄弟,□于十方无边众生,离苦得乐,共福。①

郑敬羡原有观世音像一躯,后来他流落在外,不幸染疾,因而发愿再造,根据行文的顺序来看,像成时郑敬羡可能已经康复,该像是为还愿而造,因此题记中没有关于"病愈"的祈愿。既然造像的缘起是罹患疾病,那么仍属于与疾患有关的造像记。在这通造像记中,回向文中提及皇帝陛下,这在祈愿病愈的造像记中较为罕见,而以下的内容,七世先亡、所生所养、父母、亡兄、亡姐、现今眷属、见存兄弟等,则是此

---

① (清)端方:《陶斋藏石记》卷一一。

类造像记中惯常出现的内容，如前引西魏大统四年（538）魏文男造像记："佛弟子魏文男为身病患愿造像一区（躯），愿百病永除，众邪弥散，上为亡父母，下为妻子眷属，并为一切众生共成佛道。"① 东魏武定元年（543）常恩洛造像记："续帛石像一躯，上为七世父母，现在俱（居）家大小，愿诸恶肖（消）□，顺善来庆，愿愿从心，所求如意。"② 魏文男造像记中的父母、妻子眷属，常恩洛造像记中的七世父母、现在居家大小，都属于回向的第二层次。根据其具体内容，我们可以做如下总结：亲眷中以父母为先，这个"父母"，涉及七世父母，即过去在六道轮回时所遭逢的父母，但更多直接指明是现世的父母；父母、兄弟、姊妹中，包含在世者，也涉及已亡之人；造像人的妻子儿女也在"居家大小"的范围之内。也就是说，家族成员中，无论生者，还是亡者，无论宗亲，还是姻亲，无论长者，还是童幼，皆在回向的范围之内。在时人看来，这种为患者造像，以化解累世宿业的功德，能够扩展至存亡亲眷，使生者获得消灾免祸的现世利益，与此同时，也使亡者得到超度。

以上为在家众主导的造像中回向对象的第二层次，出家众的造像与此有些许差别。如太和十三年（489）比丘尼惠定造像记回向对象是"七世父母、累劫诸师"，延昌二年（513）比丘尼法兴造像记的回向对象为"七世父母、生身父母"，武定二年（544）惠遵造像记回向对象涉及"天王国主、师僧父母、眷属"，武平元年（570）静深造像记回向对象为"师僧父母"。僧尼造像中眷属这个范围大多以父母或者七世父母为限，几乎不涉及夫妻、子女、兄弟姊妹。这可能与他们出家以后斩断与世俗家庭的联系有关，但是，由于中土对孝道的推举，即便是职业信徒，也一般不否定对父母的孝养，因此父母仍在回向对象之内。此外，与在家信徒不同的是，僧尼的回向对象还出现了"师僧"，这是他们出离家庭，与其他的僧尼一同营群体生活的必然结果。

回向对象的第三层次为众生，无论在家信徒还是出家的僧尼，都是如此，只不过"众生"这个概念在具体的表述上有所不同，"边地众生""一切众生""无边众生""法界众生"等，都是造像人回向的对象。将

---

① 傅永魁：《河南巩县石窟寺再次发现造像龛》，《考古与文物》1984年第4期。
② 北京鲁迅博物馆、上海鲁迅纪念馆编：《鲁迅辑校石刻手稿》2函2册，第361页。

造像之功德回向给家族与回向众生一样，皆属于回自向他，由此，便将为患者造像的私自性利益，延伸至家族的整体利益，继而回施法界一切众生，意即将自己通过造像所修的功德，与法界众生同享。这是一个逐层扩展、环环相扣的过程，产生的效应亦随之逐渐放大。由此，通过造像及发愿，造像人可与法界众生共成佛道，同证菩提。在这个过程中，患者所受福泽不但不会有丝毫减损，反而会无限增益。

结　　语

北朝时期，与疾患有关的造像记内容大同小异，无论僧人还是俗众，造像时所镌刻的铭文都有强烈的趋同倾向，由此推测，这类造像记已经形成了某种较为固定的模式，人们造像时可以相互模仿与传抄。虽然雷同较多，其中也有微妙的不同，这种差别既存在于僧俗之间，也存在于不同文化层次的群体之间。但是，不管有着怎样的差异，他们造像的目的却是相同的：清除宿业，重获健康。在为患者造像发愿的过程中，其功德不仅为患者所独有，而且泽被家族，甚或涉及一切众生的离苦得乐。对一般民众而言，不仅满足了其祛除疾患的医疗要求，也展现了他们受佛法浸染之后救济众生的宏愿，而这正是佛教所倡导的无缘大慈、同体大悲的体现。

北朝葬地选择考略

武汉大学历史学院　姜望来　杨　晨

古人重视吉凶观念，故《礼记·杂记》云"大夫卜宅与葬日"，孔颖达疏曰"宅谓葬地"。① 有关葬地选择的方法与理论，乃是汉魏以来渐成体系的风水墓法之重要内容。② 毋庸赘言，学界对汉魏南北朝风水信仰（包括墓法）的研究已有相当成果，③ 但具体到北朝则颇有欠缺，多是在研究南朝新风水观念时附带提及，甚至直接加以忽略。④ 因此，对于北朝时期的风水术仍有加以关注的必要和探讨的余地；本文即拟在前人研究基础上，结合传世文献与出土资料，考察北朝葬地选择的一般倾向和特色，并进而从这一侧面略窥南北风水信仰之差异。

---

① 《礼记正义》卷四〇，北京大学出版社1999年版，第1163页。
② 张齐明："关于古代的丧葬习俗，风水墓法尽管体系驳杂，但就其实质而言，无非有三个基本吉凶推演模式：那就是所谓的'形'、'理'与'日'。所谓的'形'就是以墓地所在地所处的山水形势来占断吉凶；所谓的'理'就是墓地营建过程中的具体定向之法，'日'当然就是值时日禁忌。简言之，葬地形势、方位、下葬时日的讲求。"张齐明：《亦术亦俗——汉魏六朝风水信仰研究》，中国人民大学出版社2011年版，第72页。大致上，风水墓法的基本内容，主要包括葬地选择与葬日选择两大方面。
③ 除去一些简略、散见的论述以外，较系统有代表性的成果如前揭张齐明《亦术亦俗——汉魏六朝风水信仰研究》、吴羽《南北朝葬日选择管窥》（《唐研究》第18卷，北京大学出版社2012年版）等。
④ 张齐明："无论是就风水术本身的发展，抑或风水信仰的社会影响而言，北朝均可置之不论。"张齐明：《亦术亦俗——汉魏六朝风水信仰研究》，中国人民大学出版社2011年版，第6页。

一 北朝葬地选择的一般倾向

两汉、魏晋时期葬地选择的具体理论已难于指实，但选择实践中所遵循的一般倾向，在传世文献和考古出土材料中有所体现。如《史记》卷九二《淮阴侯列传》：

> 韩信虽为布衣时，其志与众异。其母死，贫无以葬，然乃行营高敞地，令其旁可置万家。①

《汉书》卷八《宣帝纪》载宣帝年少时"数上下诸陵"条颜师古注曰：

> 诸陵皆据高敞地为之，县即在其侧。帝每周游往来诸陵县，去则上，来则下，故言上下诸陵。②

《汉书》卷七〇《陈汤传》：

> 故陵因天性，据真土，处势高敞，旁近祖考。③

《汉书》卷八五《谷永传》载谷永上成帝疏云：

> 今陛下轻夺民财，不爱民力，听邪臣之计，去高敞初陵，捐十年功绪，改作昌陵，反天地之性，因下为高，积土为山。④

《后汉书》卷二八下《冯衍传》：

---

① 《史记》卷九二《淮阴侯列传》，中华书局1959年版，第2629—2630页。
② 《汉书》卷八《宣帝纪》，中华书局1962年版，第237页。
③ 《汉书》卷七〇《陈汤传》，中华书局1962年版，第3024页。
④ 《汉书》卷八五《谷永传》，中华书局1962年版，第3462页。

于是以新丰之东，鸿门之上，寿安之中，地势高敞，四通广达，南望郦山，北属泾渭，东瞰河华，龙门之阳，三晋之路，西顾鄜鄘，周秦之丘，宫观之墟，通视千里，览见旧都，遂定茔焉。①

西晋元康八年《赵氾墓表》：

今卜筮良辰，更造灵馆，北营陵阳之高敞，南临伊洛之洪川，右带瀍谷，左乘首阳。②

西晋永嘉元年《王浚妻华芳墓志》：

辄权假葬于燕国蓟城西廿里。依高山显敞，以即安神枢。③

从上述材料可见汉晋葬地选择的主要倾向之一：墓址要建在"高敞"的地方。

就葬地（坟茔或墓道）朝向方位而言，汉晋时代亦有所规律。刘俊喜指出"迁洛之前，平城地区砖砌墓葬多为南北向"，而"这种特点自魏晋以来在中原地区甚为流行"。④ 以《考古》所载近十年（2006—2015年）墓葬发掘报告为例，共发掘东汉至西晋的墓葬15处，其中"坐北朝南"即方向在180°左右的多达10处，按照发掘时间的先后顺序依次是广西合浦县母猪岭两汉墓葬、⑤ 山东青州市马家家子东汉墓、⑥ 安徽淮北市李楼一号、二号东汉墓、⑦ 河南偃师市首阳山西晋帝陵陪葬墓、⑧ 湖南衡

---

① 《后汉书》卷二八《冯衍传》，中华书局1965年版，第986页。
② 毛远明校注：《汉魏六朝碑刻校注》第二册，中华书局2009年版，第320页。
③ 同上书，第343页。
④ 刘俊喜：《大同市北魏宋绍祖墓发掘简报》，《文物》2001年第7期。
⑤ 张居英：《广西合浦县母猪岭汉墓的发掘》，《考古》2007年第2期。
⑥ 姜建成、刘华国：《山东青州市马家家子东汉墓的清理》，《考古》2007年第6期。
⑦ 唐杰平、杨中文：《安徽淮北市李楼一号、二号东汉墓》，《考古》2007年第8期。
⑧ 严辉：《河南偃师市首阳山西晋帝陵陪葬墓》，《考古》2010年第2期。

阳市兴隆村东汉砖室墓、①河南偃师市吴家湾东汉封土墓、②河南卫辉市大司马村晋墓、③河南洛阳市邙山"大汉冢"东汉陵区西晋纪年墓、④河南孟津县马村晋墓、⑤河南洛阳市关林路南西晋墓。⑥此外，南北向有2处；⑦东西向的有3处。⑧由此观之，汉晋以来葬地朝向以"坐北朝南"为主。

可以说，推崇"高敞"地势和朝向上多"坐北朝南"是汉晋以来墓地选择较为普遍的倾向。而到了北朝，这些倾向仍然基本上得以延续。

（一）对"高敞之地"建茔倾向的遵循。《吕氏春秋》云："故凡葬必于高陵之上，以避狐狸之患、水泉之湿，此则善矣。"⑨坟茔依高地而建是先秦以来就有的传统，与其称之为一种墓法原则，不如说是备"水泉之湿"的客观需要，即使已择墓址，囿于水湿之患也不得不进行改葬，如西晋元康五年（295）《荀岳墓志》：

> 先祖世，安措于颍川颍阴县之北。其年七月十二日，大雨过常，旧墓下湿，崩坏者多……是以别安措于河南洛阳县之东，陪附晋文帝陵道之右……写诏书如左……旧墓遇水，欲于此下权葬。⑩

---

① 唐先华：《湖南衡阳市兴隆村两座东汉砖室墓》，《考古》2010年第4期。
② 李继鹏：《河南偃师市吴家湾东汉封土墓》，《考古》2010年第9期。
③ 于孟洲：《河南卫辉市大司马村晋墓发掘简报》，《考古》2010年第10期。
④ 张鸿亮：《河南洛阳市邙山"大汉冢"东汉陵区西晋纪年墓》，《考古》2010年第10期。
⑤ 刘斌：《河南孟津县马村晋墓的发掘》，《考古》2011年第6期。
⑥ 王玲珍：《河南洛阳市关林路南西晋墓》，《考古》2015年第9期。
⑦ 龚巨平、周保华：《南京市东汉建安二十四年龙桃杖墓》，《考古》2009年第1期；徐韶钢、高振海、赵少军：《辽宁抚顺市刘尔屯汉魏墓群的发掘》，《考古》2014年第4期。
⑧ 曾晓光：《湖南邵东县廉桥东汉墓的发掘》，《考古》2008年第8期；田桂萍：《湖北黄冈市对面墩东汉墓地发掘简报》，《考古》2012年第3期；赵娟、侯建业、徐明江：《山东龙口市东梧桐晋墓发掘简报》，《考古》2013年第4期。
⑨ 许维遹撰，梁运华整理：《吕氏春秋集释》卷十《孟冬季》，中华书局2016年版，第190页。吕思勉以此作为风水术的起源（《中国制度史》，上海教育出版社1985年版，第313页）。张齐明指其"不符合风水术早期发展的历史事实的"（张齐明：《亦术亦俗——汉魏六朝风水信仰研究》，第65页）。
⑩ 赵超：《汉魏南北朝墓志汇编》，天津古籍出版社1992年版，第6页。

北魏神龟二年（519）《高道悦墓志》：

> 迁葬于冀州渤海郡脩县之西南，以为定兆。但旧葬下湿，无可重厝，因此凶际，迁葬于王莽河东岸之平岗。神龟二年……穸于崇仁乡孝义里。①

颍川荀氏乃魏晋士族，颍川颍阴县北当为其家族墓葬地，囿于"旧墓遇水"不得不迁葬于洛阳。高道悦墓葬几经迁移，亦是受自然条件的影响。且自然条件属于不可抗拒的因素，不论是王公大臣还是平民百姓，抑或南方、北方，在择葬地之时必须考虑这些因素。邵崇山通过对南朝帝陵选址的分析，认为南朝帝陵位于海拔较高的山脉上，除受"风水理论"的影响外，更多的是受制于南京的地形及气候环境；② 南齐萧子恪墓"依山势建于灵山西北麓中段，北倚海拔155米的灵山主峰"；③ 义兴周氏、琅琊王氏两处墓葬群亦倾向于依高地而建。④ 从出土资料来看，北朝墓葬选址也倾向于选在高敞之地，如北魏崔孝芬族弟墓葬、北魏末两座无名氏墓葬、北齐崔昂、徐显秀墓葬、北周史君、李贤夫妇墓葬。⑤ 徐显秀简报还指出："（东山）一带可能是北朝晋阳城官宦的主要墓葬区之一。"则表明相当多的北齐晋阳官僚选择地势高、水位低的地方作为坟茔所在地。于"高敞之地"建茔原则亦可从

---

① 毛远明校注：《汉魏六朝碑刻校注》第五册，第4页。
② 邵崇山：南朝帝陵因为长江中下游地区特定的自然地理环境开始呈现出与北方不同的特点，如长江中下游地区多为平原丘陵区，且水域面积广大，几乎没有雄伟高大的山脉，同时降水量大使得地下水位也高了不少，所以其帝陵选择为适应好风水而被迫向山陵转移。《风水对古代帝陵选址的影响》，硕士学位论文，陕西师范大学，2013年，第55页。
③ 邵磊：《南京灵山梁代萧子恪墓的发现与研究》，《南京晓庄学院学报》2012年第5期。
④ 梁辰雪：义兴周氏位于周墓墩，此处突起于地面约4—6米，琅琊王氏位于象山，海拔约41米。虽然今古地形不同，但两个墓群的选址相似：都倾向于高地。《中古时期相地术研究》，硕士学位论文，复旦大学，2014年，第31页。
⑤ 上述墓葬所在地势情况参见《汉魏六朝碑刻校注》第四册，第18页；王竹林：《河南偃师两座北魏墓发掘简报》，《考古》1993年第5期；唐云明、王玉文：《河北平山北齐崔昂墓调查报告》，《文物》1973年第11期；常一民：《太原北齐徐显秀墓发掘简报》，《文物》2003年第10期；杨军凯、孙武：《西安北周凉州萨保史君墓发掘简报》，《文物》2005年第3期；韩兆民：《宁夏固原北周李贤夫妇墓发掘简报》，《文物》1985年第11期。

墓葬多"依山而建"的具体实践中得到体现，北朝依山而建的坟茔极多，无须枚举。

（二）对墓葬多取"坐北朝南"朝向的遵循。汉至晋，坟茔朝向多"坐北朝南"。而北朝坟茔的朝向，按刘俊喜"迁洛之前平城地区砖砌墓葬多为南北向"而"这种特点自魏晋以来在中原地区甚为流行"①的说法，不仅意味着"南北向"为魏晋以来营建墓地普遍采用的方位，更是说明北魏在迁都之前，在墓葬朝向上，对中原流行的坟茔朝向倾向就有所接受。又据潘伟斌所云"东魏沿袭北魏的埋葬习俗""贵族墓葬除极个别的以外……墓向朝南"，②则东魏与北魏在埋葬习俗上存在着前后相继的关系，而且在墓葬"南北向"中，北朝贵族尤为重视"朝南"，这与上文提及汉晋以来的"坐北朝南"习俗一脉相承。这一点在北朝出土材料中多有印证。如北魏延和二年（433）《张正子父母镇墓石》：

> 唯大代延和二季（年）……正子世有此土，今得吉卜……坐乾向巳，左山右水，时为吉藏，神其相之。③

"乾当西北方，巳当南方。坐乾朝巳，指坟墓坐西北向东南"，"和林县城南山之南有一条小河，俗称宝贝河。镇墓石左山右水，正好与其地理环境一致"，④则镇墓石所言为实，并非附会；但类似的石刻材料极为稀少。⑤不过得益于后世考古工作的努力，我们还可依据考古出土材料窥探古人在选择墓葬朝向上的倾向。墓葬发掘简报大多对墓向或墓室、甬道、墓道的方位有明确的记录，已发掘北朝墓葬中方向"朝南"的墓葬数量众多占比较高，如北魏封和突、染华墓葬；东魏元祐、茹茹公主、两无墓主名、三座高氏、尧氏墓葬；北齐崔昂、尧峻、和绍隆夫妇、常文贵、无墓主名、徐显秀、范粹墓葬；西魏谢婆仁；北周史君、李贤夫

---

① 刘俊喜：《大同市北魏宋绍祖墓发掘简报》，《文物》2001年第7期。
② 潘伟斌：《河南安阳市固岸墓地11区51号东魏墓》，《考古》2008年第5期。
③ 毛远明校注：《汉魏六朝碑刻校注》第三册，第224页。
④ 此为毛远明所作注释，参见《汉魏六朝碑刻校注》第三册，第224页。
⑤ 笔者检阅《汉魏六朝碑刻校注》《新见北朝墓志集释》《新出魏晋南北朝墓志疏证》《汉魏南北朝墓志汇编》等石刻、墓志史料仅发现张正子一例。

妇、宇文俭墓葬等。①张子英、张利亚通过对河北磁县北朝墓群的研究，亦指出"（北朝墓葬）大多数是南北方向，墓室在北，墓道在南，甬道紧靠墓室（即坐北朝南）"。②再以《考古》《文物》《考古与文物》所载近十年（2006—2015）墓葬发掘清理情况作为参考，共清理25处墓葬或墓葬群，除东西向4处、③东南西北向1处、④3处⑤未明确记载方位外，其余17处全为南北向。⑥综上，无论是依据镇墓石对墓地方位的描述，还是

---

① 上述墓葬朝向参见马玉基《大同市小站村花屹塔台北魏墓清理简报》，《文物》1983年第8期；朱岩石、何利群、沈丽华《河北磁县北朝墓群发现东魏皇族元祜墓》，《考古》2007年第11期；朱全升、汤池《河北磁县东魏茹茹公主墓发掘简报》，《文物》1984年第4期；张平一《河北吴桥县发现东魏墓》，《考古通讯》1956年第6期；何直刚《河北景县北魏高氏墓发掘简报》，《文物》1979年第3期；磁县文化馆《河北磁县东陈村东魏墓》，《考古》1977年第6期）；朱全升《河北磁县东陈村北齐尧峻墓》，《文物》1984年第4期；李秀萍、于谷《安阳北齐和绍隆夫妇合葬墓清理简报》，《中原文物》1987年第1期；王敏之《黄骅县北齐常文贵墓清理简报》，《文物》1984年第9期；韩明祥、赵镇平、仓小义《济南市马家庄北齐墓》，《文物》1985年第10期；安阳县文教卫生管理站《河南安阳县发现一座北齐墓》，《考古》1972年第1期；刘卫鹏《咸阳西魏谢婆仁墓清理简报》，《考古与文物》2003年第1期；刘呆运、孙铁山、石磊《北周宇文俭墓清理发掘简报》，《考古与文物》2001年第3期。其中崔昂、徐显秀、史君、李贤夫妇及两座无名氏北魏墓葬前文已注明。

② 张子英、张利亚：《河北磁县北朝墓群研究》，《华夏考古》2003年第2期。

③ 商彤流：《太原开化村北齐洞室墓发掘简报》，《考古与文物》2006年第2期；张志忠：《山西大同南郊区田村北魏墓发掘简报》，《文物》2010年第5期；刘俊喜：《山西大同阳高北魏尉迟定州墓发掘简报》，《文物》2011年第12期；刘俊喜：《山西大同云波里路北魏壁画墓发掘简报》，《文物》2011年第12期。

④ 阮新正：《陕西蓝田县发现的西魏纪年墓》，《考古与文物》2006年第2期。

⑤ 沈天鹰：《洛阳北魏杨机墓出土文物》，《文物》2007年第11期；朱存世：《宁夏彭阳海子塬北魏、隋墓清理简报》，《考古与文物》2015年第3期；马昇：《山西太原开化墓群2012～2013年发掘简报》，《文物》2015年第12期。

⑥ 高峰：《山西大同沙岭北魏壁画墓发掘简报》，《文物》2006年第10期；刘俊喜：《山西大同迎宾大道北魏墓群》，《文物》2006年第10期；张海燕：《山西大同七里村北魏墓群发掘简报》，《文物》2006年第10期；史家珍：《偃师前杜楼北魏石棺墓发掘简报》，《文物》2006年第12期；寇小石：《西安北周康业墓发掘简报》，《文物》2008年第6期；邓新波：《洛阳衡山路北魏墓发掘简报》，《文物》2009年第3期；王久刚：《西安南郊北魏北周墓发掘简报》，《文物》2009年第5期；张全民、郭永淇：《西安韦曲高望堆北朝墓发掘简报》，《文物》2010年第9期；渠传福：《山西朔州水泉梁北齐壁画墓发掘简报》，《文物》2010年第12期；孔德铭：《河南安阳县北齐贾进墓》，《考古》2011年第4期；程永建：《河南洛阳市吉利区两座北魏墓的发掘》《考古》2011年第9期；刘俊喜、高峰：《山西大同文瀛路北魏壁画墓发掘简报》，《文物》2011年第12期；高峰、高松、李晔、杨茂春：《山西大同市大同县陈庄北魏墓发掘简报》，《文物》2011年第12期；卢青峰：《洛阳孟津朱仓北魏墓》，《文物》2012年第12期；刘俊喜：《山西大

按照考古工作测量出的墓向或墓室与甬道、墓道的方位，"南北"向尤其是"坐北朝南"无疑是北朝时期修建坟茔时首选方位。但这并非北朝兴起或特有的墓法原则，而是对汉晋传统的延续。南朝亦是如此，在选择墓葬朝向上，无论是单个墓葬还是家族墓葬多倾向于"坐北朝南"。单个墓葬如南京市栖霞区东杨坊发掘的一座南朝墓，其"方向为183°"。①家族墓葬如福建省建瓯市东峰村春坑口、牛头山六朝家族墓、②福建南安市皇冠山六朝墓群、③湖北襄樊市韩岗南朝"辽西韩"家族墓、④南京东北郊吕家山东晋广平李氏家族墓和雨花台区家族墓等。⑤

然而，需要特别说明的是，"坐北朝南"只是南北朝墓地朝向的一般倾向，在实践中还需结合坟茔周围具体的山水走向和地势高下，依据特定的吉凶判断方法，予以权衡取舍，所以实际上墓地朝向未必一定是坐北朝南。尤其南朝兴起与姓氏相关的"五音"吉凶判断法并越来越深刻地影响到墓地朝向的确定；而北朝在决定墓地朝向上多大程度遵循此法仍有疑问，下文将作具体论述。

二 北朝葬地择吉方法的主要特色及与南朝的差异

汉晋以来葬地选择较为普遍的倾向是推崇"高敞"地势和朝向上多"坐北朝南"，在这些方面，直到南北朝时期并无明显的南北差异；然而，在此基础上，依据特定的吉凶选择方法择定葬地或定其朝向，南北则颇有不同。

（接上页）同沙岭新村北魏墓地发掘简报》，《文物》2014年第4期；段毅：《西安南郊韦曲北塬北朝墓发掘简报》，《考古与文物》2015年第5期；张庆捷：《山西大同南郊仝家湾北魏墓（M7、M9）发掘简报》，《文物》2015年第12期。

① 祁海宁：《南京市栖霞区东杨坊南朝墓》，《考古》2008年第6期。
② 王新天、佟珊、亓慧林、刘中伟：《建瓯市东峰村六朝墓》，《考古》2015年第9期。
③ 温松全：《福建南安市皇冠山六朝墓群的发掘》，《考古》2014年第5期。
④ 王志刚：《湖北襄樊市韩岗南朝"辽西韩"家族墓的发掘》，《考古》2010年第12期。
⑤ 温星金：《东晋建康地区墓葬制度试析》，南京大学，硕士学位论文，2016年。

（一）北朝多采取筮占之法卜吉凶。在占卜吉凶的具体方法上，张齐明认为，南北朝时期北方与南方存在较大差异，究其原因，这与整个南北朝大的学术风气有关，并以北魏周特用筮占为刘腾建造新宅卜吉凶和东魏吴遵世利用筮占为高欢选择葬地之例，来证明此术在北朝得到保存和发展。① 对于卜筮一法是否属于风水术，学术界多有争论。② 但既然先秦秦汉以来筮占早有其传统，卜筮之法在判断葬地与葬日吉凶的具体实践中被广泛采用（尤其北朝时期更为突出），那么将其排除出风水信仰之范畴显然不妥。卜筮之法并非北魏、北齐兴起或特有的判断吉凶的手段，晋时已有占卜吉地之例，如西晋元康八年（298）《徐文□墓志》：

> 元康八年十月庚午朔廿六日，晋故东莱庐乡新乐里徐君讳文□，年九十七，不禄薨。其子其女卜吉改葬。西去旧墓七有一，□国治卅有五，西南去县治十。③

上方墓志对改葬之地的位置描述详细，墓志中"卜吉"当是对葬地吉凶的判断。石刻史料中体现卜筮占得吉地、吉日的北朝例子实为不少。如北魏景明四年（503）《元诱妻冯氏墓志》：

> 命筮告祥，灼龟诲吉。④

正始元年（504）《染华墓志》：

---

① 张齐明：《亦术亦俗——汉魏六朝风水信仰研究》，第98—99页。
② 邵磊将卜筮、堪舆，即风水归为一类，并指出萧子恪"合乎六朝时期卜筮图墓者的堪舆之道"（前引邵磊《南京灵山梁代萧子恪墓的发现与研究》，《南京晓庄学院学报》2012年第5期）。张齐明则认为"汉代开始出现的这种与冢宅吉凶相结合的筮占体系缺乏系统的风水理论体系，它只是将冢宅吉凶观念和汉代象数易学简单结合，严格地说它并非风水术"（《亦术亦俗——汉魏六朝风水信仰研究》，第99页）。何晓昕、罗隽则认为"风水起源于古老的占卜，与术数共存"（《中国风水史》，九州出版社2008年版，第31页）。
③ 赵超：《汉魏南北朝墓志汇编》，第8页。
④ 毛远明校注：《汉魏六朝碑刻校注》第四册，第4页。按墓志"粤八月甲申附葬北芒之茔"，已有葬地，则此处卜筮当为占卜下葬吉日。

卜兆武周界。①

永平三年（510）《李庆容墓志》：

谓仁必寿，如何不吊。谋龟既筮，先远已蹈。②

延昌元年（512）《元诠墓志》：

龟筮袭吉，毁践戒途。哀茄北转，楚挽西徂。③

延昌四年（515）《王祯墓志》：

卜远戒期，龟筮袭吉。长诀高堂，永即泉室。④

熙平元年（516）《元广墓志》：

筮龟营吉，永即芒阜之阳，长陵之左。⑤

熙平二年（517）《刁遵墓志》：

痛龟筮之告祥，奉灵輀而号恸，迁神柩于故乡。⑥

东魏天平四年（537）《辛匡墓志》：

---

① 王竹林：《河南偃师两座北魏墓发掘简报》，《考古》1993年第5期。
② 毛远明校注：《汉魏六朝碑刻校注》第四册，第152页。墓志云李氏乃"义阳太守辛君（辛祥）命妇"，"迁葬于并州太原郡乡唐坂里之北山"，按神龟三年《辛祥墓志》云："迁葬于并州太原郡看山之阳。"注云："辛氏墓地东太堡，在古晋阳城东北。"（《汉魏六朝碑刻校注》第五册，第64—65页）则此处应为陇西辛氏家族墓葬所在地，卜筮当为占卜迁葬之日。
③ 毛远明校注：《汉魏六朝碑刻校注》第四册，第214页。
④ 同上书，第281页。
⑤ 同上书，第330页。
⑥ 同上书，第358页。

龟蔡不从，未既迁祔。廿五日辛酉权葬于斯。①

北齐天保九年（558）《高涣墓志》

南龟卜远，北邙有日……葬于釜水之阳。②

北周建德元年（572）《宇文逢恩墓志》：

附葬于长安小陵原美阳孝公墓次。但龟筮有限，陵谷无常。③

建德五年（576）《王钧墓志》：

葬于石安原。前临酅侯之坟，后眺九峻之崿……安茔卜地，移輴茎日，邑始唐都，人承周室。④

综上，北朝不仅继承了汉晋以来利用卜筮来占卜吉地、吉日的方法，而且卜筮之法在整个北朝时期甚为流行，大量北朝墓志铭中皆有"命筮告吉（祥）"之类字句，这似乎成了墓志铭的惯用语。可以说，在葬地（葬日）择吉方法上以筮占为主，这是北朝区别于南朝的显著特色。

（二）"五音"法在北朝的流行情况——以北朝家族墓葬群为例。北朝重视筮占，南朝则在葬地择吉方法上兴起"五音"之法，伴随着以"五音"法为代表的风水术的流行，南朝后期出现了大量技术性墓法书籍，《隋书·经籍志》收录此类书籍约十种⑤。南朝在萧梁时期出现"五音"墓法的总结性著作，此亦标志着"五音"墓法体系在其时已较为成

---

① 王连龙：《新见北朝墓志集释》，中国书籍出版社2013年版，第85页。
② 同上书，第149页。
③ 同上书，第180页。
④ 罗新、叶炜：《新出魏晋南北朝墓志疏证》，中华书局2005年版，第278页。
⑤ 《隋书》卷三四《经籍志》："《五姓墓图》一卷，梁有《冢书》、《皇帝葬山图》各四卷，《五音相墓书》五卷，《五音图墓书》九十一卷，《五姓图山龙》及《科墓葬不传》各一卷，《杂相墓书》四十五卷，亡。"中华书局1974年版，第1038页。

熟。相对而言,"五音"墓法传入北朝则较晚。尽管学者指出南朝的新风水观念,如"五音""五姓"等,在东魏、北齐时期传入北方,① 然而是否被迅速采纳和被运用至何种程度都需作具体探讨。

有关古代"五音"等风水墓法的研究,后世学者多将之与考古发掘情况相结合进行分析,此种方法最早可追溯到宿白先生的《白沙宋墓》。② 近年,李蔚然、张齐明亦遵循此法对东晋、南朝时期"五音"法的运用情况展开实证研究。前者选取了宜兴周氏家族墓群和南京象山琅琊王氏家族墓群两例,并参考东晋时期其他家族墓葬,得出"东晋时期五姓法在墓向选择中的运用可能有限"的结论,同时指出"墓向选择更可能的是依据甲、庚、丙、壬四吉向"。③ 张齐明先生则认为萧梁王室的墓葬朝向完全符合"五音"墓法中吉凶原则。④

"五音"之法的核心在于将"姓"(宅主姓氏)与"宅"(包括阳宅和阴宅)建立联系,并引入吉凶观念,《论衡·诘术》云:

> 《图宅术》曰:宅有八术,以六甲之名数而第之。第定名立,宫商殊别。宅有五音,姓有五声。宅不宜其姓,姓与宅相贼,则疾病死亡,犯罪遇祸。

> 《图宅术》曰:"商家门不宜南向,徵家门不宜北向。"则商金,南方火也;徵火,北方水也。水胜火,火贼金,五行之气不相得,故五姓之宅门宜有向,向得其宜,富贵吉昌;向失其宜,贫贱衰耗。⑤

简言之,在安排住宅朝向时,要求住宅主人姓氏所属的五声与住宅方位的五音属性相协调。其具体施行的方法:先根据住宅(坟茔)主人姓氏的发音,推出其所属五行属性,再按照五行相生相克原理判断门向(或者坟茔)的方位。"五音"法的内容包括墓法与宅法两个方面,本文

---

① 张齐明:《〈改葬崇宪太后诏〉与六朝皇室风水信仰》,《历史研究》2008 年第 2 期。
② 宿白:《白沙宋墓》,文物出版社 2002 年版。
③ 李蔚然:《论南京地区六朝墓的葬地选择和排葬方法》,《考古》1983 年第 4 期。
④ 张齐明:《亦术亦俗——汉魏六朝风水信仰研究》,第 105—109 页。
⑤ (汉)王充著,张宗祥校注、郑绍昌标点:《论衡校注》,上海古籍出版社 2013 年版,第 495、498 页。

所讨论的是前者。下文以北朝清河崔氏、赵郡李氏和京兆韦氏家族墓葬群为例，对"五音"墓法在北朝的流行情况试作探讨。以北朝家族墓葬群为例，主要出于如下考虑：其一，根据考古发掘情况可知，上述家族墓葬群分布集中、朝向基本一致："十四座（崔氏）墓葬全是朝西北方向"、九座赵郡李氏家族墓葬"均坐西朝东、南北并列成一排"、两处韦氏家族墓均呈南北向"甲"字形分布，① 则墓葬必定是按照某种葬地原则精心规划而建；其二，清河崔氏、赵郡李氏和京兆韦氏前后家族成员活跃于整个北朝时期，时间跨度较大，更有可能涵盖"五音"法北传的时间范围；其三，清河崔氏、赵郡李氏、京兆韦氏是中古时代北方著名世家大族，在社会上具有相当的典型性和代表性，从其在葬地选择上是否受南来"五音"之法的影响，可略窥"五音"之法在北朝的接受情况。

清河崔氏家族墓葬群。崔氏诸方墓志对其家族墓葬之地有明确记载，如北魏延昌元年（512）《崔猷墓志》：

> 终于洛阳晖文里宅……葬于本邑黄山之阴。②

北魏孝昌元年（525）《崔鸿墓志》：

> 薨于洛阳仁信里。窆窆于黄山之阴……君次弟鹔……君第四弟鹍。③

东魏天平四年（537）《崔鸿妻张玉怜墓志》：

> 合葬于黄山文侯之□茔。④

---

① 苏玉琼、蒋英炬：《临淄北朝崔氏墓》，《考古学报》1984年第2期；沈丽华：《河北赞皇县北魏李翼夫妇墓》，《考古》2015年第12期。王久刚：《西安南郊北魏北周墓发掘简报》，《文物》2009年第5期。
② 毛远明校注：《汉魏六朝碑刻校注》第四册，第226页。
③ 毛远明校注：《汉魏六朝碑刻校注》第六册，第31页。
④ 毛远明校注：《汉魏六朝碑刻校注》第七册，第171页。

东魏天平四年（537）《崔鹈墓志》：

窆于先君旧兆。①

东魏元象元年（538）《崔混墓志》：

迁窆于本邑黄山之旧茔②。

北齐天统元年（565）《崔德（崔鹈之子）墓志》：

葬于黄山之北，墨水之南，太保翁之墓所。③

北齐武平四年（573）《崔博墓志》：

窆在黄山之阴。④

《魏书·崔光传》亦载"葬于本乡"，⑤ 两份临淄北朝崔氏墓葬清理简报也指出墓葬"依黄山北麓"，"墓地正处黄山之阴"。⑥ 因此，黄山北坡应是清河崔氏的族葬地所在。崔姓在"五姓"中属角姓，⑦ 南朝萧梁王室在的"五姓"中亦为角姓。张齐明在对萧梁王室墓葬是否遵循"五音"法的实证研究中曾指出："根据五行相生相克之理，角姓墓地的朝向为坐北朝南。"而崔氏家族"十四座墓葬都是朝西北方向的石室墓"，并未按照"坐北朝南"大吉向来营建。

---

① 毛远明校注：《汉魏六朝碑刻校注》第七册，第174页。
② 同上书，第214页。
③ 毛远明校注：《汉魏六朝碑刻校注》第九册，第220页。
④ 毛远明校注：《汉魏六朝碑刻校注》第十册，第24页。
⑤ 《魏书》卷六七《崔光传》，第1500页。
⑥ 苏玉琼、蒋英炬：《临淄北朝崔氏墓》，《考古学报》1984年第2期；张光明、李剑临：《淄北朝崔氏墓地第二次清理简报》，《考古》1985年第3期。
⑦ 此处涉及崔姓"五音"属性问题，参见金身佳校注《地理新书校理》，湘潭大学出版社2012年版，第41页。

赵郡李氏家族墓葬群。据两份赵郡李氏墓葬发掘简报①可知：与清河崔氏家族墓葬群类似，赵郡李氏墓分布集中、排列有序，且墓葬大致等距离分布，则河北赞皇西高墓群应为北朝赵郡李氏家族墓葬所在地，此亦可从传世文献上得到印证，《元和郡县图志》载："赞皇县"条记：

百陵岗，在县东十里，即赵郡李氏之别业于此岗下也。岗上亦有李氏茔冢甚多。②

李姓属五音徵姓，③ 按"徵姓火行。戌大墓，辰小墓……宜葬甲寅乙卯出公卿大吉，丑未申辰小吉"，④ 则徵姓五行为火，甲、寅、乙、卯的方位为东，东方五行为木，木生火，故徵姓之家葬甲、寅、乙、卯吉。根据五行相生原则，则徵姓墓地的大吉朝向应为"坐东朝西"。而九座赵郡李氏家族墓葬"均坐西朝东、南北并列成一排"，表明赵郡李氏家族墓葬并未遵循"五音"墓法的原则且与之相反。据墓志可知，李仲胤夫妇、李翼夫妇大致活动于北魏末年。在西高墓群南，还发现了东魏北齐同属赵郡李氏的李希宗家族墓群，⑤ 李希宗夫妇墓"南北向，方向8度"（大致为南北向）亦未按照"坐东朝西"的"五音"法来营造，则直至北齐，李氏家族在选择墓葬朝向上仍难见受"五音"之法影响的痕迹。

京兆韦氏家族墓葬群。据两份韦氏家族墓葬发掘简报⑥可知：西安南郊韦曲北塬为京兆韦氏的家族墓葬地。随之出土的北周天和六年（571）《韦舒墓志》亦云："葬于旧茔。"韦姓属"五音"羽姓，⑦ 按"羽姓水

---

① 汪盈：《河北赞皇县北魏李仲胤夫妇墓发掘简报》，《考古》2015年第8期；沈丽华：《河北赞皇县北魏李翼夫妇墓》，《考古》2015年第12期。
② 李吉甫：《元和郡县图志》卷十七《河北道二》，"赞皇县"条，中华书局1983年版，第493页。
③ 金身佳校注：《地理新书校理》，第42页。
④ 上海古籍出版社、法国国家图书馆编：《法国国家图书馆藏敦煌西域文献》，上海古籍出版社2001年版第26册，第214页。
⑤ 李晋栓、何健武、李新铭、唐云明：《河北赞皇东魏李希宗墓》，《考古》1977年第6期。
⑥ 王久刚：《西安南郊北魏北周墓发掘简报》，《文物》2009年第5期；段毅：《西安南郊韦曲北塬北朝墓发掘简报》，《考古与文物》2015年第5期。
⑦ 金身佳校注：《地理新书校理》，第42页。

行。辰大墓，戌小墓，葬此地，凶绝世，绝世在四季，五刑在南方，大德在东方，重阴在北方，宜葬庚申辛酉，出公卿，甲寅乙卯，出刺史二千石，大吉"，① 则韦氏墓葬大吉向应为"庚、申、辛、酉"，小吉向为"甲、寅、乙、卯"。张齐明亦认为：羽姓五行为水，庚、申、辛、酉的方位为西，西方五行为金，金生水，故羽姓之家葬庚、申、辛、酉吉。甲、寅、乙、卯方位为东，东方五行为木，水生木，故此方位亦利羽姓之家。② 因此，若按五音之法，韦姓之家坟茔吉向当为东西向。而已发掘五座韦氏家族墓葬均为南北向，且方位在180°左右，因此直至北周末年，韦氏家族墓葬也未按照"五音"法则来建。

综上，北朝清河崔氏、赵郡李氏、京兆韦氏家族墓葬群直到北齐北周时期仍未按"五音"法选择利于本姓的茔墓吉向，某种程度上可以说明"五音"墓法在北朝并未得到严格的执行，即未被广泛接受。然则，正如前文所言，除遵循"南北向"，尤其是"朝南"向此一汉晋以来普遍倾向外，北朝坟茔的朝向还得与墓葬周围的山水形势、地势高下进行契合，且两相比较，后者更为关键，墓葬的朝向大概依附于整个墓地所在的山水形势，故为形成至胜的"山水形势"，"南北向"原则可能会被放在次要的地位上。考古发掘已揭示出三处家族墓葬群整齐排列、朝向一致，当出精心规划。则崔氏、李氏家族采取"坐东南朝西北""坐西向东"的方向当与具体地势地形有关，如李氏西高墓"地势西高东低"，河流亦"自西向东流过"，而李氏墓葬又正好"坐西朝东"，表明坟墓朝向极有可能受地势高低、河水流向的影响。又以北方盛行的筮占择吉凶时，亦可能据此加以调整。因此，北朝墓葬朝向虽多采用"坐北朝南"的方位，但在具体实施过程中，坟茔的朝向很可能需依具体的山水形势、地势高下、筮占吉凶等而有所偏差。

三 小结

本文结合传世文献、石刻资料以及考古发现等，讨论北朝葬地选择

---

① 《法国国家图书馆藏敦煌西域文献》第26册，第214页。
② 张齐明：《亦俗亦术——汉魏六朝风水信仰研究》，第94页。

的一般倾向和特色，得到如下基本认识：北朝墓葬倾向于建在"四通广达"具有至胜山水形势的"高敞"之地，墓葬朝向上以"坐北朝南"为主，这些正是汉晋以来墓地选择普遍倾向的延续；而在南朝，这些倾向也基本相似，可以说这与葬地选择所面临的客观地形、地势条件不无关系。尽管南北朝在葬地选择上有着汉晋以来的一些共同点，但很可能由于南北学风、民俗、地理等方面的差异，以及南朝墓法的进一步发展，两者在具体的择吉方法上存在较大差异：北朝多利用卜筮之法选择吉日和吉地，而这一汉晋旧法已基本为南朝所舍弃；南朝深受"五音"吉凶理论的影响，而直至北朝末年，此种方法在北方的影响范围和程度较为有限。简言之，北朝在葬地选择上沿袭大于创新，而南朝在承袭的基础上有新的发展，进一步丰富了风水墓法的内容，尤其是在南朝盛行的"五音"墓法，在唐代已经发展成为一套完整的体系。[①] 需要注意的是，墓葬"朝南"固然重要，但仅为葬地选择的一个方面，墓葬的朝向亦须与周围的山水形势、地势高下等相契合，并受特定吉凶选择方法的影响而产生变化。

---

① 张齐明：《亦术亦俗——汉魏六朝风水信仰研究》，第93页。

襄阳南朝画像砖研究

湖北省文物考古研究所　王先福

南北朝是中国历史上一个战乱频仍的时代，但也是一个民族融合、思想活跃、文化繁荣的重要时期，作为反映雕刻、绘画艺术成就的画像砖就是集中的体现，而地处南朝、北朝交会地带的重镇——襄阳是出土南朝画像砖最为集中的两个区域之一。

一　画像砖墓的发现

襄阳地区最早发现的南北朝画像砖墓是1984年发现的贾家冲画像砖墓，之后分别在襄阳城、樊城和谷城县城附近发现并发掘了10座画像砖墓（图1）。

（一）襄阳城附近

在贾家冲、羊祜山、清水沟、柿庄四个墓地各发现1座。

1. 贾家冲M1

位于襄阳城西南约1.5千米的贾家冲墓地北部。[①] 墓葬为"凸"形单室砖墓，由甬道和墓室两部分组成，方向60°。甬道长3.77米、宽1.6米；墓室残长4.82米、宽2.35米。墓壁为三顺一丁砌法，甬道壁间隔纵向竖凹槽。甬道前有封门墙，墙前设砖砌排水沟，墓道情况不明。墓室

---

① 襄樊市文物管理处：《襄阳贾家冲画像砖墓》，《江汉考古》1986年第1期。

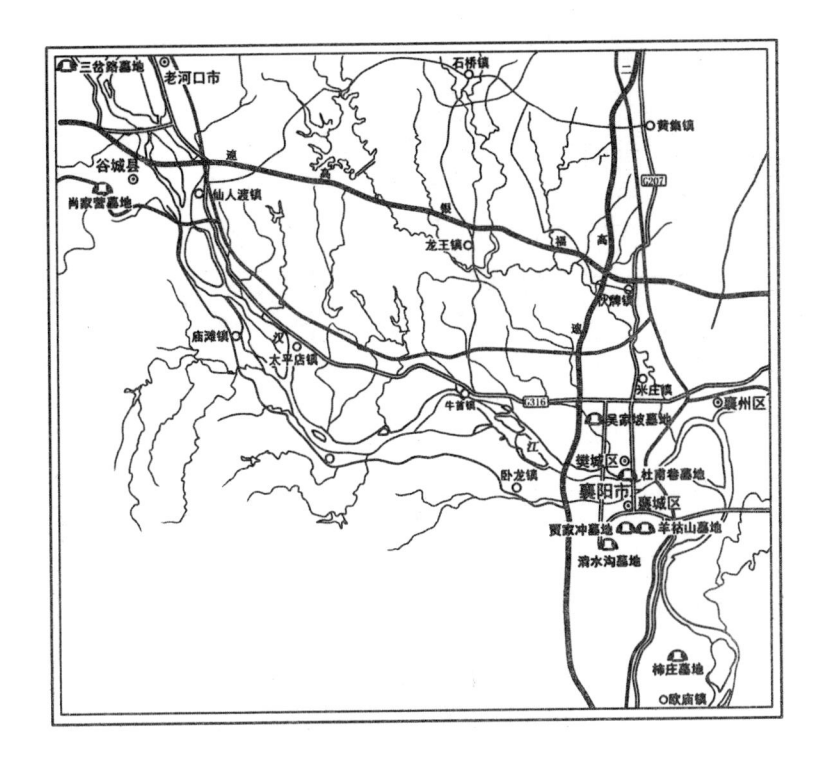

图1　襄阳画像砖墓分布示意

内中后部设有棺床。少量楔形砖可证其原为券顶（图2）。

甬道壁、墓壁、铺地、封门、券顶等全部用砖砌筑而成，形状有长方形、楔形、梯形等，规格多样；大部分为素面砖，少量为花纹砖和画像砖。画像砖在砖平面、侧面、端面模印莲花、忍冬、菱角叶、龙、虎、狮、怪兽、千秋万岁、净瓶、博山炉、幢、飞天、羽人、佛像、供养人、侍女、郭巨埋儿、文帝尝药、备马出行图等丰富内容。

随葬器物有各式陶人物俑，陶日用器碗、罐、碟、三足炉、槅、托盏，模型明器灶、井及狗、马、鸭、鹅，以及瓷碗、滑石猪等。

2. 羊祜山 M24

位于襄阳城南约400米处的羊祜山东北麓。[①] 墓葬为"凸"字形单室砖墓，方向178°。甬道长1.34米、宽0.88米；墓室内长3.86米、宽1.68

---

① 襄樊市文物考古研究所：《襄樊羊祜山墓地第三次发掘简报》，《襄樊考古文集》（第一辑），科学出版社2007年版。

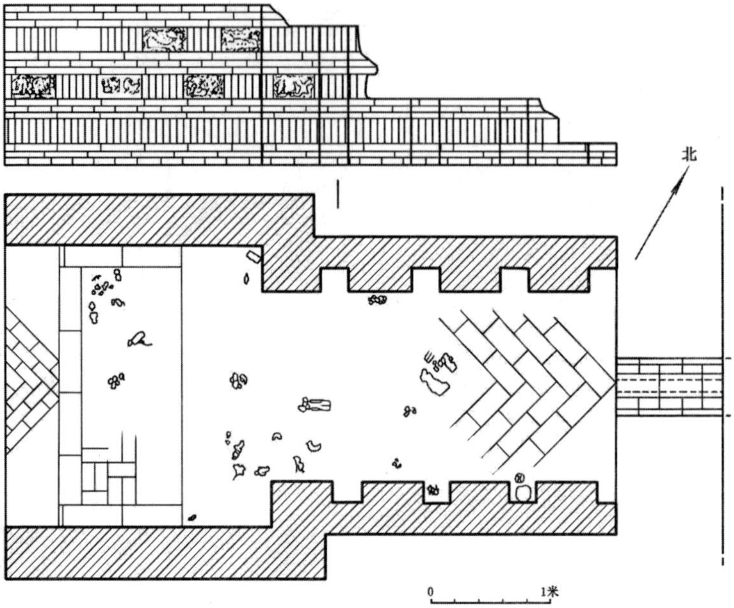

图 2　贾家冲 M1 平、剖面图

米。墓壁用顺丁结合的砌法，六顺一丁后，再三顺一丁二组，北壁用减砖法营造出塔的造型。墓室内北部设棺床。前有封门墙，墙外设斜坡墓道。

棺床前壁正中镶嵌一块朱雀砖，床面平铺莲花纹砖。

墓葬早年被破坏，壁上部和顶部被毁，推测为券顶。

墓中出土随葬器物有陶人物俑、镇墓兽、瓷碗、盘口壶、铜扣等（图3）。

3. 清水沟 M1

位于襄阳城西南约 4 千米的麒麟村，为一座独立的墓葬。①墓葬为"凸"形单室砖墓，方向220°。甬道长 2.97 米、宽 2.26 米；墓室长 5 米、宽 2.66 米。甬道内壁间隔有砖柱。墓壁基本为"三顺一丁"砌法，后壁丁砖每两块间设"凸"龛。前有封门墙，墙外设斜坡墓道（图4）。

墓葬各部位用砖有所区别，但全为画像砖，规格多样，在砖平面、侧面、端面模印莲花、忍冬、虎、狮、千秋万岁、博山炉、飞天、供养

---

① 襄阳市文物考古研究所：《襄阳清水沟南朝画像砖墓》，《文物》待刊。

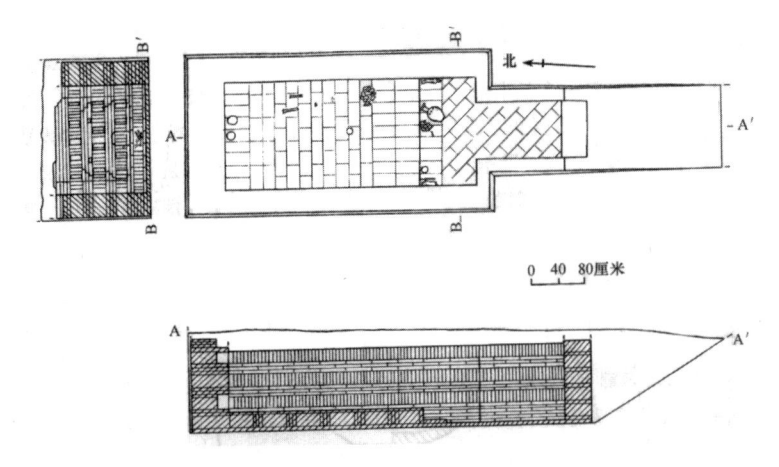

图3 羊祜山 M24 平剖面图

人、郭巨埋儿、文帝尝药、蔡顺闻雷泣墓、王子乔吹笙引凤、仙人仙山、备舆出行、骑士出征等丰富内容。

该墓早年被破坏，墓顶坍塌，从残存情况看，墓顶为券顶；壁上部也被毁严重。

墓中出土随葬器物破碎严重，器类有各式陶人物俑、镇墓兽、牛车，陶碗、碟、磨，青瓷碗、盘口壶等。

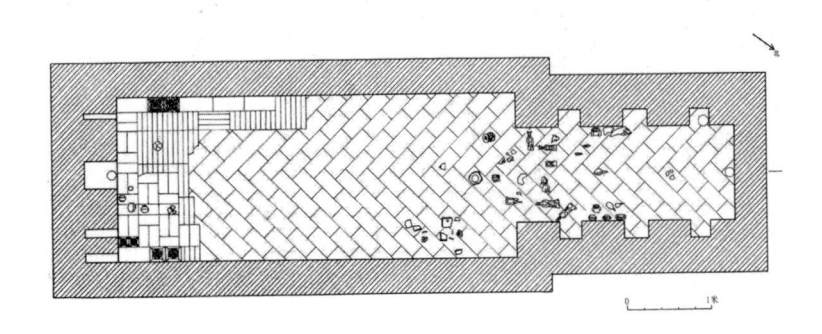

图4 清水沟 M1 平面图

4. 柿庄 M15

位于襄阳城南约15千米的柿庄墓地西北部。①"凸"字形单室砖墓，

---

① 襄阳市文物考古研究所：《襄阳柿庄南朝画像砖墓》，《文物》待刊。

方向175°。甬道长2米、宽2.4米；墓室长5.3米、宽3.04米。壁采用"三顺一丁"砌法，至上部顺砖叠砌；甬道、墓室两壁间隔设砖柱至墓顶闭合，形成内撑以加固墓室；楔形砖竖向起券。后壁整体有塔形龛，龛内自上而下多层伸出砖台，但均被敲断。甬道前有封门墙，墙前设斜坡墓道（图5）。

墓葬各部位用砖有所区别，但全为画像砖，有长方形、楔形两种形制，或平面，或侧面，或端面，或两面模印画像，内容丰富，有莲花、忍冬、净瓶、博山炉、龙、虎、凤鸟、玄武、千秋万岁及供养人、侍女和郭巨埋儿、吹奏出行图案等。

墓葬早年被破坏，特别是一些重要画像被砸毁，破坏了其整体性。

墓葬填土中出土有青瓷盘口壶、碗及白瓷碗等器物碎片，表明墓葬至迟在唐代晚期曾被盗。

图5 柿庄M15墓室（西北—东南）

据调查勘探，在该墓北约1千米处还有一座砖室长约12米的画像砖墓。

（二）樊城附近

主要在吴家坡、杜甫巷两个墓地发现3座墓葬，墓壁大部分用画像砖砌筑，也有少量为几何纹砖。此外，还在杜甫巷墓地发现了2座使用了少量几块忍冬纹画像砖的墓葬（M36、M49）和1座晚期打破早期画像砖墓后使用被破坏墓葬画像砖的墓葬（M81）。

1. 吴家坡 M56

位于樊城西北约2千米的吴家坡墓地中部。长方形单室砖墓，方向230°。长3.74米、宽1.4米。东、西壁为直壁，三顺一丁后以平砖错缝叠砌九层至顶，南、北壁三顺一丁后以平砖错缝叠砌五层，以上四层逐渐内收，再以二层整砖搭盖封顶，顶砖南北两侧各砌筑一行侧立砖（图6）。

均用画像砖砌筑，全部为长方形砖，规格有别，仅在侧面和端面模印画像，侧面为虎纹或菱形、钱文夹莲花纹，端面为侧面供养人或男侍图案。

随葬器物有青瓷四系盘口壶和"五铢"铜钱。

2. 杜甫巷 M82

位于樊城城区长虹路与建设路交会的西南侧杜甫巷墓地中东部。长方形单室砖墓，方向200°。长2.8米、宽0.84—0.96米。墓壁为平砖错缝顺砌，两侧渐收平盖封顶，横行平铺地砖（图7）。

全部为长方形画像砖，规格基本相同，仅在端面模印画像，有飞天和博山炉两种。

仅随葬1件铜钗。

3. 杜甫巷 M88

墓地发现情况与墓葬形制同上。方向220°。长2.8米、宽0.76—0.86米。也全部为长方形画像砖，规格相同，仅在端面模印画像，有侍女和双"S"形忍冬纹两种（图8）。

随葬青瓷碗、盘口壶各1件。

（三）谷城县城附近

共在肖家营、三岔路两个墓地发现3座画像砖墓，分别为肖家营

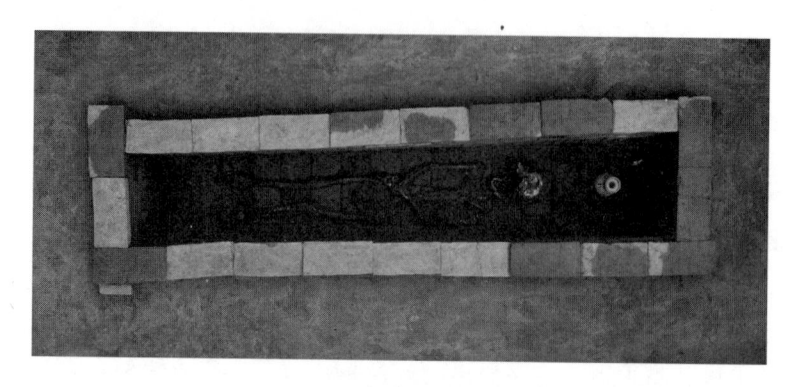

图6　吴家坡 M56 墓室（上—下）

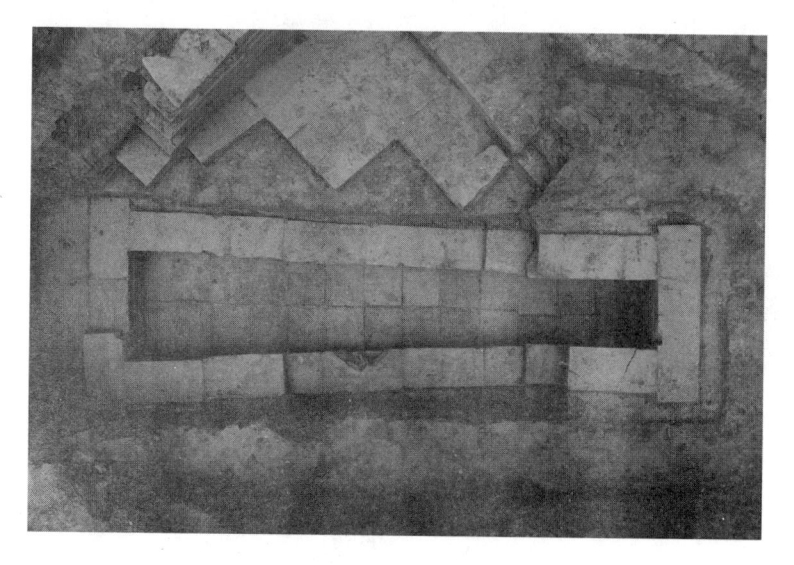

图7　杜甫巷 M82 墓室（上—下）

M40、2010 肖家营 M1、三岔路 M2。

1. 肖家营 M40

位于谷城县城西南部肖家营墓地西部。① 墓葬形制与贾家冲 M1 类似，方向155°。甬道长1.9米、宽2.48米；墓室长6.02米、宽3.2米。墓壁分内、外两层，外层用企口砖侧立贴砌，内层采用三顺一丁砌法。甬道与墓室内壁均间隔设凹槽。甬道口有封门墙，外设斜坡墓道。墓室中后

---

① 襄樊市考古队等：《湖北谷城县肖家营墓地》，《考古》2006 年第 11 期。

部设棺床（图9）。

墓葬各部位用砖有所区别，大部分采用画像砖砌筑，规格多样，于平面、侧面或端面模印莲花、龙、凤鸟（朱雀）、水涡、净瓶、羽人图案等。

该墓早年被破坏，顶部不明，仅存少量楔形砖可证原为券顶。出土随葬器物较少，均为陶质，主要有多种形式的人物俑，以及模型明器灶、狗、鸡和瓶、刀形器等。

图8　杜甫巷墓地 M87、M88 墓室（西南—东北）

2. 2010 肖家营 M1

位于谷城县城西南部肖家营墓地东部。[①] 墓葬形制为"凸"形单室砖墓，方向155°。甬道长2.72、宽1.96米；墓室长4.58、宽2.42米。甬道两壁及墓室后壁间隔有竖槽。墓壁为三顺一丁砌法。甬道口有封门墙，外设斜坡墓道。墓室中后部设棺床（图10）。

墓葬各部位用砖有所区别，大部分为几何纹砖，少部分为画像砖或铭文砖。画像砖在平面、侧面、端面模印莲花、忍冬、双龙、飞天、羽

---

① 谷城县博物馆：《湖北谷城六朝画像砖墓发掘简报》，《文物》2013年第7期。

图 9　肖家营 M40 墓室（东南—西北）

人等图案。

　　墓葬也于早年被破坏，随葬器物较少，有青瓷碗、盘口壶、托盘和铜"货泉"2 枚。

　　3. 三岔路 M2

　　位于谷城县城西北约 5 千米的三岔路墓地东部。墓葬为长方形单室砖墓。方向 254°。墓室长 3 米、宽 1.04—1.8 米。墓壁为二、三顺一丁砌法，券顶。前部有封门墙，墙前设斜坡墓道（图 11）。

　　墓壁大部分用菱形花纹砖和素面砖，仅侧壁"二、三顺一丁"的上、下层顺砖和后壁丁砖上层的顺砖及下部分丁砖使用画像砖。均为长方形砖，顺砖侧面模印羽人戏龙图案，丁砖模印单龙图案。

　　因墓葬早年被破坏，未见随葬品。

图10　2010 肖家营 M1 墓室（东—西）

图11　三岔路 M2 墓室（西—东）

从上述画像砖墓的墓葬形制、画像砖表现方式和内容及随葬器物的特征看，这些墓葬的时代均集中在南朝中晚期，约相当于齐梁时期。而使用这种墓葬的墓主人地位都较高，且一般为世家大族。

此外，在第二次全国文物普查时，谷城过山、龚家栅子墓群均发现过画像砖，主要有莲花、忍冬纹画像砖，后者还发现有飞龙纹画像砖和"大牛十"铭文砖①。

同时，襄阳市博物馆还有部分旧藏画像砖，题材有莲花、忍冬、凤鸟、千秋万岁和备出行、备舆出行、骑马出行、王子乔吹笙引凤等，其来源为襄阳城南岘山和樊城区余岗附近。另据调查，在上述柿庄墓地西部，早年也曾挖出2座大型画像砖墓，其规模较柿庄M15还大，墓砖均被拆毁。

二　画像砖形制与用途

归纳而言，上述墓葬中使用的画像砖全部为实心砖，从形状上划分，主要有长方形、方形、梯形、楔形四种。

1. 长方形砖

长方形砖最多，规格也最复杂，应用于墓葬建造的各个部位，包括墓壁、铺地、棺床、墓顶、封门乃至排水沟。但无论用于那个部位，一般朝向墓室的一面必有图案。如墓壁用顺砖，则侧面有图案；如丁砖，则端面有图案；如镶嵌壁砖，则面有图案。而在墓壁主要是甬道最前端可见两面的砖多半侧面、端面均有图案，当然其图案也有用几何纹的。铺地、棺床用砖在砌筑上若是丁砖并贴，则一般在侧面或端面印图案；若是平铺，则在平面印有图案。一般情况下，用于砌壁的砖尺寸较大，铺地或棺床砖尺寸较小。长方形砖用于墓顶的不多，一般是侧面有图案。封门砖也主要是侧面或端面有图案。

2. 方形砖

方形砖数量少，主要发现于清水沟M1和肖家营M40，前者是拼接大块长方形砖的分体砖，后者镶嵌于墓壁或甬道中部。一般在平面印有图案。

3. 梯形砖

梯形砖一端宽一端窄，数量也不多，主要有长、短两种，长者其长

---

① 襄樊市文物普查办公室等：《襄樊市文物史迹普查实录》，今日中国出版社1996年版。

度与长方形砖相近，短者其长度与方砖相近或稍长，发现于贾家冲 M1、谷城肖家营 M40 和 2010 肖家营 M1 等 3 座画像砖墓中，主要用于甬道上部的券顶上。在平面和端面印图案的情况居多。

4. 楔形砖

楔形砖或一侧厚一侧薄，或一端厚一端薄，数量较多，均用于墓顶上。大多在薄面模印图案。

三　画像砖题材与构图

上述墓葬使用的画像砖均为模印，内容丰富，题材类别主要分为植物、动物、人物和其他四类，他们除了少部分独立构图外，大部分是混合构图。

（一）植物类

该类题材占据画像砖的大多数，最为常见的是莲花和忍冬，既有单独的莲花或忍冬纹，也有组合的莲花、忍冬纹。

1. 莲花

发现于上述所有墓葬中。作为主题纹饰时，大部分表现手法为正视，一般形制为平面布局，中间为莲蓬，外围莲瓣呈放射状盛开，大多数为八瓣，有少量为六瓣、七瓣、九瓣、十二瓣、十四瓣；大多为单瓣，少量重瓣；仅极少量为处于生长状态的束莲。并有少量反映的莲花初始状态，以簇拥的锯齿状莲叶、不见莲花的形象构图，这种形态仅发现于清水沟 M1。

在布局上，长方形或长梯形砖面一般为两朵、三朵莲花或一朵莲花与一蓬莲叶并列；仅少量为半朵莲花，两块长方形砖相合正好组合成一块完整的方形莲花砖。而方砖或短梯形砖面一般为单朵莲花。侧面仅发现了一种 6 朵缠枝莲花纹装饰的砖。端面莲花一般为单朵或三朵并列。

平面莲花的表现形式也有多种，不少莲花瓣外有一周内向锯齿状的莲蓬边。部分莲瓣顶部尖凸，中间有一条直脊；少量莲花顶部弧平或尖凸，有的中间刻画一条凹槽，有的在大花瓣内又分为两小瓣。一些莲花在莲瓣间或莲瓣尖部出一枝 5 枚叶片。

束莲为侧视，正中一支盛开的莲花；两侧各为一支莲叶，叶片似蒲扇；在两侧有莲草。

而作为辅助纹饰时，表现手法为侧视，如人物间的覆莲、二龙戏莲之间的莲花等。

2. 忍冬

发现于上述所有墓葬中，或单独使用，或作为辅助纹饰使用。

单独使用的忍冬纹一般印于砖的侧面或端面，形制分为二方连续的相对单"S"形、相对双"S"形、连续弯曲缠绕的"S"形三种和平面张开或旋转的圆形两种。平面张开或旋转的圆形忍冬纹见于清水沟 M1、贾家冲 M1 梯形砖短端面和柿庄 M15 长方形砖侧面，前者仅少数几块，后者数量较多。

作为辅助纹饰的忍冬纹一般用在其他主体纹饰的边缘或之间，形式较为多样，有折枝和缠枝之分，每枝以 3 片或 5 片居多，也有 7 片的。很多情况下呈对称排列。

（二）动物类

从发现的画像砖看，以动物为主题构图的画像砖数量较少，但种类较多，既有自然界的真实动物，也有由自然界动物幻化而成的神兽，有的既是自然界真实的动物，也是神兽。

1. 龙

上述墓葬中，龙纹画像砖较多，平面、端面均有装饰。

平面装饰龙纹常见的是镶嵌在墓壁中、下部长方形砖或方砖，前者有贾家冲 M1 和柿庄 M15 外围忍冬纹边框、腾飞云中或盘绕状的单龙，后者有谷城肖家营 M40 墓室西壁中部上层带火焰背光的盘龙。

端面装饰龙纹的砖中，贾家冲 M1 模印"S"形盘龙，周围有忍冬纹装饰；柿庄 M15 模印波曲形游龙，周围云气和忍冬纹；而谷城三岔路 M2 在端面模印游走单龙，肩生双翼，周围有云气纹。

2. 虎

虎纹模印于长方形砖的平面或侧面、端面，平面画像砖发现于贾家冲 M1、清水沟 M1、柿庄 M15，各为 2、2、5 块，并有个别发现于襄阳城南岘山上的长方形砖。形象基本相同，都是呈奔跑状，头上昂，尾弯曲形上翘，四周均有忍冬纹边框。或周围散布云气，中或周围为山峦。侧面画像砖发现于吴家坡 M56，为单虎呈腾飞状，体修长，一侧生出翅膀，身有斑纹，口衔莲花。端面画像砖仅发现于谷城三岔路 M2，模印单只飞虎，肩生双翼，周围有云气纹。

此外，还在谷城肖家营 M40、2010 肖家营 M1 发现较多的龙虎相对嬉戏的图案，前者龙虎间为珠，后者龙虎间为云气。此类砖居于甬道、墓室壁顺砖上、下层。

3. 朱雀（凤鸟）

据《春秋演礼图》记载："凤为火精，在天为朱雀。"实以朱雀与凤鸟为一物，其形象也基本一致。

朱雀（凤鸟）砖数量较少。羊祜山 M24、柿庄 M15 各有 1、3 块，模印于长方形砖的平面，一凤鸟双翅展开作腾飞状，周围有云气和山峦。肖家营 M40 有 2 块，模印于墓室北壁上部砖柱中的方砖平面，为立地鸣叫展翅欲飞的朱雀形象，外围火焰背光。贾家冲 M1 有 2 块，散落墓室的梯形砖短端面（侧面饰净瓶忍冬纹），为相对展翅的飞鸟形象，外有云气纹。襄阳博物馆旧藏 3 块，模印于长方形砖的平面，其中 1 块单体凤鸟砖内容与柿庄 M15 基本相同，尺寸、平面布局及模印手法与贾家冲 M1 龙、虎砖完全一致，很可能出自贾家冲墓地；另 2 块为两个凤鸟相对站立，做展翅欲飞状，中间为一朵八重瓣莲花，其间有忍冬纹，上、左、右部为锯齿状边框，下部为忍冬纹边框。

4. 玄武

仅在柿庄 M15 发现 1 块完整砖和极少量残砖。下部为龟作行走状，上绕一条蛇。

5. 狮子

狮纹也主要模印于长方形砖的平面，也仅发现于贾家冲 M1 和清水沟 M1，分别为 2、3 块。均为双狮相对，前者为蹲踞状，一狮昂首，一狮回首，长尾上翘，其间以一条凸线分隔。后者作卧伏状，中间为忍冬纹。

6. 怪兽

仅发现于贾家冲 M1，平面砖 2 块。在平面模印兽首人身、鸟翅蛙腿形象，外有云气和忍冬纹边框。端面砖 47 块，中间为较小的鸟身，有头、身、尾部和四肢，上肢两侧展开较大的双翅。四周有忍冬纹。

7. 千秋万岁

大多模印于长方形砖的平面，分大、小两种砖。大砖一砖一像，站立状，或为人首鸟身的"千秋"，或为兽首鸟身的"万岁"，发现于贾家冲 M1、清水沟 M1、柿庄 M15，其中"千秋"砖各 1、1、2 块，"万岁"砖各 1、3、2 块；小砖 2 块，为襄阳市博物馆旧藏，在砖面的两边模印相对的"千秋""万岁"，中间为大八重瓣莲花。此外，在贾家冲 M1 内还发现在侧面模印相对"千秋""万岁"且前后均有八瓣莲花加忍冬纹装饰的长方形砖 27 块。

（三）人物类

人物类构图的题材和内容均较为丰富，可大致分为贵族生活、历史故事与传说及神佛人物三大类。

1. 贵族生活

此类题材反映了当时贵族生活的多个方面，主要为不同的出行场景和独立的男、女侍形象。前者模印于砖的平面，发现于贾家冲 M1 和清水沟 M1 以及少量襄阳博物馆旧藏的画像砖上；后者模印于砖的端面，发现于贾家冲 M1、柿庄 M15、吴家坡 M56、杜甫巷 M88。

（1）备马出行图

发现于贾家冲 M1，共 2 块。

画面中前后站立四人一马，前面一人双腿分开，右手执鞭，左手牵住马的缰绳；中间一人站于马侧，双手抓住马辔；马颈戴甲，背着鞍，前右蹄扬起，马尾下垂，准备前行；马后一人双手握落地华盖；最后一人双手握落地团扇，头回望，似乎在看主人何时前来。该画面反映了迎接主人出行的场面。外缘四周有忍冬纹边框。砖上留白处有着色的印记。

（2）备舆出行图

发现于清水沟 M1 和襄阳市博物馆旧藏砖，各 2、1 块。

清水沟 M1 画面中共有六人，其中四人共抬一平肩舆，两人在前、两人在后，肩上各抬一杆。再后一人似双手执华盖。最后一人手持一团扇。四人服饰相同，头戴冠，上身穿交领宽袖衫，下着喇叭裳。后两人的构图与贾家冲 M1 备马出行图的后两人十分接近。四周饰忍冬纹边框。襄阳市博物馆旧藏砖内容与清水沟 M1 基本相同，只是画面布局正好相反。

（3）备车出行图

仅发现于襄阳市博物馆旧藏砖中，1块，残缺小半。画面中间一车一马，车以双轮和车舆表示，马右腿抬起，后拉车将前行，似在准备主人上车出行。马左、右前方各有1人，比例明显较小，左前方人侧身站立，右前方1人跪地，手持弓引箭，身旁长草。

（4）骑马出行图

仅发现于清水沟M1中，共2块，1块完整，1块残缺。

画面中四人一马。前2人戴头巾，侧身迈步前行，前者右腿在前，后者左腿在前，右手均执一棒状物；中间1人戴高冠，背长刀，侧身朝外坐于马鞍上，双手交叉；马头上昂，右前腿抬起，马后背覆有带璎珞的织物，装饰较为华丽；马后一人为双髻侍女，双手捧物（似折起的伞盖）紧跟而行。均身穿交领宽袖衫。四周及上部有树木、花草、云气、山包纹。画面四周饰忍冬纹边框。

（5）武士出行图

发现于发现于清水沟M1，共2块。

画面上共五人，呈前后队列状顺序前行，步调一致，右脚在前，左脚在后。右手执一物放于肩上，左侧腰部有一箭箙，内有箭镞数支。周围有云气、草叶纹。四周饰忍冬纹边框。

（6）贵妇出行图

仅发现于襄阳市博物馆旧藏砖中，1块，残缺小半。画面可见4名贵妇前后徐行，均戴高冠，身着圆领长衣，脚穿高头履。或双手持团扇，或双手拢袖，或举手或下垂。其间装饰莲花。外围有忍冬纹边框。

（7）侍女出行图

仅发现于襄阳市博物馆旧藏砖中，1块，残缺一半。画面可见3名侍女，均梳短垂髻，穿交领博衣宽裤，赤脚。前面2名左腿前屈，右腿微弯，呈奔走状。前者左手拿手帕，右手执团扇；后者双手抱圆筒状物品。最后1人双手抱物站立。其间有莲花、草叶；四周围为忍冬纹边框。

（8）步行吹奏出行图

见于柿庄M15和襄阳市博物馆旧藏砖中。

柿庄 M15 有 2 块，1 块残。砖面模印四人，左腿前伸、右腿后曲，步调一致依次行进。前两人双手上举吹奏的胡角，后两人左手抓一圆形饼状物贴于腰部，右手持节。四人均扎头巾，上穿交领紧身衣，下穿裤褶。人物前后有山峦树木。

襄阳市博物馆旧藏砖为半块残砖，可见三人，中间一人双手持物下垂，后面两人双手握举胡角吹奏。三人前后依次行进，步调一致，左脚在前，右脚在后；装束相同，扎头巾，上身穿交领宽衣，下身着裤褶，脚蹬尖头鞋。其间以莲花、忍冬点缀。外有忍冬纹边框。

（9）骑马鼓吹奏乐图

分别发现于仅发现于襄阳市博物馆旧藏砖和清水沟 M1，各仅 1 块，前者缺一角，后者中间略残且画面较为模糊。

画面中五名骑乐手分前后两排骑马鼓吹奏乐。前排两名乐手吹长角，口端朝后；后排三人分别吹奏胡笳、横笛、排箫。但两块砖后排乐手吹奏的乐器位置正好相反。乐手均穿交领衣，着袴褶。

（10）男、女侍

发现于贾家冲 M1、清水沟 M1、柿庄 M15、吴家坡 M56、杜甫巷 M82、杜甫巷 M88，数量相对较多，均模印于砖的端面。

贾家冲 M1 有两种形象：一是武士持长剑侧身侍立，头戴高冠，身穿宽袖长衫，足登笏头履，似后来的"门神"形象一样护卫着墓主人，身外由忍冬及一凸弦纹边框；一为站立形的侍女形象。周围有山、草，外有一周为忍冬纹边框。

清水沟 M1 与杜甫巷 M82、M88 也为武士持长剑侍立，或站在莲台上，均为正面站立。衣冠及画面与贾家冲 M1 持剑武士相同。

柿庄 M15 画面或为站立的男侍，头戴束发小冠，身穿圆领长袍，腰系长带；或为站立的女侍，头梳双"Y"形髻，身穿交领长衣。均脚蹬高头履，双手拢于宽袖中。周有忍冬纹。

吴家坡 M56 为一人站立，头戴高冠，身着交领博衣，脚穿圆头履，双手拢于袖中，为男性。

2. 历史故事与传说

主要为二十四孝故事，包括文帝尝药、郭巨埋儿、闻雷泣墓等，以及得道成仙故事。

(1) 文帝尝药

分别出土与贾家冲 M1 和清水沟 M1，各有 3、2 块，内容基本相同。

贾家冲 M1 砖画面中部两人相对，右侧似一妇人跪坐于四角平榻上，妇人头梳平髻，上穿对领长裙，下着裳，右手端一碗，左手上举；榻前置一炉，烟气上飘。炉前一人跪地，双手托盘，盘中有六碗，作进呈状。两人周围有树木、花草，边缘一周忍冬纹框。

清水沟 M1 砖的画面不同之处就是右侧妇人的跪坐物并非平榻，而是铺垫棉絮物，妇人前面不加火炉，其他内容及辅助纹饰均相同。

这一砖的画面描述的应该是二十四孝中汉文帝侍病母并亲尝汤药的故事。

(2) 郭巨埋儿

分别出土于贾家冲 M1、清水沟 M1、柿庄 M15，各有 3、4、7 块，内容基本相同。

画面中间，一男子脚踩锸挖土，一妇人抱子立于男子对面。两人周围有树木、花草。但三者表现形式有别。贾家冲 M1 和清水沟 M1 砖的边缘均有一周忍冬纹框，而人物布局方向相反，前者郭巨在右，右脚踩锸，妇人在左；后者则是郭巨在左，左脚踩锸，妇人在右。柿庄 M15 人物布局与清水沟 M1 相同，不过，该画面无忍冬纹边框，主题纹饰中，小儿不是抱在妇人怀里，而是骑在妇人的肩膀上，郭巨与妇人间还有一棵大树，且树叶与前两者为椭圆形不同，呈扇形锯齿状。

这种砖的画面描述的是二十四孝中郭巨埋儿的故事。

(3) 闻雷泣墓

仅见于清水沟 M1，发现一块。

画面左侧为环状物包围一飞鸟，外有云气纹，象征雷公；中间为一长草的坟茔，其右上模印"蔡顺"二字和一长尾猛兽；右为一人跪坐，人后有一棵树；下端有长花草的小土包。外缘饰忍冬纹边框。

该画面反映的是二十四孝中蔡顺闻雷泣墓的故事。

(4) 王子乔吹笙引凤

仅见于贾家冲 M1、清水沟 M1，各 2 块，均模印于长方形砖平面。画面主题内容相同，均有一人双手捧笙吹奏，一只凤鸟站立或飞来。但具体形式有所不同。

贾家冲 M1 画面稍简洁，正中一人面朝左坐于榻上，交领长衣及地。身前上方一只凤鸟展翅飞来悬停于空中，下部为山石；身后有两棵树、两棵草。

而清水沟 M1 画面更丰富，正中一人面朝右盘坐于地，着交领紧衣。身前一只凤鸟站立，引颈展翅，尾巴上飘；身后有一条龙，张嘴面对吹笙人，前腿跪地，后腿上举，尾巴上飘。外围有山峦花木环绕，边缘为忍冬纹边框。

这一画面描述的是王子乔吹笙引凤的故事。

3. 神佛人物

神佛形象较多，有飞仙、羽人、供养人、佛像、仙人仙山等。

（1）飞仙

飞仙形象与历史故事与传说砖相比，数量相对较多，主要发现于贾家冲 M1、清水沟 M1、杜甫巷 M82、谷城 2010 肖家营 M1，一般模印在长方形或梯形砖的平面、端面，其中平面较少。

贾家冲 M1 模印在长方形砖平面的有 4 块，均为两飞仙隔物相对单膝而跪，衣袂上飘。其中 3 块中间分隔物为覆莲座博山炉，炉上立一朵莲花，外围莲草纹，飞天双手端盘，盘中也似为博山炉；1 块中间分隔物为覆莲座双净瓶莲花，外围莲草纹。周边均有忍冬纹边框。模印在砖端面的有 42 块，飞仙单膝跪于旋转的云气纹上，有面朝左或朝右两种形象，头朝左者双手分别端一仙桃状物，头朝右者双手捧仙桃状物。均衣袂飘飘上扬。周围有莲瓣、忍冬纹。

清水沟 M1 和杜甫巷 M82 均模印于长方形砖的端面，数量不多。均为一飞仙单膝跪于覆莲座上，头梳双髻，双手捧盘，盘中有果品类物，衣带上飘。人头与果品上有忍冬。只是线条走向及局部有少量差别。

2010 肖家营 M1 模印在甬道前壁上层起券短梯形砖的平面，共 8 块，左右各 4 块，左边 4 块为吹排箫飞仙，右边 4 块为吹笛飞仙，应为伎乐飞仙，各侧身朝向中间。其形象接近，头后仰，身前倾，双腿后曲，整体呈正或反"C"形，头戴冠，身穿长衫，腰系带，双手持笙或笛置于口边做吹奏状，衣袂飘飘，前后有云气纹。

（2）羽人

数量相对较多，主要发现于贾家冲 M1、肖家营 M40、2010 肖家营

M1、三岔路 M2，前 3 座墓模印于长方形砖的端面，后者模印于长方形砖的侧面。

贾家冲 M1 全为侧面站立羽人，有四种形态，两种面朝左，两种面朝右，且左右相对。一对面朝左者双手捧三足炉，面朝右者双手捧博山炉，炉上有莲花。另一对面朝左者左手持节，右手握莲枝；面朝右者左手握莲枝，右手持节。均头插羽毛，身着宽袖交领长衣，脚踏覆莲，周围有忍冬纹。衣、裤下摆有羽状纹。

肖家营 M40 数量多，也全为侧面站立羽人，有四种形态。其一面朝左头戴冠，身穿紧身衣裤，身前倾呈弯曲状，左手端盘，盘中立一凤鸟（朱雀），右手曲举一莲花，头顶有羽毛，衣袖与裤脚长摆似羽尾；其二面朝右，头戴冠，身着长衫短裤，双手外分，各举一忍冬，头顶有羽毛，衣袖有长羽；其三面朝左，头戴高冠，身着宽衣和及地长裙，衣带后飘，左手持净瓶莲花，右手扛一莲枝，衣袖有羽状纹；其四面朝右，头戴深冠，身着宽衣及地长裙，衣褶较多，左手扛一莲枝，右手持忍冬，衣袖和裙底有羽状纹。

2010 肖家营 M1 数量相对较少，也全为侧面站立羽人，有三种形态。其一类似于肖家营 M40 第一种形态，但身套短裙，左手持节立地，右手扛一莲枝于肩上，头顶有两根羽毛，衣袖与裙、裤下摆呈尾羽状；其二基本与肖家营 M40 第三种形态相似，只是本羽人左手端一博山炉；其三则与肖家营 M40 底四种形态几乎一致。

三岔路 M2 数量相对较多，模印于砖侧面，为羽人戏龙、戏虎图案。侧面两条龙、虎分居左右，头朝中间，昂首张嘴，四角抓地；中间两人分别跨步奔向相向的龙、虎，两人肩生翅膀。画面上部有云气纹。

襄阳市博物馆旧藏 1 块画像砖有羽人驭虎图案。虎背骑一仙人（羽人），身体后倾，束发上扬，头顶有羽毛，双臂生翼，博衣褒带，手持莲花，衣带飘扬；虎昂首翘尾，张口露齿，凸目圆睁，蛇形细尾向后飞扬，肩生两翼，利爪腾空作飞翔状。空间点缀莲花、忍冬纹。外饰一周凸弦纹边框。

（3）供养人

数量较多，发现于贾家冲 M1、清水沟 M1、柿庄 M15、吴家坡 M56 及杜甫巷 M82、M88。除清水沟 M1 出土 3 块供养人画像砖模印于砖平面外，其余均模印于砖端面。

贾家冲 M1 供养人有正、侧面两种。均站立于覆莲上，身着交领宽袖长衣和长裙，有的头戴冠，手握仪刀，为男性；有的头梳双髻，一手持莲枝，一手持物，为女性。周围有忍冬纹。

清水沟 M1 均为正面供养人。模印于砖平面者中间有一置于覆莲台上的博山炉，两人分左右站立，头梳双髻，身穿交领及地宽衣，两人靠内侧手下垂，外侧手上举莲枝。博山炉两侧伸出忍冬纹。四周有忍冬纹边框。模印于砖端面者有两种，或头戴卷梁冠，面微朝左；或头梳"Y"形双髻，头微朝右。均上穿交领宽衣，下着长裙，脚踏覆莲，外绕忍冬纹。

柿庄 M15 为正面供养人。一供养人站立于覆莲台上，头梳"Y"形双髻，上穿交领宽衣，脖上系带下垂，下着长裙，脚穿高头履，双手拢于宽袖中。外围有忍冬纹。

吴家坡 M56 及杜甫巷 M82、M88 为侧面供养人。画面上一供养人站于莲花上，头梳三分高髻或丫髻，身着宽衣，一手上举一莲枝，一手下垂，为女性。

（4）佛像

仅见于贾家冲 M1，共 20 块，均模印于砖端面。分两种形式：一种仅 1 块，模印于梯形砖的窄端面，似为佛祖莲花化身。画面上一人扎头巾、赤身坐于莲花台上，左腿内曲盘于裆前，右腿下垂，左手曲收立掌，右手掌心向上斜伸平举。左右及下方绕忍冬纹。一种 19 块，为一尊佛像结跏盘坐于莲花座上，身着交领衣，双手合掌上举，两侧衣带上飘，头顶有髻，后有背光。座下、背光上有忍冬纹。

（5）仙人仙山

仅见于清水沟 M1，存 2 块。模印于长方形砖的平面。画面上一人留长发站立于中间，着交领长袍，穿高圆头履，周围有高低不同的山峦，并生长有较茂盛的长叶草。图中人物似为浮丘公。外绕忍冬纹边框。

（四）其他类

该类题材为非主流纹饰，发现较少，包括水涡纹和幢、博山炉、净瓶等器物类。

1. 水涡纹

仅 2 块，发现于肖家营 M40，模印于方砖的平面。

由内外两层旋转的水波纹组合成一大一小两个圆形漩涡图形。

2. 器物类

类别较少，主要有幢、博山炉、净瓶等。

（1）幢

幢作为主体纹饰的画像砖仅发现于贾家冲 M1，共 12 块。在覆莲座上有一幢，周围为忍冬纹。

（2）博山炉

博山炉砖数量较多。贾家冲 M1、清水沟 M1、柿庄 M15、杜甫巷 M82 各有 10 余块，均模印于长方形砖的端面。画面上一博山炉置于覆莲上，上下各有忍冬纹。

（3）净瓶

数量相对较多，主要发现于贾家冲 M1、柿庄 M15、肖家营 M40，襄阳市博物馆旧藏砖也有发现，模印于砖的平面或端面。

贾家冲 M1、柿庄 M15 发现数量均较多，其中贾家冲 M1 有 2 块和襄阳市博物馆旧藏砖模印于短梯形砖的平面，中间一净瓶置于覆莲上，内插忍冬，四周围有忍冬纹。贾家冲 M1 有 58 块和柿庄 M15 全部画像模印于长方形砖的端面，为两只净瓶并排立于覆莲上，瓶内及之间和覆莲下各有一支忍冬，最上面为莲花或忍冬。

肖家营 M40 数量多，模印于长方形砖的端面。中间一净瓶置于五瓣覆莲座上，内插三朵花和两支忍冬。

四　画像砖内涵与背景

上述墓葬发现的画像砖数量多，种类全，题材广泛，内容多样，反映了当时人们的思想内涵，是时代背景下的产物。

（一）佛教题材占据了主流

所发现的画像砖中，数量最多的是莲花纹、忍冬纹砖，在壁砖、地砖、顶砖、封门砖中大量使用，这两种花纹是佛教最有代表性的植物纹饰；画像砖图案中的幢、净瓶、博山炉是佛教中使用较多的法器，狮子则是佛教的护法神兽；至于使用频率较高的供养人，均为站立状，脚踩莲花，或正面或侧面，或拢袖或持物，也是佛教的重要题材，不少可能就是墓主人自己作为虔诚佛教徒的写照；更为直观的是少量佛像的出现，进一步说明了佛教信仰的流行。

根据通行的说法，佛教进入中国是东汉明帝时，汉末三国得到了一定的发展，到南朝时才真正盛行起来，这与当时的皇室信奉和推广有着密切的关系。

目前，发现南朝画像砖最为集中的地区是南京和襄阳周边，南京是南朝的都城，襄阳是南朝抵御北朝的前沿，为雍州刺史首府。为了加强襄阳的防御力量，南朝宋、齐、梁王朝主要任用皇子和重臣为雍州刺史镇守襄阳，部分后来成为皇帝，如宋孝武帝刘骏、宋明帝刘彧、梁武帝萧衍、梁简文帝萧纲、后梁王萧詧等。这些人对佛教有一定的信仰，其中梁武帝萧衍更是痴迷，称帝后大兴佛寺，并四次出家，对佛教的传播起到了重要的推动作用。

而襄阳有着深厚的佛教基础，并是佛教传播的重要中转站。在樊城菜越 M1 出土的三国初年绿釉陶楼被认为是迄今发现的第一个"浮屠祠"的实物模型，① 贾巷墓地也出土了三国时期的铜羽人。②《晋书·高僧传》载，东晋时期，释道安受襄阳名士习凿齿邀请来襄阳弘法，释道安在襄阳翻译佛经、设置僧规、培养人才、统一佛家姓氏等，成为印度佛教中国化第一人，开了佛教世俗化的先河。释道安在襄阳传法 15 年，使襄阳一度成为全国佛教的中心，其北归长安后，不少弟子赴江南、四川等地传法，佛教信仰逐步为社会所接受，更被世家大族广为推崇。这也是襄阳画像砖墓中佛教题材占据主流的社会背景，或许在某种程度上还影响到了南京地区画像砖的题材使用。

---

① 襄樊市文物考古研究所：《湖北襄樊樊城菜越三国墓发掘报告》，《考古学报》2013 年第 3 期。

② 陈千万：《襄阳出土的铜羽人与楚地巫术》，《楚文化研究论集》（十），湖北美术出版社 2011 年版。

(二) 得道成仙思想仍较为突出

自古以来，中国文化传统中的神鬼观念或者说巫术盛行，使得人们成仙和长生不老的追求不断发展，表现在丧葬上就形成了"事死如生"的厚葬观念，从商周到秦汉莫不如此。到汉代，比较流行的画像砖、石墓中就有大量得道成仙的画面和内容。进入两晋南北朝时期，以世家大族为基础的门阀制度盛行，这种理念得到加强。在汉代即开始盛行的神仙题材继续发展，只是表现形式有所变化。

1. 四神

"四神"是较为常见的题材，即青龙、白虎、朱雀、玄武，在汉代不仅成为方位的标志，也是瑞兽的代表，可护佑人们升天。不过，在襄阳发现的画像砖中，方位的标志不甚明显，目前所见很少是在其代表的正方位上。如贾家冲 M1 的青龙、白虎分别在墓室北、南壁上。柿庄 M15 的平面模印青龙、朱雀长方形砖在墓室东壁，白虎、玄武长方形砖在墓室西壁。谷城肖家营 M40 的青龙、朱雀方砖反而在西壁、北壁；同时，在肖家营 M40 南壁上有水涡纹方砖，形制与青龙、朱雀方砖相同，很可能是代表北方的"玄武"砖；玄武在古代文献中是水神的象征。若此，则肖家营 M40 出土代表方位的三种砖与传统的方位正好相反，是否象征着墓主人原为北方迁移而来，死后希望灵魂北归？抑或是墓主死后采用反方向的葬俗安排，这还值得研究。

而较多的在侧面模印单龙、虎或龙虎相对的砖大量使用于墓壁顺砖上，部分端面模印龙、虎、双凤（朱雀）的砖基本为墓壁丁砖，少量平面模印双凤（朱雀）的砖也是镶嵌在墓长壁上。

2. 怪兽

仅发现于贾家冲 M1，其兽首人身、鸟翅蛙腿的面目狰狞、形象怪异，使人望而生畏，与山东、徐州、洛阳等地汉代画像石墓中的"方相氏"面貌相近。据《周礼》郑玄注、贾公彦疏，方相氏"蒙熊皮，黄金四目"，其作用为驱逐疫鬼，作死者灵柩的引导。

3. 飞仙

该类砖或为二仙隔博山炉、净瓶对立，或为一仙单膝下跪，双手捧盘，盘中有果品或博山炉类物品；还有吹奏乐器作迎候状的伎乐飞仙。

这些应为服务类的仙人,正在等待或迎候成仙的墓主人。

4. 羽人

羽人画像砖无论站或跪,也不管手中是否持物,一般在脚下、头顶或衣裤上有羽毛、羽状纹,象征羽化升天。

羽人信仰起源于原始社会的鸟图腾崇拜,《楚辞》《史记》等文献记载较多,从商代到汉代也有不同的实物表现形式,到南北朝时期继续沿用,但内容有所不同,或为单独的羽人,或与佛教法器博山炉合为一体,或为"羽人戏龙",或为"羽人驭虎"。

5. 千秋万岁

《抱朴子内篇》载:"千秋之鸟,万岁之禽,皆人面而鸟身。"不仅《山海经》等文献中有较多的关于人面鸟身形象的记载,两汉壁画墓及出土彩绘器物上也有类似人面鸟身、兽身或兽首鸟身等的图像发现。1957年河南邓县学庄画像砖墓中更是出土了这种形象并有"千秋""万岁"榜题的画像砖,① 可以明确本地出土较多的这种人面鸟身、兽首鸟身的画像砖分别为"千秋""万岁"。从文献描述看,其一般为主司某一方面的神仙,属祥瑞类。

6. 王子乔与浮丘公

《神仙传》载:"王乔,周灵王太子晋也。好吹笙、作凤鸣,游伊、洛之间,浮梁公接以上嵩高山。"汉代铜镜上有部分铭文、纹饰反映了王子乔的故事。襄阳所出王子乔与浮丘公画像砖正是这种神仙信仰的继续。

上述得道成仙思想实际是中国土生土长的道教发展的一种结果。

(三)孝子故事得到延续

襄阳南朝画像砖除了反映当时人们精神信仰上的佛教、道教思想外,还受到儒教思想的影响。儒教由孔子创立,西汉武帝时期经董仲舒改造后"唯儒独尊",从而决定了西汉的政治、文化生态,对汉代的墓葬建造、装饰等有着深刻影响,汉代画像石、画像砖墓中有大量关于儒教思想的内容,如帝王、诸侯、孝子、烈女等。虽然南北朝画像砖中反映儒家思想的历史故事数量大大减少,但孝子故事却被较好地保留了下来,

---

① 河南省文物局工作队:《邓县彩色画像砖》,文物出版社1958年版。

这与当时从士族中采用"举孝廉"方式选拔任用官吏密切相关，也是维系皇族和世家大族政治统治的需要。

襄阳南朝画像砖中孝子故事仅见三类，分别为"文帝亲尝汤药""郭巨埋儿""蔡顺闻雷泣墓"，尤以"郭巨埋儿"更多，但仅发现于襄城区的 3 座画像砖中。

（四）贵族生活场景有所体现

在反映当时人们的精神信仰之外，襄阳画像砖中也有较多的贵族日常生活的场景内容，其中主人各种出行的内容较为丰富，包括准备出行和出行途中的描绘。准备出行则有仆人抬舆或备马、车，有的后有仆从举伞、执扇，或有侍女等候；出行途中则有贵妇鱼贯出行、主人骑马出行、侍女出行、吹奏步行或骑马出行，还有武士执刀、骑士出行的画面。其他仅有少量的男、女侍形象。这与汉代画像砖（石）中较多的出行、宴饮、乐舞、习射等贵族生活题材相比已大大减少了，是地主庄园经济受到极大破坏的反映。

当然，这些不同题材的画像砖并非完全孤立地反映单一题材，有的实际是两种题材的结合体，如羽人与博山炉的画面、四神及王子乔主题加忍冬纹边框、孝子故事以忍冬纹边框装饰等，这从一个侧面反映了南朝时期佛、道、儒教的结合，也是佛教中国化进程的必然要求。同时，画像砖上也反映了南北文化交融的特点，画像砖的整体特征是南朝风格，但也有不少北方因素，如伎乐飞仙与北方石窟造像艺术十分接近，吹奏中的胡角全然是北方民族的乐器等。

如上所述，襄阳地区发现的南朝画像砖较为集中，数量多，类别全，题材广泛，内容丰富，内涵深刻，特点鲜明，对研究南北朝时期历史文化、社会生活和雕刻、绘画艺术具有重要意义。

附注：本文照片分别由杨力、刘江生、王伟、李广安拍摄，线图分别由符德明、刘江生绘制。

中国古代占星术中的占辞及其运用

——以刘宋时期记录为例*

湖北省社会科学院　吕传益

天上的星象与人间社会种种事物对应之后，常态下，它们就像人类社会一样正常运转，一旦出现与平常不一样的异态即出现"天变"，占星家就会根据天变中星官命名所蕴含的占星含义给出解释，这个解释就是所谓的"占辞"。古人观测到天象并非每一次进行占星时都给出对应的占辞，他们只对一部分天象给出了占辞，有的天象不止一条占辞与之对应，这样的情况应当是一种人为设计的结果。在这种设计中，这些占辞与天象的对应关系如何，它们是如何被选取，哪些更多地被选取，这些问题在占星记录中都有所体现。

要找到占星记录所用占辞的出处，需要一部覆盖面比较全面的"占星词典"，《开元占经》比较符合这一需求。现存早期占星典籍中，仅剩下《灵台秘苑》《乙巳占》和《开元占经》等保存了大量现已失传的占星著作，其中以《开元占经》最为全面。《开元占经》一书是唐代瞿昙悉达奉敕编撰，成书时间在开元年间。① 唐朝以后，

---

* 本文为2015年国家社会科学基金项目"楚地出土简帛中的天文研究（15CZS018）"的阶段性成果之一。

① 根据薄树人考证，瞿昙悉达大概在开元二年二月之后奉敕编撰《开元占经》的，至于编成时间不会晚于开元十二年。详见薄树人《〈开元占经〉——中国文化史上的一部奇书》，《薄树人文集》，中国科学技术大学出版社2003年版。

《开元占经》一度失传，所幸在明末又被人发现，才得以流传。全书共 120 卷，保存了唐以前大量的天文、历法资料和纬书，其中有很多著名的占星著作，最值得庆幸的是书中不仅保存了大量占辞，还标明了它们各自的原始出处。

本文以《宋书·天文志四》中刘宋时期天象记录中的占辞为例，认识占辞的内容，并探讨占星记录中占辞选取的问题。

一　占辞与占经

（一）占辞的认识

关于占辞，它的内容包括天象的解释或预测，及其时空范围。

虽然实际占星的天象主要是月、太白、岁星等的陵犯，但占经为了应付更全面的天象，因此其中所包含的天象类型多于实际发生的类型。如日说中有"日有五蚀"，占星家们认为太阳或许可能从上下左右中央五个方向发生日蚀，明显这种说法只会存在于形式逻辑中，在事实上是不可能的，因此，在汉代黄香就曾质疑："日蚀皆从西，月蚀皆从东，无上下中央者。"① 在占经还能见到诸如"辰星昼见""填星昼见""五星犯紫微"等这些在事实上几乎不可能发生或被观测到的天象。它们只是占星术在天象范围中的一种逻辑上的演绎结果，其目的为的就是尽可能多的囊括各种类型的天象，以便占星时能够直接按图索骥，根据天象在占经中找到相应的占辞。

对天象解释和预测的内容一般直接来源于对天象的富有占星意义的名称，而某一具体的天象往往包括不止一星，每一星又可以做多种占星意义的解释，因此可以得出各种不同的占辞。如"荧惑守心"，其占辞之一为"主命恶之"，这一具体占辞都可以根据"荧惑""守""心"各自的占星含义组合推导出来，根据《开元占经》中的解释，"荧惑"是火之精，主天子之礼，"心"为帝座，又为明堂，本身有惩罚之意，"守"则指停留时间久，象征着占验效果更为严重，这样一来，完全可以根据它

---

① 中华书局编辑部编：《历代天文律历等志汇编二》，中华书局 1975 年版，第 380—381 页。

们的含义组合得到各种不同的占辞，"主命恶之"即对帝王不利的征兆便是其49个占辞之一。① 再如"月犯南斗"，"月"有"群阴之宗""金之精""阴之精""阕也""水也""天之使"等众多解释，"南斗"则有"跃铖""主爵禄""主吴、会稽、丹阳、豫章、庐江、九江""天库""天子旗、天府庭、天库楼、土官""上将、相、妃、太子、天子""太宰位""天子庙""主兵斗""五谷收成"等，犯则有"光芒相及""入度"等，因此《开元占经》中13种占辞都没有超出星名赋予占星含义的内容。但是，有些天象总是经常出现在人们的视野中，而另外一些天象很少出现，几年或几十年，甚至上百年才出现一次，占星家们为了应对更多的事件，对那些经常发生的"天变"赋予了更多的占辞，很少发生的"天变"就只有很少的占辞，于是，这样的做法使得占经中各类天象对应的占辞并不那么均衡，有的多到近百条，有的仅仅一条。

占经还包括了解释或预测的时空范围，即所谓的分野和期应，它们将在后面章节的研究中出现。

（二）占经的认识

在很长的时间范围内，不同历史时期、不同地域的占星家都会产生自己对天象的解释，并形成各自的占星文本，这就是占星典籍。其中一些占星典籍部分的或者全部的内容在流传过程中得到后来者的认可，从而成为占星经典即占经，如前面所述的《郗萌占》《荆州占》《石氏占》以及《开元占经》等。

根据《乙巳占》中记载，能知道在李淳风之前较为著名的有26家占星典籍，如：《黄帝》《巫咸》《石氏》《甘氏》、刘向《洪范》《五行大传》《五经纬图》《天镜占》《白虎通占》《海中占》、京房《易祅占》《易传对异占》《陈卓占》《郗萌占》《韩杨占》、祖暅《天文录占》、孙僧化《大象集占》、刘表《荆州占》《列宿占》《五官占》《易纬》《春秋佐助期占》《尚书纬》《诗纬》《礼纬》、张衡

---

① （唐）瞿昙悉达：《开元占经》，中央编译出版社2008年版，第215—216、420、446、232—234页。

《灵宪》。① 这些占经基本都已经散佚，只存于古书的注解之间，它们的著者除了部分是明确的，其他多已经不为人所知，更多的是托名的著作，如《黄帝》《石氏》等。以《石氏》为例，石氏名石申石或申夫，战国时魏国人，根据后人研究的成果，《石氏》中保存的是西汉时期的而非他生活时代的天象，② 由此可见，《石氏》应当是汉代或更晚时代的人托名的占经，而不是石氏自为之物。

二 刘宋时期天文记录中的占辞选取

根据占经的内容能知道，一旦观测到异常天象就可以根据占经找到其对应的占辞。同样的道理，占星记录中占辞是由天象给出，《宋书·天文志》中也是如此。现将《宋书·天文志》中给出了占辞的记录进行整理，以《开元占经》为蓝本，找出记录中占辞的来源，按时间先后顺序排列如下表。其中，对应了不同占辞的分别给出来源，而那些占辞在《占经》中不止一家的也都一一给出来源。

表1   刘宋时期记录中天象、占辞及其来源

天象记录	占辞	占辞来源
宋武帝永初元年十月辛丑，荧惑犯进贤	占曰："进贤官诛。"	无
十一月乙卯，荧惑犯填星于角	占曰："为丧，大人恶之。"	司马彪《天文志》
	一曰："兵起。"	巫咸占
十二月庚子，月犯荧惑于亢	占曰："为内乱。"	河图帝览嬉
	一曰："贵人忧。角为天门，亢为朝廷。"	河图帝览嬉

---

① （唐）李淳风：《乙巳占》，《中国古代科学技术典籍通汇天文卷第四册》，大象出版社1998年版，第12页。
② 《石氏》中天象观测年代曾引起国内外几代学者的争鸣，各家观点中公认以孙小淳的论证最为精当：孙小淳：《汉代石氏星官研究自然科学史研究》1994年第13卷第2期，第123—138页。

续表

天象记录	占辞	占辞来源
永初元年十二月甲辰，月犯南斗	占曰："大臣忧。"	河图帝览嬉
永初二年六月甲申，太白昼见	占："为兵丧，为臣强。"	司马彪《天文志》
永初二年六月乙酉，荧惑犯氐。乙巳，犯房	占曰："氐为宿宫，房为明堂，人主有忧。房又为将相，将相有忧。氐、房又兖、豫分。"	荆州占，郗萌
永初二年十月，太白犯填星于亢	亢，兖州分，又为郑。占曰："大星有大兵，金土合为内兵。"	荆州占，石氏占
永初三年正月丁卯，月犯南斗	占同元年。一曰："女主当之。"	河图帝览嬉，郗萌
二月辛卯，有星孛于虚危，向河津，扫河鼓	占曰："为兵丧。"	玉历
永初三年二月壬辰，填星犯亢	占曰："诸侯有失国者，民多流亡。"	郗萌，齐伯
	一曰："廷臣为乱。亢，兖州分，又为郑。"	郗萌
永初三年三月壬戌，月犯南斗	占同正月。	河图帝览嬉，郗萌
五月丙午，犯轩辕	占曰："女主当之。"	海中占
六月辛巳，月犯房	占曰："将相有忧，豫州有灾。"	荆州占
癸巳，犯岁星于昴	占曰："赵、魏兵饥。"	荆州占
永初三年九月癸卯，荧惑经太微犯左执法。己未，犯右执法	占悉同上。（"大臣死，执法有忧。"）	河图帝览嬉
十月癸酉，太白犯南斗	占曰："国有兵事，大臣有反者。"	巫咸占
辛巳，荧惑犯进贤	占曰："进贤官诛。"	无
永初三年十一月戊午，有星孛于室壁	占曰："为兵丧。"营室，内宫象也。	齐伯
永初三年十一月癸亥，月犯亢、氐	占曰："国有忧。"	海中占，荆州占
十二月戊戌，荧惑犯房	房为明堂，王者恶之。	石氏
	一曰："将相忧。"	荆州占

续表

天象记录	占辞	占辞来源
元嘉二十年二月二十四日乙未，有流星大如桃，出天津，入紫宫；须臾，有细流星或五或三相续，又有一大流星从紫宫出，入北斗魁；须臾，又一大流星出，贯索中，经天市垣，诸流星并向北行，至晓不可称数	流星占并云："天子之使。"	孟康，荆州占
	又曰："庶民惟星。星流，民散之象。"	石氏
元嘉二十四年正月，天星并西流，多细，大不过如鸡子，尾有长短，当有数百。至旦，日光定乃止，有入北斗紫宫者	占："流星群趋所之者，兵聚其下，有大急。"	黄帝占
	又占："众星并流，将军并举兵。随星所之，以应天气。"	无
	又占："流星入紫宫，有丧，水旱不调。"	黄帝占，荆州占
	又占："流星入北斗，大臣有系者。"	郗萌
	又占："流星为民，大星大臣流，小星小民流。"	无
孝建三年四月戊戌，太白犯舆鬼	占曰："民多疾。"	郗萌占
孝建三年八月甲午，太白入心	占曰："后九年，大饥至。"	摘亡辞
大明元年三月癸亥，太白在奎南，犯岁星	占曰："有灭诸侯。"	石氏
大明元年六月丙申，月在东壁，掩荧惑	占曰："将军有忧，期不出三年。"	河图帝览嬉
大明二年十一月庚戌，荧惑犯房及钩钤。壬子，荧惑又犯钩钤	占曰："有兵。"	黄帝占，郗萌
大明三年春正月夜，通天薄云，四方生赤气，长三四尺，乍没乍见，寻皆消灭	占名隧星，一曰刀星，天下有兵，战斗流血	无

续表

天象记录	占辞	占辞来源
月入太微，犯次将	占曰："有反臣死，将诛。"	无
三月，月在房，犯钩铃，因蚀	占曰："人主恶之，将军死。"	郗萌，海中占，荆州占
三月，土守牵牛	占曰："大人忧疾，兵起，大赦，奸臣贼子谋欲杀主。"	郗萌，海中占
四月，犯五诸侯	占曰："诸侯诛。"	郗萌，石氏
金、水合西方	占曰："兵起。"	甘氏，郗萌，荆州占
五月，岁星犯东井钺	占曰："斧钺用，大臣诛。"	黄帝占
六月，月入南斗	占曰："大臣大将军诛。"	荆州占，陈卓
八月，月犯太白，太白犯房	占曰："人君有忧，天子恶之。"	荆州占
荧惑守毕	占曰："万民饥，有大兵。"	甄曜度
九月，太白犯南斗	占曰："大臣有反者。"	巫咸
九月，月在胃而蚀，既，又于昴犯荧惑	占曰："兵起，女主当之，人主恶之。"	甘氏
	一曰："女主忧，国王死，民饥。"	京氏《妖占》，帝览嬉
十月，太白犯哭星	占曰："人主有哭泣之声。"	无
大明四年正月，月奄氐	占曰："大将死。"	河图帝览嬉
又犯房北第二星	占曰："有乱臣谋其主。"	郗萌
二月，有赤气，长一尺余，在太白帝坐北	占曰："兵起，臣欲谋其君。"	无
五月，月入太微	占曰："有反臣，大臣死。"	黄帝占，帝览嬉
六月，太白犯井钺	占曰："兵起，斧钺用，大臣诛。"	石氏，黄帝占
月犯心前星	占曰："有乱臣，太子恶之。"	海中占
月入南斗魁中	占曰："大人忧，女主恶之。"	郗萌
七月，岁星犯积尸	占曰："大臣诛。"	无
十二月，月犯心中央大星	占曰："大人忧。"	郗萌
十二月，通天有云，西及东北并生，合八所，并长四尺，乍没乍见，寻消尽	占曰："天下有兵。"	无
十二月，月犯箕东北星	女主恶之	海中占

续表

天象记录	占辞	占辞来源
大明五年正月，岁星犯舆鬼积尸	占曰："大臣诛，主有忧，财宝散。"	石氏，荆州占
月入南斗魁中	占曰："大人忧，天下有兵。"	郗萌，荆州占，陈卓
火、土同在须女	占曰："女主恶之。"	荆州占
三月，月掩轩辕	占曰："女主恶之。"	海中占，郗萌
有流星数千万，或长或短，或大或小，并西行，至晓而止	占曰："人君恶之，民流亡。"	考异邮，石氏
四月，太白犯东井北辕	占曰："大臣为乱，斧钺用。"	石氏，巫咸
太白犯舆鬼	占曰："大臣诛，斧钺用，人主忧。"	齐伯，郗萌
六月，有流星白色，大如瓯，出王良，西南行，没天市中，尾长数十丈，没后余光良久	占曰："天下乱。"	无
八月，荧惑入东井	占曰："大臣当之。"	郗萌
十月，岁星犯太微上将星。太白入亢，犯南第二星	占曰："上将有忧，辅臣有诛者，人君恶之。"	帝览嬉，陈卓，黄帝占，巫咸
十月，太白入氐中，荧惑入井中	占曰："王者亡地，大赦，兵起，为饥。"	荆州占，巫咸，石氏，郗萌
月入太微，掩西蕃上将，犯岁星	占曰："有反臣死。"	荆州占
大星大如斗，出柳北行，尾十余丈，入紫宫没，尾后余光良久乃灭	占曰："天下凶，有兵丧，天下恶之。"	黄帝占，荆州占
十一月，月掩心前星，又犯大星	占曰："大人忧，兵起，大旱。"	石氏，荆州占
十二月，太白犯西建中央星	占曰："大臣相潜。"	陈卓
月犯左角	占曰："天子恶之。"	巫咸，郗萌
大明六年正月，月在张，犯岁星	占曰："民饥流亡。"	荆州占，帝览嬉
月犯心后星	占曰："庶子恶之。"	海中占
二月，月掩左角	占曰："天子恶之。"	巫咸，郗萌

续表

天象记录	占辞	占辞来源
三月，荧惑入舆鬼	占曰："有兵，大臣诛，天下多疾疫。"	齐伯
五月，月在张，又入太微，犯荧惑	占曰："国主不安，女主忧。"	黄帝占，京氏《妖占》
火犯木在翼	占曰："为饥，为旱，近臣大臣谋主。"	天官书，海中占
有星前赤后白，大如瓯，尾长十余丈，出东壁北，西行没天市，啾啾有声	占曰："其下有兵，天下乱。"	石氏
月掩昴七星	占曰："贵臣诛，天子破匈奴，胡主死。"	石氏，郗萌
岁星犯上将	占曰："辅臣诛，上将忧。"	帝览嬉
六月，月入太微，犯右执法	占曰："人主不安，天下大惊，主不吉，执法诛。"	石氏，荆州占
月犯心后星	占曰："庶子恶之。"	海中占
七月，月犯箕	占曰："女主恶之。"	海中占
八月，月入南斗魁中	占曰："大臣诛，斧钺用，吴、越有忧。"	陈卓
大明七年正月夜，通天薄云，四方合有八气，苍白色，长二三丈，乍见乍没，名刀星	占曰："天下有兵。"	无
三月，月犯心后星	占曰："庶子恶之。"	海中占
四月，火犯金，在娄	占曰："有丧，有兵，大战。"	荆州占
六月，月犯箕	占曰："女主恶之。"	海中占
太白入东井	占曰："大臣当之。"	石氏
太白犯东井	占曰："大臣为乱，斧钺用。"	石氏，荆州占
七月，荧惑入东井	占曰："兵起，大将当之。"	石氏
月入南斗魁，犯第二星	占曰："大人忧，吴郡当之。"	郗萌
太白犯舆鬼	占曰："兵起，大将诛，人主忧，财帛出。"	荆州占，南宫候，郗萌

续表

天象记录	占辞	占辞来源
八月，月入哭星中间，太白犯轩辕少微星	占曰："人主忧，哭泣之声，民饥流亡。"	无
太白入太微	占曰："近臣起兵，国不安。"	荆州占
荧惑犯鬼，	占曰："大臣诛。"	巫咸，帝览嬉，石氏，
太白犯右执法		
十月，金水相犯	占曰："天下饥。"	石氏占
荧惑守轩辕第二星	占曰："宫中忧，有哀。"	无
十一月，岁星入氐	占曰："诸侯人君有入宫者。"	荆州占
十二月，月犯五车	占曰："天库兵动。"	黄帝占
大明八年正月，月掩舆鬼	占曰："大臣诛。"	帝览嬉
月入南斗魁中，掩第二星	占曰："大人忧，女主恶之。"	郗萌占
二月，月犯南斗第四星，入魁中	占曰："大人有忧，女主当之。豫章受灾。"	郗萌占
四月，月入南斗魁中，犯第三星	占曰："大人有忧，女主恶之。丹阳当之。"	郗萌占
太白入东井，入太微，犯执法	占曰："执法诛，近臣起兵，国不安。"	荆州占
六月，岁星犯氐	占曰："岁大饥。"	海中占，巫咸占
有流星大如五斗瓯，赤色有光，照见人面，尾长一丈余，从参北东行，直下经东井，过南河，没	占曰："民饥，吴、越有兵。"	文耀钩，荆州占
七月，岁星入氐。十月，太白守房	占曰："有兵，大丧。"	巫咸占，荆州占，黄帝占
月掩食房	占曰："有丧，大饥。"	无
明帝泰始元年十二月己巳，太白入羽林	占曰："羽林兵动。"	郗萌占，黄帝占，甄曜度，海中占
乙亥，白气入紫宫	占曰："有丧事。"	无
泰始二年正月甲午，荧惑逆行在屏西南	占曰："有兵在中。"	郗萌占
其月丙申，月晕五车，通毕昴	占曰："女主恶之。"	郗萌占

续表

天象记录	占辞	占辞来源
其月庚子，月犯舆鬼	占曰："将军死。"	郗萌占
其月甲寅，流星从五车出，至紫宫西蕃没	占曰："有兵。"	黄帝占
其月丙辰，黑气贯宿	占曰："王侯有归骨者。"	无
三月乙未，有流星大小西行，不可称数，至晓乃息	占曰："民流之象。"	司马彪《天文志》
月在丙子，岁星昼见南斗度中	占曰："其国有军容，大败。"	无
其月己卯，竟夜有流星百余西南行，一大如瓯，尾长丈余，黑色，从河鼓出	又曰："有兵。"	石氏占
其月壬午，太白在月南并出东方，为犯	占曰："有破军死将，王者亡地。"	巫咸占
其月丙午，月犯南斗	占曰："大臣诛。"	陈卓占
十月辛巳，太白入氐	占曰："春谷贵。"	郗萌占
十一月癸巳，太白犯房	占曰："牛多死。"	荆州占，郗萌占
泰始三年六月甲辰，月犯东井	占曰："军将死。"	郗萌占
荧惑犯舆鬼	占曰："金钱散。"	陈卓占
	又曰："不出六十日，必大赦。"	石氏占
泰始四年六月壬寅，太白犯舆鬼	占曰："民大疾，死不收。"	郗萌占
泰始五年二月丙戌，月犯左角	占曰："三年天子恶之。"	帝览嬉
三月庚申，月犯建星	占曰："易相。"	郗萌占
十月壬午，月犯毕	占曰："天子用法，诛罚急，贵人有死者。"	帝览嬉
其月丙申，太白犯亢	占曰："收敛国兵以备北方。"	石氏占
泰始六年正月辛巳，月犯左角	同前占（占曰："三年天子恶之。"）	帝览嬉
十一月乙亥，月犯东北辕	占曰："大人当之。"	无
	又曰："大臣有诛者。"	荆州占
后废帝元徽三年七月丙申，太白入角，犯岁星	占曰："角为天门，国将有兵事。"占，于角太白与木星会，杀军在外，破军杀将	荆州占，文耀钩

续表

天象记录	占辞	占辞来源
八月己巳，太白犯房北头第二星	占曰："王失德。"	考异邮
九月癸卯，太白犯南斗第三星	占曰："大人当之，国易政。"	黄帝占
十月丙戌，岁星入氐	占曰："诸侯人君有来入宫者。"	荆州占
十一月庚戌，月入太微，奄屏西南星	占曰："贵者失势。"	郗萌占
元徽四年三月乙巳，月犯房北头第一星，进犯键闭星	占曰："有谋伏甲兵在宗庙中，天子不可出宫下堂，多暴事。"	郗萌占
九月甲辰，填星犯太微西蕃	占曰："立王。"	无
	一曰："徙王。"	无
	又曰："大人忧。"	荆州占
元徽五年正月戊申，月犯南斗第五星	与前同占	黄帝占
四月丁巳，荧惑犯舆鬼西北星	占曰："大人忧，近期六十日，远期六百日。"	海中占，郗萌占
	又曰："人君恶之。"	孝经章句，春秋纬
其月丙子，太白犯舆鬼西北星	占曰："大赦。"	无
五月戊申，太白昼见午上，光明异常	占曰："更姓。"	荆州占
六月壬戌，月犯钩钤星	占曰："有大令。"	郗萌占
其月乙丑，月犯南斗第四星	与前同占。	黄帝占
顺帝升明元年八月庚申，月入南斗，犯第三星	与前同占。（占曰："大人当之，国易政。"）	黄帝占
九月丁亥，太白在翼，昼见经天	占曰："更姓。"	荆州占
闰十二月癸卯夜，月奄南斗第四星	与前同占	黄帝占

表 1 中共有占辞 159 条，有 22 条占辞在《开元占经》中完全找不到相同或相似来源。出现这种情况，可能是《开元占经》没有收录相关占辞，或在编纂之前相关的占辞早已散佚。除此之外，这些占辞以天象进

行分类统计，关于月占60条，五星占8条，岁星占9条，荧惑占14条，填星占4条，太白占31条，流星占9条，孛星2条。由于记录中出现的有些占辞与《开元占经》给出的一致或相类似不止一家，即同一条占辞被不同的占星典籍收录，因此占辞对应的各家典籍的出现次数总共为193次。现将各家占星典籍与其出现次数见表2：

表2　　　　刘宋时期天文记录中占经及其出现次数

典籍	次数	典籍	次数	典籍	次数	典籍	次数
司马彪《天文志》	3	巫咸占	12	黄帝占	18	玉历	1
河图帝览嬉	18	石氏占	22	荆州占	36	齐伯	4
京氏《妖占》	2	甘氏占	2	郗萌占	41	孟康	1
孝经章句	1	陈卓占	7	海中占	16	摘亡辟	1
甄曜度	2	文耀钩	2	考异邮	2	南官候	1
天官书	1	春秋纬	1				

由表2我们可以得知，刘宋时期的占星家们在使用占辞的时候，使用最频繁的三部是《郗萌占》《荆州占》《石氏占》等占星典籍，占验的对象则是以月、太白等最为常见的天象为主。

三　小结

该时期记录中出现了前述26部中的《黄帝》《巫咸》《石氏》《甘氏》《海中占》、京房《易袄占》《陈卓占》《郗萌占》《韩杨占》、刘表《荆州占》等。

从上面占辞的挑选情况能看出来，有些占辞出于某一家的占辞，也有一些占辞的内容不能被一家占辞囊括，而是分别属于几家占辞。此外，不同的天象在挑选各自的占辞后，可以得到相同或类似的占星效果，甚至几个不同类的天象也会给出彼此相同或相似的占辞，出现这些情形，应该是跟对应事应的"挑选"有关系。这种方式显示出占星家们对天象占星的时候并非按图索骥一成不变，而是灵活有效地选取占辞来对应天象和事应，这就"暴露"了占辞运用的过程。那些占经中没有的占辞固然有可能是保存它们的典籍散佚，但也有可能是它们还在正式成为占辞之前的雏形，也许在后来某个时候它们会正式成为占经中的一部分。

《唐会要》抄本所见佚文考

武汉大学历史学院　刘安志

北宋王溥所撰《唐会要》100卷，是研究中国古代历史尤其是唐史不可或缺的基本典籍。惜仅以抄本传世，故脱误颇多。清代四库馆臣曾对之进行整理，形成武英殿聚珍本（以下简称殿本）和四库全书本（以下简称四库本）两种《唐会要》本子，流传至今，然存在的问题颇多，需要引起足够重视。①

《唐会要》成书后，被宋元明及清初史籍广为引用，不少佚文因此得以保存。1991年，上海古籍出版社出版的《唐会要》点校本，曾据南宋王应麟《玉海》所引《唐会要》，辑出该书卷七至卷十残阙的佚文36条。② 同年，日本学者古畑彻先生发表《〈永乐大典〉所引〈唐会要〉记事一览》一文，从现存《永乐大典》残本中辑出《唐会要》佚文11条。③ 1998年，古畑彻先生又发表《〈唐会要〉の流传に关する一考察》一文，对《事物纪原》《资治通鉴考异》《太平御览》《太平广记》《玉

---

① 参见拙文《文献整理与史实重构——以清人整理〈唐会要〉为中心》，提交《历史研究》编辑部、福建师大社会历史学院主办"第十届历史学前沿论坛"论文，2016年12月20—22日，福州。

② 《唐会要》，上海古籍出版社1991年版。此据2006年新一版，第2139—2156页。以下简称上古本。

③ ［日］古畑彻：《〈永乐大典〉所引〈唐会要〉记事一览》，《金泽大学教养部论集》（人文科学篇）29—1，第1—14页。

海》诸书所引《唐会要》，进行了详细的统计和分析。① 其后，中国学者邢永革亦对《唐会要》佚文作过一定的辑考工作，② 惜未注意到日本学者已有相关研究成果。

古籍所引《唐会要》佚文，对研究相关问题自然有重要的史料价值，对《唐会要》的整理复原工作亦有参考借鉴意义。然而，这些佚文毕竟不是《唐会要》原文，且不标篇目，又多为节文，故而不能直接复原到《唐会要》一书中，总让人感觉有些遗憾。值得庆幸的是，现存国内外所藏16种明清时代的《唐会要》抄本中，③ 保存有多条不见于四库本和殿本的佚文，不仅具有珍贵的史料价值，而且对今后《唐会要》的整理与复原工作也有重要意义。

古畑彻先生在考察比较台北所藏两种清抄本（分别为100卷与88卷两种，以下简称台北A、B抄本）、东京静嘉堂文库藏清抄本（以下简称日藏本）与四库本和殿本之差异时，业已指出三抄本卷三三《诸乐》17曲记事、卷四〇《定赃估》唐大中八年（854）三月条，以及卷九九《倭国》建中元年（780）、贞元十五年（799）、永贞元年（805）十二月诸条，皆不见于通行本（即殿本）。④ 按古畑氏所言《唐会要》卷四〇《定赃估》、卷九九《倭国》诸条，国家图书馆藏明抄本（编号为10521，以下简称国图A抄本）阙此二卷，不见记载，然见于该馆所藏两种清抄本（编号为03873、04216，以下简称国图B、C抄本）及广东省立中山

---

① ［日］古畑彻：《〈唐会要〉の流传に关する一考察》，《东洋史研究》57—1，1998，第96—124页。
② 邢永革：《〈唐会要〉佚文辑考》，《古籍整理》2007年第2期。
③ 其中国家图书馆藏3种，中国科学院图书馆藏2种，北京大学图书馆藏1种，上海图书馆藏4种，浙江图书馆藏1种，江苏镇江图书馆藏1种，广东省立中山图书馆藏1种，台北图书馆藏2种，日本东京静嘉堂文库藏1种。中国大陆所藏13种《唐会要》抄本，见郑明《〈唐会要〉初探》（中国唐史学会编：《中国唐史学会论文集》，三秦出版社1989年版，第167—182页）、上古本《唐会要·前言》《中国古籍总目》（中华书局2009年版）及各大图书馆网页介绍。中国台北和日本所藏3种，见日本学者岛田正郎《在台北·"国立中央图书馆"藏抄本·唐会要について》（《律令制の诸问题》，汲古书院1984年版，第669—689页）、古畑彻《〈唐会要〉の诸テキストについて》（《东方学》第78辑，1989年，第82—95页）等文介绍。
④ ［日］古畑彻：《〈唐会要〉の诸テキストについて》，《东方学》第78辑，1989年。

图书馆藏清抄本（以下简称广图本），① 可知其确为王溥《唐会要》原文。清代四库馆臣整理殿本《唐会要》时，不知何故漏掉了这些重要条文。兹据诸抄本录文并试作复原如下。

诸抄本②卷四〇《定赃估》：

（大中）八年三月十五日敕估绢结赃天下一例依上都以一千一百文九十为陌计赃绢一匹

按此条不见于四库本与殿本，国图 A 抄本阙此卷，故情况不明。又上揭文字，同见于《文献通考》卷一六六《刑考五·刑制》所载："（大中）八年，敕：'估绢结赃，天下一例。依上都以一千一百九十文为陌，计赃绢一匹。'"③ 可知抄本"一千一百文九十"，实为"一千一百九十文"之误倒，可据《通考》复原此条佚文如下：

（大中）八年三月十五日，敕："估绢结赃，天下一例。依上都以一千一百九十文为陌，计赃绢一匹。"

又诸抄本卷九九《倭国》载：

建中元年又遣大使真人兴能判官调揖志自明州路奉表献方物真人兴能盖因官命也风调甚高善书翰其本国纸似茧而紧滑人莫能名
　正元十五年其国有二百人浮海至扬州市易而还
　永正元年十二月遣使真人远诚等来朝贡

按上述三条内容，同见于四库本，然不为殿本所载。"盖因官命也"，

---

① 该抄本已影印收入《中国古籍珍本丛刊：广东省立中山图书馆卷》第 24—25 册，国家图书馆出版社 2015 年版。
② 本文所使用的《唐会要》抄本，主要有国家图书馆藏 3 种抄本、广东省立中山图书馆藏 1 种抄本、台北图书馆藏 2 种抄本、日本东京静嘉堂文库藏 1 种抄本，总 7 种。
③ 《文献通考》，中华书局 2011 年版，第 4970 页。

四库本作"盖其官名也";"正元""永正",四库本作"贞元""永贞"。① 又《太平寰宇记》卷一七四《四夷三·倭国》亦有相关记载,然"调揖志"作"调摄悉",其下有南宋人校记称"《唐会要》作'调摄志'";"盖因官命也"作"盖因本官命氏也"。② 可知上述三条文字确属《唐会要》原文,惜"摄""揖"形近易讹,不知孰是。兹初步复原如下:

> 建中元年,又遣大使真人兴能、判官调揖志,自明州路奉表献方物。真人兴能,盖因官命也。风调甚高,善书翰,其本国纸,似茧而紧滑,人莫能名。
> 贞元十五年,其国有二百人,浮海至扬州,市易而还。
> 永贞元年十二月,遣使真人远诚等来朝贡。

关于《唐会要》佚文,除古畑彻先生所揭上述诸条外,国图所藏 A 抄本(即明抄本)亦存有多条后来诸抄本、四库本、殿本阙失的佚文,今试作整理复原如下。

殿本《唐会要》卷三《皇后》穆宗皇后韦氏条记:

> 穆宗皇后韦氏。会昌时,追册为皇太后,谥曰宣懿,武宗母也。③

按上述文字,四库本,国图 B、C 两抄本,广图本,中国台北 A 抄本,日藏本仅存"武宗母也"四字,其余皆阙,且接抄于上条"皇后萧氏"后。然萧氏并非武宗母,此处明显有脱文。问题是,殿本所补"穆宗皇后韦氏。会昌时,追册为皇太后,谥曰宣懿",是否为《唐会要》原文呢?答案是否定的,因为国图 A 抄本此条并未阙佚,存有如下文字:

---

① 《唐会要》,四库本,台湾"商务印书馆"1986 年版,第 419 页。
② 《太平寰宇记》,中华书局 2007 年版,第 3330—3331 页。
③ 《唐会要》,中华书局 1955 年版,第 30 页(以下简称中华本)。上古本,第 34 页。

皇后韦氏开成五年二月追尊谥曰宣懿皇太后五月二十五日忌武宗母也

据《旧唐书》卷一八《武宗纪》《册府元龟》卷三一《帝王部·奉先》《太平御览》卷一一五《皇王部·武宗昭肃皇帝》引《唐书》所记，唐武宗以开成五年（840）正月即位，"二月，制穆宗妃韦氏追谥宣懿皇太后，帝之母也"。① 这与国图 A 抄本所记完全一致。而且，本目上文已有"穆宗皇后王氏"，殿本此处不应重出"穆宗"二字。更重要的是，武宗开成六年（841）正月才改元会昌元年，殿本所言"会昌时"，也明显与相关史实不符。因此，殿本此条并非《唐会要》原文，而属四库馆臣整理增补，② 是完全可以肯定的。兹据国图 A 抄本复原此条文字如下：

皇后韦氏。开成五年二月，追尊谥曰宣懿皇太后。五月二十五日忌。武宗母也。

又殿本卷三《内职》懿宗婕妤崔氏、王氏后有小字注"此条原本有阙"，③ 而四库本未标"阙"，然上条"卒以祸败，为后王诫"后，并无殿本"玄宗即位，大加惩革，内外有别，家道正矣"之类的文字。④ 国图 B、C 两抄本，广图本，台北 A 抄本，日藏本等，至"玄宗即位"后皆阙。有幸的是，国图 A 抄本此处并未残阙，兹录文如下：

（前略）玄宗即位大加惩革内外有别家道正矣按杜氏《通典》内官有惠妃丽妃华妃（正一品）淑仪德仪贤仪碗仪芳仪六人（正二品）美人四品人（正三品）才人七人（正四品）与正史所载率皆不同其

---

① 《旧唐书》，中华书局 1975 年版，第 584 页。《册府元龟》，中华书局 1960 年版，第 333 页。《太平御览》，中华书局 1960 年版，第 558 页。
② 据《新唐书》卷七七《后妃传下》载："穆宗宣懿皇后韦氏，失其先世。穆宗为太子，后得侍，生武宗。长庆时，册为妃。武宗立，妃已亡，追册为皇太后，上尊谥。"（中华书局 1975 年版，第 3507 页）殿本当据此增补，"会昌时"三字，则为四库馆臣的想象和杜撰了。
③ 《唐会要》，中华本，第 33 页；上古本，第 37 页。
④ 《唐会要》，四库本，第 23 页。

间名号亦有见于国史但不详所出今疏之于后以示广记高祖贵妃万氏（生楚王智云性恭顺高祖甚重之诸王妃主莫□推敬后为楚国太妃倍葬献陵）德妃尹氏（生丰王元亨）昭仪宇文氏（隋大将军述之女韩王元加鲁王陵变皆为贤王早丞宠遇欲以之为后固辞不受）婕妤郭氏（生徐王元礼）婕妤刘氏（生道王元庆）太宗妃杨氏（隋炀帝主生吴王恪蜀王愔）妃阴氏（生庶人佑）妃燕氏（生越王王江王嚣）妃（生记王顺）妃杨（生记王顺）氏（生赵王福）充容徐氏（名惠尚侍翌之姑生五月而能言四岁诵诗八岁能文初为才人俄拜为婕妤寻迁充容时军旅亟动宫室互兴百姓劳苦上疏论谏太宗善之永徽元年卒年二十四诏赠贤妃陪葬昭陵石室）

高宗淑妃萧氏（生许王素节）中宗昭容上昭氏睿宗德妃王氏（生宣惠太子）玄宗贵妃杨氏华妃刘氏（生奉天皇帝琮靖恭太子碗仪王遂）丽妃赵氏（生废太子瑛）妃钱氏（生棣王琰）德义皇甫氏（生鄂王瑶）婕妤柳氏（左丞范之孙家有学尚玄宗甚重之生延王玢也）顺义郭氏（剑甫节度虚己之妹生永王奉）贤仪武氏（则天时高平王重规之女宫中号小武妃生凉王睿汴王敬）婕妤高氏（生颍王璬）肃宗妃韦氏（刑部尚书坚之妹肃宗在储位选为妃生储衮王储偡）妃崔氏（生邵王思）婕妤陈氏（生彭王仅）婕妤段氏（生妃王中倕）德仪裴氏（生襄阳僙）

代宗贵妃独孤氏（生昭靖太子邈）妃崔氏（生韩回）妃崔氏（秘书监峋之女韩国夫人杨氏即贵妃甥也）德宗德妃武氏贤妃韦氏昭仪王氏修仪赵氏昭仪王氏昭容王氏昭媛王氏修容牛氏充容崔氏充仪杨氏顺宗德妃董氏贤妃王氏昭仪王氏崔氏张氏昭训阎氏宪宗妃纪氏昭仪何氏（有节行追赠）

穆宗贵妃武氏（本才人义丰公主母也大和中追赠）修仪张氏（淮南公主母大和中赠）

敬宗贵妃郭氏文　宗淑妃王氏德妃王氏贤妃杨氏贤妃刘氏

武宗德妃刘氏贤妃王氏昭仪吴氏沈氏修仪董氏婕妤张氏赵氏宣宗昭仪吴氏赵氏婕妤柳氏

懿宗淑妃郭氏［生同昌主帝在藩邸常经重妃疾侍医药见黄（中阙）贵必不相忘］婕妤崔氏王氏

据上所记，不难看出，国图 A 抄本（明抄本）错讹颇多，且有脱漏。值得庆幸的是，《永乐大典》卷二〇四七八《内职》引《唐会要》载有上述全部内容，①《文献通考》卷二五四《帝系考五·后妃》亦记有"玄宗即位"至"以示广记"相关文字，② 三者可相互参证，并确认其为《唐会要》原文。兹参考相关文献复原此段佚文如下：

（前略）玄宗即位，大加惩革，内外有别，家道正矣。按杜氏《通典》，内官有惠妃、丽妃、华妃（正一品），淑仪、德仪、贤仪、顺仪③、婉仪、芳仪六人（正二品），美人四人（正三品），才人七人（正四品），与正史所载，率皆不同。其间名号，亦有见于国史，但不详所出。今疏之于后，以示广记。高祖贵妃万氏（生楚王智云。性恭顺，高祖甚重之，诸王妃主莫不推敬。后为楚国太妃，陪葬献陵），德妃尹氏（生丰王元亨），昭仪宇文氏（隋大将军述之女。生韩王元嘉、鲁王灵夔，皆为贤王。早承宠遇，欲以之为后，固辞不受），婕妤郭氏（生徐王元礼），婕妤刘氏（生道王元庆）。太宗妃杨氏（隋炀帝女。生吴王恪、蜀王愔），妃阴氏（生庶人佑），妃燕氏（生越王贞、江王嚣），妃韦氏（生纪王慎），妃杨氏（生赵王福），充容徐氏（名惠，常侍坚之姑。生五月而能言，四岁诵诗，八岁能文。初为才人，俄拜为婕妤，寻迁充容。时军旅亟动，宫室互兴，百姓劳苦，上疏论谏，太宗善之。永徽元年卒，年二十四，诏赠贤妃，陪葬昭陵石室）。

高宗淑妃萧氏（生许王素节）。中宗昭容上官氏。睿宗德妃王氏（生宣惠太子）。玄宗贵妃杨氏，华妃刘氏（生奉天皇帝琮、靖恭太子琬、仪王璲），丽妃赵氏（生废太子瑛），妃钱氏（生棣王琰），德仪皇甫氏（生鄂王瑶），婕妤柳氏（左丞范之孙，家有学尚，玄宗

---

① 《永乐大典》第 8 册，中华书局 1986 年版，第 7712—7713 页。[日] 古畑彻先生最早揭出此段佚文，并指出其在《唐会要》卷三《内职》中的具体位置。参见氏著《〈永乐大典〉所引〈唐会要〉记事一览》，第 14 页。

② 《文献通考》，第 6868 页。

③ "顺仪"，抄本与《永乐大典》皆阙，此据《通典》卷三四《职官十六·后妃》补。中华书局 1988 年版，第 947 页。

甚重之，生延王玢），顺仪郭氏（剑南节度虚己之妹，生永王璘），贤仪武氏（则天时高平王重规之女，宫中号小武妃，生凉王璇、汴王璬），婕妤高氏（生颍王璬）。肃宗妃韦氏（刑部尚书坚之妹，肃宗在储位，选为妃，生兖王僩），妃崔氏（生邵王偲），婕妤陈氏（生彭王仅），婕妤段氏（生杞王倕），德仪裴氏（生襄王僙）。代宗贵妃独孤氏（生昭靖太子邈），妃崔氏（生韩王迥），妃崔氏（秘书监峋之女，韩国夫人杨氏，即贵妃甥也）。德宗德妃武氏，贤妃韦氏，昭仪王氏，修仪赵氏，昭仪王氏，昭容王氏，昭媛王氏，修容牛氏，充容崔氏，充仪杨氏。顺宗德妃董氏，贤妃王氏，昭仪王氏、赵氏、王氏、崔氏、张氏①，昭训阎氏、崔氏②。宪宗妃纪氏，昭仪何氏（有节行，追赠）。

穆宗贵妃武氏（本才人，义丰公主母也，大和中追赠），修仪张氏（淮南公主母，大和中追赠）。

敬宗贵妃郭氏。文宗淑妃王氏，德妃王氏，贤妃杨氏，贤妃刘氏。

武宗德妃刘氏，贤妃王氏，昭仪吴氏、沈氏，修仪董氏，婕妤张氏、赵氏。宣宗昭仪吴氏、赵氏，婕妤柳氏。

懿宗淑妃郭氏（生同昌公主。帝在藩邸，常经重疾，妃侍医药，见黄龙出入卧内。既间，妃以异告。帝曰："慎勿言之，贵必不相忘。"），婕妤崔氏、王氏。

殿本《唐会要》卷三一《舆服上·裘冕》前后内容完整，然四库本显庆元年（656）九月十九日条"降王一等又云"后残阙，下标"原阙"二字，其后接抄"天下礼惟从俗"。③ 国图 A 抄本则出现错简，"降王一等又云悉与"后，接抄"宰相二十三人（人名略），使相十一人（人名略）"，其后相继述懿宗、僖宗、昭宗事，至"谥曰圣穆景天"，接抄

---

① 顺宗昭仪，国图 A 抄本仅有王氏、崔氏、张氏，无王氏、赵氏，或有脱漏，此据《永乐大典》。
② 国图 A 抄本仅有阎氏，无崔氏，此据《永乐大典》。
③ 《唐会要》，四库本，第 422—423 页。

"礼唯从俗"一语，此处明显错入卷二《帝号下》的内容。国图 B 抄本未有错简，"降王一等又云悉与"后空阙十数行，其下接抄"礼惟从俗"，与四库本情况完全相同。而国图 C 抄本，广图本，台北 A、B 两抄本，日藏本等，皆出现与国图 A 抄本同样的错简情况，错入文字一模一样，其间传抄源流关系不难推知。尤其值得注意的是，台北 A 抄本错简页上有粗笔眉批："宰相以下至谥曰圣穆景文止，应改入帝号，以补懿宗、僖宗并昭宗前半之缺。此处系传钞之误。"此后第 3 页又有眉批："礼惟从俗以下，仍接前衮冕事。中间疑有阙误。"按台北 A 抄本即浙江汪启淑家藏本，也是殿本所据的底本，这一眉批是否为四库馆臣所为，尚待求证。不管如何，可以肯定的是，现存《唐会要》诸抄本这一部分内容是残缺不全的。那么，殿本"又云悉与"至"礼惟从俗"之间，长达数百字的内容又是从何而来呢？其是否为《唐会要》原文？再看诸抄本卷二《帝号下》的记载情况，台北 B 抄本卷一至卷六残阙，情况不明，然台北 A 抄本、日藏本宣宗条下"年号一（大中十三年）"后阙，接抄"圣穆景文孝皇帝庙号昭宗"，卷三一错入内容正好与此前后衔接。台北 A 抄本此页上还有粗笔眉批"阙懿宗僖宗"，书法与卷三一眉批同，当出自同一人之手。国图 B、C 两抄本，广图本卷二《帝号下》有关懿宗、僖宗、昭宗的记载，前后完整，未见残阙。国图 A 抄本卷二《帝号下》亦无残阙，然宣宗条下"年号一（大中十三年）"至"文孝皇帝庙号昭宗"之间，错入 3 页多（每页 10 行，每行 24 字左右）有关服饰讨论的内容，与殿本所记相近，然又有明显不同之处，其为《唐会要》卷 31《裘冕》中的原文，殆无疑义。兹据国图 A 抄本录文如下：

  王同求其折中俱未通允但名位不同礼亦异数天子以十二为节义在法天岂有四旒三章翻为御服若诸臣助祭冕与王同便是贵贱无分君臣不别如其降王一等则王服玄冕之时群臣次服并既屈天子又贬公卿周礼此文久不施用是故汉魏以承旧事皆服衮冕今新礼亲祭乃服五品之服唯临事施行极不稳便请遵历代故事诸祭并用衮冕制可之无忌等又奏曰皇帝为请臣及五服亲举哀依礼服素服今乃云白帢礼令乖舛须归一涂具白帢出自近代事非稽古虽着行文不可施用请改素服以会礼文制从之自是（鹭冕以下更不服白帢亦废而今文因循竟不改制）至

开元十七年朝拜五陵但素服朔望朝亦用常服

龙朔二年九月二十二日司马少常伯孙茂奏称准令诸臣九章服君臣冕服章数虽诸节龙名衮尊卑相乱望称诸臣章衣以云及麟代龙升山为上仍改冕当时纷义不定至仪凤二年十一月六日太常博士苏知机上年去龙朔中司礼少常伯孙茂道奏请诸臣九章服与乘舆服章数殊饰龙名衮尊卑（阙二字）乱望诸臣九章衣以云及麟代龙升山为上仍改冕名当时竟未施行今请制大明冕十二章乘舆服之日如月辰龙虎山麟凤玄龟云水等象鷩冕八章三公服之毳冕六章三品之服黻冕四章五品服之诏下有司详议崇文馆学士杨炯奏议曰谨虞书曰予欲观古人之象日月星辰山龙叶虫作会宗彝藻火粉未黼黻缔绣由此言之则其所来尚矣逮及有周乃以日月星辰为旌旗之饰又登龙于山登水于火宗彝于是置衮冕以祀先王也九章法阳数也以龙为首衮卷也龙德神异应变潜见表圣王深沉远智卷舒神化也又制鷩冕以祭先公也鷩者雉也有耿介之志表公有贤才能守耿介之节也夫以周公之多才也故治定制礼功成作乐夫以孔宣之将圣也故行夏之时服周之冕先王以法服乃此之自出也天下之能事又于此乎毕矣今表状请制大明冕十二章舆服者谨日月星辰已施旌旗矣龙虎藻火又不逾于古矣而云麟凤有四灵之名玄龟有负图之应云有纪官之号水有盛德之祥此盖别表休征终是无所比象然则皇王受命天地兴符仰观则璧合珠连俯察则银黄玉紫固不可异陈于法服也若

上揭国图A抄本所记，虽有若干错讹脱漏之处，然与殿本所记相比，二者存在着明显的差异。尤其是殿本无唐龙朔二年（662）九月孙茂道奏文，且杨炯奏议文字亦各有不同。再联系诸抄本此处残阙和错简情况，则不难推知，殿本所记并非《唐会要》原文。按上述内容与殿本所记，又略见于《通典》卷五七《礼·嘉礼二》、卷六一《礼·嘉礼六》，①《旧唐书》卷四五《舆服志》，② 以及《文苑英华》卷七六六长孙无忌《冕服

---

① 《通典》，第1605—1606、1724—1725页。
② 《旧唐书》，第1939—1940、1946—1949页。

议》、杨炯《公卿以下冕服议》。①比较其间之异同，可以发现，抄本近同《通典》，殿本则同旧志。如国图 A 抄本"则王服玄冕之时"一语，诸书"服"皆作"着"，然《文苑英华》载长孙无忌《冕服议》此字下注"《会要》作'服'"，可知国图 A 抄本所记，实为《唐会要》原文。又国图 A 抄本所记"是故汉魏以承旧事皆服衮冕"，《通典》作"是故汉魏以降，相承旧事，皆服衮冕"，知抄本中有脱文；然殿本与旧志皆作"是故汉魏以来，下迄隋代，相承旧事，唯用衮冕"，抄本与《通典》皆无"下迄隋代"一语；更值得注意的是，《文苑英华》"皆服"下注"《旧志》作'唯用'"，可见殿本与旧志之密切关系。另外，关于杨炯的职衔，国图 A 抄本、《通典》皆作"崇文馆学士"，旧志作"崇文馆学士、校书郎"，殿本作"校书郎"，也反映殿本与旧志之渊源关系。总之，以上事实足可说明，殿本所记非《唐会要》原文，其极有可能据《旧唐书·舆服志》所补。国图 A 抄本错入卷二《帝号下》的如上文字，才是真正《唐会要》卷三一《裘冕》中的原文。兹据国图 A 抄本并参考《通典》等书复原如下：

"［又云悉与］王同。求其折中，俱未通允。但名位不同，礼亦异数。天子以十二为节，义在法天，岂有四旒三章，翻为御服？若诸臣助祭，冕与王同，便是贵贱无分，君臣不别。如其降王一等，则王服玄冕之时，群臣次服爵弁，既屈天子，又贬公卿。《周礼》此文，久不施用。是故汉魏以降，相承旧事，皆服衮冕。今《新礼》亲祭日月，乃服五品之服，唯临事施行，极不稳便。请遵历代故事，诸祭并用衮冕。"制可之。无忌等又奏曰："皇帝为诸臣及五服亲举哀，依礼服素服。今令乃云白帢，礼令乖舛，须归一涂。且白帢出自近代，事非稽古，虽着行文，不可施用。请改素服，以会礼文。"制从之。（自是鷩冕以下，更不服，白帢亦废，而令文因循，竟不改制）至开元十七年，朝拜五陵，但素服，朔望朝亦用常服。

龙朔二年九月二十二日，司礼少常伯孙茂道奏称："准令诸臣九章服，君臣冕服，章数虽殊，饰龙名衮，尊卑相乱。望诸臣九章衣

---

① 《文苑英华》，中华书局 1960 年版，第 4029—4031 页。

以云及麟代龙，升山为上，仍改冕名。"当时纷义不定。至仪凤二年十一月六日，太常博士苏知机上表："去龙朔中，司礼少常伯孙茂道奏请诸臣九章服，与乘舆服章数殊，饰龙名衮，尊卑相乱。望诸臣九章衣以云及麟代龙，升山为上，仍改冕名。当时竟未施行。今请制大明冕十二章，乘舆服之，加日、月、星、辰、龙、虎、山、火、麟、凤、玄龟、云、水等象。鹙冕八章，三公服之。毳冕六章，三品服之。黻冕四章，五品服之。"诏下有司详议，崇文馆学士杨炯奏议曰："谨按《虞书》曰：'予欲观古人之象，日、月、星辰、山、龙、华虫作绘，宗彝、藻、火、粉米、黼、黻絺绣。'由此言之，则其所来尚矣。逮及有周，乃以日月星辰为旌旗之饰，又登龙于山，登火于宗彝，于是置衮冕以祀先王也。九章，法阳数也。以龙为首，衮者卷也，龙德神异，应变潜见，表圣王深沉远智，卷舒神化也。又制鹙冕以祭先公也，鹙者雉也，有耿介之志，表公有贤才，能守耿介之节也。夫以周公之多才也，故治定制礼，功成作乐。夫以孔宣之将圣也，故行夏之时，服周之冕。先王以法服，乃此之自出也。天下之能事，又于此乎毕矣。今表状'请制大明冕十二章乘舆服之'者。谨按：日月星辰，已施旌旗矣；龙虎藻火，又不逾于古矣。而云麟凤有四灵之名，玄龟有负图之应，云有纪官之号，水有盛德之祥，此盖别表休征，终是无所比象。然则皇王受命，天地兴符，仰观则璧合珠连，俯察则银黄玉紫，固不可毕陈于法服也。若［夫礼唯从俗（中略）。"由是竟寝知机所请。］

以上参据《唐会要》诸抄本，整理复原了7条不见于殿本《唐会要》的佚文。这7条佚文的揭出，不仅可为研究唐代相关问题提供若干珍贵的新史料，而且对今后《唐会要》的整理与复原亦有重要意义。

《北京大学藏秦水陆里程简册》所见邔乡、鄢路卢津小考

湖北文理学院汉水与三国历史文化研究所　叶　植
襄阳市博物馆　胡俊玲

邔和中卢是荆襄地区先秦至六朝时期具有地标性质的重要城邑和水陆交通节点，是人们对其地理位置和历史沿革一直云罩面不得其解的两个古县，辛德勇先生在《北京大学藏秦水陆里程简册初步研究》（以下简称《简册研究》）一文中，列出了邔乡、鄢路卢津在江陵至洛阳水陆交通线路上的相对位置与里程：

> 莪陵到邔乡丰（七十）里。（04—234）
> 邔乡到鄢路卢津廿里。（04—218）
> 路卢到邓新邓津丰（七十）里。（04—217）

辛先生考证邔乡、路卢津同位于汉水西岸，是江陵至洛阳水陆交通路线上的重要节点，指出邔乡为汉之邔县，地在宜城县北三十里的大堤

---

* 基金项目：国家社科基金重大招标项目"周代汉淮地区列国青铜器和历史、地理综合整理与研究"（15ZBD032）之子课题——汉淮地区周代遗址、墓葬与地理环境调查分析。襄阳市文化襄阳研究地重点课题

城，对路卢津地望则未置一词。①笔者试就邔乡和路卢津的地望问题作点探讨，敬请各位专家学者不吝赐教。

一　邔乡

《简册研究》明载秦时邔为乡，辛先生以为"应即西汉南郡邔县"。《水经注》谓邔为楚邑，秦置县，邔置县当在《简册研究》写录之后的秦末。②笔者认为，邔存在于汉南的历史可能非止楚邑，甚或更早，邔、纪、己、杞一字，《史密簋》铭中的杞方③及部分青铜"己"器的国族应与其有密切关系，于此姑不详论，单以秦郡县制的规模与南郡地理格局观之，夹在鄢、卢之间，《简册研究》写定时尚为乡级建制的邔，在秦末升格为县的概率不大。《史记·高祖功臣侯者年表》载黄极忠以击临江王共尉与淮南王英布功，于高帝十一年（前195）受封为邔严侯，食邑千户。④严侯传夷侯荣成，荣成传共侯明，至第四代遂"坐掩搏夺公主马，髡为城旦"。⑤《文献通考·西汉功臣侯》载至"调六世复家"。⑥《湖广通志·藩封》"邔严侯"条谓"传六世，元始元年，赐极忠代后者敞爵关内侯"⑦。言敞于元始元年（1）复赐爵关内侯或有所据。2004年，荆州市荆州区纪南镇松柏村一号墓出土汉武帝元鼎年（前116—前111）以前35号简牍，三次提及邔侯，⑧坐实黄极忠封邔侯不虚。从《简册研究》称邔乡及文献所载受封户数推之，邔侯封爵应是乡侯，但在反映成帝延元

---

① 辛德勇：《北京大学藏秦水陆里程简册初步研究》，清华大学出土文献研究与保护中心编，李学勤主编：《出土文献》第四辑，中西书局2013年版，第220页。

② 同上书，第222页。

③ 张懋镕、赵荣、邹东涛：《安康出土的史密簋及其意义》，《文物》1089年第7期；张懋镕：《卢方、虎方考》，《文博》1992年第2期。

④ 《史记》卷十八《高祖功臣侯者年表第六》"邔侯"条，中华书局1959年版，第965页；并见《汉书》卷十六《高惠高后文功臣表第四》"邔严侯黄极忠"条，，中华书局1962年版，第608—609页。

⑤ 《汉书》卷十六《高惠高后文功臣表第四》"邔严侯黄极忠"条，第608—609页。

⑥ 马端临撰：《文献通考》卷二六七《封建八·西汉功臣侯》，中华书局1986年版，考2117上。

⑦ 《湖广通志》卷二七《藩封》，文渊阁《四库全书》，台北商务印书馆1986年影印本，第532册，第95—96页。

⑧ 王明钦等：《湖北荆州纪南松柏汉墓发掘简报》，《文物》2008年第4期。

（前12—前9）绥和（前8—前7）间地理容貌的《汉书·地理志》① 载邔为建制县，其升乡为县的时间当在武帝元鼎年至成帝延、绥年之间，适值邔侯被夺爵期间。

文献所见，汉末曾任大司农、司徒的邔县人黄尚，② 山阳太守黄穆、武陵太守黄奂兄弟，③ 刘表部将黄祖④、黄射⑤父子及沔南名士黄承彦⑥等都应是其嗣裔，爵位或延或否，但黄氏豪族地位数百年未坠，六朝时的江夏大族黄代当是襄阳黄氏一脉，与三国初江夏太守黄祖的关系大焉。

东汉初年，邔县的一部分成为光武帝族兄刘歙之孙柱的封地。"泗水王歙字经孙，光武族兄也。歙子终与光武少相亲爱……建武二年（26）立歙为泗水王，终为淄川王。十年，歙薨，封小子燀为堂溪侯，奉歙后。终居丧思慕，哭泣二十余日，亦薨。封长子柱为邔侯，以奉终祀。"⑦ 其爵位亦应为乡侯，他事不详。

魏景初元年（237），"分襄阳临沮、宜城、旍阳、邔四县，置襄阳南部都尉"⑧，与宜城、旍阳同居抗吴军事前沿的邔必相毗邻。

邔县一直沿续至南朝宋永初元年（420）。是年，孝武帝于邔县置华山郡安置从陇右、关中流入大量胡族流民，⑨ 于大堤村筑城以为郡治，辖蓝田、华山、上黄三县。⑩《周书》载梁太清二年（548），萧鑽从江陵至襄阳密援方贵，至大堤而"樊城已陷"。⑪

---

① 参见周振鹤《西汉政区地理》，人民出版社1987年版，第22—23页。
② 《后汉书》卷六《孝顺帝纪》，李贤注黄尚为河南郡人，河南郡乃南郡之误。中华书局1964年版，第264页；参见王先谦：《后汉书集解·周举传》文及引周寿昌语，周指出黄尚是黄极忠之后，第708页。
③ （晋）习凿齿撰，黄惠贤校补：《校补襄阳耆旧记》，中州古籍出版社1987年版，第24、25页。
④ 见《三国志》卷四十六《孙破虏讨逆传》，中华书局1959年版，第1100页。
⑤ 见《后汉书》卷八十下《文苑列传·祢衡传》，第2657页。
⑥ 《三国志》卷三十五《诸葛亮传》，裴松之注引《襄阳记》，929页。
⑦ 《后汉书》卷十四《泗水王歙传》，第563页。
⑧ 《三国志》卷三《明帝纪》，第110页。
⑨ 《梁书》卷十八《康绚传》，中华书局1973年版，第290页。
⑩ 《宋书》卷三十七《州郡志·荆州》"襄阳公相"条，中华书局1974年版，第1136页及1163页校勘记[二十九]；"华山太守"条，第1143页；（唐）李吉甫著，贺次君点校：《元和郡县图志》卷二十一《山南道二》"宜城县"条，中华书局1983年版，第531页。
⑪ 《周书》卷四十八《萧詧传》，中华书局1971年版，第857页。

六朝时，大堤城仍保持着邔乡津的交通地位，且商贸更为繁荣发达，商贾们"朝发襄阳城，暮至大堤宿"①。西魏占领江陵、襄阳归附西魏后，华山郡不复保留，大堤城先后用作率道、宜城县治，一直使用至元、明时期。

万历《襄阳府志》言大堤城位于宜城"县北三十里，地名东洋，古城迹存"②。与《元和郡县图志》所载"邔无东"的地理环境相符。③ 大堤城文献记载甚多，④ 明末以后逐渐崩入汉江。⑤ 赵庆淼先生已考证大堤城为邔乡（县）之地望所在，⑥ 黄盛璋先生辨之稍详⑦，都将其定于今宜城北约30里、小河镇东的汉江西岸，但应者寥寥。

《水经注》载沔水过襄阳南下的行程与《简册研究》载北上行程方向相反，但沿途所历城邑的位置关系、里程与《简册研究》大体一致，可相互印证发明：

> （沔水）又迳岘山东……又与襄阳湖水合……沔水西又有孝子墓……又东南迳邑城北……又东过中庐县东，维水自房陵县维山东流注之……沔水东南流迳黎丘故城西……沔水又南与疎水合，水出中庐县西南，东流至邔县北界，东入沔水，谓之疎口也。⑧

---

① （宋）郭茂倩：《乐府诗集》四十八卷《清商曲辞五·襄阳乐》，中华书局1979年版，第703页。
② 吴道迩纂修：万历《襄阳府志》卷三十《古迹》宜城"古城堤"条，《四库全书存目丛书》，齐鲁书社1996年影印本，史部，第211册，第408页。
③ 《元和郡县图志》卷二十一《山南道二》"宜城县"条，第531页。
④ 参阅《宋书》卷三十七《州郡志·荆州》"襄阳公相"条，第1136页；"华山太守"条，第1143页；《旧唐书》卷三十九《地理志二·山南东道》襄州"宜城"条，中华书局1975年版，第1551页；（宋）乐史：《太平寰宇记》卷一百四十五《山南东道四》襄州"宜城"条，中华书局2007年版，第2819页；曾巩撰，陈杏珍、晁继周点校：《曾巩集》卷十九《记九首·襄州宜城县长渠记》，中华书局1984年版，第310页；顾祖禹：《读史方舆纪要》卷七十九《湖广五·襄阳府》宜城"汉南城条"，中华书局2005年版，第3711页；陈锷等纂修：乾隆《襄阳府志》卷五《古迹》"古城堤"条等。
⑤ 郑廷玺纂修：嘉靖《宜城县志》卷上《城池》"故宜城城"条；万历《襄阳府志》卷三十《古迹》宜城"古城堤"条，第408页。
⑥ 赵庆淼：《〈楚居〉"为郢"考》，《古籍整理研究学刊》2015年第3期。
⑦ 黄盛璋：《关于湖北宜城楚皇城遗址及其相关问题》，《江汉学报》1963年第9期。
⑧ 杨守敬、熊会贞著：《水经注疏》卷二十八《沔水中》，江苏古籍出版社1989年版，第2378—2392页。

这条流经中卢县南、邔县北入汉的疏水，显然具有地理座标意义，入汉处的疏口南侧即是邔邑（大堤城）所在。《通鉴》载"建中二年，梁崇义据襄州叛，"李其烈引军循汉而上，与诸道兵会，崇义遣其将翟晖、杜少诚逆战于蛮水，希烈大破之，追至疏口，又破之"①，遂克叛军于襄阳。可见迟至唐、宋，疏口之称仍在。而与《水经注》几乎同时的《荆州记》载中卢南十五里，东流入沔的是陵水，②唐吴从政《襄沔记》称涑水，其他诸类书、明清方志等地理著作多作涑水，③ 所载四条溪流的地理位置、流向、入汉口、风物、掌故完全相同，疎、涑、涑本为一字，陵、疎、涑、涑四水应是同一条长期存在并具多个名称的当地名溪，不过，让其著名于世的原因似乎是水中有一种陈桥驿先生解之为扬子鳄的奇异动物——水虎。④ 然而，自明清以降，人们再也找不到或不能识别这条名溪。道光年间，鲁桂元在其《鄢都采访记》中将宜城以北，一条名不见经传的季节性小溪，推测为该水而不敢遽定，⑤ 让邔邑地望的确定悬疑倍增，蹊跷待下揭分解。

二 路卢津

中庐又称中卢、伊庐，《里程简》称路卢津，所指显然是路卢津明为秦汉六朝中卢县之汉江津渡（详后）。中卢源自卢戎，妘姓，⑥ 是一个频见于史籍、卜辞和金文的古国，妇好墓出土的玉戈铭云"卢方䂳（上剔

---

① 《资治通鉴》卷二二七《唐纪四十三·德宗二》，中华书局1956年版，第7303页。
② 盛弘之：《荆州记》"陵水"条，见王谟辑《汉唐地理书钞》，中华书局1961年版，第331页。
③ 乐史：《太平寰宇记》卷一四五《襄州》襄阳县"涑水"条引《襄沔记》，第2815页；李昉编：《太平御览》卷六十三《地部二十八》引《十道志》、《襄沔记》，中华书局1960年版，第299页；马端临：《文献通考》卷三二〇《舆地考六·襄阳府》襄阳县原注，考2516上等。
④ 陈桥驿著：《水经注校证》卷二十八《沔水中》[十八]，中华书局2013年版，第649—651页。
⑤ 同治《宜城县志》卷一《方舆志》山川"疏水"条。
⑥ 徐元诰撰，王树民、沈长云点校：《国语集解》卷二《周语中·富辰谏襄王以狄伐郑及以狄女为后》，中华书局2002年版，第48页。

下口）入戈五"①，为殷时方伯，康丁时与殷的关系由好转坏，卢伯濼被康丁用作祭祀的人牲，或是促使卢最终成为《牧誓》中八个反纣盟邦之一的重要原因。《牧誓》提及参与共同伐纣的盟邦有"庸、蜀、羌、髳、微、纑、彭、濮"八国。卢本字作纑，乃可以为布的苎麻类植物，《史记·货殖列传》载"山西饶材竹、穀、纑"。《集解》徐广曰："纑，紵属，可以为布。"《索隐》称"纑，山中紵，可以为布"。表明纑是一个长于以苎麻类植物织布的族群。

关于卢的地望，史存三说：

一、《集解》引孔安国曰："八国皆蛮夷戎狄，羌在西蜀，髳、微在巴蜀，纑、彭在西北，庸、濮在江汉之南"。②

二、《括地志》云："房州竹山县及金州古卢国，益州及巴利等州皆古蜀国，陇右、岷、洮、丛等州以西，羌也。姚府以南古髳国之地，戎府之南古微、卢、彭三国之地，濮在楚西南，有髳州，微濮州、卢州、彭州焉，武王率西南夷诸州伐纣也。"③《路史》："泸，卢戎也。古文作纑……每为庐，今襄之中庐。"④

三、《左传·桓公十三年》载楚伐罗，"罗与卢戎两军之"。杜预注："卢戎，南蛮。"宋人几部地理名著皆明言卢戎为南蛮，地在襄阳之中卢县，如《太平寰宇记》载中卢位于襄州"西南五十八里……本汉中卢县，春秋庐戎之国"⑤。苏轼亦主此说，唯其将南蛮归入羌族，⑥滋体事大，或有所据，要皆自六朝以后学术界都将卢定在今襄阳南的中卢县。只有清王夫之将其误定在罗西的南漳、保康间鄢水谷地。⑦

前两说将《牧誓》八国地望定的过于分散广远，系以汉晋以后所见

---

① 中国社会科学院考古研究所安阳工作队：《安阳殷墟五号墓的发掘》，《考古学报》1977年第2期。

② 《史记》卷四《周本纪》，第123页。

③ 同上。

④ 罗泌：《路史》卷二九《国名纪六·古国》，文渊阁《四库全书》，第383册，第384页。

⑤ 乐史撰，王文楚等点校：《太平寰宇记》卷一四五《山南东道四》襄州"中卢县"条，第2818—2819页。

⑥ 苏轼：《书传》卷九《周书》，文渊阁《四库全书》，第54册，第571页。

⑦ 王夫之：《楚辞通释》卷九《招魂》，上海人民出版社1975年版，第149页。

相关族群之地理分布与地名，来推定先秦以前相关族群的地理位置，难免迷离不稽。第三说有史实依据，核诸自然地理条件不悖情理，较为可取。近些年来，有学者对卢方的地望、迁徙与归属进行过复杂的分析考证，提出过不少新见，如将卢定在渭河支流、泾水上游之平凉县境，并证甘肃灵台白草坡出土的周初㸚伯墓的㸚国即是卢国。① 平凉位于遥远的西北方，卢若从居地起兵参与武王伐纣的军事行动，理应在周师出发时加入周军，不会与周军会师于其东进的征途中。卢是一个以纺织立族的国族，而西北民族多著皮毛为衣，纺织非其所长。1986年出土于陕西安康西周中期的《史密簋》载卢方是一个与虎方相近，周王令大贵族师俗、史密率族人、厘师、齐师东征予以征讨的南夷国家。以此观之，卢方断不可能立国于泾河流域之平凉县境，白草坡出土器铭中的㸚伯也不可能是卢伯。根据可靠的先秦文献记载，结合史密鼎铭文等资料推断，两周时期的卢戎国及此前的卢方，位于汉水中游、汉魏六朝之中卢县显得相对可信，顾颉刚先生曾有过很好的梳理考证，认为庸在湖北竹山县，卢在湖北南漳县，彭在湖北谷城与房县，濮在湖北枝江县，蜀在汉中、南郑一带，皆在汉水流域。② 《牧誓》八国非关本文主旨，且其地望诸说纷呈，牵扯面广，在此姑不讨论。1997年发掘的襄城欧庙王树岗遗址，是迄今襄阳地区发现的仅有两处二里头文化时期遗址之一，值得学术界关注。③

桓公十三年（前699）年，卢、罗联军于宜城西南之罗川（鄢水）大败倾国之楚师，④ 实力不俗。周襄王十三年（前636），富辰举卢戎嫁女楚王导致亡国为典型事例，谏襄王吸取卢亡国教训，不要纳翟女为妻，免罹亡国之难，⑤ 表明此前卢已亡国。文公十四年（前613），卢戎帮楚

---

① 曹定云：《殷代的"卢方"——从殷墟"妇好"墓玉戈铭文论及灵台白草坡"㸚白"墓》，《社会科学战线》1982年第2期；卢继旻：《"卢方"的分布与迁徙》，《西北成人教育学报》2010年第1期。
② 顾颉刚：《史林杂识·牧誓八国》，中华书局1963年版，第29页。
③ 王先福：《湖北襄阳法龙王树岗遗址二里头文化灰坑清理简报》，《江汉考古》2002年第4期。
④ 杨伯峻编撰：《春秋左传注·桓公十三年》，中华书局1981年版，第136—138页。
⑤ 徐元诰撰，王树民、沈长云点校：《国语集解》卷二《周语中·富辰谏襄王以狄伐郑及以狄女为后》，中华书局2002年版，第48页。

庄王平定公子燮、公子仪之乱①，十六年协助楚、秦、巴联军灭庸②。无不显示卢虽已亡国却未绝祀，为楚附庸。与《简册研究》记载不同的是，文献载秦于卢设伊庐县，若属实，当是秦末事。

关于中卢地望，《汉书·地理志》汉中郡"房陵"县条下，班固自注："淮山，淮水所出，东至中卢入沔。"③《华阳国志·汉中郡》："房陵县，有维山，维水所出，东入泸。"④《续汉书·郡国志》汉中郡"房陵"县条下刘昭注引《巴汉志》："有维山，维水所出，东入泸。"⑤将维水入沔称之为入泸，是沔水中卢段曾称泸江之证。庐、卢、泸一字，泸江得名于卢戎无疑。楚辞《招魂》云"路贯庐江兮左长薄，倚沼畦瀛兮遥望博"。过往学者多以《汉志》庐江郡之庐江当之，⑥应劭有庐"故庐子国"之语⑦。王夫之《楚辞集释》疑之，谓"庐江，旧以为出陵阳者，非是，襄汉之间有中庐水，疑即此水"⑧。钱穆在其《释汉北沕涔阳》谓："今考《汉志》，南郡有中卢县。"并明确指出庐江在南郡中卢境，庐江为《水经注》（见下引）之维（淮）川。⑨谭其骧先生亦主是说。⑩《水经注·沔水注》云：

> ［经］又东过中卢县东，淮水自房陵县淮山东流注之。［注］：县，即春秋庐戎之国也。县故城南有水，出西山……其水东流一百四十里，径城南，名曰"浴马港"。言初得此马，洗之于此，因以名之。亦云乘出沔次，浴之，又曰"洗马既（厩）"，渡沔宿处名之曰

---

① 《春秋左传注·文公十四年》，第604—605页。
② 《春秋左传注·文公十六年》，第618页。
③ 《汉书》卷二十八上《地理志上》，第1596页。
④ 刘琳著：《华阳国志校注》卷二《汉中郡》，刘氏将"入泸"错校为"入沔"，巴蜀书社1984年版，第141页。
⑤ 《后汉书》志第二十三《郡国志五》，第3506页注七引《巴汉志》。
⑥ （宋）洪兴祖：《楚辞补注》，中华书局1983年版，第213页。
⑦ 《汉书》卷二十八上《地理志上》，第1569页注一。
⑧ （清）《楚辞通释》卷九《招魂》，上海人民出版社1976年版，第149页。
⑨ 钱穆：《楚辞地铭考》四《屈原放居汉北考》，氏著《古史地理论丛》，生活·读书·新知三联书店2004年版，第124页。
⑩ 谭其骧：《与缪彦威论〈招魂〉庐江地望书》，氏著《长水集（上）》，人民出版社1987年版，第393—394页。

"骑亭"。然候水诸蛮，北遏是水，南壅维川，以周田溉，下流入沔。沔水东南流，迳黎丘故城西。[1]

是淮水又称维水（今讹为渭水），蛮人筑堰溉田段为维川而非泸江为维川，钱先生小疏。

路卢津应是文中的浴马港，对岸的"洗马既（厩）"是其组成部分，再前为具馆驿性质的《骑亭》，乃一东西向跨江大道。

地理位置如此明确、延续千年以上的路卢津（卢戎、中卢）就在邔乡（大堤城）北陆路十五里、水路二十里、孝子墓（位于襄阳城南20里，保存完好，今为襄阳市级文物保护单位）以南、汉水西岸的淮水北岸，地面应遗留有丰富的文化遗存，然按图索骥的结果却是，中卢故址、淮水、骑亭以及六朝南蛮壅水溉田的维川等皆了无踪迹，不得不让人屡生疑惑。

造成中卢地望几乎无解的原因是，当代当地的地理环境较明后期以前发生了很大变化。打开当代各种地形图，结合现场考察，可以清晰地发现，从襄阳余家湖之赵庄、新集至欧庙镇潼口、宜城小河东一线，具有明显的古河道痕迹，应是汉水故道，故道及其东现呈大面积沙洲形貌。近些年，于疑似汉江故道上配合基建开展的大量考古调查与文物勘探，没有发现明以前的遗址和墓葬，这在汉水西岸的襄宜平原上绝无仅有。显然，汉江曾有过改道，这无疑将导致今天的汉江及其支流淮水的入汉线路与上述《水经注》所载迥然有异，这才是我们一直无法找到中卢故址的因由。

鲁西奇先生敏锐地发现"今欧庙以东的河曲是后来形成的，在《水经注》时代并不存在"，"推测汉水故道曾在今欧庙镇以西、王家庄、曹家湾、黄龙观、柳林桥、黄家桥、潼口、李家店一线，其流向与王家沟水大致相同"。考定"汉江欧庙段的这次改道当发生在隆庆四年至天启六年间，亦即1570—1626年间"[2]。鲁先生说见极是，今襄阳城南约25公

---

[1]《水经注疏》卷二十八《沔水中》，第2386—2387页。
[2] 鲁西奇、潘晟：《汉水中下游河道变迁与堤防》，武汉大学出版社2004年版，第11、12、30、31页。

里是著名的余家湖，现为宽阔的河湾台地，当是汉江改道后原河汊形成的湖泊，由于历年决水说携淤沙的堆积，讲湖淤平成为河湾旁地，空有湖的称谓。其西南侧的柿庄发掘出27座六朝墓葬，出土一座南朝画像砖大墓①，墓地东侧仍保留着"岗河沿"地名，老乡称畴昔的汉江河沿在此，余家湖之称于此获解。在鲁西奇先生研究成果启示下，我们发现汉江故道西岸，渭水北侧，王树岗遗址西南8里，1957年首次文物普查时就已发现的邹湾遗址应是中卢故址。

邹湾遗址南北长约1400、东西径宽约700米，南部台地高出地面约3米，断面可见一米余厚的文化层，地表及断面散布有大量鬲、盆、豆、罐、筒、板瓦与瓦当等。② 1994年，邹湾遗址发掘过275平方米，文化层厚0.5—2.5米，时代为东周至两汉。下层清理出春秋中期灰坑3座，战国时期灰坑5座，水井1口，出土有鬲、甗、盆、豆、罐、钵及瓦当等陶器残片；上层的汉代遗迹基本被破坏，出土有石斧、磨石、铜镞、"货泉"及大量盆、豆、罐、瓮、钵及筒瓦、板瓦、网坠等陶（器）片。③围绕着邹湾遗址分布着王树岗、赵庄、曹湾、褚家湾、黄家桥、欧庙、吕家庙、龙家桥、邹岗、王家沟、东营等相关时期的遗址十余处，及烟子墩、东营、胡家岗、吴家岗、吴家岗、对子树、黎家湾、付岗、闻垴、梁家庄、王家咀、黄家桥等50余处相关时期的墓地。④ 2014年2月，在邹湾遗址西北约800米的卸甲山村征集到铜鼎、缶各2件，盉、盘、器盖各1件，以及铜簠残片，时代为春秋中期，器物的形制、纹饰明显具有淮河流域出土同期同类器风格，与泸江流域两周时期的群舒或许真有某种内在联系。⑤

邹湾遗址位于襄宜平原北缘、襄南群山南侧约10里、荆襄大道西

---

① 襄阳市文物考古研究所发掘资料，报告待刊。参见湖南省文物考古研究所《湖北考察纪行之六朝襄阳》，《湖南考古》，2017年3月。

② 王善才等：《襄阳、宜城几处东周遗址的调查》，《江汉考古》1980年第2期。

③ 参见焦枝铁路襄樊考古队《襄阳邹湾遗址发掘简报》，《江汉考古》1997年第4期。

④ 参见襄樊市文物普查办公室等《襄樊文物史迹普查实录·古遗址》，今日中国出版社1996年版；国家文物局：《中国文物地图集湖北分册》，西安地图出版社2002年版，上册第134页，下册第74、77页；襄阳市第三次全国文物普查办公室等：《襄阳史迹扫描》，湖北人民出版社2013年版，第38页。张靖、付强：《湖北襄阳法龙付岗墓地发掘简报》，《江汉考古》2002年第4期。

⑤ 陈千万等：《襄阳欧庙卸甲山出土春秋青铜器》，《江汉考古》2015年第3期。

侧、渭水北岸一大型台地上，东侧紧邻汉江故道，距现汉江约10里，近几十年才音讹自维水的渭水，自西向东漫流数十里后，于遗址西折向遗址南流过，径流区夷敞平衍，具"沼畦瀛"河川地貌，壅水川流，两侧万顷良田皆得灌溉，一幅"维川"景像。

淮水现行至邹湾东南里许称潼口，该地别无他水，表明潼水只能是淮水的别称，而当下的潼口竟全无河口形貌，潼口以下仍称潼口河更不合常规。

潼口是荆襄道上明清文献屡见、并见载于《明会典》的著名水马驿站。① 鲁西奇先生列举成书于隆庆四年的《天下水陆路程》由承天府（今钟祥）石城驿→鱼料驿山→苏湖驿水路百二十里至潼口，复水路百二十里至襄阳府汉江驿，及南京至西安水路之汉江水路经潼口，及万历《襄阳府志》"文苑"载两首前人诗言襄阳水路至潼口等多条文献加以力证。② 汉江改道前，名诗人边贡（1476—1532）两首、名宦严嵩（1480—1567）一首诗也都提及该驿。潼口当是潼水入汉之口，与疏水入汉处称疏口雷同，符合国人尤其是当地人的命名习惯。边诗《自潼口入襄阳道中值雨复霁》云："遥遥村舍起孤烟，暧暧斜光落暮川。行处秪疑身入画，别来应有梦相牵。沙边古柳双栖鹭，石上轻蓑一钓船。趋府不愁江路黑，碧山萝月已娟娟。"③ 一幅落日余晖下的优美江旁古渡画卷历历入目，"趋府不愁江路黑"坐实驿站前通往襄阳府的官路毗邻汉江，而当下汉江在潼口以东约10里处。严诗《次襄阳》之"旅客竞寻潼口住，钓船闲傍鹿门归"④，喧染旅客竞相从潼口泛舟经鹿门至襄阳行程之惬意浪漫。多年来，一直困扰着笔者的潼口得名原因顿解。明清潼口驿不正是《水经注》所载浴马港与骑亭（驿）所在吗？其位置相袭千年未变（可能略向东移至大路旁），屡屡变化的不过是水的称谓。随着汉江改道日久，这

---

① 李东阳等撰、申时行等重修：《明会典》卷一四五《兵部十四·驿传》湖广·襄阳府，《续修四库全书》，史部，第791册，上海古籍出版社1995年版，第484页。
② 《汉水中下游河道变迁与堤防》，第30、31页。
③ 边贡：《边华泉集》卷六《诗集》"七言绝句"，台北伟文图书出版社有限公司1976年版，第330页。
④ 曹学佺：《石仓历代诗选》卷四八一《严嵩》，文渊阁《四库全书》，第1393册，第589页。

一著名古国、古县、古驿故址才日渐湮没。

汉江改道后，淮水改由汉江故道（潼口河）东南行至今宜城市小河口（镇）东南的东小营村北入汉，其间汇入中卢南的疎（陵、㴽、㴽）水入汉处就是疎口、邔乡津所在，这里离邹湾遗址陆路距离约15里，水路约20里，与《简册研究》所记里程大致相符。

由于此前不明汉水在欧庙段有过如此改道，持邹湾遗址为汉晋邔县故址的学者不在少数，其理据不足显而易见。姑不论本文上面的一番考证，单以邹湾遗址若为邔乡遗址，则位居其北、影响更大、延续时间更长的中卢在地理上基本没有摆布空间，其说不审甚明。

明了汉水有过如此改道以后，邔邑的地望问题也就迎刃而解。汉江改道后，原本位居疎水入汉河曲侧的邔邑，一变成为汉水的反弓侧，承受着江水的不断冲激，导致沿江堤岸不断崩塌，20世纪30年代仍保存完好的小河口城堡（非大堤城，当系清代为防白莲教而建），到50年末已不复存在，直至60年代，汉江小河段主航道向东摆动里余，这一崩岸现象方告止息，潼口河随即向东南顺延里余，二者间的夹角形成长十余里、宽数里的河漫滩（现滩上遍植速生林木，70年代曾开垦出大片稻田），将小河口（镇）与汉江完全隔开（见图一），文献所载"邔无东"的地理景观不复存在，学术界遂茫然不知邔邑地望所在。揭开此重重迷雾之后，藉仍存在于原地的小河镇（向西北略有迁移）及其周围发现的大量先秦至六朝时的遗址与墓葬，邔邑的地望我们大致可以锁定在现小河镇东偏南的汉江中，赵庆淼、黄盛璋二位先生的考证大抵不差。

邔邑故址虽不可见，但围绕在其西侧的遗址与墓地则星罗棋布，有朱家湾、龚家湾、白鹤咀、韩家塝、新营遗址、烟子堆遗址、丁家冲、榨树堰等相关时期的遗址近十处，及明正店、陈家岗、曹家楼、东楼子屋、豪沟圈、龚家湾等相关时期的墓群数十处，还有地面存高大封土的三圆冢、金鸡冢、黄宪冢、观星冢诸大冢。府志载宜城"县北至潼口大塚七十有二，传皆汉唐以来将相名臣之墓"[①]。20世纪80年代中期为配合荆襄道扩建，于小河口至宜城段发掘汉晋墓数十座是这一记载的最好注脚。这些都为邔邑的存在提供了有力支撑。

---

① 万历《襄阳府志》卷三十一《陵墓》宜城"七十二冢"条，第211册，第412页。

令人沮丧的是，笔者怀揣着20世纪30和50年代及当代的地形图先后4次踏访现场，最后一次并邀宜城博物馆副馆长熊兆发一道前往，均未明白无误地找到文献中的疏水及疏口，姑以小河（口）镇南、清鲁桂元所言之沟口（水）当之。①潼口河为当地的一条大河，当地志书与民间解说小河即潼口河恐非是。沟口（水）从大桥湾东注汉水，对岸为与晋征南大将军羊祜出镇襄阳间活动有关的洋祜汊，沟口仍存在于小河镇南，沟口、小河口应是疏口的异称，核诸地理合若符节。

三　南漳旧县铺、中卢镇都不是先秦卢戎、秦汉六朝中卢地望所在

清以来，诸多名家如顾祖禹②、顾栋高③、顾颉刚④、陈槃⑤等都误将古卢戎及六朝以前中卢县的地望定在今南漳县，有县东五十里旧县铺和县东北五十里中卢镇两说。

（一）旧县铺说

旧县铺位于南漳县东北50里、襄阳至南漳正中间位置之襄南公路南侧，方志载是一个明清时铺递。旧县铺说乃清经来流行说法，2006年，当地政府将之公布为文物保护单位，立醒目"卢戎古国"大字碑其上，并将其南侧一小型水库——三八水库更名为卢戎湖，助旧县铺更呈主流说之势。

旧县铺在邹湾遗址西略偏南约30里、维水上游一小汊流上，狭小的水源明显不敷诸侯国都及汉晋县（侯国）治之用。其地偏离传统的荆襄

---

① 参见光绪《宜城县志》卷一《方舆志》"疏口"条；光绪《襄阳府志》"宜城县舆图"小河口镇南有大桥湾村与沟口。

② 顾祖禹：《读史方舆纪要》卷七九《湖广五》襄阳府·南漳县"中卢城"条，第3716页。

③ 顾栋高著，吴树平、李解民点校：《春秋大事表》卷六下《襄阳府》，中华书局1993年版，第683页。

④ 顾颉刚：《史林杂识初编·牧誓八国》，中华书局1963年版，第29页。

⑤ 陈槃：《春秋大事表列国爵姓及存灭表撰异》百伍拾"卢戎"，上海古籍出版社1997年三订本，第947—951页。

大道和汉水约 30 里，四周地势夷敞，无所凭藉，与《楚辞》《水经注》《简册研究》明确记载的地理位置与景像不符，新中国成立以来的三次文物普查及笔者多次实地踏勘，均未发现相关文化遗迹。鉴此，皆不具备卢戎古国及后世名邑的基本要件，其不经之处尚多，于此毋庸赘论。所幸，相关文献资料也揭示出清以来学术界致误的原委。

《汉书·地理志》中庐县下颜师古注：

> 在襄阳县南，今犹有次庐村，以隋室讳忠，故改忠为次。①

《括地志》襄州"义清县"条载：

> 中庐在今县义清北二十里，本春秋庐戎之国也。秦时谓之伊庐，汉为中庐县。②

《元和郡县志》襄州"义清县"条载：

> 东北至州五十八里，本汉中庐县地也。西魏于此置义清县，后因之。
> 中庐故县，在今县北二十里，本春秋庐戎之国，秦时谓之伊庐。③

《舆地广记·京西南路》"中庐县"条载：

> 故庐戎国，二汉为中庐县，属南郡。晋属襄阳，其后废焉。梁置穰县，西魏改为义清，属归义郡，后周废。隋属襄阳郡，唐属襄州。皇朝太平兴国元年复改为中庐。④

---

① 《汉书》卷二十八上《地理志上》，第 1567 页。
② 李泰等著，贺次君辑校：《括地志辑校》卷四《襄州》，中华书局 1980 年版，第 188 页。
③ 《元和郡县志》卷二十一《山南道二·襄阳节度使》襄州"义清县"条，第 530 页。
④ 欧阳忞原著，李勇先、王小红校注：《舆地广记》卷八《京西南路》，四川大学出版社 2003 年版，第 171 页。

《太平寰宇记·山南东道四》襄州"中庐县"条载：

（州）西南五十八里，旧六乡，今三乡。本汉中庐县地，春秋庐戎之国，南齐于此立义清县，属义安郡。唐贞观二年，自今县东北三十里，移于今所，在州西五十三里，复为中庐县。①

五条文献相勘，知汉魏六朝中庐县源自庐戎古国，汉时治所在襄阳县南。西魏并入义清县，《齐书》《梁书》襄阳皆有中庐县，《舆地广记》谓梁置穰县、《太平寰宇记》谓南齐立义清县皆误。中庐故治在迁址后的义清县北二十里，则西魏至唐初之义清县治必在故中庐南二十里、襄阳南五十八里，中庐约在襄阳南三十八里，与邹湾的地理位置大致相符。《寰宇记》言贞观二年（628）义清县治向西南移徙三十里至襄州西五十三里，诚如此则义清县不在南漳辖域内，方位明显有误。《元和志》言西南五十八里方是，缩减的三乡（含故治）应于此次政区变动中一并划入襄阳县，一举解决了襄阳县辖域太小（纵横不足五十里）的问题。太平兴国元年（976），义清县恢复中庐之称，然此中庐县已非彼中庐县，此中庐县绍兴五年（1135）又被并入南漳县，长达五百余年的义清、中庐县遂不复存在，其故址失载失考，不知当地政府将其定于旧县铺依据为何，若以旧县地名及其所处地理位置推之，尚不离谱，但以之当先秦至六朝之庐戎与中庐显然有讳史实。

（二）县东五十里中庐镇说

《大明一统志》载："中庐城在府城南，汉为县，东汉时为侯国，隋改曰次卢，宋省入南漳县，今城址在南漳县东五十里。"② 是否是《大明一统志》将县东北误为县东呢？显然不是，因为，天顺《襄阳郡志》、万历《襄阳府志》、顺治《襄阳府志》等志书皆言中庐镇在县东，即《大

---

① 《太平寰宇记》卷一四五《山南东道四》，第2818—2819页。
② 李贤等纂修：《大明一统志》卷六十《襄阳府》古迹"中庐城"条，三秦出版社1990年影印，第920页。

明一统志》之"今城址"。① 天顺《襄阳郡志》坊廓乡镇"中卢镇"条更明确称其在县东五十里之"漳河之畔,即古中庐县。今水啮不存"②。漳河明系蛮河之误,县东五十里皆与前说县东北五十里牴牾。天顺《襄阳郡志》沿革"南漳县"条文字或许能为我们解开这一迷团,谓:"汉置临沮县,属南郡。晋因之,属襄阳郡。隋改为南漳县……后改为中卢镇,又复为县。绍兴二十七年,县治为水冲蚀,徙今治所。"③ 可见,绍兴五年中卢并入南漳时南漳县的治所在今县东五十里,可能是为保留合并后中卢县的信息而将县治改称中卢镇。二十二年后,中卢镇为蛮河冲蚀才西迁至五十里的今址。同治重修《南漳县志》卷五"古迹"栏中同列"中卢城""中卢故城"两条,称前者在"县东五十里",后者"在襄阳西南,古卢戎地"。

综上考可知,政区变动,治所迁移,名称反复,汉江改道等是导致先秦至六朝卢戎(中卢)故址几乎完全湮没无闻的主因,后世学者在没有辨析南漳说真伪的前提下,将卢戎(中卢)定在东五十里的"中庐镇"还是县东北五十里的"中卢城"已无关要旨。

四 候水诸蛮、路卢试解

《简册研究》(04—218)简称中卢"鄢路卢津",(04—217)简称"路卢津",表明"鄢"与"路卢"为同时存在的两个不同地名,"鄢"指秦之鄢县,"路卢"为其辖地。

"路卢"失解,汉以来,文献记载中卢聚居着大量骆越人,"路卢"或源自骆越与卢戎。《太平寰宇记》:

> 《州郡志》云,襄阳本汉为中卢县地。汉初,徙骆越之人居之。

---

① 万历《襄阳府志》卷十六《村镇》"中卢镇"条,卷三十"古迹"南漳"中卢城"条,第211册,第341页;顺治《襄阳府志》卷五《古迹》南漳县"中卢城"条;同治《南漳县志》卷五《古迹》集抄"中卢城"条。

② 张恒编集:天顺《襄阳郡志》卷一《建置沿革》坊廓乡镇"中卢镇"条。

③ 天顺《襄阳郡志》卷一《建制沿革》"南漳县"条。

谓襄阳县在汉代尚未建制，是中卢辖地，若属实，当系前述元鼎元年至成帝延、绥年间襄阳县设立前事。至于说中卢居住着汉初从外地迁入的大量骆越人则于史有征。《汉书·臧宫传》载建武十一年（35），汉辅威将军臧宫率军沿荆襄大道南下，增援正与蜀公孙述大将田戎、任满苦战于荆门、虎牙（今宜昌东）的征南大将军岑彭军。当臧宫"将兵至中卢，屯骆越。是时，公孙述将田戎、任满与征南大将军岑彭相拒于荆门，彭等战数不利，越人谋畔从蜀。宫兵少，力不能制。会属县送委输车数百乘至，宫夜使锯断城门限，令车声回转出入至旦。越人候伺者闻车声不绝，而门限断，相告以汉兵大至。其渠帅乃奉牛酒以劳军营。宫陈兵大会，击牛醑酒，飨赐慰纳之，越人由是遂安"①。居于中卢的骆越人，准备投靠正与汉军在宜昌东激战的蜀军，其结果或将对战争的胜负起重要作用，率军路过的汉辅威将军臧宫尚不足以应对，足见其时聚居于中卢的骆越人人多势大，居地或从中卢、粗中延至沮漳二水（今南漳大部及远安一带）中上游之河谷山地，西南或与荆门、虎牙相接或相去不。李贤注："中卢，县名，属南郡，故城在今襄州襄阳县南，盖骆越人徙于此，因以为名。"② 卢戎至迟两周时即已存在于此，李氏竟然言中卢得名于骆越，二者间料有相当的关联。

骆越亦称雒越、骆、越、路、扬越等，学界通常认为《逸周书·王会》"路人大竹"之路人是骆人。《经典释文》："簬音路。"③ 路、簬、骆相通，《别雅》："路、辂、骆皆谐，各声读去则为路、辂，读入则为骆，其声本通，故字亦互用。"④《吕氏春秋》谓："越骆之箘。"⑤《禹贡》记荆州之贡有"箘、簬、楛"。⑥ 箘、簬为美竹，楛为名木，均是产于云梦的上品箭干材料，路卢得名于骆越与卢戎貌似有征焉。

《襄阳耆旧记》载："粗中在上黄界，去襄阳一百五十里。魏时，夷

---

① 《后汉书》卷十八《臧宫传》，第693页。
② 同上。
③ 陆德明：《经典释文》卷三《尚书音义上》，文渊阁《四库全书》，第182册，第407页。
④ 吴玉搢：《别雅》卷四"路、露、骆、辂"条，文渊阁《四库全书》，第222册，第717页。
⑤ 许维遹：《吕氏春秋集释》卷十四《本味》，中国书店2009年版，第12页。
⑥ 慕平译注：《尚书·禹贡》，中华书局2009年版，第60页。

王梅敷兄弟三人，部曲万余家屯此。分布在中庐、宜城西山鄢、沔二谷中，土地平敞，宜桑麻，有水陆良田，沔南之膏腴沃壤，谓之粗中。"① 位于粗中中心地区的上黄县，系"晋武帝平吴，割临沮之北乡，中庐之南乡立"②，宋孝武帝将其划归前述蓝田郡管辖，可能与其居民大多同为异族有关。鄢为楚都之一，其名来自鄢水，鄢水六朝时又称夷水、蛮水。《水经注·沔水》（经）："又南过宜城县东，夷水出自房陵，东流注之。"（注）："夷水，蛮水也。桓温父名夷，改曰蛮水。夷水导源中庐县界康狼山，山与荆山相邻，其水东南流，历宜城西山，谓之夷溪。"③ 夷水也好蛮水也罢，明显都是以居于该水两侧的蛮夷——骆越人而命名，水名的变化多少透露了一些骆越人大规模移居此地的大致时间。

梅姓越人系出自越王室之越族大姓。秦末，项梁兵起江东，鄱县令吴芮响应，让别将梅鋗将百越兵沿荆襄道北上南阳，于湖阳（古蓼国地）会合沛公，从其攻降析、郦，破秦，项王和沛公皆以其功封十万户。④

三国时，梅姓是东吴大族，史"庐江梅乾、雷绪、陈兰等聚众数万在江淮间，郡县残破。"孙权三次遣精兵深入粗中，企图占领该地，从此偷袭或仰攻襄阳，并与魏争夺沔南民口。《资治通鉴》载正始二年（241），诸葛瑾攻粗中，司马懿以"粗中民夷十万，隔在水南，流离无主"⑤，建议将沔南民众留居沔北，曹爽不听，后果为东吴所乘。⑥《三国志·陆逊传》载"夷王梅颐等，并帅支党来附逊"⑦。《吴主传》载建安二十五年（220），"魏将梅敷使张俭求见抚纳，南阳阴、酂、筑阳、山都、中庐五县民五千家来附"⑧。梅颐投吴的五千家中骆越人一定不少，这固然与长驻上游陆逊的感召力有关，与梅氏故里在东吴治下，长江上游东吴所辖之夷陵、临沮、当阳等地可能居住或邻近着同宗越人亦当大

---

① 黄惠贤：《襄阳耆旧记校补》第四卷《城邑》"粗中"条，中州古籍出版社1987年版，第69页。
② 《水经注疏》卷二十八《沔水中》，第2393页。
③ 《水经注疏》卷二十八《沔水中》，第2392—2393页。
④ 参见《史记》卷七《项羽本纪》，第316页；卷八《高祖本纪》，第360、380页。
⑤ 《资治通鉴》卷七十四《魏纪六·邵陵厉公正始二年》，第2351页。
⑥ 《晋书》卷一《高祖宣帝纪》，中华书局1974年标点本，第16页。
⑦ 《三国志》卷五十八《陆逊传》，第1351页。
⑧ 《三国志》卷四十六《吴主传第二》，第1121页。

有干系。总之，屯于㽻中的梅敷兄弟万余家夷人是骆越人无疑，经数百年蕃息，人口必定大增，前述《水经注》载聚居于中卢的蛮族大多是骆越或骆越裔自不待言，司马懿所言之"㽻中十万民夷"中的骆越人亦不会少。

南朝时，雍州是蛮族繁聚之区，朝廷不得不设置与州府并行的南蛮府（治襄阳）以专理蛮务。《南齐书》载南蛮府辖二十四郡六十六县，大堤、中卢地区蛮族为其麇集之地。《宋书·沈庆之传》载："世祖以本号为雍州，随府西上，时蛮寇大甚，水陆梗碍，世祖停大隄，不得进，分军遣庆之掩讨，大破之，降者二万口。世祖至镇，而驿道蛮反，杀深式，遣庆之又讨之。"① 这些蛮族中的骆越或骆越裔占比料不会低。

"扬汉之南，百越之际"。② 交趾至会稽的广大南方地区为越族传统居地，有百越之称。《东越列传》谓汉武帝在降服东越后，"诏军吏皆将其民徙处江、淮间，东越地遂虚"③。中卢之骆越人是否为此次徙入固不得知，其迁入时间亦与《州郡志》所载的汉初有所差距。而且，中卢地区的骆越人是否皆由汉初从外地迁入实有不少可质疑之处。《楚世家》载："熊渠生子三人，当周夷王之时，王室微，诸侯或不朝，相伐。熊渠甚得江汉间民和。乃兴兵伐庸、杨粤，至于鄂。"《索隐》云杨粤"有本作杨雩，谯周作杨越"。杨粤或即春秋之锡穴，④ 庸在今湖北房县，鄂在湖北随州西，皆在汉水中游。又载周王朝见鬼胐强大的楚成王，让其"镇尔南方夷之乱"。从春秋中后期起，楚与长江中游的越族尤其是下游的越国联系倍增，可能与楚得此"御吕"有关。共王"抚征南海"，⑤ 吴起"南平百越"，"南收扬越"，皆是其体现。⑥ 王翦"竟平荆地为郡县，而征百越之君"⑦。越与楚关系大焉。对越族资料作过一番深入系统梳理研究的罗泌说："余读地书《王会解》等，知所谓百越矣，是芈姓之越也。至于

---

① 《宋书》卷七十七《沈庆之传》，第 1997 页。
② （清）许维遹著《吕氏春秋集释》卷二十《恃君览第八》，第 2 页。
③ 《史记》卷一一四《东越列传》，第 2984 页。
④ 参阅叶植《试论楚熊渠称王事所涉及到的几个历史地望问题》，《楚文化论集》第 4 集，河南人民出版社 1994 年版。
⑤ 《春秋左传注·襄公十四年》，第 1002 页。
⑥ 《史记》卷六十五《吴起列传》，第 2168 页；卷七十九《范雎蔡泽列传》，第 2423 页。
⑦ 《史记》卷七十三《白起王翦列传》，第 2341 页。

会稽之越，伯禹之苗，又不在是。若夫中卢之骆，卫地之越，则又昔之进于中华者。"① 战国晚期灭越，将越地改置江东郡，若再联系荆襄地区出土的大量越器，尤其是越王勾践剑、越王州勾剑一批越国精品重器的出土，中卢骆越人的源流尚有进一步的探讨空间与待揭迷团，实值得学术界关注。

---

① 罗泌撰：《路史》卷二十六《国名纪三·高阳氏后·越》，文渊阁《四库全书》，第383册，第299页。

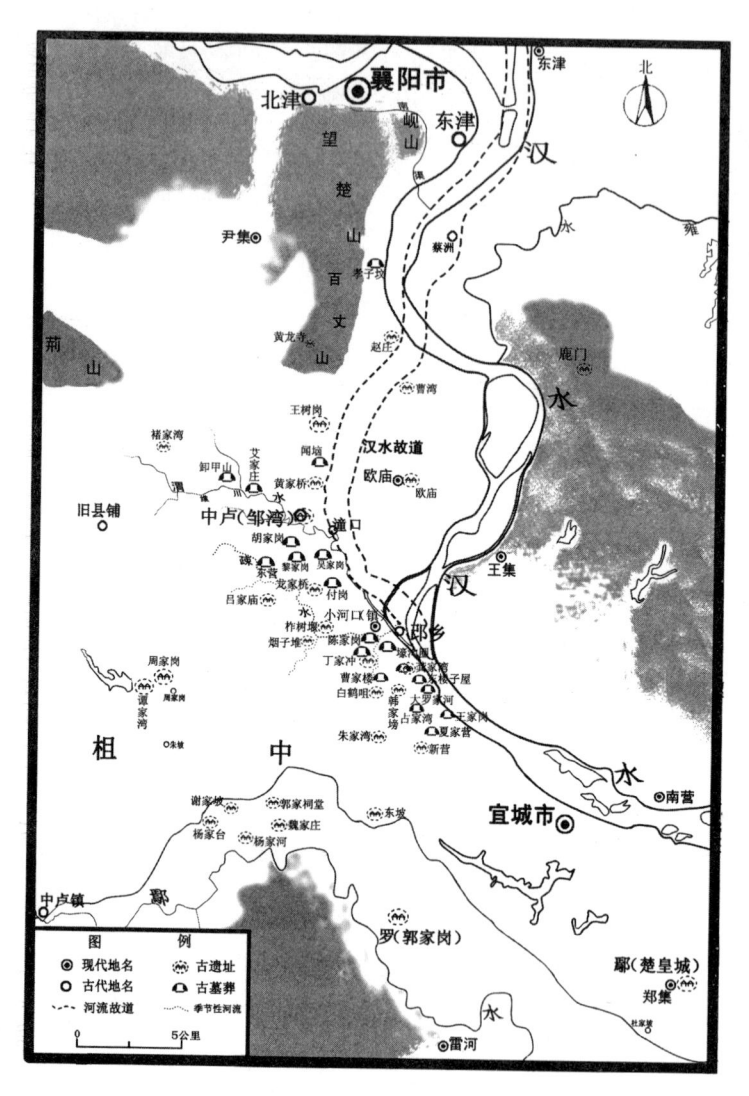

图一　邔、中卢地望及其相关遗存示意图

2017 年 7 月初稿、2018 年 6 月再稿于古城襄阳

附记：本文调查撰写时得到宜城市博物馆副馆长熊兆发、詹世清的大力支持，为笔者提供了 1935 年和 1958 年的当地地图，熊兆发副馆长陪同田野调查，为笔者提供了小河镇周围的遗址与墓葬资料，詹世清为本文绘制了地理位置图，在此一并致谢！